Schriften zum Migrationsrecht

Band 29

Kevin Fredy Hinterberger

Regularisierungen irregulär aufhältiger Migrantinnen und Migranten

Deutschland, Österreich und Spanien im Rechtsvergleich

Nomos

facultas

Gedruckt mit freundlicher Unterstützung der Österreichischen Forschungsgemeinschaft, der Vienna Doctoral Academy „Communicating the Law“ (Universität Wien) und der Arbeiterkammer Wien, Abteilung Arbeitsmarkt und Integration.

Die Deutsche Nationalbibliothek verzeichnet diese Publikation in der Deutschen Nationalbibliografie; detaillierte bibliografische Daten sind im Internet über http://dnb.d-nb.de abrufbar.

1. Auflage 2020

Publiziert von
Nomos Verlagsgesellschaft mbH & Co. KG
Waldseestraße 3-5 | 76530 Baden-Baden
www.nomos.de

Gesamtherstellung:
Nomos Verlagsgesellschaft mbH & Co. KG
Waldseestraße 3-5 | 76530 Baden-Baden

ISBN (Print): 978-3-8487-6150-0 Nomos Verlagsgesellschaft, Baden-Baden
ISBN (ePDF): 978-3-7489-0272-0 Nomos Verlagsgesellschaft, Baden-Baden
ISBN: 978-3-7089-1961-4 facultas Verlag, Wien

DOI: https://doi.org/10.5771/9783748902720

Widmung

Ich widme diese Arbeit meiner Mutter *Andrea Pauline Hinterberger*, meiner Schwester *Sabrina Carmen Hinterberger* und meinem Bruder *Simon Jonas Hinterberger*. Obwohl wir im Dezember 2007 mit dem Tod von *Harald Hinterberger* einen schweren Verlust verkraften mussten, hat mich meine Familie immer unterstützt, in meiner wissenschaftlichen Karriere bestärkt und mich ermutigt, meinen eigenen Weg zu gehen.

Vorwort

Bei der vorliegenden Arbeit handelt es sich um die überarbeitete Druckfassung meiner Dissertation, die ich im Mai 2019 an der rechtswissenschaftlichen Fakultät der Universität Wien mit Auszeichnung bestanden habe. Die Arbeit wurde mit Stand 1.1.2019 abgeschlossen, wobei Gesetzesentwicklungen, Rspr und Literatur bis zu diesem Zeitpunkt eingearbeitet wurden. Für die Druckfassung wurden die Entwicklungen in Bezug auf das deutsche „Migrationspaket" bis inklusive Dezember 2019 berücksichtigt.

Ich möchte mich in den nächsten Zeilen bei all jenen Personen bedanken, ohne die diese Arbeit nicht zustande gekommen wäre. Zuallererst bei meinem Doktorvater Prof. *Theo Öhlinger* vom Institut für Staats- und Verwaltungsrecht der Universität Wien, der die Arbeit von Beginn an unterstützt und gefördert hat. Im gleichen Zuge sind Prof. *Jürgen Bast* und Prof. *Konrad Lachmayer* zu nennen, die dankenswerterweise die Gutachten sehr zügig erstellt und mir konstruktiv-kritische Anregungen für die Überarbeitung geliefert haben.

Die Idee dieser Arbeit ist während meiner ehrenamtlichen Tätigkeit als Rechtsberater und -vertreter in der NGO Deserteurs- und Flüchtlingsberatung in Wien entstanden. Besonderen Dank möchte ich neben allen Mitarbeiter*innen *Stephan Klammer* aussprechen, der die Arbeit von Beginn an inhaltlich und freundschaftlich begleitet hat.

Univ.-Doz. *Alexander Egger*, bei dem ich als wissenschaftlicher Mitarbeiter in der Rechtsanwaltskanzlei Lansky, Ganzger + partner tätig war, hat mich stets gefördert und gefordert. Ass.-Prof. *Félix Vacas Fernández* von der Universidad Carlos III de Madrid hat ebenfalls seit den Anfangstagen an die vorliegende Arbeit geglaubt und mir in zahlreichen Gesprächen die Eigenheiten der spanischen Rechtsordnung nähergebracht.

Prof.in *Anuscheh Farahat* ist mir seit unserem Kennenlernen bei der Herbsttagung 2015 des Netzwerks Migrationsrecht fortlaufend in kollegialer und freundschaftlicher Weise beiseite gestanden. Im Netzwerk Migrationsrecht durfte ich auch Dr. *Carsten Hörich* als Kollegen und Freund kennenlernen, der immer ein offenes Ohr für meine Fragen zur Rückführungsrichtlinie und zum deutschen Aufenthaltsgesetz hatte. Leider ist *Carsten* im Februar 2018 viel zu früh von uns gegangen.

Des Weiteren möchte ich mich bei *Sebastian Frik*, *Jakob Fux*, *Raphaela Haberler* und *Leonie Zeißler* bedanken, die mehrere Teile der Arbeit gelesen und kommentiert haben und mir auch freundschaftlich zur Seite gestanden sind. Ebenso möchte ich mich bei *Emilia Jawad* bedanken, die mich während des Großteils der Schreibphase persönlich und inhaltlich unterstützt hat.

Diese Dissertation wurde an mehreren Forschungseinrichtungen verfasst. Prof. *Jürgen Bast* möchte ich für die freundliche Aufnahme an seinem Lehrstuhl für Öffentliches Recht und Europarecht der Justus-Liebig-Universität Gießen danken, an dem ich von April bis Juli 2016 als Gastwissenschaftler geforscht habe. Seine Mitarbeiterinnen haben mich während dieser Zeit sehr unterstützt, wobei hier besonders *Lisa vom Felde*, *Laura Hilb*, *Pirko Wedhorn*, Dr.in *Janna Wessels*, *Kassandra Wetz* und Jun.-Prof.in *Jelena von Achenbach* genannt seien.

Nach dem Forschungsaufenthalt in Gießen war ich von Oktober bis Dezember 2016 Fellow am Institut für die Wissenschaften vom Menschen (IWM) in Wien. Anschließend habe ich von Jänner bis Juni 2017 in der Abteilung Arbeitsmarkt und Integration der Arbeiterkammer Wien eine Forschungsassistenz absolviert. Besonderer Dank gilt an dieser Stelle der gesamten Abteilung sowie stellvertretend für diese Dr. *Johannes Peyrl*.

Von Juli 2017 bis Juni 2018 habe ich als wissenschaftlicher Projektmitarbeiter am Forschungszentrum Menschenrechte der Universität Wien meine Arbeit fortsetzen können, wobei ich mich insbesondere bei meinem damaligen Projektleiter Prof. *Manfred Nowak* sowie bei Ass.-Prof.in *Barbara Cargnelli-Weichselbaum*, *Sabine Mann*, *Katherine May Thompson* und *Georges Younes* bedanken möchte.

Währenddessen, in concreto von September bis Dezember 2017, konnte ich noch einen Forschungsaufenthalt am Instituto Universitario de Estudios sobre Migraciones der Universidad Pontificia Comillas in Madrid absolvieren. Hierbei möchte ich neben allen Institutsmitgliedern speziell Prof.in *Paula García Andrade*, Prof.in *Cristina Gortázar Rotaeche*, *Eva María Naranjo Colmenero*, Prof. *José María Ruiz de Huidobro de Carlos* und *Laura María Zanón Bayón-Torres* danken. Für ihre freundschaftliche Unterstützung möchte ich *Jorge Horacio Restrepo Moreno* und *Monica Herrero Díaz* meinen Dank aussprechen.

Abgeschlossen wurde die Arbeit während meiner Tätigkeit als wissenschaftlicher Projektmitarbeiter am Centre for European Integration Research (EIF) der Universität Wien. Ich möchte mich beim gesamten Team und insbesondere bei meiner Projektleiterin Ao.-Prof.in *Gerda Falkner*, bei *Henning Deters* PhD, Dr. *Georg Plattner* und *Florian Sowa* bedanken.

Ohne die finanzielle Unterstützung einiger Institutionen wäre der Abschluss der vorliegenden Arbeit nicht möglich gewesen. Von Jänner 2016 bis März 2019 war ich Stipendiat der Österreichischen Akademie der Wissenschaften (DOC) am Institut für Staats- und Verwaltungsrecht der Universität Wien. Weiters habe ich für die Doktorarbeit ein Förderungsstipendium der „Heinrich Graf Hardegg'schen Stiftung“ erhalten. Der Forschungsaufenthalt in Gießen 2016 wurde durch das Kurzfristige Auslandsstipendium (KWA) der Universität Wien gefördert. Die Dissertation wurde 2016 außerdem mit dem Theodor-Körner Preis ausgezeichnet.

Mein Dank gilt weiters den Herausgeberinnen und Herausgebern für die Aufnahme in die Reihe „Schriften zum Migrationsecht“ und dem Nomos Verlag, namentlich Dr. *Matthias Knopik* und *Kristina Stoll*, für die hervorragende Zusammenarbeit.

Auch ohne meine wunderbaren Freundinnen und Freunde wäre die Arbeit nie in dieser Form zustande gekommen. Stellvertretend möchte ich mich bei *Max Märzinger* bedanken. Gleichsam danke ich meiner Freundin *Hanna Palmanshofer* für ihre Kraft, ihren Zuspruch und kritischen Geist.

Wien, am 18.12.2019 *Kevin Fredy Hinterberger*

Inhaltsübersicht

Inhaltsverzeichnis

Abkürzungsverzeichnis

aA	andere Ansicht
ABGB	Allgemeines bürgerliches Gesetzbuch, Justizgesetzsammlung Österreich 946/1811 idF BGBl I 100/2018 [Österreich]
Abs	Absatz
AEUV	Vertrag über die Arbeitsweise der Europäischen Union, ABl 2012 C 326/01
AJIL	American Journal of International Law
AöR	Archiv des öffentlichen Rechts
Art	Artikel
Assoziationsabkommen EG/Schweiz	Abkommen zwischen der Europäischen Gemeinschaft und ihren Mitgliedstaaten einerseits und der Schweizerischen Eidgenossenschaft andererseits über die Freizügigkeit, ABl 2002 L 114/6
ASVG	Allgemeines Sozialversicherungsgesetz, BGBl 189/1955 idF BGBl 100/2018 [Österreich]
AsylbLG	Asylbewerberleistungsgesetz v 5.8.1997 (BGBl I 2022), zuletzt geändert durch Gesetz v 17.7.2017 (BGBl I 2541) [Deutschland]
AsylG	Asylgesetz 2005, BGBl I 100/2005 idF BGBl I 56/2018 [Österreich]
AsylverfahrensRL	Richtlinie (EU) 2013/32 zu gemeinsamen Verfahren für die Zuerkennung und Aberkennung des internationalen Schutzes (Neufassung), ABl 2013 L 180/60
ATC	Auto del Tribunal Constitucional [Spanien] [Übersetzung: Beschluss des Verfassungsgerichts]
AufenthaltstitelVO	Verordnung (EG) 1030/2002 zur einheitlichen Gestaltung des Aufenthaltstitels für Drittstaatenangehörige, ABl 2002 L 157/1

AufenthG	Aufenthaltsgesetz v 25.2.2008 (BGBl I 162), zuletzt geändert durch Gesetz v 12.7.2018 (BGBl I 1147) [Deutschland]
AuslBG	Ausländerbeschäftigungsgesetz, BGBl I 218/1975 idF BGBl I 100/2018 [Österreich]
AuslG 1965	Ausländergesetz v 28.4.1965 (BGBl I 353) [Deutschland]
AuslG 1990	Ausländergesetz v 9.7.1990 (BGBl I 1354) [Deutschland]
AVG	Allgemeines Verwaltungsverfahrensgesetz, BGBl 51/1991 idF BGBl I 58/2018 [Österreich]
AVV-AufenthG	Allgemeine Verwaltungsvorschrift zum Aufenthaltsgesetz v 26.10.2009 [Deutschland]
BAMF	Bundesamt für Migration und Flüchtlinge
BeckOK	Beck Onlinekommentar
BeschV	Beschäftigungsverordnung v 6.6.2013 (BGBl I 1499), zuletzt geändert durch Verordnung v 1.8.2017 (BGBl I 3066) [Deutschland]
BFA	Bundesamt für Fremdenwesen und Asyl [Österreich]
BFA-VG	Bundesamt für Fremdenwesen und Asyl-Verfahrensgesetz, BGBl I 87/2012 idF BGBl I 56/2018 [Österreich]
BGBl	Bundesgesetzblatt [Österreich und Deutschland]
BlgNR	Beilage zu den Stenographischen Protokollen des Nationalrates [Österreich]
BOE	Boletín Oficial del Estado [Spanien] [Übersetzung: Amtsblatt des Staates]
BR-Drs	Bundesratsdrucksache [Deutschland]
bspw	beispielsweise
BVerfGG	Bundesverfassungsgerichtsgesetz v 11.8.1993 (BGBl I 1473), zuletzt geändert durch Gesetz v 8.10.2017 (BGBl I 3546) [Deutschland]
BVerwG	Bundesverwaltungsgericht [Deutschland]
B-VG	Bundes-Verfassungsgesetz, BGBl 1/1930 idF BGBl I 22/2018 [Österreich]

BVwG	Bundesverwaltungsgericht [Österreich]
bzw	beziehungsweise
ca	circa
CE	Constitución Española, BOE 311 v 29.12.1978 letzte Änderung v 27.9.2011 [Spanien] [Übersetzung: Spanische Verfassung]
CMLRev	Common Market Law Review
CP	Ley Orgánica 10/1995, de 23 de noviembre, del Código Penal, BOE 281 v 24.11.1995 letzte Änderung v 28.4.2015 [Spanien] [Übersetzung: Strafgesetzbuch]
DaueraufenthaltsRL	Richtlinie (EG) 2003/109 betreffend die Rechtsstellung der langfristig aufenthaltsberechtigten Drittstaatsangehörigen, ABl 2004 L 16/44
dh	das heißt
DÖV	Die Öffentliche Verwaltung
DRdA	Das Recht der Arbeit
Dritte Gesetz zur Änderung des AsylbLG	Gesetz v 13.8.2019 (BGBl I 1290)
dtAsylG	Asylgesetz v 2.9.2008 (BGBl I 1798), zuletzt geändert durch Gesetz v 4.12.2018 (BGBl I 2250) [Deutschland]
Duldungsgesetz	Gesetz v 8.7.2019 (BGBl I 1021)
EG	Europäische Gemeinschaft
EGMR	Europäischer Gerichtshof für Menschenrechte
EGV	Vertrag über die Europäische Union, ABl 1992 C 191/1
EJML	European Journal of Migration and Law
ELR	European Law Review
EMN	European Migration Network
Empfehlung (EU) 2017/432	Empfehlung (EU) 2017/432 für eine wirksamere Gestaltung der Rückkehr im Rahmen der Durchführung der Richtlinie 2008/115/EG des Europäischen Parlaments und des Rates, ABl 2017 L 66/15

EMRK	Konvention zum Schutz der Menschenrechte und Grundfreiheiten v 4.11.1950
endg	endgültig
ErläutRV	Erläuterungen zur Regierungsvorlage [Österreich]
etc	et cetera
EU	Europäische Union
EuGH	Europäischer Gerichtshof
EuR	Zeitschrift Europarecht
EUV	Vertrag über die Europäische Union, ABl 2008 C 115/15
EuZW	Europäische Zeitschrift für Wirtschaftsrecht
EWR	Europäische Wirtschaftsraum
EWR-Abkommen	Abkommen über den Europäischen Wirtschaftsraum, ABl 1994 L 1/3
f	folgende
FABL	Die fremden- und asylrechtlichen Blätter
Fachkräfteeinwanderungsgesetz	Gesetz v 15.8.2019 (BGBl I 1307)
FamilienzusammenführungsRL	Richtlinie (EG) 2003/86 betreffend das Recht auf Familienzusammenführung, ABl 2003 L 251/12
ff	fortfolgende
FJ	fundamento jurídico [Spanien] [Übersetzung: Entscheidungsgrund]
Fn	Fußnote
FPG	Fremdenpolizeigesetz, BGBl I 100/2005 idF BGBl I 56/2018 [Österreich]
FRA	Agentur der Europäischen Union für Grundrechte
FreizügG/EU	Freizügigkeitsgesetz/EU v 30.7.2004 (BGBl I 1950, 1986), zuletzt geändert durch Gesetz v 20.7.2017 (BGBl I 2780) [Deutschland]
FreizügigkeitsRL	Richtlinie (EG) 2004/38 über das Recht der Unionsbürger und ihrer Familienangehörigen, sich im Hoheitsgebiet der Mitgliedstaaten frei zu bewegen und aufzuhalten (...), ABl 2004 L 158/77
FrG	Fremdengesetz 1997, BGBl I 75/1997 [Österreich]

FS	Festschrift
gem	gemäß
Geordnete-Rückkehr-Gesetz	Gesetz v 15.8.2019 (BGBl I 1294)
GFK	Abkommen über die Rechtsstellung der Flüchtlinge v 28.7.1951 und das Protokoll über die Rechtsstellung der Flüchtlinge v 31.1.1967
GG	Grundgesetz für die Bundesrepublik Deutschland v 23.5.1949, zuletzt geändert durch Gesetz v 13.7.2017 (BGBl I 2347) [Deutschland]
GP	Gesetzgebungsperiode
GRC	Charta der Grundrechte der Europäischen Union, ABl 2012 C 326/391
GVV	Grundversorgungsvereinbarung, BGBl I 80/2004
HRLR	Human Rights Law Review
Hrsg	Herausgeber*innen
ICLQ	International & Comparative Law Quarterly
ICON	International Journal of Constitutional Law
idF	in der Fassung
IJRL	International Journal of Refugee Law
IMK	Ständige Konferenz der Innenminister und -senatoren der Länder [Deutschland]
IOM	Internationale Organisation für Migration
IPREM	Indicador Público de Renta de Efectos Múltiples [Spanien] [Übersetzung: Öffentlicher Einkommensindikator]
iVm	in Verbindung mit
JRP	Journal für Rechtspolitik
JZ	Juristenzeitung

Königliche Verordnung 2393/2004	Real Decreto 2393/2004, de 30 de diciembre, por el que se aprueba el Reglamento de la Ley Orgánica 4/2000, de 11 de enero, sobre derechos y libertades de los extranjeros en España y su integración social, BOE 6 v 7.1.2005 [Spanien] [Übersetzung: Königliche Verordnung betreffend das Organgesetz über die Rechte und Freiheiten von Ausländern in Spanien und ihrer sozialen Eingliederung]
KRK	Übereinkommen über die Rechte des Kindes v 20.11.1989
leg cit	legis citatae, zitierte Gesetzesstelle
LEVD	Ley 4/2015, de 27 de abril, del Estatuto de la víctima del delito, BOE 101 v 28.4.2015 [Spanien] [Übersetzung: Gesetz über die Stellung von Verbrechensopfern]
Lfg	Lieferung
lit	litera
LJCA	Ley 29/1998, de 13 de julio, reguladora de la Jurisdicción Contencioso-administrativa, BOE 167 v 14.7.1998 letzte Änderung v 6.12.2018 [Spanien] [Übersetzung: Verwaltungsgerichtsbarkeitsgesetz]
LODYLE	Ley Orgánica 4/2000 sobre derechos y libertades de los extranjeros en España y su integración social, BOE 10 v 12.1.2000 letzte Änderung v 4.9.2018 [Spanien] [Übersetzung: Organgesetz über die Rechte und Freiheiten von Ausländern in Spanien und ihrer sozialen Eingliederung]
LOE	Ley Orgánica 7/1985, de 1 de julio, sobre derechos y libertades de los extranjeros en España, BOE 158 v 3.7.1985 [Spanien] [Übersetzung: Organgesetz über die Rechte und Freiheiten von Ausländern in Spanien]
LOMPIVG	Ley Orgánica 1/2004, de 28 de diciembre, de Medidas de Protección Integral contra la Violencia de Género, BOE 313 v 29.12.2004 letzte Änderung v 4.8.2018 [Spanien] [Übersetzung: Organgesetz über umfassende Schutzmaßnahmen gegen geschlechtsspezifische Gewalt]

LOTC	Ley Orgánica 2/1979, de 3 de octubre, del Tribunal Constitucional, BOE 239 v 5.10.1979 letzte Änderung v 17.10.2015 [Spanien] [Übersetzung: Verfassungsgerichtsgesetz]
LPAC	Ley 39/2015, de 1 de octubre, de Procedimiento Administrativo Común de las Administraciones Públicas, BOE 236 v 2.10.2015 letzte Änderung v 6.12.2018 [Spanien] [Übersetzung: Allgemeines Verwaltungsverfahrensgesetz]
MenschenhandelsopferRL	Richtlinie (EG) 2004/81 über die Erteilung von Aufenthaltstiteln für Drittstaatsangehörige, die Opfer des Menschenhandels sind oder denen Beihilfe zur illegalen Einwanderung geleistet wurde und die mit den zuständigen Behörden kooperieren, ABl 2004 L 261/19
mwN	mit weiteren Nachweisen
NAG	Niederlassungs- und Aufenthaltsgesetz, BGBl I 100/2005 idF BGBl I 56/2018 [Österreich]
NJW	Neue Juristische Wochenschrift
NN	nomen nescio, unbekannte*r Verfasser*in
Nr	Nummer
NS-Ausländerpolizeiverordnung	Nationalsozialistische Ausländerpolizeiverordnung v 11.5.1938 (RGBl I 1053) [Deutschland und Österreich]
NVwZ	Neue Zeitschrift für Verwaltungsrecht
NVwZ-RR	Neue Zeitschrift für Verwaltungsrecht-Rechtsprechungs-Report
NZS	Neue Zeitschrift für Sozialrecht
OECD	Organisation für wirtschaftliche Zusammenarbeit und Entwicklung
ÖJT	Österreichischer Juristentag
ÖJZ	Österreichische Juristen-Zeitung
ÖZPR	Österreichische Zeitschrift für Pflegerecht
PERCO	Platform for European Red Cross Cooperation on Refugees, Asylum Seekers and Migrants

RabelsZ	Rabels Zeitschrift für ausländisches und internationales Privatrecht
RahmenRL	Richtlinie (EU) 2011/98 über ein einheitliches Verfahren zur Beantragung einer kombinierten Erlaubnis für Drittstaatsangehörige, sich im Hoheitsgebiet eines Mitgliedstaats aufzuhalten und zu arbeiten, sowie über ein gemeinsames Bündel von Rechten für Drittstaatsarbeitnehmer, die sich rechtmäßig in einem Mitgliedstaat aufhalten, ABl 2011 L 343/1
REDYLE	Real Decreto 557/2011, de 20 de abril, por el que se aprueba el Reglamento de la Ley Orgánica 4/2000, sobre derechos y libertades de los extranjeros en España y su integración social, tras su reforma por Ley Orgánica 2/2009, BOE 103 v 30.4.2011 letzte Änderung v 4.9.2018 [Spanien] [Übersetzung: Königliche Verordnung betreffend das Organgesetz über die Rechte und Freiheiten von Ausländern in Spanien und ihrer sozialen Eingliederung]
ReisedokumentVO	Verordnung (EU) 2016/1953 über die Einführung eines europäischen Reisedokuments für die Rückkehr illegal aufhältiger Drittstaatsangehöriger und zur Aufhebung der Empfehlung des Rates vom 30. November 1994, ABl 2016 L 311/13
RGBl	Reichsgesetzblatt [Deutschland und Österreich]
RL	Richtlinie der EU
RL (EWG) 64/221	Richtlinie (EWG) 64/221 zur Koordinierung der Sondervorschriften für die Einreise und den Aufenthalt von Ausländern, soweit sie aus Gründen der öffentlichen Ordnung, Sicherheit oder Gesundheit gerechtfertigt sind, ABl 1964 64/850
Rn	Randnummer
Rspr	Rechtsprechung
RückführungsRL	Richtlinie (EG) 2008/115 über gemeinsame Normen und Verfahren in den Mitgliedstaaten zur Rückführung illegal aufhältiger Drittstaatsangehöriger, ABl 2008 L 348/98

Rückkehr-Handbuch 2017	Anhang der Empfehlung für ein gemeinsames „Rückkehr-Handbuch“, das von den zuständigen Behörden der Mitgliedstaaten bei der Durchführung rückkehrbezogener Aufgaben heranzuziehen ist, C(2017) 6505 final
S	Satz
SanktionsRL	Richtlinie (EG) 2009/52 über Mindeststandards für Sanktionen und Maßnahmen gegen Arbeitgeber, die Drittstaatsangehörige ohne rechtmäßigen Aufenthalt beschäftigen, ABl 2009 L 168/24
SDÜ	Übereinkommen zur Durchführung des Übereinkommens von Schengen vom 14. Juni 1985 zwischen den Regierungen der Staaten der Benelux-Wirtschaftsunion, der Bundesrepublik Deutschland und der Französischen Republik betreffend den schrittweisen Abbau der Kontrollen an den gemeinsamen Grenzen, ABl 2000 L 239/19
SGB II	Sozialgesetzbuch Zweites Buch v 24.12.2003 (BGBl I 2954), zuletzt geändert durch Gesetz v 18.12.2018 (BGBl I 2651) [Deutschland]
SGB IV	Sozialgesetzbuch Viertes Buch v 29.11.2009 (BGBl I 3710, 3973; 2011 I 363), zuletzt geändert durch Gesetz v 18.12.2018 (BGBl I 2651) [Deutschland]
SGB V	Sozialgesetzbuch Fünftes Buch v 20.12.1988 (BGBl I 2477), zuletzt geändert durch Gesetz v 11.12.2018 (BGBl I 2394) [Deutschland]
SGB XII	Sozialgesetzbuch Zwölftes Buch v 27.12.2003 (BGBl I 3022, 3023), zuletzt geändert durch Gesetz v 19.10.2018 (BGBl I 1766) [Deutschland]
SGK	Verordnung (EU) 2016/399 über einen Gemeinschaftskodex für das Überschreiten der Grenzen durch Personen (Schengener Grenzkodex), ABl 2016 L 77/1
SIS	Schengener Informationssystem

StatusRL	Richtlinie (EU) 2011/95 über Normen für die Anerkennung von Drittstaatsangehörigen oder Staatenlosen als Personen mit Anspruch auf internationalen Schutz, für einen einheitlichen Status für Flüchtlinge oder für Personen mit Anrecht auf subsidiären Schutz und für den Inhalt des zu gewährenden Schutzes (Neufassung), ABl 2011 L 337/9
STC	Sentencia del Tribunal Constitucional [Spanien] [Übersetzung: Urteil des Verfassungsgerichts]
StGB	Strafgesetzbuch, BGBl 60/1974 idF BGBl I 70/2018 [Österreich]
STS	Sentencia del Tribunal Supremo [Spanien] [Übersetzung: Urteil des Obersten Gerichtshofs]
STSJ	Sentencia del Tribunal Superior de Justicia [Spanien] [Übersetzung: Urteil des Obersten Gerichtshofs einer autonomen Region]
StudierendenRL	Richtlinie (EU) 2016/801 über die Bedingungen für die Einreise und den Aufenthalt von Drittstaatsangehörigen zu Forschungs- oder Studienzwecken, zur Absolvierung eines Praktikums, zur Teilnahme an einem Freiwilligendienst, Schüleraustauschprogrammen oder Bildungsvorhaben und zur Ausübung einer Au-pair-Tätigkeit (Neufassung), ABl 2016 L 132/21
UNHCR	United Nations High Commissioner for Refugees
v	vom
VfGG	Verfassungsgerichtshofgesetz, BGBl 85/1953 idF BGBl I 22/2018 [Österreich]
VfGH	Verfassungsgerichtshof [Österreich]
VG	Verwaltungsgericht [Deutschland]
VGH	Verwaltungsgerichtshof [Deutschland]
vgl	vergleiche

VisumsVO	Verordnung (EG) 539/2001 zur Aufstellung der Liste der Drittländer, deren Staatsangehörige beim Überschreiten der Außengrenzen im Besitz eines Visums sein müssen, sowie der Liste der Drittländer, deren Staatsangehörige von dieser Visumpflicht befreit sind, ABl 2001 L 81/1 idF Verordnung (EU) 2017/850, ABl 2017 L 133/1
VO	Verordnung der EU
Vol	Volume/n
vorübergehender-SchutzRL	Richtlinie (EG) 2001/55 über Mindestnormen für die Gewährung vorübergehenden Schutzes im Falle eines Massenzustroms von Vertriebenen und Maßnahmen zur Förderung einer ausgewogenen Verteilung der Belastungen, die mit der Aufnahme dieser Personen und den Folgen dieser Aufnahme verbunden sind, auf die Mitgliedstaaten, ABl 2001 L 212/12
VVDStRL	Veröffentlichungen der Vereinigung der Deutschen Staatsrechtslehrer
VwGG	Verwaltungsgerichtshofgesetz, BGBl 10/1985 idF BGBl I 58/2018 [Österreich]
VwGH	Verwaltungsgerichtshof [Österreich]
VwGO	Verwaltungsgerichtsordnung v 19.3.1991 (BGBl I 686), zuletzt geändert durch Gesetz v 12.7.2018 (BGBl I 1151) [Deutschland]
VwGVG	Verwaltungsgerichtsverfahrensgesetz, BGBl I 33/2013 idF BGBl I 57/2018 [Österreich]
VwVfG	Verwaltungsverfahrensgesetz v 23.1.2003 (BGBl I 102), zuletzt geändert durch Gesetz v 18.12.2018 (BGBl I 2639) [Deutschland]
WP	Working Paper
Z	Ziffer
ZaöRV	Zeitschrift für ausländisches öffentliches Recht und Völkerrecht
ZAR	Zeitschrift für Ausländerrecht und Ausländerpolitik
ZEuP	Zeitschrift für Europäisches Privatrecht

ZEuS	Zeitschrift für europarechtliche Studien
ZfV	Zeitschrift für Verwaltung
ZPO	Zivilprozessordnung, RGBl 113/1895 idF BGBl I 109/2018 [Österreich]
ZVglRWiss	Zeitschrift für vergleichende Rechtswissenschaft

Einleitung*

A. Problemaufriss

Eine zentrale Herausforderung der Migrationssteuerung auf Unionsebene ist die „Bekämpfung“ irregulärer Einwanderung,[1] worunter der sogenannte „Kampf“ gegen die irreguläre Einreise sowie gegen den irregulären Aufenthalt zu verstehen ist. Der „lange Sommer der Migration 2015“ („Migrations- bzw Flüchtlingskrise“) und die Schließung der Balkanroute bildeten nur die Spitze emotional geführter Debatten in der EU,[2] welche sich ebendieser Problematik widmeten.[3] Die dem „Kampf“ gegen irreguläre Einwanderung zugrundeliegenden, strukturellen Probleme sind jedoch oftmals nicht leicht zu fassen und werden deshalb nicht angemessen adres-

---

* Im Sinne eines inklusiven Sprachgebrauchs benutze ich in der vorliegenden Arbeit den Genderstern (*). Über ihn sind explizit auch Menschen angesprochen, die sich jenseits der binären Geschlechternorm bewegen; siehe auch VfGH 15.6.2018, G 77/2018-9 zur dritten Option und BVerfG 10.10.2017, 1 BvR 2019/16. Aus rein technischen Gründen spreche ich im Titel von „Migrantinnen und Migranten“. Das ist nicht als inhaltliche Einschränkung zu verstehen.

1 Art 79 Abs 1 AEUV. Siehe Kapitel 3.C.1. und vgl *Lutz*, Non-removable Returnees under Union Law: Status Quo and Possible Developments, EJML 2018, 50; *Menezes Queiroz*, Illegally Staying in the EU: An Analysis of Illegality in EU Migration Law (2018) 1ff und *EMN*, The effectiveness of return in EU Member States 2017, Synthesis Report v 15.2.2018, http://emn.ie/files/p_201802260500242017_emn_synthesis_return_23.02.2018.pdf (24.10.2018) 13.

2 Ich bevorzuge die Terminologie „langer Sommer der Migration“ anstatt „Migrations- oder Flüchtlingskrise“, da die Fluchtbewegungen zu einem historischen und strukturell bedingten Kollaps des EU-Grenzregimes geführt haben; vgl *Hess/Kasparek/Kron/Rodatz/Schwertl/Sontowski* (Hrsg), Der lange Sommer der Migration: Grenzregime III (2016). Weiters *Thym*, The “refugee crisis” as a challenge of legal design and institutional legitimacy, CMLRev 2016, 1545; *den Heijer/Rijpma/Spijkerboer*, Coercion, Prohibition and Great Expectations: The Continuing Failure of the Common European Asylum System, CMLRev 2016, 607; *Depenheuer/Grabenwarter* (Hrsg), Der Staat in der Flüchtlingskrise: Zwischen gutem Willen und geltendem Recht (2017). Für eine Analyse des Schließens der Balkanroute siehe *Dérens/Rico*, Auf der Balkanroute, Le Monde diplomatique (Deutsche Ausgabe) April 2016, 4.

3 Daneben ist noch an die Asylpolitik, Sicherung der Außengrenzen und legale Migration zu denken; siehe nur KOM(2015) 240 final.

siert.[4] Eines der drängendsten Probleme behandelt die vorliegende Arbeit, in concreto die niedrige Rückführungsrate irregulär aufhältiger Migrant*innen.[5]

Ich werde die Gründe für die derzeitigen Mängel der EU-Rückführungspolitik untersuchen und einen rechtlichen Vorschlag zu ihrer Bewältigung präsentieren, wobei ich mich auf die Beendigung der aufenthaltsrechtlichen Irregularität von Migrant*innen konzentrieren werde. Mögliche Lösungsansätze finden sich in den Rechtsordnungen der Mitgliedstaaten. Es wird die deutsche, österreichische und spanische Rechtslage in einem Rechtsvergleich analysiert.[6] Die drei Mitgliedstaaten „bekämpfen" den irregulären Aufenthalt von Migrant*innen unter anderem mithilfe eines differenzierten Systems von Regularisierungen, mit anderen Worten durch die Erteilung von Aufenthaltsrechten. Unter Regularisierung ist mit Blick auf mein Forschungsvorhaben jede administrative oder verwaltungsgerichtliche Entscheidung zu verstehen, die irregulär aufhältigen Migrant*innen bei Erfüllen der Mindesterteilungsvoraussetzungen ein Aufenthaltsrecht gewährt.[7]

Der in vorliegendem Werk analysierte Personenkreis wird in Kapitel 1 abgegrenzt. Irregulär aufhältig wird dort als aufenthaltsrechtlicher Status jener Migrant*innen definiert, welche durch die Nichterfüllung oder Verletzung von bestimmten Rechtsvorschriften kein Aufenthaltsrecht (mehr) haben. Darunter können Personen fallen, die bereits irregulär eingereist sind und irregulär aufhältig bleiben, oder auch jene, die zwar rechtmäßig in das Hoheitsgebiet eines Mitgliedstaates eingereist sind, aber nach Ablauf ihres Aufenthaltsrechts (Visum oder dergleichen) irregulär aufhältig werden („overstayer")[8]. Der Begriff Migrant*innen umfasst grundsätzlich alle Nichtstaatsangehörigen, wobei weiters zwischen aufenthaltsrechtlich privilegierten und aufenthaltsrechtlich nicht privilegierten Migrant*innen un-

---

4 Vgl *Desmond*, The Development of a Common EU Migration Policy and the Rights of Irregular Migrants: A Progress Narrative?, HRLR 2016, 247 (248) oder *Carrera/Parkin*, Protecting and Delivering Fundamental Rights of Irregular Migrants at Local and Regional Levels in the European Union, Studie v 14.11.2011, https://www.ceps.eu/system/files/book/2011/11/Background%2BPaper%2B-%2BAnnual%2Bdialogue%2Bon%2Bfundamental%2Brights%5B1%5D.pdf (2.11.2018) 1f.

5 Vgl *Menezes Queiroz*, Illegally Staying 4.

6 Siehe Einleitung D.I.3. sowie Kapitel 4 und Kapitel 5.

7 Siehe Kapitel 2.A.

8 Siehe zum Begriff *EMN*, Asylum and Migration Glossary 3.0 v Oktober 2014, https://www.emn.at/wp-content/uploads/2016/11/emn-glossary-en-version.pdf (19.11.2018) 208.

terschieden wird. Kurzum wird dargelegt, dass nur Drittstaatsangehörige und Staatenlose als aufenthaltsrechtlich nicht privilegierte Migrant*innen für die vorliegende Arbeit in Frage kommen und untersucht werden.[9]

Irreguläre Migration tritt in der Regel dann auf, wenn Personen ohne Einreise- bzw Aufenthaltsrecht in das Staatsgebiet eines Staates einreisen und/oder sich dort aufhalten. Die Bewegungsfreiheit der Personen wird sodann durch die Normen der Staaten eingeschränkt. „Thus, irregular migration is not an independent social phenomenon but exists in relation to state policies and is a social, political and legal construction“.[10] Das Konzept irregulärer Migration zeichnet sich durch zwei Merkmale aus. Erstens muss ein Staat nach den Regeln des Staats- und Völkerrechts über ein Staatsgebiet, eine Bevölkerung und eine effektive Regierung verfügen,[11] damit er die Zuwanderung auf sein Hoheitsgebiet kontrollieren kann. Dabei handelt es sich um einen Kernbereich der Staatssouveränität.[12] Zweitens ist das Konzept irregulärer Migration ein durch Normen geschaffenes politisches und soziales Phänomen.[13] Die aufenthaltsrechtliche Irregularität von Migrant*innen entsteht durch die von Staaten erlassenen Normen.[14] Festzuhalten ist, dass das Konzept irregulärer Migration daher auf jene Staaten übertragbar ist, die die Zuwanderung auf ihr Hoheitsgebiet durch rechtliche Normen regulieren,[15] worunter jedenfalls alle Mitgliedstaaten der EU fallen. Darüber hinaus schließt irreguläre Migration eine zeitliche Komponente mit ein, da Rückführungen, Regularisierungen oder

9 Siehe Kapitel 1.A.II. und Kapitel 1.E.

10 *Düvell*, Paths into Irregularity: The Legal and Political Construction of Irregular Migration, EJML 2011, 275 (276); vgl auch *Tapinos*, Irregular Migration in *OECD* (Hrsg), Combating the Illegal Employment of Foreign Workers (2000) 13.

11 Vgl *Jellinek*, Allgemeine Staatslehre[3] (1914) 394ff und *Shaw*, International Law[8] (2017) 156ff.

12 Siehe Kapitel 1.A. und Kapitel 1.E.

13 Vertiefend *Willen*, Toward a Critical Phenomenology of “Illegality”: State Power, Criminalization, and Abjectivity among Undocumented Migrant Workers in Tel Aviv, Israel, International Migration 2007, 8.

14 Vgl *Błuś*, Beyond the Walls of Paper. Undocumented Migrants, the Border and Human Rights, EJML 2013, 413 (424ff); *Koser*, International Migration (2007) 54f. Zutreffend *Carrera/Guild*, Addressing Irregular Migration, Facilitation and Human Trafficking: The EU's Approach in *Carrera/Guild* (Hrsg), Irregular Migration, Trafficking and Smuggling of Human Beings (2016) 1 (3f); sowie *Klarmann*, Aspekte migrationsspezifischer Illegalisierung im Unionsrecht in *Thym/Klarmann* (Hrsg), Unionsbürgerschaft und Migration im aktuellen Europarecht (2017) 127.

15 *Angenedt*, Irreguläre Migration als internationales Problem, SWP Studie v Dezember 2007, https://www.swp-berlin.org/fileadmin/contents/products/studien/2007_S33_adt_ks.pdf (10.10.2018) 11.

die Ausreise der betroffenen Personen den Zustand aufenthaltsrechtlicher Irregularität beenden können.[16]

Die politischen und rechtlichen Anstrengungen der Union zur „Bekämpfung“ irregulärer Einwanderung sind darauf ausgerichtet, irregulär aufhältige Migrant*innen wirksam rückzuführen.[17] Das zentrale Rechtsinstrument der EU ist die RückführungsRL. Sie erlegt den Mitgliedstaaten die Pflicht auf, gegen jede drittstaatsangehörige Person, die sich irregulär in der EU aufhält, eine Rückkehrentscheidung zu erlassen.[18] Hierbei ist zu beachten, dass der Erlass einer Rückkehrentscheidung nicht automatisch die tatsächliche Rückkehr der irregulär aufhältigen Migrant*innen bedeuten muss: Zwar erlassen die Mitgliedstaaten grundsätzlich Rückkehrentscheidungen, doch werden jährlich nur rund 40 % aller zur Rückkehr verpflichtenden Entscheidungen auch tatsächlich vollzogen, wobei die Rückkehrrate in afrikanische Länder sogar bei unter 30 % liegt.[19] Im Jahr 2017 wurden bspw in allen 28 EU-Mitgliedstaaten 516.115 Rückkehrentscheidungen angeordnet, hingegen sind nur rund 188.905 Migrant*innen freiwillig zurückgekehrt oder in ihren Herkunftsstaat abgeschoben worden (327.211).[20] Vorsichtig geschätzt kann man nach *Lutz* daher von rund 300.000 nicht rückführbaren Migrant*innen jährlich ausgehen.[21] Es ist daher festzustellen, dass die Union mit einem Vollzugsdefizit von Rückführungen irregulär aufhältiger Migrant*innen konfrontiert ist.[22]

Zum besseren Verständnis des quantitativen Umfangs der Thematik kann die CLANDESTINO-Studie aus dem Jahr 2008 herangezogen werden, die eine grobe Schätzung darstellt.[23] Nach dieser war rund 1 % der europäischen Bevölkerung in der EU irregulär aufhältig. Zwischen 1.9

16 Vgl *Tapinos* in *OECD* 15.

17 Siehe nur Empfehlung (EU) 2017/432.

18 Art 6 Abs 1 RückführungsRL; siehe Kapitel 3.B.I.

19 COM(2017) 558 final, 9 und COM(2017) 200 final, 2.

20 *Europäische Kommission*, Eine konsequentere und wirksamere europäische Rückführungspolitik v 12.9.2018, https://ec.europa.eu/commission/sites/beta-political/files/soteu2018-factsheet-returns-policy_de.pdf (24.10.2018).

21 So *Lutz*, EJML 2018, 30.

22 Vgl *Lutz*, EJML 2018, 29f und *Farcy*, Unremovability under the Return Directive: An Empty Protection? in *de Bruycker/Cornelisse/Moraru* (Hrsg), Law and Judicial Dialogue on the Return of Irregular Migrants from the European Union (2020) im Erscheinen.

23 Vgl *Kovacheva/Vogel*, The Size of the Irregular Foreign Resident Population in the European Union in 2002, 2005 and 2008: Aggregated Estimates, WP 4/2009, 11; *Europäische Kommission*, Clandestino Project, Final Report v 23.11.2009, http://www.statewatch.org/news/2015/mar/eu-com-clandestino-final-report-novem-

und 3.8 Millionen irregulär aufhältiger Migrant*innen waren auf die damals 27 Mitgliedstaaten verteilt.[24] Die Europäische Kommission geht basierend auf den Eurostat-Statistiken mittlerweile davon aus, dass 2017 rund eine Million Migrant*innen in der EU irregulär aufhältig waren.[25] Allerdings sind diese Zahlen kritisch zu hinterfragen,[26] weil die Definition von „third country nationals found to be illegally present“ nur jene Personen erfasst, „who are apprehended or otherwise come to the attention of national immigration authorities“.[27] Da nicht alle irregulär aufhältigen Migrant*innen – bspw den Behörden unbekannte Personen – unter diese Definition fallen, kann angenommen werden, dass die Zahlen auf demselben Niveau wie 2008 geblieben sind (1.9 bis 3.8 Millionen).[28] Es ist weiters denkbar, dass es durch den „langen Sommer der Migration 2015“ sogar zu einem Anstieg der Zahlen irregulär Aufhältiger gekommen ist. Dies lässt sich vor allem aus den im Vergleich zu den Vorjahren hohen Asylantrags-

ber-2009.pdf (11.10.2018) 106. Für die herangezogenen Faktoren zur Schätzung der Qualität der Daten siehe *Vogel/Kovacheva*, Classification report: Quality assessment of estimates on stocks of irregular migrants, WP 1/2008. Kritisch *Lazaridis*, International Migration into Europe: From Subjects to Abjects (2015) 10, die die Statistiken etwa als „guesstimates“ beschreibt. Weiters auch *Singleton*, Migration and Asylum Data for Policy-making in the European Union: The problem with numbers, CEPS WP Nr 89 v März 2016, https://www.ceps.eu/system/files/LSE%2089%20AS%20Migration%20and%20Asylum%20Data.pdf (11.10.2018).

24 Vgl *Europäische Kommission*, Final Report v 23.11.2009, 11f und 105f.

25 COM(2017) 558 final, 9.

26 Vgl *Wehinger*, Do amnesties pull in illegal immigrants? An analysis of European apprehension data, International Journal of Migration and Border Studies 2014, 231 (234-236) und für eine kritische Analyse der Eurostat-Daten in Bezug auf Asylwerber*innen siehe *Kleist*, Warum weit weniger Asylbewerber in Europa sind, als angenommen wird: Probleme mit Eurostats Asylzahlen, ZAR 2015, 294.

27 *Eurostat*, Enforcement of Immigration Legislation: Eurostat metadata v 30.4.2015, http://ec.europa.eu/eurostat/cache/metadata/en/migr_eil_esms.htm (25.10.2018).

28 Vgl *Triandafyllidou/Vogel*, Irregular Migration in the European Union: Evidence, Facts and Myths in *Triandafyllidou* (Hrsg), Irregular Migration: Myths and Realities (2010) 291 (298f).

zahlen der Jahre 2015 und 2016 erklären,[29] von denen nicht alle einen positiven Verfahrensabschluss haben werden.[30]

In Österreich, einem der drei analysierten Mitgliedstaaten, ging man 2015 von 95.000 bis 254.000 irregulär aufhältigen Personen aus.[31] Gemessen an der Gesamtbevölkerung Österreichs sind dies zwischen 1,1 und 2,9 %, was die hohe gesellschaftliche Relevanz der Thematik sichtbar macht.[32]

Faktisch leben irregulär aufhältige Migrant*innen in der EU, meist sind sie jedoch von jenen Rechten ausgeschlossen, die an den rechtmäßigen Aufenthalt anknüpfen.[33] Unumstritten ist, dass es sich bei irregulär aufhältigen Migrant*innen daher um eine besonders vulnerable Personengruppe handelt.[34] Hierzu führt *Tohidipur* treffend aus: „Die fehlende Rechtmäßigkeit des Aufenthalts und damit das Fehlen einer aufenthaltsrechtlichen Po-

---

29 *Eurostat*, Rekordzahl von über 1,2 Millionen registrierten erstmaligen Asylbewerbern im Jahr 2015, Pressemitteilung 44/2016 v 4.3.2016, https://ec.europa.eu/eurostat/documents/2995521/7203837/3-04032016-AP-DE.pdf/9fcd72ad-c249-4f85-8c6d-e9fc2614af1b (11.10.2018); *Eurostat*, 1,2 Millionen erstmalige Asylbewerber im Jahr 2016 registriert, Pressemitteilung Nr 46/2017 v 16.3.2017, https://ec.europa.eu/eurostat/documents/2995521/7921614/3-16032017-BP-DE.pdf/28884e8a-bb55-48bf-85b6-b4157f131c55 (25.20.2018) und *Eurostat*, 650 000 erstmalige Asylbewerber im Jahr 2017 registriert, Pressemitteilung Nr 47/2018 v 20.3.2018, https://ec.europa.eu/eurostat/documents/2995521/8754393/3-20032018-AP-DE.pdf/72fe7d90-d966-425a-832f-28dc3a4cd2e6 (25.10.2018). Vgl *Farcy* in *de Bruycker/Cornelisse/Moraru*.

30 So auch *Desmond*, HRLR 2016, 272 und siehe Kapitel 1.C.II.

31 Hierbei muss wiederum an der Zuverlässigkeit der Daten gezweifelt werden, weil aus dem Bericht nicht hervorgeht, auf welche Daten sich dieser bezieht; vgl *Migrationsrat für Österreich*, Bericht des Migrationsrats v 2016, https://www.bmi.gv.at/Downloads/files/Migrationsratsbericht_Deutsch.pdf (25.10.2018) 20.

32 Vgl bereits *Dumon*, Effects of Undocumented Migration for Individuals concerned, International Migration 1983, 218 (227f).

33 Vgl *Boswell*, The Politics of Irregular Migration in *Azoulai/De Vries* (Hrsg), EU Migration Law: Legal Complexities and Political Rationales (2014) 41 (41); *Lazaridis*, International Migration 22, 132; *Engbersen*, The Unanticipated Consequences of Panopticon Europe: Residence Strategies of Illegal Immigrants in *Guiraudon/Joppke* (Hrsg), Controlling a New Migration World (2001) 222; im Zusammenhang mit Regularisierungen *Wehinger*, International Journal of Migration and Border Studies 2014, 241; *Hoffmann*, Leben in der Illegalität – Exklusion durch Aufenthaltsrecht in *Falge/Fischer-Lescano/Sieveking* (Hrsg), Gesundheit in der Illegalität: Rechte von Menschen ohne Aufenthaltspapiere (2009) 13 (15).

34 Vgl *PERCO*, PERCO Position Paper on the Vulnerabilities of Migrants which are caused by the Lack of a Legal Status v 8.5.2015, https://drk-wohlfahrt.de/uploads/tx_ffpublication/PERCO_Position_Paper_on_Vulnerabilities_along_the_migratory_trails_to_the_EU_and_to_the_Schengen_area_03.pdf (27.11.2018); *Chole-*

sition der *Sans Papiers* enthebt die politische Gemeinschaft […] nicht von ihrer Verantwortung und darf folglich nicht zur Rechtlosigkeit führen".[35] Besonders relevant ist daher für die vorliegende Arbeit, welche Voraussetzungen irregulär aufhältige Migrant*innen erfüllen müssen, um (wieder) ein Aufenthaltsrecht erlangen zu können.[36] Diese Thematik wurde bisher von der unionalen Gesetzgebung vernachlässigt.[37]

Aufgrund des Rückführungsdefizits und der genannten Zahlen irregulär aufhältiger Migrant*innen gehören die Erhöhung der Rückführungsraten und die Reduktion der Zahlen irregulär Aufhältiger zu den Hauptagenden der EU.[38] Dies zeigt sich durch diverse Maßnahmen: So wurde 2016 eine VO über ein europäisches Reisedokument für die Rückführung illegal aufhältiger Drittstaatsangehöriger erlassen.[39] Durch die Harmonisierung des Formats und der technischen Spezifikationen von Reisedokumenten für irregulär aufhältige Migrant*innen soll eine erhöhte Rückführungsquote erreicht werden.[40] Weiters wird derzeit ein neues Einreise-/Ausreisesystem (EES) eingeführt, mit dessen Hilfe (grenzüberschreitende) Bewegungen von Migrant*innen innerhalb der EU erfasst und irregulär Aufhältige

---

winski, Control of Irregular Migration and EU Law and Policy: A Human Rights Deficit in *Peers/Rogers* (Hrsg), EU Immigration and Asylum Law: Text and Commentary (2006) 899 (900f); *Europäische Kommission*, Final Report v 23.11.2009, 22; *Uriarte Torrealday*, Algunas reflexiones críticas a partir de la jurisprudencia sobre inmigración irregular, Revista de Derecho Político 2009, 291 (296); bereits *Carlin*, Statement by the ICM Director James L. Cadin, International Migration 1983, 97 (97); *Dumon*, International Migration 1983, 228; *Böhning*, Regularising the Irregular, International Migration 1983, 159 (160). *Lazaridis*, International Migration 14, weist darauf hin, dass irregulär aufhältige Migrant*innen ihrer Stimme kein Gehör verschaffen können.

35 *Tohidipur*, Grund- und Menschenrechte illegalisierter Migrantinnen und Migranten in *Fischer-Lescano/Kocher/Nassibi* (Hrsg), Arbeit in der Illegalität: Die Rechte von Menschen ohne Aufenthaltspapiere (2012) 41 (44).

36 Siehe Kapitel 5.

37 Vgl *Thym*, EU migration policy and its constitutional rationale: A cosmopolitan outlook, CMLRev 2013, 709 (733f) und siehe Kapitel 3 und 6.

38 Vgl *EMN*, Practical Measures to Reduce Irregular Migration, Synthesis Report v Oktober 2012, https://ec.europa.eu/home-affairs/sites/homeaffairs/files/what-we-do/networks/european_migration_network/reports/docs/emn-studies/irregular-migration/00a_emn_synthesis_report_irregular_migration_october_2012_en.pdf (14.11.2018). Kritisch *Boswell* in *Azoulai/De Vries* 47f, die der Meinung ist, dass die Union die Reduzierung der Anzahl irregulär aufhältiger Migrant*innen überhaupt nicht erreichen will.

39 ReisedokumentVO.

40 ErwGr 3 ReisedokumentVO und COM(2015) 668 final, 2.

schnell identifiziert werden sollen.[41] Der „EU-Aktionsplan für die Rückkehr“ 2015[42] und der „neue Aktionsplan“ aus dem Jahr 2017[43] enthalten weitere Verbesserungsvorschläge, wie etwa die zusätzliche Förderung der freiwilligen Rückkehr, die anteilsmäßig bereits 40 % aller Rückführungen ausmacht. In diese Richtung geht auch der kürzlich eingebrachte Vorschlag zur Reform der RückführungsRL.[44] Die EU schafft es insgesamt aber kaum, Fortschritte im Hinblick auf die Vorgaben der RückführungsRL zu machen.

Die Bemühungen der EU gehen ebenfalls dahin, die irreguläre Einreise von Migrant*innen zu verhindern, bspw durch eine Abschottungspolitik in Form strikter Einreisevoraussetzungen wie Visa.[45] Diese manifestieren sich in verschiedenen sogenannten „non-entrée“-Politiken der EU.[46] Als Beispiele können Externalisierung und Extraterritorialisierung genannt werden.[47] Diese Begriffe umschreiben die Bemühungen der EU, jegliche Grenz- und Migrationskontrollen räumlich so weit als möglich von den

---

41 Verordnung (EU) 2017/2226 über ein Einreise-/Ausreisesystem (EES) zur Erfassung der Ein- und Ausreisedaten sowie der Einreiseverweigerungsdaten von Drittstaatsangehörigen an den Außengrenzen der Mitgliedstaaten, ABl 2017 L 327/20. Vgl *Klaus*, Überwachung von Reisen Drittstaatsangehöriger durch das Entry/Exit System (EES): Anfang vom Ende aller Overstays?, ZAR 2018, 246; *Cole/Quintel*, Data Retention under the Proposal for an EU Entry/Exit System (EES): Analysis of the impact on and limitations for the EES by Opinion 1/15 on the EU/Canada PNR Agreement of the Court of Justice of the European Union, Legal Opinion v 2017, http://orbilu.uni.lu/bitstream/10993/35446/1/Legal%20Opinion.PDF (25.10.2018) und *Jeandesboz/Rijpma/Bigo*, Smart Borders Revisited: An assessment of the Commission's revised Smart Borders proposal, Studie v Oktober 2016, http://www.europarl.europa.eu/RegData/etudes/STUD/2016/571381/IPOL_STU%282016%29571381_EN.pdf (25.10.2018).

42 COM(2015) 453 final, 3f.

43 COM(2017) 200 final.

44 COM(2018) 634 final und siehe näher Kapitel 3.B.I.

45 Vgl *Costello*, The Human Rights of Migrants and Refugees in European Law (2015) 3 und 231ff; *Gil-Bazo*, The Practice of Mediterranean States in the context of the European Union's Justice and Home Affairs External Dimension. The Safe Third Country Concept Revisited, IJRL 2006, 571 (593 and 599f).

46 Vgl *Hathaway*, The Emerging Politics of Non-Entrée, Journal of Refugee Studies 1992, 40 (40f) und *Gammeltoft-Hansen/Hathaway*, *Non-Refoulement* in a World of Cooperative Deterrence, University of Michigan Law and Economics Research Paper No 14-016 v August 2014, 5ff.

47 Siehe nur *Eisele*, The External Dimension of the EU's Migration Policy (2014); *Bröcker*, Die externen Dimensionen des EU-Asyl- und Flüchtlingsrechts im Lichte der Menschenrechte und des Völkerrechts (2010).

territorialen Außengrenzen[48] der EU weg zu verlagern.[49] Der Fokus der vorliegenden Arbeit wird aber gerade nicht auf die irreguläre Einreise gelegt, da diese im Zusammenhang mit den absoluten Zahlen irregulär aufhältiger Migrant*innen eine weitaus weniger bedeutende Rolle spielt als oftmals kolportiert.[50] Zwar hat man bspw im Hinblick auf Spanien die Bilder von Migrant*innen vor Augen, die versuchen die Grenzzäune in Ceuta und Melilla zu „überwinden". Die quantitativ größte Gruppe irregulär aufhältiger Migrant*innen in der EU sind jedoch „overstayer". Sie reisen regulär mit Visum ein und werden erst nach Ablauf ihres Aufenthaltsrechts unrechtmäßig aufhältig.

Die dargestellten EU-Politiken betreffend den irregulären Aufenthalt sind nicht alternativlos. Meine Dissertation untersucht deshalb Regularisierungen. Dieses Rechtsinstrument wird in den Rechtsordnungen der Mitgliedstaaten bereits intensiv im „Kampf" gegen den irregulären Aufenthalt eingesetzt und stellt eine Alternative zu Rückführungen dar. Regularisierungen beenden den irregulären Aufenthalt von Migrant*innen, allerdings nicht durch eine Rückführung im Sinne einer Außerlandesbringung, sondern durch die Gewährung eines Aufenthaltsrechts.[51] Dieses interne Steuerungsinstrument ermöglicht es Staaten, (wieder) die Kontrolle über diesen Teil der Bevölkerung zu erlangen,[52] im Speziellen in Bezug auf das Aufenthalts-, Ausländer- bzw Fremdenrecht.[53] Positive Aspekte sind hierbei etwa das Erfassen der faktischen Bevölkerung, die Bekämpfung undokumentierter Beschäftigung, der Zugang zu sozialen Rechten oder die

---

48 Vgl zum Begriff Art 67 Abs 2 und Art 77 Abs 1 lit b, c sowie Abs 2 lit d AEUV.

49 Zu externen Migrationskontrollen *Ryan/Mitsilegas* (Hrsg), Extraterritorial Immigration Control (2010); *Gammeltoft-Hansen*, Access to Asylum: International Refugee Law and the Globalization of Migration Control (2011); *den Heijer*, Europe and Extraterritorial Asylum (2012); *Moreno-Lax*, (Extraterritorial) Entry Controls and (Extraterritorial) Non-Refoulement in EU Law in *Maes/Foblets/De Bruycker* (Hrsg), The External Dimensions of EU Asylum and Immigration Policy (2011) 415.

50 Vgl *Triandafyllidou/Vogel* in *Triandafyllidou* 294.

51 Siehe Kapitel 2.A.II.2.

52 Vgl *Hampshire*, The Politics of Immigration (2013) und *Kraler*, Regularization of Irregular Migrants and Social Policies: Comparative Perspectives, Journal of Immigrant and Refugee Studies 2019, 94 (107-109 und 97): „One overarching concern of regularization has been to 'rectify' the situation of migrant irregularity and bringing regularized migrants 'back' into the orbit of mainstream legal and institutional structures".

53 Vgl *Trinidad García*, Los inmigrantes irregulares en la Ley 4/2000 y en su reforma: una regularización que no cesa, Revista de Derecho Migratorio y Extranjería 2002/1, 99 (100, 105).

Erhöhung der Staatseinnahmen.[54] Regularisierungen ermöglichen den regularisierten Migrant*innen außerdem den Zugang zu sozialen Rechten und zum Arbeitsmarkt.[55]

B. Fragestellung und Gang der Untersuchung

In der vorliegenden Arbeit wird die folgende These entwickelt: Durch unionsrechtlich normierte Regularisierungen, die die derzeitige Rückführungspolitik der EU ergänzen, wird die irreguläre Einwanderung auf Unionsebene wirksamer „bekämpft".

Die drei sich daraus ergebenden Forschungsfragen sind eng miteinander verbunden. Die erste Forschungsfrage lautet: Welche Wege aus der aufenthaltsrechtlichen Irregularität bestehen im deutschen, österreichischen und spanischen Recht? Die zweite Forschungsfrage ist die Folgende: Ob und inwiefern könnten Regularisierungen als wirksames aufenthaltsrechtliches Steuerungsinstrument zur „Bekämpfung" des irregulären Aufenthalts eingesetzt werden? Die dritte Forschungsfrage ist: Bietet eine Harmonisierung von Regularisierungen auf Unionsebene Vorteile gegenüber mitgliedstaatlichen Regelungen? Die aufgezeigte These und die drei zusammenhängenden Forschungsfragen werden in drei Teilen bzw sechs Kapiteln entwickelt respektive untersucht.

Teil 1 besteht aus drei Kapiteln und beleuchtet die aufenthaltsrechtliche Irregularität und Regularisierungen konzeptionell und steckt den unionsrechtlichen Rahmen ab. In Kapitel 1 werden zunächst die Aufenthaltsrechte von Migrant*innen und der irreguläre Aufenthalt behandelt. Anhand der Mehrebenenanalyse kann gezeigt werden, dass sich die nationalen Rechtsordnungen durch den Einfluss des Völker- und Europarechts in Bezug auf die Genehmigung des Aufenthalts von Migrant*innen verändert haben und in diesen Materien nicht mehr alleine die Mitgliedstaaten entscheiden. Diese differenzierte Betrachtung ist mittels der Unterscheidung zwischen Migrant*innen mit und ohne quasi-automatischen Aufenthaltsrechten möglich, da diese zeigt, dass diese Rechte sowohl auf der interna-

54 KOM(2004) 412 endg, 10-12 sowie Kapitel 3.D.IV. und Kapitel 6.

55 Außerdem ist aus Perspektive der Migrant*innen Folgendes hervorzuheben: „On the whole, the beneficiaries of regularization interviewed for this study perceived regularization as a positive factor that enabled them to exercise a greater degree of control over different aspects of their life"; *Kraler*, Journal of Immigrant and Refugee Studies 2019, 107.

tionalen, der EU- als auch auf der nationalen Ebene festgelegt sind. Gleichzeitig kann der inhaltliche und persönliche Gegenstand der vorliegenden Arbeit definiert werden.

Migrant*innen verfügen über ein quasi-automatisches Aufenthaltsrecht und sind daher aufenthaltsrechtlich privilegiert, insofern sie in eine von vier Kategorien fallen. Eine dieser Kategorien (Staatsangehörigkeit) erfasst Staatsangehörige eines EU-Mitgliedstaates, eines EWR-Staates oder der Schweiz. Eine Rechtsfolge, wenn eine Person unter eine dieser Kategorien fällt, ist, dass sie „automatisch" mit der Einreise ein Aufenthaltsrecht in einem Mitgliedstaat der EU erwirbt. Der Anspruch auf das Aufenthaltsrecht ist völker- oder europarechtlich begründet, weshalb den Mitgliedstaaten in diesen Fällen kein Spielraum verbleibt. Eine weitere Rechtsfolge ist, dass Migrant*innen mit quasi-automatischen Aufenthaltsrechten nur in Ausnahmefällen irregulär aufhältig werden können. Umgekehrt sind Migrant*innen aufenthaltsrechtlich nicht privilegiert, sofern sie über kein quasi-automatisches Aufenthaltsrecht verfügen. Hierbei handelt es sich um Drittstaatsangehörige im Sinne des AEUV.[56] Betreffend diese Personengruppe verfügen die Mitgliedstaaten noch über Spielraum den Aufenthalt zu begründen oder zu versagen, da keine europa- oder völkerrechtlichen Ansprüche auf Aufenthalt gegeben sind. Migrant*innen, die nicht in den Genuss eines quasi-automatischen Aufenthaltsrechts kommen, und irregulär aufhältig sind, fallen in den Anwendungsbereich der RückführungsRL.

In Kapitel 2 wird sodann der Regularisierungsbegriff im Detail beleuchtet. Einerseits wird eine Definition von Regularisierungen und andererseits eine Kategorisierung von Regularisierungen für den Rechtsvergleich vorgenommen. Diese konzeptionellen Überlegungen sind notwendig, um sich anschließend in Kapitel 3 rechtsdogmatisch mit den unionsrechtlichen Handlungsspielräumen in Bezug auf die aufenthaltsrechtliche Irregularität und Regularisierungen beschäftigen zu können. Zunächst wird das Sekundärrecht, in concreto die RückführungsRL, analysiert. Anschließend wird bei näherer Analyse der primärrechtlichen Bestimmungen deutlich, dass die EU die notwendige Kompetenz besitzt, um einen Rechtsakt betreffend Regularisierungen auf EU-Ebene zu erlassen. In beiden Kapitel werde ich eigenständige Beiträge zur rechtsdogmatischen Klärung auslegungsbedürftiger Begriffe bzw Normen unterbreiten.

Die zweite Forschungsfrage, ob Regularisierungen als wirksames aufenthaltsrechtliches Steuerungsinstrument zur „Bekämpfung" des irregulären

56 Grundlegend *Tewocht*, Der Drittstaatsangehörige im Unionsrecht (2016) und siehe Kapitel 1.C.I.

Aufenthalts eingesetzt werden könnten, wird aus rechtswissenschaftlicher Perspektive anhand der unionsverfassungsrechtlichen Vorgaben beurteilt.[57] Wie in Kapitel 3 noch dargelegt wird, muss jeder Rechtsakt der EU einen bestimmten Zweck erfüllen. Der Umstand, dass eine Maßnahme aufgrund primärrechtlicher Vorgaben ein bestimmtes Ziel zumindest erreichen können muss, ist ein Anhaltspunkt dafür, dass das Primärrecht selbst die Wirksamkeit von Rechtsakten in gewissem Umfang verlangt.[58] Ganz generell wird das Verwaltungsrecht in der vorliegenden Arbeit als Steuerungswissenschaft verstanden.[59] Demnach ist Recht ein „taugliches Steuerungsmittel",[60] dass es zu verbessern gilt.[61] Das analysierte Aufenthalts-, Ausländer- bzw Fremdenrecht unterliegt wie jedes Rechtsgebiet gewissen (faktischen) Grenzen.[62] Die Wirksamkeit der Migrationssteuerung wird vor allem durch die Leistungsfähigkeit staatlicher Behörden und den Willen zur Durchsetzung von geltenden rechtlichen Bestimmungen geprägt. Daneben ist die Ausgestaltung der rechtlichen Gestaltungsfaktoren ein weiterer wesentlicher Punkt für das Gelingen der selbstgesteckten politischen und rechtlichen Ziele.[63]

Teil 2, der aus zwei Kapiteln besteht, widmet sich einer rechtsvergleichenden Untersuchung von Regularisierungen in Deutschland, Österreich und Spanien,[64] wodurch die erste Forschungsfrage beantwortet wird. Der

---

57 Siehe zur Frage der Wirksamkeit des Rechts *Schmidt-Aßmann*, Das allgemeine Verwaltungsrecht als Ordnungsidee[2] (2006) Kapitel 2 Rn 20ff und Kapitel 3.C. und Kapitel 6.

58 Siehe Kapitel 3.C.I.

59 *Schmidt-Aßmann*, Verwaltungsrecht Kapitel 1 Rn 33.

60 *Schmidt-Aßmann*, Verwaltungsrecht Kapitel 1 Rn 33f mwN; *Scharpf*, Politische Steuerung und Politische Institutionen, Politische Vierteljahresschrift 1989, 10. Zur sozialwissenschaftlichen Kritik siehe *Luhmann*, Politische Steuerung: Ein Diskussionsbeitrag, Politische Vierteljahresschrift 1989, 4.

61 Siehe zum aktuellen Diskurs betreffend Migrationssteuerung etwa *Bast*, Aufenthaltsrecht und Migrationssteuerung (2011); *Thym*, Migrationssteuerung im Einklang mit den Menschenrechten – Anmerkungen zu den migrationspolitischen Diskursen der Gegenwart, ZAR 2018, 193; *Berlit*, Migration und ihre Folgen – Wie kann das Recht Zuwanderung und Integration in Gesellschaft, Arbeitsmarkt und Sozialordnung steuern? (Teil 1), ZAR 2018, 229; *Berlit*, Migration und ihre Folgen – Wie kann das Recht Zuwanderung und Integration in Gesellschaft, Arbeitsmarkt und Sozialordnung steuern? (Teil 2), ZAR 2018, 287.

62 Allgemein siehe *Schmidt-Aßmann*, Verwaltungsrecht Kapitel 1 Rn 38f.

63 Vgl *Bast*, Illegale Migration und die Rechte von illegalen Migrantinnen und Migranten als Regelungsgegenstände des Europarechts in *Fischer-Lescano/Kocher/Nassibi* (Hrsg), Arbeit in der Illegalität (2012) 71 (71ff mwN).

64 Siehe zur Auswahl der drei Mitgliedstaaten Einleitung D.I.3.

Rechtsvergleich wird anhand der kontextuellen Methode durchgeführt.[65] In Kapitel 4 wird zunächst der Kontext, der für die Durchführung des integrierten Rechtsvergleichs notwendig ist – wie die historische Entwicklung des Aufenthalts-, Ausländer- bzw Fremdenrechts –, in den drei ausgewählten Mitgliedstaaten einzeln analysiert und aufbereitet. Folglich kann ich im rechtsvergleichenden Kapitel 5, das sich Regularisierungen widmet, auf das in Kapitel 4 geschaffene Grundgerüst zurückgreifen und unnötige Wiederholungen vermeiden. Im integrierten Rechtsvergleich werden Regularisierungen nicht klassisch nach Länderberichten beschrieben, sondern integriert anhand von Regularisierungszwecken verglichen und bewertet. Abschließend wird in Teil 3, der nur aus Kapitel 6 besteht, eine zukünftige RegularisierungsRL vorgeschlagen, wobei die bis dahin gesammelten Forschungsergebnisse zusammengeführt werden und das komplementäre Konzept der „Einwanderung von innen“ vorgestellt wird. In diesem Kapitel wird die dritte Forschungsfrage abschließend beantwortet. Bietet eine Harmonisierung von Regularisierungen auf Unionsebene Vorteile gegenüber mitgliedstaatlichen Regelungen?

C. *Forschungsstand*

In der vorliegenden Arbeit werde ich mehrere Forschungslücken schließen. Die zentrale Lücke betrifft, dass es keine aktuelle rechtsvergleichende Arbeit von Regularisierungen in Deutschland, Österreich und Spanien gibt. Um diese Lücke schließen zu können, sind einige weitere Ausführungen zu tätigen.

Soweit ersichtlich untersucht bisher kein Werk die aufenthaltsrechtliche Situation von irregulär aufhältigen Migrant*innen in systematischer Weise. Ein Heft des EJML aus dem Jahr 2011[66] beleuchtet das Problem der ir-

---

65 Siehe Einleitung D.I.

66 Darin findet man unter anderem folgende Beiträge: *Düvell*, The Pathways in and out of Irregular Migration in the EU: A Comparative Analysis, EJML 2011, 245; *Triandafyllidou/Ambrosini*, Irregular Immigration Control in Italy and Greece: Strong Fencing and Weak Gate-keeping serving the Labour Market, EJML 2011, 251; *Düvell*, EJML 2011, 275; *Kraler*, Fixing, Adjusting, Regulating, Protecting Human Rights – The Shifting Uses of Regularisations in the European Union, EJML 2011, 297; *Vollmer*, Policy Discourses on Irregular Migration in the EU – 'Number Games' and 'Political Games', EJML 2011, 317; *Raffaeli*, Criminalizing Irregular Immigration and the Returns Directive: An Analysis of the El Dridi Case, EJML 2011, 467.

regulären Migration aus verschiedenen Perspektiven (sozialer, politikwissenschaftlicher sowie rechtlicher). Das Heft liefert zwar wichtige Impulse, ist großteils allerdings nicht aus rechtswissenschaftlicher Perspektive verfasst. Kapitel 1 schließt die aufgezeigte Forschungslücke.

Um den Rechtsvergleich zweckmäßig durchführen zu können ist es notwendig, sich mit dem Begriff Regularisierungen auseinanderzusetzen. Dies hat bisher in der Literatur nur vereinzelt stattgefunden.[67] In Kapitel 2 werde ich daher Regularisierungen in ihrer Gesamtheit erstmals konzeptionell erfassen.

Im Jahr 2000 wurde die letzte rechtsvergleichende Analyse europäischer Staaten im Hinblick auf Regularisierungen durchgeführt.[68] Mit Ausnahme der REGINE-Studie, die nur einen groben Überblick über die Thematik aus politikwissenschaftlicher Perspektive bietet, gibt es keine detaillierte Analyse von Regularisierungen aus rechtsvergleichender Perspektive.[69] Ein Beitrag von *Desmond* aus dem Jahre 2015 gibt einen kurzen, aber prägnanten rechtsvergleichenden Überblick über den häufigen Einsatz von Regularisierungen in der EU und den Vereinigten Staaten.[70] In dem Zusammenhang kann die Dissertation von *Schieber* ebenfalls nicht unerwähnt bleiben, die sich mit der aufenthaltsrechtlichen Stellung nicht rückführbarer Personen auseinandersetzt.[71] *Schieber* behandelt zwar einen Ausschnitt des Untersuchungsgegenstands der vorliegenden Arbeit, jedoch ist der Großteil dem internationalen Schutz, dh dem Flüchtlingsstatus und subsidiärem Schutz gewidmet, den sie als Bezugspunkt für ihre Arbeit verwen-

---

67 Siehe den Überblick in Kapitel 2.A.I.

68 *De Bruycker* (Hrsg), Les regularisations des étrangers illégaux dans l'union européenne. Regularisations of illegal immigrants in the European Union (2000). Eine Zusammenfassung der Studie wurde als *Apap/de Bruycker/Schmitter*, Regularisation of Illegal Aliens in the European Union. Summary Report of a Comparative Study, EJML 2000, 263 veröffentlicht; siehe Kapitel 2.B.I.

69 *Baldwin-Edwards/Kraler*, REGINE Regularisations in Europe: Study on the practices in the area of regularization of illegally staying third-country nationals in the Member States of the EU, Final Report v Jänner 2009, https://ec.europa.eu/home-affairs/sites/homeaffairs/files/e-library/documents/policies/legal-migration/pdf/general/regine_report_january_2009_en.pdf (11.10.2018) und siehe hierzu im Detail Kapitel 2.B. und Teil 2. Siehe auch *Kraler*, Journal of Immigrant and Refugee Studies 2019.

70 *Desmond*, Regularization in the European Union and the United States. The Frequent Use of an Exceptional Measure in *Wiesbrock/Acosta Arcarazo* (Hrsg), Global Migration: Old Assumptions, New Dynamics. Vol 1 (2015) 69.

71 *Schieber*, Komplementärer Schutz: Die aufenthaltsrechtliche Stellung nicht rückführbarer Personen in der EU (2013).

det,[72] und den dazu komplementär zu verstehenden Schutzmechanismen. Die Autorin behandelt die Thematik somit aus dem Blickwinkel des Asylverfahrens. Dahingegen will ich in Teil 2 alle Entscheidungen, die ein Aufenthaltsrecht begründen[73] und irregulär aufhältige Migrant*innen erfassen, in Deutschland, Österreich und Spanien untersuchen. *Schieber* führt ebenfalls einen Rechtsvergleich durch, wobei sie jedoch andere Mitgliedstaaten (Schweden, Österreich, Großbritannien, Deutschland und Belgien) analysiert und die untersuchten Themen klassisch nach Länderberichten und nicht integriert wie die vorliegende Arbeit aufbereitet.[74] Des Weiteren gibt es eine Studie zu den verschiedenen nationalen Praktiken der Gewährung eines nicht auf EU-Ebene harmonisierten Schutzstatus.[75] Doch auch diese bildet nur Teilaspekte der vorliegenden Arbeit ab.[76] Deshalb ist festzuhalten, dass die aufgedeckte Forschungslücke mittels eines Rechtsvergleichs von Regularisierungen in Teil 2 (Kapitel 4 und 5) geschlossen wird.

Einige Werke, die sich mit Nichtrückführbaren beschäftigen, können als Referenzrahmen herangezogen werden. Mit dem EuGH bezeichne ich in der Folge eine Person als nicht rückführbar, wenn ihre „Rückkehrentscheidung nicht vollzogen werden kann oder konnte",[77] wie an anderer Stelle noch vertiefend ausgeführt wird.[78] Ähnlich wie *Schieber*, beschäftigt sich *Gosme* in seiner Dissertation mit der rechtlichen Frage des Schwebezustands zwischen „illegal and legal stay".[79] Weiters hat sich *Lutz* erst kürzlich intensiv mit „non-removable returnees" auseinandergesetzt und mit dem diesbezüglichen Vollzugsdefizit, wobei der Autor den Aspekt der Regularisierungen nur streift.[80] Dasselbe kann über das kürzlich veröffent-

72 *Schieber*, Komplementärer Schutz 44ff.
73 Siehe die Definition in Kapitel 2.A.II.3.
74 Siehe Einleitung D.I.2.
75 Vgl *EMN*, The different national practices concerning granting of non-EU harmonised protection statuses, Synthesis Report v Dezember 2010, https://ec.europa.eu/home-affairs/sites/homeaffairs/files/what-we-do/networks/european_migration_network/reports/docs/emn-studies/non-eu-harmonised-protection-status/0_emn_synthesis_report_noneuharmonised_finalversion_january2011_en.pdf (14.11.2018).
76 Vgl *Kraler*, EJML 2011, 297.
77 EuGH 5.6.2014, C-146/14, ECLI:EU:C:2014:1320, *Mahdi*, Rn 87.
78 Siehe Kapitel 3.B.II.
79 Vgl *Gosme*, Limbo spaces between illegal and legal stay: resulting from EU management of non-removable third country nationals, Dissertation 2014, Sciences Po Paris, https://spire.sciencespo.fr/hdl:/2441/30a6ffj78696ja3eov65066e05/resources/2014iepp0037-gosme-charles-these.pdf (14.11.2018).
80 *Lutz*, EJML 2018, 46-50.

lichte Werk von *Menezes Queiroz* gesagt werden, in welchem sie unter anderem die Situation von „non-removable migrants“ und „access to legality in the EU“ diskutiert.[81] In dieselbe Richtung geht ein Beitrag von *Farcy*, der sich mit den Garantien bis zur Rückkehr und dem Zugang zu Rechten von nicht rückführbaren Migrant*innen vor dem Hintergrund der rechtlichen Abschiebehindernisse und den sich daraus ergebenden rechtlichen Konsequenzen für Nichtrückführbare auseinandersetzt.[82] Zu guter Letzt ist der Beitrag von *Strban/Rataj/Šabič* zu erwähnen, der sich empirisch und rechtlich mit Rückkehrverfahren in Bezug auf abgewiesene Asylwerber*innen in der EU und deren Möglichkeiten zur Regularisierung auseinandersetzt.[83] Der Beitrag behandelt einige Thematiken, die auch für die vorliegende Arbeit relevant sind, jedoch bestehen einige Unterschiede. Zunächst ist der Fokus nur auf abgewiesene Asylwerber*innen und deren spezifische Situation in der EU gelegt.[84] Folglich ist der persönliche Gegenstand wesentlich eingeschränkter bzw der inhaltliche wesentlich weiter, da mehr Gewicht auf das Rückführungsverfahren gelegt wird. Weiters analysieren *Strban/Rataj/Šabič* die unterschiedlichen Regularisierungen nicht im Detail, vielmehr bieten sie nur einen groben Überblick über die Praktiken von 17 Mitgliedstaaten.[85] Zu guter Letzt bietet eine Studie aus dem Jahr 2014, die sich mit der Inhaftierung nicht rückführbarer Migrant*innen beschäftigt, eine Sammlung von „best-practice“-Beispielen.[86]

Alle aufgezählten Autoren und Autorinnen vereint, dass sie im Gegensatz zu der vorliegenden Arbeit keine konkreten Lösungsvorschläge für das aufgezeigte Problem der Nichtrückführbaren bzw dem Vollzugsdefizit irregulär aufhältiger Migrant*innen entwickeln. Der abschließend aufgedeckten Forschungslücke widmet sich Kapitel 6. Zunächst wird das komplementäre Konzept der „Einwanderung von innen“ präsentiert. In diesem lege ich dar, aus welchen Gründen die bestehende EU-Einwanderungspolitik in Bezug auf irregulär aufhältige Migrant*innen eine Neuausrichtung

---

81 *Menezes Queiroz*, Illegally Staying 81-116 and 153-181.

82 *Farcy* in *de Bruycker/Cornelisse/Moraru*.

83 *Strban/Rataj/Šabič*, Return Procedures Applicable to Rejected Asylum-Seekers in the European Union and Options for their Regularisation, Refugee Survey Quarterly 2018, 1.

84 *Strban/Rataj/Šabič*, Refugee Survey Quarterly 2018, 4.

85 Die Autoren haben einen Fragebogen mit 28 Fragen an nationale Expert*innen übermittelt; vgl *Strban/Rataj/Šabič*, Refugee Survey Quarterly 2018, 4.

86 *Vanderbruggen/Phelps/Sebtaoui/Kovats/Pollet*, Point of No Return: The Futile Detention of Unreturnable Migrants, Studie v Jänner 2014, http://pointofnoreturn.eu/wp-content/uploads/2014/01/PONR_report.pdf (13.12.2018).

verlangt und dass sie bestmöglich durch eine RegularisierungsRL auf Unionsebene ergänzt werden könnte. Von diesem Konzept ausgehend werde ich – aufbauend auf dem Rechtsvergleich in Teil 2 – den rechtspolitischen Vorschlag einer derartigen RL unterbreiten.

Summa summarum ist daher festzuhalten, dass ich mehrere Forschungslücken schließen werde, wobei zentral ist, dass Regularisierungen in Deutschland, Österreich und Spanien erstmals rechtsvergleichend in Teil 2 untersucht werden.

D. Methodisches Vorgehen

Nachdem einleitend die Problematik dargestellt, die Fragestellung und der Forschungsstand präsentiert wurden, soll geklärt werden, wie die Forschungsfragen methodisch bearbeitet werden. Zunächst wird der kontextuelle Rechtsvergleich behandelt (I.) und anschließend die in der vorliegenden Arbeit eingenommene Perspektive näher ausgeführt (II.). Abschließend gehe ich auf den Stand der Dissertation ein (III.).

I. Kontextueller Rechtsvergleich[87]

Der Rechtsvergleich des öffentlichen Rechts[88] kennt verschiedene Methoden.[89] Eine sehr verbreitete Definition im Sinne der funktionalen Methode

87 Vgl grundlegend zum Rechtsvergleich *Zweigert/Kötz*, Einführung in die Rechtsvergleichung[3] (1996); *Constantinesco*, Rechtsvergleichung: Band I (1971); siehe auch *Trantas*, Die Anwendung der Rechtsvergleichung bei der Untersuchung des öffentlichen Rechts (1998).

88 Zu den Eigenheiten des Rechtsvergleichs im öffentlichen Recht grundlegend *Bernhardt*, Eigenheiten und Ziele der Rechtsvergleichung im öffentlichen Recht, ZaöRV 1964, 431; weiters auch *Trantas*, Rechtsvergleichung 22f, speziell 64ff mwN; *Krüger*, Eigenart, Methode und Funktion der Rechtsvergleichung im öffentlichen Recht in FS Martin Kriele (1997) 1393; *Bell*, Comparing Public Law in *Harding/Örücü* (Hrsg), Comparative Law in the 21st Century (2002) 235 (240ff); *Beaucamp*, Umweltrechtsvergleichung – Hoffnungen, Probleme und Ausschnitte aus der Realität, Umwelt- und Planungsrecht 2001, 134; zu den Eigenheiten der Verfassungsvergleichung bspw *Wahl*, Verfassungsstaat, Europäisierung, Internationalisierung (2003) 96ff.

89 Vgl *Trantas*, Rechtsvergleichung 43-47 mwN; für die Methoden des Rechtsvergleichs speziell im Verfassungsrecht siehe *Jackson*, Comparative Constitutional Law: Methodologies in *Rosenfeld/Sajó* (Hrsg), The Oxford Handbook of Compa-

beschreibt den Rechtsvergleich wie folgt:[90] Die „unter dem Gesichtspunkt der Gleichheit oder Verschiedenheit erfolgte Inbezugsetzung der ein- und dieselbe Rechtsfrage regelnden Rechtssätze verschiedener Rechtsordnungen oder auch der Lösungen, die ein und dasselbe Problem in den verschiedenen Rechtsordnungen gefunden hat".[91]

Innerhalb der EU hat der Rechtsvergleich durch die Annäherung und teilweise Harmonisierung der Rechtsgebiete der Mitgliedstaaten große Bedeutung erlangt.[92] Einer der Gründe hierfür ist das Unionsrecht. Dem Rechtsvergleich wird somit zu Recht eine integrierende Funktion für die EU zugeschrieben,[93] da er für den Erlass von harmonisierenden bzw vereinheitlichenden Rechtsakten der EU herangezogen wird. Umgekehrt kann aber auch argumentiert werden, dass durch die Europäisierung ein Maß an Ähnlichkeit herbeigeführt wurde, das den Vergleich gehaltvoll erscheinen lässt.

---

rative Constitutional Law (2012) 54 und *Tushnet*, Weak Courts, Strong Rights: Judicial Review and Social Welfare Rights in Comparative Constitutional Law (2009) 5ff.

90 Siehe zu den Gemeinsamkeiten *Michaels*, The Functional Method of Comparative Law in *Reimann/Zimmermann* (Hrsg), The Oxford Handbook of Comparative Law (2006) 339 (342ff). Als Begründer gilt *Rabel*; vgl *Peters/Schwenke*, Comparative Law beyond Post-Modernism, ICLQ 2000, 800 (808) mit Hinweis auf *Rabel*, Aufgabe und Notwendigkeit der Rechtsvergleichung (1925) 4. Kritisch *Frankenberg*, Comparing constitutions: Ideas, ideals, and ideology—toward a layered narrative, ICON 2006, 439 (443 mwN); für eine gute Übersicht über die Kritik *Kischel*, Rechtsvergleichung (2015) § 3 Rn 6ff; für eine kritische Analyse der Critical Legal Studies *Mattei*, Comparative Law and Critical Legal Studies in *Reimann/Zimmermann* (Hrsg), The Oxford Handbook of Comparative Law (2006) 815 (825ff mwN).

91 *Kaden*, Stichwort „Rechtsvergleichung" in *Schlegelberger* (Hrsg), Rechtsvergleichendes Handwörterbuch für das Zivil- und Handelsrecht des In- und Auslandes: Band VI (1938) 9 (10).

92 Zur aktuellen Relevanz des Rechtsvergleichs in Europa *Von Bogdandy*, National legal scholarship in the European legal area – A manifesto, ICON 2012, 614 (621ff mwN); *Sommermann*, Veränderungen des nationalen Verwaltungsrechts unter europäischem Einfluß – Analyse aus deutscher Sicht in *Schwarze* (Hrsg), Bestand und Perspektiven des europäischen Verwaltungsrechts (2008) 181 (181ff); *Baer*, Verfassungsvergleichung und reflexive Methode: Interkulturelle und intersubjektive Kompetenz, ZaöRV 2004, 735 (754); *Starck*, Rechtsvergleichung im öffentlichen Recht, JZ 1997, 1021 (1026); *Trantas*, Rechtsvergleichung 27-30.

93 Vgl *Schmidt-Aßmann*, Verwaltungsrecht Kapitel 7 Rn 20ff und *Van Hoecke/Warrington*, Legal Cultures, Legal Paradigms and Legal Doctrine: Towards a New Model for Comparative Law, ICLQ 1998, 495 (533f).

Die funktionale Methode mit Einbezügen von anderen kontextuellen Aspekten spielt durch ihren horizontalen Fokus eine besondere Rolle.[94] Wie noch zu zeigen sein wird, bestreiten Deutschland, Österreich und Spanien in den analysierten Materien unterschiedliche rechtliche Wege.[95] Die gewonnenen Erkenntnisse, die sich aus dem Rechtsvergleich ergeben, können bei der Findung von neuen Lösungen eine große Hilfe und Inspiration sein.[96] Noch wichtiger zu betonen ist hierbei, dass die „Vielgestaltigkeit und Charakter der Lösungen anderer Rechtsordnungen sowie deren mögliche Übertragbarkeit […] erfasst und konzipiert werden“[97] können. Zur Lösung von Sach- und Rechtsproblemen kann der Rechtsvergleich dementsprechend einen Beitrag leisten.[98] Dies ist der Grund, warum Regularisierungen in Teil 2, in concreto Kapitel 5, dieser Arbeit rechtsvergleichend untersucht werden. Die so gewonnenen Erkenntnisse bieten neue Lösungen und Ansätze,[99] die für eine RegularisierungsRL auf EU-Ebene in Teil 3 herangezogen werden.

In der vorliegenden Arbeit wird daher die funktionale Methode angewandt, nach der „Rechtsnormen […] in ihrer funktionalen Eigenschaft als Problemlösungen[100] miteinander verglichen“[101] werden. Folglich wird die Frage nach der Funktion – verstanden als Aufgabe und Leistung[102] – einer Rechtsnorm oder Institution innerhalb des jeweiligen Rechts- und Gesellschaftssystems in den Mittelpunkt gestellt.[103]

Innerhalb dieser Methode gibt es einen kontextualistischen Ansatz, der Folgendes umfasst: Das Recht als Ganzes und folglich auch die einzelnen

---

94 *Örücü*, The Enigma of Comparative Law: Variations on a Theme for the Twenty-first Century (2004) 24f.

95 Zur Auswahl ebendieser siehe unten Einleitung D.I.3.

96 Vgl *Von Busse*, Die Methoden der Rechtsvergleichung im öffentlichen Recht als richterliches Instrument der Interpretation von nationalem Recht (2015) 40; *Schmidt-Aßmann/Dagron*, Deutsches und französisches Verwaltungsrecht im Vergleich ihrer Ordnungsideen, ZaöRV 2007, 395 (467).

97 *Glaser*, Die Entwicklung des Europäischen Verwaltungsrechts aus der Perspektive der Handlungsformenlehre (2013) 68 mwN.

98 Vgl *Trantas*, Rechtsvergleichung 29; *Tikhomirov*, The Legal Position of Migrants, Electronic Journal of Comparative Law 2007, www.ejcl.org/113/article113-27.pdf (27.11.2018) 13f.

99 Vgl *Constantinesco*, Rechtsvergleichung: Band II (1972) 372.

100 Für kritische Hinweise hierzu siehe *Kischel*, Rechtsvergleichung § 3 Rn 8.

101 Vgl *Ebert*, Rechtsvergleichung (1978) 29.

102 Vgl *Ebert*, Rechtsvergleichung 29.

103 *Sommermann*, Bedeutung der Rechtsvergleichung für die Fortentwicklung des Staats- und Verwaltungsrechts in Europa, DÖV 1999, 1017 (1023); *Glaser*, Handlungsformenlehre 68.

Normen sind im Kontext der historischen, ökonomischen und politischen Gegebenheiten zu sehen.[104] *Kischel* nennt dies prägnanter kontextuelle Rechtsvergleichung.[105] *Jackson* mahnt in dem Sinne dazu, den Kontext, in den Normen eingebettet sind, und die Eigenheiten von Rechtssystemen bzw Institutionen nie außer Acht zu lassen, da man ansonsten Gefahr läuft, falsche Annahmen zu treffen.[106] Funktionen und Konzepte können auf den ersten Blick gleich, aber in verschiedenen Gesellschaften (rechtlich und tatsächlich) sehr unterschiedlich wirken. Deshalb ist ein tiefergehendes Verständnis der Materie erst möglich, wenn die Eigenheiten und der soziopolitische und historische Kontext verstanden werden. In Bezug auf vorliegende Arbeit ist auch der migrationssoziologische Kontext relevant.

Keinesfalls außer Acht gelassen wird die Kritik an der funktionalen Methode,[107] wobei ich mich in der Folge einem Kritikpunkt und in Einleitung D.I.1. einem weiteren annehmen werde.[108] So wird etwa kritisiert, dass dem Recht eine Funktion unterstellt wird, es jedoch schwierig bzw unmöglich sei die Funktion zu ermitteln.[109] Richtig ist, dass eine Rechtsnorm – je nach eingenommener Perspektive – unterschiedliche Funktionen erfüllen kann. Dies bedeutet umgekehrt aber nicht, dass diese nicht betreffend eine ganz bestimmte Funktion geprüft werden kann, insofern diese Vorgehensweise ausreichend klar dargelegt wird. Da diese Kritik berechtigt ist, werde ich in der Folge darlegen, dass ich die Rechtsnormen grob gesprochen aus der Perspektive irregulär aufhältiger Migrant*innen beleuchte.[110] Bereits ausgeführt wurde, dass ich Regularisierungen dahingehend untersuche, ob und inwiefern sie als wirksames aufenthaltsrechtliches Steuerungsinstrument zur „Bekämpfung“ des irregulären Aufenthalts

---

104 *Kischel*, Rechtsvergleichung § 3 Rn 200ff; *Legrand*, How to Compare Now, Legal Studies 1996, 232 (236); in dem Sinne auch *Bell* in *Harding/Örücü*; *Von Busse*, Rechtsvergleichung 344; *Glaser*, Handlungsformenlehre 67f. Kritisch *Frankenberg*, ICON 2006, 441f. Vgl zur Bedeutung des kulturellen Umfelds *Kischel*, Vorsicht, Rechtsvergleichung! ZVglRWiss 2005, 10 (20ff) und *Legrand*, European Legal Systems are not Converging, ICLQ 1996, 52 (56f).

105 *Kischel*, Rechtsvergleichung § 3 Rn 182, 199ff.

106 Vgl *Jackson* in *Rosenfeld/Sajó* 66f und 70-72 mwN; weiters *Sommermann*, DÖV 1999, 1023; *Van Hoecke/Warrington*, ICLQ 1998, 496f, 532 mwN; *Tushnet*, Weak Courts 10ff.

107 Für einen Überblick siehe *Kischel*, Rechtsvergleichung § 3 Rn 6ff und *Piek*, Die Kritik an funktionalen Rechtsvergleichung, ZEuP 2013, 60 (62ff).

108 Siehe dort die Ausführungen zu den Besonderheiten bei der Analyse des „heimischen“ Rechts.

109 *Kischel*, Rechtsvergleichung § 3 Rn 7.

110 Siehe Einleitung D.II.

eingesetzt werden könnten.[111] Beurteilt wird dies rechtsdogmatisch anhand der unionsverfassungsrechtlichen Vorgaben, die in Kapitel 3 dargelegt werden. Abschließend ist festzuhalten, dass das Vergegenwärtigen der Kritik an der funktionalen Methode den Blick für die vielen methodischen Schwierigkeiten und Besonderheiten schärft, um diese sodann (kritisch) zu hinterfragen.[112]

1. Vergleichsgegenstand

Als Vergleichsgegenstand[113] dienen konkrete Lebenssachverhalte,[114] wobei die dazugehörigen Rechtsprobleme als „gemeinsame Vergleichsgrundlage" fungieren.[115] Grundsätzlich ist die Methode in „Anlehnung an die Sachproblematik der Untersuchung zu beantworten".[116] Dies spricht für die Anwendung der kontextuellen Methode, da kontextuelle Bezüge im Zusammenhang mit dem analysierten Sach- und Rechtsproblem eine wesentliche Rolle spielen. Dementsprechend lautet die erste Forschungsfrage, die analytischer Natur ist,[117] wie folgt: Welche Wege aus der aufenthaltsrechtlichen Irregularität bestehen im deutschen, österreichischen und spanischen Recht?

Der Lebenssachverhalt, dem die vorliegende Arbeit zugrunde liegt, sind irregulär aufhältige Migrant*innen, die sich in einem Mitgliedstaat der EU befinden und versuchen ein Aufenthaltsrecht zu erlangen. Viele von ihnen können aus rechtlichen oder faktischen Gründen (dauerhaft) nicht abgeschoben werden. Aufgrund des irregulären Aufenthalts sind sie mit vielfältigen Problemen konfrontiert, etwa dem Ausschluss von Rechten, und befinden sich meist in einer besonders vulnerablen Situation.[118] Irreguläre Migration stellt somit als soziales, politisches und rechtliches Phänomen sowohl die EU als auch die einzelnen Mitgliedstaaten gleichfalls vor erhebliche (juristische) Herausforderungen.[119] Durch die Erlangung eines Auf-

111 Siehe Einleitung B.
112 Vgl *Piek*, ZEuP 2013, 85-87.
113 Vgl *Von Busse*, Rechtsvergleichung 343.
114 *Michaels* in *Reimann/Zimmermann* 342; vgl auch *Zweigert/Kötz*, Rechtsvergleichung 33; *Bartels*, Rechtsvergleichung 66f.
115 *Ebert*, Rechtsvergleichung 28f.
116 *Ebert*, Rechtsvergleichung 141.
117 Vgl *Kischel*, Rechtsvergleichung § 3 Rn 160.
118 Siehe Einleitung A.
119 Siehe Einleitung A.

enthaltsrechts können sich irregulär aufhältige Migrant*innen erstmals in das Staatsgefüge „integrieren" und in der Regel geht damit der (beschränkte) Zugang zum Arbeitsmarkt, zu Sozialleistungen und Gesundheitsversorgung einher. Das Sach- und Rechtsproblem[120] stellt sich somit in vergleichbarer Weise in allen drei Mitgliedstaaten, da in jedem Migrant*innen irregulär aufhältig sind.

Ausgehend von diesem Sach- und Rechtsproblem wird beleuchtet mit welchen ordnungsrechtlichen Mitteln[121] die ausgewählten Mitgliedstaaten die aufenthaltsrechtliche Irregularität steuern.[122] Anders gesagt, werden jene Möglichkeiten in Deutschland, Österreich und Spanien untersucht, die dieser Personengruppe offenstehen, um zu einem rechtmäßigen Aufenthalt zu gelangen. Folglich werden jeweils sowohl die Rechtsnormen und außerrechtlichen Lösungen betreffend die aufenthaltsrechtliche Irregularität und Regularisierungen in Beziehung gesetzt und miteinander verglichen. Im weitesten Sinne müssen diese daher die Funktion erfüllen, Migrant*innen einen rechtmäßigen Aufenthalt zu verschaffen oder damit in Zusammenhang zu stehen. Nicht analysieren werde ich das Asylverfahren, da Personen denen internationaler Schutz gewährt wird, nicht den Gegenstand der vorliegenden Arbeit bilden.[123] Aus dem gleichen Grund wird das Ausweisungsregime im Rechtsvergleich nicht im Detail untersucht.

Um Regularisierungen und die damit zusammenhängenden außerrechtlichen Lösungen und Rechtsinstitute zweckmäßig vergleichen zu können, ist die Einbeziehung bestimmter kontextueller Bezüge erforderlich. So hat etwa in jedem der drei Mitgliedstaaten die historische und politische Entwicklung des Aufenthaltsrechts, Fremdenrechts bzw Ausländerrechts zur Bildung von unterschiedlichen Regularisierungen beigetragen. Dieses Verständnis ist notwendig, um Regularisierungen in Kapitel 5 darstellen und integriert vergleichen zu können.[124] Weitere kontextuelle Aspekte, die einbezogen werden, sind die Beschreibung des rechtlichen Status von Ausländer*innen bzw Fremden, der jeweils einschlägigen Kompetenzen und Behörden sowie des Rechtsschutzes. So variiert etwa der rechtliche Status von unerlaubt aufhältigen Ausländer*innen in Deutschland, unrechtmäßig aufhältigen Fremden in Österreich bzw irregulär aufhältigen Ausländer*in-

---

120 Hierbei handelt es sich um einen klassischen Problemvergleich; vgl *Kischel*, Rechtsvergleichung § 3 Rn 166 und 190.

121 Vgl *Zweigert/Kötz*, Rechtsvergleichung 34; *Von Busse*, Rechtsvergleichung 347.

122 Siehe Teil 2.

123 Siehe Kapitel 1.C.

124 Siehe Einleitung D.I.2.

nen in Spanien, was zu Unterschieden in Bezug auf die faktische Lebenssituation der betroffenen Personengruppe führt. Ohne die Darstellung des Kontexts würde man deshalb übersehen, dass irregulär aufhältige Ausländer*innen in Spanien Zugang zu Sozialleistungen haben und in Deutschland und Österreich grundsätzlich hiervon ausgeschlossen werden.

Die Notwendigkeit den Kontext einzubeziehen wird auch anhand eines anderen Beispiels deutlich, in concreto der Duldung. Das Rechtsinstitut der Duldung stellt zwar in Österreich und Deutschland keine Regularisierung dar, da sie keinen rechtmäßigen Aufenthalt begründet, jedoch ist sie aus kontextuellen Gründen miteinzubeziehen.[125] Ist eine Person geduldet, dh die Rückführung ist aus rechtlichen oder tatsächlichen Gründen unmöglich, kann aus diesem Status heraus oftmals ein Aufenthaltsrecht beantragt werden. Deshalb ist eine Einbeziehung erforderlich, um alle Regularisierungen zweckmäßig erfassen und das Sach- und Rechtsproblem vollständig darstellen zu können. In Spanien stellt sich die Situation anders dar, da dort gerade kein vergleichbares Rechtsinstitut besteht und Personen, die nicht abgeschoben werden können, sozusagen außergesetzlich geduldet werden.[126] Doch auch die Darstellung dieser außerrechtlichen Lösung ist vonnöten, um die spanischen Regularisierungen in ihrer Gesamtheit verstehen zu können. Aus alledem ergibt sich, dass die erste Forschungsfrage daher am adäquatesten und fruchtbringendsten mittels eines kontextuellen Rechtsvergleichs zu beantworten ist.

Analysiert wird in der vorliegenden Arbeit vorrangig die gesetzliche Ebene und nur nachrangig die Judikatur,[127] wobei der Fokus vor allem auf die höchstgerichtliche Rspr gelegt wird. Das „law in debate", dh die unterschiedlichen Rechtsmeinungen, werden ebenfalls in die Analyse miteinbezogen.[128] Den Prüfungsmaßstab bildet das Völker- und Unionsrecht. Die völkerrechtlichen Vorgaben werden in Kapitel 2 und die unionsrechtlichen, insbesondere die primärrechtlichen, in Kapitel 3 rechtsdogmatisch untersucht. Das Heranziehen der höherrangingen Rechtsnormen ergibt sich aus dem Stufenbau der Rechtsordnung. Regularisierungen werden daher auf die Vereinbarkeit mit den relevanten völker- und unionsrechtlichen Anforderungen geprüft. Im Hinblick auf das Völkerrecht bildet nur die EMRK den Prüfungsmaßstab, da eine weitergehende Analyse über den

---

125 Siehe Kapitel 2.B.III.1.a., Kapitel 5.A.I.2. und Kapitel 5.A.I.3.

126 Siehe Kapitel 5.A.I.1.

127 Vgl *Michaels* in *Reimann/Zimmermann* 342, der Judikate als Antworten auf Situationen des (echten) Lebens beschreibt.

128 Vgl *Kischel*, Rechtsvergleichung § 3 Rn 44, 234.

Rahmen der Arbeit hinausgehen würde. Das Verfassungsrecht der analysierten Rechtsordnungen stellt zwar jeweils auch höherrangiges Recht im Verhältnis zur einfachgesetzlichen Ebene dar, jedoch wird es nicht als Prüfungsmaßstab herangezogen. Der Grund hierfür ist, dass die zentralen grundrechtlichen Verbürgungen, die für die (rechtsvergleichende) Analyse von Regularisierungen einschlägig sind, allesamt in völker- und unionsrechtlichen Bestimmungen festgelegt sind, weshalb die verfassungsrechtlich normierten Grundrechte nicht eigens beleuchtet werden.[129] Darüber hinaus würde es den Umfang der vorliegenden Arbeit sprengen. Die Vergleichs- und Bewertungsergebnisse können in Teil 3, in dem eine RegularisierungsRL vorgeschlagen wird, genutzt werden, um die Kerninhalte einer solchen RL darzustellen. Der Bewertungsmaßstab fügt sich somit auch in die Systematik der Arbeit ein, da eine RegularisierungsRL den völker- und europarechtlichen Vorgaben entsprechen müsste. Auch vor diesem Hintergrund ist es nicht erforderlich, Regularisierungen auf die Vereinbarkeit mit den verfassungsrechtlichen Vorgaben zu prüfen.

Die Arbeit zielt nicht nur darauf ab, das formal geschriebene Recht zu untersuchen, sondern auch das „law in action". Dieser Begriff umschreibt, wie das Recht im täglichen Leben praktiziert und umgesetzt wird.[130] *Großfeld* bezeichnet letzteres treffend als „Rechtswirkungsforschung".[131] „Denn Normativität ohne Faktizität ist totes Recht".[132] Neben den Rechtsnormen werden deshalb auch die außerrechtlichen Lösungen untersucht.[133] Die Normen werden daraufhin geprüft, wie sie in der Realität „funktionieren".[134] Das öffentliche Recht wird „mehr als die anderen Rechtsgebiete

---

129 Siehe Kapitel 2.B.III.

130 Grundlegend zur Unterscheidung *Pound*, Law in Books and Law in Action, American Law Review 1910, 12. Vgl auch *Sommermann*, DÖV 1999, 1023; *Kischel*, ZVglRWiss 2005, 26ff; *Frankenberg*, ICON 2006, 442f; *Neumayer*, Fremdes Recht aus Büchern, fremde Rechtswirklichkeit und die funktionelle Dimension in den Methoden der Rechtsvergleichung, RabelsZ 1997, 411 (411ff); *Von Busse*, Rechtsvergleichung 340; ähnlich auch *Krüger* in FS Martin Kriele 1401.

131 *Großfeld*, Kernfragen der Rechtsvergleichung (1996) 117f.

132 *Rehbinder*, Rechtssoziologie[5] (2003) 2; prägnant hierzu *Ehrlich*, Grundlegung der Soziologie des Rechts (1913) Vorrede, 394 sowie 405.

133 Vgl *Trantas*, Rechtsvergleichung 72ff mwN; *Kischel*, ZVglRWiss 2005, 17ff und speziell 24f mit eindrucksvollen Beispielen. Kritisch *Frankenberg*, Critical Comparisons: Re-thinking Comparative Law, Harvard International Law Journal 1985, 411 (438).

134 *Ebert*, Rechtsvergleichung 149.

von außerrechtlichen Faktoren bestimmt".[135] Diese Einschätzung trifft in noch weit größerem Ausmaß auf das Aufenthalts-, Ausländer- und Fremdenrecht zu.[136] In der Folge wird anhand von Gesetzen, Judikaten, Studien, Zeitungsartikeln, Statistiken oder Durchführungsverordnungen ein Bild von der Rechtswirklichkeit gezeichnet.[137] Außerrechtliche Praktiken, die unter Umständen von der Gesetzgebung (nicht) beabsichtigt wurden, können so bestmöglich identifiziert werden. Hierbei muss aber betont werden, dass nie ein vollständiges Bild des „law in action" gezeichnet werden kann. Ich werde versuchen das erworbene Wissen zur deutschen, österreichischen und spanischen Rechtslage und -wirklichkeit – durch mehrere Forschungsaufenthalte in allen drei Mitgliedstaaten[138] – rückkoppeln.

Abschließend ist auf eine weitere Kritik an der funktionalen Methode einzugehen, wonach eine unvoreingenommene Beschreibung und Bewertung der drei Rechtsordnungen nie ganz möglich ist, da immer die Gefahr besteht, dass die „heimische", in concreto die österreichische, Rechtsordnung zu sehr durchschlägt.[139] Um dieser Gefahr angemessen Rechnung zu tragen, werden Oberbegriffe verwendet und das erworbene Wissen wird, wie bereits erwähnt, während der Forschungsaufenthalte rückgekoppelt. Die in der vorliegenden Arbeit verwendeten Oberbegriffe („irregulär aufhältig", „Migrant*innen", „Regularisierung" und „Aufenthaltsrecht") wurden speziell so gewählt, dass sie einerseits den Kontext miteinbeziehen (können) und andererseits präzise Rechtsbegriffe darstellen.[140] Dadurch kann ich als Rechtsvergleicher eine Position von außen einnehmen und die ausgewählten Rechtsordnungen mit ausreichend Distanz beleuchten.[141] Bedacht genommen wurde darauf, dass, insofern Systembegriffe der

135 *Schwarze*, Europäisches Verwaltungsrecht^2 (2005) 83. In dieselbe Richtung gehend *Kischel*, Rechtsvergleichung § 3 Rn 201; *Kaiser*, Vergleichung im öffentlichen Recht, ZaöRV 1964, 391 (396) und *Krüger* in FS Martin Kriele 1398ff.

136 Vgl *Einwallner*, Asyl- und Fremdenrecht 2010 – Bloß noch Spielball der Politik, juridikum 2010, 68.

137 Siehe die Beispiele bei *Schmid-Drüner*, Der Begriff der öffentlichen Sicherheit und Ordnung im Einwanderungsrecht ausgewählter EU-Mitgliedstaaten (2007) 47.

138 Siehe die Ausführungen im Vorwort der vorliegenden Arbeit.

139 Vgl im Hinblick auf die Besonderheiten bei der Analyse des „heimischen" Rechts *Ebert*, Rechtsvergleichung 144 und die einleitenden Überlegungen in Teil 2.

140 Vgl *Dumon*, International Migration 1983, 218, 227 und siehe Kapitel 1.A. und Kapitel 2.A.

141 *Trantas*, Rechtsvergleichung 41; vgl auch *Sommermann*, DÖV 1999, 1023; *Von Busse*, Rechtsvergleichung 347; *Evan/Grisoli/Treves*, Rechtssoziologie und Rechts-

nationalen Rechtsordnungen verwendet werden,[142] die unterschiedlichen Bedeutungen dieser dargelegt werden.

2. Integrierte Darstellung

Der angestrebte Rechtsvergleich wird keinen üblichen deskriptiven Teil haben, der sich aus einzelnen Länderberichten zusammensetzt.[143] Vielmehr werden die Rechtsnormen und außerrechtlichen Lösungen der ausgewählten Mitgliedstaaten in einem integrierten Vorgehen[144] in Beziehung gesetzt, analysiert und bewertet.[145] Durch das in Beziehung zueinander setzen, können Funktionsänderungen der Rechtsnormen und/oder der außerrechtlichen Lösungen, die auf den ersten Blick oftmals nicht ersichtlich sind, kenntlich gemacht werden.[146] Dh, dass die identifizierten Regularisierungen in Kapitel 5 gemeinsam und nicht getrennt analysiert werden, wodurch unnötige Wiederholungen vermieden werden. Wie *Kischel* zutreffend ausgeführt hat, sollen „Vergleich und Darstellung zu einer Einheit verschmelzen".[147]

Der Parameter, der vom bereits dargestellten Prüfungsmaßstab zu unterscheiden ist,[148] anhand dessen die Vergleichsgegenstände verglichen wer-

---

vergleichung in *Drobnig/Rehbinder* (Hrsg), Rechtssoziologie und Rechtsvergleichung (1997) 35 (51); vgl ähnlich *Kaiser*, ZaöRV 1964, 391 (396f). Kritisch *Frankenberg*, Harvard International Law Journal 1985, 439 und *Kischel*, Rechtsvergleichung § 3 Rn 186ff mwN.

142 *Zweigert/Kötz*, Rechtsvergleichung 33, beschreiben dies als negatives Funktionalitätsprinzip. Ebenso *Starck*, JZ 1997, 126f; *Glaser*, Handlungsformenlehre 70f im Zusammenhang mit dem autonomen Begriff der „Handlungsform"; so bereits *Gutteridge*, Comparative Law (1946) 117ff; *Raschauer*, Allgemeines Verwaltungsrecht[5] (2017) Rn 33 im Hinblick auf unionsrechtliche Begriffen.

143 Vgl *Von Busse*, Rechtsvergleichung 36ff. Ein Beispiel für einen Aufbau wie von *Von Busse* dargestellt findet sich etwa bei *Schieber*, Komplementärer Schutz 117ff oder bei *Schmid-Drüner*, Einwanderungsrecht 49ff. Weiters *Kischel*, Rechtsvergleichung § 3 Rn 10, 12, 50, 53.

144 Vgl *Kischel*, Rechtsvergleichung § 3 Rn 50 und 242ff; *Ebert*, Rechtsvergleichung 145ff; *Zweigert/Kötz*, Rechtsvergleichung 43f.

145 Vgl *Trantas*, Rechtsvergleichung 48f mwN; *Glaser*, Handlungsformenlehre 68f; *Zweigert/Puttfarken*, Critical Evaluation in Comparative Law, The Adelaide Law Review 1976, 343.

146 Vgl *Lachmayer*, Verfassungsvergleichung durch Verfassungsgerichte, JRP 2010, 166 (170); *Ebert*, Rechtsvergleichung 154, 158.

147 *Kischel*, Rechtsvergleichung § 3 Rn 243.

148 Siehe Einleitung D.I.1.

den, wird als „tertium comparationis“ bezeichnet.[149] Die Kategorisierung erfolgt anhand des Regularisierungszwecks, wie weiter unten noch im Detail dargestellt wird.[150] Unter diesem Begriff ist der für die Erteilung des Aufenthaltsrechts maßgebliche Rechtsgrund zu verstehen, wobei in Bezug auf Regularisierungen sechs Regularisierungszwecke aus den drei einschlägigen Rechtsquellenebenen herausgearbeitet werden. Die Tiefe der Verzahnung variiert im Hinblick auf jeden Regularisierungszweck, da nur die beiden Regularisierungszwecke „Nichtrückführbarkeit“ und „Vulnerabilität“ in Unterkategorien unterteilt werden.

Vor dem rechtsvergleichenden Kapitel 5 wird in einem eigenständigen Kapitel 4 der Migrationskontext der drei ausgewählten Mitgliedstaaten einzeln behandelt. In diesem folgt ein Abriss der historischen Entwicklung des Aufenthalts-, Ausländer- bzw Fremdenrechts, des rechtlichen Status von Fremden bzw Ausländer*innen und der jeweils einschlägigen Regularisierungen. Weiters werden die Kompetenzen und zuständigen Behörden sowie der Rechtsschutz umrissen. Diese Darstellung schafft das Grundgerüst für den integrierten Rechtsvergleich, in dem sodann die einzelnen Regularisierungen verzahnt und im Detail beschrieben werden können. Auf allgemeine Aspekte, die für das Verständnis der Maßnahmen relevant sind, kann im integrierten Rechtsvergleich dann verwiesen werden.

3. Auswahl der Mitgliedstaaten

In der vorliegenden Arbeit können nicht alle der derzeit noch 28 Mitgliedstaaten der EU analysiert werden,[151] weshalb eine Auswahl getroffen werden musste. Ich habe mich für Deutschland, Österreich und Spanien entschieden. Alle drei Mitgliedstaaten normieren unterschiedliche Regulari-

149 Vgl *Sommermann*, DÖV 1999, 1017; *Piek*, ZEuP 2013, 67f und *Örücü*, Enigma 21.

150 Allgemein zur Kategorisierung *Kischel*, Rechtsvergleichung § 3 Rn 242 und siehe zum Regularisierungszweck unten Kapitel 2.B.II.

151 Bei Abschluss der vorliegenden Arbeit (1.1.2019) war noch nicht absehbar, welche rechtlichen Auswirkungen der „Brexit“ auf die EU-Mitgliedschaft des Vereinigten Königreichs tatsächlich haben wird; siehe nur Draft Agreement on the withdrawal of the United Kingdom of Great Britain and Northern Ireland from the European Union and the European Atomic Energy Community, as agreed at negotiators' level on 14 November 2018.

sierungen in ihren nationalstaatlichen Rechtsordnungen.[152] Der unterschiedliche Umgang mit irregulärer Migration spiegelt sich in der zu analysierenden nationalen Gesetzgebung und Judikatur sowie den außerrechtlichen Ansätzen wider. Der Rechtsvergleich scheint deshalb in Bezug auf diese Aspekte aufschlussreich zu sein.

Spanien – als eines der südeuropäischen Länder[153] – eignet sich als Beispiel, weil dort Regularisierungs-Programme[154] als außerordentliches Rechtsinstrument eingesetzt wurden.[155] Hintergrund dafür war ua, dass Regularisierungen als „alternative to immigration policy"[156] betrachtet wurden. Der hohe Bedarf an Arbeitskräften im Dienstleistungssektor konnte durch bereits im Land aufhältige Migrant*innen, die regulär gearbeitet haben, aber irregulär aufhältig waren, gedeckt werden.[157] Nunmehr stellen jedoch genau wie in Österreich und Deutschland Regularisierungs-Mechanismen den Standard dar.[158]

Auch der Vergleich zwischen Österreich und Deutschland ist überaus lehrreich, könnte man doch im ersten Moment glauben, dass die beiden Länder aufgrund ähnlicher Rechtstraditionen auch ähnliche Gesetze aufweisen.[159] So existiert etwa jeweils das Rechtsinstitut der Duldung, das jedoch unterschiedlich ausgestaltet ist.[160] Obwohl es sich dabei um keinen rechtmäßigen Aufenthalt handelt, und folglich um keine Regularisierung,

---

152 Siehe *Europäische Kommission*, Final Report v 23.11.2009, 42-46, 54-59, 74-79. Zu Österreich: *Kraler/Hollomey*, Austria: Irregular Migration – A Phenomenon in Transition in *Triandafyllidou* (Hrsg), Irregular Migration: Myths and Realities (2010) 41. Zu Deutschland: *Cyrus/Kovacheva*, Undocumented Migration in Germany: Many Figures, Little Comprehension in *Triandafyllidou* (Hrsg), Irregular Migration: Myths and Realities (2010) 125. Zu Spanien *González-Enríquez*, Spain: Irregularity as a Rule in *Triandafyllidou* (Hrsg), Irregular Migration: Myths and Realities (2010) 247.

153 *Baldwin-Edwards/Kraler*, Final Report v Jänner 2009, 39.

154 Zur Unterscheidung der Begriffe Regularisierungs-Programm und -Mechanismus siehe Kapitel 2.B.I.

155 Siehe Kapitel 4.C.I.

156 *Baldwin-Edwards/Kraler*, Final Report v Jänner 2009, 39.

157 Vgl *Baldwin-Edwards/Kraler*, Final Report v Jänner 2009, 39f; *Pelzer*, Regularisierung des Aufenthalts von Menschen ohne Papiere: Bausteine einer liberalen Migrationspolitik? in *Fischer-Lescano/Kocher/Nassibi* (Hrsg), Arbeit in der Illegalität: Die Rechte von Menschen ohne Aufenthaltspapiere (2012) 143 (149) und jüngst *Kraler*, Journal of Immigrant and Refugee Studies 2019, 99 und 102.

158 Siehe Kapitel 4.A.III., Kapitel 4.B.III. und Kapitel 4.C.III.

159 Siehe bspw im Zusammenhang mit dem Zivilrecht *Zweigert/Kötz*, Rechtsvergleichung 130ff sowie *Ebert*, Rechtsvergleichung 57ff.

160 Siehe § 46a FPG und § 60a AufenthG sowie unten Kapitel 5.A.I.2.-3.

ist die Duldung oftmals die erste Stufe zur Erlangung eines Aufenthaltsrechts und damit der erste Schritt aus der aufenthaltsrechtlichen Irregularität.[161] Die Einbeziehung dieses Rechtsinstituts bereichert deshalb den Vergleich. Weiters sind die Regularisierungen in Österreich und Deutschland jeweils an verschiedene Voraussetzungen geknüpft. Der Rechtsvergleich wird hierbei beantworten, ob „dieselbe rechtliche Funktion durch verschiedene Rechtsfiguren wahrgenommen wird".[162] Obwohl Deutschland und Österreich als „ideological opponents" von Regularisierungen bezeichnet werden,[163] wird der Rechtsvergleich zeigen, dass diese Behauptung nicht länger aufrechterhalten werden kann, da beide Regularisierungen einsetzen, um den irregulären Aufenthalt von Migrant*innen zu beenden. Weiters beschäftigen beide Staaten noch die Folgen des „langen Sommers der Migration 2015", wodurch es zu einer hohen Anzahl an Antragstellungen auf internationalen Schutz gekommen ist.[164]

Alle drei Staaten sind Mitglieder der EU und daher Teil derselben supranationalen Rechtsordnung. Folglich müssen sie auch dieselben unionsverfassungsrechtlichen Vorgaben erfüllen.[165] Anders gesagt, haben sie durch ihre Mitgliedschaft in der EU dieselbe programmatische Zielsetzung. So hat sich die EU die „Bekämpfung" irregulärer Einwanderung – als eines der Kernelemente der unionalen Einwanderungspolitik[166] – zum Ziel gesetzt. Eine nähere rechtsdogmatische Analyse der unionsrechtlichen Handlungsspielräume im Bereich aufenthaltsrechtlicher Irregularität und Regularisierungen erfolgt in Kapitel 3. Wie bereits kurz dargelegt, werde ich an dieser Stelle eigenständige Beiträge zur rechtsdogmatischen Klärung auslegungsbedürftiger Begriffe und Normen unterbreiten. Auch vor diesem Hintergrund ist der kontextuelle Rechtsvergleich zweckmäßig, da ich in der vorliegenden Arbeit untersuche, ob eine gemeinsame, unionsrechtli-

---

161 Siehe hierzu Kapitel 2.B.III.1.a.

162 *Von Busse*, Rechtsvergleichung 341.

163 Vgl *Baldwin-Edwards/Kraler*, Final Report v Jänner 2009, 8, 42; *Kraler/Reichel/Hollomey*, Undocumented Migration: Country Report Austria, Clandestino Project v November 2008/updated October 2009, http://irregular-migration.net/typo3_upload/groups/31/4.Background_Information/4.4.Country_Reports/Austria_CountryReport_Clandestino_Nov 09_2.pdf (10.10.2018). Jüngst wesentlich vorsichtiger *Kraler*, Journal of Immigrant and Refugee Studies 2019, 99 und 102.

164 Siehe die diesbezüglichen Verweise in Fn 29.

165 Siehe Kapitel 3.C.

166 Siehe Kapitel 3.A. und Kapitel 3.C. sowie *Ter Steeg*, Das Einwanderungskonzept der EU (2006) 421ff oder *Rossi* in *Calliess/Ruffert* (Hrsg), EUV/AEUV Kommentar[5] (2016) Art 79 AEUV Rn 6f, 22ff.

che Lösung bezüglich Regularisierungen gefunden werden kann.[167] Die Erkenntnisse des Rechtsvergleichs werden die gemeinsamen bzw unterschiedlichen Lösungsansätze darlegen. Durch die Darstellung der kontextuellen Bezüge kann so eine bessere Analyse der Lösungsansätze erfolgen, die auf EU-Ebene wirksam sein könnten.

Alles in allem sind die drei ausgewählten Mitgliedstaaten individuell sehr unterschiedlich, aber setzen von außen betrachtet ähnliche Regularisierungen ein. Durch die Analyse kann ich zeigen, dass die Mitgliedstaaten in ihren nationalen Rechtsordnungen eine unterschiedliche Anzahl an Regularisierungen implementiert haben und von diesem Rechtsinstrument intensiv Gebrauch machen.

II. Rechtsanalyse aus der Perspektive irregulär aufhältiger Migrant*innen

Die folgenden Ausführungen beziehen sich auf den in der vorliegenden Arbeit eingenommen Standpunkt. Hierzu muss weiter ausgeholt werden. Grundsätzlich finden sich Bestimmungen des (europäischen) Migrationsrechts in drei unterschiedlichen Rechtsquellenebenen:

- Im Völkerrecht, wobei hier vor allem zwischen abgeschlossenen Verträgen im Rahmen der Vereinten Nationen und des Europarats zu unterscheiden ist.
- Im Unionsrecht differenziert man zwischen Primärrecht,[168] Sekundärrecht und völkerrechtlichen Abkommen der EU mit Drittstaaten.[169]
- Im nationalen Recht unterscheidet man zwischen (nationaler) Gesetzgebung und Abkommen der Mitgliedstaaten der EU und Drittstaaten.

Vorliegende Arbeit befasst sich mit allen drei Ebenen und zeigt, dass eine isolierte Betrachtung einer Ebene nicht mehr zeitgemäß ist. Dies wird bereits in Kapitel 1 deutlich, wo die Wechselwirkungen zwischen den dreien dargestellt werden. Kapitel 3 befasst sich, genauso wie Kapitel 6, ausschließlich mit dem Europarecht. Der Schwerpunkt des Rechtsvergleichs in Teil 2 bildet das öffentliche Recht der drei ausgewählten Mitgliedstaaten, wobei den Prüfungsmaßstab jeweils die europa- und völkerrechtlichen Bestimmungen bilden.[170]

---

167 Vgl allgemein zu dieser Fragestellung *Von Busse*, Rechtsvergleichung 51.

168 Art 20f und 45ff AEUV.

169 Art 216 AEUV.

170 Siehe Einleitung D.I.1.

Im Hinblick auf die behandelten Rechtsquellen ist der Begriff des „transnational law“[171] hervorzuheben. Darunter wird unter anderem Recht verstanden, das Sachverhalte und Handlungen regelt, die nationalstaatliche Grenzen überschreiten.[172] Transnationales Recht umfasst nach einer Ansicht nationale und völkerrechtliche Normen. *Farahat* führt aus, dass besonders „die Wechselbezüglichkeit und Vernetzung dieser verschiedenen Ebenen des Rechts zu verdeutlichen, die sich in einem konkreten Sachverhalt zeigen“,[173] Aufgabe des transnationalen Rechts ist.

Ein methodischer Aspekt der transnationalen Forschung verdient besondere Beachtung: Ausgewählte Fallkonstellationen werden aus der Perspektive des Adressat*innenkreises beleuchtet, kategorisiert und analysiert.[174] *Farahat* hat diese methodische Herangehensweise etwa auf das Forschungsfeld der transnationalen Migration umgelegt und angewandt.[175] Dieser Zugang bietet auch für die vorliegende Arbeit einen Referenzrahmen und wird deshalb herangezogen.

Folglich steht die aufenthaltsrechtliche Situation der Migrant*innen, die sich in einen Mitgliedstaat begeben und in diesem irregulär aufhältig sind, im Mittelpunkt der juristischen Analyse. Der Untersuchung liegt dadurch gleichzeitig eine individualrechtliche Perspektive zugrunde. Bisher hat sich die Forschung diesen Thematiken zumeist aus dem Blickwinkel des Aus-

---

171 Grundlegend *Jessup*, Transnational Law (1956); vgl *Viellechner*, Was heißt Transnationalität im Recht? in *Calliess* (Hrsg), Transnationales Recht: Stand und Perspektiven (2014) 57 (59); *Miller/Zumbansen* (Hrsg), Comparative Law as Transnational Law (2012); *Zumbansen*, Carving Out Typologies and Accounting for Differences Across Systems: Towards a Methodology of Transnational Constitutionalism in *Rosenfeld/Sajó* (Hrsg), The Oxford Handbook of Comparative Constitutional Law (2012) 75 (75-84); *Fischer-Lescano*, Transnationales Verwaltungsrecht: Privatverwaltungsrecht, Verbandsklage und Kollisionsrecht nach der Arhus-Konvention, JZ 2008, 373 (375ff); zum transnationalen Flüchtlingsrecht siehe *Goodwin-Gill/Lambert*, The Limits of Transnational Law: Refugee Law, Policy Harmonization and Judicial Dialogue in the European Union (2010).

172 Vgl *Jessup*, Transnational 1ff; *Farahat*, Progressive Inklusion: Zugehörigkeit und Teilhabe im Migrationsrecht (2014) 11 mwN; *Viellechner* in *Calliess* 59ff. Für eine Beschreibung im Zusammenhang mit dem Verwaltungsrecht siehe *Kment*, Transnationalität im Verwaltungsrecht in *Calliess* (Hrsg), Transnationales Recht: Stand und Perspektiven (2014) 331 (331). Dazu kritisch *Calliess/Maurer*, Transnationales Recht – eine Einleitung in *Calliess* (Hrsg), Transnationales Recht: Stand und Perspektiven (2014) 1 (6ff).

173 *Farahat*, Progressive Inklusion 12.

174 Vgl *Farahat*, Progressive Inklusion 12f; *Jessup*, Transnational 11f.

175 Vgl *Farahat*, Progressive Inklusion 18.

weisungsrechts und damit nur aus der Staatenperspektive genähert.[176] Um einen „Gegenpol" zur bisherigen Forschung darzustellen, werden die aufenthaltsrechtliche Irregularität und Regularisierungen auch aus der Perspektive irregulär aufhältiger Migrant*innen beleuchtet.[177] Derart können die vielfältigen nationalen, europarechtlichen und völkerrechtlichen Bestimmungen (neu) erfasst und strukturiert werden.[178] Diese Herangehensweise kommt auch durch den systematisierenden Anknüpfungspunkt des Rechtsvergleichs (Regularisierungszweck) zum Ausdruck, der aufenthaltsrechts-begründenden Entscheidungen eine kontraktualistische Struktur zugrunde legt.[179]

Somit steht das Aufenthaltsrecht, das den rechtmäßigen bzw unrechtmäßigen Aufenthalt der Migrant*innen begründet, im Mittelpunkt der vorliegenden Arbeit.[180] Dies scheint im Hinblick auf das sich wandelnde Verständnis des Aufenthalts-, Ausländer- und Fremdenrechts der zeitgemäße und fruchtbringendere Zugang zu sein. Demnach handelt es sich bei aufenthaltsrechts-begründenden Entscheidungen,[181] um eine rechtsordnungsübergreifende Grundstruktur des Aufenthaltsrechts, das nicht um die Ausweisung[182] als zentrale Bauform organisiert ist.[183] Durch den dargelegten Perspektivenwechsel können neue Forschungsergebnisse erarbeitet werden, die zur bisherigen Forschung aus Staatenperspektive hinzutreten.

---

176 Anstatt vieler *Thym*, Schutz des Aufenthalts zwischen polizeilicher Herkunft und menschenrechtlicher Neuausrichtung in *Arndt/Betz/Farahat/Goldmann/Huber/Keil/Láncos/Schaefer/Smrkolj/Sucker/Valta* (Hrsg), 48. Assistententagung Öffentliches Recht (2008) 221.

177 Siehe nur *Handmaker/Mora*, 'Experts': the mantra of irregular migration and the reproduction of hierarchies in *Ambrus/Arts/Hey/Raules* (Hrsg), The Role of 'Experts' in International and European Decision-Making Processes: Advisors, Decision Makers or Irrelevant Actors? (2014) 263, die von einer „migrant-centred perspective" sprechen.

178 *Farahat*, Progressive Inklusion 13.

179 Siehe Kapitel 2.B.II.

180 So auch *Menezes Queiroz*, Illegally Staying 8, die Illegalität in der EU in ihren unterschiedlichen Ausformungen aus dem Blickwinkel des Aufenthaltsrechts analysiert.

181 Siehe zur Definition Kapitel 2.A.II.3.

182 Ausweisung wird allgemein als eine Anordnung, das Staatsgebiet zu verlassen, verstanden.

183 Siehe Kapitel 2.B.II.

III. Stand der Dissertation

Die Dissertation wurde mit Stand 1.1.2019 abgeschlossen, wobei Gesetzesentwicklungen und Rspr bis dahin eingearbeitet wurden. Das sogenannte „Migrationspaket", ein Bündel aus mehreren Gesetzesvorhaben, wurde erst nach Abschluss der vorliegenden Arbeit im Juni 2019 vom deutschen Bundestag beschlossen[184] und großteils bereits vom Bundesrat gebilligt. Die für die vorliegende Arbeit relevanten Gesetze, die im Zusammenhang mit dem „Migrationspaket" erlassen wurden, werden an der jeweils einschlägigen Stelle bis inklusive Dezember 2019 berücksichtigt, da sie teils enorme Auswirkungen auf die geltende Rechtslage haben (werden).

Kapitel 1 wurde bereits in deutscher und englischer Sprache in einer älteren Version publiziert.[185] Einzelne Teile der Kapitel 2, 3, 5 und 6 wurden ebenfalls in Vorversionen veröffentlicht.[186]

---

184 Siehe Kapitel 4.A.I.

185 *Hinterberger*, Die Mehrebenendimension aufenthaltsrechtlicher Irregularität. Konzeptionelle Überlegungen zum Auftreten irregulärer Migration in der EU in *Thym/Klarmann* (Hrsg), Unionsbürgerschaft und Migration im aktuellen Europarecht (2017) 155 sowie *Hinterberger*, A Multi-Level Governance Approach to Residence Rights of Migrants and Irregular Residence in the EU, EJML 2018, 182.

186 Kapitel 3: *Hinterberger/Klammer*, Abschiebungsverbote aus gesundheitlichen Gründen: Die aktuelle Rechtsprechung des EGMR und EuGH zu Non-Refoulement und deren Auswirkungen auf die österreichische, deutsche und spanische Rechtslage – eine Verbesserung der rechtlichen Situation schwer kranker Drittstaatsangehöriger? in *Filzwieser/Taucher* (Hrsg), Asyl- und Fremdenrecht. Jahrbuch 2017 (2017) 111 sowie die gekürzte Version *Hinterberger/Klammer*, Abschiebungsverbote aus gesundheitlichen Gründen: Die aktuelle EGMR- und EuGH-Rechtsprechung zu Non-Refoulement und deren Auswirkungen auf die deutsche Rechtslage – eine Verbesserung der rechtlichen Situation schwer kranker Drittstaatsangehöriger, NVwZ 2017, 1180. In beiden Artikel wurde jeweils eingangs angemerkt, dass ich selbst Autor jener Teile war, die sich in der vorliegenden Arbeit wiederfinden.
Kapitel 5: *Hinterberger*, Arbeitsmarktzugang von Fremden mit „Duldung" oder „Aufenthaltstitel aus besonders berücksichtigungswürdigenden Gründen" – Eine gleichheitsrechtliche Analyse, DRdA 2018, 104.
Kapitel 2, 3, 5 und 6: *Hinterberger*, An EU Regularization Directive. An effective solution to the enforcement deficit in returning irregularly staying migrants, Maastricht Journal of European and Comparative Law 2019, 736 und *Hinterberger*, Eine Regularisierungsrichtlinie der EU: Eine wirksame Lösung für das Vollzugsdefizit von Rückführungen irregulär aufhältiger Migrant*innen in *Lanser/Potocnik-Manzouri/Safron/Tillian/Wieser* (Hrsg), Social Europe? 1. Tagung junger Europarechtler*innen 2018 (2018) 45.

Teil 1 – Aufenthaltsrechtliche Irregularität und Regularisierungen

Der erste Teil dieser Arbeit beschäftigt sich mit aufenthaltsrechtlicher Irregularität und Regularisierungen und steckt den unionsrechtlichen Rahmen ab. In Kapitel 1 werden zunächst die Aufenthaltsrechte von Migrant*innen und der irreguläre Aufenthalt behandelt. Anhand der Mehrebenenanalyse kann gezeigt werden, dass sich die nationalen Rechtsordnungen durch den Einfluss des Völker- und Europarechts in Bezug auf die Genehmigung des Aufenthalts von Migrant*innen verändert haben und in diesen Materien nicht mehr alleine die Mitgliedstaaten entscheiden. Diese differenzierte Betrachtung ist mittels der Unterscheidung zwischen Migrant*innen mit und ohne quasi-automatischen Aufenthaltsrechten möglich, da diese zeigt, dass diese Rechte sowohl auf der internationalen, der EU- als auch auf der nationalen Ebene festgelegt sind. Gleichzeitig kann der inhaltliche und persönliche Gegenstand der vorliegenden Arbeit definiert werden. In Kapitel 2 wird sodann der Regularisierungsbegriff im Detail beleuchtet. Einerseits wird eine Definition von Regularisierungen und andererseits eine Kategorisierung von Regularisierungen für den Rechtsvergleich vorgenommen. Diese konzeptionellen Überlegungen sind notwendig, um sich anschließend in Kapitel 3 rechtsdogmatisch mit den unionsrechtlichen Handlungsspielräumen in Bezug auf die aufenthaltsrechtliche Irregularität und Regularisierungen beschäftigen zu können. Zunächst wird das Sekundärrecht, in concreto die RückführungsRL, analysiert. Anschließend wird bei näherer Analyse der primärrechtlichen Bestimmungen deutlich, dass die EU die notwendige Kompetenz besitzt, um einen Rechtsakt betreffend Regularisierungen auf EU-Ebene zu erlassen.

Kapitel 1 – Die Mehrebenenanalyse der Aufenthaltsrechte von Migrant*innen und des irregulären Aufenthalts in der EU[187]

Die (öffentlichen) Debatten vermitteln oftmals den Eindruck, dass jeder Mitgliedstaat selbstständig darüber entscheidet, ob der Aufenthalt eines*r Migranten*in genehmigt wird. Mit anderen Worten, ob die Person (aufenthaltsrechtlich) irregulär wird. Dieses Verständnis greift zu kurz,[188] da es den Mehrebenencharakter in der EU verkennt.[189]

Ich werde daher anhand der Mehrebenenanalyse die Aufenthaltsrechte von Migrant*innen und den irregulären Aufenthalt in der EU beleuchten (A.). Dadurch kann ich einerseits zeigen, wer innerhalb der EU (tatsächlich) ermächtigt ist, den Aufenthalt von Migrant*innen zu genehmigen bzw umgekehrt den irregulären Aufenthalt von Migrant*innen zu begründen (B.-D.) und andererseits die persönliche Reichweite meiner Dissertation definieren. Derart kann herauskristallisiert werden, welche Personen in der EU als irregulär aufhältige Migrant*innen zu identifizieren sind.[190] Abschließend kann ich die Veränderung der nationalen Rechtsordnungen im Hinblick auf die Aufenthaltsrechte von Migrant*innen und den irregulären Aufenthalt beschreiben (E.).

A. *Mehrebenenanalyse und aufenthaltsrechtlich privilegierte Migrant*innen*

In Bezug auf die Aufenthaltsrechte von Migrant*innen ist die sogenannte „statist assumption"[191] in der Lehre nach wie vor stark verankert und stellt

---

187 Das vorliegende Kapitel wurde bereits in einer früheren Fassung auf Deutsch und in einer aktuelleren auf Englisch publiziert; *Hinterberger* in *Thym/Klarmann* 155 sowie *Hinterberger*, EJML 2018 und siehe Einleitung D.III.

188 Für eine eindrucksvolle These mit anderen Schwerpunkten siehe *Costello*, Human Rights 13ff.

189 *Howse/Nicolaidis*, Democracy without Sovereignty: The Global Vocation of Political Ethics in *Broude/Shany* (Hrsg), The Sifting Allocation of Authority in International Law (2008) 163 (164-167).

190 Eine erste Annäherung bei *Guild*, Who is an irregular migrant? in *Bogusz/Cholewinski/Cygan/Szyszczak* (Hrsg), Irregular Migration and Human Rights (2004) 3.

191 *Costello*, Human Rights 10f.

einen der Grundpfeiler des völkerrechtlichen Fremdenrechts dar.[192] Nach dieser ist die Macht und das Recht „to admit and exclude aliens“[193] ein Ausfluss staatlicher Souveränität. Folglich entscheidet jeder Mitgliedstaat eigenständig über die Genehmigung des Aufenthalts von Migrant*innen bzw umgekehrt über die Frage, ob sie irregulär aufhältig werden.

Diese Sichtweise greift jedoch zu kurz. Das Recht die Einreise und den Aufenthalt von Migrant*innen zu genehmigen ist gerade nicht uneingeschränkt, auch wenn die Staaten hierbei einen (weiten) Entscheidungsspielraum[194] genießen.[195] Einerseits schränken die Menschenrechte dieses Recht ein. Speziell Art 3 und 8 EMRK bieten einen gewissen Ausweisungsschutz, der an anderer Stelle noch näher dargestellt wird.[196] Dies wurde vom EGMR bereits 1985 im Fall *Abdulaziz* und in der Folge auch vom EuGH bestätigt.[197] Andererseits schränkt das Europarecht den Spielraum der Mitgliedstaaten für eigenständige bzw abweichende nationalstaatliche Regelungen ein.[198]

In dem Zusammenhang bietet ein Werk von *Costello* betreffend die Menschenrechte von Migrant*innen und Flüchtlingen im Unionsrecht eine interessante Perspektive. Die Autorin argumentiert darin: „The EU is a transformative political space, and in taking decisions out of the exclusive domain of the State, the underlying assumption of the confluence of territory, authority, and rights is undone, destabilizing the statist migration control assumption“.[199] Ihrer Ansicht nach begründen einige EU-

---

192 Vgl *Martin*, The Authority and Responsibility of States in *Aleinikoff/Chetail* (Hrsg), Migration and International Legal Norms (2003) 31; *Nafziger*, The General Admission of Aliens under International Law, AJIL 1983, 804; *Krohne*, Die Ausbürgerung illoyaler Staatsangehöriger (2013) 163.

193 *Bosniak*, Human Rights, State Sovereignty and the Protection of Undocumented Migrants under the International Migrant Workers Convention, International Migration Review 1991, 737 (754).

194 Im Englischen wird üblicherweise der Begriff „discretion“ verwendet; siehe *Guild*, Discretion, Competence and Migration in the European Union, EJML 1999, 61 (63f).

195 Vgl grundlegend *Goodwin-Gill*, International Law and the Movement of Persons between States (1978); *Cornelisse*, Immigration Detention and Human Rights: Rethinking Territorial Sovereignty (2010) 161ff, 176ff.

196 Siehe Fn 522.

197 EGMR 28.5.1985, *Abdulaziz, Cabales und Balkandali/Vereinigtes Königreich*, 9214/80, 9473/81 und 9474/81, Rn 67; EuGH 27.6.2006, C-540/03, ECLI:EU:C:2006:429, *Parlament/Rat*, Rn 55.

198 Vgl *Tewocht*, Auf dem Weg zur Gleichstellung von Drittstaatsangehörigen und Unionsbürgern? – Zu Inhalt und Reichweite der sogenannten ‚Rahmenrichtlinie‘, ZAR 2012, 217 (218 Fn 6 mwN).

199 *Costello*, Human Rights 24.

Rechtsakte – etwa betreffend Familien oder der Aufnahme von Flüchtlingen – ein „effektives Einreiserecht".[200] Eine der Gründe hierfür ist die geteilte Gesetzgebungskompetenz zwischen der EU und den Mitgliedstaaten bezüglich der Einreise von Migrant*innen.[201]

Ziel des vorliegenden Kapitels ist, die Idee von *Costello* weiterzuentwickeln und für die angedachte Mehrebenenanalyse fruchtbar zu machen. Dafür setze ich mich mit der Frage auseinander, auf welcher Ebene Rechtsakte erlassen wurden, die sogenannte quasi-automatische Aufenthaltsrechte von Migrant*innen innerhalb der EU begründen.[202]

Um diese Frage angemessen beantworten zu können, unterscheide ich in der Folge zwischen Migrant*innen, die über ein bzw kein quasi-automatisches Aufenthaltsrecht verfügen. Migrant*innen verfügen über ein quasi-automatisches Aufenthaltsrecht und sind daher aufenthaltsrechtlich privilegiert, insofern sie in eine der folgenden Kategorien fallen: (i.) wenn sie Staatsangehörige eines EU-Mitgliedstaates, eines EWR-Staates oder der Schweiz sind (Staatsangehörigkeit); (ii.) wenn sie internationalen Schutz im Sinne der StatusRL genießen (anerkannte Schutzbedürftigkeit); (iii.) wenn ein Verwandtschaftsverhältnis zu einem*r aufenthaltsrechtlich privilegierten Migrant*in besteht (Verwandtschaftsverhältnis).

Eine Rechtsfolge, wenn eine Person unter eine der genannten Kategorien fällt, ist, dass sie vereinfacht gesagt „automatisch" mit der Einreise ein Aufenthaltsrecht in einem Mitgliedstaat der EU erwirbt. So können etwa Unionsbürger*innen aufgrund ihres Freizügigkeitsrechts in einen anderen Mitgliedstaat reisen und sich in diesem aufhalten (i.). Im Falle von Personen mit Anspruch auf internationalen Schutz müssen die betreffenden Personen zusätzlich zuerst einen Antrag stellen und ein deklaratorisches Statusverifikationsverfahren durchlaufen (ii.).[203] Anders gesagt, aufenthaltsrechtlich privilegierte Migrant*innen genießen ein Aufenthaltsrecht bloß deshalb, weil sie von einer der genannten Kategorien erfasst sind. Der Rechtsanspruch auf das Aufenthaltsrecht ist völker- oder europarechtlich begründet, weshalb den Mitgliedstaaten in diesen Fällen kein Spielraum verbleibt. Eine weitere Rechtsfolge ist, dass Migrant*innen mit quasi-automatischen Aufenthaltsrechten nur in Ausnahmefällen irregulär aufhältig

---

200 *Costello*, Human Rights 28.

201 *Costello*, Human Rights 13ff. Gem Art 4 Abs 2 lit j AEUV teilen sich die EU und die Mitgliedstaaten die Kompetenzen betreffend den Raum der Freiheit, der Sicherheit und des Rechts. Vertiefend siehe Kapitel 3.D.

202 Vgl *Howse/Nicolaidis* in *Broude/Shany* 164.

203 *Bast*, Aufenthaltsrecht 286 und siehe Kapitel 1.C.

werden können. Diese Ausnahmen werden aus Umfanggründen grundsätzlich nicht näher untersucht.[204] Alle quasi-automatischen Aufenthaltsrechte sind im Völker- und/oder Europarecht normiert, keine im nationalen Recht.[205] Somit kann bereits an dieser Stelle festgehalten werden, dass die Genehmigung des Aufenthalts von Migrant*innen nicht mehr im ausschließlichen Kompetenzbereich der Mitgliedstaaten liegt.[206] Dies ergibt sich unter anderem aus den primärrechtlichen Bestimmungen, wie in der Folge noch gezeigt wird. Allerdings haben die Mitgliedstaaten hierbei noch vollziehende Kompetenzen.[207]

Im Gegensatz dazu verfügen die Mitgliedstaaten noch über Spielraum den Aufenthalt von Migrant*innen, die aufenthaltsrechtlich nicht privilegiert sind, zu begründen oder zu versagen, da keine europa- oder völkerrechtlichen Ansprüche auf Aufenthalt gegeben sind.[208] Jene Migrant*innen, bei denen es sich um Drittstaatsangehörige im Sinne des Unionsrechts handelt,[209] können irregulär aufhältig sein, da sie gerade nicht in den Genuss eines quasi-automatischen Aufenthaltsrechts kommen. Sind sie irregulär aufhältig, fallen sie in den Anwendungsbereich der RückführungsRL.[210] Grundsätzlich haben die Mitgliedstaaten gem Art 6 Abs 1 RückführungsRL die Verpflichtung eine Rückkehrentscheidung gegen irregulär aufhältige Migrant*innen zu erlassen und ein Rückkehrverfahren durchzuführen.[211] Dies steht im Einklang mit dem Ziel der Richtlinie, und zwar „die Festlegung einer wirksamen Rückkehr- und Rückübernahmepolitik […], die auf gemeinsamen Normen und rechtlichen Garantien beruht, die gewährleisten, dass die betreffenden Personen unter vollständiger Achtung der Grundrechte auf menschenwürdige Weise zurückgeführt werden".[212] Dennoch lässt die RückführungsRL den Mitgliedstaaten einen weiten Ermessensspielraum in Bezug auf das Rückführungsverfahren.[213] In dem Zusammenhang hat der EuGH festgestellt, dass die Rückführungs-

---

204 Siehe aber Kapitel 1.B.I.

205 So auch *Costello*, Human Rights 18.

206 In dem Sinne auch bereits *Guild*, EJML 1999, 63.

207 Vgl *Costello*, Human Rights 28.

208 Siehe Fn 201.

209 Siehe nur Kapitel 1.C.I.

210 Art 2 Abs 1 RückführungsRL; vgl *Lutz* in *Hailbronner/Thym* (Hrsg), EU Immigration and Asylum Law. A Commentary[2] (2016) Art 2 Return Directive Rn 1ff.

211 Siehe hierzu im Detail unten Kapitel 3.B.I.

212 EuGH *Mahdi*, Rn 38.

213 Siehe nur Art 2 Abs 2, Art 6 Abs 6 und Art 8 Abs 6 RückführungsRL sowie Kapitel 3.B.I. In Bezug auf Art 3 Z 4 RückführungsRL siehe EuGH 6.12.2012, C-430/11, ECLI:EU:C:2012:777, *Sagor*, Rn 39.

RL nicht zum Ziel hat, „die nationalen Rechtsvorschriften über den Aufenthalt von Ausländern insgesamt zu harmonisieren".[214] Bereits diese Ausführungen zeigen das komplexe Zusammenspiel zwischen der EU- und nationalen Ebene in Bezug auf irregulär aufhältige Migrant*innen, die aufenthaltsrechtlich nicht privilegiert sind.

Meine These lautet daher, dass die Mehrebenenanalyse am besten das komplizierte Zusammenspiel zwischen internationaler, EU- und nationaler Ebene in Bezug auf die Aufenthaltsrechte von Migrant*innen und den irregulären Aufenthalt erfasst. Aus Gründen der Einfachheit wird jede der drei Ebenen als eine homogene „Einheit" behandelt (internationale, EU- und nationale Ebene). In Bezug auf die nationale Ebene wird etwa nicht zwischen Bundes-, regionaler oder kommunaler Ebene unterschieden, auch wenn ausgewählte Beispiele den wachsenden Einfluss der Länder bzw Gemeinden unterstreichen.[215]

Methodisch wurde der Ansatz der Mehrebenenanalyse (im Englischen „multi-level governance") im Rahmen der Europäischen Integrationsforschung innerhalb der Politikwissenschaften entwickelt.[216] „Multi-level governance" steht demnach für Folgendes: „The dispersion of authoritative decision-making across multiple territorial levels".[217] Diese Herangehensweise eignet sich auch für die Analyse der Aufenthaltsrechte von Migrant*innen und des irregulären Aufenthalts in der EU.[218] Obwohl im Mehrebenensystem grundsätzlich alle Bereiche des politischen

---

214 EuGH 6.12.2011, C-329/11, ECLI:EU:C:2011:807, *Achughbabian*, Rn 28.

215 Siehe für die Rolle der schweizerischen Kantone betreffend den Regularisierungen von irregulär aufhältigen Migrant*innen *Della Torre*, Bottom-up Approaches to the Regularisation of Undocumented Migrants. The Swiss Case in *Rijken/de Lange* (Hrsg), Towards a Decent Labour Market for Low-Waged Migrant Workers (2018) 231. Oder die noch näher zu erläuternde Kompetenz der deutschen Bundesländer in Bezug auf die sogenannten Härtefallregelungen in Kapitel 5.D.II.1. Allgemein zur kommunalen Kompetenz in Migrationsangelegenheiten siehe *Caponio/Borkert* (Hrsg), The Local Dimension of Migration Policymaking (2010).

216 *Hooghe/Marks*, Multi-Level Governance and European Integration (2001); weiters *Bache/Flinders*, Multi-Level Governance (2004); *Piattoni*, The Theory of Multi-Level Governance (2010).

217 *Hooghe/Marks*, Multi-Level Governance 1.

218 Für einen etwas anderen Ansatz in Bezug auf Einreiserechte siehe *Costello*, Administrative Governance and the Europeanisation of Asylum and Immigration Policy in *Hofmann/Türk* (Hrsg), EU Administrative Governance (2006) 287 (287) oder etwa auch den Beitrag von *Jiménez Ruiz/Marín Gámez*, Una discusión jurídica multinivel entre práctica y teoría en el contexto español, Revista de Derecho Migratorio y Extranjería 2015/38, 57.

Entscheidungsprozesses analysiert werden, beschränke ich mich auf die Gesetzgebung, insbesondere auf den Erlass von Rechtsakten und die darin festgelegten Rechte, und lasse etwa die Vollziehung außen vor.

In der Folge werden die drei Kategorien (Staatsangehörigkeit, anerkannte Schutzbedürftigkeit und familiäre Beziehungen), die Migrant*innen aufenthaltsrechtlich privilegieren, im Detail analysiert. Die drei zu analysierenden Rechtsquellenebenen,[219] korrelieren mit jenen drei, in denen Bestimmungen des (europäischen) Migrationsrechts zu finden sind und die den größeren Rahmen der vorliegenden Arbeit bilden.[220] Abschließend zeige ich, dass die „statist assumption" nicht mehr zeitgemäß ist, da die Mitgliedstaaten im Hinblick auf die Aufenthaltsrechte von Migrant*innen nicht mehr alleine entscheiden.

I. Das näher zu analysierende Aufenthaltsrecht

Um die einzelnen Kategorien darstellen zu können und gleichsam die aufenthaltsrechtliche Stellung[221] von (irregulär aufhältigen) Migrant*innen zu eruieren, ist es zunächst erforderlich, sich mit dem zentralen Element des Aufenthaltsrechts auseinanderzusetzen. Ein Aufenthaltsrecht verleiht grundsätzlich das Recht, sich auf dem Territorium eines Mitgliedstaates aufzuhalten.[222] In der vorliegenden Arbeit ist daher ein Aufenthaltsrecht gegeben, wenn mit diesem ein rechtmäßiger Aufenthalt einhergeht, der von der nationalen Rechtsordnung als solcher anerkannt wird. Mit einem Aufenthaltsrecht kann – muss aber nicht – ein Recht zur Einreise bzw Aufnahme einer Erwerbstätigkeit verbunden sein.

Für das vorliegende Kapitel stellt sich zunächst die Frage, welche Art von Aufenthaltsrecht für die Mehrebenenanalyse in den Fokus genommen wird: Näher analysiert werden die Fälle, in denen mit der tatsächlichen Einreise ein Aufenthaltsrecht eingeräumt wird und die Entscheidung darüber einer national- bzw mitgliedstaatlichen Entscheidung entzogen ist. Aus konzeptioneller Sicht interessant sind vor allem jene Aufenthaltsrech-

---

219 Vgl *Menezes Queiroz*, Illegally Staying 2.

220 Siehe Einleitung D.II.

221 *Costello*, Human Rights 2, spricht etwa vom „migration status", der durch Einwanderungs- und Asylgesetze geschaffen wird. Der Begriff scheint weiter zu sein, da er mehr als das Aufenthaltsrecht miteinbezieht. Siehe auch *Schieber*, Komplementärer Schutz.

222 Siehe grundsätzlich zum Begriff „Territorium" *Bast*, Völker- und unionsrechtliche Anstöße zur Entterritorialisierung des Rechts, VVDStRL 2016/76, 278.

te von Nichterwerbstätigen, die sozusagen „automatisch" mit der Einreise einhergehen oder etwa – speziell bei Flüchtlingen – in einem deklaratorischen Statusverifikationsverfahren[223] zuerkannt werden. Wie noch zu zeigen sein wird, ist in diesen Fällen dementsprechend eine aufenthaltsrechtliche Privilegierung gegeben.[224] Im Einklang mit dem methodischen Zugang der vorliegenden Arbeit werden die quasi-automatischen Aufenthaltsrechte aus der Perspektive der Migrant*innen – und gerade nicht wie bisher zumeist nur aus dem Blickwinkel des Ausweisungsrechts bzw der staatlichen Perspektive – beleuchtet.[225]

Mit einer wirtschaftlichen Betätigung kann ein Recht zum Aufenthalt einhergehen, in Kapitel 1 werden aber nur jene Aufenthaltsrechte behandelt, deren Begründungsvoraussetzung gerade nicht die Aufnahme einer Erwerbstätigkeit ist. Im Zusammenhang mit Unionsbürger*innen werden daher die Personenverkehrsfreiheiten wie die Arbeiternehmerfreizügigkeit nicht untersucht,[226] weil dafür die Arbeitnehmereigenschaft erfüllt sein muss. Das allgemeine Freizügigkeitsrecht hingegen ist als Auffangtatbestand sehr wohl zu analysieren.[227]

Abschließend ist darauf hinzuweisen, dass der Begriff Aufenthaltsrecht in Bezug auf die Regularisierungsdefinition in Kapitel 2.A.II.2. eine zentrale Rolle spielt und an der genannten Stelle noch einmal vertieft dargestellt wird. Die geteilte Darstellung ist die zweckmäßigste Lösung, um Regularisierungen in besagtem Kapitel 2 in ihrer Gesamtheit erfassen zu können.

II. Irregulär aufhältige Migrant*innen

Neben dem in den Fokus genommenen Aufenthaltsrecht ist auch der Begriff der „irregulär aufhältigen Migrant*innen" zu analysieren, der in der gesamten vorliegenden Arbeit gebraucht wird.[228] Migrant*in wird als Sy-

223 *Bast*, Aufenthaltsrecht 286.

224 Siehe insbesondere Kapitel 1.E.

225 Siehe Einleitung D.II.

226 Arbeitnehmerfreizügigkeit gem Art 45 AEUV; Niederlassungsfreiheit gem Art 49 AEUV; Dienstleistungsfreiheit gem Art 56 AEUV.

227 Vgl EuGH 11.7.2002, C-60/00, ECLI:EU:C:2002:434, *Carpenter*, Rn 39; EuGH 11.7.2009, C-318/05, ECLI:EU:C:2007:495, *Kommission/Deutschland*, Rn 32ff.

228 Siehe auch Kapitel 2.A.II.1.

nonym von Nichtstaatsangehörige*r verwendet. Aus Staatenperspektive sind dies jene Personen, die keine Staatsbürger*innen sind.[229]

Für den Terminus „irregulär aufhältig" gibt es an sich keine einheitliche aufenthaltsrechtliche Definition.[230] Die *FRA* gebraucht den Begriff „irregulär" als Synonym für den in Art 3 Z 2 RückführungsRL verwendeten Terminus des „illegal aufhältigen Drittstaatsangehörigen":[231] Die „Anwesenheit von Drittstaatsangehörigen, die nicht oder nicht mehr die Einreisevoraussetzungen nach Artikel 5 des Schengener Grenzkodex oder andere Voraussetzungen für die Einreise in einen Mitgliedstaat oder den dortigen Aufenthalt erfüllen, im Hoheitsgebiet dieses Mitgliedstaats". Die Kompetenz der EU zur Erlassung der RückführungsRL gründet sich in Art 79 Abs 2 lit c AEUV.[232] Der dort verwendete unionsverfassungsrechtliche Begriff des „illegalen Aufenthalts" ist komplementär zu „sich rechtmäßig in einem Mitgliedstaat aufhalten"[233] zu verstehen.[234] Die Europäische Kommission verwendet mittlerweile in offiziellen Dokumenten sowohl den Begriff „illegal" als auch „irregulär aufhältig".[235]

In Art 2 lit b SanktionsRL findet sich eine nahezu idente Definition in Bezug auf einen „Drittstaatsangehörigen ohne rechtmäßigen Aufenthalt [...], der im Hoheitsgebiet eines Mitgliedstaats anwesend ist und die Voraussetzungen für den Aufenthalt in diesem Mitgliedstaat nicht oder nicht mehr erfüllt". Diese unterscheidet sich von der RückführungsRL dahingehend, dass betreffend die Einreisevoraussetzungen nicht auf den SGK verwiesen wird.

---

229 Vgl zur Begrifflichkeit *Motomura*, Americans in Waiting (2006) 3f und *Costello*, Human Rights 4.

230 Vgl etwa *Düvell*, Irreguläre Immigration in Europa in *Falge/Fischer-Lescano/Sieveking* (Hrsg), Arbeit in der Illegalität (2012) 23 (23ff mwN); *Fischer-Lescano/Kocher/Nassibi*, Einleitung in *Fischer-Lescano/Kocher/Nassibi* (Hrsg), Arbeit in der Illegalität (2012) 7 (8).

231 Vgl *FRA*, Die Grundrechte von Migranten in einer irregulären Situation in der Europäischen Union, Vergleichender Bericht v 2011, http://fra.europa.eu/sites/default/files/fra-11-002-05_migrants_de_webres_1.pdf (11.10.2018) 16.

232 Vgl *Thym* in *Grabitz/Hilf/Nettesheim* (Hrsg), Das Recht der Europäischen Union Kommentar Band I (64. Lfg, Mai 2018) Art 79 AEUV Rn 34 und *Hörich*, Abschiebungen nach europäischen Vorgaben (2015) 19 sowie Kapitel 3.B.I.

233 Art 79 Abs 2 lit b AEUV.

234 *Bast* in *Fischer-Lescano/Kocher/Nassibi* 78.

235 ErwGr 11 und 19 Empfehlung (EU) 2017/432.

Dh die Verträge der EU behandeln Migrant*innen als „legal“ oder „illegal“.[236] Diese Dichotomie wird zu Recht in Bezug auf viele Aspekte der Auseinandersetzung mit der Thematik kritisiert, da sie den gesellschaftlichen Prozess der „Illegalisierung“ verkennt.[237] Der Terminus „illegal“ ist abzulehnen, da er stigmatisierend[238] ist und Migrant*innen als kriminell darstellt.[239] Auch Teile der Literatur kritisieren die Verwendung desselben.[240] Der Gebrauch des Begriffspaares „illegal aufhältig“ hebt die festgestellte negative Konnotation und Stigmatisierung ebenfalls nicht auf.[241]

Deshalb wird die Bezeichnung „irregulär aufhältig“ vorgezogen. Dadurch kommt der Fokus der vorliegenden Arbeit auf die aufenthaltsrechtliche Stellung von Migrant*innen bzw auf das Aufenthaltsrecht im Allgemeinen zum Ausdruck.[242] „Irregulär aufhältig“ steht in der Folge für den aufenthaltsrechtlichen Status jener Migrant*innen, welche durch die Nichterfüllung oder Verletzung von bestimmten Rechtsvorschriften kein Aufenthaltsrecht (mehr) haben.[243]

---

236 *Costello*, Human Rights 64 und *Menezes Queiroz*, Illegally Staying 4, 7ff und insbesondere 91. Weiters Kapitel 2.A.II.1. und Kapitel 2.A.II.2.

237 Siehe nur *Klarmann* in *Thym/Klarmann* mwN; *Bauder*, Why We Should Use the Term 'Illegalized' Refugee or Immigrant: A Commentary, IJRL 2014, 327 sowie *Costello*, Human Rights 64f.

238 *Parlamentarische Versammlung des Europarats*, Human Rights of Irregular Migrants, Resolution 1509 v 27.6.2006, § 7.

239 Vgl *Błuś*, EJML 2013, 414; *Lazaridis*, International Migration 11f; *Tohidipur* in *Fischer-Lescano/Kocher/Nassibi* 42 mwN; *Pelzer* in *Fischer-Lescano/Kocher/Nassibi* 145; *Koser*, Migration 54.

240 Vgl etwa *Cholewinski*, The Criminalisation of Migration in EU Law and Policy in *Baldaccini/Guild/Toner* (Hrsg), Whose Freedom, Security and Justice? EU Immigration and Asylum Law and Policy (2007) 301 (305f); *Carrera/Guild* in *Carrera/Guild* 6; *Koser*, Migration 54f; *Costello*, Human Rights 64; *Dumon*, International Migration 1983, 218.

241 *Kluth*, Einheitliche Europäische Zuwanderungspolitik: Vertragsrechtliche Grundlagen und Vergleich der politischen Konzeptionen. Legalisierungsmaßnahmen, ZAR 2007, 20 (21 Fn 12).

242 In einem bereits veröffentlichen Artikel wurde an dieser Stelle noch der Begriff „irregulär“ anstatt von „irregulär aufhältig“ verwendet; *Hinterberger* in *Thym/Klarmann* 160-162. Aus dem im Fließtext dargelegten Grund habe ich mich jedoch dazu entschieden, die Terminologie in diesem Punkt zu adaptieren. Insgesamt bin ich mir aber darüber im Klaren, dass bestimmte Probleme, die an einen Begriff geknüpft sind, nicht dadurch aufgehoben werden, weil man diesen nicht mehr verwendet oder ändert.

243 Vgl auch die Definitionen in *Uriarte Torrealday*, Revista de Derecho Político 2009, 297; *Düvell* in *Falge/Fischer-Lescano/Sieveking* 24; *Böhning*, International Migration 1983, 160.

Mit der Definition wird ein präziser Rechtsbegriff geschaffen,[244] der die uneinheitliche Terminologie des Unionsrechts[245] bzw der Mitgliedstaaten[246] – hinsichtlich irregulärer, illegaler, illegal aufhältiger, illegalisierter, „sans papier“[247] bzw nicht autorisierter Migrant*innen – für die Zwecke des Aufenthaltsrechts vereinheitlicht. In Bezug auf das Unionsrecht ist er als Synonym zu „illegal aufhältig“ gem Art 3 Z 2 RückführungsRL zu verstehen.[248] Die Etablierung des Begriffs leistet so auch einen Beitrag zur Modernisierung des deutschsprachigen Migrationsrechts,[249] da die Perspektive der Migrant*innen in den Mittelpunkt gestellt wird.[250] „Irregulär aufhältig“ wird daher als „autonomer dogmatischer und somit spezifisch juristischer Begriff, der sich allgemein zur Strukturierung des Rechts eignet, verwendet“.[251]

B. Staatsangehörigkeit – Erste Kategorie

Ist eine Person Staatsangehörige*r eines Mitgliedstaats und dadurch de jure Unionsbürger*in, resultiert daraus ein allgemeines Freizügigkeitsrecht. Daher ist Staatsangehörigkeit die erste Kategorie aufenthaltsrechtlich privilegierter Migrant*innen.[252] Dasselbe gilt für EWR- und Schweizer Bürger*innen. Letztere genießen ein vergleichbares Freizügigkeitsrecht wie Unions- und EWR-Bürger*innen.

Die Aufenthaltsrechte, die sich aus der Staatsangehörigkeit ableiten, sind im Völker- und Unionsrecht niedergelegt. Der stärkste Anknüpfungspunkt ist die Unionsbürgerschaft, die sowohl im Primär- als auch im Sekundärrecht verankert ist. EWR- und Schweizer Bürger*innen genießen

---

244 *Uriarte Torrealday*, Revista de Derecho Político 2009, 299, 312; vgl *Cholewinski* in *Baldaccini/Guild/Toner* 306.

245 Siehe nur *Klarmann* in *Thym/Klarmann* oder *Menezes Queiroz*, Illegally Staying 26, 28-21.

246 Vgl *Baldwin-Edwards/Kraler*, Final Report v Jänner 2009, 1f und siehe in Bezug auf Deutschland Kapitel 4.A.II.1., in Bezug auf Österreich Kapitel 4.B.II.1. und in Bezug auf Spanien Kapitel 4.C.II.1.

247 Vgl *Tohidipur* in *Fischer-Lescano/Kocher/Nassibi* 41; *Hobbe*, Undokumentierte Migration in Deutschland und den Vereinigten Staaten (2004) 1ff.

248 Vgl *Menezes Queiroz*, Illegally Staying 30.

249 Vgl *Bast*, Aufenthaltsrecht 1ff, 291ff.

250 Siehe Einleitung D.I.1.

251 Vgl *Glaser*, Handlungsformenlehre 70.

252 Vgl *Bast*, Ursprünge der Europäisierung des Migrationsrechts in FS Kay Hailbronner (2013) 3 (5).

ein etwas „schwächeres“ Recht im Vergleich zu Unionsbürger*innen. Dieses ist nicht im Unionsrecht, sondern in völkerrechtlichen Abkommen – sogenannten Assoziierungsabkommen – geregelt.

I. Unionsbürger*innen

Der Unionsbürgerstatus ist der „grundlegende Status der Angehörigen der Mitgliedstaaten“[253] und tritt zur nationalen Staatsangehörigkeit hinzu.[254] Der Erwerb und der Verlust der Staatsbürgerschaft richten sich nach den jeweiligen nationalen Bestimmungen.[255]

Zentrales Element der Unionsbürgerschaft ist das allgemeine Freizügigkeitsrecht.[256] Es umfasst das Recht aus seinem Herkunftsmitgliedstaat auszureisen,[257] in den Aufnahmemitgliedstaat[258] einzureisen,[259] sich dort frei

253 EuGH 8.3.2011, C-34/09, ECLI:EU:C:2011:124, *Ruiz Zambrano*, Rn 41 mwN; *Dougan*, Judicial Activism or Constitutional Interaction? Policymaking by the ECJ in the Field of Union Citizenship in *Micklitz/De Witte* (Hrsg), The European Court of Justice and the Autonomy of the Member States (2012) 113 (122f) mwN; kritisch *Farahat*, Wettbewerb um Migranten? – Die Stratifikation von Freizügigkeitsrechten in der EU in *Kadelbach* (Hrsg), Wettbewerb der Systeme – System des Wettbewerbs in der EU (2017) 101 (105ff).

254 Art 20 Abs 1 S 3 AEUV.

255 Ständige Rspr EuGH 2.3.2010, C-135/08, ECLI:EU:C:2010:104, *Rottmann*, Rn 39 mwN; vertiefend *Kruma*, EU Citizenship, Nationality and Migrant Status (2014) 129ff und siehe die Beiträge in *Carrera Nuñez/de Groot* (Hrsg), European Citizenship at the Crossroads: The Role of the European Union on Loss and Acquisition of Nationality (2015); kritisch *Kostakopoulou*, The ECJ, Member State Autonomy and European Union Citizenship in *Micklitz/De Witte* (Hrsg), The European Court of Justice and the Autonomy of the Member States (2012) 175 (198ff).

256 Art 21 Abs 1 AEUV; vgl *Schulz*, Freizügigkeit für Unionsbürger (1997) 64ff; *Wiener*, Bürger und Union: Die Unionsbürgerrichtlinie in Österreich (2009) 28ff; *Wollenschläger*, § 8 Grundrechtsschutz und Unionsbürgerschaft in *Hatje/Müller-Graff* (Hrsg), Europäisches Organisations- und Verfassungsrecht Band 1 (2014) Rn 142, 149.

257 Vgl EuGH 4.10.2012, C-249/11, ECLI:EU:C:2012:608, *Byankov*, Rn 31.

258 Siehe Art 2 Z 3 FreizügigkeitsRL.

259 Verpflichteter nach Art 21 Abs 1 AEUV ist sowohl der Aufnahmemitgliedstaat, EuGH 21.2.2013, C-46/12, ECLI:EU:C:2013:97, *LN*, Rn 26, als auch der Herkunftsstaat, EuGH 18.7.2013, C-523/11 und C-585/11, ECLI:EU:C:2013:524, *Seeberger* und *Prinz*, Rn 27.

zu bewegen und aufzuhalten.[260] Als Aufenthalt wird hier die vorübergehende oder dauerhafte Verlegung des Wohnsitzes verstanden.[261]

Das Freizügigkeitsrecht ist unmittelbar anwendbar und kann folglich als subjektives Recht von Unionsbürger*innen und unter Umständen auch von deren Familienangehörigen[262] geltend gemacht werden.[263] Es erwächst direkt aus dem Primärrecht[264] und ist als Freiheitsrecht, das einem Beschränkungsverbot unterliegt, ausgestaltet.[265] Das Freizügigkeitsrecht kommt de jure zu. Die Aufenthaltserlaubnis eines Mitgliedstaats hat lediglich deklaratorischen Charakter.[266] Es ist keine wirtschaftliche Betätigung erforderlich, um sich auf das Recht stützen zu können.[267]

Der EuGH hat in ständiger Rspr entschieden, dass der Schutzbereich des Freizügigkeitsrechts nur grenzüberschreitende Sachverhalte umfasst.[268] Dieses Erfordernis ist daher maßgeblich für die Anwendbarkeit des Unionsrechts.[269] Unionsbürger*innen und gegebenenfalls ihre Familienangehörigen erfüllen es zwangsläufig, wenn sie sich in den Aufnahmemitgliedstaat begeben und/oder sich in diesem aufhalten. Im Sinne der FreizügigkeitsRL sind sie sodann Berechtigte.[270]

Das Freizügigkeitsrecht ist nicht uneingeschränkt.[271] Im Einzelfall und bei Vorliegen ausreichender Rechtfertigungsgründe besteht die Möglich-

---

260 Anstatt vieler *Wiener*, Bürger 28f; *Schulz*, Freizügigkeit 66ff, 90ff.

261 EuGH 8.12.2012, C-40/11, ECLI:EU:C:2012:691, *Iida*, Rn 51ff; vgl *Obwexer*, Grundfreiheit Freizügigkeit (2009) 191ff.

262 *Obwexer*, Das Freizügigkeitsrecht als elementares persönliches Recht in *Schroeder/Obwexer* (Hrsg), 20 Jahre Unionsbürgerschaft: EuR Beiheft 1/2015 (2015) 51 (56); vgl EuGH 12.3.2014, C-457/12, ECLI:EU:C:2014:136, *S* und *G*, Rn 39f.

263 EuGH 17.9.2002, C-413/99, ECLI:EU:C:2002:493, *Baumbast*, Rn 84ff; vgl *Kostakopoulou* in *Micklitz/De Witte* 181ff.

264 Art 21 AEUV. Zusätzlich ist das Freizügigkeitsrecht in Art 45 Abs 1 GRC normiert; vgl *Obwexer* in *Schroeder/Obwexer* 54 f mwN.

265 Zutreffend *Obwexer* in *Schroeder/Obwexer* 60-64 mwN.

266 EuGH 12.5.1998, C-85/96, ECLI:EU:C:1998:217, *Martínez Sala*, Rn 53.

267 EuGH *Martínez Sala*, Rn 59; vgl *Schulz*, Freizügigkeit 68ff.

268 EuGH 5.5.2011, C-434/09, ECLI:EU:C:2011:277, *Shirley McCarthy*, Rn 45 mwN; vgl *Schulz*, Freizügigkeit 74ff mwN; *Wollenschläger* in *Hatje/Müller-Graff* Rn 142; *Van Elsuwege/Kochenov*, On the Limits of Judicial Intervention, EJML 2011, 443 (446f).

269 Vertiefend *Van Elsuwege/Kochenov*, EJML 2011, 450f; *Obwexer* in *Schroeder/Obwexer* 59. Kritisch *Frenz*, Reichweite des unionsrechtlichen Aufenthaltsrechts nach den Urteilen Zambrano und McCarthy, ZAR 2011, 221 (222).

270 Art 3 Abs 1 FreizügigkeitsRL; vgl EuGH *Shirley McCarthy*, Rn 39.

271 Vgl *Frenz*, Handbuch Europarecht. Band 1. Europäische Grundfreiheiten[2] (2012) Rn 4142ff und *Obwexer*, Grundfreiheit 233ff.

keit, dieses zu beschränken.[272] Als Gründe kommen die Beeinträchtigung der öffentlichen Ordnung, Sicherheit oder Gesundheit in Betracht.[273] Das Aufenthaltsrecht besteht aber jedenfalls solange, bis eine aufenthaltsbeendende Maßnahme ergeht.[274]

Die FreizügigkeitsRL – auch UnionsbürgerRL genannt – legt die konkreten Bedingungen fest, nach denen Unionsbürger*innen und ihre Familienangehörigen das Recht auf Freizügigkeit und Aufenthalt in Anspruch nehmen können.[275] Die RL unterscheidet grundsätzlich zwischen erwerbstätigen und nicht erwerbstätigen Unionsbürger*innen.[276]

Unionsbürger*innen im Besitz eines Reisepasses oder Personalausweises haben das Recht auf Einreise in jeden Mitgliedstaat.[277] Von den zuständigen Behörden darf kein Visum oder dergleichen verlangt werden.[278] Sie sind zu einem kurzfristigen Aufenthalt bis zu drei Monate in jedem Mitgliedstaat berechtigt.[279] Daran sind keine weiteren Bedingungen, Formalitäten oder Voraussetzungen – außer der Reisepass- bzw Personalausweispflicht – geknüpft.[280] Dieses dreimonatige Aufenthaltsrecht besteht, solange die Unionsbürger*innen und ihre Familienangehörigen die Sozialhilfeleistungen des Aufnahmemitgliedstaats nicht unangemessen in Anspruch nehmen.[281]

Ab einem längerfristigen Aufenthalt von mehr als drei Monaten sind weitere Voraussetzungen zu erfüllen.[282] Konkret müssen Unionsbürger*innen über ausreichende Existenzmittel und eine Krankenversicherung[283]

---

272 EuGH 29.4.2004, C-482/01, ECLI:EU:C:2004:262, *Orfanopoulos* und *Oliveri*, Rn 47ff; EuGH 3.7.1980, C-157/79, ECLI:EU:C:1980:179, *Pieck*, Rn 9 und EuGH 5.2.1991, C-363/89, ECLI:EU:C:1991:41, *Roux*, Rn 30; vgl weiters *Berger*, Die Grenzen der Unionsbürgerschaft in *Schroeder/Obwexer* (Hrsg), 20 Jahre Unionsbürgerschaft: EuR Beiheft 1/2015 (2015) 195 (200ff).

273 *Kostakopoulou* in *Micklitz/De Witte* 192ff und *Obwexer*, Grundfreiheit 234ff.

274 Siehe *Obwexer*, Grundfreiheit 234.

275 Art 1 lit a FreizügigkeitsRL.

276 Vgl EuGH 11.11.2014, C-333/13, ECLI:EU:C:2012:2358, *Dano*, Rn 75; *Frenz*, Europarecht Rn 4182. Siehe auch Kapitel 1.A.I.

277 Art 5 Abs 1 FreizügigkeitsRL; *Obwexer*, Grundfreiheit 188ff.

278 Art 5 Abs 1 FreizügigkeitsRL.

279 Art 6 Abs 1 und 2 FreizügigkeitsRL; vgl *Obwexer*, Grundfreiheit 192f.

280 ErwGr 9 und Art 6 Abs 1 FreizügigkeitsRL; vgl *Groß*, Die Umsetzung der EU-Freizügigkeitsrichtlinie im deutschen Recht, ZAR 2006, 61 (62f); *Kostakopoulou* in *Micklitz/De Witte* 177.

281 EuGH 25.2.2016, C-299/14, ECLI:EU:C:2016:114, *García-Nieto*, Rn 42.

282 Art 7 FreizügigkeitsRL; vgl *Obwexer*, Grundfreiheit 193ff.

283 Siehe hierzu EuGH *Baumbast*, Rn 89-93.

für sich bzw gegebenenfalls für ihre Familienangehörigen verfügen.[284] Wer die Existenzmittel vorweist – die Unionsbürger*innen oder ihre Familienangehörigen – spielt keine Rolle.[285] Unstrittig ist sowohl nach der ständigen Rspr des EuGH als auch der herrschenden Lehre, dass das längerfristige Aufenthaltsrecht solange besteht, wie die ökonomischen Voraussetzungen vorliegen.[286] Bedeutend ist, dass Unionsbürger*innen und ihre Familienangehörigen während des längerfristigen Aufenthalts grundsätzlich keinen Anspruch auf Sozialhilfeleistungen des Aufnahmemitgliedstaats haben.[287] *Farahat* schreibt hier zutreffend, dass nichterwerbstätige Unionsbürger*innen „ökonomisch abgesichert" sein müssen.[288] Ökonomisch schlecht gestellte Personen werden zunehmend von den Freizügigkeitsrechten ausgeschlossen. Im Lichte der Rspr des EuGH und der einschlägigen Literatur ist es umstritten, ob das längerfristige Aufenthaltsrecht automatisch bei Nichterfüllen der ökonomischen Voraussetzungen endet,[289] oder ob eine konstitutive Entscheidung des Mitgliedstaats getroffen werden muss.[290] Aus der FreizügigkeitsRL geht klar hervor, dass die Mitgliedstaaten nicht systematisch überprüfen dürfen, ob ausreichend Existenzmittel vorliegen,[291] vielmehr muss ein gegebener Anlass für eine Überprüfung

284 Art 7 Abs 1 lit b FreizügigkeitsRL; siehe EuGH 19.10.2004, C-200/02, ECLI:EU:C:2004:639, *Zhu* und *Chen*, Rn 27ff. Studierende müssen ähnliche Voraussetzungen erfüllen, um in den Genuss eines Aufenthaltsrechts für einen Zeitraum von mehr als drei Monaten zu kommen. Siehe die allgemeinen Voraussetzungen in Art 7 und die speziellen Voraussetzungen in Art 11 StudierendenRL. Siehe auch EuGH 10.9.2014, C-491/13, ECLI:EU:C:2014:2014:2187, *Alaya*, Rn 23ff zur alten Fassung der StudierendenRL und den einschlägigen Art 6 und 7 Richtlinie (EG) 2004/114 über die Bedingungen für die Zulassung von Drittstaatsangehörigen zur Absolvierung eines Studiums oder zur Teilnahme an einem Schüleraustausch, einer unbezahlten Ausbildungsmaßnahme oder einem Freiwilligendienst, ABl 2004 L 375/12.

285 Vgl *Obwexer*, Grundfreiheit 196.

286 Art 14 Abs 2 iVm Art 7, 12 bzw 13 FreizügigkeitsRL; vertiefend *Dougan* in *Micklitz/De Witte* 124ff mwN. Vgl auch die englische Fassung von Art 7 Abs 1 lit b FreizügigkeitsRL: „not to become a burden on the social assistance system of the host Member State during their period of residence".

287 EuGH 20.9.2001, C-184/99, ECLI:EU:C:2001:458, *Grzelczyk*, Rn 46; *Kostakopoulou* in *Micklitz/De Witte* 178, 184.

288 *Farahat* in *Kadelbach* 108ff.

289 EuGH 21.7.2011, C-325/09, ECLI:EU:C:2011:498, *Dias*, Rn 48, 54; vgl *Thym*, When Union Citizens Turn into Illegal Migrants: The Dano Case, ELR 2015, 248 (256f).

290 Vgl *Wollenschläger*, Grundfreiheit ohne Markt (2007) 186ff mwN; zustimmend *Obwexer*, Grundfreiheit 196f; *Frenz*, Europarecht Rn 4082.

291 Art 14 Abs 2 FreizügigkeitsRL.

vorliegen, wie etwa die Stellung eines Sozialhilfeantrages.[292] Die Inanspruchnahme von Sozialleistungen der Unionsbürger*innen oder ihrer Familienangehörigen im Aufnahmemitgliedstaat darf weiters nicht automatisch zu einer Ausweisung führen.[293] Der EuGH hat darüber hinaus in *Dano* festgestellt, dass es bei längerfristigen Aufenthalten immer einer konkreten, einzelfallabhängigen Verhältnismäßigkeitsprüfung des Vorliegens ausreichender Existenzmittel bedarf.[294]

Daraus resultiert, dass nichterwerbstätige Unionsbürger*innen, die längerfristig aufhältig sind und nicht über die ökonomischen Voraussetzungen verfügen, solange in den Genuss eines Aufenthaltsrechts kommen, als sie nicht unangemessen Sozialhilfeleistungen des Aufnahmemitgliedstaats in Anspruch nehmen bzw bis eine konstitutive Entscheidung über das Vorliegen der Voraussetzungen getroffen wurde.[295] Jedenfalls führen sowohl die unbestimmte Formulierung der FreizügigkeitsRL als auch die EuGH-Rspr in der Praxis zu Rechtsunsicherheit. Daher kann zutreffend davon gesprochen werden, dass sich nicht erwerbstätige Unionsbürger*innen, die nur über knappe Ressourcen verfügen, in einer Art „Grauzone" zwischen regulärem und irregulärem Aufenthalt befinden.[296] Hierbei handelt es sich demnach um einen Ausnahmefall, wonach auch Migrant*innen mit quasi-automatischen Aufenthaltsrechten irregulär aufhältig werden können.[297]

II. EWR-Bürger*innen

Durch Assoziierungsabkommen,[298] die zwischen der EU und Drittstaaten abgeschlossen werden, werden „besondere und privilegierte Beziehun-

---

292 Vgl hierzu EuGH *Dano*, Rn 74ff sowie *Wollenschläger*, Grundfreiheit 185.

293 Art 14 Abs 3 und ErwGr 16 FreizügigkeitsRL.

294 EuGH *Dano*, Rn 76, 80; vertiefend *Wollenschläger*, Consolidating Union Citizenship: Residence and Solidarity Rights for Jobseekers and the Economically Inactive in the Post-Dano Era in *Thym* (Hrsg), Questioning EU Citizenship (2017) 171.

295 Art 7 Abs 1 lit b FreizügigkeitsRL; *Wollenschläger* in *Thym* und siehe die Literatur in Fn 290.

296 *Thym*, The elusive limits of solidarity, CMLRev 2015, 17 (41). Siehe jüngst auch ausführlich hierzu *Menezes Queiroz*, Illegally Staying 48-79.

297 Siehe Kapitel 1.A.

298 Gem Art 217 AEUV bzw den Vorläuferbestimmungen.

gen"[299] für assoziierte Staatsangehörige und Unionsbürger*innen etwa in Bezug auf Arbeitnehmer*innen geschaffen.[300] Die Assoziierungsabkommen dienen unter anderem dem Zweck, die assoziierten Staaten enger an die EU anzubinden bzw sie für einen Beitritt zur EU vorzubereiten.[301] Für die Inanspruchnahme einer assoziationsrechtlichen Privilegierung ist die Staatsangehörigkeit eines assoziierten Staats die Voraussetzung.[302]

Zwischen der EG und Island, Norwegen und Liechtenstein wurde im Rahmen des EWR[303] ein Abkommen abgeschlossen, das spezielle Freizügigkeitsbestimmungen beinhaltet.[304] Die Assoziation mit den EWR-Staaten ist die intensivste und ausgeprägteste mit einem Nicht-EU-Staat.[305] Eines der Ziele ist daher die „möglichst umfassende Verwirklichung" aller Grundfreiheiten und des Binnenmarktes.[306] EWR-Bürger*innen können folglich als die privilegiertesten Drittstaatsangehörigen bezeichnet werden.[307] Hinsichtlich der Personenverkehrsfreiheiten wird dies jedoch

---

299 EuGH 30.9.1987, C-12/86, ECLI:EU:C:1987:400, *Demirel*, Rn 9. Vgl auch *Hirsch*, Rechtsprechung des Europäischen Gerichtshofes zu den Assoziationsabkommen in *Antalovsky/König/Perchinig/Vana* (Hrsg), Assoziierungsabkommen der EU mit Drittstaaten (1998) 41 (42); kritisch *Hailbronner*, Privilegierte Drittstaatsangehörige in der EU in FS Ulrich Everling Band I (1995) 399 (404f).

300 Überblickshaft *Boeles/den Heijer/Lodder/Wouters*, European Migration Law² (2014) 97ff; *Eisele*, Migration Policy 189ff; *Schieffer*, Privilegierte Drittstaatsangehörige in *Hailbronner* (Hrsg), 30 Jahre Freizügigkeit in Europa (1998) 183 (187f); *Niessen*, Association Agreements – Part of the Developing Immigration Policy of the European Union in *Antalovsky/König/Perchinig/Vana* (Hrsg), Assoziierungsabkommen der EU mit Drittstaaten (1998) 21 (21ff).

301 *Weber*, Der assoziationsrechtliche Status Drittstaatsangehöriger in der Europäischen Union (1997) 1.

302 *Weber*, Status 81f.

303 Art 28ff EWR-Abkommen; vertiefend *Weber*, Status 3f, 7, 10f, 13f, 15ff.

304 Vgl *Kochenov/Van den Brink*, Pretending There is No Union: Non-derivative Quasi-Citizenship Rights of Third-Country Nationals in the EU in *Thym/Zoeteweij-Turhan* (Hrsg), Rights of Third-Country Nationals under EU Association Agreements (2014) 65 (91ff mwN); *Franklin*, Rights of Third Country Nationals under the EEA Agreement in *Thym/Zoeteweij-Turhan* (Hrsg), Rights of Third-Country Nationals under EU Association Agreements (2014) 127 (127ff mwN).

305 *Tobler*, Context-related Interpretation of Association Agreements. The Polydor Principle in a Comparative Perspective in *Thym/Zoeteweij-Turhan* (Hrsg), Rights of Third-Country Nationals under EU Association Agreements (2014) 101 (101f).

306 EuGH 26.12.2013, C-431/11, ECLI:EU:C:2013:589, *Vereinigtes Königreich/Rat*, Rn 50; vgl *Rennuy/Van Elsuwege*, Integration without membership and the dynamic development of EU law, CMLRev 2014, 935.

307 *Kochenov/Van den Brink* in *Thym/Zoeteweij-Turhan* 92.

durch die beschränkte Anwendbarkeit der FreizügigkeitsRL begrenzt.[308] Die Folge ist eine unübersichtliche Überlagerung von verschiedenen anwendbaren Rechtsquellen.[309]

Bei nichterwerbstätigen EWR-Bürger*innen zeigt sich ein klareres Bild. Sie genießen dasselbe Einreise- und Aufenthaltsrecht wie nichterwerbstätige Unionsbürger*innen, da auf sie die einschlägigen Bestimmungen der FreizügigkeitsRL anwendbar sind,[310] wobei auf die Ausführungen verwiesen wird.[311] Der durch die ErwGr 3 und 8 Beschluss des Gemeinsamen EWR-Ausschusses 158/2007 bedingte nur teilweise Einbezug der FreizügigkeitsRL ins EWR-Abkommen ändert hieran nichts.[312] Es werden nur jene Bestimmungen der FreizügigkeitsRL nicht in das Abkommen integriert, die nach der Einführung der Unionsbürgerschaft entwickelt wurden, so wie bspw Art 24 FreizügigkeitsRL.[313] Alle vor Inkrafttreten der FreizügigkeitsRL bestehenden Rechte wurden in diese übernommen, wie der EFTA-Gerichtshof klargestellt hat.[314] Da das Aufenthaltsrecht Nichterwerbstätiger, das früher aus der RL (EWG) 90/364[315] abgeleitet wurde, vor der Unionsbürgerschaft entwickelt und erst später unter diesen Titel eingereiht wurde, besteht dieses auch nunmehr im EWR-Abkommen fort. Hinsichtlich der Beendigung des Aufenthalts ist ebenfalls die FreizügigkeitsRL anwendbar.[316]

Unterstrichen wird die Gleichstellung von EWR- und Unionsbürger*innen dadurch, dass bspw das in Deutschland geltende FreizügG/EU, das die Rechtsstellung der Unionsbürger*innen und ihrer Familienangehörigen

---

308 ErwGr 8 Beschluss des Gemeinsamen EWR-Ausschusses 158/2007 zur Änderung des Anhangs V (Freizügigkeit der Arbeitnehmer) und des Anhangs VIII (Niederlassungsrecht) des EWR-Abkommens, ABl 2008 L 124/20.

309 Vgl *Franklin* in *Thym/Zoeteweij-Turhan*.

310 EFTA-Gerichtshof 26.7.2011, E-4/11, *Clauder*, Rn 37ff; EFTA-Gerichtshof 27.6.2014, E-26/13, *Gunnarsson*, Rn 80. *García Andrade*, Privileged Third-Country Nationals and their Right of Free Movement in *Guild/Gortázar Rotaeche/Kostakopolou* (Hrsg), The Reconceptualization of European Union Citizenship (2014) 111 (114, 130); *Tobler* in *Thym/Zoeteweij-Turhan* 120f; *Franklin* in *Thym/Zoeteweij-Turhan* 132f, 141.

311 Siehe Kapitel 1.B.I.

312 Vgl *Maresceau*, On the External Dimension of Directive 2004/38/EC in *Govaere/Hanf* (Hrsg), Scrutinizing Internal and External Dimensions of European Union Law (2013) 761 (769ff).

313 Bestätigend EFTA-Gerichtshof *Clauder*, Rn 37-40.

314 EFTA-Gerichtshof *Gunnarsson*, Rn 80.

315 Richtlinie (EWG) 90/364 über das Aufenthaltsrecht, ABl 1990 L 180/26. Siehe zur Auslegung der RL *Guild/Peers/Tomkin*, The EU Citizenship Directive. A Commentary (2014) 20, 31, 90f, 117, 142, 221, 225, 307.

316 Siehe Kapitel 1.B.I.

regelt, ebenfalls auf Staatsangehörige der EWR-Staaten und ihre Familienangehörigen anwendbar ist.[317] Gleiches gilt für die österreichische Rechtsordnung.[318]

III. Schweizer*innen

Die Schweiz ist zwar genau wie Liechtenstein, Norwegen und Island Mitglied der Europäischen Freihandelsassoziation, jedoch hat es aufgrund einer abgelehnten Volksabstimmung nicht das EWR-Abkommen,[319] sondern ein eigenständiges bilaterales Abkommen mit der EG unterzeichnet.[320]

Nichterwerbstätige Schweizer*innen haben nach dem Assoziationsabkommen EG/Schweiz ein allgemeines Aufenthaltsrecht das an den Nachweis ausreichender finanzieller Mittel und eines Krankenversicherungsschutzes geknüpft ist, wobei hier die RL (EWG) 90/365 als Vorlage diente.[321] Im Gegensatz zu Unionsbürger*innen müssen die ökonomischen Voraussetzungen auch innerhalb der ersten drei Monate gegeben sein.[322] Das Aufenthaltsrecht kann wiederum solange in Anspruch genommen werden, wie die ökonomischen Voraussetzungen gegeben sind.[323] Dh die schweizerischen, nichterwerbstätigen Staatsangehörigen genießen eine vergleichbare aufenthaltsrechtliche Privilegierung wie Unions- und EWR-Bürger*innen.[324]

---

317 § 12 FreizügG/EU; vgl *Sander*, Der Schutz des Aufenthalts durch Artikel 8 der Europäischen Menschenrechtskonvention (2008) 242 mwN.

318 §§ 1 und 2 Abs 1 Z 4 NAG sowie §§ 1 und 2 Abs 4 Z 8 FPG.

319 Vgl *Peers*, The EC-Switzerland Agreement on Free Movement of Persons: Overview and Analysis, EJML 2000, 127 (127).

320 Vgl *Eisele*, Migration Policy 218ff; *Tobler* in *Thym/Zoeteweij-Turhan* 101; *García Andrade* in *Guild/Gortázar Rotaeche/Kostakopolou* 114ff.

321 Art 24 Anhang I Assoziationsabkommen EG/Schweiz; vgl *Kahil-Wolff/Mosters*, Das Abkommen über die Freizügigkeit EG – Schweiz, EuZW 2001, 5 (8); *Peers*, EJML 2000, 134 und 138; *Rennuy/Van Elsuwege*, CMLRev 2014, 949 Fn 58. Zum Einreiserecht siehe Art 1 Anhang I Assoziationsabkommen EG/Schweiz; vgl hierzu *Peers*, EJML 2000, 132.

322 Art 24 Abs 1 Anhang I Assoziationsabkommen EG/Schweiz.

323 Vgl *Peers*, EJML 2000, 137 Fn 54. Zum diesbezüglichen Meinungsstreit – in Bezug auf die FreizügigkeitsRL – siehe oben Kapitel 1.B.I.

324 Zu den freizügigkeitsrechtlichen Unterschieden siehe *Peers*, EJML 2000, 136ff; weiters *Fehrenbacher*, Personenfreizügigkeit zwischen den EG- Mitgliedstaaten und der Schweiz, ZAR 2002, 278; *Sander*, Der Schutz des Aufenthalts 243 mwN; *García Andrade* in *Guild/Gortázar Rotaeche/Kostakopolou* 114.

Die Bestimmungen hinsichtlich der Beendigung des Aufenthalts von schweizerischen Staatsangehörigen sind – durch einen Verweis – nach wie vor in der RL (EWG) 64/221[325] aus dem Jahr 1964 zu finden.[326] Die FreizügigkeitsRL hat die Bestimmungen der RL (EWG) 64/221 aber in den wesentlichen Teilen übernommen.[327]

Schweizer*innen sind – im Gegensatz zu Unions- und EWR-Bürger*innen[328] – grundsätzlich dem jeweiligen nationalen Aufenthaltsregime unterworfen.[329] Interessanterweise sind sie jedoch in Österreich den Unions- und EWR-Bürger*innen vollkommen gleichgestellt.[330]

IV. Gegenbeispiel: Türkische Staatsangehörige

Zwischen der ehemaligen EG und der Türkei wurde bereits 1963 ein Assoziationsabkommen abgeschlossen.[331] Das Assoziationsabkommen EG/Türkei[332] legt grundsätzlich kein quasi-automatisches Aufenthaltsrecht fest.[333] Ein Aufenthaltsrecht geht nur implizit mit dem ausgeübten Beschäftigungsrecht einher.[334] Wie *Akyürek* in dem Sinne zutreffend festge-

---

325 Vgl KOM(1999)372 endg.

326 Art 5 Abs 2 Anhang I Assoziationsabkommen EG/Schweiz verweist auf RL (EWG) 64/221.

327 *Guild/Peers/Tomkin*, Citizenship 245. Zur Auslegung der RL (EWG) 64/221 siehe *Fenelly*, The European Union and Protection of Aliens from Expulsion, EJML 1999, 313, und KOM(1999)372 endg.

328 Vgl zur deutschen Rechtslage § 1 Abs 2 Z 1 AufenthG und §§ 1 und 12 FreizügG/EU.

329 *Kahil-Wolff/Mosters*, EuZW 2001, 5.

330 Siehe nur § 15a FPG und § 57 NAG.

331 Vgl *Gutmann*, Die aufenthaltsrechtliche Bedeutung des Beschlusses Nr 1/80 des Assoziationsrats EWG-Türkei in *Antalovsky/König/Perchinig/Vana* (Hrsg), Assoziierungsabkommen der EU mit Drittstaaten (1998) 53 (53); *Peers*, EU Migration Law and the EU/Turkey Association Agreement in *Thym/Zoeteweij-Turhan* (Hrsg), Rights of Third-Country Nationals under EU Association Agreements (2014) 202 (202f).

332 Abkommen zur Gründung einer Assoziation zwischen der Europäischen Wirtschaftsgemeinschaft und der Republik Türkei, ABl 1996 P 64/3687.

333 Aufenthaltsrecht im hier verstandenen Sinne, siehe Kapitel 1.A.I. und Kapitel 2.A.II.2. Vgl *Akyürek*, Das Assoziationsabkommen EWG – Türkei (2005) 124.

334 Ständige Rspr EuGH 20.9.1990, C-192/89, ECLI:EU:C:1990:322, *Sevince*, Rn 29; vgl *Akyürek*, Assoziationsabkommen 124 mwN; *Gutmann* in *Antalovsky/König/Perchinig/Vana* 62; kritisch *Weber*, Status 91 sowie *Hailbronner* in FS Ulrich Everling 407ff.

stellt hat, müssen sich türkische Staatsangehörige ihr Recht auf Aufenthalt „erarbeiten“.[335] Das Assoziationsrecht dient laut EuGH bloß der „stufenweisen Herstellung der Freizügigkeit der Arbeitnehmer zwischen den Mitgliedstaaten der [damaligen EG] und der Türkei“.[336]

Ein Mitgliedstaat muss einer*einem türkischen Staatsangehörigen und seinen*ihren Familienangehörigen den Zugang zum Hoheitsgebiet und regulären Arbeitsmarkt gewähren, damit diese in den Genuss eines Aufenthaltsrechts kommen.[337] Die „erstmalige Aufnahme eines türkischen Staatsangehörigen in einem Mitgliedstaat [unterliegt] grundsätzlich ausschließlich dem innerstaatlichen Recht dieses Staates“[338] und den dort normierten Voraussetzungen, wobei in dem Zusammenhang die Stillhalteklausel gem Art 41 Abs 1 Assoziationsabkommen EG/Türkei zu beachten ist.[339] Türkische Staatsangehörige werden als aufenthaltsrechtlich nicht privilegierte Migrant*innen betrachtet, da sie kein vergleichbares Freizügigkeitsrecht wie Unions- oder EWR-Bürger*innen genießen und die erstmalige Zulassung zum Hoheitsgebiet und Arbeitsmarkt vom Erfüllen der Voraussetzungen des jeweiligen Mitgliedstaats abhängig ist.

C. Anerkannte Schutzbedürftigkeit – Zweite Kategorie

International Schutzberechtigte kommen in den Genuss eines Aufenthaltsrechts. Abgesehen davon, dass die Antragsstellung notwendig ist, besteht dieses Recht bloß aufgrund des Schutzbedürfnisses der betroffenen Personen, das im Verfahren anerkannt wird. Die maßgeblichen Bestimmungen finden sich im Sekundärrecht der EU, wobei die Flüchtlingsdefinition in einem völkerrechtlichen Vertrag, namentlich der GFK, festgelegt ist.

---

335 *Akyürek*, Assoziationsabkommen 124.

336 EuGH 6.6.1995, C-434/93, ECLI:EU:C:1995:168, *Bozkurt*, Rn 37; siehe auch EuGH 8.12.2011, C-371/08, ECLI:EU:C:2011:809, *Ziebell*, Rn 74.

337 Vgl EuGH *Bozkurt*, Rn 20ff; *Kochenov/Van den Brink* in *Thym/Zoeteweij-Turhan* 95-98; *Teczan/Idriz*, Free Movement of Persons between Turkey and the EU, CMLRev 2009, 1621 (1625, 1638ff).

338 EuGH 20.9.2007, C-16/05, ECLI:EU:C:2007:530, *Tum* und *Dari*, Rn 57 mwN.

339 Vgl *Hailbronner*, The Stand Still Clauses in the EU-Turkey Association Agreement and Their Impact upon Immigration Law in the EU Member States in *Thym/Zoeteweij-Turhan* (Hrsg), Rights of Third-Country Nationals under EU Association Agreements (2014) 186.

I. Allgemeine Ausführungen zum Verhältnis zwischen GFK und Europarecht

Das Primärrecht unterscheidet grundsätzlich zwischen Unionsbürger*innen und Drittstaatsangehörigen.[340] Letztere sind all jene, die nicht Unionsbürger*innen sind. Staatenlose[341] werden Drittstaatsangehörigen gem Art 67 Abs 2 S 2 AEUV für die „Politik im Bereich Grenzkontrollen, Asyl und Einwanderung“[342] gleichgestellt. Folglich sind alle einschlägigen Normen des Primär- aber auch des Sekundärrechts auf sie anwendbar,[343] weshalb sie auch in dieser Arbeit unter den Terminus der Drittstaatsangehörigen subsumiert werden.

Darüber hinaus muss zwischen Personen unterschieden werden, die Flüchtlinge im Sinne der GFK sind, und denen aufgrund des Europarechts internationaler Schutz[344] zuerkannt wurde. Die StatusRL – auch QualifikationsRL genannt – unterteilt den internationalen Schutz in den Status als Flüchtling oder subsidiär Schutzberechtigte*n.[345] Der Flüchtlingsbegriff der StatusRL orientiert sich an der GFK.[346] Flüchtlinge im Sinne der GFK sind alle Personen, denen aufgrund wohlbegründeter Furcht Verfolgung wegen ihrer Rasse, Religion, Nationalität, Zugehörigkeit zu einer bestimmten sozialen Gruppe oder wegen ihrer politischen Überzeugung in ihrem Herkunftsstaat droht.[347] Sofern eine Person die Flüchtlingseigenschaft im Sinne der GFK erfüllt, gilt sie als Flüchtling.[348] Dh die Wirkung der formellen Anerkennung durch den jeweiligen Staat ist lediglich deklaratorisch.[349] Obwohl diese nicht konstitutiv ist, bedarf es trotzdem eines Statusverifikationsverfahrens zur Erlangung eines Aufenthaltsrechts. Kom-

---

340 Überblickshaft *Boeles/den Heijer/Lodder/Wouters*, Migration 30ff.

341 Siehe zum Überblick *Kruma*, Citizenship 57ff.

342 Vgl Überschrift Teil V Kapitel 2 AEUV.

343 Anstatt vieler *Weiß/Satzger* in *Streinz* (Hrsg) EUV/AEUV Kommentar[3] (2018) Art 67 AEUV Rn 32.

344 Art 2 lit a StatusRL.

345 Vgl für die Unterscheidung der beiden Status *Peers/Moreno-Lax*, Qualification: Refugee Status and Subsidiary Protection in *Peers/Moreno-Lax/Garlick/Guild*, EU Immigration and Asylum Law. Vol 3: EU Asylum Law[2] (2015) 65 (156ff).

346 Art 78 Abs 1 AEUV und Art 2 lit e StatusRL.

347 Art 1 A Abs 2 GFK.

348 Vgl *UNHCR*, Handbook and Guidelines on Procedures and Criteria for Determining Refugee Status (2011) § 28.

349 ErwGr 21 StatusRL; *Hathaway/Foster*, The Law of Refugee Status[2] (2014) 1-4, 25, 545ff; kritisch zur Terminologie der StatusRL *Peers/Moreno-Lax* in *Peers/Moreno-Lax/Garlick/Guild* 83f.

plementär dazu ist der Status des subsidiär Schutzberechtigten eingeführt worden,[350] um Personen Schutz zu gewähren, die in ihrem Herkunfts- bzw Aufenthaltsstaat tatsächlich Gefahr liefen einen ernsthaften Schaden zu erleiden.[351]

Auf Unionsebene ist neben der StatusRL[352] die AsylverfahrensRL einschlägig, die ein gemeinsames Verfahren für die Zu- und Aberkennung des internationalen Schutzes festlegt. In den sachlichen Anwendungsbereich letzterer fallen alle Anträge auf internationalen Schutz, die im Hoheitsgebiet eines Mitgliedstaats gestellt werden.[353] Der persönliche Anwendungsbereich umfasst lediglich Drittstaatsangehörige und keine Unionsbürger*innen.[354]

II. International Schutzberechtigte

Flüchtlinge[355] – wie auch subsidiär Schutzberechtigte[356] – können unrechtmäßig einreisen und sich unrechtmäßig aufhalten („illegal entry or presence").[357] Speziell in Bezug auf erstere lässt Art 31 Abs 1 GFK keine Zweifel übrig.[358] Dort ist unter gewissen Voraussetzungen[359] vorgesehen,

---

350 ErwGr 33 StatusRL; EuGH 19.12.2012, C-364/11, ECLI:EU:C:2012:826, *El Kott*, Rn 66; EuGH 8.5.2011, C-604/12, ECLI:EU:C:2014:302, *HN*, Rn 32.

351 Art 15ff StatusRL; vgl *Peers/Moreno-Lax* in *Peers/Moreno-Lax/Garlick/Guild* 133ff.

352 Art 1 StatusRL.

353 Art 3 AsylverfahrensRL.

354 Art 3 iVm Art 2 lit b, c und g AsylverfahrensRL; kritisch *Peers*, Legislative Update 2011, EU Immigration and Asylum Law: The Recast Qualification Directive, EJML 2012, 199 (208 mwN).

355 Vgl zum persönlichen Anwendungsbereich *Fischer-Lescano/Horst*, Das Pönalisierungsverbot aus Art. 31 I GFK, ZAR 2011, 81 (85ff).

356 Vgl zur Vorwirkung des Flüchtlingsrechts und „presumptive refugees" *Fischer-Lescano/Horst*, ZAR 2001, 85f und *Goodwin-Gill*, Article 31 of the 1951 Convention Relating to the Status of Refugees: non-penalization, detention, and protection in *Feller/Türk/Nicholson* (Hrsg), Refugee Protection in International Law: UNHCR's Global Consultations on International Protection (2003) 185 (193).

357 Vgl auch die Überschrift der englischen Originalfassung „refugees unlawfully in the country of refugee".

358 Vgl *UNHCR*, Global Consultations on International Protection: Summary Conclusions on Article 31 of the 1951 Convention – Revised, Geneva Expert Roundtable v 8-9.11.2001, http://www.refworld.org/docid/470a33b20.html (9.10.2018) § 3.

359 Vgl *Goodwin-Gill* in *Feller/Türk/Nicholson* 188ff, speziell 193ff.

dass über Flüchtlinge keine Strafe[360] bloß aufgrund der irregulären Einreise und/oder des irregulären Aufenthalts verhängt werden darf (Pönalisierungsverbot).[361]

Es können somit zwei Fallkonstellationen ausgemacht werden: Erstens, sollte eine Person irregulär einreisen und keinen Antrag auf internationalen Schutz stellen – und anderweitig kein Aufenthaltsrecht (mehr) innehaben – fällt sie unter den Begriff der irregulär aufhältigen Migrant*innen.[362] Auf die betreffenden Personen ist die RückführungsRL anwendbar.[363] Der EuGH hat in *El Dridi* klargestellt, dass bloß aufgrund des irregulären Aufenthalts und der Nichteinhaltung der Ausreiseverpflichtung keine Haftstrafe verhängt werden darf, da diese mit dem Ziel und Zweck der RückführungsRL unvereinbar ist und daher gegen diese verstößt.[364] Diese Ansicht wurde in *Achughbabian* bestätigt, wonach die RückführungsRL „der Regelung eines Mitgliedstaats, die den illegalen Aufenthalt mit strafrechtlichen Sanktionen ahndet, entgegensteht",[365] insofern diese die Verwirklichung der Ziele der RückführungsRL gefährdet.

Zweitens, sobald der Antrag auf internationalen Schutz gestellt wurde,[366] haben Erstantragsteller*innen aufgrund der AsylverfahrensRL ein Aufenthaltsrecht im Mitgliedstaat der Antragsstellung, bis in erster Instanz entschieden wurde.[367] Es bestehen Ausnahmen bzw gelten Sonderbestim-

---

360 Vgl zum Begriff *UNHCR*, The Refugee Convention 1951: The Travaux préparatoires analysed with a Commentary by Dr. Paul Weis v 1990, http://www.refworld.org/docid/53e1dd114.html (9.10.2018) Art 31 Refugee Convention; weiters auch *Goodwin-Gill* in *Feller/Türk/Nicholson* 195.

361 Art 31 Abs 1 GFK; vgl *UNHCR*, Guidelines on the Applicable Criteria and Standards relating to the Detention of Asylum-Seekers and Alternatives to Detention (2012) 13; *Klarmann* in *Thym/Klarmann*.

362 Völkerrechtlich sieht die GFK überhaupt kein „Asylverfahren" und dementsprechend keine Antragsstellung vor.

363 Art 2 Abs 1 RückführungsRL.

364 EuGH 28.4.2011, C-61/11, ECLI:EU:C:2011:268, *El Dridi*, Rn 55-62 und vertiefend *Rafaelli*, EJML 2011, 467.

365 EuGH *Achughbabian*, Rn 50 und weiters Rn 43. Weitere wichtige Entscheidungen in dem Zusammenhang sind EuGH *Sagor* und EuGH 1.10.2015, C-290/14, ECLI:EU:C:2015:640, *Celaj*.

366 Art 2 lit c AsylverfahrensRL. Gem Art 6 Abs 1 AsylverfahrensRL wird weiters zwischen Antragsstellung und -einbringung unterschieden; vgl *Garlick*, Asylum Procedures in *Peers/Moreno-Lax/Garlick/Guild*, EU Immigration and Asylum Law. Vol 3: EU Asylum Law^2 (2015) 211 (226f).

367 ErwGr 25 und Art 9 AsylverfahrensRL.

mungen, sofern es sich um einen Folgeantrag handelt.[368] Zunächst beginnt nach Antragsstellung ein einziges gemeinsames Verfahren, in dem sowohl über die Flüchtlingseigenschaft als auch über subsidiären Schutz entschieden wird.[369] Sofern eine Person die Flüchtlingseigenschaft im Sinne der StatusRL erfüllt, ist ihr dieser Schutzstatus zuzuerkennen.[370] Sollte eine Person die Kriterien, die für die Zuerkennung als Flüchtling festgelegt sind, nicht erfüllen,[371] werden im Anschluss die Voraussetzungen des subsidiären Schutzes geprüft. Dh, dass der subsidiäre Schutz erst im Nachhinein zu prüfen ist, wenn die Person kein Flüchtling im Sinne der StatusRL ist.[372] Dieser ist gegebenenfalls zuzuerkennen.[373]

Die Aufenthaltstitel von international Schutzberechtigten sind befristet für eine Gültigkeitsdauer zwischen einem Jahr bei subsidiär Schutzberechtigten und drei Jahren bei Flüchtlingen.[374] Wie sich aus der Definition der Aufenthaltstitel ergibt,[375] ist der Aufenthalt jedoch auf das Hoheitsgebiet des ausstellenden Mitgliedstaats beschränkt. *Peers*, *Bast* und *Farahat* plädieren deshalb zu Recht dafür, dass für diese Personengruppe ein der Unionsbürgerschaft vergleichbares Freizügigkeitsrecht geschaffen werden sollte.[376]

Aus alledem folgt, dass ab dem Zeitpunkt der Antragstellung bis zur Zuerkennung von internationalem Schutz ein Aufenthaltsrecht in dem zuerkennenden Mitgliedstaat besteht. Die einschlägigen Regelungen finden sich vor allem im Sekundärrecht der EU, aber auch im Völkerrecht.

Weiters gibt es Erlöschungsgründe, die je nach zuerkanntem Schutzstatus differieren, und festlegen, in welchen Fällen der Schutzstatus verloren

---

368 Art 2 lit q, 40 und 41 AsylverfahrensRL; vgl *Garlick* in *Peers/Moreno-Lax/Garlick/Guild* 277ff.

369 Art 2 lit b und 3 AsylverfahrensRL.

370 Art 13 StatusRL; EuGH 2.3.2010, C-175/08, C-176/08, C-178/08 und C-179/09, ECLI:EU:C:2010:105, *Abdulla*, Rn 62; vgl *Peers/Moreno-Lax* in *Peers/Moreno-Lax/Garlick/Guild* 115f.

371 Art 2 lit e und 10 Abs 2 StatusRL.

372 EuGH *El Kott*, Rn 66f.

373 Art 18 StatusRL; vgl *Peers/Moreno-Lax* in *Peers/Moreno-Lax/Garlick/Guild* 48f.

374 Art 24 StatusRL; vgl *Peers/Moreno-Lax* in *Peers/Moreno-Lax/Garlick/Guild* 169.

375 Art 2 lit m StatusRL.

376 *Peers*, Transfer of International Protection and European Union Law, IJRL 2012, 527 (557f); *Bast*, Solidarität im europäischen Einwanderungs- und Asylrecht in *Kadelbach* (Hrsg), Solidarität als Europäisches Rechtsprinzip? (2014) 19 (30ff); *Farahat* in *Kadelbach* 118f.

geht.[377] Daneben gibt es auch so genannte Aberkennungsgründe, die zur Anwendung kommen, wenn bspw eine falsche Darstellung von Tatsachen für die Zuerkennung von internationalem Schutz maßgeblich war.[378] Zu beachten sind außerdem die Ausschlussgründe, die bereits bei Vorliegen der Voraussetzungen der Flüchtlingseigenschaft geprüft werden und das Entstehen ebendieser verhindern.[379] Ein solcher Ausschlussgrund ist, dass der*die Betroffene ein Kriegsverbrechen verübt hat.[380]

Sollte der Antrag auf internationalen Schutz unzulässig oder unbegründet sein,[381] der Status nicht zuerkannt oder aberkannt bzw widerrufen werden, kommt den Personen kein Aufenthaltsrecht mehr zu und insoweit ihnen nicht anderweitig ein solches zukommt, sind sie als irregulär aufhältige Migrant*innen zu qualifizieren.[382] Konkret endet das Aufenthaltsrecht gem Art 9 Abs 1 StatusRL im Zeitpunkt der Entscheidung, mit der der Antrag auf internationalen Schutz ab- oder zurückgewiesen wird. Geht mit der abweisenden Entscheidung eine aufenhaltsbeendende Maßnahme einher,[383] kommt dem Rechtsmittel im Falle einer drohenden Non-Refoulement-Verletzung in der Regel automatisch aufschiebende Wirkung zu.[384] Derart wird dem Recht auf einen effektiven Rechtsbehelf gem Art 47 GRC Rechnung getragen. Abgewiesene Asylwerber*innen genießen deshalb zumindest einen Ausweisungsschutz.[385] Der Ausweisungs-

---

377 Art 11 und 16 StatusRL; vgl *Peers/Moreno-Lax* in *Peers/Moreno-Lax/Garlick/Guild* 116-120 sowie 149-155.

378 Art 14 und 19 StatusRL; vgl *Peers/Moreno-Lax* in *Peers/Moreno-Lax/Garlick/Guild* 129-132, 155-156.

379 Art 1 D bis F GFK. Siehe auch Fn 348.

380 Art 1 F lit a GFK und siehe zu diesem Begriff Art 8 Abs 2 Römisches Statut des Internationalen Strafgerichtshofs v 17.7.1998.

381 Art 32 und 33 AsylverfahrensRL.

382 EuGH 19.6.2018, C-181/16, ECLI:EU:C:2018:465, *Gnandi*, Rn 40f in Bezug auf Art 7 Abs 1 alte Fassung der AsylverfahrensRL, die jedoch in den diesbezüglichen Gründen ident mit der Neufassung ist (Art 9 Abs 1 StatusRL); vgl *Hruschka*, Umfassender Rechtsschutz im Asylverfahren: Anmerkung zum EuGH-Urteil vom 19. Juni 2018 in der Rechtssache »Gnandi«, Asylmagazin 2018, 290 (290f). Zum gleichen Ergebnis kommend *Menezes Queiroz*, Illegally Staying 93.

383 Siehe zu dieser Möglichkeit Art 6 Abs 6 RückführungsRL und EuGH *Gnandi*, Rn 49.

384 EuGH *Gnandi*, Rn 54 und 56ff. Siehe auch EuGH 30.5.2013, C-534/11, ECLI:EU:C:2013:343, *Arslan* und vertiefend *Hruschka*, Asylmagazin 2018 und *Walbert-Satek*, Verfahrensgarantien für Rückkehrentscheidungen im Asylverfahren, migraLex 2018, 34.

385 Siehe Fn 522.

schutz begründet zwar keinen rechtmäßigen Aufenthalt, doch hat er große praktische Relevanz, da durch diesen eine effektive gerichtliche Überprüfung des Vorliegens von internationalem Schutz bzw von Refoulement-Gründen möglich ist.

D. Verwandtschaftsverhältnis – Dritte Kategorie

Die dritte Kategorie von Migrant*innen mit privilegierten Aufenthaltsrechten erfasst Familiengehörige von jenen Migrant*innen, die selbst eine privilegierte aufenthaltsrechtliche Stellung im oben genannten Sinne innehaben. Die Normen betreffend Unionsbürger*innen und international Schutzberechtigten finden sich im Sekundärrecht, wohingegen sich die Rechte von Familienangehörigen von EWR-Bürger*innen und Schweizer*innen aus dem jeweiligen völkerrechtlichen Assoziationsabkommen ableiten.

I. Familienangehörige von Unionsbürger*innen

Familienangehörige von Unionsbürger*innen sollen unbeschadet ihrer Staatsangehörigkeit in den Genuss eines Freizügigkeitsrechts kommen,[386] da dies für die Beseitigung von Hindernissen des Personenverkehrs von Unionsbürger*innen erforderlich ist.[387] Vom Familienangehörigenbegriff der FreizügigkeitsRL sind Ehegatt*innen,[388] Lebenspartner*innen, sowie Verwandte und Ehegatt*innen in gerader absteigender[389] und aufsteigender Linie umfasst.[390]

Der EuGH hat die FreizügigkeitsRL dahingehend ausgelegt, dass sie Familienangehörigen aus Drittstaaten ein abgeleitetes Aufenthaltsrecht verleiht, insoweit sich die Unionsbürger*innen in einem anderen Mitgliedstaat als dem, dessen Staatsangehörigkeit sie besitzen, niedergelassen ha-

386 EuGH 18.12.2014, C-202/13, ECLI:EU:C:2014:2450, *McCarthy ua*, Rn 33 mwN. Bereits *Hailbronner* in FS Ulrich Everling 411.

387 ErwGr 5 FreizügigkeitsRL; *Schulz*, Freizügigkeit 188; vertiefend *Kostakopoulou* in *Micklitz/De Witte* 186ff.

388 EuGH 17.4.1986, C-59/85, ECLI:EU:C:1986:157, *Reed*, Rn 13ff.

389 EuGH 16.1.2014, C-423/12, ECLI:EU:C:2014:16, *Reyes*, Rn 28ff und EuGH *Baumbast*, Rn 57.

390 Art 2 Z 2 FreizügigkeitsRL; vgl *Obwexer*, Grundfreiheit 181ff und KOM(2009) 313 endg, 4ff.

ben.[391] Das Freizügigkeitsrecht kommt genau wie bei Unionsbürger*innen de jure zu, wobei die Aufenthaltserlaubnis eines Mitgliedstaats lediglich deklaratorischen Charakter hat.[392] Die Familienangehörigen müssen die begünstigten Unionsbürger*innen in den jeweiligen Mitgliedstaat begleiten und/oder nachziehen.[393] Neben dem grenzüberschreitenden Sachverhalt[394] ist das Vorliegen der Familienangehörigeneigenschaft notwendig, um das abgeleitete Aufenthaltsrecht in Anspruch nehmen zu können.[395] Drittstaatsangehörige Familienangehörige müssen bei der Einreise in die EU – dh beim Überschreiten der Außengrenzen der Mitgliedstaaten – im Besitz eines Reisepasses und eines Einreisevisums sein.[396] Die begünstigten Familienangehörigen haben grundsätzlich einen Rechtsanspruch auf ein solches Visum, außer in jenen Fällen, in denen die Person „eine tatsächliche und hinreichend schwere Bedrohung darstelle, die ein Grundinteresse der Gesellschaft berühre".[397]

Bei kurzfristigen Aufenthalten sind Familienangehörige Unionsbürger*innen rechtlich vollkommen gleichgestellt.[398] Bei längerfristigen Aufenthalten von mehr als drei Monaten besteht das abgeleitete Aufenthaltsrecht jedenfalls, wenn über die ökonomischen Voraussetzungen verfügt wird. Nach der hier vertretenen Meinung bleibt das Aufenthaltsrecht aufrecht, solange die Personen nicht unangemessen Sozialhilfeleistungen des Aufnahmemitgliedstaats in Anspruch nehmen bzw bis eine konstitutive Entscheidung über das Vorliegen der ökonomischen Voraussetzungen ge-

---

391 Art 6 Abs 2 FreizügigkeitsRL; EuGH *Iida*, Rn 51ff mwN; EuGH *McCarthy ua*, Rn 36 mwN; EuGH *S* und *G*, Rn 34.

392 EuGH *Dias*, Rn 49 und EuGH *McCarthy ua*, Rn 62.
EuGH 12.5.1998, C-85/96, ECLI:EU:C:1998:217, *Martínez Sala*, Rn 53.

393 Vertiefend *Obwexer*, Grundfreiheit 179ff, 218ff; *Scheuing*, Freizügigkeit der Unionsbürger in der Europäischen Union in FS 600 Jahre Würzburger Juristenfakultät (2002) 103 (126).

394 EuGH 17.4.2008, C-127/08, ECLI:EU:C:2008:449, *Metock*, Rn 77f und EuGH 14.11.2017, C-165/16, ECLI:EU:C:2017:862, *Lounes*, Rn 52f. In Bezug auf Familienangehörige von Kindern, die in jenem Mitgliedstaat niedergelassen sind, dessen Nationalität sie besitzen, siehe unter anderem EuGH 10.5.2017, C-133/15, ECLI:EU:C:2017:354, *Chavez-Vilchez*, Rn 60ff und vertiefend *Cambien*, EU Citizenship and the Right to Care in *Kochenov* (Hrsg), EU Citizenship and Federalism: The Role of Rights (2017) 489.

395 *Obwexer*, Grundfreiheit 180f.

396 EuGH *Metock*, Rn 52; vgl *Strunz*, Die Freizügigkeit der Personen in der Europäischen Union (2004) 147f.

397 EuGH 31.1.2006, C-503/03, ECLI:EU:C:2006:74, *Kommission/Spanien*, Rn 39 und 40-42.

398 Vgl *Frenz*, Europarecht Rn 4205.

troffen wurde.[399] Der Aufnahmemitgliedstaat kann Familienangehörigen die Einreise und den Aufenthalt nur unter Beachtung der Art 27ff FreizügigkeitsRL, die auf Gründe der öffentlichen Ordnung, Sicherheit und Gesundheit verweist, verwehren, woran jedoch strenge Vorgaben geknüpft sind.[400]

II. Familienangehörige von EWR- und Schweizer Bürger*innen

Familienangehörige von EWR-Bürger*innen unterliegen demselben Rechtsregime wie jene von Unionsbürger*innen.[401] Ähnlich stellt sich die Rechtslage von Familienangehörigen von Schweizer*innen dar. Die diesbezügliche Familienangehörigendefinition ist vergleichbar mit jener in Bezug auf Unionsbürger*innen, es bestehen jedoch einige kleinere Unterschiede.[402] Das Aufenthaltsrecht leitet sich wiederum von den schweizerischen Staatsangehörigen ab und besteht jedenfalls solange, wie ausreichend Existenzmittel und eine Krankenversicherung vorliegen.[403]

III. Familienangehörige von international Schutzberechtigten

Familienangehörige im Sinne der StatusRL – dh die Kernfamilie, die bereits im Herkunftsland bestanden haben muss[404] – haben Anspruch auf einen Aufenthaltstitel und folglich auf ein Aufenthaltsrecht in jenem Mitgliedstaat, in dem der Bezugsperson internationaler Schutz zuerkannt wurde.[405] Hierzu muss lediglich nachgewiesen werden, dass sie die Familien-

---

399 Siehe Kapitel 1.B.I.

400 Art 27-35 FreizügigkeitsRL; vgl EuGH *McCarthy ua*, Rn 45-58.

401 Gemeinsame Erklärung der Vertragsparteien zum Beschluss des Gemeinsamen EWR-Ausschusses Nr 158/2007 zur Aufnahme der Richtlinie 2004/38/EG des Europäischen Parlaments und des Rates in das Abkommen, ABl 2008 L 124/23; zutreffend *Franklin* in *Thym/Zoeteweij-Turhan* 131 und *Tobler* in *Thym/Zoeteweij-Turhan* 120.

402 Art 3 Abs 2 Anhang I Assoziationsabkommen EG/Schweiz; vgl zu den Unterschieden *Tobler*, Hier sind Onkel, hier sind Tanten, hier sind meine Anverwandten: Wer fällt im EU-Recht bzw im bilateralen Recht unter den Familiennachzug? in *Epiney/Diezig* (Hrsg), Schweizerisches Jahrbuch für Europarecht 2013/2014 (2014) 319 (325ff); *Peers*, EJML 2000, 132, 138.

403 Vgl *Kahil-Wolff/Mosters*, EuZW 2001, 8; *Peers*, EJML 2000, 132.

404 Art 2 lit j StatusRL; vgl *Peers/Moreno-Lax* in *Peers/Moreno-Lax/Garlick/Guild* 85ff.

405 Art 24 StatusRL.

angehörigeneigenschaft erfüllen.[406] Familienangehörigen ist dieses unter anderem zu verwehren, wenn sie selbst einen der Ausschlussgründe[407] des internationalen Schutzes erfüllen.[408] Die Gültigkeitsdauer des Aufenthaltsrechts variiert je nach Statuszuerkennung an die Person, welcher der internationale Schutz zuerkannt wurde (bei Flüchtlingen mindestens drei Jahre und bei subsidiär Schutzberechtigten mindestens ein Jahr). Zu beachten ist in Bezug auf diese Ausführungen aber, dass die Familienangehörigen bereits eingereist sein müssen, da ansonsten die Regelungen über die Familienzusammenführung, in der deutschen Diktion Familiennachzug genannt, zur Anwendung kommen. Für Familienangehörige von Flüchtlingen wären die Bestimmungen der FamilienzusammenführungsRL einschlägig[409] und für Familienangehörige von subsidiär Schutzberechtigten die allgemeinen mitgliedstaatlichen Regeln der Familienzusammenführung.[410]

*E. Resümee – Die Veränderung der nationalen Rechtsordnungen im Hinblick auf die Aufenthaltsrechte von Migrant*innen und den irregulären Aufenthalt*

Ich kehre nunmehr zur einleitend gestellten Frage zurück: Auf welcher Ebene wurden Rechtsakte erlassen, die quasi-automatische Aufenthaltsrechte von Migrant*innen innerhalb der EU begründen? Ich habe gezeigt, dass sowohl der Völker- als auch Unionsgesetzgeber quasi-automatische Aufenthaltsrechte für bestimmte privilegierte Migrant*innen in der EU geschaffen hat. Um die „statist assumption" zu widerlegen, habe ich einen differenzierten Ansatz gewählt, der zwischen Migrant*innen mit und ohne quasi-automatischen Aufenthaltsrechten unterscheidet. Diese Kategorisierung verdeutlicht, dass relevante Rechtsakte in der EU auf drei Ebenen erlassen wurden: auf der internationalen, der EU- und der nationalen Ebene.

---

406 Siehe auch Art 23 StatusRL, wonach die Mitgliedstaaten dafür Sorge tragen, dass der Familienverband aufrechterhalten werden kann und gewahrt wird.

407 Art 12 und 17 StatusRL.

408 Art 23 Abs 3 StatusRL und *Battjes* in *Hailbronner/Thym* (Hrsg), EU Immigration and Asylum Law. A Commentary² (2016) Art 23 Asylum Qualification Directive Rn 19.

409 Siehe Art 9 bis 12 FamilienzusammenführungsRL.

410 In dem Urteil *K* und *B* führt der EuGH aus, dass subsidiär Schutzberechtigte nicht von der FamilienzusammenführungsRL erfasst sind; EuGH 7.11.2018, C-380/17, ECLI:EU:C:2018:877, *K* und *B*.

	Quasi-automatische Aufenthaltsrechte	**Keine quasi-automatischen Aufenthaltsrechte**
Internationale Ebene	✓	×
EU-Ebene	✓	✓
Nationale Ebene	×	✓

*Tabelle 1: Die Normierung der Aufenthaltsrechte von Migrant*innen*

Tabelle 1 beschreibt, dass die dargestellten quasi-automatischen Aufenthaltsrechte sowohl auf internationaler als auch auf EU-Ebene festgeschrieben wurden. Diese beiden Ebenen können nunmehr selbst als „etatistisch“ bezeichnet werden, da sie die quasi-automatischen Aufenthaltsrechte von Migrant*innen umfassend und beinahe ausschließlich regeln.[411] Der mitgliedstaatliche Entscheidungsspielraum ist auf ein Minimum beschränkt, da die Mitgliedstaaten nur mehr über vollziehende Kompetenzen verfügen. Die geteilte Kompetenz zwischen der EU und den Mitgliedstaaten wurde von der EU bzw dem Völkerrechtsgesetzgeber erschöpfend ausgeübt. Nicht außer Acht gelassen werden darf hierbei, dass die Mitgliedstaaten selbstständig die diesbezüglichen Hoheitsrechte auf die EU bzw den Völkerrechtsgesetzgeber übertragen haben.

Ein anderes Bild ergibt sich bei genauerer Betrachtung der Aufenthaltsrechte von aufenthaltsrechtlich nicht privilegierten Migrant*innen und der institutionalisierten Kompetenzteilung zwischen der EU und den Mitgliedstaaten.[412] Im Zusammenhang mit einigen „Restmaterien“ zeigt sich, dass die Mitgliedstaaten tatsächlich noch die zuständigen Gesetzgeber sind, da die EU von ihren gesetzgeberischen Kompetenzen noch keinen Gebrauch gemacht und keinen Rechtsakt erlassen hat.[413] Hierunter fallen etwa Einbürgerungen, aber auch Regularisierungen.[414] In diesen Materien entscheiden die Mitgliedstaaten noch weitgehend alleine über die Genehmigung des Aufenthalts.

Obwohl die „statist assumption“ kaum mehr von Relevanz ist, ist sie in der Lehre immer noch stark vertreten. Um diese überkommene Lehrmeinung zu überwinden, schlägt *Kostakopoulou* vor, dass die Mitgliedstaaten

---

411 Vgl *Costello*, Human Rights 26 gebraucht den Begriff „statist“ im Sinne von „staatsfixiert“ oder „staatszentriert“.

412 Vgl *Costello*, Human Rights 14 und weiters 24ff.

413 Dies wird in Kapitel 3 thematisiert.

414 Siehe Art 6 Abs 4 RückführungsRL; *Menezes Queiroz*, Illegally Staying 168; *Costello*, Human Rights 27; *Lutz* in *Hailbronner/Thym* Art 6 Return Directive Rn 20 und Kapitel 3.B.I. und Kapitel 6.

die „floating nature“ ihrer staatlichen Souveränität akzeptieren müssen.[415] Der Autorin ist in diesem Punkt zuzustimmen, da dies einem besseren Verständnis des Souveränitätsbegriffs heutzutage entspricht: Auf den ersten Blick scheint es – zumindest oberflächlich – als ob die Mitgliedstaaten akzeptieren müssten, dass sie ihre staatliche Souveränität in einem Kernbereich verloren haben. Bei genauerem Hinsehen wird jedoch klar, dass dies nicht zutrifft. *Kostakopoulou* argumentiert vielmehr, dass Staaten nicht weniger souverän sind, wenn sie in einem Kernbereich nicht mehr alleine entscheiden können. Vielmehr ist es genau andersherum, da sich die Mitgliedstaaten mit einem der Kernbereiche der Staatssouveränität – den Aufenthaltsrechten von Migrant*innen – gar nicht mehr oder weniger auseinandersetzen müssen. Folglich verfügen sie nach der Ansicht von *Kostakopoulou* über mehr Kapazitäten „to perform their primary functions as providers of protection and welfare maximizers and thus to elicit the support of their citizens“.[416] Sollten die Mitgliedstaaten daher akzeptieren, dass sie weniger souverän im traditionellen Sinne sind, würde sich dadurch für sie die Möglichkeit eröffnen ihre primären Staatsfunktionen zu stärken.[417] Darunter fallen etwa Sicherheit, der Grundrechtsschutz, Demokratie oder soziale Sicherheit.[418] Weiters könnte man argumentieren, dass eine geteilte Souveränität zwischen der EU und den Mitgliedstaaten die Migrationspolitik und folglich das Migrationsrecht effektiver macht. Letzteres steht im Einklang mit der in der vorliegenden Arbeit vertretenen Ansicht in Bezug auf Regularisierungen und das komplementäre Konzept der „Einwanderung von innen“.[419]

Insgesamt sollte der öffentliche und rechtliche Diskurs die Veränderung der nationalen Rechtsordnungen im Hinblick auf die Aufenthaltsrechte von Migrant*innen und den irregulären Aufenthalt berücksichtigen, um den „fetishism of indivisibility“[420] der staatlichen Souveränität zu überwinden. Dadurch kann der Weg frei gemacht werden für eine gemeinsame und alle Themenbereiche umfassende Migrationspolitik der EU.[421]

---

415 *Kostakopoulou*, Floating Sovereignty: A Pathology or A Necessary Means of State Evolution?, Oxford Journal of Legal Studies 2002/22, 135 (156).

416 *Kostakopoulou*, Oxford Journal of Legal Studies 2002/22, 155f.

417 Nicht eingegangen wird darauf, ob es überhaupt „objektive“ bzw „primäre“ Staatsfunktionen gibt, da dies über den Rahmen der vorliegenden Arbeit hinausgehen würde.

418 Vgl *Kostakopoulou*, Oxford Journal of Legal Studies 2002/22, 149f.

419 Siehe Kapitel 6.A.

420 *Howse/Nicolaidis* in *Broude/Shany* 165.

421 Siehe Kapitel 6.D.

Kapitel 2 – Die konzeptionelle Erfassung von Regularisierungen[422]

Nachdem in Kapitel 1 dargelegt wurde, dass sich die nationalen Rechtsordnungen in Bezug auf die Aufenthaltsrechte von Migrant*innen und den irregulären Aufenthalt im Wandel befinden, aber hinsichtlich Regularisierungen die Mitgliedstaaten nach wie vor alleine entscheiden, beschäftigt sich das vorliegende Kapitel in einer ersten Annäherung mit der Begrifflichkeit und Definition von Regularisierungen und wird dieses aufenthaltsrechtliche Teilregime[423] näher beleuchten. Rechtswissenschaftlich handelt es sich bei Regularisierungen grundsätzlich um Akte oder Maßnahmen, die den aufenthaltsrechtlichen Übergang von der Irregularität in die Regularität begründen.[424] Regularisierungen werden somit als aufenthaltsrechtliches Instrument verstanden, das genau wie Rückführungen den irregulären Aufenthalt beendet.[425] Da der Begriff unterschiedlich eingesetzt und verwendet wird, wird zunächst eine Definition gebildet (A.). Im Anschluss werden die einzelnen Elemente der Definition dargelegt. Abschließend wird anhand der Regularisierungsdefinition eine Kategorisierung von Regularisierungen für den integrierten Rechtsvergleich erstellt (B.). Diese stellt eine wesentliche Grundlage für den durchgeführten Rechtsvergleich in Teil 2 dar und beschließt zugleich die konzeptionellen Überlegungen in Teil 1 bevor der unionsrechtliche Rahmen in Bezug auf die aufenthaltsrechtliche Irregularität und Regularisierungen in Kapitel 3 abgesteckt wird.

---

422 Ausschnitte dieses Kapitels wurden in einer früheren Fassung in *Hinterberger* in *Lanser/Potocnik-Manzouri/Safron/Tillian/Wieser* und auf Englisch in *Hinterberger*, Maastricht Journal of European and Comparative Law 2019 publiziert. Siehe Einleitung D.III.

423 Siehe zum Begriff *Bast*, Aufenthaltsrecht 31.

424 Vgl *Pelzer* in *Fischer-Lescano/Kocher/Nassibi* 146.

425 Siehe Kapitel 2.A.II.2. und Kapitel 6.A.

A. *Definition von Regularisierungen*

In der Folge wird ein Überblick über die bereits bestehenden Regularisierungsdefinitionen gegeben (I.), um anschließend die einzelnen Elemente der hier vorgeschlagenen Definition zu beschreiben (II.). Vor der genannten Darstellung, wird kurz die verwendete Terminologie adressiert. In der Literatur[426] und Rspr[427] werden teilweise die Termini „Legalisierung" bzw „Regularisierungsmaßnahme" anstatt von Regularisierung verwendet. *Kluth* bezeichnet diese Begriffe als vorzugswürdig, weil der deutsche Sprachgebrauch Regularisierung nicht angenommen habe und auch die Herleitung des Begriffs Legalisierung von „illegal" sachlich unproblematisch sei.[428] Er führt als Beispiel das Baurecht an, in dem rechtswidrig erbaute Bauwerke legalisiert werden können. Als weiteres Beispiel kommen etwa „Steueramnestien" in Frage. Diese bewirken, dass eine Person, die an sich Steuern hätte zahlen müssen, „im Nachhinein nicht verhalten wird, die seinerzeit nicht entrichteten Steuern zu zahlen".[429] Diese Argumentation ist nicht überzeugend, da Teile der Literatur Regularisierung als rechtswissenschaftlichen Begriff einsetzen.[430] Dass der Begriff von einigen Autoren und Autorinnen noch nicht gebraucht wird, spricht nicht gegen die Verwendung desselben. Problematischer ist, dass sich einige der Regularisierungsdefinitionen explizit auf „illegale Migrant*innen" oder den „illegalen Aufenthaltsstatus" beziehen. Die Bezugnahme auf die „Illegalität" bzw auf „illegal" ist aber genau wie die Verwendung des Begriffs „Legalisierung" selbst abzulehnen, werden doch Migrant*innen so implizit als kriminell dargestellt, weshalb mit den Begriffen eine negative Konnotation einhergeht.[431] Insgesamt bleibt somit festzuhalten, dass in der vorliegenden Arbeit der Begriff der Regularisierung eingesetzt, und sowohl von der Verwendung des Begriffs Legalisierung als auch jeglichen davon abgeleiteten Begriffen Abstand genommen wird.

426 Vgl etwa *Kluth*, ZAR 2007, 20; *Bast* in *Fischer-Lescano/Kocher/Nassibi* 87.

427 Vgl etwa VwGH 29.11.2012, 2012/01/0133.

428 Vgl *Kluth*, ZAR 2007, 21 Fn 12.

429 Vgl *Lang/Herdin*, Die verfassungsrechtlichen Rahmenbedingungen für „Steueramnestien", JRP 2005/13, 57 und 52.

430 Vgl nur etwa *Pelzer* in *Fischer-Lescano/Kocher/Nassibi* 143; *Düvell* in *Falge/Fischer-Lescano/Sieveking* 25.

431 Siehe Kapitel 1.A.II. und Kapitel 2.A.II.1.

I. Überblick über bestehende Regularisierungsdefinitionen

Methodisch ist es äußerst schwierig, Regularisierung zu definieren. Dies rührt daher, weil der Begriff weder in Österreich, in Deutschland, in Spanien[432] noch im Unionsrecht normiert ist.[433] Dem Fremden-, Aufenthalts- bzw Ausländerrecht (dieser Mitgliedstaaten) ist der Begriff somit fremd, eine textlich-begriffliche Fixierung fehlt.[434] Es handelt sich also um keinen Rechtsbegriff.[435] In den nationalen Rechtsordnungen wird grundsätzlich nur zwischen verschiedenen Aufenthaltstiteln, Aufenthaltsberechtigungen, Aufenthaltsbewilligungen, Aufenthaltserlaubnissen, etc unterschieden.[436] Diese können unter Umständen eine Regularisierung darstellen. Dementsprechend herausfordernd ist es, Regularisierungen, die sich durch den Statuswechsel von der aufenthaltsrechtlichen Irregularität in die Regularität auszeichnen, eigenständig zu beschreiben und klar abzugrenzen, um so einen eigenständigen, rechtswissenschaftlichen Begriff zu definieren.

Auch in der Literatur gibt es für den Begriff der Regularisierung[437] keine einheitliche Definition. Eine der Ursachen hierfür ist die Tatsache, dass es nicht nur eine Art der Regularisierung gibt.[438] Die Darstellung der bisher in der Literatur verwendeten Definitionen gibt einen ersten groben Überblick über die gemeinsamen Merkmale:

- The „granting, on the part of the State, of a residence permit to a person of foreign nationality residing illegally within its territory".[439]
- „Regularisation is defined as any state procedure by which third country nationals who are illegally residing, or who are otherwise in breach of national immigration rules, in their current country of residence are granted a legal status".[440]

---

432 Vgl aber zur spanischen Literatur exemplarisch *Puerta Vílchez*, La regularización de extranjeros. Art. 31.3 y Disposición transitoria cuarta in *Moya Escudero* (Hrsg), Comentario sistemático a la ley de extranjería (2001) 391 (391f).

433 Vgl *Baldwin-Edwards/Kraler*, Final Report v Jänner 2009, 7.

434 Vgl *Bydlinski*, Das bewegliche System und juristische Methodenlehre in *Bydlinski/Krejci/Schilcher/Steininger* (Hrsg), Das Bewegliche System im geltenden und künftigen Recht (1986) 21 (25).

435 Vgl *Raschauer*, Verwaltungsrecht Rn 30.

436 Siehe bspw § 4 AufenthG oder Art 1 Abs 2 lit a AufenthaltstitelVO. Vertiefend Kapitel 4.A.III., Kapitel 4.B.III. und Kapitel 4.C.III.

437 Siehe etwa bei *Pelzer* in *Fischer-Lescano/Kocher/Nassibi* 143.

438 *Kluth*, ZAR 2007, 22.

439 *Apap/de Bruycker/Schmitter*, EJML 2000, 263.

440 *Baldwin-Edwards/Kraler*, Final Report v Jänner 2009, 7; vgl auch *EMN*, Asylum and Migration Glossary 3.0 v Oktober 2014, 234, das sich auf die Definition der

Apap/de Bruycker/Schmitter und *Baldwin-Edwards/Kraler* stellen in ihrer Definition auf die Gewährung eines rechtmäßigen Status in einem staatlichen Verfahren ab. Sie unterscheiden sich dahingehend, dass der Status in der ersten Definition an eine fremde Person verliehen wird, die illegal aufhältig ist und in der zweiten an eine*n Drittstaatsangehörigen, der*die die einschlägigen nationalen Bestimmungen verletzt oder nicht erfüllt.

– „Regularisation is defined as a state procedure by which third-country nationals who are in breach of national immigration rules in their country of residence are granted a legal status, but are not accorded full citizenship rights“.[441]

Für *Lazaridis* ist gleichfalls wesentlich, dass in einem staatlichen Verfahren ein rechtmäßiger Aufenthalt gewährt wird. Sie konkretisiert jedoch den zu verleihenden Status entsprechend, dass mit diesem keine vollständigen (Staats-)Bürger*innenrechte einhergehen dürfen.

– „Regularization is the means by which a government provides lawful status to foreigners in an unlawful or irregular situation in respect to admission, stay and economic activity".[442]

Das *Intergovernmental Committee for Migration*, nunmehr *IOM*, geht in seiner Definition ebenfalls näher auf den gewährten rechtmäßigen Status ein. Dieser muss neben dem Aufenthaltsrecht auch einen Arbeitsmarktzugang umfassen, da der Begriff „economic activity" vermutlich in dem Sinne zu verstehen ist.[443]

Die Komplexität der hier angeführten Regularisierungsbegriffe ergibt sich unter anderem aus dem Umstand, dass die Definitionen einerseits unterschiedliche Begriffe verwenden und diese Begriffe andererseits inhaltliche

REGINE-Studie bezieht. Siehe jüngst auch *Kraler*, Journal of Immigrant and Refugee Studies 2019, 95.

441 *Lazaridis*, International Migration 132.

442 *Intergovernmental Committee for Migration*, Undocumented Migrants and the Regularization of their Status, International Migration 1983, 109 (109). Siehe auch die Definition der *IOM* in *Perruchoud/Redpath-Cross* (Hrsg), Glossary on Migration[2] (2011): „Any process or programme by which the authorities in a State allow non-nationals in an irregular or undocumented situation to stay lawfully in the country. Typical practices include the granting of an amnesty (also known as ‚legalization') to non-nationals who have resided in the country in an irregular situation for a given length of time and are not otherwise found inadmissible".

443 Vgl *Böhning*, International Migration 1983, 171 Fn 10.

Unterschiede aufweisen.[444] So wird teilweise auf illegale Fremde bzw Drittstaatsangehörige, auf den illegalen Status oder auf irreguläre Migration Bezug genommen, wobei jeder Begriff einen eigenständigen Inhalt hat. Dadurch kann man grundsätzlich nie davon ausgehen, dass dieselben Maßnahmen bzw Verfahren gemeint sind, wenn von Regularisierungen die Rede ist.

Inhaltlich ist allen aufgezählten Definitionen gemein, dass Personen, die in einem Staat kein Aufenthaltsrecht besitzen, in einem Verfahren ein Aufenthaltstitel oder dergleichen verliehen wird. *Kluth* umschreibt sie als staatliche Maßnahme, die eine Rechtsfolge auslöst und zur Änderung eines spezifischen rechtlichen Status führt.[445] Die Rechtsfolge, die hier von besonderem Interesse ist, ist die Gewährung eines Aufenthaltsrechts. Somit geht es im Kern um solche staatlichen Akte, die den Übergang von der aufenthaltsrechtlichen Irregularität in die Regularität begründen.[446]

II. Definitionselemente

Um einen konkret abgegrenzten Untersuchungsgegenstand darzulegen und eine eigenständige Begriffsdefinition zu schaffen, soll Regularisierung wie folgt verstanden werden: Jede administrative oder verwaltungsgerichtliche Entscheidung, die irregulär aufhältigen Migrant*innen bei Erfüllen der Mindesterteilungsvoraussetzungen ein Aufenthaltsrecht gewährt.

Die Elemente wurden aus der Lektüre der unterschiedlichen Regularisierungsdefinitionen in einem induktiven Prozess herausgefiltert und basierend auf den Zielvorgaben des Rechtsvergleichs zusammengeführt.[447] Von mir wird ein dogmatischer Begriff vorgeschlagen, der auch für andere (wissenschaftliche) Arbeiten herangezogen werden kann.[448] Die Regularisierungsdefinition dient der Systematisierung und Darstellung eines rechtlichen Phänomens, das bisher wissenschaftlich unzureichend analysiert wurde. Sie ist außerdem tauglich, den Statuswechsel von der aufenthalts-

---

444 *Kraler*, Regularisation: A misguided option or part and parcel of a comprehensive policy response to irregular migration?, IMISCOE WP Nr 24 v Februar 2009, 8.

445 Vgl *Kluth*, ZAR 2007, 21f.

446 Siehe hierzu die Definition „irregulär aufhältige Migrant*innen" in Kapitel 1.A.I. und Kapitel 2.A.II.1.

447 Siehe Einleitung D.I.

448 Allgemein zu „wissenschaftlichen Begriffen" *Raschauer*, Verwaltungsrecht Rn 31.

rechtlichen Irregularität in die Regularität zu beschreiben. Der Regularisierungsbegriff setzt sich aus nachfolgend dargestellten Elementen zusammen: Irregulär aufhältige Migrant*innen (1.), Gewährung eines Aufenthaltsrechts (2.), Entscheidung (3.) und Erfüllen von Mindesterteilungsvoraussetzungen (4.).

Inhaltlich ist zentral, dass Regularisierungen einen Statuswechsel beschreiben. Allgemein beschreibt dieser Oberbegriff den Wechsel von einem rechtswidrigen Zustand hin zu einem rechtmäßigen.[449] Regularisierungen knüpfen an die Person und ihren rechtswidrigen/irregulären Aufenthalt an,[450] wobei sich ihr aufenthaltsrechtlicher Status durch die Gewährung des Aufenthaltsrechts verändert. Vorweg genommen werden kann deshalb, dass mit dem gewährten Aufenthaltsrecht ein rechtmäßiger Aufenthalt einhergehen muss, der von der nationalen Rechtsordnung als solcher anerkannt wird. Folglich sind zwei Elemente (irregulär aufhältige Migrant*innen und die Gewährung eines Aufenthaltsrechts) als konstitutiv zu werten, da sie für den Statuswechsel maßgeblich sind. Ohne diese kann sinnvollerweise nicht von einem solchen gesprochen werden, weshalb sie als fester und unverzichtbarer Kern bezeichnet werden. Die anderen beiden Elemente (Entscheidung und das Erfüllen von Mindesterteilungsvoraussetzungen) sind nicht konstitutiv, da ein Erfüllen der Definition auch ohne deren Vorliegen denkbar ist. Doch werden sie aufgeführt, weil sie in der Regel Elemente von Regularisierungen sind und die Ausgestaltung dieser betreffen.

1. Irregulär aufhältige Migrant*innen

Die Mindestvoraussetzung einer Maßnahme zur Qualifizierung als Regularisierung ist, dass sie auf irregulär im Hoheitsgebiet eines Mitgliedstaates aufhältige Personen abzielt. *Apap/de Bruycker/Schmitter* bezeichnen dies als „geographical criterion".[451] Der persönliche Anwendungsbereich von Regularisierungen umfasst irregulär aufhältige Migrant*innen, wie in Kapitel 1 bereits dargestellt. Das zuvor schon näher erklärte Begriffspaar „irregulär aufhältig" setzt daher die physische Präsenz im Hoheitsgebiet eines

449 Vgl *Kluth*, ZAR 2007, 21f.

450 Dies entspricht wiederum der in der vorliegenden Arbeit eingenommen Perspektive; siehe Einleitung D.II.

451 *Apap/de Bruycker/Schmitter*, EJML 2000, 294f.

Mitgliedstaats und die aufenthaltsrechtliche Irregularität voraus.[452] Antragsstellungen von Personen aus dem Ausland sind deshalb von der hier gewählten Begrifflichkeit nicht umfasst.

Dieses Element muss meist im Zeitpunkt der Antragstellung bzw der Entscheidung oder den gesamten Zeitraum über – dh von Antragstellung bis zur Entscheidung – vorliegen.[453] Bezugspunkt sind die Entscheidungen der Verwaltungsbehörden oder Verwaltungsgerichte.[454] Bei Regularisierungen ist – im Gegensatz zu anderen aufenthaltsrechtlichen Statuswechsel – eine Inlandsantragstellung somit nicht nur möglich, sondern sogar vorausgesetzt. Dies ist zweckmäßig, da derart eine Abgrenzung zu jenen Aufenthaltsrechten geschaffen werden kann, die auch aus dem Ausland erlangt werden können. Folglich kann die Erlangung eines Aufenthaltsrechts aus dem Ausland nie eine Regularisierung darstellen, da die physische Präsenz zwingend notwendig ist. Fälle der Familienzusammenführung werden deshalb ebenfalls nicht beleuchtet. Die Anträge auf Familienzusammenführung sind in der Regel außerhalb des Hoheitsgebiets des Mitgliedstaates, in dem sich die zusammenführenden Familienangehörigen befinden, zu stellen.[455] Auch wenn der Antrag auf Familienzusammenführung erst nach der Einreise gestellt wird bzw gestellt werden kann, werden diese Fälle aber dennoch nicht untersucht.

2. Gewährung eines Aufenthaltsrechts

Ist die Gewährung eines Aufenthaltsrechts die Rechtsfolge einer Maßnahme, kommt diese als Regularisierung in Frage. Doch was kann überhaupt unter dem Begriff des Aufenthaltsrechts verstanden werden? Einige einleitende Überlegungen wurden bereits weiter oben ausgeführt.[456]

Grundsätzlich begründet ein Aufenthaltsrecht einen rechtmäßigen Aufenthalt, der von der nationalen Rechtsordnung anerkannt wird. Darunter wird die Berechtigung verstanden, sich rechtlich in einem Mitgliedstaat aufhalten zu dürfen. *Farahat* bezeichnet dieses etwa als ein territorial be-

---

452 Siehe oben Kapitel 1.A.II.

453 Siehe zur deutschen Rechtslage Kapitel 4.A.III.2.a., zur österreichischen Kapitel 4.B.III.2.a. und zur spanischen Kapitel 4.C.III.3.a.

454 Siehe zur deutschen Rechtslage Kapitel 4.A.IV.-V., zur österreichischen Kapitel 4.B.IV.-V. und zur spanischen Kapitel 4.C.IV.-V.

455 Art 5 Abs 3 FamilienzusammenführungsRL.

456 Siehe Kapitel 1.A.I.

dingtes Zuordnungsverhältnis.[457] Dies klingt zwar im ersten Moment unproblematisch, wirft aber bei genauerem Hinsehen einige komplizierte Fragen auf. Einleuchtend ist, dass als Aufenthaltsrecht jedes objektive Recht verstanden werden kann, mit dem ein rechtmäßiger Aufenthalt einhergeht (Aufenthaltsrecht im engeren Sinne). Hierbei ist es aber nicht notwendig, dass ein Rechtsanspruch auf Aufenthalt, mit anderen Worten ein Recht im subjektiven Sinne, besteht.

Schwieriger wird aber bereits die systematische Einordnung des Rechtsinstitutes der Duldung in Österreich und Deutschland, das in beiden Mitgliedstaaten unterschiedlich ausgestaltet ist und keinen rechtmäßigen Aufenthalt begründet, aber eine Art faktischen Aufenthalt schafft, der rechtlich erfasst ist. Als faktischen Aufenthalt kann man nach *Renner* „das tatsächliche Sich-Aufhalten an einem Ort ohne Rücksicht auf Dauer, Zweck und sonstige Umstände wie vor allem die Rechtmäßigkeit"[458] verstehen. Die betreffende Person ist (vorübergehend) geduldet, wobei die Rückführung nicht durchgesetzt werden kann und dies von der Rechtsordnung anerkannt wird. Das Rechtsinstitut der Duldung kann zur einfacheren Einordnung vorerst als Aufenthaltsrecht im weiteren Sinne bezeichnet werden.[459] Dies zeigt aber bereits, dass der Begriff des Aufenthaltsrechts einen Kern- und Randbereich hat.

Vor diesem Hintergrund werden die Elemente des Aufenthaltsrechtsbegriffs näher dargestellt, anhand derer überprüft werden kann, ob ein Aufenthaltsrecht gegeben ist. Für die vorliegende Arbeit ist das zentrale Element, dass ein Aufenthaltsrecht einen rechtmäßigen Aufenthalt begründet, der als solcher von der nationalen Rechtsordnung anerkannt ist. Der Statuswechsel ist somit die materielle Kernvorgabe (a.). Daneben werden noch drei weitere Elemente beschrieben, die im Hinblick auf die Stabilität und Stärke eines Aufenthaltsrechts relevant, aber für das Bestehen ebendieses nicht konstitutiv sind. Hierzu zählt, ob das Aufenthaltsrecht befristet ist (b.), ob mit diesem Statusrechte einhergehen (c.) und ob eine Verfestigung des Aufenthalts möglich ist (d.).

---

457 *Farahat*, Progressive Inklusion 61.

458 Vgl *Renner*, Ausländerrecht in Deutschland: Einreise und Aufenthalt (1998) 156; siehe auch *Riecken*, Die Duldung als Verfassungsproblem (2006) 35f mwN.

459 *Kluth*, ZAR 2007, 22. Siehe hierzu vertiefend Kapitel 2.B.III.1.a.

a. Rechtmäßigkeit des Aufenthalts

Das erste und zentrale Element zielt auf die Rechtmäßigkeit des Aufenthalts ab. Die autonom-nationale Normierung, dass eine Berechtigung einen rechtmäßigen Aufenthalt begründet, ist Grundvoraussetzung für die Wertung als Aufenthaltsrecht. Der Begriff „autonom-national" wird in der Folge immer dann verwendet, wenn ein Aufenthaltsrecht bloß aufgrund nationaler Regelungen erteilt wurde. Die Rechtmäßigkeit des Aufenthalts ist in Anknüpfung an den AEUV, der ja gerade zwischen rechtmäßigem und unrechtmäßigem Aufenthalt unterscheidet,[460] sowie die RückführungsRL[461] und somit hinsichtlich des Rechtsvergleichs zweckmäßig. In der Regel nimmt ein rechtmäßiger Aufenthalt Rechtsformen wie etwa Aufenthaltstitel, Aufenthaltsberechtigung, Aufenthaltserlaubnis, etc an. Das Rechtsinstitut der Duldung ist nicht als Aufenthaltsrecht zu qualifizieren, da es in der deutschen respektive österreichischen Rechtsordnung nicht als erlaubter/rechtmäßiger Aufenthalt anerkannt ist.

b. Befristung

Das zweite Element widmet sich der zeitlichen Dimension, schafft doch ein Aufenthaltsrecht in einem bestimmten Zeitraum in der Regel einen befristeten rechtmäßigen Aufenthalt. *Kluth* spricht in dem Zusammenhang von einem vorübergehenden Aufenthaltsrecht, wobei nicht näher definiert ist, welchen Zeitraum der Autor unter vorübergehend versteht.[462] Im Gegensatz dazu kann ein Aufenthaltsrecht auch einen dauerhaften rechtmäßigen Aufenthalt verschaffen. Da Staaten irregulär aufhältigen Migrant*innen im Zuge eines Regularisierungsverfahrens üblicherweise kein unbefristetes Aufenthaltsrecht gewähren, stellt für die Zwecke der vorliegenden Definition ein befristetes Aufenthaltsrecht den Ausgangspunkt dar.

---

460 Vgl *Costello*, Human Rights 63ff und bereits Kapitel 1.A.II.
461 Siehe Kapitel 3.B.I.
462 *Kluth*, ZAR 2007, 22.

c. Statusrechte

Neben der zeitlichen Dauer ist auch die konkrete Ausgestaltung des Aufenthaltsrechts maßgeblich für die Beurteilung, wie stark oder schwach dieses ist. Dementsprechend betrifft das dritte Element die mit dem in Frage kommenden Recht einhergehenden Statusrechte. Besonders relevant sind hierbei der Zugang zum Arbeitsmarkt und zu bestimmten sozialen Rechten.[463]

d. Aufenthaltsverfestigung

Das vierte Element beschäftigt sich damit, ob nach dem Ende der Befristung die rechtliche Möglichkeit der Beibehaltung des Aufenthaltsrechts besteht. Diesbezüglich kann auf Vorarbeiten zurückgegriffen werden, die sich mit dem Begriff der Aufenthaltsverfestigung auseinandergesetzt haben. Demnach knüpft der Begriff der Verfestigung an die Verbesserung einer bereits bestehenden aufenthaltsrechtlichen Position an.[464] Hierbei kommen die Verlängerung oder der „Umstieg“ bzw „Wechsel“ auf ein anderes Aufenthaltsrecht in Frage. Nach der österreichischen Diktion wird der Begriff „Umstieg“, nach der deutschen Terminologie „Wechsel“ verwendet.

3. Entscheidung

In der Folge wird zunächst ausgeführt, was unter Entscheidung verstanden werden kann, um anschließend die Individualität ebendieser zu beschreiben (a.). Weiters wird darauf eingegangen, dass es sich hierbei um eine administrative oder verwaltungsgerichtliche Entscheidung handelt (b.).

---

463 *Kraler* hat herausgearbeitet, dass der Arbeitsmarktzugang aus der Perspektive von Migrant*innen einer der maßgeblichen Gründe ist, sich zu regularisieren; *Kraler*, Journal of Immigrant and Refugee Studies 2019, 105-107. Siehe zur geltenden deutschen Rechtslage Kapitel 4.A.II., zur österreichischen Kapitel 4.B.II. und zur spanischen Kapitel 4.C.II.

464 Vgl allgemein *Bast*, Aufenthaltsrecht 256f mwN und *Farahat*, Inklusion in der superdiversen Einwanderungsgesellschaft in *Baer/Lepsius/Schönberger/Waldhoff/Walter* (Hrsg), Jahrbuch des öffentlichen Rechts der Gegenwart 66 (2018) 337 (343).

Das Aufenthaltsrecht wird grundsätzlich in einem Verwaltungsverfahren durch eine administrative Entscheidung oder in einem (anschließenden) Gerichtsverfahren durch eine verwaltungsgerichtliche Entscheidung gewährt. Dies wird in der Folge auch als „aufenthaltsrechts-begründende Entscheidung"" bezeichnet, um einen Oberbegriff für jegliche Art von Aufenthaltstitel, Aufenthaltsberechtigung, „autorización de residencia", etc zu schaffen.[465] Die Entscheidung bewirkt den aufenthaltsrechtlichen Übergang von der Irregularität in die Regularität, weshalb das Anknüpfen an diesen Aspekt zweckentsprechender ist als an das der Entscheidung zugrundliegende Verfahren.[466] Letzteres ist nicht der maßgebliche Zeitpunkt des Statuswechsels. Hierfür ist vielmehr die Entscheidung kennzeichnend, die das Aufenthaltsrecht begründet. Der Entscheidungszeitpunkt ist somit mit dem Verfahrensende gleichzusetzen. In den Mitgliedstaaten ist unterschiedlich festgelegt, ab wann die Entscheidung aufenthaltsrechtliche Wirkungen entfaltet. Hierbei kommt sowohl die ex tunc-Wirkung als auch die ex nunc-Wirkung in Betracht. Ex tunc beschreibt in dem Zusammenhang, dass bereits (rückwirkend) die Antragstellung den aufenthaltsrechtlichen Übergang bewirkt, ex nunc hingegen, dass der Entscheidungszeitpunkt den Statuswechsel bewirkt.

a. Individuelle Entscheidung

Eine Entscheidung, die ein Aufenthaltsrecht verleiht, kann grundsätzlich sowohl an einen individuellen als auch an einen allgemeinen Personenkreis gerichtet sein. In der vorliegenden Arbeit wird davon ausgegangen, dass Regularisierungen eine individuelle Entscheidung zugrunde liegt. Dies bedeutet, dass sich die Entscheidung an eine*n individuelle*n Adressaten*in, dh an eine Person, und nicht an einen nach Gattungsmerkmalen bestimmten Kreis an Migrant*innen richtet. Im deutschen Verwaltungsrecht spricht man etwa vom konkret-individuellen Charakter eines Aktes.[467] Individuell bezieht sich deshalb fortan darauf, dass eine Entscheidung an eine bestimmte Person gerichtet ist und dementsprechend eine

465 Denkbar wäre auch von „Aufenthaltsgenehmigung" zu sprechen; siehe etwa *Bast*, Zehn Jahre Aufenthaltsgesetz, DÖV 2013, 214 (216).

466 Vgl *Baldwin-Edwards/Kraler*, Final Report v Jänner 2009, 7; *Lazaridis*, International Migration 132.

467 *Maurer/Waldhoff*, Allgemeines Verwaltungsrecht[19] (2017) § 9 Rn 16-18. Vgl weiters *Raschauer*, Verwaltungsrecht Rn 852ff zum österreichischen Verwaltungsrecht.

individuelle Prüfung des Vorliegens der Voraussetzungen stattfindet. Jene Verfahren werden nicht analysiert, bei denen das Aufenthaltsrecht ohne eine solche individuelle Prüfung und Entscheidung erteilt wird.[468]

b. Administrative oder verwaltungsgerichtliche Entscheidung

In verwaltungsrechtlichen Verfahren werden die Verwaltungsbehörden[469] hoheitlich[470] tätig. Grundsätzlich kann dies auf Antrag, aber auch von Amts wegen geschehen. Letzteres beschreibt, dass eine Behörde – im Falle des Vorliegens bestimmter Voraussetzungen – von sich aus tätig wird.[471] Im österreichischen Verwaltungsverfahren nimmt die administrative (und individuelle) Entscheidung grundsätzlich die Rechtsform des Bescheides an.[472] In Deutschland spricht man von begünstigenden Verwaltungsakten.[473] In Spanien fallen sie unter die Kategorie des Verwaltungsakts („acto administrativo").[474]

Im Anschluss an das Behördenhandeln kann überdies eine verwaltungsgerichtliche Entscheidung ergehen. In Österreich sind die 2014 neu geschaffenen Verwaltungsgerichte in den einschlägigen aufenthaltsrechtlichen Materien zuständig.[475] Sie entscheiden über das Rechtsmittel der Bescheidbe-

468 Siehe Kapitel 5.C.I.

469 Vgl zur österreichischen Rechtslage *Kolonovits/Muzak/Stöger*, Verwaltungsverfahrensrecht[10] (2014) Rn 14 und 58 bzw zur deutschen *Maurer/Waldhoff*, Verwaltungsrecht § 22 Rn 13ff.

470 Vgl zum österreichischen Gebrauch des Begriffs *Kolonovits/Muzak/Stöger*, Verwaltungsverfahrensrecht Rn 381; *Hengstschläger/Leeb*, AVG (Stand 1.1.2014, rdb.at) § 7 AVG Rn 3; *Hengstschläger/Leeb*, AVG (Stand 1.7.2005, rdb.at) § 56 AVG Rn 13; siehe zum deutschen *Maurer/Waldhoff*, Verwaltungsrecht § 1 Rn 25 und § 9 Rn 12-14.

471 Siehe etwa in Bezug auf die österreichischen „Aufenthaltstitel aus berücksichtigungswürdigen Gründen" § 58 Abs 1 AsylG und Kapitel 4.B.III.2.b.

472 Vgl *Raschauer*, Verwaltungsrecht Rn 812ff.

473 Vgl *Groß*, Das Ausländerrecht zwischen obrigkeitsstaatlicher Tradition und menschenrechtlicher Herausforderung, AöR 2014, 421 (423f); *Marx*, Aufenthalts-, Asyl- und Flüchtlingsrecht[6] (2017) § 2 Rn 240. Allgemein zum Verwaltungsakt siehe § 35 VwVfG und *Maurer/Waldhoff*, Verwaltungsrecht § 9, speziell Rn 48.

474 Vgl allgemein die Ausführungen bei *Boza Martínez/Donaire Villa/Moya Malapeira*, La normativa española de extranjería y asilo: evolución y características principales in *Boza Martínez/Donaire Villa/Moya Malapeira* (Hrsg), La nueva regulación de la inmigración y la extranjería en España (2012) 15 (19).

475 BGBl I 51/2012.

schwerde mittels Erkenntnis.[476] Nach dem deutschen Verwaltungsrecht entscheiden VG über die verwaltungsgerichtliche Klage in Form von Urteilen.[477] In der spanischen Verwaltungsgerichtsbarkeit („Jurisdicción Contencioso-Administrativa") entscheiden Verwaltungsgerichte („Tribunal de lo Contencioso-Administrativo") über die Verwaltungsklage („Recurso Contencioso-Administrativo") mittels Urteil („Sentencia").[478]

4. Erfüllen von Mindesterteilungsvoraussetzungen

Um ein Aufenthaltsrecht erlangen zu können, müssen gewisse – formelle wie auch inhaltliche – Erteilungsvoraussetzungen erfüllt sein.[479] Eine genaue Auflistung aller möglichen Voraussetzungen ist an dieser Stelle nicht zielführend, da vorab eine Analyse aller Regularisierungen notwendig ist, um diese herauszukristallisieren. Exemplarisch können hier eine Mindestaufenthaltsdauer, Sprachkenntnisse oder das Vorliegen bestimmter humanitärer Gründe angeführt werden. Darüber hinaus kann vorweg angemerkt werden, dass eine der häufig geforderten allgemeinen Erteilungsvoraussetzungen von aufenthaltsrechts-begründenden Entscheidungen, das Erfordernis eines Visums, entfällt.

III. Zwischenergebnis

Anfangs wurde ein Überblick über die bestehenden Regularisierungsdefinitionen gegeben. Derart konnte ich herausarbeiten, dass sich diese durch den Statuswechsel von der aufenthaltsrechtlichen Irregularität in die Regularität auszeichnen. Der Begriff wurde wie folgt definiert: Jede administrative oder verwaltungsgerichtliche Entscheidung, die irregulär aufhältigen Migrant*innen bei Erfüllen der Mindesterteilungsvoraussetzungen ein Aufenthaltsrecht gewährt.

Bei der Definition handelt es sich um einen dogmatischen Begriff, der auch für andere (wissenschaftliche) Arbeiten herangezogen werden kann und gleichzeitig der Systematisierung und Darstellung dieses Rechtsinstituts

---

476 §§ 7ff und 28 VwGVG und siehe Kapitel 4.B.V.1.

477 Daneben ist es möglich, dass die VG mittels Beschluss entscheiden. Siehe Kapitel 4.A.V.1.

478 Siehe Kapitel 4.C.V.1.

479 Vgl *Groß*, AöR 2014, 423f; *Bast*, Aufenthaltsrecht 31.

dient. Ich habe dem Begriff „Regularisierung" gegenüber jenem der „Legalisierung" den Vorzug gegeben, weil letzterer irregulär aufhältige Migrant*innen ins Licht der Kriminalität rückt. Der Regularisierungsbegriff setzt sich aus nachfolgend dargestellten Elementen zusammen, wobei nur die ersten beiden Elemente als konstitutiv zu werten sind: Irregulär aufhältige Migrant*innen, Gewährung eines Aufenthaltsrechts, Entscheidung und Erfüllen von Mindesterteilungsvoraussetzungen.

Die Mindestvoraussetzung einer Maßnahme zur Qualifizierung als Regularisierung ist, dass sie auf irregulär im Hoheitsgebiet eines Mitgliedstaates aufhältige Personen abzielt. Diese Eigenschaft muss meist im Zeitpunkt der Antragstellung bzw der Entscheidung oder den gesamten Zeitraum über vorliegen.

Weiters muss irregulär aufhältigen Personen ein Aufenthaltsrecht gewährt werden. Es wurden die Elemente des Aufenthaltsrechtsbegriffs näher dargestellt, anhand derer überprüft werden kann, ob ein Aufenthaltsrecht gegeben ist. Für die vorliegende Arbeit ist das zentrale Element, dass ein Aufenthaltsrecht einen rechtmäßigen Aufenthalt begründet, der als solcher von der nationalen Rechtsordnung anerkannt ist. Der Statuswechsel ist somit die materielle Kernvorgabe. Daneben wurden noch drei weitere Elemente beschrieben, die für die Stabilität und Stärke eines Aufenthaltsrechts relevant, aber für das Bestehen ebendieses nicht konstitutiv sind. Hierzu zählt, ob das Aufenthaltsrecht befristet ist, ob mit diesem Statusrechte einhergehen und ob eine Verfestigung des Aufenthalts möglich ist.

Als Oberbegriff für die Erteilung eines Aufenthaltsrechts in einem Verwaltungsverfahren durch eine administrative Entscheidung oder in einem Gerichtsverfahren durch eine verwaltungsgerichtliche Entscheidung wurde der Begriff der aufenthaltsrechts-begründenden Entscheidung gewählt. Ich knüpfe an die Entscheidung an, da es sich um den maßgeblichen Zeitpunkt des Statuswechsels handelt. In der vorliegenden Arbeit wird weiters davon ausgegangen, dass Regularisierungen eine individuelle Entscheidung zugrunde liegt. Individuell bezieht sich deshalb fortan darauf, dass eine Entscheidung an eine bestimmte Person gerichtet ist und dementsprechend eine individuelle Prüfung des Vorliegens der Voraussetzungen stattfindet. Das letzte Definitionselement bezieht sich darauf, dass in der Regel gewisse formelle wie auch inhaltliche Erteilungsvoraussetzungen erfüllt werden müssen, um ein Aufenthaltsrecht zu erlangen.

B. Systematisierung von Regularisierungen für den integrierten Rechtsvergleich

Nach der Bildung eines dogmatischen Regularisierungsbegriffs folgt nunmehr die Kategorisierung von Regularisierungen für den Rechtsvergleich. Diese ist methodisch schwierig, da im Hinblick auf den integrierten Rechtsvergleich viele Faktoren berücksichtigt werden müssen. Der Rechtsvergleich wird integriert durchgeführt, dh es wird keine Länderberichte im klassischen Sinne geben, sondern Regularisierungen werden anhand eines Kriteriums kategorisiert und verglichen.[480] In der Folge werden einige bereits erfolgte Systematisierungen vorgestellt und kritisch beleuchtet (I.). Anschließend wird ein eigener Kategorisierungsvorschlag unterbreitet, der den Regularisierungszweck in den Mittelpunkt rückt (II. und III.). Abschließend wird eine Abgrenzung von jenen Themenbereichen vorgenommen, die im Rechtsvergleich nicht mitanalysiert werden, wodurch der Gegenstand der vorliegenden Arbeit eingegrenzt wird (IV.).

I. Mögliche Anknüpfungspunkte zur Systematisierung

Baldwin-Edwards/Kraler haben in der im Auftrag der Europäischen Kommission erstellten REGINE-Studie Regularisierungen kategorisiert. Den Ansatzpunkt bildet die verfahrensrechtliche Unterscheidung in Regularisierungs-Programme und Regularisierungs-Mechanismen.[481] Programme kennzeichnen, dass es sich um spezifische Verfahren handelt, die keinen Teil des üblichen Migrationsmanagements darstellen, die nur während eines bestimmten Zeitraums laufen und auf bestimmte Personenkategorien von Migrant*innen in einer irregulären Situation abzielen. Mechanismen werden als Verfahren definiert, die keine Programme sind. Sie gewähren illegal aufhältigen Drittstaatsangehörigen einen rechtmäßigen Status und stützen sich oftmals auf humanitäre Erwägungen. Weiters sind sie Teil des zeitgenössischen Migrationsmanagements.

Die Unterteilung in Programme und Mechanismen wurde in der rechtswissenschaftlichen Literatur vereinzelt aufgenommen.[482] Theoretisch wäre es denkbar, diese für den Rechtsvergleich heranzuziehen, doch sprechen gute Gründe gegen die Leistungsfähigkeit dieser Kriterien. Die Unterscheidung zwischen Programme und Mechanismen ist prinzipiell interessant

480 Siehe Einleitung D.I.2.

481 Vgl *Baldwin-Edwards/Kraler*, Final Report v Jänner 2009, 8f.

482 Vgl etwa *Pelzer* in *Fischer-Lescano/Kocher/Nassibi* 147.

und aus politikwissenschaftlicher Sicht durchaus sinnvoll. Doch ist die Gliederung in solche Abschnitte von einem rechtlichen Standpunkt unzweckmäßig, weil es hier länderübergreifend zu wenige Unterschiede gibt und so kaum ein wissenschaftlicher Mehrwert erreicht werden kann.

Weitere identifizierbare Kriterien bringt die Auseinandersetzung mit einer von *de Bruycker* herausgegebenen Studie aus dem Jahr 2000,[483] deren englische Zusammenfassung anschließend von *Apap/de Bruycker/Schmitter* im EJML veröffentlicht wurde.[484] Diese juristische Arbeit enthält zusammenfassende Länderberichte von acht Mitgliedstaaten in Bezug auf die dort normierten Regularisierungen, wobei die Länderberichte von *Hailbronner* zu Deutschland und *Gortázar Rotaeche* zu Spanien an anderer Stelle vertieft behandelt werden.[485] Die Studie hebt sich durch eine eigens geschaffene Typologie hervor. In der Folge wird auf die englische Zusammenfassung im EJML Bezug genommen. Es wurden fünf verschiedene Regularisierungstypen gebildet, von denen drei näher vorgestellt werden:[486]

- Die Arbeit unterscheidet zunächst zwischen „permanent“ und „on-off“ Regularisierungen.[487] „Permanent“ Regularisierungen werden dadurch charakterisiert, dass sie gesetzlich festgelegt sind und dauerhaft in Anspruch genommen werden können. Hingegen zeichnet „on-off“ Regularisierungen aus, dass die festgelegten Voraussetzungen an einem bestimmten Tag erfüllt werden müssen. Maßgeblich ist etwa eine bestimmte Voraufenthaltszeit oder der faktische Aufenthalt zu einem bestimmten Zeitpunkt (Stichtag).

483 *De Bruycker* (Hrsg), Les regularisations des étrangers illégaux dans l’union européenne. Regularisations of illegal immigrants in the European Union (2000).

484 *Apap/de Bruycker/Schmitter*, EJML 2000 und für die französische Zusammenfassung *Apap/de Bruycker/Schmitter*, Rapport de synthèse sur la comparaison des régularisations d’étrangers illégaux dans l’Union européenne in *De Bruycker* (Hrsg), Les regularisations des étrangers illégaux dans l’union européenne. Regularisations of illegal immigrants in the European Union (2000) 24

485 *Hailbronner*, The Regularisation of illegal Immigrants in Germany in *De Bruycker* (Hrsg), Les regularisations des étrangers illégaux dans l’union européenne. Regularisations of illegal immigrants in the European Union (2000) 251 und *Gortázar*, The Regularisation of Illegal Immigrants in Spain in *De Bruycker* (Hrsg), Les regularisations des étrangers illégaux dans l’union européenne. Regularisations of illegal immigrants in the European Union (2000) 291. Siehe Kapitel 4.A.I. und Kapitel 4.C.I.

486 Auf die Kategorisierung in „Regularisation through Expedience or Obligation“ bzw „Organised or Informal Regularisation“ werde ich nicht näher eingehen, da die Darstellung über den Rahmen der Arbeit hinausgehen würde.

487 *Apap/de Bruycker/Schmitter*, EJML 2000, 266f.

- Die zweite Kategorie unterteilt Regularisierungen anhand eines „individual“ oder „collective“ Merkmals.[488] Das „individual“-Kriterium verweist darauf, dass den Verwaltungsbehörden ein Ermessensspielraum eingeräumt wird.[489] „Collective“ Regularisierungen beruhen hingegen auf Voraussetzungen, die objektiv festgelegt sind, weshalb es gerade kein Ermessen der Behörden gibt. Unter Umständen kann bei Erfüllen der Kriterien somit auch ein Rechtsanspruch auf Regularisierung bestehen.[490]
- Eine dritte Unterscheidung basiert auf den unterschiedlichen Schutzgründen der Regularisierungen.[491] „Regularisations for protection“ betreffen demnach jene Personen, die vor ernsthaften Schäden durch die Abschiebung geschützt werden sollen. Dabei kommen humanitäre, familiäre oder medizinische Gründe in Betracht. „Fait accompli regularisations“[492] anerkennen hingegen den faktischen Aufenthalt über einen bestimmten Zeitraum und gewähren irregulär aufhältigen Migrant*innen darauf basierend ein Aufenthaltsrecht. Dass der maßgebliche Erteilungsgrund der faktische Aufenthalt ist, macht sie nach Meinung von *Apap/de Bruycker/Schmitter* besonders umstritten.[493]

Die oben genannte Typologie ist hervorzuheben, da sie rechtlich die erste ihrer Art war und gewisse Muster, die Regularisierungen charakterisieren, eingefangen und dargestellt hat.[494] Ein Hauptproblem ist jedoch, dass sie keine allgemeingültige und operationalisierbare Kategorisierung für den angestrebten Rechtsvergleich ermöglicht. Wie von *Apap/de Bruycker/Schmitter* selbst in der Beschreibung der Kategorien dargelegt, ist eine präzise Einordnung von Regularisierungen durch die einzelnen Kriterienpaare kaum möglich.[495] Diese scheint aber gerade die notwendige Voraussetzung zur Durchführung des integrierten Rechtsvergleichs zu sein. Da gerade keine Länderberichte erstellt werden, muss das kategorisierende Merkmal daher besonders „wasserdicht“ sein, um allfällige Überschneidungen und Wiederholungen bestmöglich zu vermeiden.

---

488 *Apap/de Bruycker/Schmitter*, EJML 2000, 267f.
489 Im Englischen wird der Begriff „discretion“ verwendet; siehe bereits Fn 194.
490 Siehe hierzu Kapitel 3.B.II.
491 *Apap/de Bruycker/Schmitter*, EJML 2000, 268ff.
492 „Fait accompli“ kann als „vollendete Tatsachen“ übersetzt werden.
493 *Apap/de Bruycker/Schmitter*, EJML 2000, 268.
494 Auf sie bezieht sich etwa *Sunderhaus*, Regularization Programs for Undocumented Migrants: A Global Survey on more than 60 Legalizations in all Continents (2007) 29ff.
495 Siehe nur *Apap/de Bruycker/Schmitter*, EJML 2000, 268, 269.

Die Arbeit von *Schieber* wurde bereits in Bezug auf den Forschungsstand thematisiert.[496] Die Autorin untersucht die komplementären Schutzmechanismen und nimmt diese als Ausgangspunkt für ihren Rechtsvergleich.[497] Der Bezug auf das Asylverfahren unterscheidet sich aber grundlegend von der vorliegenden Arbeit, da gerade kein eigenständiger Regularisierungsbegriff geschaffen wurde, der mitunter den Ausgangspunkt der Untersuchung darstellt.[498]

Ein weiteres Kriterium, das im Entstehungsprozess dieser Arbeit in Betracht gezogen wurde, ist die Unterteilung in Tatbestands- und Rechtsfolgenseite, die Regularisierungen in zwei Seiten „aufteilt“ und darstellt. Die Aufsplittung bringt aber das Problem mit sich, dass Regularisierungen nicht als Ganzes dargestellt werden können und so Wiederholungen nötig wären. Auf der Tatbestandsseite ist die Einordnung nach dem anwendbaren Personenkreis denkbar. So gibt es Regularisierungen, die nur an Arbeitskräfte gerichtet sind. Auf Rechtsfolgenseite würde die Unterscheidung nach der Art bzw Rechtsform des gewährten Aufenthaltsrechts in Betracht kommen.

Vor diesem Hintergrund habe ich mich schlussendlich für eine Kategorisierung anhand des Regularisierungszwecks entschieden. Jede aufenthaltsrechts-begründende Entscheidung wird basierend auf einem maßgeblichen Rechtsgrund erteilt. In Deutschland wird dies als Aufenthaltszweck bezeichnet.[499] Da die Regularisierungsdefinition um die individuelle Entscheidung, mit der das Aufenthaltsrecht einhergeht, konstruiert ist, erscheint die Anknüpfung an die Zweckgebundenheit somit der leistungsfähigste Anknüpfungspunkt für den Rechtsvergleich zu sein, um eine präzise Systematisierung zu erreichen.

II. Regularisierungszweck als systematisierender Anknüpfungspunkt

Grundsätzlich sind aufenthaltsrechts-begründende Entscheidungen immer an einen Zweck gebunden. Doch was verbirgt sich hinter dem Begriff Regularisierungszweck bzw aus welcher Perspektive wird dieser betrachtet?

---

496 Siehe Einleitung C.

497 *Schieber*, Komplementärer Schutz 117ff.

498 Siehe Kapitel 2.A.

499 Vgl allgemein zum deutschen Recht *Groß*, AöR 2014, 423ff.

Der Begriff leitet sich von „Aufenthaltszweck" ab, der den „für die Erteilung maßgeblichen Rechtsgrund" umschreibt.[500] Für die vorliegende Arbeit ist der Begriff „Regularisierungszweck" im Vergleich zu „Aufenthaltszweck" präziser und besser geeignet, da dadurch nicht alle aufenthaltsrechts-begründenden Entscheidungen erfasst werden, sondern nur jene, die unter den Regularisierungsbegriff fallen. Abgesehen davon sind die beiden Begriffe aber ident. Solche maßgeblichen Rechtsgründe können bspw humanitäre Gründe wie Krankheiten oder familiäre Anknüpfungspunkte sein. Zu Recht weist *Bast* darauf hin, dass es sich beim „Aufenthaltszweck" um eine rechtsordnungsübergreifende Grundstruktur des modernen Aufenthaltsrechts handelt, das nicht um die Ausweisung, sondern um die aufenthaltsrechtsbegründende Entscheidung als zentrale Bauform organisiert ist.[501] Diese Feststellung für das deutsche Aufenthaltsrecht ist auch auf das spanische Ausländerrecht und das österreichische Fremdenrecht übertragbar, wie in der Folge gezeigt wird. Da die Regularisierungsdefinition um die individuelle Entscheidung, mit der das Aufenthaltsrecht einhergeht, konstruiert ist, erscheint die Anknüpfung an die Zweckgebundenheit somit der leistungsfähigste Anknüpfungspunkt für den Rechtsvergleich zu sein.

Im Hinblick auf das deutsche Recht wurde der Aufenthaltszweck als primäres, horizontales Ordnungskriterium des AufenthG bereits identifiziert und ist gesetzlich als solcher sogar explizit festgelegt.[502]

Im österreichischen Niederlassungs- und Aufenthaltsrecht ist der Begriff Aufenthaltszweck ebenfalls normiert,[503] im Asylrecht bspw nur an einer Stelle im Zusammenhang mit den dort normierten Regularisierungen.[504] Zwar ist dem Fremdenpolizeirecht der Begriff grundsätzlich fremd,[505] dies ist aber ohne Bedeutung, da dieses Rechtsgebiet unter anderem nur die Erteilung von Einreisetiteln und die Erlassung von aufenthaltsbeendenden Maßnahmen regelt.[506] Der Begriff ist daher jedenfalls auf die österreichische Rechtswissenschaft übertragbar. Wie im deutschen ist es auch im österreichischen Recht üblich, dass eine aufenthaltsrechts-begründende Entschei-

500 *Bast*, Aufenthaltsrecht 245.

501 *Bast*, DÖV 2013, 216 spricht in dem Zusammenhang von „Aufenthaltsgenehmigungen".

502 *Bast*, Aufenthaltsrecht 218ff; *Bast*, DÖV 2013, 216 und *Groß*, AöR 2014, 423-427.

503 Siehe nur § 19 Abs 2 und 3 oder § 26 NAG.

504 § 58 Abs 6 AsylG und siehe zu den Regularisierungen Kapitel 4.B.III.

505 Siehe jedoch § 22 Abs 2 Z 1 FPG. Dort ist ein Versagungsgrund für Visa D normiert, insofern der „Zweck und die Bedingungen des geplanten Aufenthalts nicht begründet" werden können.

506 § 1 Abs 1 FPG.

dung an einen bestimmten Erteilungsgrund gebunden ist.[507] Diese Ansicht wird durch die Rspr des VwGH bestätigt, die den Begriff Aufenthaltszweck häufig gebraucht.[508]

Das Gesagte gilt auch für Spanien.[509] Der Rechtsordnung ist die Begrifflichkeit des Aufenthaltszwecks zwar fremd und es sind wie im österreichischen Recht keine Aufenthaltszwecke normiert,[510] dennoch ist die rechtswissenschaftliche Übertragbarkeit gegeben. *Serrano Villamanta* systematisiert etwa die „Aufenthaltsberechtigungen aus außergewöhnlichen Gründen" anhand der Gründe, die für die Erteilung maßgeblich sind.[511] Aufenthaltszweck kann im Spanischen mit „motivo de la residencia" gleichgesetzt werden.

Um den Inhalt der Regularisierungszwecke zu ermitteln, ist sowohl die Perspektive des Staates als auch die der Migrant*innen einzunehmen. Ganz grundsätzlich legen *Motomura* und *Bast* aufenthaltsrechts-begründenden Entscheidungen eine kontraktualistische Struktur zugrunde.[512] Kontraktualistisch wird hierbei nicht wörtlich im Sinne von Vertragsabschluss verstanden, sondern vielmehr wird dadurch die Konvergenz des privaten und öffentlichen Interesses an der Erteilung des Aufenthaltsrechts beschrieben.[513] Grundsätzlich müssen sich Migrant*innen nach den einseitig vorgegebenen Erteilungsvoraussetzungen richten und sich in das (staatliche) Korsett zwängen.[514] *Bast* spricht hier auch von „vorformulierten ‚Musterkontrakten' (Typen von Aufenthaltstiteln und Regeln für ihre Ertei-

---

507 Vgl *Peyrl/Neugschwendtner/Schmaus*, Fremdenrecht[7] (2018) 37ff und *Muzak*, Fremden- und Asylrecht in *Kolonovits/Muzak/Piska/Perthold/Strejcek* (Hrsg), Besonderes Verwaltungsrecht[2] (2017) 187 (201f).

508 Siehe nur VwGH 12.11.2015, Ra 2015/21/0101 oder 7.12.2016, Ra 2016/22/0013.

509 Vgl *Triguero Martínez*, El arraigo y los modelos actuales jurídico-políticos de inmigración y extranjería, Migraciones 2014, 433 (438).

510 Siehe nur Art 29ff LODYLE und Art 28ff REDYLE.

511 *Serrano Villamanta*, La residencia por circunstancias excepcionales. El arraigo in *Balado Ruiz-Gallegos* (Hrsg), Inmigración, Estado y Derecho: Perspectivas desde el siglo XXI (2008) 553 (557); siehe auch *Triguero Martínez*, Migraciones 2014, 438f.

512 Vgl *Bast*, Aufenthaltsrecht 30f mit Hinweis auf *Motomura*, Americans 9-12, 15-62. *Motomura* legt seinem Verständnis von Einwanderung noch zwei weitere Paradigmen zu Grunde: „immigration as transition" sowie „immigration as affiliation".

513 Vgl *Bast*, Aufenthaltsrecht 219 und *Groß*, AöR 2014, 425. *Bast*, Aufenthaltsrecht 31 Fn 103 weist zu Recht darauf hin, dass dieses Verständnis bei Fluchtmigration nur eingeschränkt zur Anwendung kommt, weil dieses ja gerade „durch die Unfreiwilligkeit des Eingehens des Migrationskontrakts geprägt ist".

514 Siehe *Groß*, AöR 2014, 425.

lung)".[515] Das eigenständige, private Migrationsinteresse von Migrant*innen, etwa die freiwillige Einreise oder der Verbleib im Inland, steht im Hintergrund,[516] stimmt aber im Falle der aufenthaltsrechts-begründenden Entscheidung schlussendlich mit dem staatlichen überein.[517] Da jedem von der Rechtsordnung als rechtmäßig sanktionierten Migrationsvorgang die dargestellte kontraktualistische Struktur zugrunde liegt, wird der Regularisierungszweck im Einklang mit der vorliegenden Arbeit sowohl nach dem staatlichen als auch nach dem privaten Interesse ermittelt.[518]

III. Systematisierung nach dem Regularisierungszweck

Aus den bisherigen Ausführungen ergibt sich daher, dass sich der Regularisierungszweck als Kategorie für den Rechtsvergleich von Regularisierungen eignet. Methodisch werden die für Regularisierungen relevanten Regularisierungszwecke aus den drei einschlägigen Rechtsquellenebenen herausgearbeitet: Die Erteilungsgründe leiten sich aus dem Völkerrecht, aus dem Europarecht sowie aus dem autonom-nationalen Recht der Mitgliedstaaten ab.[519] Eine Zusammenschau der Ebenen kristallisiert sechs Regularisierungszwecke heraus, die geordnet – nach völker-, europa- und abschließend autonom-nationalrechtlichen Bezügen – aufgelistet werden: Nichtrückführbarkeit (1.), soziale Bindungen (2.), Familieneinheit (3.), Vulnerabilität (4.), Erwerbstätigkeit und Ausbildung (5.), Sonstige staatliche Interessen (6.).

Rechtsquellen	**Regularisierungszweck**
Völker- und/oder Unionsrecht	1. Nichtrückführbarkeit
	2. Soziale Bindungen
	3. Familieneinheit
	4. Vulnerabilität
Autonom-nationales Recht	5. Erwerbstätigkeit und Ausbildung
	6. Sonstige staatliche Interessen

Tabelle 2: Regularisierungszweck und Rechtsquellen

515 *Bast*, Aufenthaltsrecht 31; vgl auch *Bast*, DÖV 2013, 216.
516 *Bast*, Aufenthaltsrecht 31.
517 *Bast*, Aufenthaltsrecht 30.
518 Siehe Einleitung D.II.
519 Siehe auch *Menezes Queiroz*, Illegally Staying 2.

Wie sich aus Tabelle 2 ergibt, werden die Regularisierungszwecke in zwei Kategorien eingeteilt, je nachdem ob sie völker- und/oder unionsrechtliche Bezüge haben (1.-4.) bzw ob sie nur im autonom-nationalen Recht verankert sind (5.-6.). Diese Darstellung dient einem leichteren Verständnis, hat aber rein schematischen Charakter, da die Unterschiede zwischen den zwei Kategorien bzw einzelnen Regularisierungszwecken nur graduell sind.

Die Regularisierungszwecke 1 bis 4 sind völker- bzw europarechtlich geprägt. Bei diesen Regularisierungszwecken fällt eines auf: In jedem der drei analysierten Mitgliedstaaten existieren Regularisierungen in unterschiedlicher Ausprägung. Sie leiten sich alle von den höherrangigen völker- oder europarechtlichen Bestimmungen ab. Der Vollständigkeit halber muss an dieser Stelle ergänzt werden, dass auf verfassungsrechtlicher Ebene teilweise korrespondierende grundrechtliche Verbürgungen geschaffen wurden, bevor der jeweilige Mitgliedstaat durch die völker- oder europarechtlichen Bestimmungen gebunden war. Dieser Punkt wird aber in Bezug auf die Ableitung der Regularisierungen außer Acht gelassen, da alle Mitgliedstaaten nunmehr durch die völker- oder europarechtlichen Normen gebunden sind, wohingegen die Grundrechte nur in dem jeweiligen Mitgliedstaat gelten.[520] In der vorliegenden Arbeit wird die Perspektive irregulär aufhältiger Migrant*innen eingenommen.[521] Aus diesem Grund wird der menschen- und europarechtliche Ausweisungsschutz zwar dargestellt, da er für die Analyse vonnöten ist, es erfolgt aber keine tiefergehende Analyse dahingehend, welchen Ausweisungsschutz die einzelnen Bestimmungen bieten. Dieser Themenbereich wurde bereits ausreichend erforscht. Vielmehr wird der Fokus auf die Analyse gelegt, von welchen höherrangigen Rechtsquellen sich die analysierten Regularisierungen in Kapitel 5 ableiten lassen. Dies ist essentiell, um für die RegularisierungsRL in Kapitel 6 ein Grundgerüst vorfinden zu können, auf das zurückgegriffen werden kann.

Die völker- und europarechtlichen Bestimmungen können zwei unterschiedliche Folgen für die Mitgliedstaaten auslösen: Einerseits ist es möglich, dass Bestimmungen wie Art 3 und 8 EMRK ein rechtliches Abschiebehindernis darstellen und dadurch einen besonderen Ausweisungsschutz garantieren.[522] Begrifflich spreche ich in der Folge von „Abschiebehinder-

---

520 Siehe grundsätzlich zum Prüfungsmaßstab Einleitung D.I.1.

521 Siehe Einleitung D.II.

522 Vgl *Diekmann*, Menschenrechtliche Grenzen des Rückführungsverfahrens in Europa (2016) 153-163; *Tewocht*, Drittstaatsangehörige 418 mwN; *Cholewinski*, No Right of Entry in *Groenendijk/Guild/Minderhoud* (Hrsg), In Search of Europe's Borders (2002) 107 (107ff);

nissen", wenn sich aus rechtlichen oder faktischen Gründen ein Hindernis im Zusammenhang mit dem Abschiebevorgang ergibt. Aus der Terminologie „Hindernis" ergibt sich aber bereits, dass dieses nicht auf Dauer ist und unter Umständen auch wegfallen kann, wodurch die Abschiebung (wieder) durchgeführt werden kann. Aus Gründen der vereinfachten Darstellung werde ich auf den Begriff „Abschiebeverbot" nur zurückgreifen, insofern er als gesetzlich festgelegter Begriff verwendet wird. Der Fokus wird daraufgelegt, ob eine „Regularisierungspflicht" besteht. Nichtsdestotrotz sind die Mitgliedstaaten aufgrund der völker- und europarechtlichen Bestimmungen grundsätzlich nicht verpflichtet, dass sie den betroffenen Migrant*innen ein Aufenthaltsrecht erteilen.[523] Die Entscheidung den Aufenthalt von diesen Personen zu genehmigen liegt somit noch im Ermessen der Mitgliedstaaten.[524] Ein Anspruch auf Aufenthalt kann aber gegebenenfalls auf nationaler Ebene bestehen. Umgekehrt haben die Migrant*innen in diesen Fällen keinen Rechtsanspruch auf Regularisierung aufgrund höherrangiger Bestimmungen. Allerdings zeigt die Praxis, dass die Mitgliedstaaten auf die rechtlichen Abschiebehindernisse oftmals mit der Erteilung eines Aufenthaltsrechts reagieren, auch wenn sie hierzu völker- bzw europarechtlich nicht verpflichtet wären. Die Kommission hat deshalb bereits im Jahre 2004 festgestellt: „Die meisten Mitgliedstaaten erkennen an, dass es aus pragmatischen Gründen notwendig sein kann, die Rechtsstellung bestimmter Menschen zu regularisieren, die die üblichen Kriterien für die Erteilung eines Aufenthaltstitels nicht erfüllen. Mit der Durchführung von Regularisierungsmaßnahmen versuchen die Regierungen, solche Migranten in die Gesellschaft zu integrieren, statt sie an den Rand zu drängen und damit dem Risiko der Ausbeutung auszusetzen".[525] Daher argumentiere ich, dass die Mitgliedstaaten in dem Zusammenhang oftmals über die völker- und europarechtlichen normierten Bestimmungen hinausgehen, ungeachtet dessen, dass diese Entwicklung im aktuellen Rechtsdiskurs nicht ausreichend gewürdigt wird.

Andererseits können bestimmte höherrangige Bestimmungen, insofern sie nicht bloß als Ausweisungsschutz ausgelegt werden, eine Pflicht zur Regularisierung, mit anderen Worten zur Erteilung eines Aufenthaltsrechts, auslösen. Dies mag auf den ersten Blick widersprüchlich klingen, erklärt sich jedoch dadurch, dass das Bestehen einer rechtlichen Pflicht zur Ertei-

523 Siehe im Detail zu Art 3 EMRK Kapitel 2.B.III.1.b. und Kapitel 3.B.II.1. und zu Art 8 EMRK Kapitel 2.B.III.2.-3.

524 Siehe hierzu oben Kapitel 1.E.

525 KOM(2004) 412 endg, 11.

lung eines Aufenthaltsrechts im Gegensatz zum Bestehen eines rechtlichen Abschiebehindernisses meist umstritten ist und von der Interpretation der einzelnen Normen abhängt. Dies wird weiter unten im Hinblick auf das Non-Refoulement-Gebot gezeigt.[526] Wenn eine solche Pflicht argumentiert wird, dann haben Migrant*innen einen Rechtsanspruch auf Regularisierung und der mitgliedstaatliche Ermessensspielraum ist diesbezüglich auf null reduziert.[527] Um die Auswirkungen der höherrangigen Bestimmungen für die Mitgliedstaaten bestmöglich darzulegen, werde ich diese sowohl in den nachfolgenden Ausführungen als auch im rechtsvergleichenden Kapitel 5 ausführlich erläutern. Ich werde jeweils skizzieren, ob eine mitgliedstaatliche Pflicht zur Erteilung eines Aufenthaltsrechts besteht oder nicht.

Die Regularisierungszwecke 5 und 6 sind bislang maßgeblich im autonom-nationalen Recht verankert und im Vergleich zu den Regularisierungszwecken 1 bis 4 liegt keine ausgeprägte völker- und europarechtliche Durchdringung vor. Ich nehme vorläufig an, dass kontextuelle Eigenheiten zur Entwicklung und Etablierung dieser Regularisierungen beigetragen haben. Diese Hypothese wird im rechtsvergleichenden Kapitel 5 geprüft. Solche kontextuellen Eigenheiten sind etwa ein hoher Bedarf an Arbeitskräften, der durch inländische Arbeitskräfte nicht gedeckt werden kann.[528] Dies bedeutet aber nicht, dass die Union nicht auch Kompetenzen in diesem Bereich hat und rechtsetzend tätig wurde.[529] In Bezug auf die autonom-nationalen Regularisierungszwecke besteht also ein Mosaik aus unionsrechtlichen und mitgliedstaatlichen Regelungen. In diesem Punkt zeigt sich besonders, dass die Unterschiede zwischen den zwei ausgemachten Kategorien bzw sechs Regularisierungszwecken nur gradueller Natur sind.

Von den sechs identifizierten Regularisierungszwecken korrelieren drei („soziale Bindungen“, „Familieneinheit“ sowie „Erwerbstätigkeit und Ausbildung“) mit den von *Bast* im deutschen AufenthG ausgemachten „Grundtypen genehmigungsfähiger Aufenthaltszwecke“[530] (humanitärer Schutz, Familieneinheit und Erwerbstätigkeit). „Ausbildung“ könnte als vierter Grundtyp hinzugefügt werden. Dies ist bei näherer Betrachtung aber zu verneinen, da der Begriff meist unter Erwerbstätigkeit (bzw Be-

---

526 Siehe Kapitel 2.B.III.1.b. und Kapitel 3.B.II.1.

527 Siehe hierzu bereits oben Kapitel 1.E. und unten Kapitel 3.B.II.1.

528 Siehe Kapitel 5.E.III. zur Diskussion betreffend den „Fachkräftemangel“ in Deutschland oder Kapitel 5.E.I.-II. zur sozialen Verwurzelung bzw Arbeitsverwurzelung in Spanien.

529 Siehe Art 4 Abs 2 lit j AEUV.

530 *Bast*, Aufenthaltsrecht 219 verweist auf §§ 16-38a AufenthG.

schäftigung) subsumiert wird und somit von diesem bereits abgedeckt ist.[531] *Bast* bezieht sich in seiner Analyse aber nur auf ausgewählte Abschnitte des AufenthG,[532] wohingegen sich die drei zusätzlichen Regularisierungszwecke aus dem größeren Rahmen der vorliegenden Arbeit ergeben.

1. Nichtrückführbarkeit

Grundsätzlich verpflichtet die RückführungsRL Mitgliedstaaten, den irregulären Aufenthalt entweder durch die Rückführung oder durch das Erteilen eines Aufenthaltsrechts zu beenden.[533] In dem Zusammenhang steht der erste Regularisierungszweck, die Nichtrückführbarkeit, der sich maßgeblich aus menschenrechtlichen Verbürgungen ableitet. Das dort festgelegte Non-Refoulement-Gebot ist in Art 2 und 3 EMRK sowie in Art 33 GFK prominent verankert. Weiters ist es nahezu wortgleich in Art 19 Abs 2 GRC normiert,[534] und gem Art 5 RückführungsRL ausdrücklich bei der Anwendung der genannten RL einzuhalten.[535] Der EuGH hat den in der GRC normierten Grundsatz der Nichtzurückweisung als Grundrecht und subjektives Recht qualifiziert.[536] Aus Art 52 Abs 3 GRC ergibt sich, dass die in der GRC normierten Rechte ident mit jenen in der EMRK sind.[537] Die vorliegende Arbeit beschränkt sich auf das in der EMRK – und folglich auch auf das in der GRC – normierte Non-Refoulement-Gebot, da

---

531 Siehe zu Deutschland § 2 Abs 2 AufenthG sowie BeschV und vertiefend Kapitel 4.A.II.2. Zu Österreich siehe nur § 2 Abs 1 Z 7 und 8 NAG und zum österreichischen AuslBG *Kreuzhuber/Hudsky*, Arbeitsmigration (2011) Rn 61.

532 Abschnitte vier bis sechs des zweiten Kapitels des AufenthG.

533 Siehe Kapitel 3.B.I.

534 Erläuterungen zur Charta der Grundrechte, ABl 2007 C 303/17, 18 und 24. Art 4 GRC wird an dieser Stelle nicht aufgelistet, da Art 19 Abs 2 GRC die lex specialis darstellt; vgl nur *Lukan* in *Holoubek/Lienbacher* (Hrsg), GRC-Kommentar (2019) Art 4 GRC Rn 1 mwN.

535 Siehe auch ErwGr 24 und *Hörich*, Abschiebungen 41 mwN. Siehe auch Art 9 und 13 RückführungsRL und Kapitel 3.B.II.

536 EuGH 18.12.2014, C-562/13, ECLI:EU:C:2014:2453, *Abdida*, Rn 46 und EuGH *Gnandi*, Rn 53. Siehe auch EuGH 24.6.2015, C-373/13, ECLI:EU:C:2015:413, *HT*, Rn 65.

537 Siehe nur EuGH *Abdida*, Rn 47 zu Art 19 Abs 2 GRC und EuGH 24.4.2018, C-353/16, ECLI:EU:C:2018:276, *MP*, Rn 37 zu Art 4 GRC. Weiters EuGH 26.9.2018, C-180/17, ECLI:EU:C:2018:775, *X* und *Y*, Rn 31 mwN zu Art 47 GRC.

eine weitergehende Analyse zu umfangreich wäre. Diese zentrale menschenrechtliche Verpflichtung verbietet die Rückführung von Migrant*innen in ihren Herkunftsstaat in absoluter Weise, wenn ihnen dort gravierende Menschenrechtsverletzungen drohen (Folter und unmenschliche oder erniedrigende Behandlung oder Strafe).[538] Die Regularisierungen innerhalb dieses Regularisierungszwecks leiten sich grob gesprochen vom Non-Refoulement-Gebot im Sinne der EMRK und GRC und den relevanten Bestimmungen der RückführungsRL ab. Bevor nun in weiterer Folge die rechtlichen und faktischen Gründe näher dargestellt werden, wird die Duldung im Aufenthaltsrecht verortet, weil diese in einem engen Verhältnis zu den besagten Erteilungsgründen steht und daher kontextuell für den Rechtsvergleich bedeutsam ist.[539]

a. Verortung der Duldung im Aufenthaltsrecht

Das Rechtsinstitut der Duldung beschreibt in der Folge die rechtlichen Regelungen in Deutschland und Österreich. Die außergesetzliche Duldung bezieht sich auf Spanien, wo eine Person faktisch geduldet ist, die Situation aber rechtlich nicht geregelt ist.[540]

Das Rechtsinstitut der Duldung begründet in Österreich und Deutschland zwar keinen rechtmäßigen Aufenthalt, stellt aber durch die Einräumung bestimmter Statusrechte mehr als einen bloßen irregulären Aufenthalt dar.[541] Die Duldung ist daher als janusköpfig zu beschreiben. Sie vereint einerseits Aspekte eines Aufenthaltsrechts wie

- einen teils vorübergehenden, teils dauerhaften faktischen Aufenthalt, der rechtlich erfasst ist,

538 Vgl *Thurin*, Der Schutz des Fremden vor rechtswidriger Abschiebung: Das Prinzip des Non-Refoulement nach Artikel 3 EMRK² (2012) 102ff; *Dembour*, When Humans Become Migrants (2015) 197-249 und *De Weck*, Non-Refoulement under the European Convention on Human Rights and the UN Convention against Torture (2016).

539 Siehe nur *Hailbronner* in *De Bruycker* 253.

540 *Menezes Queiroz*, Illegally Staying 112 bezeichnet diese als „de facto toleration". Siehe auch Fn 633.

541 *Hailbronner* in *De Bruycker* 252 bezeichnete die Duldung als Quasi-Aufenthaltsrecht („quasi-residence right").

- Statusrechte und
- den Entfall der Verwaltungsstrafbarkeit[542] bzw der gerichtlichen Strafbarkeit.[543]

Andererseits vereint sie auch Aspekte eines irregulären Aufenthalts wie
- die Rückkehrentscheidung und
- den unrechtmäßigen Aufenthalt.

Darüber hinaus können jene gesetzlich normierten Duldungstatbestände, die überdies eine Regularisierungsperspektive begründen, als Vorstufe zu einem Aufenthaltsrecht qualifiziert werden.[544] Regularisierungsperspektive beschreibt die Möglichkeit, dass aufgrund des Status als Geduldete*r die Erlangung eines Aufenthaltsrechts im hier verstandenen Sinne möglich ist. Umgekehrt bedeutet dies aber nicht, dass ein Rechtsanspruch auf ein Aufenthaltsrecht besteht. *Kluth/Breidenbach* sprechen in dem Zusammenhang von der Schaffung sogenannter „Vertrauensschutztatbestände" für Geduldete.[545] Bei der Eigenschaft, geduldet zu sein, muss es sich deshalb um eine der maßgeblichen Erteilungsvoraussetzungen handeln.[546] Diese werden in der deutschen und österreichischen Rechtsordnung unterschiedlich gewichtet.[547] Aber selbst bei diesen Duldungstatbeständen reichen die aufenthaltsrechtlichen Züge nicht zur Beendigung des irregulären Aufenthalts aus.

Geht mit dem Status als Geduldete*r keine Regularisierungsperspektive einher, wird der Aufenthalt als qualifizierte Irregularität bezeichnet, um angemessen darzulegen, dass es sich zwar um keinen regulären, aber doch um mehr als bloß einen irregulären Aufenthalt handelt. Vor allem sind hier die eingeräumten Statusrechte und die Feststellung, dass die Person (vor-

542 Siehe für Österreich § 120 Abs 5 Z 2 FPG und Kapitel 5.A.I.3.

543 Siehe für Deutschland die in § 95 Abs 1 Z 2 AufenthG normierte Straftat und Kapitel 4.A.II.1. und Kapitel 5.A.I.2.

544 In dieselbe Richtung gehend bereits *Hoffmann*, Geduldet in Deutschland – Teil 1: Aufenthaltsrechtliche Auswirkungen, Asylmagazin 2010, 369 (369).

545 *Kluth/Breidenbach* in *Kluth/Heusch* (Hrsg), BeckOK Ausländerrecht (18. Edition, Stand 1.5.2018) § 60a AufenthG Rn 1. *Kraler* spricht aus politikwissenschaftlicher – und daher aus rechtswissenschaftlicher Perspektive etwas unpräzise – von einem zweistufigen Regularisierungsverfahren, wobei der Grundgedanke hinter dieser Terminologie überzeugend ist; *Kraler*, IMISCOE WP Nr 24 v Februar 2009, 8; siehe auch *Pelzer* in *Fischer-Lescano/Kocher/Nassibi* 158 und *Hailbronner* in *De Bruycker* 253f.

546 In Deutschland war eine maßgebliche Tatbestandsvoraussetzung der Regularisierungen der 1990iger geduldet zu sein; vgl *Hailbronner* in *De Bruycker* 252f und Kapitel 4.A.I. Auch im geltenden deutschen und österreichischen Recht findet sich diese Voraussetzung noch immer; siehe nur Kapitel 5.A.II.1.-2. und Kapitel 5.C.II.

547 Siehe nur Kapitel 5.A.II.1.-2. und Kapitel 5.A.II.2.

übergehend) nicht rückgeführt werden kann, zu nennen. Die zusätzliche Qualifizierung als Vorstufe scheidet hier mangels Regularisierungsperspektive aber aus.

Irregulärer Aufenthalt	Bloßer irregulärer Aufenthalt
	Qualifizierter irregulärer Aufenthalt – Rechtliche Duldung ohne Regularisierungsperspektive
	Vorstufe zu einem Aufenthaltsrecht – Rechtliche Duldung mit Regularisierungsperspektive
Aufenthaltsrecht	Befristetes Aufenthaltsrecht
	Unbefristetes Aufenthaltsrecht

Tabelle 3: Systematischer Überblick über mögliche Aufenthaltsstatus[548]

b. Non-Refoulement-Gebot im Sinne der EMRK und GRC oder faktische Gründe

Maßgeblicher Erteilungsgrund für Regularisierungen, die sich diesem Regularisierungszweck zuordnen lassen, sind rechtliche oder faktische Hindernisse im Zusammenhang mit der Rückführung. Die rechtlichen Gründe beziehen sich – wie bereits gesagt – auf das Non-Refoulement-Gebot. Hiervon ist der internationale Schutz im Sinne der StatusRL, dh Flüchtlinge und subsidiär Schutzberechtigte, ausgenommen.[549] Folglich werden nur jene Regularisierungen beleuchtet, die über den internationalen Schutz hinausgehen. Das in Art 33 GFK normierte Non-Refoulement-Gebot wird nicht untersucht. Grundsätzlich sind die Mitgliedstaaten aufgrund des in der EMRK – und GRC[550] – normierten Non-Refoulement-Gebots und der dazu ergangenen EGMR-Rspr nicht verpflichtet, irregulär aufhältigen Migrant*innen ein Aufenthaltsrecht zu erteilen.[551] Insofern die Mitgliedstaaten diese vor einer Ausweisung schützen, reicht dies zur Erfüllung der in Art 3 EMRK normierten Verpflichtung. Folglich hat sich etwa in Deutschland und Österreich die Praxis etabliert, dass die Personen oftmals zuvor rechtlich geduldet werden.[552] Dies ist dem Grunde nach so-

548 Vgl auch *Kluth*, ZAR 2007, 22.

549 Siehe hierzu bereits Kapitel 1.C.

550 Siehe bereits die Ausführungen in Kapitel 2.B.III.1.

551 Siehe nur EGMR 15.9.2005, *Bonger/Niederlanden*, 10154/04; kritisch zu dieser Rspr *Dembour*, Migrants 442-481 und allgemein zur EGMR-Rspr *Menezes Queiroz*, Illegally Staying 109-111.

552 Siehe Kapitel 5.A.I.2.-3.

wohl mit der RückführungsRL als auch mit der EGMR-Rspr vereinbar.[553] Ich argumentiere diesbezüglich aber, dass eine Regularisierungspflicht bei einer drohenden Art 3 EMRK-Verletzung im Rahmen der RückführungsRL besteht.[554] Obwohl sich rechtliche Gründe für die Nichtrückführbarkeit auch auf andere Menschenrechts- oder Grundrechtsverletzungen beziehen können, wie bspw Art 8 EMRK, bezieht sich die dargestellte Unterkategorie des Regularisierungszwecks „Nichtrückführbarkeit" nur auf das Non-Refoulement-Gebot im Sinne der EMRK und GRC.

Regularisierungen aufgrund faktischer Gründe beziehen sich auf die Rückführung bzw teilweise direkt auf den Abschiebungsvorgang. Ein Beispiel wäre die Unmöglichkeit der Abschiebung mangels Reisedokument.[555] Die Herkunftsstaaten verweigern deshalb die Rücknahme der Betroffenen. Eine andere Sachverhaltskonstellation wäre, dass die Herkunft bzw die Identität des*r Betroffenen nicht zu klären ist und folglich eine Rückführung ausscheidet.[556] Aus der EMRK ergibt sich keine Regularisierungspflicht. Strittig ist, ob sich aus der RückführungsRL eine solche ergibt, wobei ich die Meinung vertrete, dass eine solche Pflicht bei dauerhafter Nichtrückführbarkeit besteht.[557] Genau wie bei den rechtlichen Gründen, werden Migrant*innen in Deutschland und Österreich vor Erteilung eines Aufenthaltsrechts geduldet.[558]

2. Soziale Bindungen

Der zweite Regularisierungszweck ist primär durch den in Art 8 EMRK festgelegten Tatbestand des Rechts auf Achtung des Privatlebens begründet. Er beschreibt jene Regularisierungen, deren Erteilung humanitäre Gründe im weiteren Sinne zugrunde gelegt werden. Das staatliche Genehmigungsinteresse zielt hierbei darauf ab, humanitären Verpflichtungen bzw Erwägungen durch die Erteilung eines Aufenthaltsrechts nachzukommen bzw zu befriedigen. Ausgenommen sind jene Gründe, die eine Nichtrückführbarkeit begründen, da diese vom Regularisierungszweck „Nichtrückführbar-

553 Siehe zur RückführungsRL Kapitel 3.B.II.
554 Siehe Kapitel 3.B.II.
555 Siehe die ReisedokumentVO.
556 Vgl hierzu auch *Menezes Queiroz*, Illegally Staying 87.
557 Siehe Kapitel 3.B.II.
558 Siehe Kapitel 5.A.I.2.-3.

keit" bzw der Unterkategorie „Non-Refoulement-Gebot im Sinne der EMRK und GRC oder faktische Gründe" erfasst werden.[559]

Die Erteilungsgründe in diesem Regularisierungszweck leiten sich aus dem Recht auf Achtung des Privatlebens im Sinne von Art 8 EMRK ab. Es ist darauf hinzuweisen, dass dieses nahezu ident in Art 7 GRC normiert ist.[560] Nach der Rspr des EGMR umfasst der Begriff „multiple aspects of the person's physical and social identity" wie etwa „gender identification, name and sexual orientation".[561] Allerdings sind die Mitgliedstaaten grundsätzlich nicht verpflichtet, einen Aufenthaltstitel oder einen speziellen Rechtsstatus aufgrund eines bestehenden Privatlebens im Sinne von Art 8 EMRK zu erteilen.[562] Eine Pflicht zur Erteilung eines Aufenthaltsrechts besteht nach der EGMR-Rspr nur in außergewöhnlichen Fällen.[563] Würde die Ausweisung einer Person einen unverhältnismäßigen Eingriff in das Privatleben einer Person darstellen, handelt es sich hierbei „bloß" um ein rechtliches Abschiebehindernis.[564] Folglich liegt die Entscheidung über die Erteilung eines Aufenthaltsrechts zu entscheiden nach wie vor in den Händen der Mitgliedstaaten.

3. Familieneinheit

Der dritte Regularisierungszweck erfasst Regularisierungen, die sich aus dem Recht auf Achtung des Familienlebens gem Art 8 EMRK ableiten. Es ist darauf hinzuweisen, dass dieses nahezu ident in Art 7 GRC normiert ist[565] und die Mitgliedstaaten gem Art 24 Abs 2 GRC außerdem vorrangig

---

559 Siehe Kapitel 2.B.III.1.

560 Erläuterungen zur Charta der Grundrechte, ABl 2007 C 303/17, 20.

561 EGMR 4.12 2008 (GK), *S und Marper/Vereinigtes Königreich*, 30562/04 und 30566/04, Rn 66. Vertiefend *Da Lomba*, Vulnerability and the Right to Respect for Private Life as an Autonomous Source of Protection against Expulsion under Article 8 ECHR, Laws 2017/6/32.

562 Siehe EGMR 4.12.2012, *Butt/Norwegen*, 47017/09, Rn 78 oder EGMR 3.10.2014 (GK), *Jeunesse/Niederlanden*, 12738/10, Rn 105-9; EGMR 26.7.2018, *Hoti/Kroatien*, 63311/14, Rn 118-124. Siehe auch Fn 705.

563 Anstatt vieler EGMR 15.6.2006, 58822/00, *Shevanova/Lettland*, Rn 69 und siehe auch Fn 562 und 705.

564 *Farcy* in *de Bruycker/Cornelisse/Moraru* im Erscheinen mwN; *Schieber*, Komplementärer Schutz 82-100 und *Thym*, Respect for private and family life under Article 8 ECHR in immigration cases: a human right to regularize illegal stay?, ICLQ 2008, 87; *Menezes Queiroz*, Illegally Staying 104-109.

565 Erläuterungen zur Charta der Grundrechte, ABl 2007 C 303/17, 20.

das Kindeswohl zu beachten haben.[566] Nach der EGMR-Rspr umfasst der Begriff „Familienleben" „marriage-based relationships, and also other *de facto* ‚family ties' where the parties are living together outside marriage or where other factors demonstrated that the relationship had sufficient constancy".[567] Dabei handelt es sich um eine Tatsachenfrage, die davon abhängt ob ein persönliches Naheverhältnis besteht. Der maßgebliche Erteilungsgrund dieses Regularisierungszwecks ist auf die Wahrung und den Erhalt familiärer Bindungen gerichtet. Die Mitgliedstaaten sind grundsätzlich nicht verpflichtet, einen Aufenthaltstitel oder einen speziellen Rechtsstatus zu erteilen, um dem Ausweisungsschutz gem Art 8 EMRK gerecht zu werden.[568]

4. Vulnerabilität

Der vierte Regularisierungszweck zeichnet sich durch ein Abzielen auf vulnerable Personengruppen oder Situationen aus. In Deutschland werden diese bspw in Anlehnung an eine Aufenthaltserlaubnis als „Härtefälle" bezeichnet, die humanitäre oder persönliche Notsituationen umschreiben.[569] Auch wenn der Regularisierungszweck „Vulnerabilität" humanitäre Gründe im weiteren Sinne behandelt und daher Parallelen zum Regularisierungszweck „sonstige soziale Bindungen" aufweist, wurde dieser als eigenständiger Regularisierungszweck definiert. Der Regularisierungszweck wird in zwei Unterkategorien unterteilt. Die Unterkategorie „Opferschutz" leitet sich aus höherrangingen Bestimmungen, konkret dem Unionsrecht, ab, wohingegen sich die Unterkategorie „sonstige Härtefälle" weder aus völker- noch aus unionsrechtlichen Bezügen ableiten lässt.

---

566 Siehe nur EuGH 10.5.2017, C-133/15, ECLI:EU:C:2017:354, *Chavez-Vilchez*, Rn 70 und EuGH 8.5.2018, C-82/16, ECLI:EU:C:2018:308, *KA*, Rn 71.

567 EGMR 24.1.2017 (GK), *Paradiso* und *Campanelli/Italien*, 25358/12, Rn 140.

568 Siehe Fn 562.

569 § 23a AufenthG; vgl *Lüke*, Humanitäre Bleiberechte außerhalb des Flüchtlingsschutzes im Rahmen des Aufenthaltsgesetzes, ZAR 2004, 397 (402) und vertiefend Kapitel 5.D.II.1.

a. Opferschutz[570]

Die Unterkategorie Opferschutz leitet sich aus dem Sekundärrecht der EU ab. Die relevanten Bestimmungen sind Art 8 MenschenhandelsopferRL und Art 13 Abs 4 SanktionsRL.[571] Der Adressat*innenkreis der Bestimmungen erfasst Opfer von speziell festgelegten Straftaten. Beide räumen den betreffenden Migrant*innen kein Recht auf Erteilung eines Aufenthaltsrechts ein, vielmehr verbleibt die Entscheidung im Ermessen der Mitgliedstaaten. Diese haben nur nach innerstaatlichem Recht die Bedingungen für die Erteilung eines solchen Aufenthaltsrechts festzulegen. Die Rechtsordnungen der Mitgliedstaaten sehen Aufenthaltstitel für die Opfer von Menschenhandel und für jene Migrant*innen vor, die unter besonders ausbeuterischen Bedingungen undokumentiert beschäftigt waren bzw bei undokumentiert beschäftigten Minderjährigen. Durch die Erteilung eines rechtmäßigen Aufenthalts sollen die Opfer vor weiteren strafbaren Handlungen, die gegen sie gesetzt werden könnten, geschützt werden. Daneben besteht zumeist ein öffentliches Interesse an der Strafverfolgung.

b. Sonstige Härtefälle

Die Unterkategorie „sonstige Härtefälle" stellt in Bezug auf viele Regularisierungen einen Auffangregularisierungsszweck im weiteren Sinne dar, da ganz unterschiedliche Regularisierungen erfasst sein können. Alle vereint, dass sie sich weder aus völker- noch aus unionsrechtlichen Bezügen ableiten. Wie der Name „sonstige Härtefälle" bereits indiziert, handelt es sich dabei um vulnerable Personengruppen oder Personen, die sich in einer vulnerablen Situation befinden, und anderweitig keine Möglichkeit haben ihren Aufenthalt zu regularisieren. Eine solche Regularisierung ist die bereits erwähnte deutsche „Aufenthaltsgewährung in Härtefällen".[572]

Ein anderer, maßgeblicher Erteilungsgrund ist bspw eine bestimmte Voraufenthaltsdauer. Demnach werden Fälle erfasst, bei denen jeweils eine bestimmte (faktische und ir/reguläre) Voraufenthaltsdauer maßgeblich für

---

570 Grundlegend *Frei*, Menschenhandel und Asyl: Die Umsetzung der völkerrechtlichen Verpflichtungen zum Opferschutz im schweizerischen Asylverfahren (2018).

571 Zur siehe SanktionsRL *Vogelrieder*, Die Sanktionsrichtlinie: ein weiterer Schritt auf dem Weg zu einer umfassenden Migrationspolitik der EU, ZAR 2009, 168.

572 § 23a AufenthG und siehe Kapitel 5.D.II.1.

die Erteilung der aufenthaltsrechts-begründenden Entscheidung ist.[573] Darüber hinaus kann normiert sein, dass die Voraufenthaltsdauer an einem bestimmten Stichtag erfüllt werden muss. Genau wie bei Regularisierungen, die unter den Regularisierungszweck „Erwerbstätigkeit und Ausbildung“ subsumiert werden können, wird Voraufenthaltsdauer als einer von mehreren Faktoren in der Interessensabwägung gem Art 8 EMRK berücksichtigt. Der hier dargestellte Regularisierungszweck zeichnet sich aber dadurch aus, dass die Voraufenthaltsdauer der maßgebliche Erteilungsgrund ist.

5. Erwerbstätigkeit und Ausbildung

Der fünfte Regularisierungszweck ist genau wie der in Folge zu analysierende sechste Regularisierungszweck bislang maßgeblich im autonom-nationalen Recht verankert, wobei im Vergleich zu den Regularisierungszwecken 1 bis 4 keine derart ausgeprägte völker- und europarechtliche Durchdringung gegeben ist. Die Union hat bspw RL erlassen, die Teilaspekte regeln und auch punktuell Rechtsansprüche für einzelne Personenkategorien – wie etwa für Studierende – begründen.[574] Wie bereits oben angeführt, besteht also in Bezug auf die diese Regularisierungen ein Mosaik aus unionsrechtlichen und mitgliedstaatlichen Regelungen.

Dieser Regularisierungszweck knüpft im weiteren Sinne an eine Erwerbstätigkeit oder Ausbildung/Lehre an. Hierbei kann es sich um eine selbständige oder unselbständige Erwerbstätigkeit handeln; in der deutschen Diktion würde man an dieser Stelle von selbstständiger Tätigkeit bzw unselbstständiger Beschäftigung sprechen.[575] Darüber hinaus ist ein Anknüpfen an eine Ausbildung/Lehre ebenso möglich. Konkret beziehen sich die Erteilungsvoraussetzungen also auf eine bereits ausgeübte Erwerbstätigkeit oder Ausbildung/Lehre[576] über einen bestimmten Zeitraum bzw auf die die Aufnahme einer in Aussicht stehenden Erwerbstätigkeit. Die Erteilung des Aufenthaltsrechts hat sodann das Ziel die bereits bestehende Erwerbstätig-

---

573 Dieser Erteilungsgrund konstituiert in einigen Regularisierungen eine der Erteilungsvoraussetzungen, hat aber im Verhältnis zu den anderen Erteilungsvoraussetzungen oftmals nur subsidiären Charakter.

574 Siehe nur die StudierendenRL.

575 § 2 Abs 2 AufenthG und siehe Kapitel 4.A.II.2.

576 Deutsche bzw österreichische Diktion.

keit fortzusetzen bzw die erstmalige rechtmäßige Aufnahme einer Erwerbstätigkeit zu ermöglichen.

Das Bestehen einer Erwerbstätigkeit ist auch in der Interessensabwägung von Art 8 EMRK als einer von mehreren Faktoren zu berücksichtigen.[577] Anders als bei den Regularisierungen, die sich auf Art 8 EMRK stützen,[578] handelt es sich bei den hier behandelten aber um die maßgebliche Erteilungsvoraussetzung.

6. Sonstige staatliche Interessen

Der sechste Regularisierungszweck umschreibt jene Regularisierungen, deren Erteilungsgrund allein in der Wahrung sonstiger staatlicher Interessen begründet ist. In Frage kommt bspw die Erteilung eines Aufenthaltsrechts zur Teilnahme an einem Strafverfahren oder zum Schutz der politischen Interessen eines Mitgliedstaats. Im Verhältnis zum Regularisierungszweck „Vulnerabilität“ und der dortigen Unterkategorie „Opferschutz“ ist zu betonen, dass bei diesen – wie aus dem Namen bereits hervorgeht – der Schutz der Opfer im Vordergrund steht. Der hier thematisierte Regularisierungszweck dient in erster Linie den sonstigen Interessen des Staates.

IV. Abgrenzung

Der Umfang wie auch der Inhalt der Arbeit erfordern an dieser Stelle eine Abgrenzung von jenen Themenbereichen, die als Regularisierungen im Sinne der vorstehenden Definition qualifiziert werden könnten, aber im rechtsvergleichenden Kapitel 5 nicht mitberücksichtigt werden.

---

577 EGMR 10.1.2017, *Salija/Schweiz*, 55470/10, Rn 51; EGMR 20.9.2011, *AA/Vereinigtes Königreich*, 8000/08, Rn 62 und 66; EGMR 15.1.2007 (GK), *Sisojeva/Lettland*, 60654/00, Rn 95; EGMR 31.1.2006, *Sezen/Niederlanden*, 50252/99, Rn 48. Vertiefend *Oswald*, Das Bleiberecht: Das Grundrecht auf Privat- und Familienleben als Schranke für Aufenthaltsbeendigungen (2012) 231-233 und *Reyhani/Nowak*, Beschäftigung von Asylsuchenden in Mangelberufen und die Zulässigkeit von Rückkehrentscheidungen, Gutachten v 4.7.2018, https://bim.lbg.ac.at/sites/files/bim/attachments/reyhaninowak_gutachten_art_8_abs_2_emrk_04072018.pdf (10.12.2018) 8ff.

578 Siehe Kapitel 2.B.III.2.-3.

1. Vorübergehender Schutz

Die RL über Mindestnormen für die Gewährung vorübergehenden Schutzes im Falle eines Massenzustroms von Vertriebenen zielt vor allem auf vertriebene, schutzbedürftige Personen ab (vorübergehender-SchutzRL). Diese ist in den Mitgliedstaaten bereits umgesetzt worden und sieht unter anderem die Möglichkeit der Gewährung eines Aufenthaltsrechts vor, wenn die RL auf EU-Ebene aktiviert wird. Eine Qualifizierung als Regularisierung wäre dementsprechend möglich. Ein Punkt spricht jedoch gegen eine Einbeziehung in die vorliegende Arbeit: Der Mechanismus ist auf europäischer Ebene noch nie aktiviert worden,[579] wodurch die Relevanz für die vorliegende Arbeit nicht gegeben ist, obwohl die RL in Deutschland und Österreich innerstaatlich umgesetzt wurde.[580]

2. Eheschließung und eingetragene Partnerschaft

Eheschließungen und eingetragene Partnerschaften sind grundsätzlich dem Familienrecht, und damit dem bürgerlichen Recht zuordenbar.[581] Lediglich die Prüfung, ob es sich bei diesen um einen Aufenthaltsehe, -partnerschaft oder -adoption handelt, ist verwaltungsrechtlich geregelt.[582] Beim jeweiligen Akt, der die Eheschließung, Partnerschaft oder Adoption begründet, handelt es sich um einen rein zivilrechtlichen. Dieser kann zu Auswirkungen auf den aufenthaltsrechtlichen Status von irregulär aufhältigen Migrant*innen führen. Dies vor allem im Zusammenhang mit Unionsbürger*innen und in Konstellationen, in denen Personen durch die Eheschließung bzw eingetragene Partnerschaft die Familienangehörigeneigenschaft erwerben. Wie bereits im Zusammenhang mit der Mehrebenenanalyse der Aufenthaltsrechte

579 Vgl *Ineli-Ciger*, Time to Activate the Temporary Protection Directive, EJML 2016, 1 (13ff).

580 Siehe Kapitel 4.A.III.4. und Kapitel 4.B.III.4.

581 Siehe zum österreichischen Recht *Welser/Kletečka*, Grundriss des bürgerlichen Rechts: Band I[15] (2018) Rn 30, 34f und 1392ff.

582 Vgl zum österreichischen Recht §§ 117f FPG und *Messinger*, Schein oder Nicht Schein. Konstruktion und Kriminalisierung von „Scheinehen" in Geschichte und Gegenwart (2012); zum deutschen Recht *Hailbronner*, Asyl- und Ausländerrecht[4] (2017) Rn 701-704 und 713; zum spanischen Recht Art 53 Abs 2 lit b LODYLE und vertiefend *Boza Martínez*, El régimen sancionador en la normativa de extranjería in *Boza Martínez/Donaire Villa/Moya Malapeira* (Hrsg), La nueva regulación de la inmigración y la extranjería en España (2012) 471 (482ff).

von Migrant*innen und des irregulären Aufenthalts erläutert wurde, entsteht so eine aufenthaltsrechtliche Privilegierung.[583] Folglich fallen die Personen aus dem analysierten Rahmen dieser Arbeit.

In Konstellationen, in denen Drittstaatsangehörige andere irregulär aufhältige Migrant*innen heiraten oder eine eingetragene Partnerschaft eingehen, hat dies in der Regel keine (direkten) aufenthaltsrechtlichen Auswirkungen. Vom Gegenstand dieser Arbeit werden aber sehr wohl jene Bezüge abgedeckt, die durch Bezugnahme auf Eheschließung oder Adoption entstehen. Einige der näher analysierten Regularisierungen lassen sich aus Art 8 EMRK ableiten.[584] Das dort festgelegte Recht auf Achtung des Familienlebens definiert sich unter anderem durch familiäre Beziehungen, die folglich auch im Rechtsvergleich zu berücksichtigen sind. Der Akt der Eheschließung bzw die eingetragene Partnerschaft begründen aber an sich nicht das Aufenthaltsrecht, wodurch es sich nur um eine Vorfrage handelt, die im Rahmen der Verleihung des Aufenthaltsrechts zu berücksichtigen ist.

Abschließend ist festzuhalten, dass Eheschließungen oder eingetragene Partnerschaften nicht als Regularisierung im Sinne der vorliegenden Arbeit verstanden und daher nicht untersucht werden.

V. Zwischenergebnis

Ich habe eine Kategorisierung von Regularisierungen für den Rechtsvergleich erstellt. Die methodische Schwierigkeit bestand darin, dass im Hinblick auf den integrierten Rechtsvergleich viele Faktoren berücksichtigt werden mussten. Folglich wurden einige bereits erfolgte Systematisierungen daraufhin analysiert, ob sie für die Systematisierung von Regularisierungen geeignet sind.

Beispielsweise wurden in der REGINE-Studie Regularisierungen in Regularisierungs-Programme und -Mechanismen unterteilt. Doch ist die Gliederung in solche Abschnitte von einem rechtlichen Standpunkt unzweckmäßig, weil es hier länderübergreifend zu wenige Unterschiede gibt und so kaum ein wissenschaftlicher Mehrwert erreicht werden kann. Darüber hinaus ist das kategorisierende Merkmal nicht ausreichend auf die in der vorliegenden Arbeit verwendete Regularisierungsdefinition abgestimmt. Weiters sticht eine rechtswissenschaftliche Studie von 2000 durch

---

583 Siehe Kapitel 1.D.
584 Siehe Kapitel 2.B.III.3.

ihre eigens geschaffene Typologie hervor. Diese kann jedoch nicht herangezogen werden, da sie keine allgemeingültige und operationalisierbare Kategorisierung für den angestrebten Rechtsvergleich ermöglicht.

Ich habe mich schlussendlich für eine Kategorisierung anhand des „Regularisierungszwecks" entschieden. Der Begriff leitet sich von „Aufenthaltszweck" ab, der den „für die Erteilung maßgeblichen Rechtsgrund" umschreibt. Für die vorliegende Arbeit ist der Begriff „Regularisierungszweck" im Vergleich zu „Aufenthaltszweck" präziser und besser geeignet, da dadurch nicht alle aufenthaltsrechts-begründenden Entscheidungen erfasst werden, sondern nur jene, die unter den Regularisierungsbegriff fallen. Abgesehen davon sind die beiden Begriffe aber ident. Da die Regularisierungsdefinition um die individuelle Entscheidung, mit der das Aufenthaltsrecht einhergeht, konstruiert ist, erscheint die Anknüpfung an die Zweckgebundenheit somit der leistungsfähigste Anknüpfungspunkt für den Rechtsvergleich zu sein.

Methodisch wurden die für Regularisierungen relevanten Regularisierungszwecke sodann aus den drei einschlägigen Rechtsquellenebenen herausgearbeitet (Völker-, Europa- und autonom-nationales Recht): „Nichtrückführbarkeit", „soziale Bindungen", „Familieneinheit", „Vulnerabilität", „Erwerbstätigkeit und Ausbildung" und „sonstige staatliche Interessen".

Wie sich aus Tabelle 2 ergibt, wurden die Regularisierungszwecke in zwei Kategorien eingeteilt, je nachdem ob sie völker- und/oder unionsrechtliche Bezüge haben bzw ob sie nur im autonom-nationalen Recht verankert sind. Die Regularisierungszwecke 1 bis 4 sind völker- bzw europarechtlich geprägt. Diese können zwei unterschiedliche Folgen für die Mitgliedstaaten auslösen: Einerseits ist es möglich, dass die völker- bzw europarechtlichen Bestimmungen ein rechtliches Abschiebehindernis darstellen und dadurch einen besonderen Ausweisungsschutz gewährleisten. Nichtsdestotrotz sind die Mitgliedstaaten grundsätzlich nicht verpflichtet, ein Aufenthaltsrecht zu erteilen. Die Entscheidung den Aufenthalt von diesen Personen zu genehmigen liegt somit noch im Ermessen der Mitgliedstaaten. Ein Anspruch auf Aufenthalt kann aber gegebenenfalls auf nationaler Ebene bestehen. Umgekehrt haben die Migrant*innen in diesen Fällen keinen Rechtsanspruch auf Regularisierung aufgrund höherrangiger Bestimmungen. Die Praxis zeigt allerdings, dass die Mitgliedstaaten auf die rechtlichen Abschiebehindernisse oftmals mit der Erteilung eines Aufenthaltsrechts reagieren und deshalb über die höherrangigen Bestimmungen hinausgehen, auch wenn sie hierzu völker- bzw europarechtlich nicht verpflichtet wären. Dies müsste konsequenterweise im aktuellen Rechtsdiskurs berücksichtigt werden. Andererseits können bestimmte höherrangige Bestimmungen, insofern sie nicht bloß als Ausweisungsschutz ausgelegt werden, eine Pflicht zur Regularisierung, mit anderen Worten zur Erteilung eines Aufenthaltsrechts, auslösen. Dies erklärt sich durch eine unterschiedliche Auslegung der jeweiligen höherrangigen Bestimmungen, wobei das Bestehen einer rechtlichen Pflicht zur Erteilung eines Aufenthaltsrechts im Gegensatz zum Bestehen eines rechtlichen Abschiebehindernisses umstritten ist.

Die Regularisierungszwecke 5 und 6 sind bislang nur im autonom-nationalen Recht verankert und nicht von höherrangigen Bestimmungen abgeleitet. Da diesen Regularisierungszwecken keine völker- oder europarechtlichen Bestimmungen zugrunde liegen, nehme ich bis zur Prüfung dieser Hypothese in Kapitel 5 vorläufig an, dass kontextuelle Eigenheiten zur Entwicklung und Etablierung derart unterschiedlicher Regularisierungen beigetragen haben.[585]

Abschließend wurde eine Abgrenzung von jenen Themenbereichen vorgenommen, die im Rechtsvergleich nicht mitanalysiert werden. Hierbei sind der vorübergehende Schutz sowie die Eheschließung und eingetragene Partnerschaft zu nennen.

585 Siehe Kapitel 5.G.

Kapitel 3 – Die unionsrechtlichen Handlungsspielräume im Bereich der aufenthaltsrechtlichen Irregularität und Regularisierungen[586]

Bevor ich zum Rechtsvergleich in Teil 2 komme, widme ich mich in diesem Kapitel den rechtsdogmatischen Handlungsspielräumen der EU in Bezug auf die aufenthaltsrechtliche Irregularität und Regularisierungen und untersuche sowohl das Primär- als auch das Sekundärrecht. Obwohl es bislang keinen Regularisierungs-Rechtsakt der EU gibt, hält die RückführungsRL den Mitgliedstaaten die Möglichkeit offen, irregulär aufhältige Migrant*innen zu regularisieren.

Ich werde zunächst die Einwanderungspolitik der EU in Bezug auf irreguläre Migration im Allgemeinen umreißen (A.). Anschließend werde ich die RückführungsRL beleuchten (B.), um mich in der Folge mit der Frage auseinanderzusetzen, ob eine Regularisierungspolitik vom Primärecht gedeckt wäre. Hierfür ist es zunächst notwendig, die in Art 79 Abs 1 AEUV innewohnenden unionsverfassungsrechtlichen Aufträge zu analysieren (C.). Derart kann ich darlegen, dass die bisher verfolgte Einwanderungspolitik der EU primärrechtlich nicht vorgegeben ist. Daraufhin wird analysiert, ob die Union einen Regularisierungs-Rechtsakt anhand der bestehenden primärrechtlichen Kompetenzbestimmungen erlassen könnte, die auf die aufenthaltsrechtliche Irregularität und Regularisierungen abzielen (D.).

A. *Einwanderungspolitik der EU betreffend irreguläre Immigration*

Unter dem Begriff der Einwanderungspolitik verstehe ich jene Politik der EU, deren Wurzel sich im Primärrecht, in concreto in Art 79 AEUV, wiederfindet.[587] Ich gehe somit von einem unionsrechtlichen Politikbegriff

586 Teile dieses Kapitels wurden in Vorversionen in *Hinterberger/Klammer* in *Filzwieser/Taucher*; *Hinterberger/Klammer*, NVwZ 2017; *Hinterberger* in *Lanser/Potocnik-Manzouri/Safron/Tillian/Wieser* sowie *Hinterberger*, Maastricht Journal of European and Comparative Law 2019 veröffentlicht. Siehe Einleitung D.III.

587 Grundlegend zum Begriff siehe *Thym*, Europäische Einwanderungspolitik: Grundlagen, Gegenstand und Grenzen in *Hofmann/Löhr* (Hrsg), Europäisches Flüchtlings- und Einwanderungsrecht (2008) 183 (183ff).

aus, den ich in der Folge im Bereich der irregulären Einwanderung skizzenhaft umreiße.

Der Terminus „Bekämpfung illegaler Einwanderung" wurde erstmals 1991 in einem Bericht eines Ratsgipfels verwendet.[588] Im Vertrag von Maastricht, der 1993 in Kraft getreten ist, wurde sodann „die Bekämpfung der illegalen Einwanderung, des illegalen Aufenthalts und der illegalen Arbeit" als „gemeinsames Interesse" der EU festgelegt, die eine Zusammenarbeit zwischen den Mitgliedstaaten erfordert.[589] Auffällig ist hierbei, dass irreguläre „Einwanderung" und irregulärer „Aufenthalt" als eigenständige Begriffe festgelegt sind. Im AEUV wurde diese begriffliche Trennung aufgegeben. Nunmehr ist unter Einwanderung sowohl die Einreise als auch der Aufenthalt von Drittstaatsangehörigen zu verstehen.

Durch den Wegfall der Binnengrenzkontrollen mit dem Inkrafttreten des Schengener Durchführungsübereinkommen 1995 (SDÜ)[590] wurde die verstärkte Sicherung und Überwachung der Außengrenzen ein Kennzeichen der migrationspolitischen Agenda der EU.[591] Maßgeblich für die gemeinsame Einwanderungspolitik war in der Folge das Inkrafttreten des Vertrags von Amsterdam 1999, der zu einer Vergemeinschaftung der Politikbereiche geführt hat.[592] Es wurde ein „Raum der Freiheit, der Sicherheit

---

588 *Europäischer Rat*, Report from the Ministers responsible for immigration to the European Council meeting in Maastricht on immigration and asylum policy v 3.12.1991, SN 4038/91 (WGI 930); vgl *Europäischer Rat*, Schlussfolgerungen v 12.12.1992, SN/456/92, Nr 18.

589 Art K1 Z 3 lit c EGV.

590 Vgl hierzu *Ter Steeg*, Einwanderungskonzept 73ff; *Winkelmann*, 25 Jahre Schengen: Der Schengen-Acquis als integraler Bestandteil des Europarechts – Bedeutung und Auswirkung auf die Einreise- und Aufenthaltsrechte – Teil 1, ZAR 2010, 213 und *Winkelmann*, 25 Jahre Schengen: Der Schengen-Acquis als integraler Bestandteil des Europarechts – Bedeutung und Auswirkung auf die Einreise- und Aufenthaltsrechte, ZAR 2010, 270.

591 Zu den Wesenszügen von Schengen im Zusammenspiel mit den Außengrenzen siehe *Michl*, Dysfunktionale Außengrenze und binnenstaatliche Reaktion – zur unionsrechtlichen Zulässigkeit einseitiger Maßnahmen in Zeiten großer Migrationsströme in *Bungenberg/Giegerich/Stein* (Hrsg), ZEuS-Sonderband: Asyl und Migration in Europa – rechtliche Herausforderungen und Perspektiven (2016) 161 (162ff). Kritisch *Bigo*, Border Regimes Police Cooperation and Security in an Enlarged European Union in *Zielonka* (Hrsg), Europe Unbound: Enlarging and Reshaping the Boundaries of the European Union (2003) 213.

592 Siehe für die Entwicklung hierzu *Bast* in FS Kay Hailbronner 3 oder auch *Desmond*, HRLR 2016, 247f.

und des Rechts“ geschaffen.[593] Durch diesen Schritt hat sich die Einwanderungspolitik als eigener Politikbereich vom Binnenmarkt verselbstständigt.[594] Durch den Vertrag von Amsterdam wurde 1999 erstmals eine ausdrückliche Kompetenz betreffend irreguläre Einwanderung und irregulären Aufenthalt festgelegt.[595] Im Gegensatz zum Vertrag von Maastricht war aber keine primärrechtliche Bestimmung zu finden, die explizit die „Bekämpfung“ irregulärer Einwanderung als gemeinsames Interesse oder Auftrag normierte. Eine solche Bestimmung, in concreto Art 79 Abs 1 AEUV, wurde erst durch das Inkrafttreten des Vertrags von Lissabon im Jahre 2009 wieder eingeführt.[596]

Bereits in einem 2001 festgelegten Plan zur „Bekämpfung“ der irregulären Einwanderung und des Menschenhandels hat die Europäische Kommission die Ansicht vertreten, dass die irreguläre Einreise bzw der irreguläre Aufenthalt zu keiner dauerhaften Verfestigung des Aufenthalts führen darf.[597] Im Februar 2002 wurde sodann ein Gesamtplan zur „Bekämpfung“ der „illegalen“ Einwanderung und des Menschenhandles verabschiedet,[598] der kurz- und mittelfristige Maßnahmen von der Visa- bis hin zu Rückkehrpolitik vorsah.

In dem Sinne definiert Art 79 Abs 1 AEUV aktuell als unionsverfassungsrechtlichen Auftrag unter anderem die „Verhütung und verstärkte Bekämpfung“ irregulärer Einwanderung, auf den in der Folge noch näher eingegangen wird.[599] Mit dem Erlass der RückführungsRL 2008 wurde ein zentraler Bestandteil dieses Prozesses umgesetzt und die Rückführungspolitik weitgehend harmonisiert.[600]

Die (restriktive) Einwanderungspolitik findet sich auch in der „Migrationsagenda 2015“. In dieser ist die Reduzierung der Anreize für irreguläre

---

593 Art 67ff AEUV; siehe exemplarisch KOM(2000) 782 endg und KOM(2000) 167 endg und vertiefend die Beiträge in *Baldaccini/Guild/Toner* (Hrsg), Whose Freedom, Security and Justice? EU Immigration and Asylum Law and Policy (2007) sowie *Costello*, Human Rights 17ff.

594 So *Thym* in *Hofmann/Löhr* 189f mwN.

595 Art 63 Z 3 lit b EGV; vertiefend *Peers*, EU Justice and Home Affairs Law. Vol 1: EU Immigration and Asylum Law[4] (2016) 445f.

596 Siehe Kapitel 3.C.I.

597 KOM(2001) 672 endg, 6. Siehe aber auch KOM(2004) 412 endg, 11.

598 *Rat der EG*, Vorschlag für einen Gesamtplan zur Bekämpfung der illegalen Einwanderung und des Menschenhandels, ABl 2002 C 142/23.

599 Siehe Kapitel 3.C.I.

600 Siehe Kapitel 3.B.

Migration – symbolisch – der erste von vier Schwerpunkten.[601] Insgesamt setzt die EU diese Politik, die in der Einleitung der vorliegenden Arbeit bereits skizziert wurde,[602] beständig fort. Laut den Ausführungen der Kommission versucht sie eine ausgewogenere Einwanderungspolitik zu erreichen, die fair, solide und realistisch sein soll.[603] Hierbei ist jedoch kritisch zu hinterfragen, ob diese Ziele durch die eingesetzten rechtlichen Instrumentarien auch tatsächlich erreicht werden bzw überhaupt erreicht werden können.[604]

B. Rückführungsrichtlinie

Nachdem nunmehr die Einwanderungspolitik der EU hinsichtlich irregulärer Immigration umrissen wurde, widmet sich das nachfolgende Unterkapitel dem derzeitigen Hauptinstrument der „Bekämpfung" des irregulären Aufenthalts, der RückführungsRL. Zunächst wird die allgemeine Systematik dargelegt (I.) und anschließend untersucht, ob das geltende Sekundärrecht den Mitgliedstaaten erlaubt, irregulär aufhältige Migrant*innen zu regularisieren oder hierzu unter Umständen sogar verpflichtet (II.).

I. Allgemeine Systematik

Die EU hat sich seit 1999 auf die Harmonisierung der Rückkehrverfahren und deren Effektuierung konzentriert,[605] woraufhin im Jahre 2008 die RückführungsRL erlassen wurde.[606] Das maßgebliche Ziel der RL ist die „Festlegung einer wirksamen Rückkehr- und Rückübernahmepolitik [...]

---

601 COM(2015)240 final, 9ff; vgl *Carrera/Guild/Aliverti/Allsopp/Manieri/Levoy*, Fit for purpose? The Facilitation Directive and the criminalisation of humanitarian assistance to irregular migrants, Studie v 2016, http://www.europarl.europa.eu/RegData/etudes/STUD/2016/536490/IPOL_STU%282016%29536490_EN.pdf (11.10.2018).

602 Siehe Einleitung A.

603 COM(2015)240 final, 8f.

604 *Kraler*, Journal of Immigrant and Refugee Studies 2019, 94f.

605 Siehe nur COM(2017)200 final und *Acosta Arcarazo*, The Returns Directive in *Peers/Guild/Acosta Arcarazo/Groenendijk/Moreno-Lax* (Hrsg), EU Immigration and Asylum Law. Vol 2: EU Immigration Law[2] (2012) 455 (484ff).

606 Für einen guten Überblick zur Entstehungsgeschichte siehe *Lutz*, The Negotiations on the Return Directive: Comments and Material (2010) und *Pollet*, The Negotiations on the Return Directive: Challenges, Outcomes and Lessons

unter vollständiger Achtung der Grundrechte".[607] Nach *Hörich* ist die RL „als gelungener Ausgleich zwischen dem Interesse an einer effektiven Aufenthaltsbeendigung und der Beachtung der Grundrechte der von diesem Verfahren Betroffenen zu bewerten".[608]

Die Kernbestimmung der RückführungsRL ist in Kapitel II mit dem Titel „Beendigung des illegalen Aufenthalts" festgelegt. Gem Art 6 Abs 1 RückführungsRL ist der irreguläre Aufenthalt grundsätzlich durch eine Rückkehrentscheidung und das darauffolgende Rückkehrverfahren zu beenden.[609] Irregulär aufhältig sind nach der RL alle Migrant*innen ohne Aufenthaltsrecht, wobei der Ausdruck „irregulär aufhältig" in der vorliegenden Arbeit als Synonym für „illegal aufhältig" im Sinne der RückführungsRL verwendet wird.[610]

Grundsätzlich haben die Mitgliedstaaten demnach eine Rückkehrentscheidung zu erlassen,[611] was der EuGH in *El Dridi* bestätigt hat.[612] Obwohl dies auf den ersten Blick wie eine Handlungsanweisung an die Mitgliedstaaten zu qualifizieren ist, werde ich noch zeigen, dass es sich hierbei „lediglich" um eine von zwei Verfahrensoptionen handelt, die gleichwertig nebeneinanderstehen. Voraussetzung für den Erlass der Rückkehrentscheidung ist deren Durchsetzbarkeit,[613] die bspw durch rechtliche oder faktische Abschiebehindernisse verhindert werden kann. Der Rückkehrentscheidung kann bzw soll zunächst durch die freiwillige Ausreise Folge

---

learned from an NGO Perspective in *Zwaan* (Hrsg), The Returns Directive (2011) 25.

607 EuGH *Mahdi*, Rn 38 mit Hinweis auf ErwGr 2 und 11. Siehe weiters EuGH *Arslan*, Rn 42, 60: „wirksame Rückführung"; Empfehlung (EU) 2017/432 und *Hörich*, Abschiebungen 31f mwN.

608 *Hörich*, Abschiebungen 307. Siehe auch bereits *Bast*, Aufenthaltsrecht 101ff.

609 ErwGr 11 Empfehlung (EU) 2017/432: „Im Einklang mit Artikel 6 Absatz 1 der Richtlinie 2008/115/EG sollten die Mitgliedstaaten systematisch Rückkehrentscheidungen gegen Drittstaatsangehörige erlassen, die sich illegal in ihrem Hoheitsgebiet aufhalten". Vgl *Acosta Arcarazo* in *Peers/Guild/Acosta Arcarazo/Groenendijk/Moreno-Lax* 490; *Boeles/den Heijer/Lodder/Wouters*, Migration 392; *Hörich*, Abschiebungen 73ff.

610 Art 2 Abs 1 und Art 3 Z 2 RückführungsRL und siehe bereits Kapitel 1.A.II. und Kapitel 2.A.II.1.

611 Art 3 Z 4 RückführungsRL; *Hörich*, Abschiebungen 73.

612 EuGH *El Dridi*, Rn 35; bestätigend EuGH *Achughbabian*, Rn 31 und EuGH 23.4.2015, C-38/14, ECLI:EU:C:2015:260, *Zaizoune*, Rn 31.

613 Vgl *Hörich*, Abschiebungen 92.

geleistet werden.[614] Reist die Person nicht freiwillig aus, ist die Entscheidung in Form der zwangsweisen Abschiebung durchzusetzen.[615] Die Mitgliedstaaten sollen irregulär aufhältige Migrant*innen also rückführen, anstatt ihnen einen Aufenthaltstitel zu erteilen. Dies ist einer der Gründe, weshalb die EU bisher keinen Regularisierungs-Rechtsakt erlassen hat.

Von dieser Grundregel, dem Erlass einer Rückkehrentscheidung, sind drei Ausnahmen normiert.[616] Eine erfasst jene irregulär aufhältigen Migrant*innen, die bereits im Besitz eines Aufenthaltstitels eines anderen Mitgliedstaates und deshalb verpflichtet sind, sich in diesen zu begeben.[617] Eine konkretisiert, wie die Mitgliedstaaten vorzugehen haben, wenn eine Person aufgrund eines bilateralen Abkommens von einem anderen Mitgliedstaat wieder aufgenommen wird.[618] Die wichtigste Ausnahme ist in Art 6 Abs 4 S 1 RückführungsRL geregelt: „Die Mitgliedstaaten können jederzeit beschließen, illegal in ihrem Hoheitsgebiet aufhältigen Drittstaatsangehörigen wegen Vorliegen eines Härtefalls oder aus humanitären oder sonstigen Gründen einen eigenen Aufenthaltstitel oder eine sonstige Aufenthaltsberechtigung zu erteilen".[619] Der Wortlaut der RückführungsRL legt nahe, dass eine individuelle Prüfung vonnöten ist, bevor ein Aufenthaltstitel an eine irregulär aufhältige Person erteilt wird.[620] Generell fußt diese Ausnahme vom Erlass einer Rückkehrentscheidung auf der

---

614 Art 7 RückführungsRL. Kritisch zur Begrifflichkeit *Berger/Tanzer*, Die Rückführungsrichtlinie im Spannungsfeld von effektiver Rückführungspolitik und Grundrechtsschutz – eine Analyse unter Berücksichtigung der österreichischen Gesetzeslage in *Salomon* (Hrsg), Text und Kontext des Asylrechts (2020) im Erscheinen.

615 Art 8 RückführungsRL.

616 So auch EuGH *Zaizoune*, Rn 32.

617 Art 6 Abs 2 RückführungsRL. Vgl EuGH 16.1.2018, C-240/17, ECLI:EU:C:2018:8, *E*, Rn 44-48. Kommt der*die betroffenen Drittstaatsangehörige „dieser Verpflichtung nicht nach oder ist seine sofortige Ausreise aus Gründen der öffentlichen Ordnung oder der nationalen Sicherheit geboten, ist eine Rückkehrentscheidung gegen ihn zu erlassen" (Rn 45).

618 Art 6 Abs 3 RückführungsRL. Vgl *Acosta Arcarazo* in *Peers/Guild/Acosta Arcarazo/Groenendijk/Moreno-Lax* 494 und *Hörich*, Abschiebungen 73 ff.

619 Siehe weiters auch EuGH 9.11.2010, C-57/09 und C-101/09, ECLI:EU:C:2010:661, *B* und *D*, Rn 115-121 und EuGH 18.12.2014, C-541/13, ECLI:EU:C:2014:2451, *M'Bodj*, Rn 43-47 im Hinblick das Verhältnis StatusRL und RückführungsRL und die Frage, in welchen Fällen die Mitgliedstaaten Aufenthaltstitel aus humanitären Gründen erteilen können, die keinen „internationalen Schutz" im Sinne der StatusRL darstellen.

620 *Costello*, Human Rights 96 argumentiert deshalb, dass Regularisierungs-Programme in einem Spannungsverhältnis zur RückführungsRL stehen würden.

staatlichen Souveränität, die die Mitgliedstaaten in diesem Bereich nach wie vor genießen.[621]

Folglich ermöglicht Art 6 Abs 4 S 1 RückführungsRL den Mitgliedstaaten, den irregulären Aufenthalt durch Erteilen eines Aufenthaltsrechts, mit anderen Worten durch eine Regularisierung, zu beenden.[622] Regularisierung wird als Vorgang verstanden, durch den die aufenthaltsrechtliche Irregularität im Sinne der RückführungsRL beendet wird.[623] Um den irregulären Aufenthalt auch tatsächlich zu beenden, muss der Aufenthaltstitel oder die „sonstige Aufenthaltsberechtigung“[624] nach dem jeweiligen nationalen Recht einen rechtmäßigen Aufenthalt begründen.[625] Die bloße Tolerierung des irregulären Aufenthalts, ohne einen der beiden Verfahrensschritte einzuleiten, würde im Widerspruch zur RückführungsRL stehen.[626]

Vor diesem Hintergrund scheint es auf den ersten Blick so, als ob die österreichische und deutsche Duldung die RückführungsRL verletzen würde.[627] Migrant*innen zu „dulden“ bedeutet dem Grunde nach, dass der österreichische bzw der deutsche Staat feststellt, dass die Abschiebung vorübergehend ausgesetzt wird, weil die Rückkehrentscheidung aufgrund von „Abschiebungsverboten“ respektive „-hindernissen“ nicht durchgesetzt werden kann. Die österreichische und deutsche „Duldung“ ist nicht als

---

Ähnlich *Augustin*, Die Rückführungsrichtlinie der Europäischen Union. Richtliniendogmatik, Durchführungspflichten, Reformbedarf (2016) 227-230; aA *Schieber*, Komplementärer Schutz 282, 311f und 334. Siehe zu besagten Programmen bereits Kapitel 2.B.I. und weiters Kapitel 4.C.I.

621 Siehe bereits Kapitel 1.A. und Kapitel 1.E. und grundsätzlich *Martin* in *Aleinikoff/Chetail* und *Dauvergne*, Making People Illegal: What Globalization Means for People and Law (2008) 2ff.

622 Art 6 Abs 4 RückführungsRL; vgl EuGH *Mahdi*, Rn 88: „erlaubt“. In diesem Sinne auch *Desmond* in *Wiesbrock/Acosta Arcarazo* 75.

623 Siehe hierzu bereits Kapitel 2.A.II.

624 Der Begriff „sonstige Aufenthaltsberechtigung“ ist nach Ansicht der Kommission eine Auffangklausel, die all jene Fälle umfasst, die vom Begriff Aufenthaltstitel gem Art 2 Abs 15 lit b RückführungsRL nicht erfasst sind; Rückkehr-Handbuch 2017, 31.

625 In dem Sinne Rückkehr-Handbuch 2017, 8; *Lutz* in *Hailbronner/Thym* Art 6 Return Directive Rn 13 und 26 und vor allem der Wortlaut der englischen Fassung von Art 6 Abs 4 S 1 RückführungsRL („residence permit or other authorisation offering a right to stay"). Siehe weiters auch *Menezes Queiroz*, Illegally Staying 155.

626 Rückkehr-Handbuch 2017, 23, 54, 76. Vgl *Menezes Queiroz*, Illegally Staying 91 und *Hörich*, Abschiebungen 73, 92 mwN.

627 Siehe Kapitel 5.A.I.2.-3.

Aufenthaltstitel zu bewerten, weil sie keinen rechtmäßigen Aufenthalt nach nationalem Recht begründet.[628] Sie ist vielmehr als Aufschub der Abschiebung im Sinne von Art 9 RückführungsRL zu qualifizieren.

Gem Art 9 Abs 1 RückführungsRL sind zwei Fälle geregelt, in denen die Abschiebung aufgeschoben werden muss, in den in Abs 2 leg cit normierten Fällen kann die Abschiebung aufgeschoben werden.[629] Für die vorliegende Arbeit ist vor allem der erste Absatz relevant, wonach die Abschiebung aufzuschieben ist, wenn einem Rechtsbehelf die aufschiebende Wirkung zuerkannt wird oder wenn die Abschiebung das Non-Refoulement-Gebot verletzen würde.[630] Wie der Aufschub im nationalen Recht ausgestaltet wird, ist den Mitgliedstaaten überlassen.[631] Sie haben hierbei aber jedenfalls die „Verfahrensgarantien" in Kapitel III der RückführungsRL zu beachten und gewährleisten. Nach *Lutz* ist die Entscheidung über den Aufschub unter den Begriff der „Rückkehrentscheidung" zu subsumieren.[632] Mitgliedstaaten haben teilweise versucht, diese Garantien durch den Nichterlass einer aufenthaltsbeendenden Entscheidung zu umgehen. Dies kann als de facto Aufschub bezeichnet werden.[633] Neben den Rechten bestehen aber auch Pflichten, die irregulär aufhältige Migrant*innen zu erfüllen haben, wenn die Abschiebung aufgeschoben wurde bzw während der Dauer der Frist für die freiwillige Ausreise.[634]

Folglich steht es grundsätzlich im Einklang mit der RückführungsRL, dass Migrant*innen rechtlich „geduldet" werden, da ein Rückkehrverfahren bereits eingeleitet und eine Rückkehrentscheidung erlassen, aber noch nicht vollstreckt wurde. Problematisch ist es aber, wenn ein Mitgliedstaat eine Person über einen längeren Zeitraum hinweg duldet und ihr kein Aufenthaltsrecht gewährt (dauerhafte Nichtrückführbarkeit).[635] Die soge-

---

628 § 31 Abs 1a Z 3 FPG und § 60a Abs 3 AufenthG. In dem Sinne Rückkehr-Handbuch 2017, 9, 31.

629 Vgl *Lutz* in *Hailbronner/Thym* Art 9 Return Directive Rn 3.

630 Siehe hierzu auch EuGH *Gnandi*, Rn 47.

631 So *Lutz* in *Hailbronner/Thym* Art 9 Return Directive Rn 5. Siehe hierzu Kapitel 5.A.I.

632 *Lutz* in *Hailbronner/Thym* Art 9 Return Directive Rn 5; so auch Rückkehr-Handbuch 2017, 68. Die Kommission führt diesbezüglich weiters aus, dass der Aufschub der Abschiebung in der Regel zusätzlich zur Rückkehrentscheidung und „in ein und demselben Verwaltungsakt zusammen mit der Rückkehrentscheidung erlassen" werden sollte.

633 So *Lutz* in *Hailbronner/Thym* Art 9 Return Directive Rn 5.

634 Art 7 Abs 3 und Art 9 Abs 3 RückführungsRL; so auch *Menezes Queiroz*, Illegally Staying 101.

635 Siehe sogleich Kapitel 3.B.II.2.

nannten „Kettenduldungen“ in Deutschland sind hierbei besonders bedenklich.[636]

Jeder Mitgliedstaat kann auch nach einem bereits eingeleiteten oder rechtskräftig abgeschlossenen Rückkehrverfahren irregulär aufhältigen Migrant*innen einen Aufenthaltstitel erteilen.[637] In diesem Fall ist die Rückkehrentscheidung zurückzunehmen oder für die Gültigkeitsdauer des erteilten Aufenthaltstitels oder der Aufenthaltsberechtigung auszusetzen,[638] wobei die Mitgliedstaaten in ihrer Entscheidung hierbei frei sind.[639]

Vereinfacht kann man also sagen, dass sich die Mitgliedstaaten zwingend für das Rückkehrverfahren oder die Regularisierung zu entscheiden haben.[640] Wie oben bereits kurz angedeutet, gibt es deshalb zwei Verfahrensoptionen für die Mitgliedstaaten, die als gleichwertig zu betrachten sind, da beide den irregulären Aufenthalt beenden. Zwar müssen die Mitgliedstaaten nach der *El Dridi*-Entscheidung des EuGH grundsätzlich eine Rückkehrentscheidung erlassen und folglich ein Rückkehrverfahren durchführen,[641] jedoch hat der EuGH in *Zaizoune* betont, dass diese Grundregel unbeschadet der Ausnahmen gem Art 6 Abs 2 bis 5 RückführungsRL gilt.[642] Den Mitgliedstaaten steht es in jedem Verfahrensstadium bzw selbst nach Erlass der Rückkehrentscheidung frei, einen Aufenthaltstitel zu erteilen. Folglich hält die RückführungsRL den Mitgliedstaaten die Möglichkeit offen, irregulär aufhältige Migrant*innen zu regularisieren.

Abschließend ist darauf hinzuweisen, dass von der Kommission im September 2018 ein Vorschlag zur Reformierung der RückführungsRL eingebracht wurde.[643] Dieser wurde bei Abschluss der vorliegenden Arbeit (1.1.2019) noch nicht angenommen,[644] weshalb eine nähere Analyse entfällt. In die Grundsystematik der RL würde der Reformvorschlag aber ohnehin nicht eingreifen. Die Kommission ist der Ansicht, dass bspw durch das Lockern der Inhaftnahmevoraussetzungen eine „konsequentere und

636 Siehe Kapitel 5.A.I.2.c.
637 Vgl *Augustin*, Rückführungsrichtlinie 227.
638 Art 6 Abs 4 S 3 RückführungsRL.
639 Vgl *Lutz* in *Hailbronner/Thym* Art 9 Return Directive Rn 3.
640 Siehe die Nachweise in Fn 443.
641 Siehe Fn 612.
642 EuGH *Zaizoune*, Rn 32.
643 COM(2018) 634 final.
644 Vgl *NN*, Asylum seekers appealing returns must get own travel documents, euobserver.com v 6.11.2018, https://euobserver.com/justice/143290 (6.11.2018).

wirksame Rückführungspolitik"[645] erreicht werden würde. Kritisiert wurde hierbei, dass zwar eine Erhöhung der Rückführungsrate erreicht werden soll, aber keine Fakten und Tatsachen vorgelegt wurden, warum das Ändern einzelner Bestimmungen tatsächlich diesen Effekt haben sollte.[646]

II. Regularisierungspflicht nach der Rückführungsrichtlinie?

Umstritten ist, ob nach der RückführungsRL eine Regularisierungspflicht besteht bzw umgekehrt irregulär aufhältige Migrant*innen einen Anspruch auf Regularisierung haben. Bereits erörtert wurde, dass sich eine solche Pflicht zur Erteilung eines Aufenthaltsrechts derzeit grundsätzlich nicht aus Art 3 und 8 EMRK ableiten lässt.[647] Hierbei ist jedoch die zukünftige Rspr des EGMR zu beachten, da diese Auswirkungen auf die Anwendung und Interpretation der RückführungsRL haben könnte.[648]

Die Gegner einer Regularisierungspflicht wie etwa die Europäische Kommission oder *Lutz* stützen sich auf die *Mahdi*-Entscheidung des EuGH.[649] Nach diesem Urteil hat die RückführungsRL „nicht zum Zweck, die Voraussetzungen für den Aufenthalt illegal aufhältiger Drittstaatsangehöriger, gegen die eine Rückkehrentscheidung nicht vollzogen werden kann oder konnte, im Hoheitsgebiet eines Mitgliedstaats zu regeln".[650] Die RückführungsRL ist dementsprechend dahin auszulegen, „dass ein Mit-

---

645 *Europäische Kommission*, Eine konsequentere und wirksamere europäische Rückführungspolitik v 12.9.2018, https://ec.europa.eu/commission/sites/beta-political/files/soteu2018-factsheet-returns-policy_de.pdf (24.10.2018). Siehe hierzu bereits oben Einleitung A. und Kapitel 3.A.

646 Vgl *Peers*, Lock 'em up: the proposal to amend the EU's Returns Directive, EU Law Analysis Blog v 12.9.2018, http://eulawanalysis.blogspot.com/2018/09/lock-em-up-proposal-to-amend-eus.html (24.10.2018); *ECRE*, ECRE Comments on the Commission Proposal for a Recast Return Directive COM(2018) 634, Studie v November 2018, https://www.ecre.org/wp-content/uploads/2018/11/ECRE-Comments-Commission-Proposal-Return-Directive.pdf (30.6.2019) und *Eisele*, The proposed Return Directive (recast). Substitute Impact Assessment, Studie v Februar 2019, http://www.europarl.europa.eu/RegData/etudes/STUD/2019/631727/EPRS_STU(2019)631727_EN.pdf (30.6.2019).

647 Siehe hierzu Kapitel 2.B.III., insbesondere Kapitel 2.B.III.1.b. und Kapitel 2.B.III.2.-3.

648 So auch *Menezes Queiroz*, Illegally Staying 87.

649 Rückkehr-Handbuch 2017, 78 und *Lutz* in *Hailbronner/Thym* Art 14 Return Directive Rn 13f; *Menezes Queiroz*, Illegally Staying 103, 176; *Desmond* in *Wiesbrock/Acosta Arcarazo* 76.

650 EuGH *Mahdi*, Rn 87.

gliedstaat nicht verpflichtet sein kann, einem Drittstaatsangehörigen, der keine Identitätsdokumente besitzt und von seinem Herkunftsland keine solchen Dokumente erhalten hat, einen eigenen Aufenthaltstitel oder eine sonstige Aufenthaltsberechtigung zu erteilen, nachdem ein nationaler Richter diesen Drittstaatsangehörigen mit der Begründung freigelassen hat, dass keine hinreichende Aussicht auf Abschiebung mehr im Sinne von Art. 15 Abs. 4 dieser Richtlinie bestehe. Der Mitgliedstaat hat dem Drittstaatsangehörigen jedoch in einem solchen Fall eine schriftliche Bestätigung seiner Situation auszustellen".[651] Daraus lässt sich ableiten, dass nach Ansicht des EuGH in den Fällen der faktischen[652] Unmöglichkeit der Abschiebung grundsätzlich kein Rechtsanspruch auf Gewährung eines Aufenthaltsrechts in Form eines Aufenthaltstitels oder einer sonstigen Aufenthaltsberechtigung und somit auf Regularisierung besteht, wenn eine Rückkehrentscheidung gegen eine Person nicht durchgesetzt werden kann.[653] Dies ist vielmehr als Aufschub der Abschiebung gem Art 9 RückführungsRL zu qualifizieren.[654] Mitgliedstaaten sind demnach nur verpflichtet eine schriftliche Bestätigung zu erteilen,[655] die etwa bei Polizeikontrollen eine rasche Überprüfung des Aufenthaltsstatus ermöglichen soll.[656] Keinesfalls begründet der Aufschub der Abschiebung oder die damit einhergehende schriftliche Bestätigung einen rechtmäßigen Aufenthalt.

Neben dem besprochenen *Mahdi*-Urteil führen die Gegner einer Regularisierungspflicht weiters das *Abdida*-Urteil des Gerichtshofs ins Treffen. In der Rechtssache *Abdida* hat sich der EuGH erstmals mit Abschiebehindernissen aus gesundheitlichen Gründen auseinandergesetzt. In absoluten Ausnahmefällen ist die Abschiebung einer an einer schweren Krankheit leidenden Person in ein Land, in dem keine angemessenen Behandlungs-

---

651 EuGH *Mahdi*, Rn 89.

652 Der EuGH entscheidet im Zusammenhang mit Vorabentscheidungsersuchen immer nur jene Rechtsfragen, um „dem nationalen Gericht eine für die Entscheidung des bei diesem anhängigen Rechtsstreits sachdienliche Antwort zu geben"; EuGH 4.9.2014, C-119/13 und C-120/13, ECLI:EU:C:2014:2144, *eco cosmetics* und *Raiffeisenbank*, Rn 32. Im Ausgangssachverhalt der Rechtssache *Mahdi* hat der Betroffene über keine Identitätsdokumente verfügt, weshalb die vom EuGH getroffenen Aussagen nur auf jene Fälle zu übertragen sind, denen faktische Abschiebehindernisse zugrunde liegen.

653 EuGH *Mahdi*, Rn 87f und siehe bereits Fn 649.

654 Siehe bereits Kapitel 3.B.I.

655 ErwGr 12 und Art 14 Abs 2 RückführungsRL. Die Ausgestaltung dieser Bestätigung ist den Mitgliedstaaten überlassen; vgl *Lutz* in *Hailbronner/Thym* Art 9 Return Directive Rn 11.

656 Rückkehr-Handbuch 2017, 77f.

möglichkeiten bestehen, gem Art 5 RückführungsRL iVm Art 19 Abs 2 GRC und folglich aufgrund des Non-Refoulement-Gebots unzulässig.[657] Verfahrensrechtlich ist es nach der Ansicht des EuGH jedenfalls notwendig, dass den Betroffenen ein Rechtsbehelf mit aufschiebender Wirkung zur Verfügung steht, um zu gewährleisten, dass eine Rückkehrentscheidung nicht vollzogen wird, bevor die innerstaatlichen Behörden und Gerichte über eine drohende Art 3 EMRK-Verletzung entschieden haben.[658] Der EuGH beschäftigt sich im Rahmen dieses Vorabentscheidungsersuchen aber nicht mit der Frage, ob aus dem Bestehen eines Abschiebehindernisses auch die Möglichkeit bzw die Pflicht zur Regularisierung resultiert, sondern verweist hierbei lediglich darauf, dass dies den Mitgliedstaaten vorbehalten ist.[659] Nach dem EuGH muss den Betroffenen jedenfalls eine derartige Rechtsposition eingeräumt werden, damit ihre Statusrechte mit den sich aus der RückführungsRL ergebenden Verpflichtungen im Einklang stehen.[660] Da der EuGH diese Fälle als Aufschub der Abschiebung qualifiziert,[661] stehen ihnen somit die Mindestrechte nach Art 14 RückführungsRL zu.[662] Günstigere Regelungen durch die Mitgliedsstaaten sind gem Art 4 Abs 3 RückführungsRL zulässig, sofern diese im Einklang mit den Vorschriften der RückführungsRL stehen.[663] Die Mindestrechte umfassen in concreto jedenfalls die Befriedigung der Grundbedürfnisse, sowie die Gewährung medizinischer Notfallversorgung und die unbedingt erforderliche Behandlung von Krankheiten, während des Aufenthaltes im Aufnahmestaat.[664] Der EuGH öffnet durch seine Auslegung vielen praktischen Problemen Tür und Tor, da den Mitgliedstaaten ein zu weiter Ermessensspielraum eingeräumt wird, der eine große Rechtsunsicherheit mit sich bringt. Dies manifestiert sich vor allem in den Fällen dauerhafter Nichtrückführbarkeit und dem damit einhergehenden Schwebezustand für die Betroffenen.

---

657 EuGH *Abdida*, Rn 48. Vertiefend hierzu *Hinterberger/Klammer* in *Filzwieser/Taucher* 120f.

658 EuGH *Abdida*, Rn 53. Bestätigend EuGH *Gnandi*, Rn 54 und 56ff und siehe die Lit in Fn 384.

659 EuGH *Abdida*, Rn 54 mit Verweis auf ErwGr 12 RückführungsRL.

660 Vertiefend *Diekmann*, Menschenrechtliche Grenzen; *Hinterberger/Klammer*, Der Rechtsstatus von Geduldeten: Eine Analyse unter besonderer Berücksichtigung auf das Grundrecht der Menschenwürde in *Salomon* (Hrsg), Text und Kontext des Asylrechts (2020) im Erscheinen.

661 EuGH *Abdida*, Rn 57 und 59.

662 Vgl *Hörich*, Abschiebungen 127f.

663 Vgl *Hörich*, Abschiebungen 28 mit Verweis auf EuGH *El Dridi*.

664 EuGH *Abdida*, Rn 59f.

Wie bereits oben in der Einleitung dargelegt, bezeichne ich mit dem EuGH in der Folge eine Person als nicht rückführbar, wenn ihre „Rückkehrentscheidung nicht vollzogen werden kann oder konnte".[665] Eine weitere Definition wurde von *Menezes Queiroz* vorgeschlagen: „Non-removable migrants are third-country nationals who, despite their status as irregular migrants, cannot (yet) be removed from EU territory as a result of legal, humanitarian, technical or even policy-related reasons".[666] Die Autorin führt aus, dass sich Nichtrückführbare in einer „transitory and atypical legal situation"[667] befinden.

Die Mitgliedstaaten haben sich aufgrund der Systematik der RückführungsRL, wie oben bereits ausgeführt,[668] zwingend für das Rückkehrverfahren oder die Regularisierung zu entscheiden. Art 6 Abs 1 RückführungsRL normiert dahingehend: „Unbeschadet der Ausnahmen nach den Absätzen 2 bis 5 erlassen die Mitgliedstaaten gegen alle illegal in ihrem Hoheitsgebiet aufhältigen Drittstaatsangehörigen eine Rückkehrentscheidung". Im Verhältnis dazu legt Art 6 Abs 4 S 1 RückführungsRL Folgendes fest: „Die Mitgliedstaaten können jederzeit beschließen, illegal in ihrem Hoheitsgebiet aufhältigen Drittstaatsangehörigen wegen Vorliegen eines Härtefalls oder aus humanitären oder sonstigen Gründen einen eigenen Aufenthaltstitel oder eine sonstige Aufenthaltsberechtigung zu erteilen".

Daraus lässt sich auf den ersten Blick keine Regularisierungspflicht ableiten, da Art 6 Abs 4 S 1 RückführungsRL den Mitgliedstaaten ein Ermessen in Bezug auf die Frage einräumt, ob sie irregulär aufhältigen Migrant*innen einen Aufenthaltstitel einräumen.[669] Umgekehrt verpflichtet Art 6 Abs 1 RückführungsRL die Mitgliedstaaten grundsätzlich zum Erlass einer Rückkehrentscheidung. Eine Regularisierungspflicht könnte also nur dann bestehen, insofern das weite Ermessen der Mitgliedstaaten auf null reduziert wird.

Gem Art 6 Abs 4 S 1 RückführungsRL ist in zwei Sachverhaltskonstellationen eine Regularisierungspflicht gegeben. Einerseits stimme ich mit *Hörich* darin überein, dass eine Regularisierungspflicht in jenen Fällen besteht, in denen eine Rückführung das Non-Refoulement-Gebot verletzen

665 EuGH *Mahdi*, Rn 87.

666 *Menezes Queiroz*, Illegally Staying 182. Siehe auch unten Fn 700.

667 *Menezes Queiroz*, Illegally Staying 97ff. Siehe auch die Ausführungen in Einleitung C.

668 Siehe Kapitel 3.B.I.

669 Siehe Kapitel 3.B.I.

würde.[670] Andererseits vertrete ich die Ansicht, dass eine solche Pflicht in jenen Fällen besteht, in denen die betreffenden Migrant*innen dauerhaft nicht rückführbar sind. Argumentativ leite ich die Regularisierungspflicht in den beiden aufgezählten Sachverhaltskonstellationen genau wie *Acosta Arcarazo* aus der Systematik der RückführungsRL ab.[671] Wie bereits oben ausgeführt, müssen die Mitgliedstaaten den irregulären Aufenthalt entweder durch die Durchsetzung einer Rückkehrentscheidung oder durch Gewährung eines Aufenthaltsrechts beenden.[672] Voraussetzung für den Erlass der Rückkehrentscheidung ist deren Durchsetzbarkeit. „Bereits die Einleitung des Rückkehrverfahrens setzt daher die Möglichkeit der erfolgreichen Durchführung in Form der Aufenthaltsbeendigung voraus".[673] Konsequenterweise trifft die Mitgliedstaaten daher in jenen Fällen eine Regularisierungspflicht, in denen die Rückkehrentscheidung nicht durchgesetzt werden kann. Die RückführungsRL lässt keinen Raum für Situationen längerer aufenthaltsrechtlicher Irregularität,[674] weshalb in diesen Fällen das Ermessen der Mitgliedstaaten gem Art 6 Abs 4 S 1 RückführungsRL auf null reduziert wird. Diese Ansicht kommt bestmöglich im bereits zitierten Rückkehr-Handbuch 2017 der Europäischen Kommission zum Ausdruck: „Die Mitgliedstaaten sind verpflichtet, gegen alle illegal in ihrem Hoheitsgebiet aufhältigen Drittstaatsangehörigen eine Rückkehrentscheidung zu erlassen, sofern nicht das Unionsrecht eine ausdrückliche Ausnahme vorsieht [...]. Den Mitgliedstaaten ist es nicht gestattet, den illegalen Aufenthalt von Drittstaatsangehörigen in ihrem Hoheitsgebiet zu tolerieren, ohne entweder ein Rückkehrverfahren einzuleiten oder eine Aufenthaltsberechtigung zu erteilen. Ziel dieser Verpflichtung der Mitgliedstaaten ist es, ‚Grauzonen' zu verringern, die Ausbeutung illegal aufhältiger Personen zu verhindern und

---

670 Vgl *Hörich*, Abschiebungen 125f. So auch *Acosta Arcarazo*, The Charter, detention and possible regularization of migrants in an irregular situation under the Returns Directive: Mahdi, CMLRev 2015, 1361 (1377).

671 *Acosta Arcarazo*, CMLRev 2015, 1377f.

672 Siehe hierzu bereits Kapitel 3.B.I.

673 *Hörich*, Abschiebungen 92.

674 Da die Kommission aus der RückführungsRL keine Regularisierungspflicht ableitet und davon ausgeht, dass die Mitgliedstaaten grundsätzlich eine Rückkehrentscheidung erlassen, nimmt sie gleichsam an, dass diese Praxis „zu einer Erhöhung der absoluten Anzahl der Fälle führen [wird], in denen die Mitgliedstaaten Rückkehrentscheidungen erlassen, die aufgrund praktischer oder rechtlicher Hindernisse nicht vollstreckbar sind"; Rückkehr-Handbuch 2017, 76. Folglich nimmt sie Situationen längerer aufenthaltsrechtlicher Irregularität sozusagen in Kauf, die – wie die mitgliedstaatliche Praxis zeigt – auch relativ häufig auftreten; siehe Kapitel 5.A.I.

die Rechtssicherheit für alle Beteiligten zu verbessern".[675] Aus systematischen Gründen spricht dafür auch Art 9 RückführungsRL. Die Bestimmung normiert zwar den „Aufschub der Abschiebung",[676] jedoch ergibt sich aus der Terminologie „Aufschub",[677] dass ihr eine zeitliche Komponente inne ist und die Abschiebung deshalb nicht dauerhaft „aufgeschoben" werden kann. Folglich deckt auch der äußerst mögliche Wortlaut von Art 9 RückführungsRL keine Fälle dauerhafter Nichtrückführbarkeit.

Diese Auslegung wird durch den unionsrechtlichen Effektivitätsgrundsatz („effet utile") gestützt. Nach diesem ist den unionsrechtlichen Bestimmungen „die größtmögliche Wirksamkeit zu verschaffen".[678] Der EuGH misst dem Grundsatz der Effektivität im Rückkehrverfahren großes Gewicht bei,[679] wobei die „wirksame Rückkehr- und Rückübernahmepolitik [...] unter vollständiger Achtung der Grundrechte"[680] im Zentrum steht. In *Affum* hat der Gerichtshof etwa ausgeführt, dass das Auferlegen einer Freiheitsstrafe vor der Überstellung in einen anderen Mitgliedstaat „die Einleitung [des Rückkehrverfahrens] sowie die effektive Abschiebung des betroffenen Staatsangehörigen verzögern und somit die praktische Wirksamkeit dieser Richtlinie beinträchtigen"[681] würde. In der Rechtssache *Gnandi* hat sich der EuGH überdies mit der „praktischen Wirksamkeit" des Rückkehrverfahrens im Zusammenspiel mit abgelehnten Anträgen auf internationalen Schutz und in *MG* und *NR* in Bezug auf die Ausgestaltung der in der RückführungsRL normierten Verteidigungsrechte beschäftigt.[682] Weiters verpflichtet „Art. 8 Abs. 1 der Richtlinie 2008/115 die Mitgliedstaaten, um die Effizienz von Rückkehrverfahren zu gewährleisten, alle Maßnahmen zu ergreifen, die zur Durchführung der Abschiebung des Betroffenen, d. h. laut Art. 3 Nr. 5 dieser Richtlinie zu seiner tatsächlichen Verbringung aus dem betreffenden Mitgliedstaat, erforderlich

675 Rückkehr-Handbuch 2017, 23. Siehe auch Fn 443.

676 Siehe Kapitel 3.B.I.

677 Die englische Fassung spricht etwa von „postponement" und die spanische Fassung von „aplazamiento".

678 *Öhlinger/Potacs*, EU-Recht und staatliches Recht: Die Anwendung des Europarechts im innerstaatlichen Bereich[6] (2017) 15.

679 Siehe auch EuGH 14.9.2017, C-184/16, ECLI:EU:C:2017:684, *Petrea*, Rn 57, 62 und 65 und EuGH *X* und *Y*, Rn 34-36 und 43f.

680 EuGH *Mahdi*, Rn 38 mit Hinweis auf ErwGr 2 und 11.

681 EuGH 7.6.2016, C-47/15, ECLI:EU:C:2016:408, *Affum*, Rn 88. Siehe zur „praktischen Wirksamkeit" auch näher *Hörich*, Abschiebungen 283 mwN.

682 EuGH *Gnandi*, Rn 50 und EuGH 10.9.2013, C-383/13 PPU, ECLI:EU:C:2013:533, *MG* und *NR*, Rn 36 und 41f.

sind".[683] All diesen Feststellungen des Gerichtshofs liegt die Prämisse einer „wirksamen Rückkehr- und Rückübernahmepolitik [...] unter vollständiger Achtung der Grundrechte"[684] zugrunde. Dementsprechend ist das in Art 6 Abs 4 S 1 RückführungsRL festgelegte Ermessen der Mitgliedstaaten auf null zu reduzieren, insofern das eingeräumte Ermessen die „praktische Wirksamkeit" der RückführungsRL beinträchtigen und somit einer effektiven Rückkehrpolitik entgegenstehen würde. Situationen längerer aufenthaltsrechtlicher Irregularität stehen im Widerspruch zu den dargelegten europarechtlichen Vorgaben und sind daher als nicht „wirksam" zu qualifizieren.[685]

Zusammenfassend ist festzuhalten, dass Art 6 Abs 4 S 1 RückführungsRL in den beiden Fällen, die in der Folge skizziert werden, eine Regularisierungspflicht begründet, da die Rückführung als alternative Verfahrensoption nicht durchsetzbar ist und anderweitig die Effektivität und praktische Wirksamkeit der Bestimmungen der RückführungsRL nicht gewährleistet werden kann.[686] Ein vertieftes Eingehen auf das Recht auf Achtung des Privat- und Familienlebens gem Art 8 EMRK und Art 7 GRC entfällt an dieser Stelle, da eine weitergehende Analyse über den Rahmen der Arbeit hinausgehen würde.[687] Aus demselben Grund muss die Untersuchung unterbleiben, ob sich aus Art 1 GRC und dem dort normierten Recht auf Achtung der Menschenwürde eine Pflicht zur Erteilung eines Aufenthaltsrechts ergibt.[688]

1. Non-Refoulement-Gebot im Sinne der EMRK und GRC

Die erste Fallkonstellation betrifft das menschenrechtliche Non-Refoulement-Gebot im Sinne der EMRK und GRC. Das in Art 19 Abs 2 GRC ident geregelte Gebot wird somit auch beleuchtet, wohingegen Art 33

683 EuGH *Zaizoune*, Rn 33.
684 EuGH *Mahdi*, Rn 38 mit Hinweis auf ErwGr 2 und 11.
685 Siehe zu Frage der Wirksamkeit auch Einleitung B., Kapitel 3.C.I. und Kapitel 6.A.
686 In eine ähnliche Richtung gehend im Hinblick auf den Effektivitätsgrundsatz *Menezes Queiroz*, Illegally Staying 176.
687 Siehe zur EGMR-Rspr Fn 562 und 705.
688 Siehe zum Verhältnis von Art 1 GRC, RückführungsRL und der staatlichen Leistungspflicht zur Befriedigung der Grundbedürfnisse für Nichtrückführbare *Hinterberger/Klammer* in *Salomon*.

GFK nicht untersucht wird, wie bereits oben ausgeführt.[689] Würde eine Rückführung und folglich die Rückkehrentscheidung dieses Gebot verletzen, sind die Mitgliedstaaten verpflichtet, ein Aufenthaltsrecht zu erteilen. Würde bereits der Erlass einer Rückkehrentscheidung eine Verletzung des Non-Refoulement-Gebots darstellen, ist die Erteilung eines Aufenthaltsrechts verfahrensrechtlich die einzige Option nach der zutreffenden Meinung von *Hörich*.[690] Das in Art 6 Abs 4 S 1 RückführungsRL normierte Ermessen wird auf null reduziert. Folglich ist im Hinblick auf eine grundrechtskonforme Auslegung die „Kann"-Klausel im Sinne einer „Muss"-Klausel zu interpretieren.[691] Diese grundrechtskonforme Interpretation der RückführungsRL ergibt sich nicht nur aus der EMRK, sondern auch aus Art 51 Abs 1 iVm Art 19 Abs 2 GRC.[692] Der Handlungsspielraum der Mitgliedstaaten zur Beendigung des irregulären Aufenthalts zwischen Rückkehrentscheidung und Regularisierung reduziert sich in casu zu einer Regularisierungspflicht. Dies ist unabhängig davon zu beurteilen, dass Art 9 Abs 1 lit a RückführungsRL in diesen Fällen grundsätzlich auch den Aufschub der Abschiebung ermöglicht, da dies in der Systematik der RL nur eine nachrangige Verfahrensoption zur Rückkehrentscheidung bzw deren Effektuierung ist. Die in der vorliegenden Arbeit vertretene Auslegung wird von der Rspr des EuGH gestützt, die den Grundrechtsschutz bei der Auslegung von RL in den Mittelpunkt stellt: „Letztlich ist festzustellen, dass, soweit [eine] Richtlinie den Mitgliedstaaten einen Ermessensspielraum belässt, dieser weit genug ist, um ihnen die Anwendung der Vorschriften der Richtlinie in einer mit den Erfordernissen des Grundrechtsschutzes im Einklang stehenden Weise zu ermöglichen".[693] Darüber hinaus ist das Ziel der RückführungsRL die Schaffung einer „wirksamen Rückkehr- und Rückübernahmepolitik [...] unter vollständiger Achtung der Grundrechte",[694] wie bereits mehrfach ausgeführt wurde.

Die Analyse der im Rechtsvergleich untersuchten Mitgliedstaaten wird zeigen, dass die Rechtsordnungen dem Grunde nach bereits im Einklang mit der hier vertretenen Meinung sind.[695] Allerdings gibt es Sachverhalts-

---

689 Siehe bereits Kapitel 2.B.III.1.

690 So auch *Hörich*, Abschiebungen 125f und *Berger/Tanzer* in *Salomon* im Erscheinen.

691 In dem Sinne *Acosta Arcarazo*, CMLRev 2015, 1375ff.

692 EuGH *Gnandi*, Rn 51 und EuGH *X* und *Y*, Rn 27 und 31.

693 EuGH 27.6.2006, C-540/03, ECLI:EU:C:2006:429, *Parlament/Rat*, Rn 104; siehe auch EuGH 4.3.2010, C-578/08, ECLI:EU:C:2010:117, *Chakroun*, Rn 44 und 63.

694 EuGH *Mahdi*, Rn 38 mit Hinweis auf ErwGr 2 und 11.

695 Siehe Kapitel 5.A.

konstellationen, in denen die Mitgliedstaaten immer noch eine Rückkehrentscheidung erlassen und diese sodann gem Art 9 Abs 1 lit a RückführungsRL aufschieben, obwohl sie nach der hier vertretenen Meinung eine Regularisierungspflicht trifft, da bereits der Erlass der Rückkehrentscheidung gegen das Non-Refoulement-Gebot verstößt.

2. Dauerhafte Nichtrückführbarkeit

Die zweite Fallkonstellation betrifft Fälle, in denen Migrant*innen aus faktischen Gründen dauerhaft nicht rückführbar sind.[696] Ein Beispiel für einen solchen faktischen Grund wäre die Unmöglichkeit der Abschiebung mangels eines Reisedokuments,[697] weshalb die Herkunftsstaaten die Rücknahme der Betroffenen verweigern. Einen Mitgliedstaat trifft die Pflicht zur Erteilung eines Aufenthaltsrechts, wenn eine Rückkehrentscheidung und folglich die Abschiebung dauerhaft nicht durchsetzbar ist, obwohl dieser alle erforderlichen Maßnahmen zu deren Durchführung setzt.[698] Meine Auslegung steht im Einklang mit dem Ziel der RückführungsRL, jegliche Formen von aufenthaltsrechtlicher Irregularität und Schwebezustände, sei es durch eine Rückkehrentscheidung und die (zwangsweise) Ausreise oder durch die Erteilung eines Aufenthaltsrechts, zu beseitigen.[699]

Fraglich ist jedoch, ab welchem Zeitpunkt irregulär aufhältige Migrant*innen als dauerhaft nicht rückführbar zu bewerten sind. Nach der Definition von *Lutz* ist eine Person dauerhaft „non-removable" im Sinne einer Prognoseentscheidung, wenn keine hinreichende Aussicht auf Abschiebung im Sinne des Art 15 Abs 4 RückführungsRL besteht und folglich der*die Betroffene unverzüglich freigelassen werden muss.[700] Ein Anhaltspunkt für die Feststellung der dauerhaften Nichtrückführbarkeit einer Person könnte daher die höchstzulässige Haftdauer von 18 Monaten sein. Grundsätzlich ist die Haftdauer auf sechs Monate beschränkt, jedoch kann diese unter Umständen für weitere zwölf Monate verlängert werden, wenn die Abschiebung trotz angemessener Bemühungen des Mitgliedstaats voraussichtlich länger dauern wird, bspw aus den eben dargelegten faktischen

---

696 Siehe bereits Kapitel 2.B.III.1.b.
697 Siehe ReisedokumentVO.
698 Siehe bereits Fn 683.
699 Siehe oben Kapitel 3.B.II.
700 *Lutz*, EJML 2018, 30f und 39f. Siehe auch EuGH *Mahdi*, Rn 89.

Gründen.[701] *Lutz* nimmt den Zeitraum von 18 Monaten faktischen Aufenthalts auch als Ausgangpunkt für seinen Vorschlag einer Regularisierungsmaßnahme auf Unionsebene, der auf „non-removable returnees" abzielt, die mit den mitgliedstaatlichen Behörden kooperieren.[702] Folglich könnte man argumentieren, dass die Mitgliedstaaten eine Regularisierungspflicht nach der RückführungsRL trifft, wenn sie eine Person nicht innerhalb von 18 Monaten abschieben können.

Stichtag für das Beginnen dieser achtzehnmonatigen Frist könnte der Zeitpunkt sein, in dem die Rückkehrentscheidung rechtskräftig wird. Ein anderer denkbarer Zeitpunkt wäre etwa der Erlass der Rückkehrentscheidung, der zwar eindeutiger festzustellen ist, jedoch ist die Entscheidung ohnehin erst mit Rechtskraft von dem betreffenden Mitgliedstaat durchsetzbar. Letztlich wird der EuGH zu entscheiden haben, wann der Zeitpunkt der dauerhaften Nichtrückführbarkeit eintritt und daher die besagte Pflicht zur Erteilung eines Aufenthaltsrechts ausgelöst wird.

In Bezug auf die mitgliedstaatliche Praxis ist vorwegzunehmen, dass diese derzeit noch keineswegs im Einklang mit den dargelegten Ausführungen steht. An dieser Stelle ist nur kurz auf Deutschland einzugehen, wo die zuständigen Behörden die Möglichkeit haben, Personen Jahr für Jahr zu „dulden", was oftmals zu sogenannten „Kettenduldungen" führt.[703] Nach der EGMR-Rspr erfasst der Schutz von Art 8 EMRK in der Regel nur rechtmäßig aufhältige Migrant*innen („settled migrants"),[704] weshalb der Gerichtshof in Bezug auf einen ähnlich gelagerten Fall entschieden hat, dass die Praxis der Kettenduldungen grundsätzlich im Einklang mit Art 8 EMRK steht. Unter bestimmten Umständen erfasst der menschenrechtliche Schutz aber auch irregulär aufhältige Migrant*innen. Der EGMR hat in seinem Urteil *Jeunesse/Niederlanden* entschieden, dass ein faktischer, geduldeter („tolerated") und unrechtmäßiger Aufenthalt von mehr als 16 Jahren die positive staatliche Pflicht auslöst, ein Aufenthaltsrecht gem Art 8 EMRK zu erteilen.[705] Im Unterschied zur deutschen Rechtslage umschreibt der Begriff „tolerated" aber keinen formalen Duldungsstatus. Dieser ist wohl eher mit der Situation in Spanien zu vergleichen, wo ein

---

701 Art 15 Abs 5 und 6 RückführungsRL.

702 *Lutz*, EJML 2018, 48.

703 Siehe Kapitel 5.A.I.2.c.

704 EGMR *Butt/Norwegen*, Rn 78; kritisch *Da Lomba*, Vulnerability and the Right to Respect for Private Life as an Autonomous Source of Protection against Expulsion under Article 8 ECHR, Laws 2017/6/32, 3ff und insbesondere 10ff und *Dembour*, Migrants 442-481.

705 EGMR *Jeunesse/Niederlanden*, Rn 116. Siehe auch Fn 562.

außergesetzlich geduldeter und irregulärer Aufenthalt existiert.[706] Hierbei wurden vom EGMR gleichzeitig noch weitere Faktoren berücksichtigt, wie etwa die Unbescholtenheit und dass den Familienangehörigen ein Aufenthaltsrecht in den Niederlanden zukommt. Einen weiteren außergewöhnlichen Fall eines „stateless migrant" behandelt der EGMR in *Hoti/Kroatien*.[707] Dort hatte der Antragsteller fast 40 Jahre in Kroatien teilweise rechtmäßig und teilweise vom kroatischen Staat geduldet gelebt und daher einen Rechtsanspruch auf Regularisierung.[708] Abschließend ist in Bezug auf die deutsche Rechtslage aber auch noch darauf hinzuweisen, dass gem § 25 Abs 5 S 2 AufenthG eine „Aufenthaltserlaubnis für vollziehbar Ausreisepflichtige, wenn die Ausreise aus rechtlichen oder tatsächlichen Gründen unmöglich ist", zu erteilen ist, wenn die Person seit 18 Monaten geduldet ist und die übrigen Voraussetzungen vorliegen.[709] Zwar besteht hierauf kein Rechtsanspruch, aber dennoch kann die Bestimmung als erster Ansatzpunkt für eine mögliche Umsetzung der dargelegten Pflicht zur Erteilung eines Aufenthaltsrechts in Fällen dauerhafter Nichtrückführbarkeit herangezogen werden.

III. Zwischenergebnis

Vereinfacht kann man also sagen, dass sich die Mitgliedstaaten zwingend für das Rückkehrverfahren oder die Regularisierung zu entscheiden haben. In jedem Verfahrensstadium bzw selbst nach Erlass der Rückkehrentscheidung steht es den Mitgliedstaaten frei, einen Aufenthaltstitel zu erteilen. Folglich hält die RückführungsRL den Mitgliedstaaten die Möglichkeit offen, irregulär aufhältige Migrant*innen zu regularisieren. Aufgrund der EuGH-Rspr und unterschiedlichen Lehrmeinungen ist es umstritten, ob nach der RückführungsRL eine Regularisierungspflicht besteht. Ich argumentiere, dass die Mitgliedstaaten gem Art 6 Abs 4 RückführungsRL in zwei Fallkonstellationen verpflichtet sind irregulär aufhältigen Migrant*innen ein Aufenthaltsrecht zu gewähren. Einerseits handelt es sich hierbei

706 Siehe Kapitel 5.A.I.1.

707 Siehe weiters auch EGMR 26.6.2012, *Kurić/Slowenien*, 26828/06, Rn 339-362.

708 EGMR *Hoti/Kroatien*, Rn 118-124; vgl *Swider*, Hoti v. Croatia – a landmark decision by the European Court of Human Rights on residence rights of a stateless person, European Network on Statelessness Blog v 3.5.2018, https://www.statelessness.eu/blog/hoti-v-croatia-landmark-decision-european-court-human-rights-residence-rights-stateless-person (15.11.2018).

709 Siehe Kapitel 5.C.II.2.

um Fälle, in denen eine Rückführung das Non-Refoulement-Gebot im Sinne der EMRK und GRC verletzen würde, andererseits um jene Fälle, in denen die betreffenden Migrant*innen dauerhaft nicht rückführbar sind. In den beiden Fällen reduziert sich das in Art 6 Abs 4 S 1 RückführungsRL eingeräumte Ermessen der Mitgliedstaaten auf null, da die Rückführung als alternative Verfahrensoption nicht durchsetzbar ist.

C. Unionsverfassungsrechtliche Aufträge in Art 79 Abs 1 AEUV

Nachdem die Einwanderungspolitik betreffend irreguläre Immigration im Allgemeinen und die RückführungsRL im Detail beleuchtet wurden, widme ich mich im nächsten Punkt den unionsverfassungsrechtlichen Aufträgen. Art 79 Abs 1 AEUV legt Folgendes fest: „Die Union entwickelt eine gemeinsame Einwanderungspolitik, die in allen Phasen eine wirksame Steuerung der Migrationsströme, eine angemessene Behandlung von Drittstaatsangehörigen, die sich rechtmäßig in einem Mitgliedstaat aufhalten, sowie die Verhütung und verstärkte Bekämpfung von illegaler Einwanderung und Menschenhandel gewährleisten soll". Dies wirft die Frage auf, welche Zielvorgaben, Möglichkeiten und Schranken den gewählten Begrifflichkeiten zugrunde liegen und wie diese zu bewerten sind. Sofern Art 79 Abs 1 AEUV terminologisch von „Einwanderung" spricht, umfasst dies sowohl reguläre und irreguläre Immigrationsvorgänge als auch die Einreise und den anschließenden Aufenthalt.[710]

Ich werde die drei maßgeblichen unionsverfassungsrechtlichen Aufträge analysieren, wobei das Hauptaugenmerk auf die „Verhütung und verstärkte Bekämpfung" irregulärer Einwanderung gelegt wird (I.). Anschließend beschäftige ich mich mit der Entwicklung einer gemeinsamen Einwanderungspolitik in allen Phasen (II.) und der angemessenen Behandlung von Drittstaatsangehörigen (III.)

I. Verhütung und verstärkte Bekämpfung irregulärer Einwanderung

Der Vertrag von Maastricht enthielt erstmals eine Bestimmung, die „die Bekämpfung der illegalen Einwanderung, des illegalen Aufenthalts und der illegalen Arbeit" als „gemeinsames Interesse" der damaligen EG festge-

710 Vgl *Thym* in *Hofmann/Löhr* 195f mwN und *Bast*, Illegaler Aufenthalt und europarechtliche Gesetzgebung, ZAR 2012, 1 (1).

legt hat.[711] Anschließend war weder im Vertrag von Amsterdam noch im Vertrag von Nizza ein ähnlich lautender Artikel zu finden.[712] Mit dem Inkrafttreten des Vertrags von Lissabon 2009 wurde die primärrechtliche Zielsetzung der EU neu definiert und festgelegt.[713] Diese Bestimmung war inhaltsgleich bereits im Verfassungsvertrag der EU vorgesehen, der aber nie in Kraft getreten ist.[714] Der dort ausgearbeitete Wortlaut wurde sodann fast 1:1 in den Vertrag von Lissabon überführt.

Aktuell formuliert die Zielvorgabe der „Verhütung und verstärkten Bekämpfung" irregulärer Einwanderung und des Menschenhandels den Kurs der EU-Einwanderungspolitik,[715] wobei der Aspekt des Menschenhandels in der Folge von der Analyse ausgenommen wird. Deshalb werde ich auf den Kompetenztatbestand in Art 79 Abs 2 lit d AEUV, der Maßnahmen betreffend Menschenhandel ermöglicht, ebenfalls nicht eingehen. Die inhaltliche Vorgabe des ersten Tatbestandselements und des Begriffs „Verhütung" ist äußerst klar. Irreguläre Migration soll präventiv verhindert werden. Dies ist als ein klassischer Ansatz der Gefahrenabwehr-Perspektive zu bewerten.[716] Bestimmte Personenkategorien, vor allem wirtschaftlich nicht hochqualifizierte Migrant*innen,[717] sollen an der Einreise in die EU gehindert werden.[718] Die Union soll diese Zielvorgabe vor allem durch vorbeugende Maßnahmen erreichen.[719]

Das zweite Tatbestandselement betrifft den sprichwörtlichen „Kampf" gegen irreguläre Einwanderung. Die Terminologie „Bekämpfung" bzw „bekämpfen" kommt insgesamt über 20-mal in den Verträgen der EU vor; bspw im Zusammenhang mit Materien wie Kriminalität, Terrorismus, Betrug, Rassismus und Fremdenfeindlichkeit, Einwanderung, Klimawandel

---

711 Art K1 Z 3 lit c EGV.

712 Siehe Art 63 und 64 EGV idF ABl 1997 C 340/1 sowie idF ABl 2001 C 80/1.

713 Bis dahin in Art 63 Z 3 und 4 EGV festgelegt; vgl *Peers*, EU Justice 448ff.

714 Siehe Art III-267 Vertrag über eine Verfassung für Europa, CIG 87/2/04 REV 2. So auch *Weiß* in *Streinz* (Hrsg), EUV/AEUV Kommentar[3] (2018) Art 79 AEUV Rn 6. Für eine Gegenüberstellung siehe *Hellmann*, Der Vertrag von Lissabon (2009) 239f.

715 *Rossi* in *Calliess/Ruffert* Art 79 AEUV Rn 6 und 9 bezeichnet die Bestimmung als „kompetenzleitend". *Weiß* in *Streinz* Art 79 AEUV Rn 2 spricht von „recht klar definierten Zielen".

716 Vgl *Bast*, Aufenthaltsrecht 75ff.

717 Vgl *Tewocht*, Drittstaatsangehörige 286ff, insbesondere 449.

718 So auch *Thym* in *Kluth/Heusch* (Hrsg), BeckOK Ausländerrecht (18. Edition, Stand 1.11.2016) Art 79 AEUV Rn 15 im Hinblick auf den Kompetenztatbestand Art 79 Abs 2 lit c AEUV.

719 Siehe nur etwa KOM(2001) 672 endg, 10.

oder Armut.[720] Zur textlichen Interpretation lohnt sich ein Blick in den Duden, wonach „Bekämpfen“ für Folgendes steht: „gegen jemanden kämpfen [und ihn zu vernichten suchen]; etwas einzudämmen, zu verhindern oder zu überwinden suchen, indem man [energische] Maßnahmen dagegen ergreift“.[721] Zur Reduzierung der Anzahl irregulär aufhältiger Personen, ist der „Kampf“ gegen die irreguläre Immigration zu einem Paradigma der EU-Einwanderungspolitik geworden. Ein Grund dafür ist, dass die Mitgliedstaaten die Kontrolle über die Zusammensetzung der faktisch aufhältigen Bevölkerung haben wollen.[722] *Ter Steeg* hat in seiner Analyse 2006 konstatiert, dass die politische Ausrichtung der Einwanderungspolitik im Bereich der „illegalen“ Einwanderung klar auf die Abwehr irregulär aufhältiger Migrant*innen bezogen ist,[723] da irreguläre Migration ausschließlich als negative Erscheinungsform der Migration aufgefasst wird.[724] *Cholewinski* spricht sogar von einem Krieg gegen irreguläre Migration.[725] *Engbersen* beschreibt die restriktive Politik gegenüber irregulär aufhältigen Migrant*innen zutreffend mit dem Begriff des „Panopticon Europe“.[726] Entsprechend der Gefahrenabwehr-Perspektive werden bestimmte Kategorien von Migrant*innen, speziell jene ohne Einreise- bzw Aufenthaltsrechte, als Ordnungsproblem aufgefasst.[727] Der verwaltungsrechtliche Steuerungsanspruch bezieht sich hierbei vor allem auf die Abwehr und Überwachung gefährlicher Personen.[728] *Costello* geht sogar so weit zu behaupten, dass die „Bekämpfung“ irregulärer Einwanderung innerhalb der EU ein institutionelles Eigenleben entwickelt hat: „This EU policy discourse on illegal immigration sets up an institutional practice around ‚illegal‘ migration

720 EUV: Art 3 Abs 2, 43 AEUV: Art 9, 67 Abs 3, 75, 79 Abs 1, 79 Abs 2 lit d, 86 Abs 1 und 4, 88 Abs 1, 151, 153 Abs 1 lit j, 168 Abs 1 und 5, 191 Abs 1, 208 Abs 1, 325 Abs 2 und 4.

721 www.duden.de (5.11.2018).

722 *Hampshire*, Immigration.

723 *Ter Steeg*, Einwanderungskonzept 423 mwN; vgl auch *Cholewinski*, European Policy on Irregular Migration: Human Rights Lost? in *Bogusz/Cholewinski/Cygan/Szyszczak* (Hrsg), Irregular Migration and Human Rights: Theoretical, European and International Perspectives (2004) 159 (159f).

724 Siehe auch *Niessen*, International Migration on the EU Foreign Policy Agenda, EJML 1999, 483 (489, 493).

725 Vgl *Cholewinski* in *Baldaccini/Guild/Toner* 305.

726 *Engbersen* in *Guiraudon/Joppke* 223. Vgl zum Begriff des Panoptismus *Foucault*, Überwachen und Strafen: Die Geburt des Gefängnisses (1977) 251ff.

727 Anstatt vieler *Bast*, Aufenthaltsrecht 75ff.

728 Vgl *Bast*, Aufenthaltsrecht 79ff.

that is detached from the subtleties of the law".[729] *Boswell* vertritt die Meinung, dass irreguläre Einwanderung ein notwendiges, strukturelles Element restriktiver Einwanderungspolitiken und liberaler Wohlfahrtsstaaten ist.[730] Trotz dieser politischen Entwicklungen, ist dem unionsverfassungsrechtlichen Auftrag und den Kompetenztatbeständen keine inhaltliche Vorgabe des Begriffs „Bekämpfung" zu entnehmen. Zweckmäßig wäre eine Interpretation dahingehend, dass dieser erfüllt wird, wenn die Anzahl irregulär aufhältiger Migrant*innen in welcher Weise auch immer reduziert wird.[731] In dem Sinne kann man die englische („combat"), spanische („lucha"), portugiesische („combate"), französische („lutte"), slowenische („boj"), italienische („contrasto"), polnische („zwlaczenie") und dänische („bekæmpelse") Fassung auslegen.

Dies ergibt sich auch, wenn man sich die Verknüpfung der genannten Aufträge mit den Kompetenzmaterien gem Art 79 Abs 2 AEUV ansieht. Dieser Absatz stellt die „zentrale Kompetenzvorschrift"[732] für alle einwanderungsrechtlichen Belange dar.[733] Maßnahmen nach den Kompetenztatbeständen des Art 79 Abs 2 AEUV können nur im Hinblick auf die Erfüllung der Aufträge des Abs 1 leg cit erlassen werden.[734] Konkret heißt das, dass jeder Rechtsakt der EU im Bereich des Einwanderungswesens einen der genannten unionsverfassungsrechtlichen Aufträge erfüllen muss. Der Auftrag muss also mit der in Frage stehenden Maßnahme zumindest abstrakt erreicht werden können. Dies wird von *Rossi* treffend als „funktionale Begrenzung" bezeichnet.[735] Gegenüber der Frage, wie die Umsetzung der Zweckbindung erfolgt, ist der AEUV aber neutral, solange diese erreicht werden kann.

Folglich muss jeder Rechtsakt der EU einen bestimmten Zweck erfüllen. Der Umstand, dass eine Maßnahme aufgrund primärrechtlicher Vorgaben ein bestimmtes Ziel zumindest erreichen können muss, ist ein Anhaltspunkt dafür, dass das Primärrecht selbst die Wirksamkeit von Rechtsakten in gewissem Umfang verlangt. Diese Formulierung liefert daher eine

---

729 *Costello*, Human Rights 66 verweist in dem Zusammenhang auf *Samers*, An Emerging Geopolitics of „Illegal" Immigration in the European Union, EJML 2004, 25.

730 *Boswell* in *Azoulai/De Vries* 42ff.

731 Siehe COM(2015) 453 final, 2 oder COM(2017) 200 final.

732 *Bast* in *Fischer-Lescano/Kocher/Nassibi* 76.

733 Siehe ausführlich unten Kapitel 3.D.

734 EuGH 18.12.2014, C-81/13, ECLI:EU:C:2014:2449, *Vereinigtes Königreich/Rat*, Rn 41f; EuGH 26.12.2013, *Vereinigtes Königreich/Rat*, Rn 63.

735 *Rossi* in *Calliess/Ruffert* Art 79 AEUV Rn 9.

Definition dessen, was man unter Wirksamkeit eines Rechtsakts bzw einer Norm verstehen kann. Dies ist von besonderer Bedeutung für die These, die ich in der vorliegenden Arbeit entwickle: Durch unionsrechtlich normierte Regularisierungen, die die derzeitige Rückführungspolitik der EU ergänzen, wird die irreguläre Einwanderung auf Unionsebene wirksamer „bekämpft". Weiters sind diese Ausführungen für die Untersuchung der zweiten (und dritten) Forschungsfrage von Bedeutung.[736]

Auf die Frage, ob die EU basierend auf dem unionsverfassungsrechtlichen Auftrag der „Bekämpfung" einen Regularisierungs-Rechtsakt erlassen kann oder ob ein solcher notwendigerweise die Verhütung irregulärer Einwanderung bzw die Abschiebung irregulär aufhältiger Migrant*innen zum Inhalt haben muss,[737] ist nach den bisherigen Ausführungen festzuhalten: Der Erlass eines Regularisierungs-Rechtsaktes muss im Einklang mit dem unionsverfassungsrechtlichen Auftrag der „Bekämpfung" irregulärer Einwanderung stehen. Diese Auslegung wird auch vom Europäischen Rat vertreten, der Regularisierungen als Instrument im „Kampf gegen illegale Einwanderung" versteht. Dementsprechend lässt er im Europäischen Pakt zu Einwanderung und Asyl aus dem Jahr 2008 den Mitgliedstaaten die Möglichkeit offen, einzelfallabhängige Regularisierungen durchzuführen.[738] Die Mitgliedstaaten sollen aber auf sogenannte Regularisierungs-Programme verzichten.[739] Die Ermessensentscheidung, irregulär aufhältigen Migrant*innen anstatt des Erlasses einer Rückkehrentscheidung einen Aufenthaltstitel zu erteilen, wurde anschließend in der Rückführungs-RL kodifiziert.[740]

Realpolitisch scheint eine unionsrechtlich normierte Regularisierungsmaßnahme aber „in weiter Ferne", da die Haltung der Institutionen der EU keineswegs als regularisierungsfreundlich zu bezeichnen ist. *Costello* spricht diesbezüglich von einem „anti-regularization ethos" der EU.[741] Darüber hinaus hat *Lutz* erst jüngst darauf hingewiesen, dass ein harmonisiertes Vorgehen auf Unionsebene derzeit nicht einmal betreffend nicht rückführbarer Migrant*innen im gemeinsamen Interesse der Mitgliedstaaten

---

736 Siehe Einleitung B.

737 In dem Sinne *Thym* in *Kluth/Heusch* Art 79 AEUV Rn 2.

738 *Europäischer Rat*, Europäischer Pakt zu Einwanderung und Asyl v 24.9.2008, 13440/08, 7.

739 Zum Begriff siehe Kapitel 2.B.I. und Kapitel 4.C.I.

740 In dem Sinne *Costello*, Human Rights 99 und siehe bereits ausführlich Kapitel 3.B.I.

741 *Costello*, Human Rights 98ff. In eine ähnliche Richtung gehend *Desmond* in *Wiesbrock/Acosta Arcarazo* 72-74.

liegt, da diese der Ansicht sind, dass der geltende Rechtsbestand ausreichen würde.[742]

II. Entwicklung einer gemeinsamen Einwanderungspolitik in allen Phasen zur wirksamen Steuerung der Migrationsströme

Der AEUV normiert weiters, dass die inhaltlichen Vorgaben in Art 79 Abs 1 AEUV im Zuge der Entwicklung einer gemeinsamen Einwanderungspolitik in allen Phasen und zur wirksamen Steuerung der Migrationsströme zu gewährleisten sind. Nach *Muzak* bedeutet die Terminologie „in allen Phasen", dass sich die Einwanderungspolitik „schrittweise und sukzessive" weiterzuentwickeln hat.[743] *Muzak* bezieht sich hierbei auf die fortschreitende Harmonisierung dieses Politikbereichs.

Thym ist der Meinung, dass die „vertragliche Verpflichtung zur Migrationssteuerung ‚in allen Phasen' eine zeitlich abgestufte Aufenthaltsverfestigung"[744] voraussetzt. Dies bedeutet, dass das EU-Migrationsrecht als „Prozess rechtlichen Statuswandels"[745] zu verstehen ist und am Ende jedes Migrationsvorgangs somit entweder ein „langfristiger Aufenthalt" im Sinne des Art 79 Abs 2 lit a AEUV oder eine „Abschiebung und Rückführung" im Sinne des Art 79 Abs 2 lit c AEUV steht.[746] Entwickelt man die Ansicht von *Thym* fort, wird die unionale Gesetzgebung dazu ermahnt, alle aufenthaltsrechtlichen Stufen und Situationen von Drittstaatsangehörigen in ihre Politik miteinzubeziehen. Letzteres ist auch bei näherer Analyse des Bedeutungsgehalts des Terminus „Einwanderungspolitik" zu vertreten. Umfasst dieser doch sowohl reguläre und irreguläre Migrationsvorgänge als auch die Einreise und den anschließenden Aufenthalt.[747] Dafür spricht auch der ehemalige Art 63 Z 3 EGV, nunmehr Art 79 Abs 2 lit a AEUV, der den Erlass „einwanderungspolitischer Maßnahmen" und damit die Be-

---

742 *Lutz*, EJML 2018, 49f.

743 *Muzak* in *Mayer/Stöger* (Hrsg), Kommentar zu EUV und AEUV (Stand 1.12.2012, rdb.at) Art 79 AEUV Rn 2. In eine ähnliche Richtung gehend *Kortländer* in *Schwarze/Becker/Hatje/Schoo* (Hrsg), EU-Kommentar[4] (2019) Art 79 AEUV Rn 4.

744 *Thym* in *Kluth/Heusch* Art 79 AEUV Rn 1. So auch *Kortländer* in *Schwarze/Becker/Hatje/Schoo* Art 79 AEUV Rn 5.

745 *Thym* in *Kluth/Heusch* Art 79 AEUV Rn 2 mit Hinweis auf *Thym*, Migrationsverwaltungsrecht (2010) 18-24.

746 Siehe zu den Kompetenzbestimmungen Kapitel 3.D.I.-II.

747 *Bast*, ZAR 2012, 1; vgl auch *Thym* in *Hofmann/Löhr* 195f mwN.

gründung von Aufenthaltsrechten für Drittstaatsangehörige ermöglicht hat.[748]

Eine Kombination der beiden Auslegungsvarianten stellt die überzeugendste Herangehensweise für die Deutung der untersuchten unionsrechtlichen Vorgabe dar. Demnach impliziert der Begriff „Phase" nach *Muzak* einerseits eine zeitliche Komponente, die im Hinblick auf die stetige Weiterentwicklung der Politik gesehen werden muss und eine Vollharmonisierung in den Schranken des Art 79 Abs 4 und 5 AEUV ermöglicht.[749] Andererseits hat die EU-Einwanderungspolitik nach *Thym* auf persönlicher und sachlicher Ebene alle Drittstaatsangehörigen zu erfassen, egal ob sie regulär oder irregulär aufhältig sind.

III. Angemessene Behandlung Drittstaatsangehöriger

Art 79 Abs 1 AEUV legt fest, dass rechtmäßig aufhältige Drittstaatsangehörige angemessen behandelt werden müssen. Die Kompetenz in Art 79 Abs 2 lit b AEUV korrespondiert mit diesem Auftrag.[750] Darüber hinaus normiert Art 67 Abs 2 AEUV, dass die gemeinsame Politik in den Bereichen Asyl, Einwanderung und Kontrollen an den Außengrenzen gegenüber allen Drittstaatsangehörigen angemessen sein muss. Dadurch, dass die Bestimmung den persönlichen Anwendungsbereich nicht auf rechtmäßig aufhältige Drittstaatsangehörige einschränkt, hat die Einwanderungspolitik der EU folglich gegenüber allen Drittstaatsangehörigen – auch jenen ohne Aufenthaltsrecht – angemessen zu sein.[751]

Der unscharfe Begriff der angemessenen Behandlung lässt kaum Rückschlüsse auf seinen Bedeutungsgehalt zu. *Bast* sieht darin etwa ein „Gerechtigkeitspostulat […], das zur politischen Suche nach einem Ausgleich der berührten Interessen auffordert, ohne das Ergebnis inhaltlich zu determinieren".[752] *Rossi* geht in seiner Auslegung am weitesten: „Auffallend ist insoweit aber die Unbestimmtheit einer angemessenen Behandlung [in Art 79 Abs 1 AEUV], die sicherlich mehr meint als die Gewährung derjenigen Rechte, die durch die Grundrechte der Mitgliedstaaten und diejenigen

748 Siehe sogleich Kapitel 3.D.I.

749 Siehe zu Art 79 Abs 4 und 5 AEUV Kapitel 3.D.II.1.-2.

750 Anstatt vieler *Bast*, Aufenthaltsrecht 143; siehe hierzu eingehend unten Kapitel 3.D.II.

751 Vgl *Peers*, EU Justice 449; im Ergebnis auch *Kortländer* in *Schwarze/Becker/Hatje/Scho* Art 79 AEUV Rn 5.

752 *Bast*, Aufenthaltsrecht 143. Siehe auch *Thym*, CMLRev 2013, 722 Fn 66 mwN.

der EMRK und der GRCh gewährleistet sind".[753] Grundsätzlich bildet die GRC den Grundrechtsmaßstab für irregulär aufhältige Migrant*innen,[754] deshalb ist fraglich, inwiefern sich darüber hinausgehende Rechte aus dem von *Rossi* selbst als „unbestimmt" bezeichneten Art 79 Abs 1 AEUV ableiten lassen können. Wiederum eine andere Meinung vertritt *Peyrl*, der den Begriff als ein Quasi-Sachlichkeitsgebot deutet und darunter den Zugang zum Arbeitsmarkt subsumiert.[755] Nach *Peyrl* wäre es primärrechtswidrig, Drittstaatsangehörigen ohne sachliche Rechtfertigung den Zugang zum Arbeitsmarkt zu verwehren, da dies gerade keine angemessene Behandlung darstellen würde.

Aus all diesen Auslegungsvarianten lässt sich jedenfalls die Zielvorgabe ableiten,[756] dass sich die unionale Gesetzgebung mit allen Drittstaatsangehörigen, also auch mit irregulär aufhältigen, eingehend auseinanderzusetzen hat. In Anlehnung an den Auftrag der Entwicklung einer gemeinsamen Einwanderungspolitik in allen Phasen ist ein Ausgleich der widerstreitenden Interessen der Mitgliedstaaten bzw der EU und der jeweils betroffenen Personengruppen zu finden. Die EU ignoriert die aufenthaltsrechtliche Situation von einzelnen Kategorien von Migrant*innen, wie am Beispiel der nicht rückführbaren Personen deutlich wurde.[757] Dies steht nach den bisherigen Ausführungen nicht im Einklang mit den beiden genannten unionsverfassungsrechtlichen Aufträgen. Ob sich eine weitergehende Auslegung, wie sie von *Rossi* oder *Peyrl* vorgeschlagen wird, aus Art 79 Abs 1 AEUV ableiten lässt, ist an dieser Stelle nicht abschließend zu klären, da dies einer vertieften Auseinandersetzung bedarf. Ein subjektiv öffentliches Recht lässt sich hierdurch aber wohl nicht begründen, vielmehr sprechen gute Gründe für den Vorschlag eines Quasi-Sachlichkeitsgebots.[758]

---

753 *Rossi* in *Calliess/Ruffert* Art 79 AEUV Rn 6.
754 Siehe *Hörich*, Abschiebungen 30-33.
755 *Peyrl*, Zuwanderung und Zugang zum Arbeitsmarkt von Drittstaatsangehörigen in Österreich (2018) 22.
756 Ähnlich *Peyrl*, Arbeitsmarkt 22.
757 Siehe Kapitel 3.B.II.2.
758 *Peyrl*, Arbeitsmarkt 22.

D. Primärrechtliche Kompetenzbestimmungen gem Art 79 Abs 2 AEUV

Nach der Analyse der sich aus dem AEUV ableitbaren Aufträge, wird nunmehr beleuchtet, ob, und bejahendenfalls,[759] welche Kompetenzen die Union im Bereich der aufenthaltsrechtlichen Irregularität und Regularisierungen besitzt.[760] Die Zweckbindung an die formulierten unionsverfassungsrechtlichen Aufträge wurde bereits erörtert.[761] Die einschlägige Kompetenz der EU findet sich in Art 79 Abs 2 AEUV. Im Bereich des Raums der Freiheit, der Sicherheit und des Rechts teilen sich die EU und die Mitgliedstaaten die Kompetenzen (geteilte Kompetenz).[762] Dies bedeutet, dass die Mitgliedstaaten ihre Kompetenzen „ausüben dürfen, solange und soweit die Union nicht rechtsetzend tätig geworden ist“.[763] Erlässt die Union abschließende Regelungen, können die Mitgliedstaaten von „parallelen Regelungen“ ausgeschlossen werden.[764] Hierbei sind jedoch die kompetenzrechtlichen Schranken gem Art 79 Abs 4 und 5 AEUV sowie das Verhältnismäßigkeits- und das Subsidiaritätsprinzip zu beachten.[765]

Die Kompetenzmaterien entsprechen im Wesentlichen Art 63 Z 3 und 4 EGV, die mit dem Vertrag von Maastricht eingeführt wurden. In Art III-267 Vertrag über eine Verfassung für Europa[766] wurden sie neu formuliert und inhaltlich angereichert.[767] Letzterer ist zwar nie in Kraft getreten, trotzdem wurde die nahezu wortgleiche Bestimmung in Form des Art 79 Abs 2 AEUV im Vertrag von Lissabon übernommen. Sie ermöglichen der Union „die ganze Bandbreite des Themas Einwanderung“[768] abzudecken. Weder den Kompetenztatbeständen noch den unionsverfas-

---

759 *Thym* in *Grabitz/Hilf/Nettesheim* Art 79 AEUV Rn 29 spricht hier einprägsam vom „Ob“ der Titelverleihung bzw vom „Wie“ des Statusumfangs.

760 Vgl die Fragestellung bereits bei *Bast*, ZAR 2012, 1. Siehe weiters auch *Bast* in *Fischer-Lescano/Kocher/Nassibi*.

761 Siehe oben Kapitel 3.C.I.

762 Art 4 Abs 2 lit j AEUV.

763 *Bast*, Aufenthaltsrecht 144.

764 Vgl *Öhlinger/Potacs*, EU-Recht 16f.

765 Siehe insbesondere Kapitel 3.D.II.1.-2. und Kapitel 3.D.IV.

766 CIG 87/2/04 REV 2.

767 Vgl *Kortländer* in *Schwarze/Becker/Hatje/Scho* Art 79 AEUV Rn 1.

768 So der Abschlussbericht der Arbeitsgruppe Freiheit, Sicherheit und Recht des Europäischen Konvents zu den ehemaligen Kompetenztatbeständen Art 63 Z 3 und 4 EGV; *Europäischer Konvent*, CONV 426/02, 2.12.2002, 5. In dem Sinne auch *Thym* in *Grabitz/Hilf/Nettesheim* Art 79 AEUV Rn 23 und *Kortländer* in *Schwarze/Becker/Hatje/Scho* Art 79 AEUV Rn 1.

sungsrechtlichen Aufträgen sind „inhaltliche Vorgaben für die Wahrnehmung"[769] zu entnehmen.

Abschließend bleibt anzumerken, dass die Wahl der richtigen Kompetenzgrundlage entscheidend für das rechtmäßige Zustandekommen eines Unionsrechtsakts ist, bei ansonsten drohender Nichtigkeitsklage gem Art 263 AEUV. Nach der Rspr des EuGH ergibt sich diese aus dem Schwerpunkt des Regelungsgehalts einer Maßnahme.[770] Abhängig von der Ausgestaltung des jeweiligen Unionsrechtsaktes kommt die kumulative Heranziehung einer oder mehrerer Kompetenzmaterien in Betracht.[771] Die Kompetenztatbestände in Art 79 Abs 2 AEUV ziehen keine unterschiedlichen Rechtsfolgen nach sich,[772] wodurch die Unionsgesetzgebung bloß die einschlägigen auszuwählen hat, um die Nichtigkeit einer Maßnahme zu vermeiden.

Zunächst werden die möglichen Kompetenztatbestände analysiert (I.-III.) und anschließend das Einhalten des Verhältnismäßigkeits- und des Subsidiaritätsprinzips dargelegt (IV.).

I. Einreise- und Aufenthaltsvoraussetzungen

Art 79 Abs 2 lit a AEUV legt fest, dass die Union Maßnahmen betreffend „Einreise- und Aufenthaltsvoraussetzungen sowie Normen für die Erteilung von Visa und Aufenthaltstiteln für einen langfristigen Aufenthalt" erlassen kann. Die Kompetenzvorschrift umfasst „den Kernbereich des Migrationsrechts",[773] wobei die Vollziehung der Kompetenz dezentral durch die mitgliedstaatlichen Behörden zu erfolgen hat.[774]

---

769 *Bast*, Aufenthaltsrecht 145.

770 Siehe zur Eruierung der „richtigen" Rechtsgrundlage EuGH 6.11.2008, C-155/07, ECLI:EU:C:2008:605, *Parlament/Rat*, Rn 35; EuGH 19.7.2012, C-130/10, ECLI:EU:C:2012:472, *Parlament/Rat*, Rn 43; EuGH 6.5.2014, C-43/12, ECLI:EU:C:2014:298, *Kommission/Parlament* und *Rat*, Rn 30; in dem Sinne bereits EuGH 17.3.1993, C-155/91, ECLI:EU:C:1993:98, *Kommission/Rat*, Rn 19 und 21. So auch EuGH Schlussanträge 17.7.2014, C-81/13, ECLI:EU:C:2014:2114, *Vereinigtes Königreich/Rat*, Rn 49.

771 So auch *Rossi* in *Calliess/Ruffert* Art 79 AEUV Rn 10 und *Thym* in *Grabitz/Hilf/Nettesheim* Art 79 AEUV Rn 29.

772 Vgl *Bast*, Aufenthaltsrecht 147.

773 *Thym* in *Grabitz/Hilf/Nettesheim* Art 79 AEUV Rn 23.

774 Vgl *Bast*, Aufenthaltsrecht 146; ähnlich wohl *Thym* in *Grabitz/Hilf/Nettesheim* Art 79 AEUV Rn 34.

Art 79 Abs 2 lit a AEUV unterscheidet nicht, „ob sich die Adressaten der Regelung innerhalb oder außerhalb der Union aufhalten, noch danach, ob sie derzeit ein Aufenthaltsrecht besitzen oder nicht".[775] Folglich ist die EU auf dieser Grundlage ermächtigt, Regularisierungen festzulegen.[776] Eine Maßnahme der EU könnte den rechtmäßigen Aufenthalt von irregulär aufhältigen Migrant*innen begründen. Einerseits wäre es möglich, spezielle Erteilungsvoraussetzungen zu normieren, andererseits auch den Verlust bzw die Entziehung des Aufenthaltsrechts materiell wie auch formell zu regeln.[777]

Für die hier analysierte Personengruppe, dh bereits im Hoheitsgebiet der Union aufhältige Drittstaatsangehörige, ist die primärrechtliche Form des Aufenthaltstitels einschlägig.[778] Eine Definition des Begriffs „Aufenthaltstitel" findet sich auf sekundärrechtlicher Ebene in Art 1 Abs 2 lit a AufenthaltstitelVO.[779] Visa kommen hierfür nicht in Frage. Die Geltungsdauer der Aufenthaltstitel ergibt sich aus einer systematischen Interpretation der primärrechtlichen Begriffe „kurz-"[780] und „langfristiger Aufenthalt".[781] Art 79 Abs 2 lit a AEUV regelt den langfristigen Aufenthalt, wohingegen Art 77 Abs 2 lit a AEUV eine Kompetenz für kurzfristige Aufenthalte festlegt. Unter letztere fallen etwa Visa nach der VisumsVO. Primär-

---

775 *Bast* in *Fischer-Lescano/Kocher/Nassibi* 88; vgl den Wortlaut von Art 79 Abs 2 lit a AEUV.

776 Ausdrücklich zustimmend *Bast*, Aufenthaltsrecht 147; *Thym* in *Kluth/Heusch* Art 79 AEUV Rn 10; *Schieber*, Komplementärer Schutz 311f. Undifferenziert gegenüber der Fragestellung, aber dem Grunde nach bejahend *Rossi* in *Calliess/Ruffert* Art 79 AEUV Rn 11; *Kotzur* in *Geiger/Khan/Kotzur* (Hrsg), EUV/AEUV Kommentar[6] (2017) Art 79 AEUV Rn 6; *Weiß* in *Streinz* Art 79 AEUV Rn 12f; *Hoppe* in *Lenz/Borchardt* (Hrsg), EU-Verträge Kommentar[6] (2012) Art 79 AEUV Rn 3f; *Muzak* in *Mayer/Stöger* Art 79 AEUV Rn 6; *Progin-Theuerkauf* in *Van der Groeben/Schwarze/Hatje* (Hrsg), Europäisches Unionsrecht: Band 2[7] (2015) Art 79 AEUV Rn 15; *Peers*, EU Justice 326ff. AA *Menezes Queiroz*, Illegally Staying 170. Die Autorin argumentiert, dass die EU über keine Kompetenzen verfügt, Regularisierungen auf Unionsebene zu regeln. Hierbei ist jedoch unklar wie *Menezes Queiroz* zu diesem Schluss kommt, da eine Begründung fehlt.

777 Vgl *Bast*, Aufenthaltsrecht 145 und *Thym* in *Kluth/Heusch* Art 79 AEUV Rn 9f. Zur Veranschaulichung verfahrensrechtlicher Bestimmungen können etwa die in der RückführungsRL festgelegten dienen; vgl *Hörich*, Abschiebungen 71ff und oben bereits Kapitel 3.B.

778 Siehe den Wortlaut des Art 79 Abs 2 lit a AEUV; vgl auch *Muzak* in *Mayer/Stöger* Art 79 AEUV Rn 6; wohl aA *Bast*, Aufenthaltsrecht 146.

779 Siehe auch Art 2 Abs 2 lit c RahmenRL.

780 Art 77 Abs 2 lit a AEUV; vertiefend *Muzak* in *Mayer/Stöger* Art 77 Rn 21ff und *Peyrl*, Arbeitsmarkt 19-21.

781 Vgl *Thym* in *Grabitz/Hilf/Nettesheim* Art 79 AEUV Rn 24.

rechtlich war bis zum Vertrag von Lissabon eine Unterscheidung in Form der 3-Monats-Grenze wortwörtlich festgeschrieben,[782] wurde aber mit Inkrafttreten von diesem gestrichen. Der Großteil der Lehre nimmt weiterhin einen solchen „Richtwert“ an,[783] weshalb langfristige Aufenthalte im Sinne des Art 79 AEUV daher Aufenthalte von mehr als drei Monaten, kurzfristige Aufenthalte solche bis zu drei Monate sind.

II. Status- und Freizügigkeitsrechte von rechtmäßig aufhältigen Drittstaatsangehörigen

Art 79 Abs 2 lit b AEUV normiert, dass die Union die „Festlegung der Rechte von Drittstaatsangehörigen, die sich rechtmäßig in einem Mitgliedstaat aufhalten, einschließlich der Bedingungen, unter denen sie sich in den anderen Mitgliedstaaten frei bewegen und aufhalten dürfen“, regeln kann. Die Kompetenzmaterie umfasst somit die Ermächtigung, Status- und Freizügigkeitsrechte von rechtmäßig aufhältigen Drittstaatsangehörigen festzulegen.[784] Dieser Tatbestand ist an den unionsverfassungsrechtlichen Auftrag der angemessenen Behandlung Drittstaatsangehöriger gebunden.[785]

Obwohl die Kompetenzmaterie auf den ersten Blick nicht einschlägig für einen Regularisierungs-Rechtsakt aussieht, ist sie dies bei näherer Betrachtung sehr wohl. Innerhalb eines Regularisierungs-Rechtsrahmens ist ein zentraler Punkt, welche Statusrechte mit dem gewährten Aufenthaltsrecht einhergehen. Einerseits kann Drittstaatsangehörigen, denen ein solches Aufenthaltsrechts im Rahmen eines Regularisierungs-Rechtsrahmens erteilt wird, der Zugang zur Erwerbstätigkeit oder zu Sozialleistungen er-

---

782 Siehe Art 62 Z 2 lit b EGV.

783 *Muzak* in *Mayer/Stöger* Art 77 AEUV Rn 14, 21 und Art 79 AEUV Rn 1; *Hoppe* in *Lenz/Borchardt* Art 77 AEUV Rn 9 nimmt eine starre Grenze von drei Monaten an; ebenso *Weiß* in *Streinz* Art 79 AEUV Rn 12, der die drei-Monatsgrenze als „tradiert“ ansieht; so auch *Kortländer* in *Schwarze/Becker/Hatje/Scho* Art 79 AEUV Rn 10 und *Rossi* in *Calliess/Ruffert* Art 79 AEUV Rn 11. Vorsichtiger *Thym* in *Grabitz/Hilf/Nettesheim* Art 79 AEUV Rn 24, der von „wenigen Monaten“ spricht. *Bast*, Aufenthaltsrecht 146 sieht ebenfalls keine starre Grenze mehr gegeben und räumt der Unionsgesetzgebung „eine flexible Abgrenzungsmöglichkeit“ ein.

784 Vgl *Muzak* in *Mayer/Stöger* Art 79 AEUV Rn 13ff.

785 Vgl *Bast*, Aufenthaltsrecht 143 und siehe Kapitel 3.C.III.

öffnet werden.[786] Andererseits wird der Unionsgesetzgebung die Gestaltungsmöglichkeit eingeräumt, dass dieses Aufenthaltsrecht – neben dem ausstellenden Mitgliedstaat – auch eine aufenthaltsrechtliche Wirkung im gesamten Hoheitsgebiet der EU und somit in allen Mitgliedstaaten entfaltet.[787] Folglich könnte Aufenthaltsrechten, die im Rahmen eines Regularisierungs-Rechtsrahmens gewährt werden, eine freizügigkeitsähnliche Wirkung[788] im gesamten Hoheitsgebiet der EU verliehen und gleichzeitig gewisse Statusrechte eingeräumt werden.

1. Integration

Art 79 Abs 4 AEUV sieht eine „Unterstützungs- und Koordinierungskompetenz“[789] zur Integrationsförderung für rechtmäßig aufhältige Drittstaatsangehörige vor: „Das Europäische Parlament und der Rat können gemäß dem ordentlichen Gesetzgebungsverfahren unter Ausschluss jeglicher Harmonisierung der Rechtsvorschriften der Mitgliedstaaten Maßnahmen festlegen, mit denen die Bemühungen der Mitgliedstaaten um die Integration der sich rechtmäßig in ihrem Hoheitsgebiet aufhaltenden Drittstaatsangehörigen gefördert und unterstützt werden“. Maßnahmen auf dieser Rechtsgrundlage dürfen den Bereich der Integration nicht umfassend regeln. Nach *Kotzur* soll eine gewisse Vielfalt an mitgliedstaatlichen Maßnahmen im Integrationsbereich durch Art 79 Abs 4 AEUV sichergestellt werden, wobei vom Autor die staatliche Souveränität ins Treffen geführt wird.[790] Teilbereiche können jedoch auf unionsrechtlicher Ebene harmonisiert werden, insoweit dies nicht die gesamte Integration betrifft, wie *Thym* ausführt.[791]

---

786 Vgl *Weiß* in *Streinz* Art 79 AEUV Rn 15; *Muzak* in *Mayer/Stöger* Art 79 AEUV Rn 13; *Kortländer* in *Schwarze/Becker/Hatje/Schoo* Art 79 AEUV Rn 18; ausführlich *Bast*, Aufenthaltsrecht 147-152.

787 Siehe *Bast*, Aufenthaltsrecht 146; *Muzak* in *Mayer/Stöger* Art 79 AEUV Rn 14f; *Thym* in *Grabitz/Hilf/Nettesheim* Art 79 AEUV Rn 31. Siehe hierzu bereits ausführlich bereits Kapitel 3.D.I.

788 Wie etwa das bereits erläuterte Freizügigkeitsrecht von Unionsbürger*innen; siehe Kapitel 1.B.I.

789 Art 2 Abs 5 AEUV; vgl *Thym* in *Kluth/Heusch* Art 79 AEUV Rn 22 und in *Schwarze/Becker/Hatje/Schoo* Art 79 AEUV Rn 24.

790 Vgl *Kotzur* in *Geiger/Khan/Kotzur* Art 79 AEUV Rn 11.

791 *Thym* in *Kluth/Heusch* Art 79 AEUV Rn 24.

Kortländer interpretiert den Begriff Integration als „zielgerichtete für Einwanderer vorgesehene Sozialleistungen, Sprach- und sonstige Förderprogramme".[792] Nach seiner Ansicht würde eine Harmonisierung dieser Bereiche Art 79 Abs 4 AEUV widersprechen. Zunächst geht diese Begriffsdeutung über den äußerst möglichen Wortsinn hinaus, denn es ist nicht geklärt, was den Kerngehalt von Integration ausmacht.[793] Das gewichtigere Argument ist jedoch, dass eine Harmonisierung einzelner Integrationsaspekte sehr wohl nach den jeweiligen Kompetenzmaterien möglich sein muss, weil ansonsten die dort festgelegten Kompetenzen zu sehr beschränkt werden würden. Eine Beschneidung der Kompetenzvorschriften durch einen derart unscharfen Begriff kann der Unionsgesetzgebung nicht unterstellt werden.

Umgemünzt auf die vorliegende Arbeit ergibt sich deshalb, dass die Unionsgesetzgebung Aufenthaltsrechte mit statusrechtlichen Sozialleistungen (oder Freizügigkeitsrechten) ausstatten könnte, die so gegebenenfalls Teilaspekte des Bereichs Integration betreffen und regeln würden, ohne von der Kompetenzbeschränkung gem Art 79 Abs 4 AEUV betroffen zu sein.

2. Arbeitsmarktzugang

Art 79 Abs 5 AEUV normiert einen Kompetenzvorbehalt, wonach das Recht der Mitgliedstaaten nicht berührt wird, festzulegen, „wie viele Drittstaatsangehörige aus Drittländern in ihr Hoheitsgebiet einreisen dürfen, um dort als Arbeitnehmer oder Selbstständige Arbeit zu suchen". Die Mitgliedstaaten können demnach quantitative Beschränkungen wie etwa Quotenregelungen zum Arbeitsmarkt einführen.[794] Unter der Terminologie „Arbeit zu suchen" ist eine „erstmalige Arbeitsaufnahme" zu verstehen, da trotz des missglückten Wortlauts „Aufenthaltstitel für Erwerbstätige, nicht Erwerbssuchende"[795] kontingentiert werden sollten. Daher zielt Art 79 Abs 5 AEUV auf Erwerbsmigration ab.

Für die vorliegende Arbeit ist besonders die Formulierung „aus Drittländern in ihr Hoheitsgebiet einreisen dürfen" relevant. Aus dem Wortlaut

---

792 *Kortländer* in *Schwarze/Becker/Hatje/Schoo* Art 79 AEUV Rn 19.

793 Siehe nur *Hailbronner/Arévalo* in *Hailbronner/Thym* (Hrsg), EU Immigration and Asylum Law. A Commentary^2 (2016) Art 4 Family Reunification Directive Rn 20.

794 Vgl *Peyrl*, Arbeitsmarkt 16-18 und *Rossi* in *Calliess/Ruffert* Art 79 AEUV Rn 34.

795 *Bast*, Aufenthaltsrecht 151 mit Hinweis auf *Ter Steeg*, Einwanderungskonzept 458f.

geht hervor, dass nur jene Drittstaatsangehörigen vom mitgliedstaatlichen Kompetenzvorbehalt erfasst sein können, die von außerhalb der EU (erstmals) in das Hoheitsgebiet eines Mitgliedstaats und somit der Union einreisen.[796] Eine Anwendung auf Drittstaatsangehörige, die von einem Mitgliedstaat in den nächsten reisen, scheidet aufgrund der Formulierung „aus Drittländern [...] einreisen" aus.

Die von dieser Arbeit umfasste Zielgruppe ist faktisch bereits in einem Mitgliedstaat irregulär aufhältig.[797] Sollte eine Regularisierung auf Unionsebene keinen Arbeitsmarktzugang einräumen, kommt ein Einwenden von Art 79 Abs 5 AEUV überhaupt nicht in Frage. Dies ergibt sich bereits aus dem Wortlaut, „um dort als Arbeitnehmer oder Selbständige Arbeit zu suchen".

Sollte die EU Regularisierungen einführen, die Drittstaatsangehörigen neben einem Aufenthaltsrecht einen Arbeitsmarktzugang gewähren, ist unklar ob die Mitgliedstaaten Art 79 Abs 5 AEUV einwenden könnten.

Einerseits könnte man argumentieren, dass die Mitgliedstaaten auch den Arbeitsmarktzugang jener Personen regeln dürfen, die bereits irregulär eingereist sind. Etwaige nationale Quoten, die auf rechtmäßig einreisende Drittstaatsangehörige anzuwenden sind, könnten nämlich durch die irreguläre Einreise umgangen werden. Gem Art 79 Abs 5 AEUV könnten die Mitgliedstaaten dementsprechend Quoten auf jene irregulär einreisenden Drittstaatsangehörigen anwenden, die seither noch über keinen rechtmäßigen Aufenthalt und Arbeitsmarktzugang verfügt haben.

Andererseits ist die Meinung vertretbar, dass die finale Formulierung „aus Drittländern [...] einreisen dürfen, um Arbeit zu suchen" nur jene Personen erfasst, die tatsächlich zur Arbeitsaufnahme aus einem Drittland außerhalb der EU einreisen[798] und keinesfalls jene, die bereits aufhältig sind.[799] Demnach spielt es keine Rolle, ob die Drittstaatsangehörigen regulär oder irregulär eingereist sind, weil der AEUV hierauf keinen Bezug nimmt.

---

796 So auch *Europäischer Konvent*, CONV 426/02, 2.12.2002, 5; weiters *Peyrl*, Arbeitsmarkt 17f; *Muzak* in *Mayer/Stöger* Art 79 AEUV Rn 29; *Kortländer* in *Schwarze/Becker/Hatje/Scho* Art 79 AEUV Rn 6; *Peers*, Legislative Update: EU Immigration and Asylum Competence and Decision-Making in the Treaty of Lisbon, EJML 2008, 219 (244).

797 Siehe Kapitel 2.A.II.1.

798 Siehe hierzu *Peyrl*, Arbeitsmarkt 17f.

799 So auch *Peers*, EJML 2008, 244. *Bast*, Aufenthaltsrecht 150 spricht von „ansässigen" Drittstaatsangehörigen, wobei nicht ganz klar ist, ob er dadurch einen rechtmäßigen Aufenthalt voraussetzt.

In vorliegender Arbeit wird eine eigenständige Interpretation vorgeschlagen. Gewährt die Union in einem Regularisierungs-Rechtsakt gemeinsam mit dem Aufenthaltsrecht auch den Zugang zum Arbeitsmarkt, würde Art 79 Abs 5 AEUV nicht schlagend und könnte deshalb von den Mitgliedstaaten nicht eingewandt werden. Dies ergibt sich daraus, dass Art 79 Abs 5 AEUV zum Hauptzweck die mitgliedsstaatliche Kontingentierung von Erwerbsmigration im Sinne einer erstmaligen Arbeitsaufnahme hat.[800] Eine mögliche RegularisierungsRL würde nicht primär auf Erwerbsmigration, sondern auf die Bekämpfung des irregulären Aufenthalts abzielen.[801] Eine vergleichbare RL auf sekundärrechtlicher Ebene ist die StudierendenRL. Diese zielt ebenfalls nicht auf Erwerbsmigration, sondern auf Ausbildung ab.[802] Das Aufenthaltsrecht[803] für Studierende umfasst auch einen Arbeitsmarktzugang[804], wobei ausdrücklich die Einführung von nationalen Quoten ausgeschlossen ist.[805] Die StudierendenRL ist deshalb mit der RegularisierungsRL vergleichbar, da beide nicht primär der Erwerbsmigration dienen.

Aus alledem folgt, dass die Mitgliedstaaten keine nationalen Quoten auf die im Rahmen einer RegularisierungsRL regularisierten Drittstaatsangehörigen einführen und deren (erstmaligen) Zugang zum Arbeitsmarkt beschränken können. Der Kompetenzvorbehalt greift gem Art 79 Abs 5 AEUV nicht, da die RegularisierungsRL nicht auf Erwerbsmigration abzielt. Die quantitative Beschränkung des Arbeitsmarktzugangs aufgrund einer nationalen Quote wäre daher primärrechtswidrig.

---

800 Siehe Fn 795.

801 Siehe Kapitel 6 zu den weiteren Zielen.

802 ErwGr 37 und 39 StudierendenRL.

803 Siehe Art 11 und 17f StudierendenRL.

804 Art 24 StudierendenRL. Gem Art 24 Abs 3 StudierendenRL ist eine zeitliche „Obergrenze" von 15 Stunden Erwerbstätigkeit pro Woche festgelegt. Folglich könnte man einwenden, dass Studierende nicht als Arbeitnehmer*innen im Sinne des Art 45 Abs 1 AEUV zu qualifizieren sind. Hiergegen spricht aber die Rspr des EuGH, wonach selbst Personen die weniger als zehn Stunden pro Woche arbeiten Arbeitnehmer*innen im Sinne des AEUV sind; EuGH 4.2.2010, C-14/09, ECLI:EU:C:2010:57, *Hava Genc/Land Berlin*, Rn 25f.

805 ErwGr 39 und Art 6 StudierendenRL.

III. Illegale Einwanderung und illegaler Aufenthalt

Art 79 Abs 2 lit c AEUV legt fest, dass die Union „illegale Einwanderung und illegale[n] Aufenthalt, einschließlich Abschiebung und Rückführung solcher Personen, die sich illegal in einem Mitgliedstaat aufhalten" regeln kann. Der Kompetenztatbestand ermächtigt zum Erlass präventiver Maßnahmen und solcher zur „Effektivierung von Ausreiseverpflichtungen".[806] Auf ihrer Grundlage wurde etwa die RückführungsRL erlassen.[807]

Die Kompetenz ist dem unionsverfassungsrechtlichen Auftrag der „Verhütung und verstärkten Bekämpfung" irregulärer Einwanderung untergeordnet.[808] Der Begriffsgehalt des Terminus „illegaler Aufenthalt" ergibt sich komplementär zu „sich rechtmäßig in einem Mitgliedstaat aufhalten".[809] Diese primärrechtliche Unterscheidung hat ihre sekundärrechtliche Manifestierung in der RückführungsRL erfahren. Art 79 Abs 2 lit c AEUV ermöglicht demnach den Erlass von aufenthaltsrechtlichen Regelungen für „illegal aufhältige Drittstaatsangehörige".[810] Auf Grundlage dieser Kompetenzvorschrift darf daher kein rechtmäßiger Aufenthalt begründet werden, weshalb sie für den Erlass von Regularisierungen nicht in Frage kommt.[811]

Die Unionsgesetzgebung könnte aber sehr wohl eine Art einheitlichen unionsrechtlich normierten Duldungsstatus schaffen,[812] bspw insoweit durch mehrere aneinandergereihte Duldungen eine bestimmte Mindestzeit erreicht ist.[813] Auf sekundärrechtliche Ebene könnte der bereits erläuterte Aufschub der Abschiebung gem Art 9 RückführungsRL einen Anknüpfungspunkt bieten.[814] Folglich könnte auf mitgliedstaatlicher Ebene das Rechtsinstitut der Duldung als Vorlage dienen, das in unterschiedli-

---

806 *Bast*, Aufenthaltsrecht 147; siehe auch *Thym* in *Kluth/Heusch* Art 79 AEUV Rn 15.

807 Genau genommen hat sich die damalige EG auf die Vorgängerbestimmung, in concreto Art 63 Z 3 lit b EGV, gestützt.

808 Vgl *Bast* in *Fischer-Lescano/Kocher/Nassibi* 77-79.

809 Art 79 Abs 2 lit b und c AEUV; vgl *Bast*, Aufenthaltsrecht 147.

810 Art 3 Z 2 RückführungsRL.

811 Vgl *Thym* in *Kluth/Heusch* Art 79 AEUV Rn 15 und *Bast*, Aufenthaltsrecht 146f.

812 *Schieber*, Komplementärer Schutz 312 spricht im Sinne der deutschen Diktion von der unionsrechtlich normierten „Aussetzung der Abschiebung".

813 Vgl *Bast*, Es gibt kein solidarisches Asylsystem in Europa, Verfassungsblog v 21. 10. 2013, http://verfassungsblog.de/es-gibt-kein-solidarisches-asylsystem-in-europa/ (5.12.2018) sowie *Bast/Thym*, Streitgespräch zum rechtlichen Zustand des europäischen und deutschen Asylsystems, vorgänge 208 Heft 4/2014, 4 (8f).

814 Siehe Kapitel 3.B.I.

cher Ausprägung sowohl in Deutschland als auch in Österreich besteht und nach dem jeweiligen Recht keinen rechtmäßigen Aufenthalt darstellt.[815] Die Einräumung von Statusrechten an Geduldete aufgrund unionsrechtlicher Bestimmungen, und somit an irregulär aufhältige Personen, wäre nach dieser Kompetenzvorschrift ausgeschlossen.[816] Das Gewähren von Freizügigkeitsrechten innerhalb der EU scheidet ohnehin bereits deshalb aus, weil den betreffenden Personen ja nicht einmal ein Aufenthaltsrecht in einem Mitgliedstaat zukommt.

IV. Verhältnismäßigkeits- und Subsidiaritätsprinzip

Beim Erlass von Maßnahmen nach Art 79 Abs 2 AEUV muss genau wie bei allen anderen unionalen Rechtsakten das Verhältnismäßigkeits- und das Subsidiaritätsprinzip erfüllt werden.[817] Nach dem Verhältnismäßigkeitsprinzip sollen Rechtsakte der EU „nicht über das zur Erreichung der Ziele der Verträge erforderliche Maß hinaus[gehen]".[818] Nach dem Subsidiaritätsprinzip darf die EU in einem Bereich, der nicht in ihre ausschließliche Zuständigkeit fällt, nur tätig werden, wenn das Ziel der geplanten Maßnahme nicht von den Mitgliedstaaten ausreichend verwirklicht werden kann, „sondern vielmehr wegen ihres Umfangs oder ihrer Wirkungen auf Unionsebene besser zu verwirklichen"[819] ist. Beide Prinzipien werden von der Europäischen Kommission hinsichtlich jedes Vorschlags für einen Rechtsakt geprüft.[820]

Nunmehr ist zu untersuchen, ob ein Regularisierungs-Rechtsakt das Subsidiaritätsprinzip verletzen könnte, da sich im Hinblick auf das Verhältnismäßigkeitsprinzip keine Probleme ergeben. Der EuGH kontrolliert nach dem Erlass eines Rechtsaktes, „ob der Unionsgesetzgeber aufgrund detaillierter Angaben davon ausgehen durfte, dass das mit der in Betracht gezogenen Maßnahme verfolgte Ziel auf Unionsebene besser verwirklicht

---

815 Siehe Fn 628 und Kapitel 5.A.I.2.b. und Kapitel 5.A.I.3.b.

816 Vgl *Bast* in *Fischer-Lescano/Kocher/Nassibi* 78.

817 Art 5 Abs 3 und 4 EUV sowie Art 69 AEUV; vgl *Thym* in *Kluth/Heusch* Art 69 AEUV Rn 1 und *Thym* in *Kluth/Heusch* Art 79 AEUV Rn 9 in Bezug auf die hier behandelte Kompetenzgrundlage.

818 Art 5 Abs 4 EUV.

819 Art 5 Abs 3 EUV.

820 Vgl Protokoll (Nr 2) über die Anwendung der Grundsätze der Subsidiarität und der Verhältnismäßigkeit, ABl 2008 C 115/206.

werden konnte".[821] Für die Verletzung des Subsidiaritätsprinzips könnte sprechen, dass ein Tätigwerden der EU überhaupt nicht erforderlich ist, da bereits auf nationalrechtlicher Ebene ausreichend Regularisierungsmaßnahmen geschaffen wurden, wie in Teil 2 gezeigt wird.[822] Gegen dieses Argument sind jedoch mehrere Punkte einzuwenden.

Erstens offenbart das Vollzugsdefizit von Rückführungen, dass der unionsverfassungsrechtliche Auftrag der „Bekämpfung" irregulärer Einwanderung nicht in ausreichendem Maße durch die Mitgliedstaaten allein erreicht werden kann.

Zweitens sind Regularisierungen zwar in unterschiedlichster Form in jedem Mitgliedstaat normiert,[823] jedoch geht mit jeder Regularisierung die Erteilung eines Aufenthaltsrechts einher. Dadurch begründen Regularisierungen den rechtmäßigen Aufenthalt von bis dahin irregulär aufhältigen Migrant*innen im ausstellenden Mitgliedstaat.[824]

Drittens berechtigt jeder derart von einem Mitgliedstaat ausgestellte Aufenthaltstitel visumspflichtige[825] Drittstaatsangehörige zum Reisen innerhalb des Schengenraums.[826]

Aus den bisherigen Ausführungen folgt, dass die bisher nationalstaatlich normierten Regularisierungen bereits rechtliche und faktische Auswirkungen auf die anderen Mitgliedstaaten haben. Um das genaue Ausmaß der Folgen und Konsequenzen der derart normierten Regularisierungen feststellen zu können, ist eine tiefergehende empirische Forschung notwendig,[827] die im Rahmen der vorliegenden Arbeit nicht erfolgen kann.

Ein weiteres Argument, das für die Verletzung des Subsidiaritätsprinzips sprechen könnte und grundsätzlich gegen jede Art von Regularisierungen eingewandt wird, ist, dass sie einen sogenannten „Pull-Faktor" für zukünf-

---

821 EuGH 4.5.2016, C-547/14, ECLI:EU:C:2016:325, *Philip Morris*, Rn 218.

822 Manche Regularisierungen sind sogar auf regionaler bzw lokaler Ebene geregelt; siehe Fn 215 und Kapitel 5.D.II.1.

823 Siehe Kapitel 5.

824 Siehe nur Art 1 Abs 2 lit a Verordnung AufenthaltstitelVO oder Art 2 Abs 2 lit c RahmenRL. Berechtigt ein Aufenthaltstitel eines Mitgliedstaats nicht zum Aufenthalt in den anderen Schengen-Staaten, ist nach Art 6 Abs 2 Rückführungs-RL vorzugehen; vgl Fn 617.

825 Siehe Anhang I VisumsVO.

826 Gem Art 21 SDÜ bzw Art 6 Abs 1 lit b SGK und insofern die übrigen Voraussetzungen gem Art 6 Abs 1 SGK erfüllt werden.

827 In dem Sinne *Triandafyllidou/Vogel* in *Triandafyllidou* 298f und für eine dahingehend überzeugende Arbeit siehe *Kraler*, Journal of Immigrant and Refugee Studies 2019.

tige irreguläre Einwanderung darstellen.[828] Wie der Rechtsvergleich in Teil 2 noch zeigen wird, bestehen in den Mitgliedstaaten bereits ausdifferenzierte Regularisierungssysteme. Deshalb ist zunächst nicht ersichtlich, weshalb die Einführung eines Regularisierungs-Rechtsrahmens auf Unionsebene zu quantitativ „mehr“ irregulärer Einwanderung führen sollte. Jedenfalls ist unklar, ob eine RegularisierungsRL der EU einen „Pull-Effekt“ darstellen würde oder nicht,[829] weil zu diesem Thema kaum zuverlässige Forschung existiert.

Selbst wenn sich Staaten oder Politiker*innen auf den „Pull-Effekt“ stützen, haben sie bisher keinen Nachweis für diesen erbringen können.[830] Deshalb zeigen manche Autoren zu Recht auf, dass die Situation wesentlich komplizierter ist und viele andere Faktoren miteinbezogen werden müssen, die politisch nur schwer kontrollierbar sind.[831]

Hierbei ist auf eine empirische Studie aus dem Jahr 2014 hinzuweisen, die Eurostat-Festnahmedaten von irregulär eingereisten Migrant*innen verwendet hat. Obwohl *Wehinger* in dieser zum Schluss kommt, dass Regularisierungs-Programme eine begrenzte Auswirkung auf zukünftige irreguläre Einwanderung haben, fügt er im gleichen Atemzug hinzu, dass die von ihm ausgewerteten Forschungsergebnisse, unter anderem aufgrund

---

828 *Schieber*, Komplementärer Schutz 321f thematisiert dies unter dem Titel „Vermeidung irregulärer Migrationsbewegungen“.

829 *Mimentza Martin*, Die sozialrechtliche Stellung von Ausländern mit fehlendem Aufenthaltsrecht: Deutschland und Spanien im Rechtsvergleich (2012) 149-252 hat etwa dargelegt, dass nicht einmal Sozialleistungen, die im Baskenland höher sind als im Rest von Spanien, zu einem „Pull-Faktor“ betreffend diejenigen irregulär aufhältigen Migrant*innen, die in einem anderen Teil Spaniens leben, geführt haben.

830 Vgl *Parlamentarische Versammlung des Europarats*, Regularisation programmes for irregular migrants, Report 11350 v 6.7.2007, A.7, A.13, A.16, B.4, B.28, B.29 und B.92; KOM(2004) 412 endg, 20; *Baldwin-Edwards/Kraler*, Final Report v Jänner 2009, 43, 57, 83, 131; *Bausager/Møller/Ardittis*, Study on the situation of third-country nationals pending return/removal in the EU Member States and the Schengen Associated, Studie v 11.3.2013, https://ec.europa.eu/home-affairs/sites/homeaffairs/files/e-library/documents/policies/irregular-migration-return/return-readmission/docs/11032013_sudy_report_on_immigration_return-removal_en.pdf (19.12.2018) 82f.

831 *Baldwin-Edwards/Kraler*, Final Report v Jänner 2009, 131 und 109; siehe auch *Helbling/Leblang*, Controlling immigration? How regulations affect migration flows, European Journal of Political Research 2018, 1.

der Ungenauigkeit der Daten, kritisch zu hinterfragen sind.[832] *Wehinger* stellt weiters fest: „However, the alternative, a large illegal population residing in the country, can be more costly than an amnesty: social costs from increased criminality, missing out on tax revenues, signalling the impotence of the state […] and worse job matching because of reduced mobility of the illegal workforce".[833] Diese negativen Auswirkungen der unionalen Rückführungspolitik und das aufgezeigte Rückführungsdefizit von Rückführungen irregulär aufhältiger Migrant*innen könnten durch eine EU-RegularisierungsRL gemildert bzw verringert werden.[834]

Jedenfalls ist, wie bereits ausgeführt, weitere empirische Forschung notwendig, um die tatsächlichen Ausmaße und Wirkungen eines Regularisierungs-Rechtsrahmens der EU seriös eruieren zu können.[835] Rechtspolitische Entscheidungen können so basierend auf einer korrekt einschätzbaren Faktenlage getroffen werden („evidence-based policymaking").[836] Wie viele Migrant*innen jährlich anhand der in Kapitel 6 vorgeschlagenen RegularisierungsRL ein Aufenthaltsrecht erlangen können, hängt stark von den festgelegten Erteilungsvoraussetzungen ab oder davon wie viele Migrant*innen sich tatsächlich irregulär in der EU aufhalten.[837]

---

832 „Besides the quality of the data, one should be concerned by the possibility of influential omitted variables. It was not possible in the framework of this study to take into consideration exogenous shocks such as a deterioration of general circumstances in the sending countries. Besides that, clear data on enforcement measures are not available, and so enforcement could be controlled for only in a rough manner. Finally, apprehensions of illegal immigrants are not equal to illegal immigration"; *Wehinger*, International Journal of Migration and Border Studies 2014, 240f.

833 *Wehinger*, International Journal of Migration and Border Studies 2014, 241. Siehe auch *Rosenberger/Ataç/Schütze*, Nicht-Abschiebbarkeit: Soziale Rechte im Deportation Gap, Österreichische Gesellschaft für Europapolitik Policy Brief v 12.6.2018.

834 Siehe Einleitung A.

835 In dem Sinne Rückkehr-Handbuch 2017, 78. Zutreffend *Mitsilegas*, Measuring Irregular Migration: Implications for Law, Policy and Human Rights in *Bogusz/Cholewinski/Cygan/Szyszczak* (Hrsg), Irregular Migration and Human Rights: Theoretical, European and International Perspectives (2004) 29 (30f, 38f); *Kovacheva/Vogel*, WP 4/2009, 2; *Triandafyllidou/Vogel* in *Triandafyllidou* 292.

836 Vgl *Triandafyllidou/Vogel* in *Triandafyllidou* 298f. Nicht verkannt wird weiters, dass derartige Studien sehr kostenintensiv sind; vgl *Vogel/Jandl*, Introduction to the Methodological Problem in *Kraler/Vogel* (Hrsg), Report on Methodological Issues, Clandestino Project v November 2008, 5 (5).

837 Vgl *Triandafyllidou/Vogel* in *Triandafyllidou* 298 mwN und siehe bereits Einleitung A.

Abschließend kann daher festgehalten werden, dass ein Regularisierungs-Rechtsrahmen auf unionsrechtlicher Ebene im Einklang mit dem Subsidiaritätsprinzip steht. Derart kann der Zersplitterung von Regularisierungen auf nationaler Ebene, die in Kapitel 5 aufgezeigt wird, entgegengewirkt und ein möglichst harmonisiertes Vorgehen der Mitgliedstaaten sichergestellt werden.[838] Durch unionsrechtliche Regelungen könnte irreguläre Einwanderung wirksamer „bekämpft“ und die Anzahl von Migrant*innen ohne Aufenthaltsrecht reduziert werden. Die Einführung von bindenden Regelungen würde zwar den weiten Ermessensspielraum der Mitgliedstaaten in diesem Bereich einschränken, jedoch könnten die EU und die Mitgliedstaaten im Gegenzug die Glaubwürdigkeit in eine tatsächlich funktionierende EU-Rückführungspolitik wiedererlangen.

E. Resümee

In diesem Kapitel habe ich mich mit der Frage auseinandergesetzt, ob eine Regularisierungspolitik vom Primärecht gedeckt wäre. Zunächst wurde die Einwanderungspolitik der EU in Bezug auf irreguläre Migration im Allgemeinen umrissen. Unter dem Begriff der Einwanderungspolitik verstehe ich jene Politik der EU, deren Wurzel sich im Primärrecht, in concreto in Art 79 AEUV, wiederfindet. Davon ist sowohl die Einreise als auch der Aufenthalt von Drittstaatsangehörigen umfasst. Insgesamt setzt die EU die bisher verfolgte (restriktive) Politik, die in der Einleitung der vorliegenden Arbeit bereits skizziert wurde,[839] beständig fort. Laut den Ausführungen der Kommission versucht sie seit der Migrationsagenda 2015 eine ausgewogenere Einwanderungspolitik zu erreichen, die fair, solide und realistisch sein soll. Hierbei ist jedoch kritisch zu hinterfragen, ob diese Ziele durch die eingesetzten rechtlichen Instrumentarien auch tatsächlich erreicht werden bzw überhaupt erreicht werden können.

Anschließend wurde die RückführungsRL beleuchtet. Vereinfacht kann man sagen, dass sich die Mitgliedstaaten aufgrund dieser zwingend für das Rückkehrverfahren oder die Regularisierung zu entscheiden haben. In jedem Verfahrensstadium bzw selbst nach Erlass der Rückkehrentscheidung steht es den Mitgliedstaaten frei, einen Aufenthaltstitel zu erteilen. Folglich hält die RückführungsRL den Mitgliedstaaten die Möglichkeit offen, irregulär aufhältige Migrant*innen zu regularisieren. Aufgrund der EuGH-

838 In dem Sinne auch *Schieber*, Komplementärer Schutz 333f.
839 Siehe Einleitung A.

Rspr und unterschiedlichen Lehrmeinungen ist es umstritten, ob nach der RückführungsRL eine Regularisierungspflicht besteht. Ich argumentiere, dass die Mitgliedstaaten gem Art 6 Abs 4 RückführungsRL in zwei Fallkonstellationen verpflichtet sind irregulär aufhältigen Migrant*innen ein Aufenthaltsrecht zu gewähren. Einerseits handelt es sich hierbei um Fälle, in denen eine Rückführung das Non-Refoulement-Gebot im Sinne der EMRK und GRC verletzen würde, andererseits um jene Fälle, in denen die betreffenden Migrant*innen dauerhaft nicht rückführbar sind. In den beiden Fällen reduziert sich das in Art 6 Abs 4 S 1 RückführungsRL eingeräumte Ermessen der Mitgliedstaaten auf null, da die Rückführung als alternative Verfahrensoption nicht durchsetzbar ist.

Weiters habe ich mich den drei maßgeblichen unionsverfassungsrechtlichen Aufträgen in Art 79 Abs 1 AEUV gewidmet, wobei das Hauptaugenmerk auf die „Verhütung und verstärkte Bekämpfung" irregulärer Einwanderung gelegt wurde. Auf die Frage, ob die EU basierend auf dem unionsverfassungsrechtlichen Auftrag der „Bekämpfung" einen Regularisierungs-Rechtsakt erlassen kann oder ob ein solcher notwendigerweise die Verhütung irregulärer Einwanderung bzw die Abschiebung irregulär aufhältiger Migrant*innen zum Inhalt haben muss, ist festzuhalten: Der Erlass eines Regularisierungs-Rechtsaktes muss im Einklang mit dem unionsverfassungsrechtlichen Auftrag der „Bekämpfung" irregulärer Einwanderung stehen. Diese Auslegung wird auch vom Europäischen Rat vertreten, der Regularisierungen als Instrument im „Kampf gegen illegale Einwanderung" versteht. Dementsprechend lässt er im Europäischen Pakt zu Einwanderung und Asyl aus dem Jahr 2008 den Mitgliedstaaten die Möglichkeit offen, einzelfallabhängige Regularisierungen durchzuführen. Die Mitgliedstaaten sollen aber auf sogenannte Regularisierungs-Programme verzichten. Die Ermessensentscheidung, irregulär aufhältigen Migrant*innen anstatt des Erlasses einer Rückkehrentscheidung einen Aufenthaltstitel zu erteilen, wurde in der RückführungsRL kodifiziert.

Abschließend wurden die primärrechtlichen Kompetenzbestimmungen untersucht. In der Analyse habe ich herausgearbeitet, dass Art 79 Abs 2 lit a und b AEUV der Unionsgesetzgebung weitreichende Kompetenzen zum Erlass von Regularisierungen einräumen. Die materiellen Bestimmungen und das Verfahren wie auch die damit einhergehenden Status- und Freizügigkeitsrechte könnten in einem Unionsrechtsakt geregelt werden. Autonom-national ausgestellte Aufenthaltsrechte könnten mit Status- und Freizügigkeitsrechten ausgestattet werden. Gestützt auf Art 79 Abs 2 lit c AEUV könnte auch eine Art unionsrechtlich normierter Duldungsstatus geschaffen werden. Ein Regularisierungs-Rechtsrahmen auf unionsrechtlicher Ebene würde auch im Einklang mit dem Subsidiaritätsprinzip stehen. Somit ist zu bejahen, dass eine Regularisierungspolitik der EU vom Primärrecht gedeckt wäre.

Teil 2 – Deutschland, Österreich und Spanien im Rechtsvergleich

Nachdem in Teil 1 die aufenthaltsrechtliche Irregularität und Regularisierungen konzeptionell beleuchtet und die Handlungsspielräume der EU skizziert wurden, widmet sich Teil 2 der Arbeit einer rechtsvergleichenden Untersuchung von Regularisierungen. In diesem Teil werde ich zeigen, dass Regularisierungen auf nationalstaatlicher Ebene weit verbreitet sind. Hierfür wurden Deutschland, Österreich und Spanien ausgewählt.[840] Der Rechtsvergleich wird anhand der kontextuellen Methode durchgeführt.[841]

Wie bei jedem Rechtsvergleich besteht die Gefahr, dass die „heimische" Rechtsordnung zu sehr durchschlägt.[842] In concreto handelt es sich hierbei um die österreichische. Dies wird durch die Verwendung eigenständiger Rechtsbegriffe und die Rückkopplung des während der Forschungsaufenthalte erworbenen Wissens bestmöglich vermieden. Dadurch kann ich als Rechtsvergleicher eine Position von außen einnehmen und die ausgewählten Rechtsordnungen mit ausreichend Distanz beleuchten.[843]

Auf eine „Besonderheit" des spanischen Rechts ist ausdrücklich hinzuweisen. Im deutschen und österreichischen Recht werden Paragraphen die nacheinander folgen als §§ 46, 46a und 46b FPG bezeichnet. Im spanischen Recht wird statt dem Zusatz „a", der Zusatz „bis" bzw statt „b" der Zusatz „ter" verwendet: Art 2, 2bis und 2ter LODYLE.

840 Siehe zur Auswahl der drei Mitgliedstaaten Einleitung D.I.3.
841 Siehe Einleitung D.I.
842 Siehe Einleitung D.I.
843 Siehe Einleitung D.I.1.

Kapitel 4 – Der erforderliche Kontext für den integrierten Rechtsvergleich

Im vorliegenden Kapitel wird der Kontext, der für die Durchführung des integrierten Rechtsvergleichs notwendig ist, in den drei ausgewählten Mitgliedstaaten einzeln analysiert und aufbereitet: Deutschland (A.), Österreich (B.) und Spanien (C.). Im integrierten Rechtsvergleich werden Regularisierungen nicht klassisch nach Länderberichten beschrieben, sondern integriert anhand von Regularisierungszwecken verglichen und bewertet. Folglich kann ich im rechtsvergleichenden Kapitel 5 auf das hier geschaffene Grundgerüst zurückgreifen und derart unnötige Wiederholungen vermeiden. Um sich einen Überblick zu verschaffen, der als Einführung in die drei Rechtsordnungen gedacht ist, werden folgende Themenbereiche behandelt.

Zunächst wird jeweils die historische Entwicklung des Ausländer- bzw Fremdenrechts ausgeführt, wobei nur auf die gröbsten historischen Entwicklungen ab 1945 eingegangen wird, da die vor 1945 stattgefundenen Entwicklungen für das heute geltende Recht kaum eine Rolle spielen. Ganz im Sinne der vorliegenden Arbeit wird dabei der Fokus auf den Umgang mit irregulär aufhältigen Ausländer*innen bzw Fremden und Regularisierungen gelegt.

Weiters wird der rechtliche Status von Ausländer*innen bzw Fremden dargestellt. Im Hinblick darauf wird unter anderem der Arbeitsmarktzugang von Ausländer*innen thematisiert.[844] Hierunter kann grundsätzlich jegliche, dh selbständige oder unselbständige, Erwerbstätigkeit verstanden werden. Vorliegende Arbeit beschränkt sich auf die Darstellung unselbständiger Beschäftigung, da diese für Personen ohne Aufenthaltsrecht von wesentlich größerer Relevanz ist. Handelt es sich dabei doch um eine zentrale Forderung dieser Personengruppe, dass ihnen mit einem Aufenthaltsrecht der Zugang zur Erwerbsarbeit ermöglicht wird.[845] Es ist an dieser

---

844 Vgl *Camas Roda*, Trabajo decente e inmigrantes en España: Un estudio sobre los derechos laborales de los trabajadores migrantes y del objetivo internacional del trabajo decente (2016) 13ff zur Verflechtung von Migration und Erwerbstätigkeit.

845 Vgl *Varela Huerta*, Soziologie der Migrationskämpfe: Die Transformation der Bewegung der „Papierlosen“ in Barcelona in eine MigrantInnenbewegung in

Stelle zu erwähnen, dass der Begriff „undokumentiert beschäftigt“ anstelle von „Schwarzarbeit“ gebraucht wird, wenn eine Person ohne die erforderliche Arbeitserlaubnis innezuhaben einer unselbstständigen Beschäftigung nachgeht. Dies ist unabhängig von der Frage zu beurteilen, ob die betreffende Person zur Sozialversicherung angemeldet wird.[846] Darüber hinaus wird im Zusammenhang mit dem rechtlichen Status von Ausländer*innen bzw Fremden der Zugang zur Gesundheitsversorgung sowie zu Sozialleistungen skizziert.[847] Unter Gesundheitsversorgung wird die Einbeziehung in die (gesetzliche) Krankenversicherung verstanden. Sozialleistungen sind all jene Leistungen, die oftmals als „Sozialhilfe“ umschrieben werden. Auf ein näheres Eingehen spezieller Ausgleichs- bzw Förderleistungen für bestimmte Personengruppen – wie „Kindergeld“ nach der deutschen bzw „Familienbeihilfe“ nach der österreichischen Diktion – oder jegliche Art von Integrationsleistungen wird verzichtet. Es werden vor allem die Leistungen beschrieben, die der Lebenssicherung dienen.

Darüber hinaus wird die geltende Rechtslage in Bezug auf die einschlägigen Regularisierungen überblickshaft skizziert. Eine detaillierte Darstellung der einzelnen Regularisierungen findet anschließend im rechtsvergleichenden Kapitel 5 statt.

Abschließend werden jeweils die Kompetenzen und zuständigen Behörden in Bezug auf das Ausländer- bzw Fremdenrecht sowie der Rechtsschutz dargestellt. Es ist wichtig, den Rechtsschutz, der Betroffenen offensteht, in Grundzügen darzustellen, da es sich um einen grundrechtsintensiven Bereich handelt. Hierbei wird die Darstellung der Rechtsschutzmöglichkeiten auf Rechtsmittel gegen abweisende Entscheidungen über (Duldungen bzw) Aufenthaltstitel der jeweils zuständigen Verwaltungsbehörden beschränkt. Durch diese Darstellung führe ich die in der vorliegenden Arbeit eingenommene Perspektive irregulär aufhältiger Migrant*innen fort.[848]

Fischer-Lescano/Kocher/Nassibi (Hrsg), Arbeit in der Illegalität: Die Rechte von Menschen ohne Aufenthaltspapiere (2012) 159 (160f, 165) und siehe Einleitung D.II.

846 Vgl *Triguero Martínez*, Migraciones 2014, 452.

847 Vgl *Camas Roda*, Trabajo decente 130ff zum besonderen Schutzbedürfnis von Migrant*innen.

848 Siehe Einleitung D.II.

A. Deutschland

Die Bundesrepublik Deutschland ist ein „demokratischer und sozialer Bundesstaat“ gem Art 20 Abs 1 GG und besteht aus 16 Bundesländern. Sie kann jedenfalls als ein Einwanderungsland bezeichnet werden.[849] Dem deutschen Statistischen Bundesamt zufolge waren mit Stichtag 31.12.2017 rund 9.4 der 82.8 Millionen großen Bevölkerung Ausländer*innen, was in etwa 11,3 % entspricht.[850]

I. Historische Entwicklung des Aufenthaltsrechts

In Deutschland hat das Migrationsrecht typischerweise den Namen Ausländerrecht getragen,[851] wird aber zunehmend, so auch in der vorliegenden Arbeit, als Aufenthaltsrecht bezeichnet.[852] Die Entwicklung dieses Rechtsgebiets wurde maßgeblich durch die andauernde hitzige Diskussion zu den Themen Flucht, Migration, und alles was damit verbunden wird, beeinflusst.[853] Davon abzugrenzen ist das Asylrecht, das im dtAsylG geregelt ist.

---

849 Vgl nur *Unabhängige Kommission „Zuwanderung“*, Zuwanderung gestalten – Integration fördern, Bericht v 2001, http://www.jugendsozialarbeit.de/media/raw/Zuwanderungsbericht_pdf.pdf (10.10.2018) 1; *Bast*, DÖV 2013, 221; *Kießling*, Fremdenpolizeirecht im Rechtsstaat (?) – Zu Herkunft und Zukunft des Ausweisungsrechts, ZAR 2016, 45 (52); *Farahat* in *Baer/Lepsius/Schönberger/Waldhoff/Walter* spricht einprägsam von der „superdiversen Einwanderungsgesellschaft“.

850 Vgl *Statistisches Bundesamt*, Bevölkerung und Erwerbstätigkeit 2017: Ausländische Bevölkerung – Ergebnisse des Ausländerzentralregisters, Statistik v 2018, https://www.destatis.de/DE/Publikationen/Thematisch/Bevoelkerung/MigrationIntegration/AuslaendBevoelkerung2010200177004.pdf?__blob=publicationFile (10.10.2018) 18.

851 Siehe nur *Bergmann/Dienelt* (Hrsg), Kommentar Ausländerrecht[12] (2018). Früher wurde es – ähnlich wie heute noch in Österreich (siehe Kapitel 4.B.I.) – als Fremdenrecht bezeichnet; vgl *Doehring*, Neuregelungen des deutschen Fremdenrechts durch das „Ausländergesetz“ von 1965, ZaöRV 1965, 478.

852 Grundlegend *Bast*, Aufenthaltsrecht sowie *Huber/Eichenhofer/Endres de Oliveira*, Aufenthaltsrecht (2017) Rn 1.

853 Siehe allgemein *Herbert*, Ausländerpolitik 9ff oder 299ff und zur „Flüchtlingsdebatte“ *Becker*, Die Flüchtlingsdebatte in den Medien Deutschlands – Eine korpus- und diskurslinguistische Untersuchung der Konzeptualisierung von Angst, Sprachreport 2016/2, 1; *Hemmelmann/Wegner*, Flüchtlingsdebatte im Spiegel von Medien und Parteien, Communicatio Socialis 2016/1, 21.

Das Aufenthaltsrecht ist ein Teil des besonderen Polizeirechts,[854] wird nunmehr aber immer öfter als eigenständiges Gebiet des besonderen Verwaltungsrechts behandelt.[855] Die Legaldefinition „Ausländer" findet sich im AufenthG wieder, der wichtigsten Rechtsquelle des deutschen Aufenthaltsrechts,[856] und umfasst alle Personen, die nicht Deutsche im Sinne des Art 116 Abs 1 GG sind.[857]

Historisch bedeutsam ist die NS-Ausländerpolizeiverordnung, die – vergleichbar mit Österreich[858] – Grundlage für das AuslG 1965 war und erst durch dieses außer Kraft gesetzt wurde.[859] Nach der NS-Ausländerpolizeiverordnung hatten Ausländer*innen keinen Anspruch auf Aufenthalt, vielmehr ging die Verordnung von der freiwilligen Gewährung von Gastfreundschaft aus, derer sich die Ausländer*innen würdig erweisen mussten.[860] Die Erlaubnis zum Aufenthalt wurde von den Behörden nach Ermessen erteilt.[861] Interessanterweise war bereits damals für die Arbeitsaufnahme eine gesonderte Erlaubnis erforderlich.[862] Darüber hinaus waren die Behörden nicht nur ermächtigt, sondern dazu verpflichtet, in jedem Fall die Ausreiseverpflichtung mittels Zwang durchzusetzen.[863]

In den 1950iger Jahren bestand der Großteil der Zuwander*innen nach Deutschland aus Vertriebenen und Flüchtlingen basierend auf den Ereignissen während des Zweiten Weltkrieges und nach diesem.[864] Bis 1959/1960 waren äußerst wenige der in Deutschland lebenden Ausländer*innen beschäftigt. Durch das enorme Wirtschaftswachstum in diesen Jahren wurden politische Überlegungen in Richtung einer Anwerbung von Gastarbeiter*innen angestellt.[865] Ausländische Arbeiter*innen sollten vorübergehende Engpässe am deutschen Arbeitsmarkt ausgleichen. Mit dem deutsch-italienischen Anwerbeabkommen aus dem Jahre 1955 wurde

---

854 Vgl *Hailbronner*, Ausländerrecht Rn 25.

855 Vgl *Huber/Eichenhofer/Endres de Oliveira*, Aufenthaltsrecht Rn 1 mwN.

856 Vgl nur *Huber/Eichenhofer/Endres de Oliveira*, Aufenthaltsrecht Rn 1.

857 § 2 Abs 1 AufenthG; vgl *Huber/Eichenhofer/Endres de Oliveira*, Aufenthaltsrecht Rn 9ff für weitere Begriffsbestimmungen des AufenthG.

858 Siehe unten Kapitel 4.B.I.

859 § 55 Abs 2 AuslG 1965. Vgl *Doehring*, ZaöRV 1965.

860 § 1 NS-Ausländerpolizeiverordnung.

861 § 2 Abs 1 NS-Ausländerpolizeiverordnung.

862 § 2 Abs 2 NS-Ausländerpolizeiverordnung.

863 § 7 Abs 5 NS-Ausländerpolizeiverordnung.

864 Vgl *Herbert*, Ausländerpolitik 192-197.

865 Siehe nur *Oltmer/Kreienbrink/Sanz Díaz* (Hrsg), Das „Gastarbeiter"-System. Arbeitsmigration und ihre Folgen in der Bundesrepublik Deutschland und Westeuropa (2012).

in den Folgejahren ein Gastarbeiter*innenregime eingeführt. Kurz zuvor wurde die NS-Ausländerpolizeiverordnung und die reichsdeutsche Verordnung über ausländische Arbeitnehmer vom 23.1.1933[866] wiedereingeführt und so die NS-Ausländergesetzgebung im Großen und Ganzen weitergeführt.[867]

Bis 1967 wurden weitere Anwerbeabkommen abgeschlossen (Griechenland, Spanien, Türkei, Portugal und Jugoslawien), wodurch es zu einem starken Anstieg ausländischer Arbeitskräfte kam.[868] Die Konzeption der ausländischen Erwerbstätigen als „Reservearmee" trug maßgeblich zum Erlass des AuslG 1965 bei.[869] In diesem manifestierte sich der Gedanke, dass Gastarbeiter*innen grundsätzlich nur ein vorübergehendes Aufenthaltsrecht von einem Jahr zukam, das an die jeweiligen Arbeitgeber*innen gebunden war. Wie bisher waren die zuständigen Behörden mit einem großen Ermessensspielraum bei jeglichen Entscheidungen im Zusammenhang mit dem Aufenthalt ausgestattet.

Trotz der kurzen Rezession von 1967 stieg die Zahl der Gastarbeiter*innen weiter an und erreichte ihren Höhepunkt 1973, wobei türkische Staatsangehörige ab 1972 die größte Gruppe bildeten.[870] Die ersten negativen Auswirkungen des Gastarbeiter*innenregimes wurden in dieser Phase bereits leicht spürbar. Nach und nach wurde klar, dass die Gastarbeiter*innen – genau wie in Österreich – auf Dauer in Deutschland bleiben und außerdem ihre Familien nachholen würden. Eine Reaktion darauf war der Anwerbestopp 1973, wobei die Ölkrise 1973 als Anlass für dessen Erlass genommen wurde. Aus diesem Grund begannen sich die deutsche Politik und die öffentliche Debatte mit den langfristigen Folgen der nur als vorübergehend geplanten Zuwanderung auseinanderzusetzen. Ein Punkt war etwa, welche Kosten für die soziale Einbindung, Arbeitslose oder Sozialhilfe anfallen würden. Mit dem besagten Anwerbestopp sollte der Zustrom von ausländischen Gastarbeiter*innen aus Ländern, die nicht Teil der EG waren, gänzlich gekappt werden.

---

866 RGBl 1933 I 26.

867 Vgl *Kießling*, ZAR 2016, 46.

868 Vgl *Seifert*, Geschichte der Zuwanderung nach Deutschland nach 1950 v 31.5.2012, https://www.bpb.de/politik/grundfragen/deutsche-verhaeltnisse-eine-sozialkunde/138012/geschichte-der-zuwanderung-nach-deutschland-nach-1950?p=all (30.6.2019).

869 Vgl *Herbert*, Ausländerpolitik 211f.

870 Vgl *Luft*, Die Anwerbung türkischer Arbeitnehmer und ihre Folgen v 5.8.2014, https://www.bpb.de/internationales/europa/tuerkei/184981/gastarbeit (30.6.2019).

Die Jahre von 1973 bis 1990 waren durch eine intensive öffentliche und politische Debatte geprägt. Einerseits sollte jeglicher Zuzug von Einwander*innen vermieden werden, andererseits sollten die bereits in Deutschland lebenden Ausländer*innen bestmöglich „integriert" werden. Die „Nichtwahrnehmung einer faktischen Einwanderungssituation"[871] wurde in der Folge durch diverse Berichte und Leitlinien politisch festgeschrieben. Obwohl die „Integration" auch zumindest immer erwähnt wurde, beschränkte sich der Fokus der politischen Maßnahmen auf die Beschränkung des Zuzugs bzw auf die Förderung der Rückkehr der bereits in Deutschland lebenden Ausländer*innen.

Das AuslG 1965 wurde durch das AuslG 1990 abgelöst, das nach mehreren gescheiterten Gesetzesentwürfen schließlich angenommen wurde. Zwar war es nicht ganz so restriktiv wie die Entwürfe der Jahre zuvor, jedoch wurde die Tatsache, dass Deutschland zu einem Einwanderungsland geworden war, weiterhin negiert.

Genau wie im AuslG 1965 fand sich auch im AuslG 1990 keine umfassende Bestimmung oder Möglichkeit, die es Ausländer*innen ohne Aufenthaltsrecht ermöglicht hätte, ihren Aufenthalt zu regularisieren.[872] Die Ausländerpolitik stand bis dahin stets unter dem Zeichen, dass unrechtmäßig aufhältige Ausländer*innen keinesfalls mit einem Aufenthaltsrecht „belohnt" werden sollten. Dennoch gab es Regularisierungsmöglichkeiten, wie *Hailbronner* zutreffend ausführt. Diese haben in dieser Zeit – grob gesprochen – meist die Form eines „zweistufigen Verfahrens" angenommen.[873] Unrechtmäßig aufhältige Ausländer*innen mussten in einem ersten Schritt zunächst eine Duldung erlangen.[874] Erst wenn ein*e Ausländer*in geduldet war, konnte ihm*ihr in einem zweiten Schritt ein Aufenthaltsrecht gewährt und damit der Aufenthalt regularisiert werden. Dies zeigt die enge Verknüpfung der – damals und heute noch bestehenden – Regularisierungsmöglichkeiten mit der Duldung. Der Hauptweg aus der aufenthaltsrechtlichen Irregularität war demnach die Gewährung einer individuellen „Aufenthaltsbefugnis" gem § 30 AuslG 1990.[875] Die Ausländerbehörde hat hierbei über ein großes Ermessen verfügt.[876]

871 *Herbert*, Ausländerpolitik 245.
872 Vgl *Hailbronner* in *De Bruycker* 252.
873 In dem Sinne *Hailbronner* in *De Bruycker* 253f. So auch *Kraler*, Journal of Immigrant and Refugee Studies 2019, 102.
874 §§ 55f AuslG 1990; vgl *Hailbronner* in *De Bruycker* 264.
875 Vgl *Hailbronner* in *De Bruycker* 252.
876 Vgl *Hailbronner* in *De Bruycker* 264f.

Nach dem Erlass des AuslG 1990 wurde die Asylpolitik zu einem (politischen und öffentlichen) Brennpunkt der Debatte. Die erhöhten Asylantragszahlen, zunächst aus Osteuropa und anschließend aus dem ehemaligen Jugoslawien, führten ab Mitte der 1985iger zu Verschärfungen des Asylverfahrensrechts. Weiters wurde die Novellierung des Grundrechts auf Asyl heiß diskutiert, die schließlich im „Asylkompromiss" 1993 mündete.[877] Dadurch wurde allem voran das Asylrecht durch die Einführung der Konzepte des sicheren Herkunftsstaates bzw Drittstaates deutlich eingeschränkt. Mit dem Kompromiss konnten die Asylantragszahlen auf einen Schlag drastisch gesenkt werden, gleichzeitig war aber eine zentrale Frage nur aufgeschoben worden, und zwar ob Deutschland ein Einwanderungsgesetz brauchen würde.[878]

Im Zuge dessen stellte sich immer öfter die Frage, wie man mit abgelehnten Asylbewerber*innen umgehen sollte, die nicht abgeschoben werden konnten.[879] Regularisierungen wurden derart erstmals Teil der politischen Debatte. So wurde 1995 ein Gesetzesvorschlag eingebracht, der eine „Altfallregelung für seit langem in Deutschland lebende Asylsuchende" beinhaltete.[880] Dieser scheiterte genau wie weitere Gesetzesvorschläge, und folglich wurde keine einheitliche Regularisierungsmöglichkeit auf Gesetzesebene für abgelehnte Asylbewerber*innen geschaffen.[881] Grund hierfür war der durch Regularisierungen vermeintlich bewirkte „Pull-Faktor"[882] und die angeblich ablehnende öffentliche Meinung.[883] Es wurde aber eine andere politische Lösung gefunden. Unrechtmäßig aufhältige Ausländer*innen konnten sich neben dem schon dargestellten Weg der „Aufenthaltsbefugnis" gem § 30 AuslG 1990 teilweise auch durch eine „Aufenthaltsbefugnis" gem § 32 AuslG 1990 regularisieren: Die oberste Landesbehörde erlässt im Einvernehmen mit dem Bundesministerium für Inneres eine „Anordnung" auf der Grundlage dieser Bestimmung,[884] die es einer genau definierten Personengruppe erlaubt eine „Aufenthaltsbefugnis" zu erlangen. Diese „Anordnungen" haben quasi-legislativen Charakter im

---

877 Siehe nur die Beiträge in *Luft/Schimany* (Hrsg), 20 Jahre Asylkompromiss. Bilanz und Perspektiven (2014).

878 Vgl *Herbert*, Ausländerpolitik 320ff.

879 Vgl *Hailbronner* in *De Bruycker* 254.

880 BT-Drs 13/3877.

881 Vgl *Hailbronner* in *De Bruycker* 254f.

882 Siehe etwa BT-Drs 13/1189, 6.

883 Vgl *Hailbronner* in *De Bruycker* 254 und siehe auch 252.

884 Diese Entscheidung wird meist im Rahmen der IMK diskutiert; vgl *Hailbronner* in *De Bruycker* 269f.

Rang unterhalb von Rechtsverordnungen.[885] 1996 wurde etwa eine Härtefallregelung für ausländische Familien mit langjährigem Aufenthalt in Form einer „Anordnung“ gem § 32 AuslG 1990 erlassen.[886] Insgesamt wurden von 1995 bis 2007 mehrere solcher „Anordnungen“ erlassen, die jeweils unterschiedliche Erteilungsvoraussetzungen hatten und unterschiedliche Personengruppen erfassten.[887] Sie sind nach *Hailbronner* als Regularisierungs-Programme zu qualifizieren.[888]

All diese Diskussionen sind im „Zuwanderungskompromiss“ und dem Erlass des Zuwanderungsgesetzes 2005 gemündet,[889] das von *Bast* als „Totalrevision des geltenden Migrationsrechts“[890] bezeichnet wird. Dieses enthält 15 Art in denen das AufenthG und FreizügG/EU sowie Änderungen einzelner Gesetze, wie bspw dem AsylbLG, zu finden sind. Das Kernstück und die wichtigste Rechtquelle des geltenden Aufenthaltsrechts ist das AufenthG.[891] Dieses hat einen Paradigmenwechsel eingeleitet, der sich im Zweiklang Einwanderungschance und Integrationserwartung ausdrückt.[892] Grundsätzlich regelt das AufenthG die Steuerung und Begrenzung des Zuzugs von Ausländer*innen nach Deutschland.[893] Es normiert die Einreise, den Aufenthalt, die Erwerbstätigkeit und die Integration.

Im Anschluss an den Erlass des AufenthG wurde die wohl bedeutendste „Anordnung“ erlassen, die auf § 23 Abs 1 AufenthG, die Nachfolgebestimmung des § 32 AuslG 1990, gestützt wurde.[894] Durch den sogenannten

---

885 Vgl *Huber/Eichenhofer/de Oliveira*, Aufenthaltsrecht Rn 456 mwN.

886 Siehe zur Umsetzung BT-Drs 13/9936.

887 Für einen umfassenden und detaillierten Überblick siehe *Bundesministerium für Inneres*, Verwaltungsvorschriften des Innenministeriums zum Ausländerrecht (VwV-AuslR-IM) ABSCHNITT B II Eingeschränkt gültige Bleiberechtsregelungen (nur Verlängerungen) v 2.11.2010, https://im.baden-wuerttemberg.de/filead min/redaktion/m-im/intern/dateien/pdf/ABSCHNITT_B_II.pdf (30.6.2019) und *Hailbronner* in *De Bruycker* 256ff.

888 *Hailbronner* in *De Bruycker* 263f: „Regularisation decisions based upon Sec. 32 of the Aliens Law are not meant to provide for a general pattern of regularisation for clandestine immigrants but rather as an instrument to accommodate the special needs and interests of particular groups after a long residence in Germany".

889 Gesetz v 30.7.2004 (BGBl I 1950); vgl *Unabhängige Kommission „Zuwanderung“*, Bericht v 2001, 16 sowie *Huber*, Das Zuwanderungsgesetz, NVwZ 2005, 1.

890 *Bast*, DÖV 2013, 214.

891 Vgl *Huber/Eichenhofer/de Oliveira*, Aufenthaltsrecht Rn 1.

892 Vgl *Bast*, Aufenthaltsrecht 218ff; aA *Hailbronner*, Ausländerrecht Rn 25, der vom „Dreiklang Steuerung, Begrenzung und Integration“ spricht.

893 § 1 Abs 1 AufenthG; vgl *Hailbronner*, Ausländerrecht Rn 24.

894 Vgl *Huber/Eichenhofer/de Oliveira*, Aufenthaltsrecht Rn 455.

„Bleiberechtsbeschluss“ vom 17.11.2006 der Ständigen Konferenz der Innenminister und -senatoren der Länder (IMK) wurden bundesweit abgestimmte, sozusagen harmonisierte, Mindestvoraussetzungen für eine Bleiberechtsregelung normiert.[895] Kontextuell bedeutsam ist, dass im Zuge dessen erstmals umfassende Altfallregelungen für langjährige Geduldete geschaffen wurden.[896] Diese Altfallregelungen, die mittlerweile in §§ 104a und 104b AufenthG normiert sind,[897] haben wiederum als Vorlage für die geltenden §§ 25a und 25b AufenthG gedient, die in Kapitel 5 näher dargestellt werden.[898]

Seither wurde das AufenthG zahlreiche Male novelliert.[899] Zu den wichtigsten Änderungsgesetzen zählt das Richtlinienumsetzungsgesetz 2007,[900] das Arbeitsmigrationssteuerungsgesetz 2008[901] und das zweite Richtlinienumsetzungsgesetz 2011.[902] Aufgrund der Folgen des „langen Sommers der Migration 2015“ wurden weitere Gesetze wie das Asylverfahrensbeschleunigungsgesetz 2015[903], das Bleiberechtsänderungsgesetz 2015[904] und das Gesetz zur besseren Durchsetzung der Ausreisepflicht 2017[905] erlassen. Daneben ist das Arbeitsmigrationsgesetz 2017[906] zu nennen.

Das sogenannte „Migrationspaket“,[907] ein Bündel aus mehreren Gesetzesvorhaben, wurde erst nach Abschluss der vorliegenden Arbeit

895 Dieser ist abrufbar unter http://www.fluechtlingsinfo-berlin.de/fr/pdf/Bleiberecht_IMK_2006.pdf (30.6.2019).

896 Vgl hierzu BT-Drs 16/4503 und *Zentrum für Politik, Kultur und Forschung Berlin*, Expertise zur Umsetzung des IMK-Bleiberechtsbeschlusses vom 17. November 2006, Bericht v Jänner 2008, http://www.fluchtort-hamburg.de/fileadmin/pdf/EQUAL/080114_Expertise_IMK-Bleiberechtsbeschluss.pdf (15.11.2018).

897 Siehe auch Kapitel 4.A.III.4.

898 Siehe unten Kapitel 5.B.I.-II.

899 Vgl *Bast*, DÖV 2013, 215; *Hailbronner*, Ausländerrecht Rn 26-29.

900 Gesetz v 19.8.2007 (BGBl I 1970).

901 Gesetz v 20.12.2008 (BGBl I 2846).

902 Gesetz v 22.11.2011 (BGBl I 2258).

903 Gesetz v 20.10.2015 (BGBl I 1722). Vgl *Neundorf*, Neuerungen im Aufenthalts- und Asylrecht durch das Asylverfahrensbeschleunigungsgesetz, NJW 2016, 5 und *Kluth*, Das Asylverfahrensbeschleunigungsgesetz, ZAR 2015, 337.

904 Gesetz v 27.7.2015 (BGBl I 1386). Vgl *Beichel-Benedetti*, Die Neuregelung der Abschiebungshaft im Gesetz zur Neubestimmung des Bleiberechts und der Aufenthaltsbeendigung, NJW 2015, 2541 oder *Huber*, Das Gesetz zur Neubestimmung des Bleiberechts und der Aufenthaltsbeendigung, NVwZ 2015, 1178.

905 Gesetz v 20.7.2017 (BGBl I 2780); vgl *Hörich/Tewocht*, Zum Gesetz zur besseren Durchsetzung der Ausreisepflicht, NVwZ 2017, 1153.

906 Gesetz v 27.5.2017 (BGBl I 1106).

907 Vgl *Kluth*, Next Steps: Die Gesetze des Migrationspakets 2019 folgen jeweils eigenen Pfaden, NVwZ 2019, 1305 und die Beiträge in der Beilage zum Asylma-

(1.1.2019) im Juni 2019 vom Bundestag beschlossen[908] und großteils bereits vom Bundesrat gebilligt. Die für die vorliegende Arbeit relevanten Gesetze sind das Fachkräfteeinwanderungsgesetz,[909] das „Geordnete-Rückkehr-Gesetz",[910] das „Duldungsgesetz"[911] und das Dritte Gesetz zur Änderung des AsylbLG.[912] Diese werden an der jeweils einschlägigen Stelle mitbehandelt, da sie teils enorme Auswirkungen auf die geltende Rechtslage haben (werden). Das „Geordnete-Rückkehr-Gesetz" ist am 21.8.2019 und das Dritte Gesetz zur Änderung des AsylbLG am 1.9.2019 in Kraft getreten. Das „Duldungsgesetz" tritt am 1.1.2020 in Kraft. Das Fachkräfteeinwanderungsgesetz tritt mehrheitlich am 1.3.2020 in Kraft. *Kluth* hat herausgearbeitet, dass durch das Fachkräfteeinwanderungsgesetz und das „Duldungsgesetz" „das Interesse des Arbeitsmarkts an zusätzlichen Fachkräften unterstützt" wird und durch das „Geordnete-Rückkehr-Gesetz" die „staatlichen Steuerungsinteressen im Bereich der Rückführung"[913] in den Vordergrund gestellt werden. Das Dritte Gesetz zur Änderung des AsylbLG passt die Leistungen entsprechend an.

Wie in Österreich ist es auch in Deutschland zu häufigen Reformen seit Erlass des AufenthG gekommen, was sich in einer immer komplexeren Rechtslage manifestiert und zu Recht kritisiert wird.[914]

---

gazin 8–9/2019, wie bspw *Informationsverbund Asyl und Migration*, Neuregelungen durch das Migrationspaket, Das Migrationspaket – Beilage zum Asylmagazin 8–9/2019, 2.

908 Siehe *Roßbach*, Bundestag beschließt Gesetzespaket zu Abschiebung und Migration, Süddeutsche Zeitung v 7.6.2019, https://www.sueddeutsche.de/politik/migration-bundestag-geordnete-rueckkehr-gesetz-1.4478900 (30.6.2019) und *Lau*, Ein kleines Ja und ein großes Nein, Zeit Online v 7.6.2019, https://www.zeit.de/politik/deutschland/2019-06/migrationspaket-grosse-koalition-abschiebung-zuwanderung (30.6.2019).

909 Gesetz v 15.8.2019 (BGBl I 1307); vgl BT-Drs 19/8285.

910 Gesetz v 15.8.2019 (BGBl I 1294); vgl BT-Drs 19/10047. Der offizielle Titel lautet „Zweites Gesetzes zur besseren Durchsetzung der Ausreisepflicht".

911 Gesetz v 8.7.2019 (BGBl I 1021). Der offizielle Titel lautet „Gesetz über Duldung bei Ausbildung und Beschäftigung".

912 Gesetz v 13.8.2019 (BGBl I 1290); vgl BT-Drs 19/10052.

913 *Kluth*, NVwZ 2019, 1306. Kritisch *Hruschka*, Ad-Hoc-Reparaturbetrieb statt kohärenter Rechtsrahmen: das „Geordnete-Rückkehr-Gesetz", Verfassungsblog v 21.5.2019, https://verfassungsblog.de/ad-hoc-reparaturbetrieb-statt-kohaerenter-rechtsrahmen-das-geordnete-rueckkehr-gesetz/ (30.6.2019).

914 Anstatt vieler das Vorwort in *Marx*, Aufenthalts-, Asyl- und Flüchtlingsrecht.

II. Rechtlicher Status von Ausländer*innen

Bevor die einschlägigen humanitären Aufenthaltserlaubnisse dargestellt werden, wird der rechtliche Status von Ausländer*innen im Aufenthaltsrecht beschrieben. Zunächst wird der un/erlaubte Aufenthalt beschrieben, anschließend der Zugang zu unselbstständiger Beschäftigung, zu Sozialleistungen und zur Gesundheitsversorgung.

1. Un/erlaubter Aufenthalt

Gem § 4 Abs 1 S 1 AufenthG benötigen Ausländer*innen für den erlaubten Aufenthalt eine Aufenthaltserlaubnis.[915] Das AufenthG unterscheidet zwischen verschiedenen Aufenthaltstiteln.[916] Für die Zwecke der vorliegenden Arbeit steht die „befristete Aufenthaltserlaubnis“ im Mittelpunkt. Grundsätzlich steht der Aufenthalt unter „Erlaubnisvorbehalt“.[917] Insofern eine Person keinen Aufenthaltstitel und kein anderweitiges Aufenthaltsrecht besitzt, hält sie sich also unerlaubt auf deutschem Hoheitsgebiet auf. Unter den unerlaubten Aufenthalt fällt auch der geduldete Aufenthalt,[918] da die „Systematik des AufenthG […] grundsätzlich keinen Raum für einen ungeregelten Aufenthalt“[919] zulässt. Diese Behauptung ist auch betreffend die in § 10 Abs 3 S 2 AufenthG normierte Titelerteilungssperre aufrecht zu halten, die sogleich näher behandelt wird.[920]

Daneben müssen Ausländer*innen grundsätzlich im Besitz eines anerkannten und gültigen Passes oder Passersatzes sein (Passpflicht).[921] Dazu zählt auch ein Ausweisersatz gem § 48 Abs 2 AufenthG, der einer Person erteilt werden kann, wenn sie einen Pass weder besitzt noch in zumutbarer Weise erlangen kann.[922]

---

915 Vgl *Huber/Eichenhofer/Endres de Oliveira*, Aufenthaltsrecht Rn 37f. Ausnahmen bestehen etwa für Unionsbürger*innen oder assoziierte Drittstaatsangehörige.

916 § 4 Abs 1 AufenthG und siehe sogleich unten Kapitel 4.A.III.1.

917 Nr 4.1.0.1 AVV-AufenthG.

918 Siehe Kapitel 5.A.I.2.

919 *Masuch/Gordzielik* in *Huber* (Hrsg), Kommentar Aufenthaltsgesetz² (2016) § 60a AufenthG Rn 7 mwN.

920 Siehe sogleich unten Kapitel 4.A.III.2.c.

921 § 3 AufenthG und § 2ff Aufenthaltsverordnung v 25.11.2004 (BGBl I 2945), zuletzt geändert durch Verordnung v 1.8.2017 (BGBl I 3066); vgl *Huber/Eichenhofer/Endres de Oliveira*, Aufenthaltsrecht Rn 28ff.

922 Vgl *Weichert/Stoppa* in *Huber* (Hrsg), Kommentar Aufenthaltsgesetz² (2016) § 48 AufenthG Rn 8a-14.

Unerlaubt aufhältige Ausländer*innen trifft – im Gegensatz zur österreichischen Rechtslage[923] – von Gesetzes wegen eine Ausreisepflicht,[924] wobei speziell festgelegt ist, in welchen Fällen eine Person keinen Aufenthaltstitel (mehr) besitzt. Ein solche Konstellation ist gegeben, wenn der Aufenthaltstitel erlischt,[925] widerrufen[926] oder der*die Betroffene ausgewiesen wird.[927] Davon ist die Frage abzugrenzen, ob die Ausreisepflicht durchgesetzt, mit anderen Worten vollstreckt, werden kann.[928]

Eine wichtige Fallkonstellation ist die Folgende: Stellt eine Person einen Antrag auf Erteilung oder Verlängerung einer (humanitären) Aufenthaltserlaubnis, und wird dieser von der zuständigen Ausländerbehörde abgelehnt, erlässt die Behörde gleichzeitig eine Abschiebungsandrohung.[929] Im Vergleich zur österreichischen Diktion wird die inhaltlich negative Entscheidung als Ablehnung und nicht als Abweisung bezeichnet.[930] Zu beachten ist außerdem, wie weiter unten noch ausgeführt wird,[931] dass Rechtsmittel gegen die ablehnende Entscheidung bzw die Abschiebungsandrohung grundsätzlich keine aufschiebende Wirkung haben. Die Ausreisepflicht wird daher vollziehbar, sobald die gesetzliche Ausreisefrist verstrichen ist und insofern kein Eilrechtsschutz erhoben wurde.[932] Das AufenthG verpflichtet grundsätzlich zur unverzüglichen Ausreise, es sei denn es wurde eine Ausreisefrist gesetzt.[933] Letztere beträgt zwischen sieben und 30 Tagen.[934]

923 Im österreichischen Recht können Fremde zwar unrechtmäßig aufhältig sein, aber es ist in der Regel ein Verfahren zur Erlassung einer aufenthaltsbeendenden Maßnahme vonnöten, um dem*der Fremden die Pflicht zur Ausreise aufzuerlegen; siehe Kapitel 4.B.II.1.

924 § 50 Abs 1 AufenthG; vgl *Huber/Eichenhofer/Endres de Oliveira*, Aufenthaltsrecht Rn 1045-1049.

925 § 51 AufenthG. Vgl *Hörich*, Abschiebungen 78-80.

926 § 52 AufenthG.

927 § 53-56 AufenthG; vgl *Hörich*, Abschiebungen 80ff.

928 Siehe hierzu § 58 Abs 2 AufenthG; vgl *Marx*, Aufenthalts-, Asyl- und Flüchtlingsrecht § 7 Rn 287.

929 Vgl *Marx*, Aufenthalts-, Asyl- und Flüchtlingsrecht § 2 Rn 240.

930 Siehe auch unten Kapitel 4.B.II.1.

931 Siehe unten Kapitel 4.A.V.1.

932 § 58 Abs 2 AufenthG; vgl *Marx*, Aufenthalts-, Asyl- und Flüchtlingsrecht § 7 Rn 287.

933 § 50 Abs 2 AufenthG; vgl *Marx*, Aufenthalts-, Asyl- und Flüchtlingsrecht § 2 Rn 288.

934 § 59 Abs 1 S 1 AufenthG.

Die Ausweisung nach § 53 AufenthG begründet die Ausreisepflicht für Ausländer*innen,[935] die bspw eine Gefahr für die Bundesrepublik Deutschland darstellen. Beim Erlass einer Ausweisung wird das öffentliche Interesse an der Aufenthaltsbeendigung gegenüber dem Bleibeinteresse des*der Betroffenen abgewogen.[936] Die Ausweisung lässt einen etwaigen Aufenthaltstitel erlöschen[937] und sie kann mittels behördlichen Zwangs durchgesetzt bzw vollstreckt werden (Abschiebung), wenn die Ausreisepflicht vollziehbar ist.[938]

Ist eine Person unrechtmäßig aufhältig und nicht geduldet, ist dies gem § 95 Abs 1 Z 2 AufenthG außerdem strafbar, wenn er*sie vollziehbar ausreisepflichtig ist.[939] Dieses strafbare Delikt ist dem Ausländerstrafrecht zugeordnet,[940] wobei die Strafdrohung in concreto bei einer Freiheitsstrafe von bis zu einem Jahr bzw einer Geldstrafe liegt. Auch die Verletzung der Passpflicht stellt nach dem deutschen AufenthG eine solche strafbare Handlung dar.[941] Dadurch unterscheidet sich die deutsche Qualifizierung der Tatbestände sowohl von der österreichischen als auch von der spanischen Rechtslage, wo es sich jeweils nur um einen Verwaltungsstraftatbestand handelt.[942]

2. Unselbstständige Beschäftigung

Grundsätzlich sind Ausländer*innen nur zur Ausübung einer Erwerbstätigkeit berechtigt, wenn sie im Besitz einer Aufenthaltserlaubnis sind und

---

935 Siehe zum diesbezüglichen Diskussionsstand und der überzeugenden Meinung von *Hörich*, Abschiebungen 86f und 90, dass die Ausweisung als Rückkehrentscheidung im Sinne der RückführungsRL zu qualifizieren ist.

936 Vgl *Huber/Eichenhofer/Endres de Oliveira*, Aufenthaltsrecht Rn 1087ff.

937 § 51 Abs 1 Z 5 AufenthG.

938 § 58 Abs 2 AufenthG.

939 Vgl *Hörich* in *Huber* (Hrsg), Kommentar Aufenthaltsgesetz² (2016) § 95 AufenthG Rn 29ff.

940 Vgl zum Ausländerstrafrecht in Deutschland *Hörich* in *Huber* Vorbemerkungen § 95 AufenthG Rn 1ff.

941 § 95 Abs 1 Z 1 AufenthG.

942 Kritisch *Hörich* in *Huber* Vorbemerkungen § 95 AufenthG Rn 11, der die Klassifizierung als Ordnungswidrigkeit, dh als verwaltungsstrafrechtlichen Tatbestand, vorschlägt. Siehe zur österreichischen Rechtslage Kapitel 4.B.II.1. und zur spanischen Kapitel 4.C.II.1.

diese sie hierzu berechtigt.[943] Erwerbstätigkeit umfasst nach § 2 Abs 2 AufenthG sowohl eine selbstständige Tätigkeit als auch unselbstständige Beschäftigung.[944] Zuerst ist demnach zu prüfen, ob mit der erteilten Aufenthaltserlaubnis die Berechtigung zur Ausübung einer Erwerbstätigkeit eingeräumt wird.[945] Wird eine solche Berechtigung nicht eingeräumt, kann die zuständige Ausländerbehörde eine Beschäftigungserlaubnis erteilen, wobei in der Regel die Bundesagentur für Arbeit zu beteiligen ist.[946] Insofern eine Person im Besitze einer humanitären Aufenthaltserlaubnis ist, ist die Zustimmung der Bundesagentur für Arbeit im Verfahren zur Erteilung der besprochenen Berechtigung nicht erforderlich.[947] Dadurch entfällt die Vorrangprüfung,[948] die in der österreichischen Diktion als Arbeitsmarktprüfung bezeichnet wird.[949]

Dies bedeutet im Umkehrschluss, dass unrechtmäßig aufhältige Ausländer*innen grundsätzlich nicht berechtigt sind, eine unselbstständige Beschäftigung auszuüben. Demnach ist auch geduldeten Personen die Beschäftigung grundsätzlich versagt.[950] Der Arbeitsmarktzugang von Geduldeten wird an anderer Stelle noch näher ausgeführt.[951]

Durch das Fachkräfteeinwanderungsgesetz kommt es ab 1.3.2020 zu einem „Paradigmenwechsel“,[952] wonach ex lege mit jedem Aufenthaltstitel das Recht zur Ausübung einer Erwerbstätigkeit verbunden ist, insofern dies gesetzlich nicht ausdrücklich verboten ist.[953] Praktisch wird diese Umkehr von einem Verbot mit Erlaubnisvorbehalt zu einer Erlaubnis mit Verbotsvorbehalt aber wohl kaum Auswirkungen haben,[954] da jeder Aufenthaltstitel

---

943 § 4 Abs 2 und 3 AufenthG; vgl *Huber/Eichenhofer/Endres de Oliveira*, Aufenthaltsrecht Rn 44f.

944 Zum Begriff der Beschäftigung siehe § 7 SGB IV.

945 Siehe für eine Aufzählung aller Aufenthaltserlaubnisse *Frings/Janda/Keßler/Steffen*, Sozialrecht für Zuwanderer² (2018) Rn 56.

946 Vgl *Frings/Janda/Keßler/Steffen*, Sozialrecht Rn 57-65.

947 § 31 BeschV.

948 Vgl nur *Frings/Janda/Keßler/Steffen*, Sozialrecht Rn 834 im Zusammenhang mit der Aufenthaltserlaubnis gem § 25 Abs 5 AufenthG.

949 Siehe Kapitel 4.B.II.2.

950 § 32 Abs 1 S 1 BeschV.

951 Siehe Kapitel 5.A.I.2.b.

952 *Klaus/Hammer*, Fachkräfteeinwanderungsgesetz (FEG): Signal mit Fragezeichen oder echter Quantensprung?, ZAR 2019, 137 (137). *Kluth*, NVwZ 2019, 1306 spricht von einer „strukturellen Neuausrichtung“.

953 § 4 Abs 1 AufenthG idF Fachkräfteeinwanderungsgesetz.

954 In diesem Sinne *Klaus/Hammer*, ZAR 2019, 137 und *Kluth*, NVwZ 2019, 1306.

weiterhin erkennen lassen muss, ob die Ausübung einer Erwerbstätigkeit erlaubt ist und ob er Beschränkungen unterliegt.[955]

3. Sozialleistungen

In Deutschland ist zwischen dem Arbeitslosengeld II („Hartz IV"), der allgemeinen Sozialhilfe und der „Sonder-Sozialhilfe" zu unterscheiden.[956] Die sozialen Teilhabeansprüche sind in der Regel direkt an die erteilte Aufenthaltserlaubnis geknüpft.

Ausländer*innen haben denselben Anspruch wie Deutsche auf das sogenannte Arbeitslosengeld II gem SGB II, bei dem es sich um eine Grundsicherung für Arbeitssuchende, jedoch um keine Leistung aus der Arbeitslosenversicherung handelt, wie der Name im ersten Moment nahelegt. Personen sind leistungsberechtigt, wenn sie erwerbsfähig, hilfsbedürftig und das 15te Lebensjahr vollendet haben.[957] Ausgenommen sind unter anderem Personen, die nach dem AsylbLG anspruchsberechtigt sind oder über kein Aufenthaltsrecht verfügen.[958] Folglich sind Ausländer*innen im Besitz einer humanitären Aufenthaltserlaubnis deshalb grundsätzlich leistungsberechtigt.[959] Nachrangig hierzu kommt auch ein Anspruch auf Sozialhilfe nach dem SGB XII in Betracht.[960] Welcher der beiden Sozialleistungsansprüche besteht ist aufgrund der komplizierten Regelung im Hinblick auf die jeweils erteilte humanitäre Aufenthaltserlaubnis und den einschlägigen Tatbestand zu ermitteln.[961]

Die Inhaber*innen bestimmter humanitärer Aufenthaltserlaubnisse erhalten bloß die – im Vergleich zum SGB II und SGB XII – niedrigeren

955 § 4 Abs 2 und 3 AufenthG idF Fachkräfteeinwanderungsgesetz.

956 Vgl *Mimentza Martin*, Die sozialrechtliche Stellung 128 und 133.

957 § 7 Abs 1 S 1 SGB II.

958 § 7 Abs 1 S 2 Z 2 und 3 SGB II. Siehe zu den allgemeinen Voraussetzungen und zu den Ausschlusstatbeständen für Ausländer*innen *Frings/Janda/Keßler/Steffen*, Sozialrecht Rn 87ff.

959 § 7 Abs 1 S 3 SGB II. Vgl *Frings/Janda/Keßler/Steffen*, Sozialrecht Rn 106.

960 § 23 SGB XII. Vgl *Groth* in *Rolfs/Giesen/Keikebohm/Udsching* (Hrsg), BeckOK Sozialrecht (50. Edition, 1.9.2018) § 23 SGB XII Rn 10 und *Frings/Janda/Keßler/Steffen*, Sozialrecht Rn 130-144.

961 Vgl *Frings/Janda/Keßler/Steffen*, Sozialrecht Rn 690ff.

Leistungen[962] nach dem AsylbLG.[963] Eine solche Ausnahme besteht bspw für Ausländer*innen mit einer Aufenthaltserlaubnis gem § 25 Abs 5 AufenthG.[964] Mit dem Dritten Gesetz zur Änderung des AsylbLG, das am 1.9.2019 in Kraft getreten ist, wurden die Grundleistungen in § 3 AsylbLG neu strukturiert und in dem neu geschaffenen § 3a AsylbLG die Leistungssätze kodifiziert.[965]

Die SGB-Bücher sind auf vollziehbar ausreisepflichtige Ausländer*innen nicht anwendbar, wodurch diese Personen von den dort normierten Sozialleistungsansprüchen ausgeschlossen sind. Ein Anspruch auf „Sonder-Sozialhilfe“ kann sich jedoch nach dem AsylbLG ergeben, wenn gerade kein Anspruch nach dem SGB II oder nach dem SGB XII besteht.[966] Nach einem Leistungsbezug über einen Zeitraum von mindestens 15 Monaten[967] nach dem AsylbLG haben Ausländer*innen Anspruch auf Analogleistungen nach dem SGB XII, wenn sie die Dauer ihres Aufenthalts nicht rechtsmissbräuchlich selbst beeinflusst haben und sich ohne wesentliche Unterbrechung im Bundesgebiet aufhalten.[968] „Analogleistungen“ bedeutet, dass sich diese nach den Regelsätzen des SGB II richten.[969] Mit dem Dritten Gesetz zur Änderung des AsylbLG wird die für Analogleistungen notwendige Voraufenthaltszeit von 15 auf 18 Monate verlängert.[970]

---

962 Zum Leistungsumfang siehe §§ 1a und 3 AsylbLG. Vgl *Schneider*, NZS-Jahresrevue 2017 – Asylbewerberleistungsgesetz, NZS 2018, 559 (560-563) und *Frings/Janda/Keßler/Steffen*, Sozialrecht Rn 146 und 150-159.

963 Der berechtigte Personenkreis ist in § 1 AsylbLG definiert; vgl *Frings/Janda/Keßler/Steffen*, Sozialrecht Rn 147.

964 Siehe im Detail Kapitel 5.C.II.

965 Vgl *Genge*, Das geänderte Asylbewerberleistungsgesetz, Das Migrationspaket – Beilage zum Asylmagazin 8–9/2019, 14 (15-18).

966 Vgl *Frings/Janda/Keßler/Steffen*, Sozialrecht Rn 145ff.

967 Dies ist der Zeitraum, den ein durchschnittliches, behördliches Asylverfahren in Deutschland benötigt; vgl BT-Drs 18/2592, 19 mwN.

968 § 2 Abs 1 AsylbLG; vgl *Frings/Janda/Keßler/Steffen*, Sozialrecht Rn 179ff; *Korff* in *Rolfs/Giesen/Keikebohm/Udsching* (Hrsg), BeckOK Sozialrecht (50. Edition, Stand 1.9.2018) § 2 AsylbLG Rn 1-17.

969 *Schneider*, NZS 2018, 563.

970 § 2 Abs 1 AsylbLG idF Dritte Gesetz zur Änderung des AsylbLG. Kritisch *Genge*, Das Migrationspaket – Beilage zum Asylmagazin 8–9/2019, 18f.

4. Gesundheitsversorgung

Ansprüche aus der gesetzlichen Krankenversicherung richten sich in Deutschland nach dem SGB V. Die Frage, wer versicherungspflichtig ist, richtet sich konkret nach § 5 SGB V. Beziehen Ausländer*innen Arbeitslosengeld II sind sie in der Regel pflichtversichert.[971] Der Bezug von Sozialhilfe, wie gerade ausgeführt wurde,[972] löst keine Pflichtversicherung aus. Personen ohne Aufenthaltsrecht können einen Anspruch auf Einbeziehung in die gesetzliche Krankenversicherung dadurch auslösen, dass sie beschäftigt sind und ein Einkommen beziehen.[973] Besitzen sie hierfür nicht die erforderliche Erlaubnis, sind sie undokumentiert beschäftigt.[974] Festzuhalten ist, dass unerlaubt aufhältige Ausländer*innen grundsätzlich über keinen gesetzlichen Krankenversicherungsanspruch verfügen.

Ausländer*innen, die Leistungen nach dem AsylbLG beziehen, sind nur über das AsylbLG abgesichert und ebenfalls nicht in die gesetzliche Krankenversicherung miteinbezogen. Im Vergleich zur gesetzlichen Krankenversicherung decken die Gesundheitsleistungen nach dem AsylbLG auch nur die Behandlung von akuten Erkrankungen und Schmerzzuständen ab.[975] Hierunter fallen auch Schwangerschaft und Geburt.[976] Bezieher*innen von Analogleistungen gem § 2 AsylbLG erhalten Leistungen aus der Krankenversicherung.[977]

III. Allgemeines zu den „humanitären Aufenthaltserlaubnissen“

Für die vorliegende Arbeit ist der fünfte Abschnitt des zweiten Kapitels des AufenthG maßgeblich, in dem sich die Bestimmungen über den Aufenthalt aus völkerrechtlichen, humanitären oder politischen Gründen finden (§§ 22-26 AufenthG). Diese werden in der Folge als „humanitäre Aufenthaltserlaubnisse“ bezeichnet.[978] Sie wurden mit dem Erlass des AufenthG durch das Zuwanderungsgesetz 2005 eingeführt, wobei sich die Gesetzgebung an den Vorläuferbestimmungen im AuslG 1990 orientiert und die

---

971 § 5 Abs 1 Z 2a SGB V; vgl *Frings/Janda/Keßler/Steffen*, Sozialrecht Rn 102.
972 Siehe oben Kapitel 4.A.II.3.
973 § 5 Abs 1 Z 1 SGB V. Siehe auch § 7 Abs 4 SGB IV und §§ 98a-98c AufenthG
974 Siehe Kapitel 4.A.II.2.
975 § 4 Abs 1 AsylbLG. Vertiefend *Frings/Janda/Keßler/Steffen*, Sozialrecht Rn 160f.
976 In dem Sinne *Schneider*, NZS 2018, 564.
977 § 264 Abs 2 SGB V; vgl *Frings/Janda/Keßler/Steffen*, Sozialrecht Rn 190.
978 So auch *Huber/Eichenhofer/Endres de Oliveira*, Aufenthaltsrecht Rn 4438

Bestimmungen im AufenthG seither vielfach novelliert hat.[979] Die „Aufenthaltserlaubnis für qualifizierte Geduldete zum Zweck der Beschäftigung“ gem § 18a AufenthG fällt als einzige Regularisierung in Deutschland nicht unter die Kategorie der „humanitären Aufenthaltserlaubnisse“, weshalb sie aus Gründen der vereinfachten Darstellung an dieser Stelle nicht näher thematisiert wird.[980]

1. Überblick

Jeder Aufenthaltstitel ist nach dem AufenthG an einen bestimmten Aufenthaltszweck gebunden.[981] An der Zahl können fünf unterschieden werden,[982] wobei das AufenthG diese in über fünfzig einzelne Kategorien unterteilt. Folglich bezeichnet *Groß* den Detaillierungsgrad der Aufenthaltszwecke im AufenthG im Vergleich zu anderen Rechtsgebieten als außergewöhnlich hoch.[983] Erstaunlich ist dabei aber, dass das AufenthG nur mehr drei „Grundformen“[984] von Aufenthaltstiteln, in concreto die „befristete Aufenthaltserlaubnis“, die „unbefristete Niederlassungserlaubnis“ und die „Erlaubnis zum Daueraufenthalt – EU“, kennt.[985] Die „Blaue Karte EU“, die „ICT-Karte“ und die „Mobiler-ICT-Karte“ werden hierbei nicht mitgezählt.[986] Im Vergleich dazu normiert die österreichische Rechtsordnung 25 Aufenthaltsberechtigungen.[987]

Aufenthaltstitel werden als „begünstigende Verwaltungsakte“ qualifiziert.[988] „Ein Aufenthaltstitel ist [seit dem Erlass des AufenthG] eine kombi-

979 Vgl *Huber/Eichenhofer/Endres de Oliveira*, Aufenthaltsrecht Rn 404 mit Verweis auf §§ 30-35 AuslG 1990.

980 Siehe Kapitel 5.E.III.

981 Vgl *Groß*, AöR 2014, 423.

982 Neben dem hier behandelten sind dies Ausbildung, Erwerbstätigkeit, familiäre Gründe und besondere Aufenthaltsrechte.

983 *Groß*, AöR 2014, 426; ähnlich kritisch *Bast*, DÖV 2013, 216 mwN und *Bergmann/Eichenhofer/Hörich/Janda/Nestler/Stamm/Tewocht/Vogt*, Einwanderungsgesetz: Hallescher Entwurf zur Neuordnung der Dogmatik des Aufenthaltsrechts (2019) 68-71.

984 So *Bast*, DÖV 2013, 216, der vor dem Inkrafttreten des Gesetzes v 29.8.2013 (BGBl I 3484) und der Einführung der „Erlaubnis zum Daueraufenthalt – EU“ noch von zwei „Grundformen“ gesprochen hat.

985 §§ 4 Abs 1, 7, 9 und 9a AufenthG.

986 §§ 19a, 19b und 19c AufenthG.

987 Siehe unten Kapitel 4.B.III.1.

988 Siehe Fn 473.

nierte Erlaubnis, die die Entscheidung über Einreise, Aufenthalt und den Zugang zum Arbeitsmarkt in einer einzigen Verwaltungsentscheidung bündelt, die die Ausländerbehörde trifft".[989]

Laut Statistischem Bundesamt verfügten Ende September 2017 etwa „59 000 Personen [...] über eine Aufenthaltserlaubnis infolge von Bleiberechts- oder Aufnahmeregelungen (§§ 22, 23 Absatz 1, §§ 104a, 18a und 25a und 25b AufenthG), etwa 51 000 wegen langjährigen Aufenthalts und unzumutbarer Ausreise (§ 25 Absatz 5 AufenthG) und 23 000 Personen wegen dringender humanitärer oder persönlicher Gründe (§ 25 Absatz 4 AufenthG). Etwa 6 750 Personen verfügten über einen Aufenthaltstitel aufgrund einer individuellen Härtefallentscheidung nach § 23a AufenthG".[990]

2. Verwaltungsverfahren

Auf das Verwaltungsverfahren zur Erteilung einer Aufenthaltserlaubnis sind die allgemeinen verfahrensrechtlichen Regeln, in concreto das VwVfG, anwendbar.[991]

a. Antragstellung

Das AufenthG normiert grundsätzlich ein Antragserfordernis auf Erteilung und Verlängerung eines Aufenthaltstitels.[992] Sowohl die zuständige Ausländerbehörde als auch das VG im Rechtsmittelverfahren haben bei Antragstellung einer humanitären Aufenthaltserlaubnis „einen Anspruch auf Erteilung der Aufenthaltserlaubnis nach jeder in Betracht kommenden Vorschrift des AufenthG zu prüfen".[993] Stellt also ein*e Ausländer*in bspw einen Antrag auf eine „Aufenthaltserlaubnis bei zielstaatsbezogenen Abschiebungsverboten" gem § 25 Abs 3 AufenthG,[994] hat die zuständige Aus-

---

989 *Bast*, DÖV 2013, 216 mit Hinweis auf § 4 Abs 2 und 3 AufenthG.

990 BT-Drs 19/633, 2.

991 Vgl *Marx*, Aufenthalts-, Asyl- und Flüchtlingsrecht § 2 Rn 220.

992 § 81 Abs 1 AufenthG; vgl *Marx*, Aufenthalts-, Asyl- und Flüchtlingsrecht § 2 Rn 233-235 und *Huber/Eichenhofer/Endres de Oliveira*, Aufenthaltsrecht Rn 1384.

993 *Marx*, Aufenthalts-, Asyl- und Flüchtlingsrecht § 5 Rn 1 mwN und vgl *Huber/Eichenhofer/Endres de Oliveira*, Aufenthaltsrecht Rn 420.

994 Siehe Kapitel 5.A.II.1.

länderbehörde gleichsam alle anderen in Frage kommenden (humanitären) Aufenthaltserlaubnisse nach dem AufenthG zu prüfen.

Die Befristung der humanitären Aufenthaltserlaubnisse variiert je nach Erteilungsgrund, wobei sie für längstens drei Jahre erteilt werden kann.[995] Ein näheres Eingehen auf diesen Punkt erfolgt daher im Hinblick auf die jeweils beschriebenen Regularisierungen in Kapitel 5.

Gem § 12 Abs 2 AufenthG kann jede Aufenthaltserlaubnis mit Bedingungen erteilt bzw nachträglich mit Auflagen – wie einer räumlichen Beschränkung – verbunden werden. Besonders zu beachten gilt hierbei der 2016 neu eingeführte § 12a Abs 1 AufenthG, der als lex specialis eine Wohnsitzregelung für Ausländer*innen normiert,[996] denen erstmalig eine humanitäre Aufenthaltserlaubnis gem §§ 22, 23 oder 25 Abs 3 AufenthG erteilt wird.[997]

In dem Zusammenhang ist auch auf § 11 Abs 4 S 2 AufenthG hinzuweisen, wenn eine humanitäre Aufenthaltserlaubnis – trotz Bestehens eines Einreise- oder Aufenthaltsverbots – beantragt wird.[998] Nach dieser Bestimmung ist ein Einreise- oder Aufenthaltsverbot aufzuheben, um „die Erteilung einer [humanitären] Aufenthaltserlaubnis zu ermöglichen".[999] Der Gesetzesentwurf nimmt speziell auf § 25 Abs 4a bis 5 sowie §§ 25a und 25b AufenthG Bezug.[1000]

b. Erteilungsvoraussetzungen und Versagungsgründe

Die Erteilung eines Aufenthaltstitels bedarf grundsätzlich des Vorliegens diverser allgemeiner Erteilungsvoraussetzungen.[1001] Diese müssen – wie nach dem deutschen Verwaltungsrecht üblich – im Zeitpunkt der behördlichen bzw verwaltungsgerichtlichen[1002] Entscheidung vorliegen. Grundsätzlich unterscheidet das AufenthG zwischen Regelerteilungsvoraussetzungen

---

995 § 26 AufenthG; vgl *Huber/Eichenhofer/Endres de Oliveira*, Aufenthaltsrecht Rn 639.

996 Vgl *Huber/Eichenhofer/Endres de Oliveira*, Aufenthaltsrecht Rn 662-682.

997 Siehe Kapitel 5.A.II.1.

998 Vgl *Huber/Eichenhofer/Endres de Oliveira*, Aufenthaltsrecht Rn 441f.

999 Vgl BT-Drs 18/4097, 37.

1000 Siehe unten Kapitel 5.B.I.-II., Kapitel 5.C.II. sowie Kapitel 5.D.I.2.

1001 § 5 Abs 1 und 2 AufenthG.

1002 § 113 VwGO; vgl *Marx*, Aufenthalts-, Asyl- und Flüchtlingsrecht § 2 Rn 244 mwN und *Decker* in *Posser/Wolff*, BeckOK VwGO (47. Edition, 1.10.2018) § 113 VwGO Rn 21f. Für die relevanten Ausnahmen im aufenthaltsrechtlichen Verfahren siehe Rn 22.3-22.5.

und zwingenden Erteilungsvoraussetzungen.[1003] Zu den zwingenden Erteilungsvoraussetzungen zählt einerseits, dass man im Besitz des für die Einreise erforderlichen Visums ist und andererseits, dass die für die Erteilung maßgeblichen Angaben bereits im Visumsantrag angeführt wurden. Von beiden kann bei Erteilung einer humanitären Aufenthaltserlaubnis abgesehen werden,[1004] da die Ausreise zur Durchführung des Visumsverfahrens in der Regel unmöglich oder unzumutbar sein dürfte.[1005] In § 5 Abs 3 AufenthG wurde eine „Sonderregelung" für humanitäre Aufenthaltserlaubnisse geschaffen, da die Erteilung einer humanitären Aufenthaltserlaubnis „typischerweise nicht von der Einhaltung aller Voraussetzungen des § 5 [AufenthG] abhängig gemacht werden"[1006] kann. Folglich soll Ausländer*innen, die die Voraussetzungen einer humanitären Aufenthaltserlaubnis erfüllen, „für die Dauer der humanitären Notlage die Möglichkeit eines legalen Aufenthaltsstatus"[1007] ermöglicht werden, da in der Mehrheit dieser Fälle der Aufenthalt ohnehin nicht beendet werden kann.

Die positiven Regelerteilungsvoraussetzungen gem § 5 Abs 1 AufenthG sind die Lebensunterhaltssicherung,[1008] die Identitätsklärung[1009] und die Passpflicht.[1010] Die negativen Regelerteilungsvoraussetzungen sind, dass kein Ausweisungsinteresse[1011] und keine Beeinträchtigung oder Gefährdung der Interessen der Bundesrepublik Deutschland bestehen.[1012] Von diesen kann wiederum bei humanitären Aufenthaltserlaubnissen aufgrund der besagten „Sonderregelung" abgesehen werden.

Das AufenthG kennt weiters auch Gründe aufgrund derer die Erteilung einer Aufenthaltserlaubnis versagt werden kann. Ein solcher liegt vor, wenn

---

1003 Vgl *Huber/Eichenhofer/Endres de Oliveira*, Aufenthaltsrecht Rn 422.

1004 § 5 Abs 3 S 2 AufenthG.

1005 So *Huber/Eichenhofer/Endres de Oliveira*, Aufenthaltsrecht Rn 435.

1006 Nr 5.3.0.1 AVV-AufenthG und BTS-Drs 15/420, 70. Vgl hierzu auch *Huber/Eichenhofer/Endres de Oliveira*, Aufenthaltsrecht Rn 86-92 und 423.

1007 Nr 5.3.0.1 AVV-AufenthG.

1008 Vertiefend *Huber/Eichenhofer/Endres de Oliveira*, Aufenthaltsrecht Rn 12ff und 65 sowie zur Ausnahme gem § 5 Abs 3 AufenthG Rn 427-429.

1009 Vertiefend *Huber/Eichenhofer/Endres de Oliveira*, Aufenthaltsrecht Rn 28ff und zur Ausnahme gem § 5 Abs 3 AufenthG Rn 430.

1010 Siehe bereits oben Kapitel 4.A.II.1. und vertiefend *Huber/Eichenhofer/Endres de Oliveira*, Aufenthaltsrecht Rn 75 und zur Ausnahme gem § 5 Abs 3 AufenthG Rn 435.

1011 Vertiefend *Huber/Eichenhofer/Endres de Oliveira*, Aufenthaltsrecht Rn 67-70 und zur Ausnahme gem § 5 Abs 3 AufenthG Rn 431.

1012 Vertiefend *Huber/Eichenhofer/Endres de Oliveira*, Aufenthaltsrecht Rn 71-74 und zur Ausnahme gem § 5 Abs 3 AufenthG Rn 431.

ein besonders schwerwiegendes Ausweisungsinteresse im Sinne des § 54 Abs 1 Z 2 oder 4 AufenthG besteht.[1013] Dieser Versagungsgrund ist auch auf humanitäre Aufenthaltserlaubnisse anwendbar.[1014]

c. Titelerteilungssperre nach Asylverfahren

Spezielle Regelungen bestehen für die Titelerteilung nach einem durchlaufenen Asylverfahren. Dies zeigt – ähnlich wie in Österreich die amtswegige Prüfung von zwei „Aufenthaltstiteln aus berücksichtigungswürdigen Gründen" während des Asylverfahrens –,[1015] dass die humanitären Aufenthaltserlaubnisse eng mit dem Asylverfahren verwoben sind. Gem § 10 Abs 3 S 1 AufenthG darf Ausländer*innen, deren Asylantrag unanfechtbar abgelehnt wurde oder die ihren Antrag zurückgenommen haben, vor der Ausreise nur eine humanitäre Aufenthaltserlaubnis erteilt werden.[1016] Eine Erteilung einer Aufenthaltserlaubnis aufgrund eines anderen Aufenthaltszwecks scheidet aufgrund dieser Bestimmung aus. Besonderes gilt weiters, wenn der Asylantrag eines*r Ausländers*in aus spezifisch normierten Gründen – wie Täuschung – als offensichtlich unbegründet abgelehnt wurde.[1017] Dieser Personengruppe darf vor der Ausreise grundsätzlich überhaupt kein Aufenthaltstitel erteilt werden (sogenannte Titelerteilungssperre). Hiervon darf nur in zwei Fällen abgewichen werden: Insofern die Voraussetzungen für die Erteilung einer „Aufenthaltserlaubnis bei zielstaatsbezogenen Abschiebungsverboten" gem § 25 Abs 3 AufenthG vorliegen[1018] oder ein Anspruch auf Erteilung eines Aufenthaltstitels besteht.[1019] Darüber hinaus kann die „Aufenthaltserlaubnis für qualifizierte Geduldete zum Zweck der Beschäftigung" gem § 18a Abs 3 AufenthG auch – in Abweichung von der Titelerteilungssperre – erteilt werden.[1020] Die Titelertei-

---

1013 § 5 Abs 4 AufenthG.

1014 So *Huber/Eichenhofer/Endres de Oliveira*, Aufenthaltsrecht Rn 436f und Nr 5.4.2 AVV-AufenthG.

1015 Siehe Kapitel 4.B.III.2.b.

1016 § 10 Abs 3 S 1 AufenthG.

1017 § 10 Abs 3 S 2 AufenthG; vgl *Huber/Eichenhofer/Endres de Oliveira*, Aufenthaltsrecht Rn 138.

1018 Siehe Kapitel 5.A.II.1.

1019 Vertiefend *Huber/Eichenhofer/Endres de Oliveira*, Aufenthaltsrecht Rn 139-141 und 439f mwN.

1020 § 18a Abs 3 AufenthG; vgl *Huber/Eichenhofer/Endres de Oliveira*, Aufenthaltsrecht Rn 142.

lungssperre steht seit Langem in Kritik, da diese zu „Kettenduldungen trotz vorhandener Integrationsleistungen und unverschuldeter Ausreise- oder Abschiebungshindernisse“[1021] führt und Bedenken im Hinblick auf völker- und europarechtliche Vorgaben bestehen.[1022]

3. Verfestigung des Aufenthalts

§ 8 Abs 1 AufenthG normiert, dass Aufenthaltserlaubnisse grundsätzlich nach den gleichen Regeln, die für die Erteilung gelten, verlängert werden können. Speziell für humanitäre Aufenthaltserlaubnisse normiert § 26 Abs 2 AufenthG einen Verlängerungsausschluss, „wenn das Ausreisehindernis oder die sonstigen einer Aufenthaltsbeendigung entgegenstehenden Gründe entfallen sind“.[1023] Diese Vorschrift hat klarstellende Funktion und unterstreicht laut AVV-AufenthG, „dass der Aufenthalt aus humanitären Gründen vom Grundsatz des temporären Schutzes geprägt ist“.[1024] Dies bedeutet, dass die Erteilungsvoraussetzungen bei der Verlängerung genau wie bei der erstmaligen Erteilung weiterhin vorliegen und beachtet werden müssen.[1025] Für jene humanitären Aufenthaltserlaubnisse, die eine langfristige Aufenthaltsperspektive eröffnen, ist der Verlängerungsausschluss nicht anwendbar,[1026] wovon die meisten, die in Kapitel 5 analysiert werden, umfasst sind.[1027]

Eine Aufenthaltserlaubnis wird, wie bereits ausgeführt, immer zu einem bestimmten Zweck erteilt, weshalb ein Zweckwechsel bei der Verlängerung nicht in Betracht kommt. Für außergewöhnliche Härtefälle normiert § 25 Abs 4 S 2 AufenthG daher, dass unabhängig von § 8 Abs 1 und 2 AufenthG eine Aufenthaltserlaubnis verlängert werden kann.[1028] Voraussetzung für die

---

1021 *Deutscher Anwaltverein*, Stellungnahme zur Abschaffung des § 10 Absatz 3 Satz 2 Aufenthaltsgesetz (AufenthG) v April 2013, https://dav-migrationsrecht.de/files/page/0_47513700_1402160616s.pdf (11.10.2018), 3.

1022 Der Deutsche Anwaltverein führt etwa Art 8 EMRK und die Bestimmungen der RückführungsRL und FamilienzusammenführungsRL an; vgl *Deutscher Anwaltverein*, Stellungnahme v April 2013.

1023 § 26 Abs 2 AufenthG.

1024 Nr 26.2 AVV-AufenthG.

1025 Nr 26.2 AVV-AufenthG.

1026 In dem Sinne *Huber/Eichenhofer/Endres de Oliveira*, Aufenthaltsrecht Rn 644.

1027 §§ 25 Abs 4 S 2, 25 Abs 4a S 3, 25a und 25b AufenthG. §§ 104a und 104b AufenthG werden von der Analyse ausgenommen; siehe Kapitel 4.A.III.4.

1028 Vgl *Maaßen/Kluth* in *Kluth/Heusch* (Hrsg), BeckOK Ausländerrecht (18. Edition, Stand 1.11.2018) § 25 AufenthG Rn 78f.

Anwendung dieser Bestimmung ist, dass die Verlängerung nach den allgemeinen Vorschriften nicht möglich ist und der*die Ausländer*in im Besitz einer Aufenthaltserlaubnis ist.[1029]

Gem § 25 Abs 3 AufenthG kann Ausländer*innen mit einer humanitären Aufenthaltserlaubnis auch eine Niederlassungserlaubnis erteilt werden. Die Niederlassungserlaubnis wird von *Huber/Eichenhofer/Endres de Oliveira* als „die höchste Stufe der aufenthaltsrechtlichen Verfestigung"[1030] im deutschen Aufenthaltsrecht bezeichnet, da sie unbefristet ist und zur Ausübung jeder Erwerbstätigkeit berechtigt. Die Grundvoraussetzung ist, dass der*die Ausländer*in fünf Jahre im Besitz einer Aufenthaltserlaubnis war.[1031] Bestimmte Voraufenthaltszeiten eines vorangegangenen Asylverfahrens können hierbei angerechnet werden.[1032] Kinder, die vor Erreichung der Volljährigkeit nach Deutschland eingereist sind, werden dabei privilegiert.[1033]

4. Abgrenzungsfragen

Zur Abgrenzung des Untersuchungsgegenstandes werden in der Folge jene Bestimmungen angeführt, die zwar als humanitäre Aufenthaltserlaubnis zu qualifizieren sind, aber in der vorliegenden Arbeit aus noch näher zu erläuternden Gründen nicht analysiert werden. § 22 AufenthG normiert die Aufenthaltserlaubnis „Aufnahme aus dem Ausland". Wie der Name bereits indiziert, muss sich die Person zur Inanspruchnahme der Bestimmung im Ausland befinden. Dasselbe gilt für die Neuansiedlung von Schutzsuchenden gem § 23 Abs 4 AufenthG.[1034] Folglich sind die Aufenthaltserlaubnisse nicht als Regularisierung im Sinne der vorliegenden Arbeit zu werten und werden vom Untersuchungsbereich der vorliegenden Arbeit ausgeschlossen.

Die „Aufenthaltsgewährung zur Wahrung völkerrechtlicher oder humanitärer Gründe oder politischer Interessen" gem § 23 Abs 1 AufenthG wird im rechtsvergleichenden Kapitel 5 ebenfalls nicht beleuchtet. Die tiefergehende Analyse entfällt im rechtsvergleichenden Kapitel, weil derzeit keine

---

1029 Zu den Voraussetzungen siehe *Maaßen/Kluth* in *Kluth/Heusch* § 25 AufenthG Rn 80ff.

1030 *Huber/Eichenhofer/Endres de Oliveira*, Aufenthaltsrecht Rn 929.

1031 § 26 Abs 4 S 1 iVm § 9 Abs 2 AufenthG.

1032 § 26 Abs 4 S 3 AufenthG und vgl *Huber/Eichenhofer/Endres de Oliveira*, Aufenthaltsrecht Rn 655.

1033 § 26 Abs 4 S 4 iVm § 35 AufenthG.

1034 Vgl *Huber/Eichenhofer/Endres de Oliveira*, Aufenthaltsrecht Rn 479ff.

„Anordnungen“ gem § 23 Abs 1 AufenthG in Kraft sind und daher keine vertiefte Analyse derselben möglich ist.[1035] Die historisch bedeutsame Vorgängerbestimmung, § 32 AuslG, wurde bereits ausführlich dargestellt.[1036]

Die Altfallregelungen gem §§ 104a und 104b AufenthG wurden ebenfalls bereits kurz thematisiert.[1037] Sie haben als Vorlage für die geltenden §§ 25a und 25b AufenthG gedient,[1038] die in Kapitel 5 näher dargestellt werden. Obwohl die Altfallregelungen gem §§ 104a und 104b AufenthG noch geltendes Recht darstellen, werden sie kaum angewandt, da sie an einen Stichtag (1.7.2007) gebunden sind.[1039] Da ohnehin die Nachfolgebestimmungen §§ 25a und 25b AufenthG analysiert werden, erfolgt keine nähere Analyse der §§ 104a und 104b AufenthG.

Weiters regelt § 24 AufenthG eine „Aufenthaltsgewährung zum vorübergehenden Schutz“. Diese Bestimmung fußt auf der vorübergehender-Schutz-RL, weshalb sie – wie oben bereits ausgeführt – nicht im Detail analysiert wird.[1040] Ebenso wenig die Aufenthaltserlaubnisse für Asylberechtigte,[1041] anerkannte Flüchtlinge[1042] und subsidiär Schutzberechtigte,[1043] da diese auch nicht vom Gegenstand der vorliegenden Arbeit erfasst sind.[1044] Aus dem gleichen Grund wird die Aufnahmeanordnung durch das Bundesministerium für Inneres bei besonders gelagerten politischen Interessen nach § 23 Abs 2 AufenthG nicht beleuchtet.[1045]

Die „Aufenthaltserlaubnis für einen vorübergehenden Aufenthalt aus dringenden humanitären oder persönlichen Gründen oder erheblichen öffentlichen Interessen“ wird nicht analysiert,[1046] da das damit einhergehende Aufenthaltsrecht für maximal sechs Monate erteilt wird.[1047] Folglich fällt sie, wie noch ausgeführt wird, aus der Analyse in Kapitel 5, weil sie die Mindesterteilungsdauer nicht erfüllt.[1048]

1035 Ebenso wenig wird die Duldung gem § 60a Abs 1 AufenthG beleuchtet, die in S 2 auf § 23 Abs 1 AufenthG Bezug nimmt; siehe Kapitel 5.A.I.2.a.

1036 Siehe Kapitel 4.A.I.

1037 Siehe Kapitel 4.A.I.

1038 Siehe unten Kapitel 5.B.I.-II.

1039 In dem Sinne *Huber/Eichenhofer/Endres de Oliveira*, Aufenthaltsrecht Rn 688.

1040 Siehe oben Kapitel 2.B.IV.1.

1041 § 25 Abs1 AufenthG.

1042 § 25 Abs 2 S 1 AufenthG.

1043 § 25 Abs 2 S 1 AufenthG.

1044 Siehe oben Kapitel 1.C.

1045 Vgl *Huber/Eichenhofer/Endres de Oliveira*, Aufenthaltsrecht Rn 470ff.

1046 § 25 Abs 4 S 1 AufenthG.

1047 § 26 Abs 1 S 1 AufenthG.

1048 Siehe die einleitenden Ausführungen in Kapitel 5.

IV. Kompetenzen und Behörden in Bezug auf das Aufenthaltsrecht

Das deutsche Verwaltungsrecht normiert in Art 30 GG, dass die „Ausübung der staatlichen Befugnisse und die Erfüllung der staatlichen Aufgaben“, mit anderen Worten die unmittelbare Staatsverwaltung, grundsätzlich „Sache der Länder“[1049] ist und deshalb von diesen vollzogen wird. Die einzelnen Kompetenzregelungen unterscheiden sodann zwischen Gesetzgebung und Verwaltung.[1050]

Zunächst zu den Bestimmungen betreffend die Gesetzgebung. Die für das Aufenthaltsrecht bislang einschlägigste Kompetenzbestimmung findet sich in Art 74 Abs 1 Z 4 GG („Aufenthalts- und Niederlassungsrecht der Ausländer“), wobei auch Art 73 Abs 1 Z 3 („Ein- und Auswanderung“) und Art 74 Abs 1 Z 6 GG („Angelegenheiten der Flüchtlinge und Vertriebenen“) nicht außer Acht gelassen werden dürfen.[1051] *Bast* beschreibt Art 74 Abs 1 Z 4 GG als „solide abgesichertes Sonderordnungsrecht des Bundes, in dem die Länder keine legislativen Gestaltungsspielräume mehr besitzen“.[1052]

Die Verwaltung wird von den Ländern vollzogen,[1053] die dabei grundsätzlich an die Gesetze gebunden (gesetzesabhängige Verwaltung)[1054] sind und hoheitlich, dh öffentlich-rechtlich,[1055] tätig werden. Art 83 GG normiert demnach, dass Bundesgesetze, wie das AufenthG, durch die Verwaltungsbehörden der Länder zu vollziehen sind („in eigener Angelegenheit“).[1056] Der Vollzug des Aufenthaltsrechts im Inland ist grundsätzlich bei den Ausländerbehörden der Länder angesiedelt.[1057] Für die Vollziehung asylrechtlicher Materien und bestimmter aufenthaltsrechtlicher Entscheidungen nach dem dtAsylG ist das BAMF zuständig,[1058] bei dem es sich um eine „selbstständige Bundesoberbehörde“ im Sinne des Art 87 Abs 3 S 1 GG handelt.

1049 *Maurer/Waldhoff*, Verwaltungsrecht § 22 Rn 1 und siehe Art 83ff GG.

1050 Art 72ff bzw Art 83ff GG.

1051 Zum Verhältnis der einzelnen Bestimmungen vertiefend *Bast*, Aufenthaltsrecht 118-139.

1052 *Bast*, Aufenthaltsrecht 119 mwN.

1053 Siehe Fn 1049.

1054 Vgl *Maurer/Waldhoff*, Verwaltungsrecht § 1 Rn 26.

1055 Vgl *Maurer/Waldhoff*, Verwaltungsrecht § 1 Rn 25 und § 9 Rn 12-14.

1056 Vgl *Maurer/Waldhoff*, Verwaltungsrecht § 22 Rn 3.

1057 § 71 Abs 1 S 1 AufenthG; vgl *Bast*, DÖV 2013, 216 und *Marx*, Aufenthalts-, Asyl- und Flüchtlingsrecht § 2 Rn 221.

1058 § 5 Abs 1 dtAsylG; vgl *Huber/Eichenhofer/Endres de Oliveira*, Aufenthaltsrecht 1729-1732.

V. Rechtsschutz

Der Rechtsschutz in Deutschland unterscheidet grundsätzlich zwischen der Verwaltungs- und Verfassungsgerichtsbarkeit, die in der Folge dargestellt werden. Davor ist die besondere Bedeutung des Vorliegens eines subjektiv öffentlichen Rechts näher zu beschreiben. Gem Art 19 Abs 4 GG steht jeder Person, die durch die öffentliche Gewalt in ihren subjektiven Rechten verletzt worden ist, der Rechtsweg offen.[1059] Insofern ein subjektives Recht des*der Klägers*in besteht, wird die Entscheidung der Verwaltung vollumfänglich gerichtlich überprüft.[1060] Wichtig für das Verständnis der deutschen Verwaltungsgerichtsbarkeit ist, dass sich die Verwaltungsbehörde und der*die Betroffene vor Gericht „als grundsätzlich gleichgestellte Verfahrensbeteiligte"[1061] gegenüberstehen.

1. Verwaltungsgerichtsbarkeit

Im verwaltungsgerichtlichen Verfahren können drei Arten von Klagen gegen das Handeln der Verwaltung beim zuständigen Verwaltungsgericht (VG) erhoben werden: die Anfechtungsklage, die Feststellungsklage und die Verpflichtungsklage.[1062] Gegen die ablehnende Entscheidung über die Erteilung der Aufenthaltserlaubnis kann der*die Betroffene eine Verpflichtungsklage erheben und gegen die Abschiebungsandrohung die Anfechtungsklage.[1063] *Marx* weist zutreffend darauf hin, dass die beiden Klagen aus prozessrechtlichen Gründen immer gemeinsam zu erheben sind.[1064] Die genannten Rechtsmittel verfügen in diesen Fällen über keine aufschiebende Wirkung.[1065] Die Verpflichtungsklage zielt auf Erlass „eines Verwaltungsakts"[1066] ab. Betreffend der Anfechtungsklage hat das VG die Rechtmäßigkeit des Verwaltungsakts zu prüfen und im Falle der Rechtswidrig-

---

1059 *Maurer/Waldhoff*, Verwaltungsrecht § 8 Rn 5.
1060 Siehe zum Vorliegen eines subjektiven Rechts § 42 Abs 2 VwGO; *Maurer/Waldhoff*, Verwaltungsrecht § 8 Rn 5 mwN und § 8 Rn 6ff zu den Voraussetzungen.
1061 *Maurer/Waldhoff*, Verwaltungsrecht § 8 Rn 5.
1062 §§ 1ff VwGO.
1063 §§ 42ff VwGO; vgl *Maurer/Waldhoff*, Verwaltungsrecht § 10 Rn 80-83.
1064 *Marx*, Aufenthalts-, Asyl- und Flüchtlingsrecht § 2 Rn 244 mwN.
1065 § 84 Abs 1 Z 1 AufenthG. Siehe allgemein § 80 VwGO.
1066 *Maurer/Waldhoff*, Verwaltungsrecht § 10 Rn 82.

keit und insofern der*die Betroffene in seinen*ihren Rechten verletzt wurde aufzuheben.[1067]

Um eine drohende Abschiebung (und die Unerlaubtheit des Aufenthalts) zu verhindern, muss ein*e Betroffene*r daher Eilrechtsschutz gem § 80 Abs 5 VwGO suchen. Nach dieser Bestimmung kann ein Eilrechtsschutzantrag eingebracht werden, wenn der Antrag auf Erteilung oder Verlängerung der Aufenthaltserlaubnis aufenthaltsrechtliche Wirkungen gem § 81 Abs 3 und 4 AufenthG ausgelöst hat.[1068] Bei letzteren handelt es sich um sogenannte „Fiktionswirkungen".[1069] Dies bedeutet, dass mit der Antragstellung von Gesetzes wegen ein Recht auf einen fiktiven erlaubten oder geduldeten Aufenthalt einhergeht. Sollte ein solcher Antrag auf Erteilung bzw Verlängerung der Aufenthaltserlaubnis keine Fiktionswirkungen entfalten, da die Ausreisepflicht – unabhängig von der Antragstellung – vollziehbar ist, ist ein Eilantrag gem § 123 VwGO zu stellen.[1070] Dieser unterliegt im Vergleich zu § 80 Abs 5 VwGO wesentlich strengeren Voraussetzungen.[1071] Konkret für den Vollzug der Ausreisepflicht bedeutet dies, dass die Ausreisepflicht grundsätzlich nach Ablauf der gesetzten Ausreisefrist vollziehbar wird. Sollte ein Eilrechtsschutzantrag eingebracht worden sein, tritt die Vollziehbarkeit erst nach rechtskräftigem Abschluss des Eilrechtsschutzverfahrens ein.[1072]

Die Verwaltungsgerichte (VG) prüfen die „Verwaltungstätigkeit auf ihre Rechtmäßigkeit".[1073] Die rechtskräftige Entscheidung eines überprüfenden VG ist verbindlich und abschließend.[1074] Eine Ausnahme besteht, insofern der Verwaltung ein Ermessen bzw Beurteilungsspielraum[1075] eingeräumt wird. Das in der vorliegenden Arbeit relevante Ermessen zielt immer auf die Rechtsfolgenseite einer gesetzlichen Norm ab.[1076] In diesen Fällen hat die Verwaltung das Recht zur „Letztentscheidung".[1077] Den VG bleibt nur die Überprüfung der Rechtmäßigkeit der Entscheidung bzw ob das Ermessen im

1067 § 113 Abs 1 VwGO.
1068 Vgl *Marx*, Aufenthalts-, Asyl- und Flüchtlingsrecht § 2 Rn 245f.
1069 Vgl *Marx*, Aufenthalts-, Asyl- und Flüchtlingsrecht § 2 Rn 248-264.
1070 Vgl *Huber/Eichenhofer/Endres de Oliveira*, Aufenthaltsrecht Rn 1398.
1071 Vgl *Marx*, Aufenthalts-, Asyl- und Flüchtlingsrecht § 2 Rn 247 und 281.
1072 § 58 Abs 2 AufenthG; vgl *Marx*, Aufenthalts-, Asyl- und Flüchtlingsrecht § 2 Rn 240.
1073 *Maurer/Waldhoff*, Verwaltungsrecht § 7 Rn 4.
1074 Vgl *Maurer/Waldhoff*, Verwaltungsrecht § 7 Rn 5.
1075 Zum Beurteilungsspielraum bzw zum unbestimmten Gesetzesbegriff siehe *Maurer/Waldhoff*, Verwaltungsrecht § 7 Rn 26ff.
1076 Vgl *Maurer/Waldhoff*, Verwaltungsrecht § 7 Rn 7.
1077 *Maurer/Waldhoff*, Verwaltungsrecht § 7 Rn 6 mwN.

Sinne des Gesetzes ausgeübt wurde. In der deutschen Diktion spricht man hier von der „Ermessens(rechts)bindung".[1078] Man hat Anspruch auf eine fehlerfreie Ermessensentscheidung der zuständigen Verwaltungsbehörde.[1079]

Im Anschluss an das Rechtsmittelverfahren vor dem VG kann das zuständige Oberverwaltungsgericht, das mittels Urteil über das Rechtsmittel der Berufung entscheidet, innerhalb einer einmonatigen Frist angerufen werden.[1080] Ab dem Oberverwaltungsgericht besteht Rechtsanwält*innenzwang.[1081] Im gesamten verwaltungsgerichtlichen Verfahren kann mittelosen Personen auf Antrag Prozesskostenhilfe, in der österreichischen Diktion Verfahrenshilfe genannt,[1082] gewährt werden.[1083] Als letzte Instanz der Verwaltungsgerichtsbarkeit kann eine Revision – ebenfalls unter Einhaltung einer einmonatigen Frist – beim Bundesverwaltungsgericht (BVerwG) eingebracht werden.[1084] Darüber hinaus kann bei Vorliegen bestimmter Voraussetzungen direkt nach einer Entscheidung des VG unter Umgehung der Berufungsinstanz eine sogenannte „Sprungrevision" beim BVerwG eingebracht werden.[1085]

2. Verfassungsgerichtsbarkeit

Das Bundesverfassungsgericht kann das gesamte staatliche Handeln auf die Verfassungsmäßigkeit hin prüfen. Für natürliche Personen ist die Individualverfassungsbeschwerde von besonderer Bedeutung: Dabei handelt es sich um einen außerordentlichen Rechtsbehelf.[1086] Diese Verfassungsbeschwerde kann von jeder natürlichen Person eingebracht, wenn er*sie in ihren Grundrechten[1087] oder bestimmten grundrechtsgleichen Rechten[1088] durch die öffentliche Gewalt, in concreto meist Rspr oder Verwaltung, verletzt

---

1078 § 40 VwVfG; vgl *Maurer/Waldhoff*, Verwaltungsrecht § 7 Rn 17.
1079 Vgl *Maurer/Waldhoff*, Verwaltungsrecht § 8 Rn 15.
1080 §§ 124ff VwGO.
1081 § 67 Abs 4 VwGO.
1082 Siehe unten Kapitel 4.B.V.1.
1083 § 166 VwGO verweist auf die Vorschriften der Zivilprozessordnung v 5.12.2005 (BGBl I 3202; 2006 I 431; 2007 I 1781), zuletzt geändert durch Gesetz v 18.12.2018 (BGBl I 2639).
1084 §§ 132ff VwGO.
1085 § 134 VwGO.
1086 Art 93 Abs 1 Z 4a GG und §§ 90ff BVerfGG.
1087 Art 1-19 GG.
1088 Art 20 Abs 4, Art 33, 38, 101, 103 und 104 GG.

wurde. Die Frist für die Einbringung der Verfassungsbeschwerde beträgt einen Monat.[1089]

B. Österreich

Österreich ist eine demokratische Republik mit neun Bundesländern.[1090] Zu den Grundprinzipien der Bundesverfassung,[1091] auch Baugesetze genannt, zählen das demokratische, republikanische, bundesstaatliche und rechtsstaatliche Prinzip.[1092] Obwohl verfassungsrechtlich nicht verankert, kann Österreich als Sozialstaat bezeichnet werden.[1093]

Österreich ist ein Einwanderungsland.[1094] Dies geht allein aus dem Bevölkerungswachstum zwischen 1961 und 2015 hervor, wonach die Bevölkerungszahl bloß durch Zuwanderung um rund 1.154 Millionen angestiegen ist.[1095] Mit 1.1.2018 lebten rund 1.396 Millionen nichtösterreichische Staatsangehörige in Österreich (15,8 %).[1096]

1089 § 93 Abs 1 BVerfGG.

1090 Art 1 und 2 Abs 2 B-VG; vgl *Öhlinger/Eberhard*, Verfassungsrecht[11] (2016) Rn 330ff und *Berka*, Verfassungsrecht[7] (2018) Rn 1ff.

1091 Ein kurzer Abriss der Geschichte der österreichischen Bundesverfassung findet sich bei *Öhlinger/Eberhard*, Verfassungsrecht Rn 40-61a.

1092 *Berka*, Verfassungsrecht Rn 114ff und *Öhlinger/Eberhard*, Verfassungsrecht Rn 62-88a.

1093 *Kaspar*, Sozialhilferechtliche Differenzierung aufgrund des Aufenthaltsstatus von subsidiär Schutzberechtigten: Ausschluss nach dem NÖ MSG – VfGH 28. Juni 2017, E 3297/2016, juridikum 2017, 476 (480); vertiefend *Wiederin*, Sozialstaatlichkeit im Spannungsfeld von Eigenverantwortung und Fürsorge, VVDStRL 2005/64, 53 (69-72).

1094 Siehe nur *Fassmann/Reeger*, Austria: From guest worker migration to a country of immigration, IDEA WP Nr 1 v Dezember 2008, https://pdfs.semanticscholar.org/6a3e/fa964375b82ede1eec0a5243a94fe7cf509f.pdf (11.10.2018).

1095 Vgl *Musil*, Migration und Asyl in Österreich – Ein statistischer Überblick, 1961–2016 in *Eppel/Reyhani* (Hrsg), Handbuch Asyl- und Fremdenrecht (2016) Register 1 Kapitel 2; *EMN*, Die Gestaltung der Asyl- und Migrationspolitik in Österreich v Dezember 2015, https://www.emn.at/wp-content/uploads/2017/01/Organisationsstudie_AT-EMN-NCP_2016.pdf (19.11.2018) 27-40 und vertiefend *Fassmann/Münz*, Einwanderungsland Österreich? Historische Migrationsmuster, aktuelle Trends und politische Maßnahmen (1995).

1096 Siehe *Statistik Austria*, Bevölkerung 2001-2018 nach Staatsangehörigkeit und Geburtsland, Statistik v 17.5.2018, www.statistik.at/web_de/statistiken/menschen_und_gesellschaft/bevoelkerung/bevoelkerungsstruktur/bevoelkerung_nach_staatsangehoerigkeit_geburtsland/031396.html (19.11.2018).

Über die letzten Jahre hinweg waren die Themen Flucht, Asyl und Migration stets durch eine intensive Debatte in der österreichischen Medien- und Politiklandschaft geprägt,[1097] die insbesondere durch den „langen Sommer der Migration 2015“ befeuert wurde.[1098] Sie wurde sehr oft unter dem Themenkomplex der „securitization“ geführt,[1099] wobei unter anderem die „Angst“ vor einer „Überfremdung“ oder das missbräuchliche „Ausnützen“ von Sozialleistungen durch Fremde im Mittelpunkt stand.[1100] Ganz allgemein hatte die Flüchtlingsdebatte bzw hatten die (relativ hohen) Asylantragszahlen stets einen großen Einfluss auf den Gesetzgebungsprozess.[1101]

1097 Vgl *Langthaler/Trauner*, Zivilgesellschaftliche und politische Partizipation und Repräsentanz von Flüchtlingen und AsylwerberInnen in der EU, Forschungsbericht v Februar 2009, http://medienservicestelle.at/migration_bewegt/wp-content/uploads/2011/05/Politische-Partizipation-von-Fl%C3%BCchtlingen.pdf (9.10.2018) 14-31; *Ataç*, Die diskursive Konstruktion von Flüchtlingen und Asylpolitik in Österreich seit 2000 in *Hunger/Pioch/Rother* (Hrsg), Migrations- und Integrationspolitik im europäischen Vergleich – Jahrbuch Migration 2012/2013 (2014) 113; *Drüeke/Fritsche*, Geflüchtete in den Medien – Medien für Geflüchtete, Medien Journal 2015/4, 12; *Sponholz*, Als der Sommer zu Ende ging: Die Flüchtlingsdebatte im Wiener Wahlkampf auf Facebook, SWS-Rundschau 2016/3, 371; *Huber-Mumelter/Waitz*, Regelungen des dauerhaften Verbleibs von Fremden in Österreich und in der Schweiz – ein rechtsvergleichender Überblick zum aktuellen Stand im Asyl- und Aufenthaltsrecht, FABL 1/2009-I, 12 (14). Siehe zur Debatte in Deutschland oben Kapitel 4.A.I.

1098 Siehe hierzu überblicksartig zur daraus resultierenden Anlassgesetzgebung *Hinterberger*, Das österreichische Asylgesetzänderungsgesetz 2016 in *Bungenberg/Giegerich/Stein* (Hrsg), ZEuS-Sonderband: Asyl und Migration in Europa – rechtliche Herausforderungen und Perspektiven (2016) 185 (188 mwN) und bereits Einleitung A.

1099 Vertiefend zur EU *Huysmans*, The European Union and the Securitization of Migration, Journal of Common Market Studies 2000/38, 751.

1100 Siehe *Langthaler/Trauner*, Forschungsbericht v Februar 2009, 30f und auch bereits Kapitel 3.C.I.

1101 Vor allem in Bezug auf das Fremden- und Asylrecht. Siehe hierzu nur *Bauer*, Zuwanderung nach Österreich, Studie v Jänner 2008, http://www.forschungsnetzwerk.at/downloadpub/zuwanderung_nach_oesterreich_studie2008_oegpp.pdf (11.10.2018) 4ff und *Reyhani*, Einleitende Bemerkungen – Asyl- und Fremdenrecht im Kontext in *Eppel/Reyhani* (Hrsg), Handbuch Asyl- und Fremdenrecht (2016) Register 1 Kapitel 1 5ff.

I. Historische Entwicklung des Fremdenrechts

Das Rechtsgebiet, das die Stellung von Nichtösterreicher*innen in Österreich regelt, wird typischerweise als Fremdenrecht bezeichnet. Dieses gehört zusammen mit dem Asylrecht zu den komplexesten Rechtsmaterien der österreichischen Rechtsordnung; dies zeigt sich etwa an der fast jährlichen Novellierung seit 2005.[1102] Das Fremdenrecht richtet sich grundsätzlich an „Fremde“; nach der Legaldefinition sind dies all jene Personen, die die österreichische Staatsbürgerschaft nicht besitzen.[1103]

Die Grundlage für das Fremdenpolizeigesetz 1954 war die NS-Ausländerpolizeiverordnung,[1104] die bereits im Zusammenhang mit der historischen Entwicklung des Aufenthaltsrechts in Deutschland näher dargestellt wurde.[1105] Bereits aus der Begrifflichkeit „Fremdenpolizeigesetz“ wird klar, dass das Thema Migration unter dem Aspekt des Polizeirechts diskutiert wurde.[1106] Das Fremdenpolizeigesetz 1954 wurde bei Erlass lediglich von den auffallendsten rassistischen Begrifflichkeiten bereinigt und gab dem österreichischen Staat eine Fülle an rechtlichen Instrumentarien, um Fremde mittels aufenthaltsbeendender Maßnahmen außer Landes zu bringen und so zu disziplinieren und selektieren.[1107] Das Gesetz war sodann über dreißig Jahre lang in Kraft.[1108] Die Regelungen des Fremdenpolizeigesetz 1954 müssen im Kontext zu den Anwerbejahren ab 1960 gesehen werden.[1109] Durch das hohe Wirtschaftswachstum und die niedrige Ar-

1102 Vgl *Muzak*, Die Kasuistik, Komplexität und Kurzfristigkeit des österreichischen Fremdenrechts in *ÖJT* (Hrsg), 19. ÖJT Band I/2: Migration und Mobilität (2016) 23; *Hinterberger* in *Bungenberg/Giegerich/Stein* 188 mwN; *Peyrl*, Arbeitsmarkt 313; *Reyhani* in *Eppel/Reyhani* Register 1 Kapitel 1 2f. In dem Sinne auch bereits *Wiederin*, Aufenthaltsbeendende Maßnahmen im Fremdenpolizeirecht. Eine rechtsdogmatische Untersuchung zur Zurückschiebung, Ausweisung und Abschiebung nach dem Fremdengesetz 1992 (1993) 1-7.

1103 § 2 Abs 4 Z 1 FPG.

1104 Siehe BGBl 75/1954 und §§ 15 und 17 Fremdenpolizeigesetz 1954; vgl *Grösel*, Fremde von Staats wegen. 50 Jahre »Fremdenpolitik« in Österreich (2016) 47.

1105 Siehe oben Kapitel 4.A.I.

1106 Vgl *Pöschl*, Zusammenfassung des Gutachtens in *ÖJT* (Hrsg), 19. ÖJT Band I/2: Migration und Mobilität (2016) 14 (14).

1107 Siehe §§ 3ff Fremdenpolizeigesetz 1954 und die eindrücklichen Erläuterungen von *Grösel*, Fremde 47 und 56 sowie zur Entwicklung aufenthaltsbeendender Maßnahmen ab 1954 *Wiederin*, Aufenthaltsbeendende Maßnahmen 1-7.

1108 *Wiederin*, Aufenthaltsbeendende Maßnahmen 1 mwN.

1109 Vgl *Grösel*, Fremde 46ff und 52ff mwN.

beitslosenquote begannen die Sozialpartner[1110] über die bis dahin sehr strikt reglementierte Öffnung des Arbeitsmarkts für ausländische Gastarbeiter*innen zu verhandeln.[1111] Ab 1961 wurde daher jedes Jahr ein Kontingent an „ausländischen" Gastarbeiter*innen befristet zugelassen, die den diesbezüglichen Mangel an „billigen" Arbeitskräften decken sollten.[1112] Dieser war unter anderem dadurch bedingt, dass österreichische Arbeitskräfte nach Deutschland auswanderten.[1113] Die Personen stammten vorwiegend aus der Türkei und dem ehemaligen Jugoslawien. Obwohl der Aufenthalt der Gastarbeiter*innen von der österreichischen Politik grundsätzlich nur für jeweils ein Jahr gedacht war,[1114] hat sich in der Praxis gezeigt, dass die meisten von ihnen dauerhaft in Österreich geblieben sind.[1115] Die dargestellten fremdenrechtlichen Regelungen brachten die wirtschaftlichen Interessen Österreichs und des Arbeitsmarkts zum Ausdruck.[1116]

Mit dem Eintreten der Ölkrise Mitte der 1970iger Jahre und der darauffolgenden Rezession ging der Bedarf an ausländischen Gastarbeiter*innen schlagartig zurück. Österreich versuchte, die Arbeitskräftemigration daher zu drosseln bzw weitestgehend einzuschränken, da Gastarbeiter*innen in der öffentlichen Wahrnehmung als „negativ" wahrgenommen wurden.[1117] Das Paßgesetz 1969[1118] bot hierzu bereits ein Rechtsinstrumentarium, das fortan mehr und mehr ausgeschöpft wurde.[1119] In weiterer Folge wurden

---

1110 Diese setzen sich typischerweise aus den Arbeitgeber- und Arbeiternehmer*innenverbänden zusammen; bei der Gründung bestanden die Sozialpartner somit aus der Bundeswirtschaftskammer, dem Österreichischen Arbeiterkammertag (Bundesarbeitskammer), dem Österreichischen Gewerkschaftsbund und der Präsidentenkonferenz der Landwirtschaftskammer; vgl *Kietaibl*, Arbeitsrecht I[10] (2017) 79f.

1111 Vgl *Grösel*, Fremde 52ff.

1112 Siehe hierzu das sogenannte Raab-Olah-Abkommen, das zwischen dem damaligen Bundeskanzler *Julius Raab* und dem damaligen Präsidenten des Österreichischen Gewerkschaftsbundes *Franz Olah* unterzeichnet wurde. Vgl *Fassmann/Reeger*, IDEA WP Nr 1 v Dezember 2008, 22f.

1113 Vgl *Bauer*, Studie v Jänner 2008, 5.

1114 Dies wird schon durch die Begrifflichkeit „Gastarbeiter*innen" klar, durch die eine zeitliche Befristung zum Ausdruck kommt.

1115 Vgl *Fassmann/Reeger*, IDEA WP Nr 1 v Dezember 2008, 22 und 24; *Bauer*, Studie v Jänner 2008, 6; *Pöschl* in *ÖJT* 16.

1116 *Fassmann/Reeger*, IDEA WP Nr 1 v Dezember 2008, 23 und *EMN*, Die Gestaltung der Asyl- und Migrationspolitik in Österreich v Dezember 2015, 29.

1117 Vgl *Fassmann/Reeger*, IDEA WP Nr 1 v Dezember 2008, 22.

1118 BGBl 422/1969.

1119 Vgl *Muzak* in *ÖJT* 24f, der auf § 25 Paßgesetz 1969 verweist.

mit dem AuslBG im Jahre 1975 weitere Restriktionen umgesetzt, das bis heute – trotz zahlreicher Novellierungen – in Kraft ist.[1120] Obwohl weniger ausländische Arbeitskräfte nach Österreich gekommen sind, blieben die Einwanderungszahlen konstant hoch. Grund hierfür war, dass viele Familienmitglieder von bereits in Österreich aufhältigen Gastarbeiter*innen im Rahmen des Familiennachzugs nach Österreich gekommen sind.[1121] Dies wurde von der österreichischen Politik überhaupt nicht als „Einwanderungsfaktor" bedacht.

Die (im Vergleich zu den Vorjahren relativ hohen) Asylantragszahlen Anfang der 1990iger Jahre, die aus dem Zusammenbruch des Eisernen Vorhangs und dem Jugoslawienkrieg resultierten,[1122] führten zu einer weiteren Verschärfung der Gesetze und einer „härteren" Gangart gegenüber Geflüchteten und Fremden im Allgemeinen. Durch die beiden Ereignisse sind hunderttausende Menschen nach Österreich geflüchtet, in concreto stieg die ausländische Bevölkerung von ca 400.000 auf 690.000 an. Vor diesem Hintergrund sind der Erlass des Asylgesetz 1991[1123] sowie des Fremdengesetz 1993[1124] und des Aufenthaltsgesetz 1993[1125] hervorzuheben.[1126] Das Fremdengesetz 1993 führte erstmals „viele bis dahin nicht bekannte Regelungen etwa hinsichtlich fremdenpolizeilicher Kontrollbefugnisse, Ausweisungstatbeständen und Strafbestimmungen"[1127] ein. Im Aufenthaltsgesetz 1993 wurde unter anderem „die Antragstellung vom Ausland, die Unterscheidung nach Aufenthaltszwecken und das Quotensystem"[1128] normiert. Insgesamt hat die österreichische Gesetzgebung derart versucht, die Einwanderung gezielter zu steuern.[1129]

Das Fremdengesetz 1993 und Aufenthaltsgesetz 1993 wurden in der Folge im Fremdengesetz 1997 (FrG) zusammengefasst. Letzteres wurde als „Neukodifikation" bezeichnet:[1130] Laut *Muzak* kam es hierdurch zu einer

---

1120 Vgl *EMN*, Die Gestaltung der Asyl- und Migrationspolitik in Österreich v Dezember 2015, 29f.

1121 Vgl *Fassmann/Reeger*, IDEA WP Nr 1 v Dezember 2008, 22f.

1122 Vgl *Huber-Mumelter/Waitz*, FABL 1/2009-I, 14 und *Bauer*, Studie v Jänner 2008, 7f.

1123 BGBl 8/1992; vgl Entwicklung *Wiederin*, Aufenthaltsbeendende Maßnahmen 5.

1124 BGBl 838/1992.

1125 BGBl 466/1992.

1126 Siehe zur Entwicklung *Wiederin*, Aufenthaltsbeendende Maßnahmen 4-7.

1127 *Muzak* in *ÖJT* 25.

1128 *Muzak* in *ÖJT* 25.

1129 *Fassmann/Reeger*, IDEA WP Nr 1 v Dezember 2008, 25f.

1130 *Muzak* in *ÖJT* 26f.

„Erhöhung rechtsstaatlicher und grundrechtlicher Standards und der Garantie einer gewissen Aufenthaltssicherheit". In § 10 Abs 4 FrG wurde der Grundstein für die heute geltenden „Aufenthaltstitel aus berücksichtigungswürdigen Gründen", mit anderen Worten die österreichischen Regularisierungen, gelegt.[1131] Nach dieser Bestimmung war von Amts wegen „in besonders berücksichtigungswürdigen Fällen aus humanitären Gründen" eine „Aufenthaltserlaubnis" zu erteilen.[1132] Die Erteilung war gegenüber anderen Aufenthaltsrechten „privilegiert",[1133] da sie trotz Vorliegens bestimmter Sichtvermerksversagungsgründe möglich war.[1134] „Besonders berücksichtigungswürdige" Gründe waren gegeben, wenn der*die Fremde einer Gefahr im Sinne des § 57 Abs 1 und 2 FrG ausgesetzt gewesen ist.[1135] Hierunter sind bspw Fremde gefallen, die ihre Heimat aufgrund eines Konflikts verlassen haben, die Opfer des Menschenhandels wurden oder weil ihnen dort Folter im Sinne einer Non-Refoulement-Verletzung gedroht hat.[1136] Eine Antragstellung war zu diesem Zeitpunkt nicht möglich, nur die amtswegige Erteilung. Die Möglichkeit einer Antragstellung wurde erst durch die Fremden- und Asylgesetz-Novelle 2002[1137] mit 1.1.2003 eingeführt und war auch nur bis zum 31.12.2005 möglich.[1138] Gleichzeitig wurde die Erteilung dieser humanitären „Aufenthaltserlaubnis" an die Zustimmung des*r Bundesministers*in für Inneres geknüpft,[1139] welche der VfGH für verfassungskonform erklärt hatte.[1140]

1131 Siehe Kapitel 4.B.III.

1132 Vgl *Wiederin*, Die Einreise- und Aufenthaltstitel nach dem Fremdengesetz 1997, ecolex 1997, 719.

1133 Vgl *Wiederin*, ecolex 1997.

1134 Der Begriff „Sichtvermerk" wurde als terminus technicus anstatt „Visum" verwendet; vgl *Muzak*, Die Aufenthaltsberechtigung im österreichischen Fremdenrecht (1995) 27.

1135 § 10 Abs 4 S 2 FrG.

1136 Vgl *Wiederin*, ecolex 1997.

1137 BGBl I 126/2002.

1138 § 14 Abs 2 S 3 FrG idF BGBl I 126/2002; ErläutRV 1172 BlgNR 21. GP, 29 und vgl *Peyrl*, Neuregelung des Aufenthaltsrechts aus humanitären Gründen („Bleiberecht"), DRdA 2009, 283 (283 Fn 1).

1139 § 90 Abs 1 FrG idF BGBl I 126/2002; vgl ErläutRV 1172 BlgNR 21. GP, 28 und 36.

1140 VfGH 13.12.1999, G 2/99.

Bedeutsam und eine große Zäsur stellte das Fremdenrechtspaket 2005 dar.[1141] Durch dieses wurde das bis dahin geltende FrG aufgehoben und durch das FPG, AsylG und NAG ersetzt[1142] und zahlreiche RL der EG umgesetzt.[1143] Das FPG regelt unter anderem den Erlass von aufenthaltsbeendenden Maßnahmen im Falle der Nichtzuerkennung bzw Aberkennung von Asyl bzw subsidiärem Schutz und die Erteilung von Visa. Grob gesprochen also alle fremdenpolizeilichen Materien. Das AsylG normiert das Asylverfahren und die Erteilung der „Aufenthaltstitel aus berücksichtigungswürdigen Gründen". Das NAG legt das Niederlassungs- und Aufenthaltsrecht fest und dient der Zuwanderungssteuerung. Die bis dato vorherrschende „restriktive Einwanderungspolitik"[1144] wurde mit den neuen Gesetzen weitergeführt. Erstmals wurden die „Aufenthaltstitel aus humanitären Gründen" in systematisierter Form im NAG normiert.[1145] Die „Aufenthaltsbewilligung aus humanitären Gründen" und die „Niederlassungsbewilligung aus humanitären Gründen" konnten aber – wie anfangs die humanitäre „Aufenthaltserlaubnis" im FrG – von den betroffenen Personen nicht beantragt, sondern nur von Amts wegen zuerkannt werden.[1146] Erst im Jahre 2008 hob der VfGH das Erfordernis der Amtswegigkeit aus rechtsstaatlichen Gründen auf.[1147] Umgesetzt wurde das Erkenntnis des VfGH durch die sogenannte „Bleiberechtsnovelle" 2009, die zu einer Reformierung der „Aufenthaltstitel aus humanitären Gründen" führte und nunmehr ausdrücklich ein Antragsrecht vorgesehen hat.[1148] Die Aufenthaltstitel wurden gleichzeitig vom NAG wieder ins FPG transferiert.[1149] Der bedeutendste Aufenthaltstitel war und ist in der geltenden

---

1141 Vgl *Muzak* in *ÖJT* 27f und *EMN*, Die Gestaltung der Asyl- und Migrationspolitik in Österreich v Dezember 2015, 27ff.

1142 Siehe BGBl I 75/1997 und BGBl I 100/2005. Zu einer Kurzdarstellung der Regelungsgehalte der einzelnen Gesetze siehe *Huber-Mumelter/Waitz*, FABL 1/2009-I, 14-20.

1143 Vgl ErläutRV 952 BlgNR 22. GP, 2.

1144 *Huber-Mumelter/Waitz*, FABL 1/2009-I, 35.

1145 §§ 72-75 NAG idF BGBl I 2005/100; siehe auch ErläutRV 952 BlgNR 22. GP, 147f.

1146 Kritisch *Mayer*, Das humanitäre Bleiberecht – ein schrankenloses Ermessen, migraLex 2008, 36; *Bachmann*, Das Bleiberecht – eine vorläufige Bilanz, migraLex 2010, 95 (95f mwN) und *Peyrl*, Autoritäre Tendenzen im Aufenthaltsrecht seit 2006, juridikum 2018, 103.

1147 VfGH 27.6.2008, G 246/07; vgl *Bachmann*, migraLex 2010, 95.

1148 Vgl *Bachmann*, migraLex 2010, 95; *Peyrl*, DRdA 2009, 283; *Huber-Mumelter/Waitz*, FABL 1/2009-I, 16f.

1149 § 43 Abs 2, § 44 Abs 3 und 4 sowie § 69a NAG idF BGBl I 29/2009.

Fassung immer noch das sogenannte „Bleiberecht".[1150] Dieser wird erteilt, wenn die zuständige Behörde festgestellt hat, dass die Ausweisung aufgrund des Rechts auf Achtung des Privat- und/oder Familienlebens auf Dauer unzulässig war.[1151] Je nachdem welche weiteren Voraussetzungen erfüllt wurden, konnte eine „Niederlassungsbewilligung – beschränkt" oder „unbeschränkt" erteilt werden, die sich etwa durch den eingeräumten Arbeitsmarktzugang unterschieden haben.[1152] Daneben wurde eine „Altfallregelung" in „besonders berücksichtigungswürdigen Fällen"[1153] für jene Sachverhaltskonstellationen geschaffen, die die Schwelle des Art 8 EMRK knapp nicht erreichen konnten.[1154] Eine der Voraussetzungen war, dass sie sich seit dem Stichtag (1.5.2004) durchgehend in Österreich aufgehalten haben mussten und wiederum zumindest die Hälfte dieses Zeitraums rechtmäßig sein musste. In der Praxis erhielten vor allem jene Fremde aufgrund der „Altfallregelung" eine „Niederlassungsbewilligung – beschränkt", deren Asylverfahren überlang gedauert hat und sie während dieser Zeit rechtmäßig aufhältig waren, ihr Antrag aber inhaltlich abgewiesen wurde.[1155] Die Erteilung der „Niederlassungsbewilligung – beschränkt" war an die Zustimmung des*r Bundesministers*in für Inneres gebunden.[1156] Der VfGH hatte die Zustimmungsbefugnis für verfassungskonform erklärt, wobei der*die Bundesminister*in für Inneres „bei der Ausübung seines Zustimmungsrechts an dieselben gesetzlichen Kriterien gebunden ist wie die zur Bescheiderlassung zuständige Behörde".[1157] Überdies waren die allgemeinen Erteilungsvoraussetzungen wie etwa Krankenversicherung und Unterkunft zu erfüllen gewesen, die nach *Peyrl* aber

1150 § 43 Abs 2 und § 44 Abs 3 NAG idF BGBl I 29/2009.

1151 Vertiefend *Gruber*, „Bleiberecht" und Art 8 EMRK in FS Rudolf Machacek und Franz Matscher (2008) 159; *Peyrl*, DRdA 2009, 284f und *Bachmann*, migraLex 2010, 97ff. Siehe zur Interessensabwägung auch *Heißl*, Die Ausweisung in der Judikatur der Höchstgerichte, ZfV 2008, 1145. Zur Prüfung und Erteilung im Asylverfahren vertiefend *Marth*, Das Bleiberecht im Asylverfahren, migraLex 2009, 45.

1152 § 8 Abs 2 Z 3 und 4 NAG idF BGBl I 29/2009.

1153 § 44 Abs 4 NAG idF BGBl I 29/2009.

1154 VwGH 29.4.2010, 2009/21/0255 zur Vorgängerbestimmung § 44 Abs 4 NAG idF BGBl I 29/2009; vgl *Peyrl*, DRdA 2009, 286.

1155 So auch *Peyrl*, DRdA 2009, 286 Fn 26 und *Bachmann*, migraLex 2010, 99.

1156 § 74 FPG idF BGBl I 29/2009.

1157 VfGH 27.6.2008, G 246/07. Der*die Minister*in wurde in dem Zusammenhang von einem „Beirat zur Beratung besonders berücksichtigungswürdiger Fälle" beraten, der als Art „Einzelfallkommission" Empfehlungen abgab; § 75 FPG idF BGBl I 29/2009.

praktisch wohl nur durch Verpflichtung eines*r Paten*in erfüllt werden konnten.[1158] Weiters wurde durch die „Bleiberechtsnovelle" 2009 die „Aufenthaltsbewilligung – Besonderer Schutz" eingeführt.[1159] Erteilungsvoraussetzung hierfür war etwa, dass ein Durchsetzungsaufschub mehr als einmal für mindestens ein Jahr erteilt wurde[1160] oder dass es sich um Opfer des Menschenhandels gehandelt hat. Der Durchsetzungsaufschub war im weiteren Sinne ein Vorläufer der heute geltenden Duldung.[1161]

Weitere wesentliche Novellierungen stellen das Fremdenrechtsänderungsgesetz 2009,[1162] das Fremdenrechtsänderungsgesetz 2011,[1163] sowie das Fremdenbehördenneustrukturierungsgesetz 2012[1164] und das Fremdenbehördenneustrukturierungsgesetz-Anpassungsgesetz 2013[1165] dar. Mit den letzten beiden kam es zu einer weiteren Zäsur im österreichischen Asyl- und Fremdenrecht. Durch diese wurde die Verwaltungsgerichtsbarkeitsnovelle in Bezug auf das Asyl- und Fremdenrecht umgesetzt[1166] und das Bundesamt für Fremdenwesen und Asyl-Einrichtungsgesetz[1167] und BFA-VG erlassen, wodurch das BFA als neue Behörde in asyl- und fremdenpolizeilichen Verfahren geschaffen wurde. Gleichzeitig wurden die „humanitären Aufenthaltstitel" reformiert.[1168] Da diese Reformen teilweise noch immer geltendes Recht darstellen, werden sie weiter unten im Detail analysiert.[1169] Anschließend wurde das Fremdenrechtsänderungsgesetz 2015 erlassen,[1170] mit dem 208 Novellierungsanordnungen beschlossen und etwa die Duldung gem

---

1158 *Peyrl*, DRdA 2009, 286.

1159 § 69a NAG idF BGBl I 29/2009.

1160 § 46 Abs 3 iVm § 46 Abs 1 FPG idF BGBl I 29/2009.

1161 In dem Sinne *Hinterberger/Klammer*, Das Rechtsinstitut der fremdenpolizeilichen Duldung, migraLex 2015, 73 (77f) und siehe vertiefend Kapitel 5.A.I.3.

1162 BGBl I 122/2009; vgl *Szymanski*, Das Fremdenrechtsänderungsgesetz 2009 oder der Boulevard freut sich, doch das Recht ist für Rechtsanwender und Rechtsunterworfene schwer durchschaubar, migraLex 2009, 99.

1163 BGBl I 38/2011; vgl *Schmied*, Die aufenthaltsbeendenden Maßnahmen im Fremdenpolizeigesetz nach dem Fremdenrechtsänderungsgesetz 2011 - eine Bankrotterklärung der Fremdenrechtslegistik, Zeitschrift der Unabhängigen Verwaltungssenate 2011, 149.

1164 BGBl I 87/2012.

1165 BGBl I 68/2013.

1166 Vgl *Muzak* in *ÖJT* 29f.

1167 BGBl I 87/2012 idF BGBl I 56/2018.

1168 Vgl *Fouchs/Schweda*, Die Neuregelung der humanitären Aufenthaltstitel im Asylrecht, migraLex 2014, 58.

1169 Siehe Kapitel 4.B.III.1.

1170 BGBl I 70/2015.

§ 46a FPG neugeregelt wurde.[1171] Diesem folgte das Fremdenrechtsänderungsgesetz 2017,[1172] durch das es zu Änderungen im Bereich der qualifizierten Arbeitsmigration mit „Rot-Weiß-Rot – Karte“ oder zur Wohnsitznahmepflicht in einem zugewiesenen Quartier für abgewiesene Asylwerber*innen gekommen ist.[1173] 2018 wurde das Fremdenrechtsänderungsgesetz 2018 erlassen,[1174] mit dem unter anderem Bestimmungen im Zusammenhang mit der Schubhaft gegen Asylwerber*innen oder der beschleunigten Aberkennung des Status der*s Asylberechtigten gekommen ist.[1175]

Nach Abschluss der vorliegenden Arbeit (1.1.2019) wurde das BBU-Errichtungsgesetz (BBU-G) erlassen, mit dem eine Bundesagentur für Betreuungs- und Unterstützungsleistungen Gesellschaft mit beschränkter Haftung (BBU) eingerichtet wurde.[1176] Dies wurde heftig kritisiert,[1177] weil dadurch einer im Eigentum des Bundes stehenden Agentur die ausschließliche Durchführung der Rechtsberatung und Rückkehrberatung übertragen wird.[1178] Das BBU-G ist am 1.8.2019 in Kraft getreten und die BBU wird sukzessive ab 1.7.2020 operativ tätig werden.[1179] Inhaltlich hat das BBU-G im Hinblick auf die in vorliegender Arbeit behandelten Materien keine Auswirkungen.

1171 Siehe überblickshaft *Szymanski*, Und das Hamsterrad dreht sich … (Teil I). Zum Fremdenrechtsänderungsgesetz 2015, migraLex 2015, 54 und *Szymanski*, Und das Hamsterrad dreht sich … (Teil II). Zum Fremdenrechtsänderungsgesetz 2015, migraLex 2016, 18.

1172 BGBl I 145/2017.

1173 Siehe überblickshaft *Peyrl*, Das Fremdenrechtsänderungsgesetz 2017 und die Novelle des AuslBG 2017 oder die jährlichen Grüße des Murmeltiers, DRdA-infas 2017, 387 und *Völker/Krumphuber*, Fremdenrechtsänderungsgesetz 2017 und Fremdenrechtsänderungsgesetz 2017 Teil II in *Filzwieser/Taucher* (Hrsg), Asyl- und Fremdenrecht. Jahrbuch 2017 (2017) 63.

1174 BGBl I 56/2018.

1175 Siehe überblickshaft *Krisper/Krumphuber*, Fremdenrechtsänderungsgesetz 2018 in *Filzwieser/Taucher* (Hrsg), Asyl- und Fremdenrecht. Jahrbuch 2018 (2018) 79.

1176 BGBl I 53/2019.

1177 Siehe nur *Caritas Österreich*, Stellungnahme zum BBU-G v 12.4.2019, https://www.parlament.gv.at/PAKT/VHG/XXVI/SNME/SNME_04210/imfname_749935.pdf (30.6.2019) oder *Österreichische Rechtsanwaltskammertag*, Stellungnahme zum BBU-G v 12.4.2019, https://www.parlament.gv.at/PAKT/VHG/XXVI/SNME/SNME_04091/imfname_747934.pdf (30.6.2019).

1178 § 2 Abs 1 BBU-G.

1179 § 2 Abs 3 BBU-G.

II. Rechtlicher Status von Fremden

Bevor die „Aufenthaltstitel aus berücksichtigungswürdigen Gründen" dargestellt werden, beschreibe ich den rechtlichen Status von Fremden im geltenden Fremdenrecht. Hierbei liegt der Fokus vor allem auf allgemeinen aufenthaltsrechtlichen Aspekten, dem Zugang zu unselbstständiger Beschäftigung, zu Sozialleistungen und zur Gesundheitsversorgung.

1. Un/rechtmäßiger Aufenthalt

§ 31 FPG legt fest, in welchen Situationen sich Fremde rechtmäßig oder unrechtmäßig in Österreich aufhalten. Zunächst sind jene Sachverhaltskonstellationen taxativ aufgezählt, die einen rechtmäßigen Aufenthalt begründen.[1180] Alle Fälle, die hiervon nicht erfasst sind, sind als unrechtmäßiger Aufenthalt einzustufen,[1181] folglich auch das Rechtsinstitut der Duldung.[1182]

Halten sich Fremde unrechtmäßig auf und werden sie aufgegriffen, ist ein Verfahren zum Erlass einer aufenthaltsbeendenden Maßnahme einzuleiten.[1183] In Bezug auf Drittstaatsangehörige handelt es sich hierbei um die Rückkehrentscheidung.[1184] Mit Durchsetzbarkeit der Rückkehrentscheidung wird der*die Drittstaatsangehörige zur unverzüglichen Ausreise verpflichtet, insofern die Frist für die freiwillige Ausreise abgelaufen ist.[1185]

Eine wichtige Fallkonstellation in Bezug auf das österreichische Recht sind Fremde, die einen Antrag auf internationalen Schutz nach dem AsylG stellen, ihr Antrag aber zurück- oder abgewiesen wird.[1186] Erhalten sie weder den Status als Asylberechtige*r noch den Status als subsidiär Schutzberechtige*r noch eine „Aufenthaltsberechtigung besonderer Schutz" oder einen „Aufenthaltstitel aus Gründen des Art 8 EMRK", ist eine Rückkehrentscheidung zu erlassen.[1187] Dasselbe gilt für den Fall, dass der Status als Asylberechtigter aberkannt und kein subsidiärer Schutz zuerkannt oder

1180 § 31 Abs 1 FPG.
1181 § 31 Abs 1a FPG.
1182 § 31 Abs 1a Z 3 FPG; siehe Kapitel 5.A.I.3.
1183 Siehe nur §§ 52ff FPG.
1184 § 52 FPG.
1185 § 52 Abs 8 FPG.
1186 § 10 AsylG.
1187 Vertiefend *Hinterberger*, Asyl- und Fremdenpolizeirecht (2017) 4f, 27f, 37, 71.

der Status als subsidiär Schutzberechtigter aberkannt wird.[1188] Das BFA hat ebenso vorzugehen, wenn ein Antrag auf einen „Aufenthaltstitel aus berücksichtigungswürdigen Gründen“ gestellt wird. Mit der Zurück- oder Abweisung des Antrags hat das BFA grundsätzlich eine Rückkehrentscheidung zu erlassen.[1189] Eine Ausnahme besteht, insofern bereits eine rechtskräftige und noch aufrechte Rückkehrentscheidung erlassen wurde und sich der Sachverhalt seit dem Erlass ebendieser nicht geändert hat.[1190]

2. Unselbstständige Beschäftigung

Das AuslBG stellt die einschlägige Rechtsvorschrift für den Zugang von Fremden bzw Ausländer*innen[1191] zu unselbstständiger Beschäftigung in Österreich dar. Diese ist grundsätzlich genehmigungspflichtig.[1192] Folglich ist unrechtmäßig aufhältigen Fremden der Zugang zum Arbeitsmarkt verwehrt, wovon mit einer Ausnahme auch Geduldete umfasst sind.[1193]

Die Genehmigung zum Ausüben der unselbstständigen Beschäftigung wird in Österreich als „Beschäftigungsbewilligung“ bezeichnet. Die Erteilung ist an den rechtmäßigen Aufenthalt gebunden.[1194] Die Beschäftigungsbewilligung wird in der Regel den Arbeitgeber*innen und für den im Antrag bezeichneten Arbeitsplatz erteilt.[1195] Folglich können die Arbeitnehmer*innen selbst keinen Antrag auf eine Beschäftigungsbewilligung stellen.[1196] Sie erlischt mit Beendigung der Erwerbstätigkeit.[1197] *Peyrl* führt deshalb überzeugend aus, dass „es sich um eine für Migrant*innen äußerst nachteilige Bewilligung handelt, da das Beschäftigungsrecht in

---

1188 §§ 7 und 9 AsylG und siehe Kapitel 5.A.I.3.a.

1189 § 52 Abs 3 FPG und § 10 Abs 3 AsylG. Siehe auch unten Fn 1280.

1190 VwGH 16.12.2015, Ro 2015/21/0037.

1191 Die Legaldefinition für nichtösterreichische Staatsangehörige ist im AuslBG der Begriff „Ausländer“; § 2 Abs 1 AuslBG.

1192 Zu jenen Ausländer*innen, die vom Anwendungsbereich des AuslBG gem § 1 Abs 2 AuslBG ausgenommen sind, vertiefend *Deutsch/Nowotny/Seitz*, Ausländerbeschäftigungsrecht Kommentar² (2018) § 1 AuslBG Rn 2ff und *Marhold/Başar*, Erwerbstätigkeit von AusländerInnen in Österreich: Die Hürden und Fallen der AusländerInnenbeschäftigung, juridikum 2016, 93 (95ff).

1193 Vgl *Hinterberger*, DRdA 2018, 107-109.

1194 §§ 3ff AuslBG; hierzu *Deutsch/Nowotny/Seitz*, Ausländerbeschäftigungsrecht §§ 3ff AuslBG.

1195 Siehe nur § 4 Abs 1 und § 19 Abs 1 AuslBG.

1196 Vgl *Marhold/Başar*, juridikum 2016, 98.

1197 §§ 6 und 7 Abs 6 AuslBG.

Österreich an die*den konkrete*n Arbeitgeber*in geknüpft ist und dieses bei Beendigung ipso iure wegfällt".[1198]

Um eine Beschäftigungsbewilligung zu erlangen, sind bestimmte Voraussetzungen zu erfüllen.[1199] Besonders bedeutsam ist die Arbeitsmarktprüfung. Das Arbeitsmarktservice prüft, ob die Lage und Entwicklung des Arbeitsmarktes die Beschäftigung des*r geduldeten Fremden zulassen.[1200] Dies ist dann der Fall, wenn für die zu besetzende offene Stelle weder ein*e Inländer*in noch ein*e am Arbeitsmarkt verfügbare*r Fremde*r[1201] zur Verfügung steht, der*die bereit und fähig ist, die beantragte Beschäftigung auszuüben.[1202] Werden die Voraussetzungen für das Erteilen einer Beschäftigungsbewilligung kumulativ erfüllt, hat der*die Arbeitgeber*in hierauf einen Rechtsanspruch.[1203]

Die innerstaatliche Umsetzung der RahmenRL hat den Anwendungsbereich der Beschäftigungsbewilligung stark eingeschränkt,[1204] da seither nur mehr ausgewählte Personengruppen wie etwa Geduldete, die früher asylberechtigt oder subsidiär schutzberechtigt waren, oder Inhaber*innen einer „Aufenthaltsberechtigung" oder „Aufenthaltsberechtigung besonderer Schutz" erfasst sind.[1205] Alle anderen Fremden bzw Ausländer*innen erhalten einen Aufenthaltstitel, der in der Regel einen Zugang zu unselbstständiger Beschäftigung umfasst.

3. Sozialleistungen

Für den Fall der Hilfsbedürftigkeit von Fremden gibt es in Österreich sowohl die Grundversorgung[1206] als auch die Bedarfsorientierte Mindestsicherung. Die Gewährleistung von Grundversorgungsleistungen für hilfs- und schutzbedürftige Fremde wurde auf Grundlage einer Art 15a B-VG-

---

1198 *Peyrl*, Arbeitsmarkt 261.

1199 § 4 Abs 1 und 3 AuslBG.

1200 § 4 Abs 1 AuslBG; vertiefend *Deutsch/Nowotny/Seitz*, Ausländerbeschäftigungsrecht § 4 AuslBG Rn 4-6.

1201 Wie etwa EWR-Bürger*innen; § 2 Abs 6 AuslBG.

1202 § 4b Abs 1 AuslBG; näher zu dieser Bestimmung *Deutsch/Nowotny/Seitz*, Ausländerbeschäftigungsrecht § 4b AuslBG.

1203 Vgl *Deutsch/Nowotny/Seitz*, Ausländerbeschäftigungsrecht § 4 AuslBG Rn 2.

1204 BGBl I 72/2013.

1205 Vgl *Deutsch/Nowotny/Seitz*, Ausländerbeschäftigungsrecht § 4 AuslBG Rn 2.

1206 Siehe Grundversorgungsgesetz - Bund 2005, BGBl 405/1991 idF BGBl I 56/2018; vertiefend *Frahm*, Zugang zu adäquater Grundversorgung für Asylsuchende aus menschenrechtlicher Perspektive, juridikum 2013, 464.

Vereinbarung zwischen dem Bund und den Ländern vereinheitlicht.[1207] Hierbei handelt es sich um die sogenannte Grundversorgungsvereinbarung (GVV). Grundsätzlich erhalten Asylwerber*innen Grundversorgungsleistungen.[1208] Daneben kommt schutzbedürftigen, unrechtmäßig aufhältigen Fremden ein Anspruch auf Leistungen aus der Grundversorgung zu, wenn sie aus rechtlichen oder tatsächlichen Gründen nicht abschiebbar sind.[1209] Bis zur Feststellung der Unmöglichkeit der Abschiebung, dh der „Duldung",[1210] haben diese Personen aber sohin kein Recht auf Einbeziehung in die Grundversorgung.

Die Bedarfsorientierte Mindestsicherung stellt das „dritte oder letzte Netz der sozialen Sicherheit"[1211] in Österreich dar und soll vor Armut und sozialer Ausgrenzung schützen. Sie greift in Fällen, in denen die vorgelagerten Systeme aus Sozialversicherung, Erwerbsarbeit oder anderen sozialen Transfers kein festgesetztes Mindesteinkommen garantieren. Österreichweit hat der Bund von der Möglichkeit der Erlassung eines Grundsatzgesetzes derzeit keinen Gebrauch gemacht.[1212] Deshalb richtet sich die Frage der Anspruchsberechtigung auf Leistungen der Bedarfsorientierten Mindestsicherung nach den jeweiligen Landesgesetzen.[1213] Diese werden seit 2017 im öffentlichen Diskurs heiß debattiert. Ende November 2018 wurde von der österreichischen Bundesregierung ein bundeseinheitlicher Entwurf für eine Mindestsicherung eingebracht (Sozialhilfe-Grundsatzgesetz),[1214] der einen Pauschalsatz von 863 € pro Monat vorsieht,[1215] wobei eine allgemeine Wartefrist von fünf Jahren grundsätzlich für Drittstaatsan-

1207 Vgl *Öhlinger/Eberhard*, Verfassungsrecht Rn 318-321 mwN. Hierbei handelt es sich um einen sogenannten „Bund-Länder-Vertrag".

1208 Art 2 Abs 1 Z 1 GVV.

1209 Art 2 Abs 1 Z 4 GVV; vertiefend zu dieser Bestimmung *Frahm*, juridikum 2013, 469f.

1210 Siehe Kapitel 5.A.I.3.b.

1211 *Kammer für Arbeiter und Angestellte*, Sozialleistungen im Überblick 2018[20] (2018) 376.

1212 *Pfeil*, (Vorläufiges) Aus für die einheitliche Mindestsicherung, ÖZPR 2017/14, 24.

1213 Zu den verfassungsrechtlich bedenklichen Entwicklungen siehe *Hiesel*, Mindestsicherung neu. Erste Gedankenskizzen, juridikum 2017, 80; *Sußner*, Warten auf … ? Verfassungs- und unionsrechtliche Perspektiven auf den Mindestsicherungszugang nach einem positiv abgeschlossenen Asylverfahren (NÖ MSG), juridikum 2017, 207; *Kaspar*, juridikum 2017, 476.

1214 Ministerialentwurf Sozialhilfe-Grundsatzgesetz 2018, 104/ME 26. GP.

1215 *Fritzl*, Mindestsicherung: Die Reform im Detail, diepresse.com v 28.11.2018, https://diepresse.com/home/innenpolitik/5537388/Mindestsicherung_Die-Reform-im-Detail (28.11.2018).

gehörige vorgesehen ist. Das Sozialhilfe-Grundsatzgesetz wurde sodann im Frühjahr 2019 nach Abschluss der vorliegenden Arbeit (1.1.2019) angenommen und ist am 1.6.2019 in Kraft getreten.[1216] Dieses wird gemeinsam mit den Ausführungsgesetzen[1217] der Bundesländer die noch geltende Bedarfsorientierte Mindestsicherung ablösen.[1218] Zu beachten ist, dass derzeit ein Gesetzesprüfungsverfahren beim VfGH anhängig ist,[1219] da laut Individualantrag von 21 SPÖ-Bundesrats-Mitgliedern „mehrere Bestimmungen dieses Grundsatzgesetzes gegen den Gleichheitssatz, das Legalitätsprinzip sowie – wegen ihres hohen Detaillierungsgrades – gegen das ‚Wesen‘ eines Grundsatzgesetzes“[1220] verstoßen.

4. Gesundheitsversorgung

Die Einbeziehung in die Krankenversicherung ist in Österreich in der Regel an das Bestehen einer Erwerbstätigkeit, das Erhalten einer Pension oder das Erfüllen der Familienangehörigeneigenschaft geknüpft.[1221] Darüber hinaus werden Grundversorgungsbezieher*innen und solche der Bedarfsorientierten Mindestsicherung in die Krankenversicherung miteinbezogen.[1222]

1216 BGBl I 41/2019; vertiefend *Pfeil*, „Sozialhilfe neu“ - viele Verschärfungen, aber wenig Vereinheitlichung, ÖZPR 2019/18, 26 und *Leitner*, Das neue Sozialhilfe-Grundsatzgesetz, Arbeits- und SozialrechtsKartei 2019, 304.

1217 Diese sind innerhalb von sieben Monaten nach Inkrafttreten des Sozialhilfe-Grundsatzgesetzes zu erlassen und in Kraft zu setzen.

1218 Vgl *Leitner*, Arbeits- und SozialrechtsKartei 2019, 304.

1219 VfGH G 164, 171/2019.

1220 *NN*, VfGH-Oktober-Session 2019: Sozialversicherungs-Organisationsreform, Gastronomie-Rauchverbot und Sicherheitspaket auf der Agenda, vfgh.gv.at v 19.9.2019, https://www.vfgh.gv.at/medien/Sozialversicherungs-Organisations reform__Sicherheitsp.de.php (1.10.2019). Am 12.12.2019 hat der VfGH sodann zwei Bestimmungen (den Arbeitsqualifizierungsbonus und das Höchstsatzsystem für Kinder) des Sozialhilfe-Grundsatzgesetzes als verfassungswidrig aufgehoben; VfGH 12.12.2019, G 164/2019-25, G 171/2019-24.

1221 Siehe §§ 4-12 ASVG.

1222 Kritisch *Lukits*, Die gesetzliche Krankenversicherung von Asylwerbern und Asylberechtigten, migraLex 2017, 14 (15ff mwN).

III. Allgemeines zu den „Aufenthaltstiteln aus berücksichtigungswürdigen Gründen"

Bevor die „Aufenthaltstitel aus berücksichtigungswürdigen Gründen" näher dargestellt werden, ist darauf hinzuweisen, dass eine in Österreich festgelegte Regularisierung nicht in diese Kategorie fällt. Hierbei handelt es sich um die „Rot-Weiß-Rot – Karte plus" für unbegleitete minderjährige Fremde in Obhut von Pflegeltern oder des Kinder- und Jugendhilfeträgers,[1223] die aus Gründen der vereinfachten Darstellung an dieser Stelle nicht näher thematisiert wird.

1. Überblick

Mit Inkrafttreten des Fremdenbehördenneustrukturierungsgesetzes[1224] am 1.1.2014 sind die „Aufenthaltstitel aus berücksichtigungswürdigen Gründen" vom NAG in das 7. Hauptstück des AsylG transferiert und neu geregelt worden.[1225] Für diese ist das BFA, das gleichzeitig neu geschaffen wurde, zuständig.[1226] Innerhalb des AsylG wirken die Aufenthaltstitel in der derzeit normierten Form systemfremd, da sie anders als der Flüchtlingsbegriff und der subsidiäre Schutz nicht in direktem Zusammenhang mit dem europarechtlich vorgegebenen Verfahren auf internationalen Schutz stehen. *Muzak* spricht sich etwa dafür aus, dass diese Aufenthaltstitel „im Migrationsrecht in Form von Ausnahmen zu bestimmten Versagungsgründen ohne aufwendiges Sonderverfahrensrecht geregelt werden" sollten.[1227]

Die Entscheidungen des BFA ergehen als Bescheid.[1228] Hierbei handelt es sich um eine administrative Entscheidung, die sich an Rechtsunterworfene richtet.[1229] Das österreichische Recht kennt 25 Aufenthaltsberechtigungen, wobei „die verschiedenen Formen des Aufenthaltsrechts im Asylverfahren bzw Asylrecht und kurzfristige Berechtigungen (Visa) noch gar nicht mitgezählt"[1230] werden. Die „Aufenthaltstitel aus berücksichtigungswürdigen Gründen" können im Hinblick auf die maßgeblichen Ertei-

---

1223 § 41a NAG und siehe Kapitel 5.C.V.
1224 BGBl I 87/2012.
1225 §§ 54ff AsylG; vgl ErläutRV 1803 BlgNR 24. GP, 44.
1226 § 3 Abs 2 Z 2 BFA-VG.
1227 *Muzak* in *ÖJT* 47.
1228 § 12 BFA-VG.
1229 Siehe bereits Fn 472.
1230 *Peyrl*, Arbeitsmarkt 3 Fn 8.

lungsgründe unterschieden werden: „Aufenthaltstitel aus Gründen des Art 8 EMRK"; „Aufenthaltstitel in besonders berücksichtigungswürdigen Fällen"; „Aufenthaltsberechtigung besonderer Schutz". Betreffend den Berechtigungsumfang können sie wie folgt unterschieden werden:[1231]

	Erteilungsvoraussetzungen	**Arbeitsmarktzugang**
„Aufenthaltsberechtigung"	Voraussetzungen des „Aufenthaltstitel aus Gründen des Art 8 EMRK" oder des „Aufenthaltstitels in besonders berücksichtigungswürdigen Gründen"	Beschränkt – Beschäftigungsbewilligung erforderlich
„Aufenthaltsberechtigung plus"	Allgemeine und zusätzliche Voraussetzungen des „Aufenthaltstitels aus Gründen des Art 8 EMRK" oder des „Aufenthaltstitels in besonders berücksichtigungswürdigen Gründen"	Unbeschränkt
„Aufenthaltsberechtigung besonderer Schutz"	Voraussetzungen der „Aufenthaltsberechtigung besonderer Schutz"	Beschränkt – Beschäftigungsbewilligung erforderlich, wobei Arbeitsmarktprüfung entfällt

Tabelle 4: Erteilungsvoraussetzungen und Arbeitsmarktzugang der „Aufenthaltstitel aus berücksichtigungswürdigen Gründen"

Daten zu den „Aufenthaltstitel aus berücksichtigungswürdigen Gründen" sind innerhalb der Asylstatistiken zu finden. In diesen ist aber nur die Kategorie „humanitäre Aufenthaltstitel" zu finden, die laut Definition bloß die „Aufenthaltstitel aus Gründen des Art 8 EMRK" und die „Aufenthaltsberechtigung besonderer Schutz" umfassen.[1232] Zum „Aufenthaltstitel in besonders berücksichtigungswürdigen Fällen" gab es bislang überhaupt keine offiziellen Daten. Nach Abschluss der vorliegenden Arbeit wurden solche erstmals in einer Studie veröffentlicht, wonach im Zeitraum zwischen 2014 und 2018 169 erteilt wurden.[1233]

1231 Siehe näher Kapitel 4.B.III.4.

1232 „Ist ein Asylantrag abzuweisen, hat die Behörde von Amts wegen oder auf Antrag bescheidmäßig zu prüfen, ob ein ‚Aufenthaltstitel aus berücksichtigungswürdigen Gründe' im Sinne des Asylgesetzes 2005 als ‚humanitärer Aufenthaltstitel' erteilt werden kann"; *Bundesministerium für Inneres*, Asylstatistik 2017, https://www.bmi.gv.at/301/Statistiken/files/Jahresstatistiken/Asyl-Jahresstatistik_2017.pdf (19.11.2018) 54.

1233 *Bassermann*, Überblick über nationale Schutzstatus in Österreich v Mai 2019, https://www.emn.at/wp-content/uploads/2019/09/emn-natioanler-bericht-2019_nationale-schutzstatus.pdf (15.10.2019) 24-26.

Nach den Asylstatistiken gab es 2017 1.580 rechtskräftige Erteilungen von „humanitären Aufenthaltstiteln“ und 9.356 negative Entscheidungen;[1234] 2016 1.546 Erteilungen und 9394 negative Entscheidungen;[1235] 2015 2.112 Erteilungen und 6540 negative Entscheidungen[1236] sowie 2014 184 Erteilungen und 1.555 negative Entscheidungen.[1237] Die Daten sind jedoch kritisch zu hinterfragen, da sie unter anderem keinen Rückschluss darauf zulassen, in welchem Jahr die diesbezüglichen Verfahren eingeleitet wurden oder welcher der beiden Aufenthaltstitel erteilt wurde bzw was unter „rechtskräftig negativer Entscheidung“ zu verstehen ist.[1238] Die niedrigen Erteilungszahlen zeigen aber jedenfalls die untergeordnete Rolle, die „humanitären Aufenthaltstitel“ im österreichischen Fremdenrecht derzeit spielen, vor allem wenn man diese in Relation zu den rechtskräftigen Entscheidungen in Asylverfahren setzt. 2017 wurden 21.767 rechtskräftig positive Entscheidungen, 14.320 negative Entscheidungen und 7.005 sonstige Entscheidungen erlassen.[1239]

2. Verwaltungsverfahren

Die „Aufenthaltstitel aus berücksichtigungswürdigen Gründen“ können einerseits beantragt werden und andererseits amtswegig im Asylverfahren geprüft werden. Im Hinblick auf die vorliegende Arbeit ist besonders relevant, dass die Antragstellung aus der aufenthaltsrechtlichen Irregularität heraus möglich ist. Folglich sind die „Aufenthaltstitel aus berücksichtigungswürdigen Gründen“ als Regularisierungen zu qualifizieren. Aus kontextuellen Gesichtspunkten wird auch das amtswegige Verfahren untersucht, auch wenn es für die vorliegende Arbeit nicht einschlägig ist. Da-

---

1234 *Bundesministerium für Inneres*, Asylstatistik 2017, 47-52.

1235 *Bundesministerium für Inneres*, Asylstatistik 2016, https://www.bmi.gv.at/301/Statistiken/files/Jahresstatistiken/Jahresstatistik_Asyl_2016.pdf (19.11.2018) 32.

1236 *Bundesministerium für Inneres*, Asylstatistik 2015, https://www.bmi.gv.at/301/Statistiken/files/Jahresstatistiken/Asyl_Jahresstatistik_2015.pdf (19.11.2018) 14.

1237 *Bundesministerium für Inneres*, Asylstatistik 2014, https://www.bmi.gv.at/301/Statistiken/files/Jahresstatistiken/Asyl_Jahresstatistik_2014.pdf (19.11.2018)14.

1238 Die allgemeinen Hinweise am Ende jeder Statistik lassen hierauf keinen Rückschluss zu.

1239 *Bundesministerium für Inneres*, Asylstatistik 2017, 7. Wiederum ist die in der Statistik verwendete Terminologie derart ungenau, dass diese Zahlen nur einen groben Überblick geben können und keine genauen Rückschlüsse zulassen.

rüber hinaus werden die allgemeinen Erteilungsvoraussetzungen und Versagungsgründe sowie das Verfahrensende dargestellt.

a. Antragstellung

Der Antrag auf einen „Aufenthaltstitel aus berücksichtigungswürdigen Gründen“ kann persönlich beim BFA gestellt werden,[1240] auch wenn der*die Fremde bei der Antragsstellung über kein Aufenthaltsrecht verfügt. Der angestrebte Aufenthaltstitel ist hierbei genau zu bezeichnen,[1241] ansonsten hat das BFA einen Verbesserungsauftrag zu erteilen.[1242] Nach den Grundsätzen des österreichischen Verwaltungsrechts müssen die Voraussetzungen nicht nur im Zeitpunkt der Antragstellung, sondern – vereinfacht gesagt – auch im Entscheidungszeitpunkt der zuständigen Behörde[1243] bzw des zuständigen Verwaltungsgerichts[1244] vorliegen.

Für unrechtmäßig aufhältige Fremde ist besonders relevant, dass ein Antrag auf Erteilung eines „Aufenthaltstitels aus berücksichtigungswürdigen Gründen“ kein Aufenthaltsrecht[1245] begründet und dem Erlass und der Durchführung aufenthaltsbeendender Maßnahmen grundsätzlich nicht entgegensteht.[1246] Das AsylG normiert jedoch eine Ausnahme, wonach das BFA die rechtskräftige Entscheidung des Verfahrens abzuwarten hat und eine aufenthaltsbeendende Maßnahme daher nicht vollstrecken kann (faktischer Abschiebeschutz):[1247] Wenn das Verfahren zum Erlass der Rück-

1240 § 58 Abs 5 AsylG.
1241 § 58 Abs 6 AsylG.
1242 § 13 Abs 3 AVG.
1243 Vgl *Hengstschläger/Leeb*, AVG (Stand 1.7.2005, rdb.at) § 39 AVG Rn 41f. Siehe etwa zum NAG VwGH 22.2.2018, Ra 2018/22/0018 oder zur Asylgewährung gem AsylG VwGH 3.5.2016, Ra 2015/18/0212.
1244 VwGH 21.10.2014, Ro 2014/03/0076
1245 § 58 Abs 13 S 1 AsylG und § 16 Abs 5 BFA-VG. AA *Filzwieser/Frank/Kloibmüller/Raschhofer* (Hrsg), Kommentar Asyl- und Fremdenrecht (2016) § 55 AsylG K 7, § 56 AsylG K 6 und § 57 AsylG K 5 mit Hinweis auf VwGH 22.10.2009, 2009/21/0293. *Filzwieser/Frank/Kloibmüller/Raschhofer* weisen hierbei auf die Rspr des VwGH betreffend die alte Rechtslage hin, wonach „ein allgemeines Recht abgeleitet werden [kann], die Entscheidung über einen Antrag“ nach §§ 55-57 AsylG im Inland abzuwarten.
1246 Vertiefend zur Vorgängerbestimmung § 44b Abs 3 NAG idF BGBl I 122/2009 *Völker*, Verschafft die bloße Antragstellung auf einen „humanitären“ Aufenthaltstitel ein Bleiberecht? VfGH versus VwGH, migraLex 2010, 60.
1247 § 58 Abs 13 S 4 AsylG.

kehrentscheidung erst nach Antragstellung eingeleitet wurde und die allgemeinen Erteilungsvoraussetzungen des „Aufenthaltstitels in besonders berücksichtigungswürdigen Fällen" gegeben sind und folglich die Erteilung wahrscheinlich ist.[1248]

b. Amtswegigkeit

Die „Aufenthaltsberechtigung besonderer Schutz" und der „Aufenthaltstitel aus Gründen des Art 8 EMRK" werden auch im Asylverfahren vom BFA geprüft, wenn weder Asylgründe noch Gründe für die Erteilung von subsidiärem Schutz vorliegen. Verfahrensrechtlich wird zunächst die Erteilung einer Aufenthaltsberechtigung besonderer Schutz" geprüft.[1249] Anschließend wird der „Aufenthaltstitel aus Gründen des Art 8 EMRK" im Rahmen der amtswegigen Erlassung einer Rückkehrentscheidung geprüft.[1250] Vereinfacht ausgedrückt ist eine solche amtswegige Prüfung folglich immer dann vorzunehmen, wenn ein Asylantrag zurückgewiesen wird; inhaltlich die ersten beiden Spruchpunkte (Asyl bzw subsidiärer Schutz) abgewiesen werden; oder in einem Aberkennungsverfahren Asyl aberkannt und kein subsidiärer Schutz zuerkannt oder subsidiärer Schutz aberkannt wird.[1251]

Werden die „Aufenthaltsberechtigung besonderer Schutz" und der „Aufenthaltstitel aus Gründen des Art 8 EMRK" im Asylverfahren geprüft, sind sie in diesen Fällen nicht als Regularisierung zu qualifizieren, da die Fremden während des Asylverfahrens über ein Aufenthaltsrecht verfügen und daher der Regularisierungsbegriff nicht erfüllt ist.[1252] Die amtswegige Prüfung zeigt aber wie verstrickt die beiden „Aufenthaltstitel aus berücksichtigungswürdigen Gründen" mit dem Asylverfahren und daher kontextuell von Bedeutung sind.

1248 Siehe Kapitel 5.D.II.2.a.

1249 § 10 Abs 2 und § 58 Abs 1 AsylG; vgl *Filzwieser/Frank/Kloibmüller/Raschhofer*, Asyl- und Fremdenrecht § 55 AsylG K 3.

1250 In dem Sinne *Filzwieser/Frank/Kloibmüller/Raschhofer*, Asyl- und Fremdenrecht § 55 AsylG K 3.

1251 §§ 7 und 9 AsylG und siehe Kapitel 5.A.I.2.a.

1252 Siehe Kapitel 2.A.II.1.

c. Allgemeine Erteilungsvoraussetzungen und Versagungsgründe

Die allgemeinen Erteilungsvoraussetzungen für die „Aufenthaltstitel aus berücksichtigungswürdigen Gründen" sind in § 60 AsylG festgelegt.[1253] Terminologisch überzeugender ist aber von Versagungsgründen zu sprechen, da die normierten Tatbestände nicht zu erfüllen sind, sondern deren Vorliegen einen Hinderungsgrund für die Erteilung darstellt.[1254] Ein solcher Versagungsgrund besteht dann, wenn der rechtmäßige Aufenthalt des*r Fremden den öffentlichen Interessen widersprechen würde.[1255] Im Fremdenrechtsänderungsgesetz 2017 wurden explizit zwei Sachverhaltskonstellationen angeführt, die normieren, wann dies der Fall ist, bspw wenn ein Naheverhältnis des*der Fremden zu extremistischen oder terroristischen Gruppierungen aufgrund bestimmter Verhaltensweisen nicht ausgeschlossen werden kann.[1256]

Ein weiterer Versagungsgrund ist das Bestehen einer aufrechten Rückkehrentscheidung iVm einem Einreiseverbot.[1257] Der Ausschlussgrund ist nur auf den „Aufenthaltstitel in besonders berücksichtigungswürdigen Fällen" bzw die „Aufenthaltsberechtigung besonderer Schutz" anwendbar.[1258] Daraus ergibt sich im Umkehrschluss, dass jeder der „Aufenthaltstitel aus berücksichtigungswürdigen Gründen" beantragt werden kann, insofern „bloß" eine Rückkehrentscheidung gegen einen unrechtmäßig aufhältigen Fremden erlassen wurde.

Fremde trifft überdies eine allgemeine Mitwirkungspflicht im Verfahren zu Erteilung eines „Aufenthaltstitel aus berücksichtigungswürdigen Gründen". Die Verletzung dieser führt bei amtswegig eingeleiteten Verfahren zur Einstellung ebendieses bzw bei Verfahren, die durch einen Antrag eingeleitet wurden, zur Zurückweisung des Antrags.[1259] Eine solche Verletzung stellt die Nichtvorlage eines Identitätsdokuments wie etwa eines gültigen Reisedokuments dar, die jedoch durch das Stellen eines Heilungsan-

---

1253 VwGH 14.4.2016, Ra 2016/21/0077.

1254 Ausgenommen ist hierbei § 60 Abs 2 AsylG, der sich aber ohnehin nur auf die „Aufenthaltstitel in besonders berücksichtigungswürdigen Fällen" bezieht und deshalb keine allgemeine Erteilungsvoraussetzung für die „Aufenthaltstitel aus berücksichtigungswürdigen Gründen" darstellt; siehe Kapitel 5.D.II.2.

1255 § 60 Abs 3 AsylG.

1256 Vgl ErläutRV 1523 BlgNR 25. GP, 44f.

1257 § 60 Abs 1 Z 1 AsylG verweist hier auf § 52 iVm § 53 Abs 2 oder 3 FPG.

1258 VwGH 16.12.2015, Ro 2015/21/0037.

1259 § 58 Abs 11 AsylG; vgl VwGH 30.6.2015, Ra 2015/21/0039.

trags behoben werden kann.[1260] Wird ein solcher Antrag trotz Belehrung durch das BFA nicht eingebracht, ist der Antrag zurückzuweisen bzw das Verfahren einzustellen.[1261]

Verfahrensrechtlich sind alle Anträge auf Erteilung eines „Aufenthaltstitels aus berücksichtigungswürdigen Gründen" zurückzuweisen, wenn sich kein geänderter Sachverhalt zu einem zuvor gestellten, gleich gelagerten Antrag ergibt.[1262] Besonderheiten ergeben sich in den Fällen von res iudicata bei dem „Aufenthaltstitel aus Gründen des Art 8 EMRK".[1263]

d. Verfahrensende

In jedem Fall ergeht die Entscheidung über die Erteilung bzw Nichterteilung eines Aufenthaltstitels mit verfahrensabschließendem Bescheid.[1264] Sollte dem Antrag stattgegeben bzw die amtswegige Prüfung positiv abgeschlossen werden, hat das BFA mit Rechtskraft des Spruchpunkts die Aufenthaltsberechtigungskarte auszustellen.[1265] Weiters ist im Hinblick auf den Berechtigungsumfang zu unterscheiden:[1266] Die „Aufenthaltsberechtigung besonderer Schutz" kann – wie bereits dem Namen zu entnehmen ist – nur jenen Personen erteilt werden, die die entsprechenden Voraussetzungen erfüllen. Die „Aufenthaltsberechtigung" ist jenen Personen zu erteilen, die die Voraussetzungen für die „Aufenthaltstitel aus Gründen des Art 8 EMRK" oder „Aufenthaltstitel in besonders berücksichtigungswürdigen Fällen" erfüllen, welche in Kapitel 5 noch näher ausgeführt werden.[1267] Neben diesen müssen zur Erlangung der „Aufenthaltsberechtigung plus" zusätzliche Voraussetzungen erfüllt werden. Diese umfassen Deutsch auf A2-Niveau (Grundkenntnisse)[1268] oder das Ausüben einer erlaubten Erwerbstätigkeit im Entscheidungszeitpunkt, mit der die Geringfügigkeits-

1260 § 4 Abs 1 Z 3 iVm § 8 Abs 1 Z 1 Asylgesetz-Durchführungsverordnung idF BGBl II 228/2018.

1261 Anstatt vieler VwGH 15.9.2016, Ra 2016/21/0206.

1262 § 58 Abs 10 AsylG.

1263 VwGH 16.12.2015, Ro 2015/21/0037.

1264 § 58 Abs 3, 4, 7 und 8 AsylG.

1265 § 58 Abs 4 S 1 und Abs 7 AsylG.

1266 Siehe Tabelle 4 in Kapitel 4.B.III.1.

1267 Siehe Kapitel 5.B.III.1., Kapitel 5.C.III.1. und Kapitel 5.D.II.2.a.

1268 Das AsylG verweist hier auf § 9 Integrationsgesetz, BGBl I 68/2017 idF BGBl I 37/2018, in dem das Modul 1 der Integrationsvereinbarung normiert ist.

grenze überschritten wird.[1269] Die Geringfügigkeitsgrenze liegt im Kalenderjahr 2018 bei 438,05 € pro Monat.[1270] Die „Aufenthaltstitel aus berücksichtigungswürdigen Gründen" vereint,[1271] dass sie befristet sind und zum Aufenthalt für die Dauer von zwölf Monaten berechtigen.[1272] Mit der Erteilung des Aufenthaltstitels wird eine zuvor erlassene Rückkehrentscheidung gegenstandslos.[1273]

Mit der „Aufenthaltsberechtigung plus" geht ein unbeschränkter Arbeitsmarktzugang einher.[1274] Die „Aufenthaltsberechtigung" und „Aufenthaltsberechtigung besonderer Schutz" berechtigen sowohl zur Ausübung einer selbstständigen als auch unselbständigen Erwerbstätigkeit. Für die Ausübung letzterer ist allerdings eine Beschäftigungsbewilligung nach dem AuslBG erforderlich.[1275] Bei der „Aufenthaltsberechtigung besonderer Schutz" entfällt im Rahmen der Beantragung der Beschäftigungsbewilligung die Arbeitsmarktprüfung, was bei der „Aufenthaltsberechtigung" nicht der Fall ist.[1276] *Peyrl* hat diesbezüglich zutreffend ausgeführt, dass das Erfordernis einer Beschäftigungsbewilligung zur Ausübung einer unselbständigen Erwerbstätigkeit grundsätzlich unionsrechtlich zulässig ist.[1277] Hierbei hat der Autor vor allem die RahmenRL analysiert, wonach die Mitgliedstaaten nur eine einzige Bewilligung für Arbeit und Aufenthalt erteilen.[1278] Ich habe an anderer Stelle ausgeführt, dass der unterschiedliche Arbeitsmarktzugang zwischen „Aufenthaltsberechtigung besonderer Schutz" und „Aufenthaltsberechtigung" als verfassungswidrig zu qualifizieren ist, da die Ungleichbehandlung sachlich nicht gerechtfertigt ist.[1279]

Bei einem negativen Verfahrensende hat das BFA in der Regel gleichzeitig mit der Zurück- oder Abweisung des Antrags eine Rückkehrentschei-

---

1269 § 55 Abs 1 Z 2 AsylG bzw § 56 Abs 1 Z 3 iVm § 56 Abs 2 AsylG.

1270 § 5 Abs 2 ASVG.

1271 Siehe hierzu etwa VwGH 14.4.2016, Ra 2016/21/0077 und 16.9.2015, Ro 2015/22/0026. Vertiefend *Hinterberger*, DRdA 2018, 111.

1272 § 54 Abs 2 Satz 1 AsylG; vgl VwGH 14.4.2016, Ro 2016/21/0077.

1273 § 60 Abs 3 Z 2 FPG. Siehe für die Aufhebung einer Rückkehrentscheidung samt Einreiseverbot VwGH 16.12.2015, Ro 2015/21/0037.

1274 § 54 Abs 1 Z 1 AsylG und § 17 AuslBG.

1275 §§ 4ff AuslBG; vgl VwGH 14.4.2016, Ra 2016/21/0077.

1276 § 4 Abs 7 Z 5 AuslBG; vgl *Deutsch/Nowotny/Seitz*, Ausländerbeschäftigungsrecht § 4 AufenthG Rn 41 und 54. Siehe auch § 4 Abs 3 Z 9 AuslBG.

1277 *Peyrl*, Arbeitsmarkt 320f.

1278 Art 6 RahmenRL.

1279 *Hinterberger*, DRdA 2018, 111.

dung zu erlassen.[1280] Dasselbe gilt im Asylverfahren, wenn im Zuge der amtswegigen Prüfung des „Aufenthaltstitels aus Gründen des Art 8 EMRK“ oder der „Aufenthaltsberechtigung besonderer Schutz“ festgestellt wurde, dass die jeweiligen Voraussetzungen nicht vorliegen.[1281]

3. Verfestigung des Aufenthalts

Fremde, die einen der „Aufenthaltstitel aus berücksichtigungswürdigenden Gründen“ für zwölf Monate innehaben, steht die Umstiegsmöglichkeit ins Niederlassungs- und Aufenthaltsrecht offen. Demnach können Inhaber*innen einer „Aufenthaltsberechtigung besonderer Schutz“ diese entweder verlängern[1282] oder auf eine „Rot-Weiß-Rot – Karte plus“ umsteigen. Ein rechtzeitig vor Ablauf gestellter Antrag bewirkt,[1283] dass das Aufenthaltsrecht bis zur Verlängerung bzw bis zum Vorliegen einer rechtskräftigen aufenthaltsbeendenden Maßnahme bestehen bleibt.[1284] Die Wirkungen eines solchen Antrags ähneln den „Fiktionswirkungen“ des deutschen AufenthG.[1285] Die Rechtsfolge eines Verlängerungsantrags besteht einerseits darin, dass bei erneutem Vorliegen der Voraussetzungen wiederum eine „Aufenthaltsberechtigung besonderer Schutz“ ausgestellt wird; andererseits, dass bei Vorliegen zusätzlicher Voraussetzungen eine „Rot-Weiß-Rot – Karte plus“ erteilt wird.[1286] Letztere sind der Nachweis von Deutschkenntnissen auf A2-Niveau, ein Rechtsanspruch auf eine ortsübliche Unterkunft, eine ausreichende Krankenversicherung sowie dass der Aufenthalt des*r Fremden zu keiner finanziellen Belastung für den öster-

---

1280 § 52 Abs 3 FPG und § 10 Abs 3 AsylG. Vgl hierzu VwGH 21.9.2017, Ra 2017/22/0128 Rn 15 und 14.4.2016, Ra 2016/21/0077 Rn 25 in Bezug auf die Ausnahme gem § 10 Abs 3 S 2 iVm § 58 Abs 9 AsylG.

1281 § 10 Abs 1 AsylG und § 52 Abs 2 FPG. Siehe VwGH 12.11.2015, Ra 2015/21/0023 in Bezug auf die „Aufenthaltsberechtigung besonderer Schutz“.

1282 Betreffend die Verlängerung der „Aufenthaltsberechtigung besonderer Schutz“ trifft das BFA eine kürzere Entscheidungspflicht von vier Monaten. § 59 Abs 4 AsylG; vgl *Ecker*, Schnittstellen zwischen AsylG 2005 und NAG unter besonderer Berücksichtigung von „Bleiberecht“ und Familienzusammenführung in *Filzwieser/Taucher* (Hrsg), Asyl- und Fremdenrecht. Jahrbuch 2016 (2016) 83 (99).

1283 Jedoch frühestens drei Monate vor Gültigkeitsende.

1284 § 59 Abs 1 AsylG.

1285 Siehe Kapitel 4.A.V.1.

1286 § 59 Abs 4 AsylG.

reichischen Staat wird.[1287] Die Prüfung der zusätzlichen Voraussetzungen erfolgt amtswegig, wobei das BFA die nach dem NAG zuständige Behörde hierüber unverzüglich zu verständigen hat.[1288] Teilt das BFA das Erfüllen der zusätzlichen Voraussetzungen mit, ist die „Rot-Weiß-Rot – Karte plus" ohne weitere Prüfung zu erteilen.[1289] Mit der Erteilung der „Rot-Weiß-Rot – Karte plus" geht ein uneingeschränkter Arbeitsmarktzugang einher[1290] und sie gilt für die Dauer von zwei Jahren.[1291] Liegen die zusätzlichen Voraussetzungen nicht vor, ist erneut eine „Aufenthaltsberechtigung besonderer Schutz" zu erteilen.[1292]

Fremde mit einer „Aufenthaltsberechtigung" oder „Aufenthaltsberechtigung plus" können lediglich eine „Rot-Weiß-Rot – Karte plus" gem § 41a Abs 9 Z 1 und 2 NAG beantragen, wobei eine amtswegige Erteilung nicht vorgesehen ist.[1293] Eine „Rot-Weiß-Rot – Karte plus" hat das BFA an jene Fremde zu erteilen, die seit zwölf Monaten eine „Aufenthaltsberechtigung plus" oder eine „Aufenthaltsberechtigung" besitzen und über Deutschkenntnisse auf A2-Niveau verfügen oder zum Entscheidungszeitpunkt eine Erwerbstätigkeit ausüben und damit die Geringfügigkeitsgrenze überschreiten.[1294] Bei Vorliegen der Voraussetzungen besteht ein Rechtsanspruch auf Erteilung.[1295] Die Antragsstellung einer „Rot-Weiß-Rot – Karte plus" ist als Erstantrag im Sinne des NAG zu werten.[1296] Da es sich um keinen Verlängerungsantrag handelt, stellt sich die Frage nach der rechtlichen Qualität des Aufenthalts vor allem im Zusammenhang mit der Erlangung eines unbefristeten Niederlassungsrechts, insofern die „Rot-Weiß-Rot – Karte plus" erst nach Ablauf der „Aufenthaltsberechtigung" oder „Aufenthaltsberechtigung plus" erteilt wird. Nach der VwGH-Rspr ist der Aufenthalt nach Ablauf der „Aufenthaltsberechtigung" oder „Aufenthaltsberech-

---

1287 § 59 Abs 4 Z 3 iVm § 60 Abs 2 AsylG.

1288 § 59 Abs 5 AsylG.

1289 ErläutRV 1803 BlgNR 24. GP, 51.

1290 § 3 Abs 1 AuslBG und § 8 Abs 1 Z 2 NAG; vertiefend *Peyrl*, Die Neuordnung der Arbeitskräftemigration nach Österreich („Rot-Weiß-Rot-Karte"), DRdA 2011, 476 und *Kreuzhuber*, Arbeitsmigration nach Österreich – Eckpunkte und erste Erfahrungen zur Rot-Weiß-Rot-Karte, ZAR 2014, 13.

1291 § 41 Abs 5 S 1 NAG.

1292 § 59 Abs 4 AsylG.

1293 ErläutRV 1803 BlgNR 24. GP, 77.

1294 Siehe hierzu bereits Kapitel 4.B.III.2.d.

1295 *Peyrl* in *Abermann/Czech/Kind/Peyrl* (Hrsg), NAG Kommentar^2 (2019) § 41a NAG Rn 16.

1296 ErläutRV 1803 BlgNR 24. GP, 73f und VwGH 23.6.2015, Ra 2014/22/0199.

tigung plus" aufgrund der Erstantragstellung der „Rot-Weiß-Rot – Karte plus" als unrechtmäßig zu beurteilen.[1297]

Liegen die Voraussetzungen für die Erteilung einer „Rot-Weiß-Rot – Karte plus" nicht vor, ist weder die neuerliche Erteilung einer „Aufenthaltsberechtigung" oder „Aufenthaltsberechtigung plus" noch die Verlängerung – wie bei der „Aufenthaltsberechtigung besonderer Schutz" – gesetzlich vorgesehen.[1298] In diesen Fällen wird sodann eine „Niederlassungsbewilligung" erteilt.[1299] Aus gleichheitsrechtlichen Gesichtspunkten scheint es bedenklich, dass mit der „Niederlassungsbewilligung" keine unselbständige Erwerbstätigkeit ausgeübt werden kann[1300] und es dadurch zu einer Verschlechterung der Rechtsstellung der Betroffenen kommt.[1301] Fremde im Besitz einer „Aufenthaltsberechtigung" erfüllen ja sogar weiterhin dieselben Voraussetzungen. Waren sie im Besitz einer „Aufenthaltsberechtigung plus", hatten sie zumindest bereits einmal die zusätzlichen Voraussetzungen erfüllt. Sie erfüllen diese zwar nicht mehr, eine sich daraus ergebende Schlechterstellung scheint sachlich aber nicht gerechtfertigt.

4. Abgrenzungsfragen

An dieser Stelle ist auf die in § 62 AsylG festgelegte Bestimmung einzugehen, die ein „Aufenthaltsrecht für Vertriebene" normiert.[1302] In den 90igern wurden so Flüchtlinge aus Kroatien oder Bosnien aufgrund des Jugoslawienkriegs aufgenommen.[1303] Die Bestimmung stellt die nationale Transposition der vorübergehender-SchutzRL in Österreich dar, weshalb

1297 VwGH 23.6.2015, Ra 2014/22/0199. AA *Ecker* in *Filzwieser/Taucher* 99f. ErläutRV 1803 BlgNR 24. GP, 45.

1298 ErläutRV 1803 BlgNR 24. GP, 45.

1299 § 43 Abs 3 NAG; vertiefend *Kind* in *Abermann/Czech/Kind/Peyrl* (Hrsg), NAG Kommentar² (2019) § 43 NAG Rn 9-18.

1300 § 8 Abs 1 Z 4 NAG. Eine selbständige Erwerbstätigkeit kann hingegen weiterhin ausgeübt werden.

1301 *Peyrl*, Arbeitsmarkt 316 spricht in dem Zusammenhang von „Bestrafung".

1302 § 62 AsylG war bis zum BGBl I 87/2012 in § 76 NAG geregelt; vgl ErläutRV 1803 BlgNR 24. GP, 41. Vor dem Inkrafttreten des NAG war es in § 29 FrG geregelt; siehe ErläutRV 952 BlgNR 22. GP, 148. Da die Bestimmung im Wesentlich gleich geblieben ist, sind die Ausführungen von *Muzak*, Die Aufenthaltsberechtigung für „De-facto-Flüchtlinge" durch Verordnung der Bundesregierung, ÖJZ 1999, 13, weiterhin relevant.

1303 Vgl *Asylkoordination/Diakonie/Volkshilfe/Integrationshaus/SOS Mitmensch* (Hrsg), Ein Jahr „Bleiberecht": Eine Analyse mit Fallbeispielen, April 2010, http://s3we

sie bzw die Vorgängerbestimmungen in der Praxis seit 1999 keine praktische Relevanz entfalten.[1304] Das Besondere hierbei ist, dass das „vorübergehende Aufenthaltsrecht" nicht wie üblicherweise in der österreichischen Rechtsordnung durch einen Bescheid, also individuellen Verwaltungsakt, sondern unmittelbar aufgrund einer Verordnung[1305] der österreichischen Bundesregierung entsteht.[1306] Diese Norm nimmt somit einen Sonderstatus ein.[1307] Folglich ist die Erteilung des Aufenthaltsrechts ohne individuelle Entscheidung und Prüfung des Vorliegens der Voraussetzungen möglich, weshalb § 62 AsylG nicht unter die Regularisierungsdefinition fällt und vom Gegenstand der vorliegenden Arbeit ausgeschlossen ist.[1308]

Es ist darauf hinzuweisen, dass die Aufenthaltstitel im NAG, bei denen eine Inlandsantragstellung gem § 21 Abs 2 NAG möglich ist, grundsätzlich nicht untersucht werden, da es sich in der Regel um keine Regularisierungen im Sinne der vorliegenden Arbeit handelt.[1309] §§ 30a und 41a Abs 10 NAG werden in Kapitel 5.D.I.1.a. bzw Kapitel 5.C.V. thematisiert.

IV. Kompetenzen und Behörden in Bezug auf das Fremdenrecht

Die Kompetenzen zur Gesetzgebung und Vollziehung sind im B-VG allgemein zwischen Bund und Ländern aufgeteilt,[1310] dies basiert auf dem bundesstaatlichen Prinzip, das der österreichischen Verfassung innewohnt.[1311] Im Hinblick auf das Fremden- und Asylrecht fällt die Kompetenz in Gesetzgebung und Vollziehung vor allem dem Bund zu.[1312] In Österreich ist

---

b0314.peakserver.net/wp-content/uploads/2015/02/bleiberechtsbericht_03_10.pdf (11.10.2018) 4.

1304 Siehe Verordnung der Bundesregierung, mit der das Aufenthaltsrecht kriegsvertriebener Kosovo-Albaner geregelt und die Niederlassungsverordnung 1999 geändert wird, BGBl II 133/1999; vgl *Muzak*, ÖJZ 1999.

1305 Siehe zur Verordnung im österreichischen Verwaltungsrecht *Raschauer*, Verwaltungsrecht Rn 724ff.

1306 Vgl *Muzak*, ÖJZ 1999.

1307 So auch schon *Muzak*, ÖJZ 1999.

1308 Siehe Kapitel 2.A.II.3.a.

1309 Siehe Kapitel 2.A.II. und vertiefend *Kind* in *Abermann/Czech/Kind/Peyrl* § 21 NAG Rn 19-23.

1310 Art 10-15 B-VG; *Öhlinger/Eberhard*, Verfassungsrecht Rn 235-289.

1311 Art 2 Abs 1 B-VG. Vgl *Berka*, Verfassungsrecht Rn 155.

1312 Art 10 Abs 1 Z 3 und 7 B-VG; vgl *Muzak* in *Kolonovits/Muzak/Piska/Perthold/Strejcek* 189 und allgemein zur Kompetenz nach Art 10 B-VG *Öhlinger/Eberhard*, Verfassungsrecht Rn 241f.

mit 1.1.2014 das BFA eingerichtet worden,[1313] das in unmittelbarer Bundesverwaltung[1314] unter anderem für folgende Bereiche zuständig ist: Die Zu- und Aberkennung von Asyl und subsidiärem Schutz im Zusammenhang mit Anträgen auf internationalen Schutz; die Gewährung von „Aufenthaltstiteln aus berücksichtigungswürdigen Gründen"; die Anordnung der Abschiebung, die Feststellung der „Duldung" und die Vollstreckung von Rückführungsentscheidungen von EWR-Staaten sowie die Erlassung von aufenthaltsbeendenden Maßnahmen.[1315] Die für die vorliegende Arbeit wesentlichen Kompetenzbereiche fallen somit in die Zuständigkeit des BFA. Die einschlägigen Regelungen finden sich sowohl im BFA-VG, AsylG als auch im FPG. Bei den fremdenpolizeilichen Materien handelt es sich um einen Teil des besonderen Verwaltungsrechts.[1316] Auf die im FPG geregelten Verfahren sind daher die Verwaltungsgesetze, wie das AVG, anzuwenden, insofern nicht das FPG, AsylG oder das BFA-VG speziellere Bestimmungen enthalten.

Weiters ist die Kompetenzmaterie des „Ein- und Auswanderungswesens" relevant.[1317] Sie ist in mittelbarer Bundesverwaltung zu vollziehen.[1318] Dies bedeutet, dass die Aufgaben von Landesorganen vollzogen werden.[1319] Die zuständigen Landesbehörden sind nach dem NAG für die Erteilung, Versagung und Entziehung von Aufenthaltstiteln von Fremden, die sich länger als sechs Monate im Bundesgebiet aufhalten oder aufhalten wollen, sowie die Dokumentation des unionsrechtlichen Aufenthaltsrechts zuständig,[1320] die sie in mittelbarer Bundesverwaltung vollziehen.

V. Rechtsschutz

Die österreichische Judikative lässt sich in die ordentliche Gerichtsbarkeit, die für Zivil- und Strafsachen zuständig ist, und in die Gerichtsbarkeit des

---

1313 Siehe BGBl I 87/2012 und § 1 BFA-VG.

1314 Vgl *Raschauer*, Verwaltungsrecht Rn 261.

1315 § 3 Abs 2 BFA-VG.

1316 Vgl *Muzak* in *Kolonovits/Muzak/Piska/Perthold/Strejcek*.

1317 Art 10 Abs 1 Z 3 B-VG.

1318 Dies ergibt sich e contrario aus Art 102 Abs 1 und 2 B-VG; vgl *Muzak* in *Kolonovits/Muzak/Piska/Perthold/Strejcek* 189 und allgemein zur mittelbaren Bundesverwaltung *Raschauer*, Verwaltungsrecht Rn 261.

1319 § 3 Abs 1 NAG.

1320 § 1 Abs 1 NAG.

öffentlichen Rechts teilen.[1321] Letztere umfasst sowohl die Verwaltungs- als auch die Verfassungsgerichtsbarkeit, welche Fremden bestimmte Rechtsschutzmöglichkeiten gegen das Verwaltungshandeln bieten. In dem Zusammenhang ist das rechtsstaatliche Baugesetz relevant, dessen wesentlicher Bestandteil das Legalitätsprinzip im Sinne des Art 18 B-VG ist. Nach diesem ist die Verwaltung an die Gesetze gebunden.[1322] Folglich müssen Rechtsschutzeinrichtungen wie der Verwaltungs- und Verfassungsgerichtshof dies überprüfen und gewährleisten können.[1323]

1. Verwaltungsgerichtsbarkeit

Die Verwaltungsgerichtsbarkeit wurde durch die Verwaltungsgerichtsbarkeits-Novelle 2012, die mit 1.1.2014 in Kraft getreten ist,[1324] grundlegend reformiert und besteht nunmehr aus zwei Instanzen: In erster Instanz sind die Verwaltungsgerichte zuständig.[1325] Österreich hat sich für das sogenannte „9+2-Modell“ entschieden ein. Demnach gibt es je ein Landesverwaltungsgericht pro Bundesland sowie ein Bundesverwaltungsgericht (BVwG) und ein Bundesfinanzgericht.

Das BVwG ist in erster Instanz für Bescheidbeschwerden gegen Entscheidungen des BFA und somit für die in der vorliegenden Arbeit relevanten Bereiche zuständig.[1326] Das BVwG kann und muss teilweise,[1327] in der Sache (meritorisch) mittels Erkenntnis entscheiden.[1328] Die Beschwerdefrist gegen Entscheidungen des BFA hat nach einem VfGH Erkenntnis[1329] grundsätzlich wieder – wie allgemein im Verwaltungsverfahren – vier Wochen zu betragen.[1330] Mit dem Fremdenrechtsänderungsgesetz

1321 Vgl *Berka*, Verfassungsrecht Rn 895ff.

1322 Vgl *Berka*, Verfassungsrecht Rn 190ff, 492ff sowie *Öhlinger/Eberhard*, Verfassungsrecht Rn 597ff.

1323 VfGH 11.12.1986, G 119/86 mwN.

1324 BGBl I 51/2012; vgl *Wessely*, Grundrechtliche Aspekte der Verwaltungsgerichte in *Larcher* (Hrsg), Handbuch Verwaltungsgerichte: Die Grundlagen der Verwaltungsgerichtsbarkeit I. Instanz (2013) 204 (205).

1325 Art 129 B-VG; vgl *Öhlinger/Eberhard*, Verfassungsrecht Rn 235-289.

1326 § 7 Abs 1 Z 1 BFA-VG; siehe allgemein auch Art 130 Abs 1 Z 1 B-VG.

1327 Siehe im Detail § 28 VwGVG.

1328 §§ 7ff und 28 VwGVG; vgl allgemein Kolonovits/Muzak/Stöger, Verwaltungsverfahrensrecht Rn 18/1.

1329 VfGH 26.9.2017, G 134/2017-12. In diesem hat der VfGH die zweiwöchige Beschwerdefrist wegen Verfassungswidrigkeit aufgehoben.

1330 § 7 Abs 4 VwGVG und § 16 Abs 1 BFA-VG.

2018[1331] wurde vonseiten der österreichischen Gesetzgebung jedoch (abermals) eine verkürzte, zweiwöchige Beschwerdefrist bei zurückweisenden Entscheidungen, die mit einer aufenthaltsbeendenden Maßnahme verbunden werden, eingeführt.[1332] Dies betrifft also in der Regel auch abweisende Entscheidungen zu den hier behandelten „Aufenthaltstitel aus berücksichtigungswürdigen Gründen". Ausnahmen bestehen in jenen Fällen, in denen es sich um unbegleitete Minderjährige handelt oder die aufenthaltsbeendende Maßnahme mit der Feststellung verbunden ist, dass die Abschiebung unzulässig ist.[1333]

In zweiter Instanz ist der VwGH zuständig, der unter anderem über die Entscheidungen des BVwG abspricht.[1334] Das Rechtsmittel gegen Erkenntnisse des BVwG heißt Revision.[1335] Die Revisionsfrist beträgt sechs Wochen.[1336] Verfügen die Beschwerdeführer*innen nicht über ausreichend finanzielle Mittel zur Erhebung der Revision, können sie Verfahrenshilfe beantragen.[1337] Es besteht Rechtsanwält*innenpflicht.

2. Verfassungsgerichtsbarkeit

Die maßgeblichste Rechtsquelle des österreichischen Verfassungsrechts ist das B-VG. Daneben gibt es noch zahlreiche, weitere Bundesverfassungsgesetze sowie einzelne Bestimmungen und wichtige grundrechtliche Verbürgungen, die im Verfassungsrang stehen.[1338] Exemplarisch kann hier das Staatsgrundgesetz[1339] oder die EMRK genannt werden. Letztere ist in Österreich aufgrund des Stehens im Verfassungsrang unmittelbar anwendbar,[1340] weshalb ihre Bestimmungen vom VfGH als „verfassungsgesetzlich gewährleistete Rechte" geprüft werden können.[1341]

1331 BGBl I 56/2018.

1332 § 16 Abs 1 BFA-VG.

1333 Siehe Kapitel 5.A.I.3.

1334 Vgl *Öhlinger/Eberhard*, Verfassungsrecht Rn 663ff und *Holoubek/Lang* (Hrsg), Das Verfahren vor dem Verwaltungsgerichtshof (2015).

1335 Art 133 Abs 1 Z 1 B-VG. Hier ist zwischen der ordentlichen und außerordentlichen Revision zu unterscheiden.

1336 § 26 Abs 1 VwGG.

1337 § 61 VwGG verweist in dem Zusammenhang auch auf die Vorschriften der ZPO, wobei in concreto §§ 63ff ZPO einschlägig sind.

1338 Vgl *Öhlinger/Eberhard*, Verfassungsrecht Rn 6ff.

1339 Staatsgrundgesetz, RGBl 142/1867 idF BGBl 684/1988.

1340 BGBl 210/1958 idF BGBl III 139/2018.

1341 Art 144 B-VG; vgl *Öhlinger/Eberhard*, Verfassungsrecht Rn 131.

Im Hinblick auf die Verfassungsgerichtsbarkeit ist der VfGH das zentrale rechtsprechende Organ.[1342] Grundsätzlich kann der*die Beschwerdeführer*in im Falle der Abweisung der Beschwerde durch das BVwG eine Erkenntnisbeschwerde an den VfGH erheben.[1343] Die Beschwerdefrist beträgt sechs Wochen.[1344] Verfügen die Beschwerdeführer*innen nicht über ausreichend finanzielle Mittel zur Erhebung der Erkenntnisbeschwerde, können sie Verfahrenshilfe beantragen.[1345] Es besteht Rechtsanwält*innenpflicht.

C. Spanien

Spanien ist ein sozialer und demokratischer Staat, wobei die Staatsform eine parlamentarische Monarchie ist.[1346] Spanien besteht aus 17 autonomen Regionen („Comunidades Autónomas“).[1347] Spanien kann – genau wie Deutschland und Österreich – spätestens ab Ende der 1980iger Jahre als Einwanderungsland bezeichnet werden.[1348] Aktuell erholt sich Spanien immer noch von der seit 2008 andauernden „Wirtschaftskrise“, die es besonders hart getroffen hat (Stichwort Immobilienblase).[1349] Dadurch haben sich auch die Migrationsströme verändert. Grundsätzlich migrieren bedeutend weniger Ausländer*innen nach Spanien; zahlreiche Ausländer*innen sowie spanische Staatsbürger*innen haben das Land verlassen.[1350] Einer der Hauptgründe für die Emigrationsbewegungen war bzw

---

1342 Vgl *Berka*, Verfassungsrecht Rn 987ff und *Öhlinger/Eberhard*, Verfassungsrecht Rn 984ff.

1343 Art 144 B-VG.

1344 § 82 Abs 1 VfGG.

1345 § 82 Abs 3 VfGG verweist auf § 64 ZPO.

1346 Art 1 CE; vertiefend *López Guerra/Espín/García Morillo/Pérez Tremps/Satrústegui*, Derecho Constitucional: Vol I[11] (2018).

1347 Art 143-158 CE.

1348 Vgl *Delgado Godoy*, Política de inmigración y cambio de gobierno in *Palomar Olmeda* (Hrsg), Tratado de Extranjería[5] (2012) 113 (115-117); *Gómez Díaz*, Seguridad Social de los extranjeros. Inmigración y Seguridad Social, una gestión integrada in *Balado Ruiz-Gallegos* (Hrsg), Inmigración, Estado y Derecho: Perspectivas desde el siglo XXI (2008) 883 (883) oder *Cerdán/Maas*, Ein Überblick über die Neuerungen im spanischen Ausländerrecht, ZAR 2010, 105 (105).

1349 Siehe nur *Iglesias Martínez*, La inmigración que surgió del frío. Población de origen inmigrante y nuevos retos de las políticas de integración tras la crisis, Estudios Empresariales 2015/2 Nr 148, 1 (1).

1350 Vgl *Camas Roda*, Trabajo decente 98.

ist die hohe Arbeitslosigkeit und der Wegfall eines großen Teils des informellen Arbeitssektors durch die „Wirtschaftskrise".[1351] Allein im Zeitraum von 2012 bis 2017 sind rund 812.000 Ausländer*innen weniger in Spanien aufhältig.[1352] Dies täuscht aber über einen anderen Faktor hinweg, und zwar, dass zwischen 2008 und 2014 die Zahl der spanischen Staatsbürger*innen mit ausländischer Herkunft von 1.037.663 auf 1.729.335 angestiegen ist.[1353] 2016 wurden sogar 150.000 Ausländer*innen eingebürgert,[1354] wobei die meisten von ihnen in den Genuss der erleichterten Einbürgerungsvoraussetzungen für Personen mit lateinamerikanischen Wurzeln gekommen sind.[1355] Folglich ist es insgesamt zu keiner „Abnahme" der ausländischen Bevölkerung gekommen.[1356] Mit 1.1.2018 waren rund 9,8 % aller in Spanien lebenden Personen Ausländer*innen (4.572.055 Ausländer*innen von 46.659.302 registrierten Einwohner*innen),[1357] wobei es 2018 auch erstmals wieder zu einem Anstieg der ausländischen Bevölkerung seit Beginn der „Wirtschaftskrise" gekommen ist.[1358]

Im Gegensatz zu Österreich und Deutschland spielen Themen in Bezug auf Ausländer*innen derzeit keine annähernd relevante Rolle in der öffentlichen Debatte.[1359] Weiters ist zu betonen, dass das Asylrecht ebenfalls keinen besonders großen Stellenwert im Vergleich zum übrigen Ausländer-

1351 Vgl *Carbajal García*, El arraigo como circunstancia excepcional para poder residir y trabajar legalmente en España, Revista de Derecho Migratorio y Extranjería 2012/29, 55 (57) und *Sabater/Domingo*, A New Immigration Regularization Policy: The Settlement Program in Spain, International Migration Review 2012/46, 191 (214f).

1352 Vgl *Instituto Nacional de Estadística*, Cifras de Población a 1 de enero de 2017, Estadística de Migraciones 2016, Datos Provisionales v 29.6.2017, https://www.ine.es/prensa/cp_2017_p.pdf (20.11.2018) 1.

1353 Vgl *Iglesias Martínez*, Estudios Empresariales 2015/2 Nr 148, 5f.

1354 *NN*, España concedió la nacionalidad a 150.000 extranjeros en 2016, un 32% más, eleconomista.es v 9.4.2018, https://www.eleconomista.es/economia/noticias/9057786/04/18/Espana-fue-el-segundo-pais-de-la-UE-que-mas-extranjeros-nacionalizo-en-2016-segun-Eurostat.html (20.11.2018).

1355 Vgl *Sabater/Domingo*, International Migration Review 2012/46, 215.

1356 In dem Sinne *Iglesias Martínez*, Estudios Empresariales 2015/2 Nr 148, 5f.

1357 Vgl *Instituto Nacional de Estadística*, Cifras de Población a 1 de enero 2018, Estadística de Migraciones. Año 2017, Datos Provisionales v 25.6.2018, https://www.ine.es/prensa/cp_e2018_p.pdf (20.11.2018) 1.

1358 Vgl *Poncini*, La población extranjera en España aumenta por primera vez desde la crisis, elpais.com v 24.8.2018, https://elpais.com/politica/2018/04/24/actualidad/1524564519_812661.html (20.11.2018).

1359 Vgl *Iglesias Martínez*, Estudios Empresariales 2015/2 Nr 148, 9.

recht hat.[1360] Dies wird durch die Tatsache unterstrichen, dass nur ein Bruchteil der Ausländer*innen, die im Besitz einer „Aufenthaltsberechtigung aus außergewöhnlichen Gründen" sind, diese aufgrund von internationalem Schutz („protección internacional") erhalten haben.[1361] Nur ein Grund hierfür ist, dass zwei von drei Asylanträgen zurückgewiesen werden.[1362] Insgesamt sind die Asylantragszahlen in den letzten Jahren leicht gestiegen.[1363]

I. Historische Entwicklung des Ausländerrechts

Das spanische Ausländerrecht („derecho de extranjería") hat eine kürzere „Geschichte" als in anderen Mitgliedstaaten.[1364] Vor allem während der Franco-Diktatur von 1939 bis 1975, war die Situation von Ausländer*innen durch einen großen Ermessensspielraum der Behörden geprägt. Dahingegen brachte die Annahme der spanischen Verfassung im Jahre 1978 eine positive Entwicklung, wobei hier Art 13 Abs 1 CE zu nennen ist, der die Grundrechte von Ausländer*innen in Spanien normiert.[1365] Das spani-

1360 Siehe hierzu nur die Zahlen bei *Fernández Bessa/Brandariz García*, „Perfiles" de deportabilidad: el sesgo del sistema de control migratorio desde la perspectiva de nacionalidad, Estudios penales y criminológicos 2017/27, 307 (338f) und weiters *Defensor del Pueblo*, Estudio sobre el asilo en España, Bericht v Juni 2016, https://www.defensordelpueblo.es/wp-content/uploads/2016/07/Asilo_en_Espa%C3%B1a_2016.pdf (8.10.2018).

1361 Siehe die Nachweise in Fn 1495 und Fn 1497.

1362 *Sanmartín*, España rechaza dos de cada tres solicitudes de asilo, elmundo.es v 18.6.2018, https://www.elmundo.es/espana/2018/06/18/5b276a2ee2704ecd3f8b45d4.html (20.11.2018).

1363 Siehe nur *NN*, España ya lleva 17.000 peticiones de asilo en 2018 y podría superar su récord, aunque rechaza la mayoría, europapress.es v 18.6.2018, https://www.europapress.es/sociedad/noticia-espana-ya-lleva-17000-peticiones-asilo-2018-podria-superar-record-rechaza-mayoria-20180618143346.html (20.11.2018).

1364 Vgl *Pico Lorenzo*, Nuestra errática normativa sobre extranjería. Especial referencia a las regularizaciones y al arraigo, Jueces para la democracia 2002, 62 (62f) und *Solanes Corella*, Un balance tras 25 años de leyes de extranjería en España: 1985-2010, Revista del Ministerio de Trabajo e Inmigración 2010, 77 (97f).

1365 Allgemein zu den Grundrechten von Ausländer*innen in Spanien *Fernández Pérez*, Los derechos fundamentales y libertades públicas de los extranjeros en España: Una visión desde la doctrina del tribunal constitucional (2016); *Aja* (Hrsg), Los derechos de los inmigrantes en España (2009) und *García Ruiz*, La condición de extranjero y el Derecho Constitucional español in *Revenga Sánchez* (Hrsg), Problemas constitucionales de la inmigración: una visión desde Italia y España (2005) 489.

sche Verfassungsgericht hat diese Bestimmung ausgehend von der Menschenwürde[1366] derart interpretiert, dass einige von den Grundrechten auch irregulär aufhältigen Ausländer*innen zustehen.[1367] Ausländer*innen („extranjeros“) werden als jene Personen legaldefiniert, die die spanische Staatsbürgerschaft nicht besitzen.[1368]

Im Jahre 1985 hat Spanien erstmals ein Organgesetz („Ley Orgánica“)[1369] erlassen,[1370] das die Rechte und Freiheiten von Ausländer*innen in Spanien geregelt hat: das Organgesetz 7/1985 (LOE).[1371] Durch das LOE wurden alle Bestimmungen in Bezug auf Ausländer*innen in einem Rechtsakt zusammengefasst.[1372] Der Fokus lag auf den Einreisebestimmungen und der Ausweisung von Ausländer*innen. Kontextuell lässt sich dies mit der Aufnahme Spaniens 1986 in die EG begründen. Mit dem LOE wollte Spanien den anderen Mitgliedstaaten zeigen, dass Ausländer*innen nicht ohne Weiteres in das spanische Hoheitsgebiet einreisen können.[1373] Dementsprechend restriktiv waren die Einreisevoraussetzungen, die praktisch kaum zu erfüllen waren.[1374] So war für die Einreise neben einem Visum die Vorlage eines unterzeichneten Arbeitsvertrags mit einer spani-

---

1366 STC 107/1984, ECLI:ES:TC:1984:107; vgl *Pico Lorenzo*, Jueces para la democracia 2002, 63 und *Rodríguez/Rubio-Marín*, The constitutional status of irregular migrants: testing the boundaries of human rights protection in Spain and the United States in *Dembour/Kelly* (Hrsg), Are Human Rights for Migrants? Critical Reflection on the Status of Irregular Migrants in Europe and the United States (2011) 73.

1367 STC 236/2007, ECLI:ES:TC:2007:236; STC 257/2007, ECLI:ES:TC:2007:257; vgl *Flores*, Los derechos fundamentales de los extranjeros irregulares in *Revenga Sánchez* (Hrsg), Problemas constitucionales de la inmigración: una visión desde Italia y España (2005) 153; *Camas Roda*, Trabajo decente 80f sowie *Cerdán/Maas*, ZAR 2010, 107.

1368 Art 1 LODYLE; vgl *Monereo Pérez/Gallego Morales*, Art 1 LODYLE in *Monereo Pérez/Fernández Avilés/Triguero Martínez* (Hrsg), Comentario a la ley y al reglamento de Extranjería, Inmigración e Integración Social[2] (2013) 43.

1369 Vgl zur Rechtsnatur der Organgesetze *Parejo Alfonso*, Lecciones de Derecho Administrativo[9] (2018) 183ff.

1370 Vgl *Aja*, La evolución de la normativa sobre inmigración in *Aja/Arango* (Hrsg), Veinte Años de Inmigración en España: Perspectiva jurídica y sociológica (1985-2004) (2006) 17 (17-20). Zuvor gab es kein einschlägiges höherrangiges Recht.

1371 Vgl *Aja* in *Aja/Arango* 20ff und *Fernández Pérez*, Derechos fundamentales 125.

1372 *Solanes Corella*, Revista del Ministerio de Trabajo e Inmigración 2010, 78.

1373 Vgl *Fernández Pérez*, Derechos fundamentales 125.

1374 Vgl *Aja* in *Aja/Arango* 21; zutreffend *Fernández Pérez*, Derechos fundamentales 125ff.

schen Firma notwendig.[1375] Folglich reisten die meisten Ausländer*innen irregulär ein;[1376] unter Umständen war der Erwerb eines Touristenvisums zur regulären Einreise möglich, jedoch wurden diese Personen spätestens nach Ablauf der befristeten Aufenthaltsdauer irregulär aufhältig. Daneben waren die Ausweisungstatbestände derart offen formuliert, dass die zuständigen Behörden durch den großen Ermessensspielraum[1377] hiervon jederzeit Gebrauch machen konnten.[1378]

Obwohl das LOE eine restriktive Rechtsordnung für Ausländer*innen geschaffen hatte, konnte dadurch der Anstieg der Einwanderung nicht verhindert werden. Ganz im Gegenteil hat die Einwanderung bedingt durch zahlreiche weitere Faktoren ab Ende der 1980iger Jahre bis zum Höhepunkt im Jahr 2005 enorm zugenommen.[1379] Neben dem Anstieg in absoluten Zahlen, stieg die Anzahl irregulär aufhältiger Ausländer*innen ebenso. Der wirtschaftliche Boom, der ab Ende der 1990iger Jahre eingetreten ist, hat zu einem erhöhten Bedarf an billigen Arbeitskräften etwa im Bau- oder Agrarsektor geführt, die mehrheitlich durch die ausländische Bevölkerung abgedeckt wurden.[1380] Viele von diesen Jobs wurden und werden immer noch von irregulär aufhältigen Ausländer*innen ausgeübt, die in der Regel undokumentiert beschäftigt sind. *Sabater/Domingo* führen hierbei zutreffend aus, dass diese nicht als Problem, sondern als Notwendigkeit für den Erhalt der florierenden Wirtschaft angesehen wurden.[1381] Alles in allem war bzw ist Spanien als Einwanderungsland für neuankommende Ausländer*innen besonders attraktiv, wie *González-Enríquez* ausführt: „First, there is the existence of this strong and rather vibrant informal economy where irregular migrants can find employment. Second, the relatively positive social attitudes towards immigrants, in comparison with other European countries, third, the traditional tolerance towards illegality embedded in South European political culture, and, fourth, the treatment of social rights for irregular immigrants in Spanish laws. Since year 2000 irregular migrants enjoy free access to the public health system and to education (from 3 to 16 years) in the same conditions as Spaniards or regular

---

1375 Vgl *Solanes Corella*, Revista del Ministerio de Trabajo e Inmigración 2010, 79.

1376 Vgl *Solanes Corella*, Revista del Ministerio de Trabajo e Inmigración 2010, 82.

1377 Vgl *Solanes Corella*, Revista del Ministerio de Trabajo e Inmigración 2010, 79.

1378 Vgl *Aja* in *Aja/Arango* 21f und *Fernández Pérez*, Derechos fundamentales 126.

1379 Vgl *Moya Malapeira*, La evolución de control migratorio de entrada en España in *Aja/Arango* (Hrsg), Veinte Años de Inmigración en España: Perspectiva jurídica y sociológica (1985-2004) (2006) 47 (47).

1380 Vgl *Iglesias Martínez*, Estudios Empresariales 2015/2 Nr 148, 2ff.

1381 *Sabater/Domingo*, International Migration Review 2012/46, 215.

migrants with the only condition of register themselves in the Municipal Register (called Padrón)".[1382] Dass diese Aussagen dem Grunde nach immer noch zutreffen, werde ich in der Folge zeigen.

1991 ist deshalb eine politische Debatte entbrannt,[1383] die zum Einsatz von außerordentlichen Normalisierungs-Programmen („procesos de normalización") geführt hat.[1384] Diese Art von Regularisierungen wurden als Steuerungsinstrument eingesetzt,[1385] um die Anzahl irregulär aufhältiger Personen zu reduzieren.[1386] Bei diesen, die in der Folge als Regularisierungs-Programme bezeichnet werden,[1387] handelt es sich um außerordentliche Verfahren, die im spanischen Ausländerrecht angesiedelt waren. Ziel ist die Überführung von einem irregulären in einen regulären Aufenthalt.[1388] In der Regel wurden die Programme im Vorfeld angekündigt, damit ein größerer Kreis an Antragsteller*innen erreicht werden konnte. Irregulär aufhältige Ausländer*innen konnten demnach innerhalb eines bestimmten Zeitraumes einen Antrag auf Erteilung einer Aufenthaltsberechtigung und oftmals gleichzeitig auch einer Arbeitserlaubnis stellen.[1389] Zielgruppe waren undokumentiert beschäftige Arbeitnehmer*innen, die eine gewisse „Integration" bzw Verwurzelung vorweisen konnten.[1390]

In den Folgejahren hat sich diese Art der Ausländerpolitik manifestiert[1391] und Spanien hat seither eine lange Tradition, den irregulären Aufenthalt von Ausländer*innen zu regularisieren.[1392] 1985 und 1991 wurden Regularisierungs-Programme durchgeführt, wobei bei letzterem ca 108.000 Aufent-

---

1382 *González-Enríquez*, Undocumented Migration: Country Report Spain, Clandestino Project v Jänner 2009, http://irregular-migration.net/typo3_upload/groups/31/4.Background_Information/4.4.Country_Reports/Spain_CountryReport_Clandestino_Nov 09_2.pdf (9.10.2018) 7.

1383 Vgl *Pico Lorenzo*, Jueces para la democracia 2002, 65f.

1384 Vgl *Solanes Corella*, Revista del Ministerio de Trabajo e Inmigración 2010, 82.

1385 Vgl *González-Enríquez*, Spain, the Cheap Model. Irregularity and Regularisation as Immigration Management Policies, EJML 2009, 139.

1386 Vgl *Aja* in *Aja/Arango* 24.

1387 Siehe hierzu bereits Kapitel 2.B.I.

1388 *Sánchez Alonso*, La Política Migratoria en España: Un análisis de largo plazo, Revista Internacional de Sociología 2011, 243 (249, 259, 262).

1389 Vgl *Gortázar* in *De Bruycker* 334f.

1390 Vgl *Pico Lorenzo*, Jueces para la democracia 2002, 65f und *Gortázar* in *De Bruycker* 293. Letztere weist darauf hin, dass manche Regularisierungen auch auf abgelehnte Asylwerber*innen abgezielt haben.

1391 Vgl *Solanes Corella*, Revista del Ministerio de Trabajo e Inmigración 2010, 80f.

1392 Vgl für einen systematischen Überblick bis zum Jahr 2001 *Puerta Vílchez* in *Moya Escudero* 391; weiters *Gortázar* in *De Bruycker* 301ff; *González-Enríquez*, EJML 2009; *Arango/Finotelli*, Country Report Spain in *Baldwin-Edwards/Kraler* haltsberechtigungen erteilt wurden.[1393] Zwischen 1993 und 1999 wurde jedes Jahr ein Kontingent[1394] an Ausländer*innen regularisiert, wobei die Verfahren als Vorläufer der Regularisierungs-Mechanismen betrachtet werden können.[1395] Gesetzlich wurden diese aber nicht als Regularisierungen oder dergleichen bezeichnet, obwohl es sich um versteckte Regularisierungs-Programme gehandelt hat.[1396] 2000 wurde quantitativ ein größeres Regularisierungs-Programm durchgeführt.[1397] Spannend ist hierbei der Faktor, dass bis zum Jahr 2004 die Mehrheit der Ausländer*innen trotz Regularisierungs-Programmen irregulär aufhältig war.[1398]

Aja kritisiert an der derart praktizierten Ausländerpolitik der 1990iger Jahre, dass sie durch zwei Extreme gekennzeichnet war. Einerseits wurden keine zweckmäßigen Einreisebedingungen geschaffen, sondern „bloß" undokumentiert arbeitende Ausländer*innen regularisiert, die sich über Jahre hinweg ohne Aufenthaltsberechtigung in Spanien aufgehalten haben. Das Argument des Autors zielt an der Stelle wohl darauf ab, dass irregulär aufhältige Ausländer*innen für den Rechtsbruch „belohnt" werden.[1399] Andererseits hält *Aja* dem Erschaffen einer „ernsthaften" Politik entgegen, dass die jährlichen Regularisierungs-Programme ein „Pull-Effekt" für weitere irreguläre Einwanderung gewesen seien. Das Annehmen eines „Pull-

---

(Hrsg), REGINE Regularisations in Europe: Appendix A Country Studies v Jänner 2009, https://ec.europa.eu/home-affairs/sites/homeaffairs/files/e-library/documents/policies/legal-migration/pdf/general/regine_appendix_b_Jännery_2009_en.pdf (11.10.2018) 83 und *Pico Lorenzo*, Jueces para la democracia 2002, 65ff.

1393 Vgl hierzu ausführlich die gesammelten Zeitungsartikel und Beiträge in *Comisión Española de Ayuda al Refugiado*, Dossier: Proceso de regularización de trabajadores extranjeros ilegales v 1991; *Pico Lorenzo*, Jueces para la democracia 2002, 65f und zu den einzelnen Tatbestandsvoraussetzungen *Gortázar* in *De Bruycker* 301-304 und 319-322.

1394 Dieses hat jährlich in etwa zwischen 20.000 und 30.000 Personen umfasst; vgl *Aja* in *Aja/Arango* 24 und zu den einzelnen Tatbestandsvoraussetzungen *Gortázar* in *De Bruycker* 305f und 326-329.

1395 Vgl *Pico Lorenzo*, Jueces para la democracia 2002, 66. Speziell zum Regularisierungs-Programm im Jahre 1999 siehe *Trinidad García*, Revista de Derecho Migratorio y Extranjería 2002/1, 99-104.

1396 Vgl *Gortázar* in *De Bruycker* 294.

1397 Vgl im Detail *Gortázar* in *De Bruycker* 305.

1398 Vgl *Cabellos Espiérrez/Roig Molés*, El tratamiento jurídico del extranjero en situación regular in *Aja/Arango Joaquín* (Hrsg), Veinte Años de Inmigración en España: Perspectiva jurídica y sociológica (1985-2004) (2006) 113 (114).

1399 Vgl zu einer ähnlichen Argumentation *Serrano Villamanta* in *Balado Ruiz-Gallegos* 554 und zur Kritik an dieser Argumentation Kapitel 3.D.IV.

Faktors" hat sich auch in der medialen Berichterstattung[1400] über die Regularisierungs-Programme niedergeschlagen.[1401] Dies lässt sich vermutlich aus ihren spezifischen Charakteristika erklären, wie der großen personellen Reichweite oder dass diese die Antwort einer bestimmten Regierung auf eine konkrete politische Situation sind. Die Annahme, dass Regularisierungs-Programme (bzw Regularisierungen) Ausländer*innen ohne Einreise- bzw Aufenthaltsrecht anziehen, beruht nicht auf wissenschaftlichen Belegen, wie bereits ausgeführt wurde.[1402] Darüber hinaus zeigt das Zurückgreifen auf derartige „außerordentliche" Rechtsinstrumente laut einigen Autorinnen und Autoren das Scheitern der damaligen spanischen Ausländerpolitik.[1403] Dieser Ansicht kann nicht hundertprozentig gefolgt werden, da durch die eingesetzten Programme auch Fehler bzw Härtefälle, die im damaligen Ausländerrecht nicht berücksichtigt wurden, korrigiert und die betroffenen Personen derart in den Staat „integriert" werden konnten.

Einige wichtige Änderungen wurden durch den Erlass des Organgesetz 4/2000 (LODYLE) eingeläutet,[1404] das trotz mehrfacher Reformen immer noch in Kraft ist. Gemeinsam mit diesem ist die Ausführungsverordnung (REDYLE) zum LODYLE von Bedeutung. Darüber hinaus sind sogenannte Anordnungen („instrucción") zu beachten, die nicht im Gesetzesrang stehen, aber als prozessuale Weisungen der ausländerrechtlichen Bestimmungen für die Verwaltungsbehörden von maßgeblicher Bedeutung sind.[1405] Durch das LODYLE wurde erstmals die Rechtsstellung der Ausländer*innen eindeutig und abschließend unter Bezugnahme auf die bis-

1400 Vgl zum Regularisierungs-Programm 2005 *Schweizerisches Bundesamt für Migration*, Spanien: Die Regularisierungsaktion 2005 v 7.7.2005, https://www.sem.admin.ch/dam/data/sem/internationales/transit-ziellaender/ESP-regularisierung-d.pdf (27.11.2018) 4 und *Möller-Holtkamp*, Legalisierungspolitik in Spanien in der Kritik, dw.com v 12.5.2005, https://www.dw.com/de/legalisierungspolitik-in-spanien-in-der-kritik/a-1581274 (27.11.2018).

1401 Vgl *Pérez/Leraul*, El arraigo en España. De figura excepcional a instrumento de gobernanza de las migraciones, Comunicación aceptada para el VII Congreso de las Migraciones Internacionales en España, 11-13.4.2012, 5f.

1402 Siehe Kapitel 3.D.IV.

1403 *Fernández Pérez*, Derechos fundamentales 126f; in dem Sinne auch *Serrano Villamanta* in *Balado Ruiz-Gallegos* 554; *Trinidad García*, Revista de Derecho Migratorio y Extranjería 2002/1, 100 sowie *Solanes Corella*, Revista del Ministerio de Trabajo e Inmigración 2010, 80.

1404 Siehe zum politischen Entstehungsprozess *Aja* in *Aja/Arango* 27.

1405 Anstatt vieler *Moreno Rebato*, Circulares, instrucciones y órdenes de servicio: naturaleza y régimen jurídico, Revista de Administración Pública 1998/147, 159.

herige Rspr des Verfassungsgerichts geregelt.[1406] In einer Gesamtschau ist das LODYLE rund um die Aufenthaltsberechtigung als Bauform konzipiert.[1407] Durch das Organgesetz wurden Ausländer*innen erstmals als struktureller Bestandteil der spanischen Gesellschaft anerkannt, was sich unter anderem durch die Aufnahme des Begriffs Integration („integración") in den Titel zeigt.[1408] Kritischer sieht dies *Pico Lorenzo*, der von keiner klaren Zielsetzung des Ausländerrechts spricht und diese gar als „verworren" bezeichnet.[1409] Im Hinblick auf irregulär aufhältige Ausländer*innen wurden einige Mindestrechte festgelegt, bspw der Zugang zur Gesundheitsversorgung und zur Ausbildung. Neben den bisher eingesetzten Regularisierungs-Programmen wurden auch erstmals Regularisierungs-Mechanismen eingeführt, die im Gegensatz zu den Programmen jederzeit in Anspruch genommen werden konnten.[1410] Die Regularisierungen basierend aufgrund der Verwurzelung („arraigo") von Ausländer*innen stellen bis heute geltendes Recht dar.[1411]

Kurze Zeit nach dem Erlass des LODYLE wurde das Ausländerrecht erneut modifiziert. Hauptgrund hierfür war der Ausgang der Parlamentswahlen im Jahre 2000, aus der die konservative Volkspartei („partido popular") als Siegerin hervorgegangen ist.[1412] Bei einer näheren Betrachtung der Reform zeigt sich, dass die Grundstruktur durch das Organgesetz 8/2000 beibehalten wurde und es sich nur um eine teilweise Neukodifizierung handelt.[1413] Die meisten Bestimmungen wurden verschärft, um im „Kampf" gegen die irreguläre Einwanderung, der vor dem Hintergrund der stark steigenden Einwanderungszahlen im Mittelpunkt des Erlasses stand, angemessene rechtliche Instrumentarien vorzufinden.[1414]

1406 *Aja* in *Aja/Arango* 27 und *Solanes Corella*, Revista del Ministerio de Trabajo e Inmigración 2010, 82-85.

1407 Vgl *Triguero Martínez*, Migraciones 2014, 438f.

1408 Zur Entwicklung des Integrationsbegriffs im Rahmen des Organgesetzes 2/2009 siehe Art 2ter LODYLE; vgl *Solanes Corella*, Revista del Ministerio de Trabajo e Inmigración 2010, 93f und *Cerdán/Maas*, ZAR 2010, 106.

1409 *Pico Lorenzo*, Jueces para la democracia 2002, 63f.

1410 Vgl *Triguero Martínez*, Migraciones 2014, 438f.

1411 Vgl *Triguero Martínez*, Migraciones 2014, 439 sowie *Pérez/Leraul*, El arraigo en España, 11-13.4.2012, 3f und *Pico Lorenzo*, Jueces para la democracia 2002, 68f.

1412 Vgl *Solanes Corella*, Revista del Ministerio de Trabajo e Inmigración 2010, 84 und *Aja* in *Aja/Arango* 29f.

1413 Vgl *Aja* in *Aja/Arango* 30f.

1414 Vgl *Ruiz Paredes*, La regulación de la extranjería. Enfoque mercantil. Aproximación al empresariado inmigrante en España in *Balado Ruiz-Gallegos* (Hrsg),

2005 ist letztmals ein außergewöhnliches Regularisierungs-Programm[1415] durchgeführt worden, das zugleich quantitativ das bisher umfangreichste war.[1416] Von Februar bis Mai 2005 konnten irregulär aufhältige Ausländer*innen eine Aufenthaltsberechtigung und Aufenthaltserlaubnis beantragen. Die Hauptvoraussetzungen für die Erteilung einer solchen waren, dass die Ausländer*innen seit August 2004 in irgendeiner spanischen Gemeinde durchgehend wohnhaft und gemeldet waren.[1417] Um die undokumentierte Beschäftigung zurückzudrängen,[1418] wurde zusätzlich die Vorlage eines Arbeitsvertrags verlangt. Mit einem zukünftigen Arbeitsverhältnis von mindestens sechs Monaten konnte eine Person sohin nicht nur eine Aufenthaltsberechtigung, sondern gleichzeitig auch eine Arbeitserlaubnis erhalten. Die Rechtskraft der Aufenthaltsberechtigung als auch der Arbeitserlaubnis war an die Anmeldung zur Sozialversicherung geknüpft;[1419] dies ist bei der sozialen Verwurzelung im geltenden spanischen Recht immer noch der Fall.[1420] So konnte verhindert werden, dass Scheinarbeitsverträge eingereicht werden, die lediglich der Erlangung eines Aufenthaltsrechts dienen. Summa summarum wurden in diesem Zeitraum ca 700.000 Anträge gestellt, wovon rund 578.000 positiv (83 %) erledigt wurden.[1421] Ein spannender Aspekt ist die Tatsache, dass nicht die betroffenen Ausländer*innen selbst, sondern die zukünftigen Arbeitgeber*innen den Antrag stellen mussten.[1422] So sollte genau wie im Zusammenhang mit dem Erfordernis der Anmeldung zur Sozialversicherung das tatsächliche Bestehen einer Arbeitsbeziehung sichergestellt werden. Das Regularisie-

Inmigración, Estado y Derecho: Perspectivas desde el siglo XXI (2008) 631 (633-635).

1415 Vgl die Überschrift der Übergangsbestimmung 3 REDYLE idF Königliche Verordnung 2393/2004.

1416 REDYLE idF Königliche Verordnung 2393/2004; vgl *Arango/Finotelli* in *Baldwin-Edwards/Kraler* 85ff.

1417 Vgl zum Überblick *Aguilera Izquierdo*, El acceso de los inmigrantes irregulares al mercado de trabajo: Los procesos de regularización extraordinaria y el arraigo social y laboral, Revista del Ministerio de Trabajo y Asuntos Sociales 2006, 175 oder *Gómez Díaz* in *Balado Ruiz-Gallegos* 887ff.

1418 *Gómez Díaz* in *Balado Ruiz-Gallegos* 888, behauptet in dem Zusammenhang sogar, dass es die größte bis dato vorgenommene Maßnahme gegen undokumentierte Beschäftigung in Spanien war.

1419 Vgl hierzu *Gómez Díaz* in *Balado Ruiz-Gallegos* 895ff.

1420 Siehe Kapitel 5.E.I.

1421 Vgl zu den Zahlen *Gómez Díaz* in *Balado Ruiz-Gallegos* 891ff und *Cerezo Mariscal*, La gestión de los procesos de la irregularidad estructural y sobrevenida en España. Análisis maquetado del arraigo, Revista de Derecho 2015, 657 (672).

1422 Vgl *Gómez Díaz* in *Balado Ruiz-Gallegos* 887.

rungs-Programm 2005 wurde als Erfolg gegen die undokumentierte Beschäftigung verbucht.[1423] Die derart regularisierten Ausländer*innen würden nunmehr durch ihre reguläre und dokumentierte Beschäftigung in die Sozialversicherung einzahlen. Darüber hinaus sollte der Rückfall in die Irregularität und undokumentierte Beschäftigung durch die Möglichkeit der Verlängerung des Aufenthaltsrechts verhindert werden.[1424] Innerhalb der EU hat jedoch die politische Ablehnung anderer Mitgliedstaaten gegenüber den Programmen schließlich dazu geführt, dass der Europäische Rat im Pakt für Einwanderung und Asyl 2008 festgestellt hat, dass die Mitgliedstaaten sich ab sofort nur mehr auf „einzelfallabhängige" Regularisierungen beschränken sollten.[1425] Obwohl es sich dabei um keinen verbindlichen Rechtsakt handelt, hat sich Spanien seither an den Pakt gehalten und keine Regularisierungs-Programme mehr durchgeführt.[1426]

An dieser Stelle ist die bereits kurz erwähnte Bedeutung ausländischer Arbeitskräfte für die spanische Wirtschaft hervorzuheben.[1427] Nach *Gómez Díaz* stehen die außergewöhnlichen Regularisierungs-Programme in engem Zusammenhang mit dem Versuch, den Arbeitsmarkt zu regulieren und auf die Realitäten und Notwendigkeiten ebendieses Antworten zu finden.[1428] *Camas Roda* und *Triguero Martínez* gehen sogar noch weiter und sprechen davon, dass die Einwanderungspolitik vom Arbeitsmarkt abhängt und sich nach diesem richtet.[1429] Dies zeigt sich etwa durch die Tatsache, dass in der Amtszeit von *Zapatero* als spanischem Ministerpräsidenten die hauptsächliche Zuständigkeit zur Entwicklung der Migrationspolitik vom Innen- dem damaligen Arbeitsministerium („Ministerio de Traba-

---

1423 Vgl *Gómez Díaz* in *Balado Ruiz-Gallegos* 887f; allgemeiner *González Calvet*, El arraigo como instrumento de regularización individual y permanente del trabajador inmigrante indocumentado en el reglamento de extranjería aprobado por el RD 2393/2004, de 30 de diciembre, Revista de Derecho Social 2007/37, 105 (107).

1424 Siehe zu dieser Entwicklung, die ihren Ursprung bereits im Regularisierungs-Programm 1991 hatte, *Gortázar* in *De Bruycker* 335.

1425 *Europäischer Rat*, Europäischer Pakt zu Einwanderung und Asyl v 24.9.2008, 13440/08, 7.

1426 In dem Sinne auch *Sabater/Domingo*, International Migration Review 2012/46, 214f.

1427 Vgl *Fernández Bessa/Brandariz García*, Transformaciones de la penalidad migratoria en el contexto de la crisis económica: El giro gerencial del dispositivo de deportación, Revista para el Análisis del Derecho 2016/4, 1 (4 mwN).

1428 Vgl *Gómez Díaz* in *Balado Ruiz-Gallegos* 887.

1429 Vgl *Camas Roda*, Trabajo decente 82 mwN und zur Entwicklung *Triguero Martínez*, Migraciones 2014, 441-447.

jo") übertragen wurde.[1430] Aktuell ist hierfür das Staatssekretärsamt für Migration („Secretaría de Estado de Migraciones") innerhalb des Arbeits-, Migrations- und Sozialministeriums („Ministerio de Trabajo, Migraciones y Seguridad Social") zuständig.

Mit dem Organgesetz 10/2011 wurden Verbesserungen in Bezug auf die „befristete Aufenthaltsberechtigung und Arbeitserlaubnis aus außergewöhnlichen Gründen für ausländische Opfer des Menschenhandels" und die „befristete Aufenthaltsberechtigung und Arbeitserlaubnis aus außergewöhnlichen Gründen für ausländische Frauen, die Opfer geschlechtsspezifischer Gewalt geworden sind", eingeführt.[1431] Im Vergleich zur deutschen und österreichischen Rechtslage ist beachtlich, dass es seit 2009 kaum zu Reformen im spanischen Ausländerrecht gekommen ist.[1432]

II. Rechtlicher Status von Ausländer*innen

Bevor das geltende Ausländerrecht in Form der „Aufenthaltsberechtigungen aus außergewöhnlichen Gründen" dargestellt wird, beschreibe ich den rechtlichen Status von Ausländer*innen. Der Fokus liegt auf den allgemeinen aufenthaltsrechtlichen Aspekten, dem Zugang zu unselbstständiger Beschäftigung, zur Gesundheitsversorgung und zu Sozialleistungen.

1. Ir/regulärer Aufenthalt

Das spanische Ausländerrecht unterscheidet grundsätzlich zwischen leichten, schweren und sehr schweren Ordnungswidrigkeiten („infracciones leves, graves y muy graves").[1433] Der irreguläre Aufenthalt stellt in Spanien – von einer Ausnahme abgesehen[1434] – eine schwere Ordnungswidrigkeit

---

1430 Vgl *Donaire Villa/Moya Malapeira* in *Boza Martínez/Donaire Villa/Moya Malapeira* 545f.

1431 BOE 180 v 28.7.2011. Siehe Kapitel 5.D.I.4.-5.

1432 Siehe Kapitel 4.A.I. und Kapitel 4.B.I.

1433 Art 52, 53 und 54 LODYLE und *Solanes Corella*, Revista del Ministerio de Trabajo e Inmigración 2010, 81.

1434 Gem Art 52 lit b und Art 55 Abs 1 lit a LODYLE ist der irreguläre Aufenthalt von Personen, die ihre Aufenthaltsberechtigung nicht rechtzeitig verlängert haben, während der ersten drei Monate nach Ablauf nur mit einer leichten Ordnungswidrigkeit und folglich mittels Geldbuße zu bestrafen; vgl *Arrese Iriondo*, La problemática jurídica de las situaciones irregulares: la expulsión dar.[1435] Ausländer*innen, die die Einreise- und/oder Aufenthaltsvoraussetzungen nicht erfüllen, sind zur Ausreise verpflichtet.[1436] Werden irregulär aufhältige Ausländer*innen aufgegriffen, wird in der Regel ein eigenständiges Ausweisungsverfahren eingeleitet.[1437] Dieses kann mit einer Ausweisungsentscheidung oder Geldbuße enden.[1438] Ab dem Zeitpunkt des Erlasses der Ausweisungsentscheidung ist diese rechtskräftig und durchsetzbar.[1439]

Im Vergleich zur österreichischen und deutschen Rechtslage ist hervorzuheben, dass mit einer abweisenden Entscheidung über eine Aufenthaltsberechtigung nicht automatisch eine aufenthaltsbeendende Maßnahme einhergeht.[1440] Es besteht lediglich die genannte Ausreiseverpflichtung.[1441] Damit diese durchgesetzt werden kann, muss ein eigenständiges Ausweisungsverfahren eingeleitet und eine Ausweisung erlassen werden.

2. Unselbstständige Beschäftigung

Gem der Überschrift in Art 10 LODYLE haben Ausländer*innen ein Recht auf Arbeit und soziale Sicherheit.[1442] Entgegen dem Wortlaut handelt es

---

como sanción a la situación irregular, Revista de Derecho Migratorio y Extranjería 2010/25, 73 (74 und 83-86).

1435 Art 53 Abs 1 lit a LODYLE; vgl hierzu *Boza Martínez*, El procedimiento sancionador en general y, particularmente, los procedimientos de expulsión in *Boza Martínez/Donaire Villa/Moya Malapeira* (Hrsg), Comentario a la reforma de la ley de extranjería (LO 2/2009) (2011) 261 (263ff); *Castanedo García*, Examen de la jurisprudencia existente relativa a los artículos 57 y 58 de la ley orgánica 4/2000, de 11 de enero y su desarrollo reglamentario, y las sentencias de distintos tribunales superiores de justicia sobre la materia, Revista de Derecho Migratorio y Extranjería 2014/36, 261 (262); *Lorenzo Jiménez*, La expulsión de extranjeros que se encuentran en trámite de regularización, Revista de Derecho Migratorio y Extranjería 2015/38, 13 (24f).

1436 Art 28 Abs 3 lit c LODYLE und Art 24 REDYLE.

1437 Zur Unterscheidung zwischen regelmäßigem („ordinario") und vorrangigem („preferente") Verfahren siehe Art 226-233 bzw Art 234-237 REDYLE und vertiefend *Arrese Iriondo*, Revista de Derecho Migratorio y Extranjería 2010/25, 80-82.

1438 Siehe Kapitel 5.A.I.1.

1439 Art 21 Abs 2 und Art 63 Abs 7 LODYLE; vgl *Lorenzo Jiménez*, Revista de Derecho Migratorio y Extranjería 2015/38, 32.

1440 Zur österreichischen Rechtlage siehe Kapitel 4.B.II.1. und zur deutschen Rechtslage siehe Kapitel 4.A.II.1.

1441 Art 24 REDYLE.

1442 Vgl *Camas Roda*, Trabajo decente 79-82.

sich aber um kein unbeschränktes Recht auf Arbeit, wie es Spanier*innen zusteht.[1443] Es handelt sich vielmehr um das Recht eine Erwerbstätigkeit auszuüben, wenn eine Arbeitserlaubnis erteilt wurde.[1444] Dh, es müssen die jeweils im LODYLE festgelegten Voraussetzungen erfüllt werden, damit eine Arbeitserlaubnis erteilt wird, mittels derer sodann eine unselbständige oder selbständige Erwerbstätigkeit ausgeübt werden kann.[1445] Gem Art 36 Abs 1 LODYLE ist hierfür sowohl eine Aufenthaltsberechtigung als auch eine Arbeitserlaubnis erforderlich,[1446] die in der Regel gemeinsam erteilt werden.[1447] Die Rechtskraft beider Berechtigungen ist durch die Anmeldung zur Sozialversicherung bedingt,[1448] die als Instrument zur Bekämpfung des Betrugs und Missbrauchs im Zusammenhang mit Arbeitsverträgen und der Rechtmäßigkeit der Arbeitsbeziehungen dient.[1449] Undokumentierte Beschäftigung soll derart bestmöglich verhindert und „bekämpft" werden.

Innerhalb des Regimes der „Aufenthaltsberechtigungen aus außergewöhnlichen Gründen" muss die Arbeitserlaubnis entweder bei Antragstellung oder während der Befristung extra beantragt werden.[1450] Hiervon ausgenommen sind die Aufenthaltsberechtigungen aufgrund von Verwurzelung, da bei diesen mit der Aufenthaltsberechtigung gleichzeitig eine

---

1443 Art 35 CE; vgl *Monereo Pérez/Triguero Martínez*, Art 10 LODYLE in *Monereo Pérez/Fernández Avilés/Triguero Martínez*, Comentario a la ley y al reglamento de Extranjería, Inmigración e Integración Social^2 (2013) 203.

1444 Vgl *Barcelón Cobedo*, Autorización de Residencia por motivos laborales. Régimen general in *Boza Martínez/Donaire Villa/Moya Malapeira* (Hrsg), La nueva regulación de la inmigración y la extranjería en España (2012) 364 (365ff).

1445 Vgl *Monereo Pérez/Triguero Martínez* in *Monereo Pérez/Fernández Avilés/Triguero Martínez* 203 und *Nieves Moreno Vida*, Art 36 LODYLE in *Monereo Pérez/Fernández Avilés/Triguero Martínez* (Hrsg), Comentario a la ley y al reglamento de Extranjería, Inmigración e Integración Social^2 (2013) 614 (614).

1446 Vgl *Nieves Moreno Vida* in *Monereo Pérez/Fernández Avilés/Triguero Martínez* 614, 618ff.

1447 Von Ausnahmefällen wie strafrechtlich verurteilten Ausländer*innen abgesehen; vgl *Nieves Moreno Vida* in *Monereo Pérez/Fernández Avilés/Triguero Martínez* 619.

1448 Art 36 Abs 2 und Art 67 Abs 7 REDYLE sowie Art 128 Abs 6 REDYLE.

1449 Vgl *Nieves Moreno Vida* in *Monereo Pérez/Fernández Avilés/Triguero Martínez* 620.

1450 Art 129 Abs 2 REDYLE: vgl *Serrano Villamanta* in *Balado Ruiz-Gallegos* 575 und *Esteban de la Rosa*, Art 31 LODYLE in *Monereo Pérez/Fernández Avilés/Triguero Martínez* (Hrsg), Comentario a la ley y al reglamento de Extranjería, Inmigración e Integración Social^2 (2013) 491 (508f).

Arbeitserlaubnis erteilt wird.[1451] Dies bedeutet, dass die allgemeinen Voraussetzungen für die Erteilung einer Arbeitserlaubnis erfüllt werden müssen.[1452] Eine allgemeine Erteilungsvoraussetzung für das Erlangen einer Arbeitserlaubnis ist die Vorlage eines Arbeitsvertrags mit dem*r zukünftigen Arbeitgeber*in.[1453] Wird etwa gemeinsam mit einer „Aufenthaltsberechtigung aus außergewöhnlichen Gründen“ eine Arbeitserlaubnis zur Ausübung einer unselbständigen Erwerbstätigkeit („por cuenta ajena“) beantragt, wird die nationale Arbeitsmarktsituation Spaniens nicht mitgeprüft.[1454] Dies stellt eine große Abweichung zum ordentlichen Aufenthaltsregime dar.[1455] Bei der nationalen Arbeitsmarktprüfung handelt es sich wie in Deutschland und Österreich um ein Steuerungsinstrument der Migrationsströme, das auf ökonomischen Kriterien beruht und die nationale und der ihr gleichgestellte Bevölkerung bevorzugt.[1456]

Mangels Arbeitserlaubnis, die in Spanien zwangsläufig an ein Aufenthaltsrecht geknüpft ist, können irregulär aufhältige Personen in Spanien keine Erwerbstätigkeit rechtmäßig ausüben,[1457] weshalb sie deshalb nur undokumentiert beschäftigt sein können.[1458] Dies heißt aber gleichzeitig nicht, dass ihnen nicht dieselben Rechte wie regulär beschäftigten Ausländer*innen zustehen.[1459]

1451 Art 129 Abs 1 REDYLE und siehe Kapitel 4.C.III.2.

1452 Art 129 Abs 2 REDYLE, der auf Art 64 Abs 3 und 105 Abs 3 REDYLE verweist; vgl *García Vitoria*, Residencia por Circunstancias Excepcionales. El Arraigo in *Boza Martínez/Donaire Villa/Moya Malapeira* (Hrsg), La nueva regulación de la inmigración y la extranjería en España (2012) 287 (304).

1453 Art 64 Abs 3 lit b REDYLE; siehe Kapitel 5.E.1. zur sozialen Verwurzelung.

1454 Vgl *Serrano Villamanta* in *Balado Ruiz-Gallegos* 556 und *Carbajal García*, Revista de Derecho Migratorio y Extranjería 2012/29, 57.

1455 Vertiefend *Camas Roda*, Trabajo decente 86ff.

1456 Siehe Kapitel 4.A.II.2. und Kapitel 4.B.II.2.

1457 Vgl *Pérez Milla*, De un status laboral mínima para situaciones de migración irregular, Revista de Derecho Migratorio y Extranjería 2004/5, 9 (20ff).

1458 Für die Auswirkungen undokumentierter Beschäftigung auf das Arbeitsverhältnis siehe Art 36 Abs 3 LODYLE und *Nieves Moreno Vida* in *Monereo Pérez/Fernández Avilés/Triguero Martínez* 625 sowie *González Calvet*, Revista de Derecho Social 2007/37, 108-112.

1459 Vgl *Camas Roda*, Trabajo decente 143ff.

3. Sozialleistungen

Irregulär aufhältige Ausländer*innen haben lediglich Anspruch auf Grundleistungen, die eine Form der Sozialhilfe darstellen.[1460] Diese Sozialleistungen fallen in den Zuständigkeitsbereich der autonomen Regionen, was zu einer sehr unterschiedlichen Ausprägung der zu erteilenden Leistungen führt.[1461] Zu den Grundleistungen zählen etwa das Übergangsgeld zur Eingliederung („renta mínima de inserción"),[1462] dessen Zweck laut Verfassungsgericht die Linderung der Notsituation von bestimmten Personengruppen ist.[1463] Weiters handelt es sich beim Wohngeld („prestación complementaria de vivienda") und bei der Hilfe zur Überwindung besonderer sozialer Schwierigkeiten oder Eingliederungshilfen („ayudas a la inserción") um derartige Leistungen.[1464]

Rechtmäßig aufhältige Ausländer*innen werden in das beitragsorientierte Sozialleistungssystem miteinbezogen[1465] und haben Anspruch auf Sozialleistungen und Dienste der sozialen Sicherheit zu den gleichen Bedingungen wie Spanier*innen.[1466] Unter letztere fallen die Grundsicherung im Alter, die Grundsicherung bei Erwerbsminderung und die Leistungen für behinderte Kinder sowie die medizinische Versorgung für bedürftige Personen.[1467]

1460 Art 14 Abs 3 LODYLE; vgl *Mimentza Martin*, Die sozialrechtliche Stellung 245 mwN und *Vázquez Garranzo*, Los servicios sociales y la dependencia in *Palomar Olmeda* (Hrsg), Tratado de Extranjería[5] (2012) 1111 (1129ff).

1461 Vgl *Vázquez Garranzo* in *Palomar Olmeda* 1123-1129, 1137 und *Mimentza Martin*, Die sozialrechtliche Stellung 243ff mwN.

1462 Vgl *Vázquez Garranzo* in *Palomar Olmeda* 1147-1150.

1463 STC 239/2002, ECLI:ES:TC:2002:239.

1464 Vgl *Mimentza Martin*, Die sozialrechtliche Stellung 243-257 mit einer detaillierten Darstellung der Situation im Baskenland.

1465 Art 7 Abs 1 Real Decreto Legislativo 8/2015, de 30 de octubre, por el que se aprueba el texto refundido de la Ley General de la Seguridad Social, BOE 261 v 31.10.2015 letzte Änderung v 4.7.2018; vgl *Pajuelo*, La protección social de los extranjeros en España in *Palomar Olmeda* (Hrsg), Tratado de Extranjería[5] (2012) 957 und *Mimentza Martin*, Die sozialrechtliche Stellung 214 und 257ff.

1466 Art 14 Abs 1 LODYLE; vgl *Camas Roda*, Trabajo decente 140f und *Mimentza Martin*, Die sozialrechtliche Stellung 242f und 245ff.

1467 *Mimentza Martin*, Die sozialrechtliche Stellung 242f.

4. Gesundheitsversorgung

Der Zugang zu Gesundheitsversorgung wurde bis zur Notverordnung 16/2012 („Real Decreto-ley 16/2012")[1468] allen Ausländer*innen unabhängig von ihrem aufenthaltsrechtlichen Status gewährt, insofern sie sich im Melderegister eingetragen haben.[1469] *González-Enríquez* sah darin einen Grund, warum Ausländer*innen Spanien als Einwanderungsland „anziehend" fanden.[1470] Seit dem Erlass der Notverordnung 16/2012 ist in Bezug auf drittstaatsangehörige Ausländer*innen zwischen drei Ebenen zu unterscheiden:[1471] Minderjährige haben weiterhin denselben Zugang wie Spanier*innen. Daneben haben irregulär aufhältige Personen, die volljährig sind, nur mehr Zugang zur Gesundheitsversorgung im Falle von Schwangerschaft und bei Notfällen aufgrund schwerer Krankheit oder Unfällen. Ansonsten ist eine Aufenthaltsberechtigung für den Zugang zur Gesundheitsversorgung erforderlich.[1472] Trotz der Einschränkung der Zentralregierung ist der Zugang zur Gesundheitsversorgung auf Ebene der autonomen Regionen für irregulär aufhältige Ausländer*innen fast zur Gänze wieder eingeführt worden.[1473] Außerdem plant die Zentralregierung eine Notverordnung, die jene aus dem Jahr 2012 ablösen und den uneinge-

---

1468 Real Decreto-ley 16/2012, de 20 de abril, de medidas urgentes para garantizar la sostenibilidad del Sistema Nacional de Salud y mejorar la calidad y seguridad de sus prestaciones, BOE 98 v 24.4.2012, letzte Änderung v 1.7.2017.

1469 Vgl *Sangüesa Ruiz*, El derecho a la salud de los extranjeros residentes en situación irregular: sobre la legitimidad constitucional del RD-Ley 16/2012, Revista Electrónica del Departamento de Derecho de la Universidad de la Rioja 2015, 233 (234f) und *Mimentza Martin*, Die sozialrechtliche Stellung 306f.

1470 *González-Enríquez*, Clandestino Project v Jänner 2009, 7.

1471 Vgl *Fernández Pérez*, Derechos fundamentales 101f.

1472 Vgl *Sangüesa Ruiz*, Revista Electrónica del Departamento de Derecho de la Universidad de la Rioja 2015, 234f; kritisch *Fernández Pérez*, Derechos fundamentales 243ff und *Red Acoge*, Los efectos de la exclusión sanitaria en las personas inmigrantes más vulnerables, Studie v Juli 2015, https://www.redacoge.org/mm/file/2015/Jur%C3%ADdico/Informe%20Sanidad%20RED_ACOGE.pdf (27.11.2018).

1473 Vgl *Sangüesa Ruiz*, Revista Electrónica del Departamento de Derecho de la Universidad de la Rioja 2015, 237f; *Ramírez de Castro*, Los «sin papeles» deberán estar 6 meses empadronados para tener asistencia sanitaria, abc.es v 2.9.2015, https://www.abc.es/sociedad/20150902/abci-interior-sanidad-irregulares-201509012119.html (26.11.2018); *Mouzo Quintans*, El Parlamento blinda hoy la sanidad universal, elpais.com v 15.7.2017, https://elpais.com/ccaa/2017/06/14/catalunya/1497459112_092105.html (27.11.2018).

schränkten Zugang zur Gesundheitsversorgung auch für irregulär aufhältige Ausländer*innen wieder einführen soll.[1474]

III. Allgemeines zu den „Aufenthaltsberechtigungen aus außergewöhnlichen Gründen“[1475]

Die im Rechtsvergleich analysierten Regularisierungen zählen von einer Ausnahme abgesehen zu den „Aufenthaltsberechtigungen aus außergewöhnlichen Gründen“ („residencia temporal por circunstancias excepcionales“).[1476] Bei dieser handelt es sich um die „Aufenthaltsberechtigung für das nicht in Spanien geborene Kind“, die später im Detail analysiert wird, weshalb die überblickshafte Darstellung hierauf keinen Bezug nimmt.[1477]

Die Außergewöhnlichkeit der „Aufenthaltsberechtigungen aus außergewöhnlichen Gründen“ rührt einerseits aus den Erteilungsgründen und andererseits aus der Befreiung von allgemeinen Erteilungsvoraussetzungen, die in der Regel bei ordentlichen Aufenthaltsberechtigungen zu erfüllen sind.[1478] Die mit Abstand wichtigste Befreiung ist, dass bei Antragstellung kein Visum erforderlich ist.[1479] Von Bedeutung ist außerdem, dass die Ausländer*innen in der Regel auch nicht über ausreichend finanzielle Mittel verfügen müssen.[1480] Grundsätzlich werden die in der vorliegenden Arbeit relevanten Entscheidungen über Aufenthaltsberechtigungen als Bescheid

---

1474 *De Benito*, Los migrantes tendrán sanidad desde el primer día sin necesidad de padrón, elpais.com v 17.7.2018, https://elpais.com/politica/2018/07/16/actualidad/1531764444_944908.html (27.11.2018).

1475 Zum Begriff der außergewöhnlichen Gründe siehe *Peña Pérez*, Arraigo, circunstancias excepcionales y razones humanitarias: Evolución histórica dentro del derecho de extranjería, Revista de Derecho Migratorio y Extranjería 2012/30, 35 (43f).

1476 Art 31 Abs 3 LODYLE und Art 123ff REDYLE; vgl *Esteban de la Rosa*, Art 31 LODYLE in *Monereo Pérez/Fernández Avilés/Triguero Martínez* 503-509.

1477 Siehe Kapitel 5.C.I.

1478 *Serrano Villamanta* in *Balado Ruiz-Gallegos* 553; vgl auch *Triguero Martínez*, Migraciones 2014, 439f.

1479 Art 31 Abs 3 LODYLE; vgl *Serrano Villamanta* in *Balado Ruiz-Gallegos* 553f und *García Vitoria* in *Boza Martínez/Donaire Villa/Moya Malapeira* 287.

1480 Vgl *Serrano Villamanta* in *Balado Ruiz-Gallegos* 572.

(„resolución“ oder „decisión“)[1481] erlassen, die den Verwaltungsweg erschöpfen.[1482]

1. Überblick

Spätestens seit der Durchführung des letzten Regularisierungs-Programmes 2005 haben sich im spanischen Recht Regularisierungs-Mechanismen etabliert, die einen dauerhaften Weg aus der Irregularität bieten.[1483] Diese wurden unter anderem aufgrund der veränderten Migrationsverhältnisse, vor allem im Hinblick auf den Anstieg der in Spanien aufhältigen Ausländer*innen,[1484] eingeführt.[1485] Genau genommen hat es schon ab dem ersten Organgesetz aus dem Jahr 1985 „verstecke“ ordentliche Regularisierungsmöglichkeiten gegeben, die vor allem durch das LODYLE erweitert[1486] und schließlich durch das Organgesetz 8/2000 als „arraigo“ definiert und neu konzeptioniert wurden.[1487] *Heredia Fernández* begrüßt diese Kodifizierung, da so nicht zwangsläufig auf Regularisierungs-Programme zurückgegriffen werden muss, um die Anzahl irregulär aufhältiger Ausländer*innen zu reduzieren.[1488] Durch das Organgesetz 14/2003 wurde Art 31 Abs 3 LODYLE in seiner heute noch weitgehend bestehenden Form eingeführt.[1489] Quantitativ haben die „Aufenthaltsberechtigungen aus außerge-

---

1481 Siehe hierzu auch Fn 474.

1482 Zusatzbestimmung 14 REDYLE; vgl *Conde Antequera*, Art 21 LODYLE in *Monereo Pérez/Fernández Avilés/Triguero Martínez* (Hrsg), Comentario a la ley y al reglamento de Extranjería, Inmigración e Integración Social^2 (2013) 337 (339). Der Begriff „Zusatzbestimmung“ ist die Übersetzung von „disposición adicional”.

1483 Vgl *Cerezo Mariscal*, Revista de Derecho 2015, 659, 668; *Serrano Villamanta* in *Balado Ruiz-Gallegos* 554 und *Pérez/Leraul*, El arraigo en España, 11-13.4.2012, 5.

1484 Siehe bereits oben Kapitel 4.C.I.

1485 Vgl *González Calvet*, Revista de Derecho Social 2007/37, 105f.

1486 Art 29 Abs 3 LODYLE; vgl *Trinidad García*, Revista de Derecho Migratorio y Extranjería 2002/1, 105ff und *Peña Pérez*, Revista de Derecho Migratorio y Extranjería 2012/30, 46ff.

1487 Art 31 LODYLE und Art 45 REDYLE idF Königliche Verordnung 2393/2004 und siehe bereits Kapitel 4.C.I.

1488 *Heredia Fernández*, Las situaciones de los extranjeros en España in *Moya Escudero* (Hrsg), Comentario sistemático a la ley de extranjería (2001) 53 (67).

1489 Vgl *Fernández Collados*, Régimen de entrada, permanencia y salida de los extranjeros en España in *Palomar Olmeda* (Hrsg), Tratado de Extranjería^5

wöhnlichen Gründen“ erst nach Ende des letzten Regularisierungs-Programmes 2005 an Bedeutung gewonnen.[1490]

Ausländer*innen können im geltenden spanischen Recht jederzeit, dh ohne auf ein außerordentliches Regularisierungs-Programm angewiesen zu sein, eine „Aufenthaltsberechtigung aus außergewöhnlichen Gründen“ beantragen. Unter Umständen haben sie hierauf sogar einen Rechtsanspruch, da der Ermessensspielraum der zuständigen Behörde sehr eingeschränkt ist.[1491] *Cerezo Mariscal* geht sogar so weit zu behaupten, dass diese Aufenthaltsberechtigungen im weiteren Sinne mittlerweile zu „ordentlichen“ transformiert sind.[1492] So waren am 31.12.2017 34.519 Ausländer*innen im Besitz einer „Aufenthaltsberechtigung aus außergewöhnlichen Gründen“.[1493] Das sind 17,4 % aller befristeten Aufenthaltsberechtigungen („autorización de residencia temporal“). Hierbei ist jedoch darauf hinzuweisen, dass es – ähnlich wie in Österreich[1494] – keine genauen Daten zur Frage gibt, aufgrund welcher Tatbestände wie viele Aufenthaltsberechtigungen erteilt wurden.[1495] Interessanterweise sinken die Zahlen an Ausländer*innen im Besitz einer solchen Aufenthaltsberechtigung jährlich, 2009 waren es bspw noch immerhin 84.522.[1496]

(2012) 359 (409f) und *González Calvet*, Revista de Derecho Social 2007/37, 119ff.

1490 In dem Sinne auch *González Calvet*, Revista de Derecho Social 2007/37, 119 und siehe die Statistik bei *Pérez/Leraul*, El arraigo en España, 11-13.4.2012, 7.

1491 Vgl *Esteban de la Rosa*, Art 31 LODYLE in *Monereo Pérez/Fernández Avilés/Triguero Martínez* 503 und Triguero Martínez, Migraciones 2014, 448f.

1492 Vgl *Cerezo Mariscal*, Revista de Derecho 2015, 682. So auch *Triguero Martínez*, Migraciones 2014, 440, 450.

1493 Vgl *Ministerio de Trabajo, Migraciones y Seguridad Social*, Flujo de autorizaciones de residencia concedidos a extranjeros 2017: Principales resultados v 15.11.2018, http://extranjeros.mitramiss.gob.es/es/Estadisticas/operaciones/flujos-autorizacion/2017/Residentes_PRFlujo2017.pdf (20.11.2018) 14.

1494 Siehe Kapitel 4.B.III.1.

1495 Die Statistik unterscheidet nur zwischen den Verwurzelungstatbeständen und jenen aus humanitären und anderen Gründen („razones humanitarias y otras“). Letztere werden wie folgt definiert: „La categoría ‚Razones humanitarias y otras‘ incluye las autorizaciones que se conceden por circunstancias excepcionales por: Razones de Protección internacional, Razones humanitarias, Colaboración con autoridades, Seguridad nacional o interés público, Mujeres víctimas de violencia de género, Colaboración contra redes organizadas y Víctimas de trata de seres humanos“; vgl *Ministerio de Trabajo, Migraciones y Seguridad Social*, Principales resultados v 15.11.2018, 20.

1496 Vgl *Ministerio de Trabajo, Migraciones y Seguridad Social*, Principales Series 2009 - 2017: Flujo de autorizaciones de residencia concedidas a extranjeros en Régimen General v 15.11.2018, http://extranjeros.mitramiss.gob.es/es/Estadisticas/o

2. Verwurzelung

Die große Mehrheit der Ausländer*innen im Besitze einer „Aufenthaltsberechtigung aus außergewöhnlichen Gründen" hat diese auf Grundlage von einem der Verwurzelungstatbestände erhalten, in concreto 30.579, was ca 83 % entspricht.[1497] Nur 3.940 Aufenthaltsberechtigungen entfallen auf die übrigen Tatbestände. Obwohl die offizielle Statistik nicht weiter zwischen den unterschiedlichen Verwurzelungstatbeständen unterscheidet,[1498] ergibt sich aus der Literatur, dass die soziale Verwurzelung quantitativ die wichtigste Rolle spielt, anschließend die familiäre Verwurzelung und am wenigsten bedeutsam ist die Arbeitsverwurzelung. So wurden von den 747.685 beantragten „Aufenthaltsberechtigungen aus außergewöhnlichen Gründen" zwischen 2006 und 2014 nur 6,44 % aufgrund familiärer Verwurzelung und 1,65 % aufgrund Arbeitsverwurzelung erteilt.[1499] Die Verwurzelungstatbestände sind sowohl quantitativ als auch praktisch der wichtigste Weg aus der aufenthaltsrechtlichen Irregularität in Spanien.[1500] Dies ergibt sich neben den dargestellten Statistiken auch aus der im Gesetz normierten Aufzählung. Die Verwurzelungstatbestände zählen seit dem REDYLE zur Kategorie der „Aufenthaltsberechtigung aus außergewöhnlichen Gründen"[1501] und werden innerhalb dieser als erste angeführt, sogar noch vor der hier nicht näher behandelten „Aufenthaltsberechtigung aus Gründen des internationalen Schutzes".[1502]

---

peraciones/flujos-autorizacion/principales_series_2009_2017/PS_Residentes_Flujo_RG_2009_2017.xlsx (20.11.2018) Tabla RG.7.

1497 Vgl *Ministerio de Trabajo, Migraciones y Seguridad Social*, Flujo de autorizaciones de residencia concedidos a extranjeros 2017: Principales resultados – Anexo de Tablas v 15.11.2018, http://extranjeros.mitramiss.gob.es/es/Estadisticas/operaciones/flujos-autorizacion/2017/Residentes_Tablas_PRFlujo2017.pdf (20.11.2018) 32. Siehe auch die Zahlen zu den erteilten Regularisierungen aufgrund von Verwurzelung aus den Jahren 2002 bis 2012 *Pérez/Leraul*, El arraigo en España, 11-13.4.2012, 6-9 sowie allgemein *Carbajal García*, Revista de Derecho Migratorio y Extranjería 2012/29, 56f.

1498 Siehe bereits Fn 1495.

1499 Vgl *Cerezo Mariscal*, Revista de Derecho 2015, 673, 676f und 680.

1500 Vgl *Serrano Villamanta* in *Balado Ruiz-Gallegos* 561 und *García Vitoria* in *Boza Martínez/Donaire Villa/Moya Malapeira* 287. Vgl zur Entwicklung *Triguero Martínez*, Migraciones 2014, 440 und 450.

1501 Art 123 Abs 1 REDYLE und vgl *Triguero Martínez*, Migraciones 2014, 449.

1502 Vgl *Goizueta Vértiz*, La entrada a España, los visados y las situaciones de los extranjeros en España: estancia y residencia e irregularidad y arraigo in *Boza Martínez/Donaire Villa/Moya Malapeira* (Hrsg), Comentario a la reforma de la ley de extranjería (LO 2/2009) (2011) 157 (160).

Der Begriff Verwurzelung beschreibt im spanischen Ausländerrecht drei unterschiedliche „Aufenthaltsberechtigungen.[1503] In der Entwicklung waren das LODYLE,[1504] das Organgesetz 8/2000,[1505] das Organgesetz 14/2003 sowie die königliche Verordnung 2393/2004[1506] maßgeblich.[1507] Vor dieser normativen Entwicklung wurde der Rechtsbegriff bereits ab Mitte der 1990er Jahre durch die Rspr verwendet und hat die legislative Entwicklung mitgeprägt.[1508] So wurden Ausweisungsentscheidungen aufgrund der Verwurzelung von Ausländer*innen in Spanien als unverhältnismäßig bezeichnet, wenn durch diese Art 8 EMRK verletzt wird.[1509] Das spanische Verfassungsgericht hat in dem Zusammenhang einige Kriterien herauskristallisiert, die hierbei beachtet werden müssen.[1510] Vergleichbar ist dies mit der Entwicklung des „Bleiberechts" in Österreich, das nunmehr als „Aufenthaltstitel aus Gründen des Art 8 EMRK" im AsylG normiert ist.[1511]

Beim Verwurzelungsbegriff handelt es sich somit um einen unbestimmten Rechtsbegriff,[1512] der durch die Rspr geprägt wurde[1513] und nunmehr im Ausländerrecht eigenständig normiert ist.[1514] Die drei Verwurzelungstatbe-

---

1503 Art 124 REDYLE.

1504 Art 29 Abs 3 LODYLE; vgl *González Calvet*, Revista de Derecho Social 2007/37, 116-118.

1505 Art 31 Abs 3 LODYLE; vgl *González Calvet*, Revista de Derecho Social 2007/37, 118f.

1506 Art 45 REDYLE idF Königliche Verordnung 2393/2004.

1507 Zur normativen Entwicklung der Verwurzelung im spanischen Ausländerrecht *Triguero Martínez*, Migraciones 2014, 437-440; *Massó Garrote*, El nuevo reglamento de extranjería (2002) 40f; *Carbajal García*, Revista de Derecho Migratorio y Extranjería 2012/29, 62-65. Vgl auch *Serrano Villamanta* in *Balado Ruiz-Gallegos* 561ff mwN. Der Autor zeigt hierbei, dass der durchgehende Aufenthalt das maßgeblichste Kriterium ist (563).

1508 Vgl *González Calvet*, Revista de Derecho Social 2007/37, 116-119 und *Ques Mena*, El arraigo, social, económico y familiar en el Derecho de extranjería. Tratamiento legal y jurisprudencial, Diario la Ley 2008/7067, 1 (2 mwN).

1509 Vgl *García Vitoria*, El impacto de la jurisprudencia del Tribunal Europeo de Derechos Humanos en la expulsión de inmigrantes, Revista General de Derecho Constitucional 2015/20, 1 (14-16) und *González Calvet*, Revista de Derecho Social 2007/37, 116-118.

1510 *Cerezo Mariscal*, Revista de Derecho 2015, 670f.

1511 Siehe Kapitel 5.B.III. und Kapitel 5.C.III.

1512 Vgl ausführlich *Peña Pérez*, Revista de Derecho Migratorio y Extranjería 2012/30, 37-43 und zur Herkunft des Begriffs *Carbajal García*, Revista de Derecho Migratorio y Extranjería 2012/29, 58ff.

1513 *Triguero Martínez*, Migraciones 2014, 436f mwN.

1514 Art 124 REDYLE; zur Entwicklung des Begriffs im Ausländerrecht siehe Kapitel 4.C.I.

stände beruhen allesamt auf der Verwurzelung bzw Verankerung der Ausländer*innen in Spanien,[1515] weshalb sie als Rechtsinstrument zur Verfestigung der sozialen Integration in die spanische Gesellschaft bezeichnet werden können.[1516] *García Vitoria* kritisiert in dem Zusammenhang aber, dass sich Lücken zwischen der gefestigten Rspr der spanischen Höchstgerichte und den Verwurzelungstatbeständen aufgetan haben, die unvereinbar mit Art 8 EMRK sind, wobei er als Beispiel das Recht auf Achtung des Privatlebens anführt.[1517]

In einer Gesamtschau bin ich der Ansicht, dass die Verwurzelungstatbestände zur Lösung und Behebung systematischer und struktureller Fehler des spanischen Ausländerrechts beigetragen haben.[1518] Sie haben sich als dauerhafte Lösung zur Reduzierung der immer wieder steigenden Zahlen irregulär aufhältiger Ausländer*innen etabliert. *Sabater/Domingo* sprechen deshalb zu Recht von einer „New Immigration Regularization Policy“.[1519] Im Gegensatz zu den Regularisierungs-Programmen haben sie keinen derartigen medialen und politischen Aufruhr erzeugt,[1520] und bieten aus rechtsstaatlicher Perspektive eine zweckmäßige Lösung.

3. Verwaltungsverfahren

a. Antragstellung

Ausländer*innen steht es offen, einen Antrag auf eine „Aufenthaltsberechtigung aus außergewöhnlichen Gründen“ zu stellen oder gleichzeitig mehrere Aufenthaltsberechtigungen basierend auf unterschiedlichen Tatbeständen zu beantragen.[1521] Dies ist insofern relevant, da es Ausländer*innen die Möglichkeit eröffnet, zwei Aufenthaltsberechtigungen – bspw auf-

---

1515 Vgl *Cerezo Mariscal*, Revista de Derecho 2015, 670f und *Ques Mena*, Diario la Ley 2008/7067, 1-5. Siehe etwa auch ATC 54/2010, ECLI:ES:TC:2010:90A, FJ 4f.

1516 Vgl *Triguero Martínez*, Migraciones 2014, 449.

1517 Vgl *García Vitoria*, Revista General de Derecho Constitucional 2015/20, 15ff und siehe Kapitel 5.C.IV.1. zur familiären Verwurzelung.

1518 Vgl *Cerezo Mariscal*, Revista de Derecho 2015, 669f und 673ff; so auch *Sabater/Domingo*, International Migration Review 2012/46, 213 und bereits *González Calvet*, Revista de Derecho Social 2007/37, 126f.

1519 Vgl *Sabater/Domingo*, International Migration Review 2012/46, 191.

1520 Vgl hierzu *González-Enríquez*, EJML 2009, 149.

1521 STSJ Castilla-La Mancha 225/2016, ECLI:ES:TSJCLM:2016:225.

grund der sozialen Verwurzelung und aufgrund von humanitären Gründen – zu beantragen, und im Falle das einer abgewiesen wird, der andere unter Umständen zuerkannt wird. Das Verfahren findet sich grundsätzlich in Art 128 REDYLE, obwohl es bei einzelnen Aufenthaltsberechtigungen Abweichungen gibt, die an der jeweils einschlägigen Stelle erläutert werden.[1522]

Die „Aufenthaltsberechtigungen aus außergewöhnlichen Gründen" erfordern die persönliche Antragstellung des*r Ausländers*in.[1523] Dies stellt eine Abweichung vom allgemeinen Verwaltungsrecht in Spanien dar,[1524] die von *Fernández Pérez* als verfassungswidrig qualifiziert wird.[1525] Im Zeitpunkt der Antragstellung sind abhängig von der jeweils beantragten Aufenthaltsberechtigung unterschiedliche Dokumente vorzuweisen; allgemein ist hierfür jedoch ein Reisepass erforderlich.[1526] Daraus ergibt sich, dass die Voraussetzungen für die Erteilung sowohl bei der Antragsstellung und daher folglich auch im Entscheidungszeitpunkt vorliegen müssen.[1527]

Im Gegensatz zur österreichischen Rechtslage ist eine amtswegige Erteilung der Aufenthaltsberechtigungen grundsätzlich nicht vorgesehen,[1528] lediglich im Hinblick auf die „befristete Aufenthaltsberechtigung aus außergewöhnlichen Gründen aufgrund der Zusammenarbeit mit den öffentlichen Behörden, der nationalen Sicherheit oder aus öffentlichem Interesse" kann die Erteilung von bestimmten Behörden angeregt werden.[1529]

Liegen die Voraussetzungen für die Erteilung einer „Aufenthaltsberechtigung aus außergewöhnlichen Gründen" vor, wird diese in der Regel für ein Jahr erteilt.[1530]

1522 Vgl *Fernández Collados* in *Palomar Olmeda* 417f. Hier sind insbesondere Art 132-134 REDYLE, Art 136-137 REDYLE und Art 144 REDYLE sowie Art 186 REDYLE zu nennen.

1523 Art 128 Abs 5 REDYLE; vgl *Fernández Collados* in *Palomar Olmeda* 418.

1524 Vgl *García Vitoria* in *Boza Martínez/Donaire Villa/Moya Malapeira* 300f.

1525 Vgl *Fernández Pérez*, Derechos fundamentales 258-264.

1526 Art 128 Abs 1 lit a REDYLE; vgl *García Vitoria* in *Boza Martínez/Donaire Villa/Moya Malapeira* 301 und *Fernández Collados* in *Palomar Olmeda* 418f.

1527 Art 128 Abs 1 REDYLE.

1528 Siehe Kapitel 4.B.III.2.a.

1529 Siehe Kapitel 5.F.I.

1530 Art 130 Abs 1 REDYLE.

b. Versagungs- und Zurückweisungsgründe

Einschlägige negative Erteilungsvoraussetzung ist, dass gegen die Ausländer*innen weder in Spanien noch in den vorigen Aufenthaltsstaaten[1531] Vorstrafen („antecedentes penales“) bestehen dürfen.[1532] Das spanische Verfassungsgericht hat diese Voraussetzung als verfassungskonform gewürdigt, weil sie dem Schutz der öffentlichen Ordnung dient.[1533] Ein weiterer Versagungsgrund ist, dass der*die Ausländer*in nicht im SIS zur Einreiseverweigerung ausgeschrieben ist.[1534]

Grundsätzlich stellt ein laufendes Ausweisungsverfahren bzw das Bestehen einer aufrechten Ausweisung einen Zurückweisungsgrund dar, wenn die „Aufenthaltsberechtigung aus außergewöhnlichen Gründen“ nach der Einleitung bzw dem Erlass beantragt wird.[1535] In dem Zusammenhang normiert Art 241 Abs 2 und 3 REDYLE eine Ausnahme, wonach der Antrag zuzulassen ist und gleichermaßen die bestehende rechtskräftige Ausweisung amtswegig aufzuheben ist:[1536] Voraussetzung hierfür ist, dass die Ausweisung noch nicht vollzogen wurde und der Grund für die Ausweisung der bloße irreguläre Aufenthalt und/oder die undokumentierte Beschäftigung ist.[1537] Weiters muss die Behörde in einer ersten Analyse zum Schluss kommen, dass die Voraussetzungen für die beantragte Aufenthaltsberechtigung vorliegen.[1538] Dies bedeutet, dass jede*r Ausländer*in, deren Ausweisung noch nicht vollzogen wurde, eine „Aufenthaltsberechtigung aus außergewöhnlichen Gründen“ beantragen und sich so regularisieren

---

1531 In denen er*sie in den letzten fünf Jahren gewohnt hat.

1532 Art 31 Abs 5 LODYLE; vgl Instrucción DGI/SGJR/06/2008, 2f; *Esteban de la Rosa*, Art 31 LODYLE in *Monereo Pérez/Fernández Avilés/Triguero Martínez* 494f und *Triguero Martínez*, Migraciones 2014, 451, und *Ques Mena*, Diario la Ley 2008/7067, 7f mwN im Zusammenhang mit der Verwurzelung.

1533 ATC 54/2010, ECLI:ES:TC:2010:90A, FJ 4; kritisch *Fernández Pérez*, Derechos fundamentales 287.

1534 Art 31 Abs 5 LODYE; vgl *Esteban de la Rosa*, Art 31 LODYLE in *Monereo Pérez/Fernández Avilés/Triguero Martínez* 495.

1535 Zusatzbestimmung 4 Abs 1 LODYLE; siehe auch Art 241 REDYLE; vgl *García Vitoria* in *Boza Martínez/Donaire Villa/Moya Malapeira* 301f und *Lorenzo Jiménez*, Revista de Derecho Migratorio y Extranjería 2015/38, 24, 27-29.

1536 Vgl *García Vitoria* in *Boza Martínez/Donaire Villa/Moya Malapeira* 302 sowie *Boza Martínez* in *Boza Martínez/Donaire Villa/Moya Malapeira* 274. Für Rspr siehe etwa STSJ Andalucía 3694/2016, ECLI:ES:TSJAND:2016:3694.

1537 Art 53 lit a und b LODYLE.

1538 Vgl *Defensor del Pueblo*, Sugerencia v 20.5.2016, Queja 15004478.

kann.[1539] Darüber hinaus wird gleichzeitig mit der Erteilung der Aufenthaltsberechtigung die aufenthaltsbeendende Maßnahme aufgehoben.

Hat der*die betroffene Ausländer*in einen Antrag auf eine „Aufenthaltsberechtigung aus außergewöhnlichen Gründen“ vor Einleitung eines Ausweisungsverfahrens gestellt und wird ein solches erst danach eingeleitet, ist letzteres bis zur Entscheidung über die Aufenthaltsberechtigung auszusetzen.[1540] Dies stellt eine Umsetzung von Art 6 Abs 5 RückführungsRL dar.[1541] Endet das Verfahren mit der Erteilung der Aufenthaltsberechtigung wird das Ausweisungsverfahren endgültig eingestellt.[1542] Werden die Voraussetzungen für die beantragte Aufenthaltsberechtigung nicht erfüllt, wird das Ausweisungsverfahren fortgesetzt.

4. Verfestigung des Aufenthalts

Der Umstieg der „Aufenthaltsberechtigung aus außergewöhnlichen Gründen“ auf eine andere Aufenthaltsberechtigung ist in Art 130 und 202 REDYLE festgelegt.[1543] Der Grundgedanke der spanischen Gesetzgebung dahinter ist, dass die „Außergewöhnlichkeit“ des Aufenthaltsstatus nicht verlängert werden soll. Vielmehr sollen die betroffenen Ausländer*innen in das ordentliche Aufenthaltsregime wechseln (können).[1544] Dh, wenn Ausländer*innen mindestens ein Jahr aufgrund der „Aufenthaltsberechtigung aus außergewöhnlichen Gründen“ aufenthaltsberechtigt waren, können sie eine Aufenthaltsberechtigung des „ordentlichen“ Aufenthaltsregimes erlangen, wobei das Visumserfordernis wiederum entfällt.[1545] In Frage kommt etwa eine „Aufenthaltsberechtigung und Arbeitserlaubnis zur un-

---

1539 Zu nennen ist an dieser Stelle bloß die soziale Verwurzelung; *Defensor del Pueblo*, Sugerencia v 20.5.2016, Queja 15004478 und siehe Kapitel 5.E.I.

1540 Art 63 Abs 6 LODYLE und Art 241 Abs 1 REDYLE; vgl *Lorenzo Jiménez*, Revista de Derecho Migratorio y Extranjería 2015/38, 25-30 und *Boza Martínez* in *Boza Martínez/Donaire Villa/Moya Malapeira* 273f.

1541 In dem Sinne *Lorenzo Jiménez*, Revista de Derecho Migratorio y Extranjería 2015/38, 26 und 28.

1542 Vgl *Luján Alcaraz*, Art 63 LODYLE in *Monereo Pérez/Fernández Avilés/Triguero Martínez* (Hrsg), Comentario a la ley y al reglamento de Extranjería, Inmigración e Integración Social[2] (2013) 1019 (1024).

1543 Vgl *Fernández Collados* in *Palomar Olmeda* 439f und *Abarca Junco/Alonso-Olea García/Lacruz López/Martín Dégano/Vargas Gómez-Urrutia*, Inmigración y Extranjería: Régimen jurídico básico[5] (2011) 219f.

1544 Vgl *Serrano Villamanta* in *Balado Ruiz-Gallegos* 556.

1545 Art 201 Abs 1 REDYLE.

selbstständigen oder selbständigen Erwerbstätigkeit", die auf zwei Jahre befristet ist.[1546] Das Erfüllen der Voraussetzungen der genannten Aufenthaltsberechtigung variiert im Hinblick darauf, ob der*die Ausländer*in zuvor eine Arbeitserlaubnis innehatte oder nicht.[1547] Ist dies zu bejahen, ist die „Aufenthaltsberechtigung und Arbeitserlaubnis" von dem*r Ausländer*in selbst zu beantragen, wobei die Voraussetzungen des Art 71 REDYLE zu erfüllen sind. Hatte der*die Ausländer*in keine Aufenthaltserlaubnis inne, ist der*die jeweilige Arbeitgeber*in befähigt die „Aufenthaltsberechtigung und Arbeitserlaubnis" zu beantragen. In diesem Fall sind gem Art 202 Abs 3 REDYLE die Voraussetzungen gem Art 64 REDYLE zu erfüllen.

Eine solche „Aufenthaltsberechtigung und Aufenthaltserlaubnis" kann bis zu 60 Tage vor Ablauf der Befristung beantragt werden.[1548] Dadurch wird das Aufenthaltsrecht bis zum Verfahrensabschluss verlängert. Selbiges gilt für den Fall, dass die Aufenthaltsberechtigung bis 90 Tage nach dem Ablauf der Befristung beantragt wird. Die verspätete Beantragung führt aber zur Einleitung eines diesbezüglichen Verwaltungsstrafverfahrens.[1549]

Grundsätzlich ist außer in speziell normierten Fällen die Erneuerung („renovación") oder Verlängerung („prórroga") der außergewöhnlichen Aufenthaltsberechtigungen nicht möglich.[1550] Problematisch ist deshalb der Fall, dass eine Person die Voraussetzungen für die Erlangung einer ordentlichen Aufenthaltsberechtigung nicht erfüllt, da sie derart in die aufenthaltsrechtliche Irregularität zurückfallen kann.[1551] Das REDYLE gibt keine Antwort auf die Frage, ob in diesen Fällen die erneute Beantragung derselben „Aufenthaltsberechtigung aus außergewöhnlichen Gründen" möglich ist. *Sabater/Domingo* haben in dem Zusammenhang das Regularisierungs-Programm 2005 und die Verwurzelungstatbestände ab 2006 dahingehend analysiert, wie viele Personen nach einem Jahr weiterhin rechtmäßig aufhältig

1546 Art 202 Abs 2-4 REDYLE sowie *García Vitoria* in *Boza Martínez/Donaire Villa/Moya Malapeira* 306.

1547 Vgl *García Vitoria* in *Boza Martínez/Donaire Villa/Moya Malapeira* 306 und *Fernández Collados* in *Palomar Olmeda* 439f.

1548 Art 130 Abs 5 REDYLE.

1549 Art 130 Abs 5 letzter Satz REDYLE und Art 52 lit b LODYLE normiert hierfür eine leichte Ordnungswidrigkeit; vgl *García Vitoria* in *Boza Martínez/Donaire Villa/Moya Malapeira* 305f.

1550 Art 130 Abs 2 REDYLE und siehe Kapitel 5.F.I.

1551 Kritisch *García Vitoria* in *Boza Martínez/Donaire Villa/Moya Malapeira* 305 und *Defensor del Pueblo*, Recomendación v 20.1.2014, Queja 12276555.

bzw in die Irregularität zurückgefallen sind.[1552] In Bezug auf die Arbeitsverwurzelung und soziale Verwurzelung sind 24 % bzw 29,2 % der regularisierten Ausländer*innen nach einem Jahr wieder irregulär aufhältig geworden, da sie keine andere Aufenthaltsberechtigung erlangen konnten. Die beiden Autoren sprechen sich daher für eine Anpassung der Verwurzelungstatbestände an die neuen ökonomischen Gegebenheiten aus, die vor allem durch die „Wirtschaftskrise" eingetreten sind.[1553]

5. Abgrenzungsfragen

Das LODYLE normiert eine befristete „Aufenthaltsberechtigung und/oder Arbeitserlaubnis in nicht geregelten Fällen von besonderer Bedeutung" („autorización temporal y/o trabajo en supuestos no reguladas de especial relevancia").[1554] Hierbei wird zwischen zwei Tatbeständen unterschieden:

Einerseits kann das Staatssekretärsamt für Migration basierend auf einer Stellungnahme des Staatssekretärsamts für nationale Sicherheit („Secretaría de Estado de Seguridad") eine Aufenthaltsberechtigung erteilen, wenn außergewöhnliche Umstände vorliegen, die im REDYLE nicht verankert sind. Dieser Tatbestand wird nicht analysiert, weil nicht näher ausgeführt wird, welche Mindesterteilungsvoraussetzungen erfüllt werden müssen, damit die Aufenthaltsberechtigung erteilt wird. Folglich ist die Analyse nicht zweckmäßig.

Andererseits können basierend auf einer Anordnung des Ministerrats („Consejo de Ministros"), der die genauen Erteilungsvoraussetzungen festlegt, solche Aufenthaltsberechtigungen erteilt werden.[1555] Genau wie beim Tatbestand zuvor ist unklar, ob solche Anordnungen bereits erlassen wurden oder bestehen bzw was deren Inhalt ist und folglich welche Mindesterteilungsvoraussetzungen erfüllt werden müssten. Deshalb entfällt die Analyse ebenso.

1552 *Sabater/Domingo*, International Migration Review 2012/46, 206f und 213. Siehe auch *Baldwin-Edwards*, Regularisations and Employment in Spain, REGANE Assessment Report v Februar 2014, http://research.icmpd.org/fileadmin/Research-Website/Project_material/REGANE/REGANE_Assessment_Spain_Final_Sentout.pdf (31.7.2019) 15f.

1553 *Sabater/Domingo*, International Migration Review 2012/46, 215.

1554 Art 123 Abs 2 S 2 REDYLE; Zusatzbestimmung 1 Abs 4 REDYLE. Vgl *García Vitoria* in *Boza Martínez/Donaire Villa/Moya Malapeira* 299f und *Ques Mena*, Diario la Ley 2008/7067, 10f.

1555 Vgl im Detail Zusatzbestimmung 1 Abs 4 REDYLE.

Abschließend sei noch darauf hingewiesen, dass die im LODYLE bzw REDYLE festgelegten „Aufenthaltsberechtigungen aus außergewöhnlichen Gründen“ durch die Rspr erweitert werden können.[1556] Weiters werden im Zusammenhang mit der „Aufenthaltsberechtigung für das nicht in Spanien geborene Kind“ noch zwei weitere Aufenthaltsberechtigungen besprochen, die in der vorliegenden Arbeit aus noch näher auszuführenden Gründen nicht analysiert werden.[1557]

IV. Kompetenzen und Behörden in Bezug auf das Ausländerrecht

Im Einwanderungs- und Ausländerwesen besteht grundsätzlich eine ausschließliche Zuständigkeit des Zentralstaates.[1558] Die vormals herrschende Lehre hat sich in den letzten Jahrzehnten jedoch gewandelt, weshalb nunmehr auch den autonomen Regionen eingeschränkte Zuständigkeiten eingeräumt werden.[1559] Hierzu hat die Reform verschiedener Autonomiestatute, der Erlass des Organgesetzes 2/2009 sowie die (versöhnende) Rspr des spanischen Verfassungsgerichts beigetragen.[1560] Ein Beispiel für eine eingeschränkte Zuständigkeit der autonomen Regionen wären etwa die von ihnen zu erlassenden Stellungnahmen („informe“) im Zusammenhang mit der „befristeten Aufenthaltsberechtigung aufgrund sozialer Verwurzelung“.[1561]

Im Ausländerwesen sind grundsätzlich die Ausländerbehörden („Oficina de Extranjería“) zuständig.[1562] Die Ausländerbehörden sind den Vertre-

---

1556 Vgl *Giménez Bachmann*, La situación jurídica de los inmigrantes irregulares en España, Dissertation 2014, Universitat Abab Oliba CEU, http://www.tdx.cat/bitstream/handle/10803/295836/Tmgb.pdf?sequence=1 (8.10.2018) 175.

1557 Siehe Kapitel 5.C.I.

1558 Art 149 Abs 1 Z 2 CE; vgl allgemein *Roig*, Autonomía e inmigración: competencias y participación de las Comunidades Autónomas y los Entes locales en materia de inmigración in *Revenga Sánchez* (Hrsg), Problemas constitucionales de la inmigración: una visión desde Italia y España (2005) 359.

1559 Vgl zur Entwicklung *Donaire Villa/Moya Malapeira*, Marco competencial y organización administrativa de la inmigración in *Boza Martínez/Donaire Villa/Moya Malapeira* (Hrsg), La nueva regulación de la inmigración y la extranjería en España (2012) 521 (521ff).

1560 STC 31/2010, ECLI:ES:TC:2010:31.

1561 Vgl *Donaire Villa/Moya Malapeira* in *Boza Martínez/Donaire Villa/Moya Malapeira* 536f und siehe Kapitel 5.E.I.

1562 Art 259-263 REDYLE und vgl *Donaire Villa/Moya Malapeira* in *Boza Martínez/Donaire Villa/Moya Malapeira* 549ff.

ter*innen der Zentralregierung bzw Regierungsbeauftragten („Delegaciones y Subdelegaciones del Gobierno") untergeordnet, die wiederum dem Ministerium für die Territorialpolitik und den Öffentlichen Dienst („Ministerio de la Política Territorial y Función Pública") unterstellt sind. Zu ihren Aufgaben zählen etwa die Erteilung von Aufenthaltsberechtigungen oder das Führen von Verwaltungsstrafverfahren.[1563]

Das Melderegister („Padrón") spielt ebenfalls eine zentrale Rolle. Ist doch die Eintragung in diesem für den Nachweis der in Spanien verbrachten Zeit von großer Bedeutung,[1564] bspw im Zusammenhang mit der sozialen Verwurzelung.[1565] Wie bereits ausgeführt wurde, war die Meldung außerdem für den Zugang zur Gesundheitsversorgung vonnöten.[1566] Für die Eintragung wird nur ein offizielles Dokument, wie etwa ein Reisepass, für den Nachweis der Identität benötigt, wodurch sich grundsätzlich auch irregulär aufhältige Ausländer*innen in dieses eintragen können.[1567] Die Eintragung wird sogar von staatlicher Seite gefördert.[1568] Selbst die Entwicklung, dass die Ausländerbehörden oder die Grenzpolizei hierauf – bspw zur Ermittlung des Aufenthaltsorts eines*r Ausländers*in – zugreifen können, hat den Meldungen keinen Abbruch getan.[1569]

V. Rechtsschutz

Sowohl unrechtmäßig als auch rechtmäßig aufhältige Ausländer*innen[1570] genießen gem der spanischen Verfassung das Recht auf effektiven gerichtlichen Schutz („Tutela Judicial Efectiva").[1571] Zur Wahrung ihrer Rechte

1563 Art 261 RDYLE und Zusatzbestimmung 1 REDYLE; vgl *García Vitoria* in *Boza Martínez/Donaire Villa/Moya Malapeira* 300 und *Donaire Villa/Moya Malapeira* in *Boza Martínez/Donaire Villa/Moya Malapeira* 549f.

1564 Vgl *Cerdán/Maas*, ZAR 2010, 109.

1565 Siehe Kapitel 5.E.I.

1566 Siehe Kapitel 4.C.II.4.

1567 Vgl *González-Enríquez* in *Triandafyllidou* 250.

1568 In dem Sinne *González-Enríquez*, Clandestino Project v Jänner 2009, 20ff.

1569 Zusatzbestimmung 5 Abs 2 LODYLE; kritisch *Fernández Pérez*, Derechos fundamentales 265-270 mwN.

1570 Vgl *González García*, Algunas cuestiones sobre el derecho a la tutela judicial efectiva de los extranjeros a la luz de la jurisprudencia constitucional y de la Ley Orgánica 2/2009, Teoría y Realidad Constitucional 2010, 515 (521).

1571 Art 24 CE und Art 20 Abs 1 LODYLE; vgl *González García*, Teoría y Realidad Constitucional 2010, 518ff.

können sie sowohl die Verwaltungs- als auch die Verfassungsgerichtsbarkeit in Anspruch nehmen.

1. Verwaltungsgerichtsbarkeit

In Spanien ist seit langem eine Verwaltungsgerichtsbarkeit etabliert, die eine vollumfängliche Kontrolle jeglichen Verwaltungshandelns, vor allem der Exekutive, erlaubt.[1572] Sie ist Teil der ordentlichen Gerichtsbarkeit.[1573]

Bevor die Verwaltungsgerichtsbarkeit im Detail dargestellt wird, ist es zuvor notwendig, kurz auf die verwaltungsrechtlichen Rechtsmittel einzugehen.[1574] Gegen abweisende Entscheidungen über eine Aufenthaltsberechtigung, die in der Regel den Verwaltungsweg erschöpfen,[1575] ist das Erheben eines Einspruchs („Recurso de Reposición“) möglich.[1576] Dieser ist an die Ausländerbehörde zu richten,[1577] die den Bescheid erlässt. Deshalb ist eine Berufung („Recurso Ordinario de Alzada“), die an die höherrangige Verwaltungsbehörde zu richten wäre, unzulässig.[1578] Der Einspruch genießt keine aufschiebende Wirkung.[1579] Dieses verwaltungsrechtliche Rechtsmittel ist fakultativ, dh es kann, muss aber von den Betroffenen nicht in Anspruch genommen werden, um anschließend den verwaltungsgerichtlichen Weg zu bestreiten. Die Frist zur Einbringung beträgt einen Monat.[1580]

Greift der*die Ausländer*in jedoch auf den Einspruch als Rechtsmittel zurück, prüft die zuständige Ausländerbehörde, ob die vorgebrachten Argumente zutreffen oder nicht. Bis zur Entscheidung über den Einspruch ist das Einbringen einer verwaltungsgerichtlichen Klage unzulässig.[1581] Im Gegensatz zur verwaltungsgerichtlichen Klage beläuft sich die Entschei-

---

1572 LJCA und vgl *Parejo Alfonso*, Derecho Administrativo 1029ff.

1573 Art 3 und 24 Ley Orgánica 6/1985, de 1 de julio, del Poder Judicial, BOE 157 v 2.7.1985 letzte Änderung v 28.10.2015; vgl *Parejo Alfonso*, Derecho Administrativo 1034f.

1574 Vgl zur alten Rechtslage *Conde Antequera* in *Monereo Pérez/Fernández Avilés/Triguero* 337-339.

1575 Zusatzbestimmung 14 REDYLE und siehe Fn 1482.

1576 Art 123f LPAC.

1577 Zur Zuständigkeit der Ausländerbehörden siehe bereits Kapitel 4.C.IV.

1578 Art 121f LPAC; vgl *Parejo Alfonso*, Derecho Administrativo 1004f.

1579 Siehe nur Art 117 LPAC; vgl *Parejo Alfonso*, Derecho Administrativo 1003 und 1007 sowie *García Vitoria*, Revista General de Derecho Constitucional 2015/20, 9f in Bezug auf Ausweisungsentscheidungen.

1580 Art 124 Abs 1 LPAC.

1581 Art 123 Abs 2 LPAC; vgl *Parejo Alfonso*, Derecho Administrativo 1005.

dungsfrist auf einen Monat.[1582] Wenn nicht innerhalb dieser entschieden wird, ist das „Schweigen" der Behörde als Abweisung zu werten.[1583]

Im Anschluss an das fakultative Einbringen des Einspruchs oder direkt nach dem Erhalt des abweisenden Bescheids kann eine verwaltungsgerichtliche Klage („Recurso Contencioso-Administrativo") eingebracht werden.[1584] Diese entfaltet grundsätzlich keine aufschiebende Wirkung. Gem Art 129ff LJCA kann in jedem Stadium des verwaltungsgerichtlichen Verfahrens eine einstweilige Anordnung – mit der die aufschiebende Wirkung einhergeht – beantragt werden.[1585] Die Verwaltungsgerichte entscheiden sodann mittels Urteil („Sentencia") und können den betreffenden Verwaltungsakt bei Rechtswidrigkeit aufheben und/oder in der Sache selbst entscheiden.[1586] Die Klagefrist beträgt bei Bescheiden im ordentlichen Verfahren zwei Monate[1587] und im speziellen Verfahren zum Schutz der Grundrechte zehn Tage.[1588] Im Gegensatz zum verwaltungsrechtlichen besteht im verwaltungsgerichtlichen Verfahren Anwält*innenpflicht.[1589] Unentgeltlicher rechtlicher Beistand kann beantragt werden, wenn der*die Betroffene nicht über ausreichend finanzielle Mittel verfügt.[1590]

Über die eingebrachte Klage entscheidet zunächst das Verwaltungsgericht in Form eines*r Einzelrichters*in. („Juzgado de lo Contencioso-Ad-

1582 Vgl *Parejo Alfonso*, Derecho Administrativo 1005 mit Hinweis auf STC 40/2007, ECLI:ES:TC:2007:40.

1583 Vgl zur alten Rechtslage *Conde Antequera* in *Monereo Pérez/Fernández Avilés/Triguero Martínez* 339.

1584 Art 25 LJCA; vgl grundsätzlich zum verwaltungsgerichtlichen Klageverfahren *Parejo Alfonso*, Derecho Administrativo 1069ff und *Conde Antequera* in *Monereo Pérez/Fernández Avilés/Triguero Martínez* 340 in Bezug auf das Ausländerrecht.

1585 Vertiefend *Parejo Alfonso*, Derecho Administrativo 1079-1083; *Conde Antequera* in *Monereo Pérez/Fernández Avilés/Triguero Martínez* 346-350 zum ordentlichen und *Mercader Uguina/Tolosa Tibiño*, Art 24 LODYLE in *Monereo Pérez/Fernández Avilés/Triguero Martínez* (Hrsg), Comentario a la ley y al reglamento de Extranjería, Inmigración e Integración Social[2] (2013) 371 (376) zum speziellen Verfahren.

1586 Art 67 und 71 Abs 1 LJCA.

1587 Art 46 Abs 1 LJCA.

1588 Art 115 Abs 1 LJCA.

1589 Art 23 LJCA.

1590 Ley 1/1996, de 10 de enero, de asistencia jurídica gratuita, BOE 11 v 12.1.1996 letzte Änderung v 12.6.2018, und Art 22 Abs 3 LODYLE; vgl *Colomer Hernández*, Tutela jurisdiccional y extranjería in *Palomar Olmeda* (Hrsg), Tratado de Extranjería[5] (2012) 633 (642-665) und in Bezug auf Ausweisungsentscheidungen *Arrese Iriondo*, Revista de Derecho Migratorio y Extranjería 2010/25, 90f.

ministrativo“).[1591] Ist die Entscheidung des Verwaltungsgerichts wiederum unzureichend, kann gegen diese eine Berufung („Recurso de Apelación“) an den Obersten Gerichtshof einer autonomen Region („Tribunal Superior de Justicia“) eingebracht werden.[1592] Danach ist eine außerordentliche Revision („Recurso de Casación“) an den Obersten Gerichtshof („Tribunal Supremo“) möglich.[1593]

Innerhalb der Verwaltungsgerichtsbarkeit kann zwischen dem ordentlichen und speziellen Verfahren unterschieden werden, wobei jeweils die genannten Rechtsmittel eingebracht bzw der Instanzenzug angerufen werden können. Der*die Ausländer*in kann sowohl auf beide Verfahren gleichzeitig, als auch auf jeweils nur eines der beiden zurückgreifen.[1594] Im Ausländerwesen wird das ordentliche, verwaltungsgerichtliche Verfahren als beschleunigtes Verfahren („Procedimiento Abreviado“) geführt.[1595] Als spezielles Verfahren kommt das Verfahren zum Schutz der Grundrechte („Procedimiento para la Protección de los Derechos Fundamentales“) in Frage.[1596] Voraussetzung hierfür ist, dass es eine Verletzung eines Grundrechts geltend gemacht wird, die aus einer Diskriminierung hervorgeht.[1597] Genau wie bei der noch näher zu erläuternden Verfassungsbeschwerde kann nur die Verletzung bestimmter Grundrechte geltend gemacht werden.[1598] Das spezielle Verfahren hat Vorzugscharakter.[1599] Die Frist zur Einbringung einer solchen Klage beläuft sich auf lediglich zehn Tage.[1600]

1591 Art 8 Abs 4 LJCA; vgl *Conde Antequera* in *Monereo Pérez/Fernández Avilés/Triguero Martínez* 341f.

1592 Art 81ff LJCA.

1593 Art 88 LJCA; vgl *Huelin Martínez de Velasco*, La nueva casación contencioso-administrativa (primeros pasos), Revista General de Derecho Constitucional 2017/24, 1.

1594 Vgl *Mercader Uguina/Tolosa Tibiño* in *Monereo Pérez/Fernández Avilés/Triguero Martínez* 375 mwN.

1595 Art 78 Abs 1 LJCA; vgl *Parejo Alfonso*, Derecho Administrativo 1096ff und *Conde Antequera* in *Monereo Pérez/Fernández Avilés/Triguero Martínez* 343.

1596 Art 53 Abs 2 CE iVm Art 24 LODYLE und Art 114-122 LJCA; vgl *Conde Antequera* in *Monereo Pérez/Fernández Avilés/Triguero Martínez* 343-345 und *Mercader Uguina/Tolosa Tibiño* in *Monereo Pérez/Fernández Avilés/Triguero Martínez* 371.

1597 Vgl *Conde Antequera* in *Monereo Pérez/Fernández Avilés/Triguero Martínez* 344.

1598 Vgl *Mercader Uguina/Tolosa Tibiño* in *Monereo Pérez/Fernández Avilés/Triguero Martínez* 372 und *Conde Antequera* in *Monereo Pérez/Fernández Avilés/Triguero Martínez* 343.

1599 Art 114 Abs 3 LJCA.

1600 Art 115 Abs 1 LJCA.

2. Verfassungsgerichtsbarkeit

Neben der Verwaltungsgerichtsbarkeit ist die Verfassungsgerichtsbarkeit für den Rechtsschutz von Ausländer*innen bedeutsam.[1601] Diese zählt nicht zur ordentlichen Gerichtsbarkeit, sondern wird in der Doktrin als eigenständige, spezielle Gerichtsbarkeit angeführt.[1602]

Das spanische Verfassungsgericht („Tribunal Constitucional“)[1603] kann mittels Verfassungsbeschwerde („Recurso de Amparo Constitucional“) von jedem*r angerufen werden, der*die sich in seinen*ihren verfassungsrechtlich geschützten Grundrechten oder -freiheiten verletzt fühlt.[1604] Die Frist hierfür beträgt zwanzig bzw dreißig Tage, je nachdem ob sich die Verfassungsbeschwerde gegen einen Verwaltungsakt oder eine judizielle Entscheidung richtet.[1605] In Frage kommt jede Handlung der Staatsgewalten, die zu einer Grundrechtsverletzung führt.[1606] Sowohl qualitativ als auch quantitativ ist die Verfassungsbeschwerde das wichtigste und meist angerufene Rechtsinstrument des Verfassungsgerichts.[1607] Grundsätzlich besteht Anwält*innenpflicht für das Einbringen der Beschwerde.[1608] Jede natürliche oder juristische Person, die ein berechtigtes Interesse hat, kann eine solche Verfassungsbeschwerde einlegen.[1609] Dazu zählen auch Ausländer*innen.[1610] Aus der Betroffenenperspektive ist die Verfassungsbeschwerde das letzte Rechtsmittel, das dem Schutz der Grundrechte dient, da es subsidiär zum übrigen Rechtsschutzsystem besteht.[1611] Dh, dass die Verletzung der betroffenen Grundrechte schon zuvor erfolglos im ordentlichen

1601 Art 53 Abs 2 iVm Art 21 Abs 1 LODYLE und *Fernández Pérez* Art 57 LODYLE in *Monereo Pérez/Fernández Avilés/Triguero Martínez*, Comentario a la ley y al reglamento de Extranjería, Inmigración e Integración Social[2] (2013) 900 (921).

1602 *Carrillo*, La jurisdicción constitucional española y el caso chileno, Revista de Derecho 2001, 75 (75).

1603 Vgl *Pérez Tremps*, Sistema de Justicia Constitucional[2] (2016) 21 und 55.

1604 Art 53 Abs 2 und Art 161 Abs 1 lit b CE; vgl *Pérez Tremps*, Justicia Constitucional 119.

1605 Art 43 Abs 2 und Art 44 Abs 2 LOTC; vgl *Pérez Tremps*, Justicia Constitucional 128.

1606 Art 41 Abs 2 LOTC.

1607 Vgl *Pérez Tremps*, Justicia Constitucional 119.

1608 Art 81 Abs 1 LOTC.

1609 Art 162 lit b CE.

1610 Vgl *Pérez Tremps*, Justicia Constitucional 129.

1611 Vgl *Pérez Tremps*, Justicia Constitucional 119-121.

Rechtsweg geltend gemacht und dieser ausgeschöpft werden muss.[1612] Im Ausländerwesen steht das eben dargestellte verwaltungsgerichtliche Verfahren als ordentlicher Rechtsweg zur Verfügung.[1613]

Überdies ist der außerordentliche Charakter der Verfassungsbeschwerde hervorzuheben. Können doch nur taxativ normierte Grundrechte bzw -freiheiten geltend gemacht werden.[1614] Hierzu zählen die klassischen Freiheitsrechte wie das Recht auf Leben gem Art 15 CE oder die Meinungsfreiheit gem Art 20 CE. Kritisiert wird in dem Zusammenhang die Unterscheidung zwischen dem Schutz des Familienlebens gem Art 39 CE, der nicht im Rahmen einer Verfassungsbeschwerde geltend gemacht werden kann, und dem Recht auf Achtung des Familienlebens, das sehr wohl geltend gemacht werden kann.[1615]

D. Resümee – Die besondere Stellung von Regularisierungen im Aufenthalts-, Fremden- bzw Ausländerrecht

Die Ausführungen zeigen die besondere Stellung von Regularisierungen im Aufenthaltsrecht, Ausländerrecht bzw Fremdenrecht der Mitgliedstaaten. Die teils unterschiedlich und teils ähnlich verlaufenen historischen Entwicklungen haben zur Herauskristallisierung einer speziellen Kategorie von aufenthaltsrechts-begründenden Entscheidungen in allen drei Mitgliedstaaten geführt. Für den folgenden Rechtsvergleich ist es besonders fruchtbar, die (strukturellen) Unterschiede und Gemeinsamkeiten noch einmal vertieft darzustellen und zusammenzuführen, um ein vollständigeres Bild der Thematik zu erlangen.

Ganz generell zeigt sich in allen drei Mitgliedstaaten, dass die Regularisierungen im Vergleich zu den aufenthaltsrechts-begründenden Entscheidungen des „ordentlichen“ Aufenthaltsregimes privilegiert sind. Dies bedeutet, dass die grundsätzlich zu erfüllenden Erteilungsvoraussetzungen nicht zu erfüllen sind bzw umgekehrt speziell normierte Versagungsgründe nicht anzuwenden sind. Ein markantes Beispiel hierfür ist das Visums-

---

1612 STC 186/1997, ECLI:ES:TC:1997:186, FJ 2; vgl *Pérez Tremps*, Justicia Constitucional 131-135.

1613 Siehe Kapitel 4.C.V.1.

1614 Art 14-29 und Art 30 Abs 2 CE und vgl *Pérez Tremps*, Justicia Constitucional 121-123 mwN.

1615 Vgl *Díaz Crego/García Vitoria*, Los derechos de los migrantes in *García Roca* (Hrsg), ¿Hacia una globalización de los derechos? El impacto de las sentencias del Tribunal Europeo y de la Corte Interamericana (2017) 363 (394-398).

erfordernis, das bei den analysierten Regularisierungen in allen drei Mitgliedstaaten entfällt.

Zusammengefasst werden die Regularisierungen, bis auf jeweils ein oder zwei Ausnahmen, in einer auf mitgliedstaatlicher Ebene festgelegten Begrifflichkeit: „Humanitäre Aufenthaltserlaubnisse“ in Deutschland, „Aufenthaltstitel aus berücksichtigungswürdigen Gründen“ in Österreich und „Aufenthaltsberechtigungen aus außergewöhnlichen Gründen“ in Spanien.

In Spanien kann man wohl vorsichtig davon sprechen, dass die „Aufenthaltsberechtigungen aus außergewöhnlichen Gründen“ zu „ordentlichen“ transformiert sind, da diese beinahe 20 % aller befristeten Aufenthaltsberechtigungen ausmachen. Besonders bedeutsam sind vor allem die Regularisierungen basierend auf Verwurzelungstatbeständen, in concreto die soziale Verwurzelung. In Österreich haben die vorhandenen Statistiken gezeigt, dass die Erteilung von Aufenthaltsrechten im Rahmen von Regularisierungsverfahren quantitativ keine besonders wichtige Rolle spielt. Hierbei ist jedoch zu beachten, dass die Daten in Österreich mangels Genauigkeit am wenigsten aussagekräftig sind. In Deutschland verdeutlichen die Zahlen, dass eine nicht unbedeutende Anzahl an Ausländer*innen im Besitz einer der in vorliegender Arbeit behandelten „humanitären Aufenthaltserlaubnis“ ist.

Die aufenthaltsrechts-begründenden Entscheidungen müssen in allen drei Mitgliedstaaten individuell – aus der aufenthaltsrechtlichen Irregularität heraus – beantragt werden können, da sie ansonsten den Regularisierungsbegriff nicht erfüllen würden. In Österreich spielt die amtswegige Prüfung der „Aufenthaltsberechtigung besonderer Schutz“ und der „Aufenthaltstitel aus Gründen des Art 8 EMRK“ im Asylverfahren aber auch eine besondere Rolle und zeigt die Verwobenheit der beiden „Aufenthaltstitel aus berücksichtigungswürdigen Gründen“ mit dem Asylrecht. In Deutschland zeigt sich diese durch die Titelerteilungssperre nach einem durchlaufenen Asylverfahren, aber auch dadurch, dass – ähnlich wie in Österreich – die „nationalen Abschiebungsverbote“ im Asylverfahren zu prüfen sind. Wie noch gezeigt wird, werden diese nur in den Fällen als Regularisierung qualifiziert, in denen sie aus der aufenthaltsrechtlichen Irregularität heraus beantragt werden können und gerade nicht, wenn sie im Asylverfahren geprüft werden,[1616] da der Regularisierungsbegriff mangels irregulärem Aufenthalt nicht erfüllt wird.[1617] Zwar wird das Asylrecht in

1616 Siehe Kapitel 5.A.I.2.a.
1617 Siehe Kapitel 2.A.

der vorliegenden Arbeit nicht analysiert, doch darf es aus kontextuellen Gründen nicht außen vorgelassen werden, da die Entwicklung der Regularisierungen in Österreich und Deutschland in engem Bezug zu den teilweise hohen Asylantragsstellungen bzw zu den diesbezüglichen politischen Debatten stehen.[1618] Dies ist einer der Gründe, weshalb es in den letzten beiden Jahrzehnten zu fast jährlichen Novellierungen gekommen ist. In Spanien zeigt sich im Hinblick darauf ein anderes Bild, da die Entwicklung der Regularisierungen im größeren Rahmen zu sehen ist und vor allem eine der Folgen des zahlenmäßig rapiden Anstiegs an Ausländer*innen bis zum Jahre 2005 war. Die Entwicklung stand aber nicht in engem Bezug zu den Asylantragszahlen und darüber hinaus kam es auch nicht zu ständigen Reformen.

Auf der iberischen Halbinsel wurden ab Anfang der 90iger Jahre Regularisierungs-Programme eingesetzt, um Ausländer*innen einen Ausweg aus der aufenthaltsrechtlichen Irregularität zu bieten. Dieses Steuerungsinstrument wurde beinahe jährlich eingesetzt, Regularisierungs-Mechanismen haben sich erst 2005 etabliert. Im Gegensatz zu Deutschland und Österreich sind Regularisierungen seit jeher sehr eng von der Wirtschaft und dem Arbeitsmarkt abhängig bzw beruhen stärker auf wirtschaftlichen Gesichtspunkten. Regularisierungs-Programme kamen in Österreich nie zum Einsatz, da ab Ende der 90iger Jahre Regularisierungs-Mechanismen herangezogen wurden. Deutschland hat einen Mittelweg zwischen Österreich und Spanien gewählt, da ab Anfang der 90iger Jahre Regularisierungs-Mechanismen eingesetzt wurden. Ab Mitte der 90iger wurde dann auch von Regularisierungs-Programmen Gebrauch gemacht. Nunmehr ist in allen drei Staaten die gleiche Art von Regularisierung, in concreto Regularisierungs-Mechanismen, anzutreffen, die in der Folge in Kapitel 5 rechtsvergleichend analysiert wird.

Bedeutsam für die Entwicklung der Regularisierungen ist im weiteren Sinne auch der rechtliche Status von Ausländer*innen bzw Fremden, der teilweise sehr unterschiedlich ausgestaltet ist. Hervorzuheben ist, dass in Spanien irregulär aufhältige Ausländer*innen Zugang zu Sozialleistungen und zur Gesundheitsversorgung haben. Dies stellt einen gravierenden Unterschied zur österreichischen und deutschen Rechtslage dar, da der Status deshalb wesentlich weniger prekär ist. Beim Zugang zu unselbstständiger Beschäftigung zeigt sich in allen drei Mitgliedstaaten ein sehr ähnliches Bild, da für die Ausübung einer Beschäftigung jeweils eine gesonderte Be-

1618 Siehe nur jüngst zu Deutschland *Kraler*, Journal of Immigrant and Refugee Studies 2019, 102.

rechtigung erforderlich ist, die an den rechtmäßigen Aufenthalt bzw an die aufenthaltsrechts-begründende Entscheidung geknüpft ist. In Spanien weisen einige Autoren und Autorinnen in dem Zusammenhang darauf hin, dass undokumentierte Beschäftigung sozusagen „geduldet“ wird bzw „geduldet“ worden ist.

Im Hinblick auf den un/rechtmäßigen bzw un/erlaubten Aufenthalt hat sich gezeigt, dass dieser in allen drei Mitgliedstaaten mit einer Verwaltungsstrafe oder gerichtlichen Strafe bedroht ist. In Österreich führt ein „negatives“ Verfahren zur Erteilung eines „Aufenthaltstitels aus berücksichtigungswürdigen Gründen“ automatisch zum Erlass einer aufenthaltsbeendenden Maßnahme, die in der Folge durchgesetzt werden kann. Auch in Deutschland führt die Ablehnung eines Antrags auf eine „humanitäre Aufenthaltserlaubnis“ zum Erlass einer Abschiebungsandrohung, die in weiterer Folge vollstreckt werden kann. Dies stellt einen wesentlichen Unterschied zur spanischen Rechtslage dar. Dort geht mit einer abweisenden Entscheidung über eine Aufenthaltsberechtigung nicht automatisch eine aufenthaltsbeendende Maßnahme einher. Zwar besteht aufgrund des irregulären Aufenthalts eine Ausreiseverpflichtung, diese kann aber mangels Titel nicht durchgesetzt werden.

Eine aufrechte aufenthaltsbeendende Maßnahme kann – in unterschiedlicher Ausprägung – in allen drei Mitgliedstaaten einen Versagungsgrund darstellen. In Österreich stellt eine aufrechte Rückkehrentscheidung samt Einreiseverbot einen Versagungsgrund bei den „Aufenthaltstiteln aus berücksichtigungswürdigen Gründen“ dar. In Deutschland führt das Bestehen eines besonders schwerwiegenden Ausweisungsinteresses im Sinne des § 54 Abs 1 Z 2 oder 4 AufenthG zum Versagen einer „humanitären Aufenthaltserlaubnis“. In Spanien stellt ein laufendes Ausweisungsverfahren bzw das Bestehen einer aufrechten Ausweisung einen Zurückweisungsgrund dar, sofern die „Aufenthaltsberechtigung aus außergewöhnlichen Gründen“ erst nach der Einleitung des Ausweisungsverfahrens bzw dem Erlass der Ausweisung beantragt wird. Wurde die Ausweisung jedoch bloß aufgrund des irregulären Aufenthalts oder der undokumentierten Beschäftigung erlassen und kommt die Behörde in einer ersten Analyse zum Schluss, dass die Voraussetzungen für die beantragte Aufenthaltsberechtigung vorliegen, ist der Antrag auf Erteilung der Aufenthaltsberechtigung zuzulassen und die bestehende rechtskräftige Ausweisung gegebenenfalls aufzuheben.

Keine Besonderheiten ergeben sich bei den jeweils einschlägigen aufenthaltsrechtlichen, ausländerrechtlichen bzw fremdenrechtlichen Behörden. Darüber hinaus stehen den Ausländer*innen bzw Fremden jeweils unterschiedliche Rechtsschutzinstrumentarien sowohl im verwaltungs- als auch im verfassungsgerichtlichen Verfahren zur Verfügung. Unterschiede bestehen, ob mit dem eingebrachten Rechtsmittel aufschiebende Wirkung einhergeht. Dies ist bei ablehnenden/abweisenden Entscheidungen in Deutschland und Österreich besonders relevant, da mit diesen eine aufenthaltsbeendende Maßnahme einhergeht.

Kapitel 5 – Der integrierte Rechtsvergleich von Regularisierungen nach dem Regularisierungszweck[1619]

Nachdem nunmehr der erforderliche Kontext für den Rechtsvergleich dargestellt wurde, widmet sich dieses Kapitel in einer rechtsvergleichenden Analyse Regularisierungen. Die kontextuelle Methode, die bereits für die Aufbereitung von Kapitel 4 verwendet wurde, wird auch in der Folge angewandt.[1620] Regularisierungen werden in einem integrierten Vorgehen anhand eines Gliederungskriteriums, namentlich dem Regularisierungszweck,[1621] kategorisiert, verglichen und bewertet. Von einem klassischen Rechtsvergleich im Sinne von Länderberichten wird abgesehen. Der Prüfungsmaßstab ist die Vereinbarkeit mit den einschlägigen völker- und unionsrechtlichen Bestimmungen, wobei in Bezug auf das Völkerrecht nur die EMRK im Detail beleuchtet wird.[1622]

Die analysierten Regularisierungen sind im Rechtsvergleich nicht nach formalistischen Gesichtspunkten kategorisiert worden. Um ein konkretes Beispiel zu nennen: Die österreichische „Aufenthaltsberechtigung besonderer Schutz“, die in § 57 AsylG normiert ist, vereint drei verschiedene Tatbestände. Jeder einzelne Tatbestand wurde als eigenständige Regularisierung gewertet, denn die maßgeblichen Erteilungsgründe variieren.[1623] Grundsätzlich werden also einzelne Tatbestände, wenn sie unterschiedliche Erteilungsgründe festlegen, in unterschiedlichen Regularisierungszwecken bzw Unterkategorien systematisiert.

Regularisierungen können unter mehr als einen Regularisierungszweck bzw eine Unterkategorie fallen. Um hier methodisch sauber vorzugehen, wird anhand einer Abwägungsentscheidung der als maßgeblich identifizierte Erteilungsgrund zur Einordnung herangezogen. Als Parameter dient das

---

1619 Einzelne Regularisierungen wurden in *Hinterberger*, DRdA 2018; *Hinterberger* in *Lanser/Potocnik-Manzouri/Safron/Tillian/Wieser* und *Hinterberger*, Maastricht Journal of European and Comparative Law 2019 besprochen. Siehe Einleitung D.III.

1620 Siehe Einleitung D.I.

1621 Siehe Kapitel 2.B.II.

1622 Siehe bereits Einleitung D.I.1.

1623 Siehe Kapitel 5.A.II.2. und Kapitel 5.D.I.1.

primäre, staatliche Genehmigungsinteresse, da dieses im Gegensatz zum privaten Migrationsinteresse im Vordergrund des kontraktualistischen Verständnisses von aufenthaltsrechts-begründenden Entscheidungen steht.[1624]

Innerhalb jedes Regularisierungszwecks werden Regularisierungen nach ihrem Berechtigungsumfang aufsteigend geordnet. Hierbei beziehe ich mich auf die Erteilungsdauer. Haben zwei oder mehrere Regularisierungen exakt dieselbe Mindesterteilungsdauer, folgt die Reihung abschließend alphabetisch (Deutschland, Österreich, Spanien).

Die bereits gebildete Regularisierungsdefinition wird für die rechtsvergleichende Analyse herangezogen, aber noch weiter eingegrenzt.[1625] Es werden nur jene Aufenthaltsrechte beleuchtet, die einen rechtmäßigen Aufenthalt von zumindest zwölf Monaten normieren (Mindesterteilungsdauer). Diese Untergrenze wird als Abgrenzungskriterium verwendet. In Bezug auf einige deutsche Regularisierungen ist aber normiert, dass der Aufenthalt von sechs Monaten bis zu zwei oder drei Jahren befristet werden kann.[1626] Sie werden dennoch in die Analyse miteinbezogen, da die festgelegte Untergrenze überschritten werden kann.

Damit Regularisierungen zweckmäßig verglichen werden können, werden innerhalb jeder Regularisierung zunächst die Erteilungsvoraussetzungen und anschließend das erteilte Aufenthaltsrecht besprochen, insofern dies nicht bereits in Kapitel 4 dargestellt wurde.[1627] Das heißt, dass jede Regularisierung iVm den jeweils einschlägigen Ausführungen in besagtem Kapitel zu lesen ist, um ein vollständiges Bild zu erhalten, da der dort dargestellte Kontext von Relevanz ist. So werden die allgemeinen Erteilungsvoraussetzungen oder Versagungsgründe nicht erneut angeführt. Arbeitsmarktzugang, Zugang zu Sozialleistungen und Rechtsschutz werden nur in den Fällen näher dargestellt, in denen es Abweichungen von den allgemeinen Ausführungen in Kapitel 4 gibt. Es wird wiederum die jeweils einschlägige Terminologie in Bezug auf die analysierte Rechtslage gebraucht: Ausländer*innen (Deutschland und Spanien) bzw Fremde (Österreich).[1628]

1624 Siehe bereits oben Kapitel 2.B.II.

1625 Siehe Kapitel 2.A.II.

1626 Siehe Kapitel 5.B.I.2., Kapitel 5.C.II.2. und Kapitel 5.D.I.2.

1627 Siehe etwa die „Aufenthaltstitel aus berücksichtigungswürdigen Gründen" in Kapitel 4.B.III.2.d.

1628 Siehe die einleitenden Ausführungen zu Teil 2.

A. Nichtrückführbarkeit

I. Duldung[1629]

Der Begriff der Duldung umfasst einerseits das Rechtsinstitut und andererseits die außergesetzliche Duldung. Das Rechtsinstitut der Duldung beschreibt in der Folge die rechtlichen Regelungen in Deutschland und Österreich, die bereits weiter oben als Aufschub der Abschiebung gem Art 9 RückführungsRL qualifiziert wurden.[1630] Die „außergesetzliche Duldung" bezieht sich auf die (rechtliche) Situation in Spanien.

Die Gliederung erfolgt – wie bei Regularisierungen – nach dem Berechtigungsumfang. Da es hier mangels Aufenthaltsrecht keine Mindesterteilungsdauer gibt, folgt die Reihung wie folgt: Zuerst wird die rechtliche und außerrechtliche Lage in Spanien analysiert, da kein der Duldung ähnliches Rechtsinstitut existiert. Vielmehr bestehen Situationen, in denen Personen de facto geduldet sind. Diese außergesetzliche Duldung stellt daher bloß einen irregulären Aufenthalt dar. Im Gegensatz dazu normiert sowohl das deutsche als auch das österreichische Recht ein Rechtsinstitut, das als Duldung bezeichnet wird. Dieses kann in beiden Ländern, je nach analysiertem Tatbestand, als qualifizierter irregulärer Aufenthalt oder Vorstufe zu einem Aufenthaltsrecht beschrieben werden.[1631] Die Reihung erfolgt nach der Mindestduldungsdauer, weshalb Deutschland vor Österreich analysiert wird.

1. Außergesetzlich geduldete und irreguläre Aufenthalt – Spanien

In Spanien existiert – im Gegensatz zu Deutschland und Österreich – kein vergleichbares Rechtsinstitut zur Duldung. Doch gibt es eine Art „faktischer" Duldung, mit anderen Worten einen irregulären und außergesetzlich geduldeten Aufenthalt („situación tolerada de la estancia irregular").[1632] *Sagarra Trias* hat bereits 2002 den Aufenthalt von Ausländer*innen wie folgt beschrieben: Sie können rechtmäßig irregulär leben („el extranjero ‚legal-

1629 Siehe Kapitel 2.B.III.1.a.

1630 Siehe Kapitel 3.B.I.

1631 Siehe Kapitel 2.B.III.1.a.

1632 Vgl *García Vitoria* in *Boza Martínez/Donaire Villa/Moya Malapeira* 289; *Sainz de la Maza Quintanal*, Ultima ratio. El proceso de expulsión de inmigrantes en situación irregular en España, Dissertation 2015, Universidad Complutense de Madrid, https://eprints.ucm.es/34472/ (8.10.2018) 41.

mente' podrá vivir irregularmente").[1633] Obwohl die Problematik auch von *Arrese Iriondo* als solche erkannt und kritisiert wurde, lässt die spanische Gesetzgebung diese Situation weiterhin (bewusst) ungeregelt.[1634]

Wie bereits weiter oben in Kapitel 4 betreffend den Kontext ausgeführt wurde, stellt der irreguläre Aufenthalt in Spanien eine schwere Ordnungswidrigkeit dar[1635] und führt – bspw bei einem Aufgriff des*r Betroffenen – in der Regel zur Einleitung eines eigenständigen Ausweisungsverfahrens, in dem das Prinzip der Verhältnismäßigkeit gewahrt werden muss.[1636] Im Vergleich zu Österreich und Deutschland geht mit einer abweisenden Entscheidung über eine Aufenthaltsberechtigung nicht automatisch eine aufenthaltsbeendende Maßnahme einher.[1637] Das spanische Recht sieht anschließend zwei unterschiedliche Verfahrensoptionen vor: Einerseits das Erteilen einer Geldbuße oder andererseits die Ausweisung der irregulär aufhältigen Person.[1638]

Bis zum *Zaizoune*-Urteil des EuGH im Jahre 2015 war der Regelfall, dass Ausländer*innen, gegen die ein Ausweisungsverfahren aufgrund des irregulären Aufenthalts eingeleitet wurde, lediglich eine Geldbuße erhielten.[1639] Dies wurde mit dem Wortlaut von Art 57 Abs 1 LODYLE begründet, wonach die Ausweisung einer speziellen Begründung bedarf.[1640] Durch den Erlass einer Geldbuße waren Ausländer*innen (weiterhin) faktisch geduldet und irregulär aufhältig, da die Ausreiseverpflichtung nicht vollzogen wurde.[1641]

1633 *Sagarra Trias*, Un nuevo „status" de extranjero en España (El inmigrante, irregular, empadronado, residente trabajando y con orden de expulsión), Revista de Derecho Migratorio y Extranjería 2002/1, 89 (96).

1634 *Arrese Iriondo*, Revista de Derecho Migratorio y Extranjería 2010/25, 94f.

1635 Art 53 Abs 1 lit a LODYLE und siehe Kapitel 4.C.II.1.

1636 Art 55 Abs 3 LODYLE und Art 57 Abs 1 LODYLE sowie Art 222 Abs 3 und 242 Abs 1 S 1 REDYLE; vgl *Arrese Iriondo*, Revista de Derecho Migratorio y Extranjería 2010/25, 77f.

1637 Siehe Kapitel 4.C.II.1.

1638 *Arrese Iriondo*, Revista de Derecho Migratorio y Extranjería 2010/25, 75-82.

1639 Zum Spannungsverhältnis mit der RückführungsRL vor *Zaizoune* siehe *Boza Martínez* in *Boza Martínez/Donaire Villa/Moya Malapeira* 270 und *González Saquero*, La Directiva „retorno" y el alcance de la armonización del procedimiento de expulsión de extranjeros, WP on European Law and Regional Integration No 6 v 2011, https://ucm.es/data/cont/docs/595-2013-11-07-la%20directiva%20retorno.pdf (11.10.2018) 12-15.

1640 Vgl *Castanedo García*, Revista de Derecho Migratorio y Extranjería 2014/36, 263f. Siehe nunmehr aber auch Art 242 Abs 1 REDYLE.

1641 *Arrese Iriondo*, Revista de Derecho Migratorio y Extranjería 2010/25, 94f mwN.

Der gleichzeitige Erlass einer Geldbuße sowie einer Ausweisung war bzw ist nach dem spanischen Ausländerrecht nicht möglich.[1642]

In *Zaizoune* hat der EuGH aber sodann die spanische Rechtslage gerügt und festgestellt, dass diese unvereinbar mit der RückführungsRL ist.[1643] Hauptgrund hierfür war die Feststellung, dass der Erlass einer Geldbuße mangels Durchsetzung keine effiziente Rückführung irregulär aufhältiger Ausländer*innen darstellen würde. Diesem Argument hielt die spanische Regierung entgegen, dass selbst wenn nur eine Geldbuße erlassen wurde, mit dieser aber immer auch eine Ausreiseverpflichtung einhergehen würde,[1644] was für den EuGH aber nicht ausreichend war. Die EuGH-Rspr wurde von den spanischen Höchstgerichten bereits aufgegriffen, wonach nunmehr anstatt der Geldbuße bei bloßem irregulärem Aufenthalt eine Ausweisung zu erlassen ist.[1645] Trotz dieses Wandels in der spanischen Rspr, ist es aufgrund des Gesetzeswortlauts weiterhin möglich, dass eine Person aufgrund des irregulären Aufenthalts bloß eine Geldbuße erhält. In diesen Sachverhaltskonstellationen sind die Betroffenen folglich de facto geduldet, da die Ausreiseverpflichtung nicht vollstreckt werden kann.

Daneben gibt es aber noch zwei weitere Fallkonstellationen, in denen ein solcher Status entstehen kann: Hierzu weist *Boza Martínez* auf den gesetzlich normierten Unterschied zwischen der Unmöglichkeit des Erlasses und der Durchsetzung der Ausweisung hin.[1646] Die Unmöglichkeit des Erlasses der Ausweisung betrifft jene Tatbestände, die in Art 57 Abs 5 LODYLE aufgezählt sind. Gem Art 57 Abs 5 lit d LODYLE sind etwa Fälle erfasst, in denen eine Person rechtmäßig aufhältig und beschäftigt war, nach Ablauf ihres Aufenthaltsrechts Arbeitslosengeld („prestación de desempleo") erhält und aufgrund des Erhalts dieser Versicherungsleistung nicht

---

1642 Art 57 Abs 3 LODYLE:

1643 EuGH *Zaizoune*, Rn 32ff; vgl *Acosta Arcarazo/Romano*, The Returns Directive and the Expulsion of Migrants in an Irregular Situation in Spain, EU Law Analysis, Blog v 2. 5. 2015, www.eulawanalysis.blogspot.co.uk/2015/05/the-returns-directive-and-expulsion-of.html (27.11.2018); *Fernández Rojo*, La detención de extranjeros en situación irregular: impacto de la directiva 2008/115/CE y la jurisprudencia del TJUE en la legislación española, Revista de Derecho Comunitario Europeo 2016, 233 (242ff).

1644 Art 28 Abs 3 lit c LODYLE und Art 24 REDYLE.

1645 STSJ Galicia 6738/2016, ECLI:ES:TSJGAL:2016:6738, FJ 4; STSJ Aragón 1005/2016, ECLI:ES:TSJAR:2016:1005.

1646 Siehe Art 57 Abs 5-6 LODYLE und *Boza Martínez* in *Boza Martínez/Donaire Villa/Moya Malapeira* 271.

ausgewiesen werden kann.[1647] Ist einer der Tatbestände in Art 57 Abs 5 LODYLE gegeben, muss er berücksichtigt werden, und der Erlass der Ausweisung ist sohin unmöglich, mit anderen Worten gesetzwidrig. Unklar ist in diesen Fällen, ob verfahrensrechtlich sohin eine Geldbuße – anstatt der Ausweisung – erlassen wird bzw wie die Behörden genau vorzugehen haben, da hierzu gesetzliche Bestimmungen fehlen.[1648]

Die Unmöglichkeit der Durchsetzung der Ausweisung erfasst jene Fälle, bei denen eine Ausweisung erlassen wurde, diese aber unmöglich geworden ist, dh nicht durchgesetzt werden kann. Als Gründe für die Unmöglichkeit werden das Verletzen des Non-Refoulement-Gebots, das ein absolutes Verbot darstellt, und Schwangerschaft angeführt.[1649] Hierbei ist verfahrensrechtlich wiederum unklar, wie die Behörde vorzugehen hat, da nähere gesetzliche Bestimmungen und Erläuterungen fehlen. Art 57 Abs 4 LODYLE normiert zwar grundsätzlich die Möglichkeit der Aufhebung einer Ausweisungsentscheidung, jedoch fehlt eine spezielle Bestimmung, die die Aufhebung in diesen Sachverhaltskonstellationen ermöglicht.[1650] Ebenfalls nicht geregelt ist der Fall, dass die Unmöglichkeit der Durchsetzung der Ausweisung festgestellt wird.[1651] Verfahrensrechtlich ist es nur möglich die Ausweisung im verwaltungsgerichtlichen Verfahren zu bekämpfen, wobei das zuständige Verwaltungsgericht die Aussetzung der Ausweisung beschließen könnte.[1652] Dies ist aber wiederum nur möglich, wenn eine Klage gegen die Ausweisung eingebracht wurde.[1653]

Abschließend bleibt deshalb festzuhalten, dass drei Sachverhaltskonstellationen bestehen, in denen Ausländer*innen irregulär aufhältig und außerge-

---

1647 STS 1864/2008 - ECLI: ES:TS:2008:1864, FJ 7; vgl *Nieves Moreno Vida* in *Monereo Pérez/Fernández Avilés/Triguero Martínez* 627f. Der Oberste Gerichtshof führt weiters aus, dass dies keinesfalls Fälle undokumentierter Beschäftigung betreffen kann, da es sich ansonsten um eine Art versteckter Regularisierung handeln würde, weil die Personen aufgrund des Bezugs von Arbeitslosengeld – trotz undokumentierter Beschäftigung – nicht ausgewiesen werden könnten.

1648 Vgl *Boza Martínez* in *Boza Martínez/Donaire Villa/Moya Malapeira* 270f.

1649 Art 57 Abs 6 LODYLE und Art 246 Abs 7 REDYLE; vgl *Consejo de Estado*, Dictamen 320/2016 v 12.5.2016. Bei Schwangeren darf die Ausweisung kein Risiko für die Gesundheit oder die Schwangerschaft der Frau bzw des „nasciturus“ darstellen.

1650 Vgl *Boza Martínez* in *Boza Martínez/Donaire Villa/Moya Malapeira* 270f.

1651 Dies schlägt *Boza Martínez* in *Boza Martínez/Donaire Villa/Moya Malapeira* 271f vor.

1652 Art 129 LJCA.

1653 Siehe Kapitel 4.C.V.1.

setzlich geduldet bleiben.[1654] Sie verharren in diesem „Schwebezustand“ bis sie die Voraussetzungen einer „Aufenthaltsberechtigung aus außergewöhnlichen Gründen“ erfüllen. In diesen Fällen wird die Ausweisungsentscheidung aufgehoben.[1655] Im weiteren Sinne ist deshalb die Behauptung zulässig, dass Spanien den Aufenthalt von irregulär aufhältigen Ausländer*innen faktisch duldet.[1656] Dies bedeutet gleichzeitig, dass der spanische Staat alle damit einhergehenden Konsequenzen, wie die dadurch entstehenden prekären Lebenssituationen, in Kauf nimmt. Ausgeglichen wird dies aber zumindest durch den Zugang zu Sozialleistungen auch während des irregulären Aufenthalts und die im Vergleich zu Deutschland und Österreich erleichterten Voraussetzungen zur Erlangung eines Aufenthaltsrechts, wie das Beispiel der sozialen Verwurzelung verdeutlicht.[1657] Insgesamt verfügen irregulär aufhältige Ausländer*innen über zahlreiche Regularisierungsperspektiven, unabhängig davon, ob sie außergesetzlich geduldet sind.

2. Rechtsinstitut der Duldung – Deutschland

Grundsätzlich sind Ausländer*innen, insofern sie gem § 50 Abs 1 AufenthG ausreisepflichtig sind und die Ausreisepflicht vollstreckbar ist,[1658] abzuschieben. Da die Abschiebung aber oftmals nicht unmittelbar vollzogen werden kann, wurde in Deutschland das Rechtsinstitut der Duldung in § 60a AufenthG eingeführt. Die Duldung betrifft somit die vorübergehende Aussetzung der Abschiebung, wobei die Ausreisepflicht oder ihre Vollstreckbarkeit dadurch nicht beseitigt werden.[1659] In Deutschland geht genau wie in Österreich mit der Duldung kein rechtmäßiger Aufenthalt einher.[1660] Ende 2017 waren rund 166.000 Ausländer*innen geduldet,[1661] was im Vergleich zu

1654 Vgl *Fernández Bessa/Brandariz García*, Revista para el Análisis del Derecho 2016/4, 1 (8f).

1655 Siehe bereits ausführlich Kapitel 4.C.III.3.b.

1656 Vgl *Sagarra Trias*, Revista de Derecho Migratorio y Extranjería 2002/1, 96; *González-Enríquez*, Clandestino Project v Jänner 2009, 7, 17f; *Arrese Iriondo*, Revista de Derecho Migratorio y Extranjería 2010/25, 94f; *Sabater/Domingo*, International Migration Review 2012/46, 215f.

1657 Kapitel 5.E.I.

1658 § 58 Abs 2 AufenthG und siehe Kapitel 5.A.I.2.

1659 *Masuch/Gordzielik* in *Huber* § 60a AufenthG Rn 34.

1660 § 60a Abs 3 AufenthG und siehe Kapitel 5.A.I.3.

1661 BT-Drs 19/633, 38-40.

Österreich ein Vielfaches ist und die Relevanz dieses Rechtsinstituts für das deutsche Aufenthaltsrecht unterstreicht.[1662]

a. Erteilungsvoraussetzungen

Im deutschen AufenthG sind zahlreiche Duldungstatbestände normiert.[1663] Eine tiefergehende Darstellung aller Duldungsgründe würde den Umfang der Arbeit sprengen. So wurde durch das Gesetz zur besseren Durchsetzung der Ausreisepflicht 2017 eine Duldung zur Prüfung einer Vaterschaftsanerkennung gem § 60a Abs 2 S 13 AufenthG eingeführt.[1664] Die „Ausbildungsduldung" gem § 60a Abs 2 S 4 AufenthG wird aus kontextuellen Gründen im Zusammenhang mit der „Aufenthaltserlaubnis für qualifizierte Geduldete zum Zweck der Beschäftigung" thematisiert.[1665] Dasselbe gilt für die „Beschäftigungsduldung", die sowohl im Rahmen der „Aufenthaltserlaubnis bei nachhaltiger Integration" als auch der „Aufenthaltserlaubnis für qualifizierte Geduldete zum Zweck der Beschäftigung" besprochen wird.[1666] Darüber hinaus wurde mit dem „Geordnete-Rückkehr-Gesetz", das am 21.8.2019 in Kraft getreten ist, eine „Duldung für Personen mit ungeklärter Identität" eingeführt. Diese wird auch als „Duldung light" oder „Duldung minus" bezeichnet und ist in § 60b AufenthG idF „Geordnete-Rückkehr-Gesetz" geregelt.[1667] Dieser Duldungsgrund wird im Rahmen der tatsächlichen Abschiebehindernissen mitbehandelt, da er beträchtliche Auswirkungen auf die geltende Rechtslage hat.

Die Duldung ist durch die rechtliche bzw faktische Unmöglichkeit der Abschiebung gekennzeichnet, weshalb bloß die damit zusammenhängenden „Grundtatbestände" näher vorgestellt werden. Für die Zwecke der vorliegenden Arbeit sind daher die individuellen Duldungsgründe gem § 60a Abs 2 S 1 AufenthG relevant, die auch als Abschiebehindernisse bezeichnet werden.[1668] Diese werden weiters in rechtliche und tatsächliche Ab-

---

1662 Siehe Kapitel 5.A.I.3.

1663 § 60a AufenthG.

1664 Vgl *Hörich/Tewocht*, NVwZ 2017, 1156.

1665 Siehe Kapitel 5.E.III.1.

1666 Siehe Kapitel 5.B.I. und Kapitel 5.E.III.1.

1667 Vgl *Eichler*, Das Sanktionsregime der „Duldung light". Die neue „Duldung für Personen mit ungeklärter Identität" nach § 60b AufenthG, Das Migrationspaket – Beilage zum Asylmagazin 8–9/2019, 64 und *Hruschka*, Verfassungsblog v 21.5.2019.

1668 Vgl *Hoffmann*, Asylmagazin 2010, 369f.

schiebehindernisse unterteilt.[1669] § 60a Abs 2 AufenthG normiert, dass die Abschiebung auszusetzen ist, solange diese aus rechtlichen oder tatsächlichen Gründen nicht vollziehbar ist, mit anderen Worten unmöglich ist, und nach anderen Bestimmungen keine Aufenthaltserlaubnis zu erteilen ist.[1670] Unmöglichkeit bezieht sich hier auf die Frage, ob die Abschiebung zeitnah vollstreckt werden kann oder ob diese aufgrund rechtlicher oder tatsächlicher Hindernisse ausgeschlossen ist.[1671] Nach der BVerwG-Rspr ist dies unabhängig davon zu beurteilen, ob der*die Betroffene freiwillig ausreisen könnte.[1672] Gem § 60a Abs 2 S 1 AufenthG besteht in diesen Fällen ein Rechtsanspruch auf Erteilung einer Duldung.[1673]

Die rechtliche Unmöglichkeit der Abschiebung kann sich aus gesetzlichen, verfassungs-, europa- oder völkergewohnheitsrechtlichen Gründen ergeben.[1674] Das Verhältnis zwischen der betreffenden Person und Deutschland ist hierfür maßgeblich.[1675] Für die vorliegende Arbeit sind besonders die „nationalen Abschiebungsverbote" gem § 60 Abs 5 oder 7 AufenthG relevant, die beide über den internationalen Schutz im Sinne der Status-RL hinausgehen und diesem (verfahrensrechtlich) nachgelagert sind.[1676] Diese werden dementsprechend nach dem Flüchtlings- und subsidiären Schutz als „dritte Kategorie der Schutzgewährung"[1677] bezeichnet. Für die vorliegende Arbeit sind die „nationalen Abschiebungsverbote" sowohl als Duldungsgründe als auch als Erteilungsvoraussetzungen für die Aufenthaltserlaubnisse gem § 25 Abs 3 und 5 AufenthG von Relevanz.[1678] Dementsprechend charakterisiert sie eine Doppelnatur. Grundsätzlich entscheidet die Ausländerbehörde über die Duldung, wobei das BAMF bei der Entschei-

---

1669 Anstatt vieler *Marx*, Aufenthalts-, Asyl- und Flüchtlingsrecht § 7 Rn 297-302.

1670 Vgl *Hörich*, Abschiebungen 122.

1671 *Masuch/Gordzielik* in *Huber* § 60a AufenthG Rn 12 mwN.

1672 *Huber/Eichenhofer/Endres de Oliveira*, Aufenthaltsrecht Rn 1202 mwN. Dies spielt erst bei Erteilung einer Aufenthaltserlaubnis gem § 25 Abs 5 AufenthG eine Rolle; siehe Kapitel 5.C.II.

1673 Vgl *Masuch/Gordzielik* in *Huber* § 60a AufenthG Rn 11 mwN.

1674 Vgl *Funke-Kaiser* in *Fritz/Vormeier* (Hrsg), Gemeinschaftskommentar zum Aufenthaltsgesetz (79. Lfg, März 2015) § 60a AufenthG Rn 126.

1675 Vgl *Masuch/Gordzielik* in *Huber* § 60a AufenthG Rn 17.

1676 Vgl *Göbel-Zimmermann/Hruschka* in *Huber* (Hrsg), Kommentar Aufenthaltsgesetz[2] (2016) Vorbemerkungen Abschnitt 2 AsylG Rn 21 und *Göbel-Zimmermann/Masuch/Hruschka* in *Huber* § 60 AufenthG Rn 55 und 70 sowie *Koch* in *Kluth/Heusch* (Hrsg), BeckOK Ausländerrecht (18. Edition, Stand 15.8.2016) § 60 AufenthG Rn 2.

1677 *Marx*, Aufenthalts-, Asyl- und Flüchtlingsrecht § 5 Rn 36.

1678 Siehe Kapitel 5.A.II.1. und Kapitel 5.C.II.

dung über die beiden „nationalen Abschiebungsverbote" zu beteiligen ist und diese bei Vorliegen der Voraussetzungen feststellt.[1679] Weiters ist zu beachten, dass diese auch im Asylverfahren geprüft werden. Bei den „nationalen Abschiebungsverboten" wird zwischen „inlandsbezogenen" und „zielstaatsbezogenen Abschiebehindernissen" unterschieden.[1680]

„Inlandsbezogene Abschiebehindernisse" zeichnen sich dadurch aus, dass durch die Abschiebung ein in Deutschland geschütztes Rechtsgut verletzt werden würde. Sie werden im Rahmen des § 60 Abs 5 und 7 AufenthG geprüft.[1681] Bei dauerhafter Unmöglichkeit der Abschiebung können sie zu einer „Aufenthaltserlaubnis für vollziehbar Ausreisepflichtige, wenn die Ausreise aus rechtlichen oder tatsächlichen Gründen unmöglich ist", führen.[1682] Ein solches „inlandsbezogenes Abschiebehindernis" aus gesundheitlichen Gründen lässt sich aus Art 2 Abs 2 S 1 GG, dem Recht auf Leben und körperliche Unversehrtheit, ableiten.[1683] Man kann zwischen Reiseunfähigkeit im engeren Sinne und im weiteren Sinne unterscheiden. Die Reiseunfähigkeit im engeren Sinne beschreibt Fälle in denen im Zusammenhang mit dem Abschiebevorgang eine gravierende Verschlechterung des Gesundheitszustands eintritt oder eine Lebens- oder Gesundheitsgefahr entsteht. Die Reiseunfähigkeit im weiteren Sinne bezieht sich ebenfalls auf die Abschiebung an sich, jedoch ist hierbei das damit einhergehende ernsthafte Risiko der wesentlichen oder gar lebensbedrohlichen Verschlechterung des Gesundheitszustands maßgeblich. Mögliche konkrete Beispiele sind die Folgenden: der Abbruch einer lebenswichtigen medizinischen Behandlung; eine Risikoschwangerschaft; die akute und ernsthafte Suizidgefahr und eine bevorstehende Geburt. [1684]

Die „zielstaatsbezogenen Abschiebungsverbote" betreffen Gefahren, die im Zielstaat der Abschiebung drohen und sich dort durch die Abschiebung konkretisieren können.[1685] Dies bedeutet, dass die Abschiebung nicht gegen die in der EMRK normierten Hindernisse verstoßen darf.[1686] Diese werden wiederum gem § 60 Abs 5 und 7 AufenthG geprüft. Die dauerhafte Unmöglichkeit der Abschiebung kann primär zur Erteilung einer

---

1679 § 72 Abs 2 AufenthG; vgl *Marx*, Aufenthalts-, Asyl- und Flüchtlingsrecht § 5 Rn 36f.

1680 Vgl *Marx*, Aufenthalts-, Asyl- und Flüchtlingsrecht § 7 Rn 297.

1681 *Hoffmann*, Asylmagazin 2010, 369f.

1682 Siehe Kapitel 5.C.II.

1683 Vgl *Masuch/Gordzielik* in *Huber* § 60a AufenthG Rn 20.

1684 Vertiefend *Masuch/Gordzielik* in *Huber* § 60a AufenthG Rn 20 mwN.

1685 Vgl *Hoffmann*, Asylmagazin 2010, 369f.

1686 Vgl *Göbel-Zimmermann/Masuch/Hruschka* in *Huber* § 60 AufenthG Rn 57.

„Aufenthaltserlaubnis bei zielstaatsbezogenen Abschiebungsverboten“ und subsidiär zu einer „Aufenthaltserlaubnis für vollziehbar Ausreisepflichtige, wenn die Ausreise aus rechtlichen oder tatsächlichen Gründen unmöglich ist“, führen.[1687] Darüber hinaus sind die Ausschlussgründe zu beachten, weil bei Vorliegen dieser, trotz dauerhafter Unmöglichkeit der Abschiebung, unter Umständen nur eine Duldung erteilt werden kann.[1688] Daneben gibt es noch zahlreiche weitere rechtliche Duldungsgründe, wie der durch Art 6 GG und Art 8 EMRK gebotene Ausweisungsschutz, auf die an dieser Stelle nur verwiesen wird.[1689]

Tatsächliche Abschiebehindernisse „betreffen die Art und Weise der Durchsetzung der gesetzlichen Ausreisepflicht“.[1690] Hierbei ist denkbar, dass die Abschiebung faktisch nicht oder nur mit unverhältnismäßigem Aufwand oder erheblichen Verzögerungen durchsetzbar ist,[1691] etwa mangels Reisedokumenten oder weil sich der Zielstaat weigert die Person aufzunehmen.[1692] Gleichsam kann Staatenlosigkeit ein tatsächliches Abschiebehindernis sein.[1693] Auch das Vorliegen einer Krankheit kann einen solchen Grund darstellen, da die Reise- und Transportfähigkeit nicht gegeben ist.[1694] Im Gegensatz zu den faktischen Gründen in Österreich, wird bei der Erteilung der Duldung nicht geprüft, ob der*die Ausländer*in die Unmöglichkeit der Ausreise selbstständig verschuldet hat.[1695] Ob die Abschiebung selbst verschuldet nicht vollstreckt werden konnte, wird „nur“ in Bezug auf Sozialleistungen und den Arbeitsmarktzugang schlagend, da dies einen aufenthaltsrechtlichen Versagungsgrund für die Erteilung der Beschäftigungsbewilligung darstellt.[1696] Die Prüfung auf dieser zweiten Ebene scheint wesentlich zweckmäßiger zu sein, da derart die Aussetzung der Abschiebung festgestellt wird, die ja ohnehin faktisch nicht durchsetzbar ist, auch wenn sie der*die Ausländer*in selbst verschuldet hat und er*sie erst anschließend für sein Verhalten beim Zugang zu unselbstständiger Be-

1687 Siehe Kapitel 5.A.II.1. und Kapitel 5.C.II.

1688 Siehe Kapitel 5.A.II.1.b.

1689 Vgl *Huber/Eichenhofer/Endres de Oliveira*, Aufenthaltsrecht Rn 1204-1206 mwN und siehe auch Kapitel 5.C.II.1.

1690 *Masuch/Gordzielik* in *Huber* § 60a AufenthG Rn 13.

1691 BT-Drs 11/6321, 76 zur Vorgängerbestimmung § 55 AuslG 1990.

1692 *Huber/Eichenhofer/Endres de Oliveira*, Aufenthaltsrecht Rn 1203 mwN.

1693 Vgl *Marx*, Aufenthalts-, Asyl- und Flüchtlingsrecht § 7 Rn 303-305.

1694 Siehe VGH Kassel, Urteil v 11.5.1992, 13 UE 1608/91, Entscheidungssammlung zum Ausländer- und Asylrecht 045 Nr 2, zum Fall einer lebensbedrohlichen Krankheit, speziell einer amtsärztlich bestätigten Suizidgefahr.

1695 Siehe Kapitel 5.A.I.3.a.

1696 § 60a Abs 6 Z 2 AufenthG und siehe Kapitel 5.A.I.2.b.

schäftigung bzw zu Sozialleistungen „bestraft“ wird. Darüber hinaus spielt das Verschulden bei der Erlangung einer Aufenthaltserlaubnis eine Rolle.[1697]

In Bezug auf die tatsächlichen Abschiebehindernisse ist auch auf den neu eingeführten § 60b AufenthG idF „Geordnete-Rückkehr-Gesetz“ hinzuweisen. Jenen vollziehbar ausreisepflichtigen Personen, bei denen Grund zur Annahme besteht, dass die Abschiebung aus selbst zu vertretenden Gründen nicht vollzogen werden kann, wird eine Duldung gem § 60a Abs 4 AufenthG idF „Geordnete-Rückkehr-Gesetz“ mit dem Zusatz „für Personen mit ungeklärter Identität“ erteilt.[1698] Diese stellt somit einen „Unterfall“[1699] der Duldung dar. Gem § 60b Abs 1 S 1 AufenthG idF „Geordnete-Rückkehr-Gesetz“ verfügen die Behörden im Hinblick auf die Frage, ob ein selbstverschuldetes Ausreisehindernis vorliegt, über keinen Ermessensspielraum mehr.[1700] Neben den bereits bestehenden Passbeschaffungsplichten, wurden „besondere“ in § 60 Abs 3 AufenthG idF „Geordnete-Rückkehr-Gesetz“ festgelegt.[1701] Die „Duldung für Personen mit ungeklärter Identität“ wird nicht nur auf jene Ausländer*innen Anwendung finden, die nach Inkrafttreten am 21.8.2019 erstmals geduldet werden, sondern auch auf jene, die bereits zuvor geduldet wurden, und deren Duldung verlängert wird oder bei denen die Duldung aus einem anderen Grund geprüft wird.[1702] § 60b AufenthG idF „Geordnete-Rückkehr-Gesetz“ findet keine Anwendung auf Ausländer*innen, die eine Ausbildungs- oder Beschäftigungsduldung besitzen.[1703]

Mit der Erteilung der „Duldung für Personen mit ungeklärter Identität“ gehen weitreichende Sanktionen einher, die vor allem den Status betreffen (Erwerbstätigkeitsverbot und Leistungskürzungen).[1704] Außerdem werden jene Zeiten, in denen man im Besitz einer solchen Duldung ist, nicht als Vorduldungszeiten angerechnet.[1705] Dies wird beträchtliche Auswirkungen

---

1697 Siehe Kapitel 5.C.II.1.

1698 § 60b S 2 AufenthG idF „Geordnete-Rückkehr-Gesetz“.

1699 *Eichler*, Das Migrationspaket – Beilage zum Asylmagazin 8–9/2019, 64.

1700 Dies ergibt sich aus dem Wortlaut „wird (...) erteilt“. In diesem Sinne *Eichler*, Das Migrationspaket – Beilage zum Asylmagazin 8–9/2019, 65.

1701 Kritisch *Eichler*, Das Migrationspaket – Beilage zum Asylmagazin 8–9/2019, 65-68.

1702 § 105 Abs 1 AufenthG idF „Geordnete-Rückkehr-Gesetz“.

1703 § 105 Abs 3 AufenthG idF „Geordnete-Rückkehr-Gesetz“ und siehe Kapitel 5.E.III.1.

1704 Siehe Kapitel 5.A.I.2.b.

1705 § 60b Abs 5 S 1 AufenthG idF „Geordnete-Rückkehr-Gesetz“; vgl BT-Drs 19/10047, 39.

auf die Erlangung einer Aufenthaltserlaubnis gem §§ 25a und 25b AufenthG und einer Beschäftigungs- oder Ausbildungsduldung haben, weshalb es zu einer gravierenden Verschlechterung der aufenthaltsrechtlichen Perspektiven kommt.[1706] Laut *Eichler* wird dadurch „die seit langem beabsichtigte Stigmatisierung und Entrechtung einer ganzen Personengruppe"[1707] umgesetzt. Zu beachten ist jedoch, dass man die unterlassenen Passbeschaffungshandlungen jederzeit nachholen und derart die Pflichtverletzung heilen kann.[1708] Folglich ist dem*der Ausländer*in die Duldung „ohne den Zusatz ‚für Personen mit ungeklärter Identität' auszustellen".[1709] Durch die Heilung entfalten die die Duldungszeiten vor Ausstellung der „Duldung für Personen mit ungeklärter Identität" wieder „aufenthaltsrechtliche Wirkung" und sind in der Folge „auf die Voraufenthaltszeiten für die §§ 25a und b AufenthG anrechenbar".[1710] Insgesamt ist die „Duldung für Personen mit ungeklärter Identität" im Sinne der vorliegenden Arbeit als qualifizierter irregulärer Aufenthalt zu werten.[1711]

Durch die Einführung der „Duldung für Personen mit ungeklärter Identität" nähert sich die deutsche Rechtslage der bestehenden österreichischen Rechtslage an.[1712] So wird nämlich bereits bei der Erteilung der Duldung geprüft, ob der*die Ausländer*in die Unmöglichkeit der Ausreise selbstständig verschuldet hat und dementsprechend bloß die „Duldung für Personen mit ungeklärter Identität" erteilt. Aus den dargelegten Gründen ist die vor dem „Geordnete-Rückkehr-Gesetz" bestehende Rechtslage vorzugswürdig.

b. Status

Die Duldung ist schriftlich in Form einer Bescheinigung auszustellen,[1713] wobei es sich hier nach deutschem Verwaltungsrecht um einen begünsti-

---

1706 Vgl *Eichler*, Das Migrationspaket – Beilage zum Asylmagazin 8–9/2019, 71 und siehe Kapitel 5.B.I.1.-2. und Kapitel 5.E.III.1.

1707 *Eichler*, Das Migrationspaket – Beilage zum Asylmagazin 8–9/2019, 64.

1708 § 60b Abs 4 AufenthG idF „Geordnete-Rückkehr-Gesetz" und siehe Kapitel 5.E.III.1.

1709 § 60b Abs 4 S 4 AufenthG idF „Geordnete-Rückkehr-Gesetz".

1710 *Eichler*, Das Migrationspaket – Beilage zum Asylmagazin 8–9/2019, 71 mit Verweis auf BT-Drs 19/10047, 39.

1711 Siehe Kapitel 2.B.I.a.

1712 Siehe Kapitel 5.A.I.3.a.

1713 § 60a Abs 4 AufenthG. Siehe zum Inhalt § 78 Abs 7 AufenthG.

genden Verwaltungsakt handelt.[1714] Ein begünstigender Verwaltungsakt begründet oder bestätigt ein Recht oder einen rechtlich erheblichen Vorteil.[1715] Nach *Masuch/Gordzielik* ist die Duldung als „sonstige Aufenthaltsberechtigung" im Sinne der RückführungsRL zu qualifizieren.[1716] Da die Duldung nach dem AufenthG aber gerade keinen rechtmäßigen Aufenthalt begründet,[1717] ist diese Meinung nicht haltbar. Sie ist vielmehr als Aufschub der Abschiebung gem Art 9 RückführungsRL zu qualifizieren.[1718]

Die Gültigkeit der Duldung variiert grob gesprochen zwischen drei Monaten und einem Jahr,[1719] wobei sich die Länge der Befristung nach *Marx* grundsätzlich danach richtet, „wie lange ein Abschiebehindernis der Vollstreckung der vollziehbaren Ausreisepflicht voraussichtlich entgegensteht".[1720] Strittig ist, ob die erforderliche Mitwirkung im Verfahren zu einer kürzeren Befristung führen kann.[1721] Gem § 95 Abs 1 Z 2 lit c AufenthG entfällt die gerichtliche Strafbarkeit des unerlaubten Aufenthalts insofern die Abschiebung ausgesetzt und folglich die Person geduldet wurde.[1722] Auch wenn noch keine Duldungsbescheinigung ausgestellt wurde, jedoch die gesetzlichen Voraussetzungen für diese vorliegen, entfällt die Strafbarkeit.[1723] Nach dem AufenthG ist eine Abschiebung anzukündigen, insofern eine Person länger als ein Jahr geduldet war und die Duldung widerrufen wurde.[1724] Mit dem Gesetz zur besseren Durchsetzung der Ausreisepflicht 2017 wurde die Ankündigungspflicht aber abgeschafft, insofern der*die Betroffene am Verfahren nicht mitgewirkt hat.[1725]

In den ersten drei Monaten des geduldeten Aufenthalts dürfen sich geduldete Personen grundsätzlich nur im Gebiet des jeweiligen Bundeslan-

---

1714 Vgl *Masuch/Gordzielik* in *Huber* § 60a AufenthG Rn 42.

1715 § 48 Abs 1 S 2 VwVfG.

1716 *Masuch/Gordzielik* in *Huber* § 60a AufenthG Rn 35 mwN. So auch *Huber/Eichenhofer/Endres de Oliveira*, Aufenthaltsrecht Rn 1194.

1717 § 60a Abs 3 AufenthG.

1718 Siehe Kapitel 3.B.II.

1719 Siehe näher § 60a Abs 1 und 2 AufenthG und vertiefend *Masuch/Gordzielik* in *Huber* § 60a AufenthG Rn 37.

1720 *Marx*, Aufenthalts-, Asyl- und Flüchtlingsrecht § 7 Rn 349.

1721 In dem Sinne *Marx*, Aufenthalts-, Asyl- und Flüchtlingsrecht § 7 Rn 349; kritisch *Masuch/Gordzielik* in *Huber* § 60a AufenthG Rn 37.

1722 Vgl *Hörich* in *Huber* § 95 AufenthG Rn 44-49 und siehe auch bereits Kapitel 4.A.II.1.

1723 *Hörich* in *Huber* § 95 AufenthG Rn 45 mwN.

1724 § 60a Abs 5 S 4 AufenthG.

1725 Kritisch *Hörich/Tewocht*, NVwZ 2017, 1156.

des aufhalten (Residenzpflicht).[1726] Diese räumliche Beschränkung erlischt automatisch, wenn sich der*die Ausländer*in seit drei Monaten ununterbrochen geduldet in dem Bundesland aufgehalten hat.[1727]

In den ersten drei Monaten ist geduldeten Personen die Beschäftigung grundsätzlich versagt,[1728] diese kann jedoch nach den drei Monaten von der Ausländerbehörde genehmigt werden.[1729] Es handelt sich somit um ein generelles Verbot mit Erlaubnisvorbehalt.[1730] In bestimmten Sachverhaltskonstellationen unterliegen Geduldete einem generellen Beschäftigungsverbot,[1731] wenn sie

- sich in deutsches Bundesgebiet begeben haben, um Leistungen nach dem AsylbLG zu erlangen;
- aufenthaltsbeendende Maßnahmen aus von ihnen selbst zu vertretenden Gründen nicht vollzogen werden können;
- Staatsangehörige eines sicheren Herkunftsstaates nach § 29a dtAsylG sind und der Asylantrag nach 31.8.2015 gestellt und (rechtskräftig) abgelehnt wurde.[1732]

Laut *Kluth/Breidenbach* ist für die Praxis besonders jener zwingende Tatbestand relevant,[1733] wenn Geduldete das Abschiebehindernis durch Täuschung über ihre Identität oder Staatsangehörigkeit oder durch eigene falsche Angaben selbst herbeiführen.[1734] Im Gegensatz zur österreichischen Rechtslage führt dieser „nur" zum generellen Beschäftigungsverbot, wohin-

---

1726 § 61 Abs 1 S 1 AufenthG; vgl *Masuch/Gordzielik* in *Huber* § 61 AufenthG Rn 4.

1727 § 61 Abs 1b AufenthG. Kritisch *Hörich/Tewocht*, NVwZ 2017, 1156 zur erweiterten Möglichkeit der Anordnung einer Residenzpflicht, die mit dem Gesetz zur besseren Durchsetzung der Ausreisepflicht 2017 eingeführt wurde.

1728 § 32 Abs 1 S 1 BeschV.

1729 § 32 BeschV; vgl *Bundesamt für Migration und Flüchtlinge*, Zugang zum Arbeitsmarkt für Geflüchtete v Mai 2017, http://bamf.de/SharedDocs/Anlagen/DE/Downloads/Infothek/Asyl/faq-arbeitsmarktzugang-gefluechtete-menschen.pdf?__blob=publicationFile (7.11.2018) 3ff.

1730 Vgl *Mimentza Martin*, Die sozialrechtliche Stellung 170 ff.

1731 § 60a Abs 6 AufenthG; vgl *Kluth/Breidenbach* in *Kluth/Heusch* § 60a AufenthG Rn 49-59 und *Masuch/Gordzielik* in *Huber* § 60a AufenthG Rn 4, 36, 41.

1732 § 60a Abs 6 AufenthG; vgl *Kluth/Breidenbach* in *Kluth/Heusch* § 60a AufenthG Rn 49-59 und *Masuch/Gordzielik* in *Huber* § 60a AufenthG Rn 4, 36, 41. Kritisch zum Heranziehen des Konzepts sicherer Herkunftsstaaten *Werdermann*, Die Vereinbarkeit von Sonderrecht für Asylsuchende und Geduldete aus sicheren Herkunftsstaaten mit Art. 3 GG, ZAR 2018, 11.

1733 *Kluth/Breidenbach* in *Kluth/Heusch* § 60a AufenthG Rn 53.

1734 Vertiefend *Hörich/Putzar-Sattler*, Mitwirkungspflichten im Ausländerrecht: Rechtsgutachten zu den Voraussetzungen von Sanktionen bei Nichtmitwirkung v November 2017, https://www.fluechtlingsrat-lsa.de/wp-content/upload

gegen in Österreich dies überhaupt ein Versagungsgrund für die Erteilung der Karte für Geduldete ist.[1735] Geduldeten Personen ist die Ausübung einer selbstständigen Tätigkeit verwehrt.[1736]

Geduldete haben innerhalb der ersten 15 Monate Anspruch auf Leistungen nach dem AsylbLG.[1737] Diese Leistungen können jedoch aufgrund einer Vielzahl an Gründen für einen Zeitraum von sechs Monaten eingeschränkt werden.[1738] Hierzu zählt bspw die sozialleistungsmotivierte Einreise oder die von den Leistungsberechtigten selbst zu vertretende Unmöglichkeit der Ausreise.[1739] Das Dritte Gesetz zur Änderung des AsylbLG, das am 1.9.2019 in Kraft getreten ist, strukturiert die Anspruchseinschränkungen gem § 1a AsylbLG um und erweitert diese.[1740] Nach den ersten 15 Monaten haben geduldete Personen Anspruch auf Analogleistungen aus dem SGB XII, wenn sie die Dauer ihres Aufenthalts nicht rechtsmissbräuchlich selbst beeinflusst haben.[1741] Mit dem Dritten Gesetz zur Änderung des AsylbLG wird die erforderliche Voraufenthaltszeit von 15 auf 18 Monate verlängert.[1742] Von Leistungen nach SGB II und regulären Sozialhilfeleistungen sind Geduldete ausgeschlossen.[1743]

Abschließend ist auf die Neuerungen durch die „Duldung für Personen mit ungeklärter Identität" hinzuweisen, mit der verschärfte Rechtsfolgen einhergehen.[1744] Derart geduldete Ausländer*innen unterliegen einem Erwerbstätigkeitsverbot und Leistungskürzungen gem § 1a AsylbLG.[1745] Wei-

---

s/2017/11/fluera_lsa_gutachten_2017_Mitwirkungspflichten_im_Auslaenderrecht.pdf (4.12.2018) 11f.

1735 Siehe Kapitel 5.A.I.3.a.

1736 Gem § 32 BeschV kann Geduldeten nur die „Beschäftigung" erlaubt werden, wonach sich aus einer Gesamtschau mit § 2 Abs 2 AufenthG ergibt, dass eine „selbstständige Tätigkeit" hiervon nicht umfasst ist.

1737 § 1 Abs 1 Z 4 AsylbLG; vgl *Korff* in *Rolfs/Giesen/Keikebohm/Udsching* § 1 AsylbLG Rn 15-17.

1738 Siehe § 1a Abs 1-3 und § 14 Abs 1 AsylbLG; vgl *Schneider*, NZS 2018, 561f.

1739 Vgl *Korff* in *Rolfs/Giesen/Keikebohm/Udsching* § 1a AsylbLG Rn 8-13 und 16-22.

1740 Vgl *Genge*, Das Migrationspaket – Beilage zum Asylmagazin 8–9/2019, 20f.

1741 § 2 AsylbLG; siehe Fn 968.

1742 § 2 Abs 1 AsylbLG idF Dritte Gesetz zur Änderung des AsylbLG. Kritisch *Genge*, Das Migrationspaket – Beilage zum Asylmagazin 8–9/2019, 18f.

1743 § 7 Abs 1 S 2 Z 3 SGB II und § 23 Abs 2 SGB XII; vgl *Groth* in *Rolfs/Giesen/Keikebohm/Udsching* § 23 SGB XII Rn 15.

1744 Siehe bereits Kapitel 5.A.I.2.a.

1745 § 60b Abs 5 S 2 AufenthG idF „Geordnete-Rückkehr-Gesetz" und § 1a Abs 3 AsylbLG idF „Geordnete-Rückkehr-Gesetz". Vgl *Eichler*, Das Migrationspaket – Beilage zum Asylmagazin 8–9/2019, 70f.

ters ist auf sie die Wohnsitzauflage gem § 61 Abs 1d AufenthG anwendbar.[1746]

c. Rechtsschutz

Gegen einen ablehnenden Duldungsantrag ist der Widerspruch ausgeschlossen,[1747] vielmehr kann hiergegen eine Verpflichtungsklage eingebracht werden.[1748] Da die Duldung zur Verwaltungsvollstreckung zählt, hat die Klage keine aufschiebende Wirkung.[1749] Es kann jedoch Eilrechtsschutz nach § 123 Abs 1 S 1 VwGO beantragt werden, um den Vollzug der Abschiebung vorläufig auszusetzen.[1750]

d. Regularisierungsperspektive

Ein großes Problem, das sich in der Praxis gezeigt hat, betrifft die sogenannten „Kettenduldungen", die bereits mehrfach thematisiert wurden.[1751] Dieser Begriff umschreibt, dass viele Ausländer*innen über mehrere Jahre hinweg geduldet sind, obwohl die Duldung nach ihrer Grundkonzeption die Abschiebung nur vorübergehend aussetzt.[1752] Nach der hier vertretenen Meinung ist eine derart lange Duldung nicht mit der Rückführungs-RL vereinbar, da in Fällen dauerhafter Nichtrückführbarkeit eine Pflicht zur Erteilung eines Aufenthaltsrechts besteht.[1753]

Insgesamt zeigen die „Kettenduldungen", dass viele Betroffene in der Duldung „stecken bleiben" und die Erlangung eines Aufenthaltstitels aus der Duldung heraus schwierig ist. Mittlerweile bestehen für geduldete Per-

---

1746 § 60b Abs 5 S 3 AufenthG idF „Geordnete-Rückkehr-Gesetz".

1747 § 83 Abs 2 AufenthG. Siehe allgemein zum Widerspruchsverfahren § 68ff VwGO und *Maurer/Waldhoff*, Verwaltungsrecht § 10 Rn 77.

1748 § 42 Abs 1 VwGO; vgl *Marx*, Aufenthalts-, Asyl- und Flüchtlingsrecht § 7 Rn 360.

1749 § 80 Abs 2 VwGO; vgl *Kluth/Breidenbach* in *Kluth/Heusch* § 60a AufenthG Rn 63.

1750 Vgl *Hailbronner*, Ausländerrecht Rn 1263.

1751 Siehe Kapitel 3.B.I., Kapitel 3.B.II.2. und Kapitel 4.A.III.2.c.

1752 Siehe speziell die Tabellen bei *Wendel*, Kettenduldung. Bleiberechtsregelungen und parlamentarische Initiativen 2000 – 2014 v August 2014, http://www.fluechtlingsrat-brandenburg.de/wp-content/uploads/2014/08/Kettenduldung.pdf (27.11.2018) 5-7.

1753 Siehe Kapitel 3.B.II.2.

sonen nach deutschem Recht einige spezifisch normierte Regularisierungsperspektiven, die allesamt in der Folge noch im Detail besprochen werden,[1754] und teilweise eine Antwort auf das Problem der „Kettenduldungen“ darstellen. *Marx* weist jedoch zutreffend darauf hin, dass das Phänomen in der Praxis weiterhin besteht.[1755] Folglich ist das Rechtsinstitut der Duldung in Deutschland grundsätzlich als Vorstufe zu einem Aufenthaltsrecht zu qualifizieren, da aufgrund rechtlicher und tatsächlicher Gründe viele der „humanitären Aufenthaltserlaubnisse“ erlangt werden können.[1756]

3. Rechtsinstitut der Duldung – Österreich[1757]

Wenn sich Fremde im österreichischen Bundesgebiet unrechtmäßig aufhalten, resultiert daraus nicht automatisch die Abschiebung der Person. Voraussetzung für die Abschiebung ist ein durchsetzbarer Titel. Durch den Erlass einer Rückkehrentscheidung ist die gesetzliche Grundlage für eine Abschiebung gegeben.[1758] Eine Abschiebung setzt jedoch voraus, dass diese rechtlich zulässig sowie faktisch möglich ist. Oftmals ist diese aber aufgrund eines rechtlichen oder faktischen Hindernisses unmöglich. Für diese Fälle wurde in Österreich das Rechtsinstitut der „Duldung“ geschaffen. Die niedrigen Ausstellungszahlen – rund 300 Karten jährlich – unterstreichen, dass das Rechtsinstitut der „Duldung“ im österreichischen Fremdenpolizeirecht ein Schattendasein pflegt,[1759] vor allem wenn man diese mit den Statistiken in Deutschland vergleicht.[1760] Ein Grund hierfür scheint der

1754 Siehe zu § 25 Abs 5 AufenthG Kapitel 5.C.II. Siehe zu § 25a AufenthG Kapitel 5.B.II. Siehe zu § 25b AufenthG Kapitel 5.B.I. Siehe zu § 18a AufenthG Kapitel 5.E.III. Siehe zu § 23a AufenthG Kapitel 5.D.II.1.

1755 *Marx*, Aufenthalts-, Asyl- und Flüchtlingsrecht § 7 Rn 296.

1756 Siehe Kapitel 2.B.III.1.a.

1757 Zur historischen Entwicklung der Duldung in Österreich vertiefend *Hinterberger/Klammer*, migraLex 2015, 77f.

1758 §§ 46 und 52 FPG.

1759 Siehe 7947/AB v 18.4.2016 zu 8373/J (25. GP): „Im Jahr 2012 wurden 276, im Jahr 2013 355, im Jahr 2014 335 und im Jahr 2015 294 Karten für Geduldete ausgestellt“. Auf Anfrage wurde von Seiten des Bundesministeriums für Inneres mitgeteilt, dass im Jahre 2016 270 und im Jahre 2017 bis inklusive Oktober 231 Karten für Geduldete ausgestellt wurden.

1760 Siehe Kapitel 5.A.I.2. In Deutschland lebten Ende 2017 9.4 Millionen Ausländer*innen und davon waren 166.000 geduldet (1,7 %). In Österreich lebten am 1.1.2018 1.396 Millionen Fremde, wodurch die jährlich rund 300 ausgestellten große Ermessensspielraum und die gleichzeitig restriktive Auslegung des BFA – vor allem bei den faktischen Duldungsgründen – zu sein.[1761]

Die vorübergehende Unzulässigkeit ist von der Unzulässigkeit des Erlasses einer Rückkehrentscheidung aufgrund von Art 8 EMRK, welche die Erteilung eines „Aufenthaltstitels aus Gründen des Art 8 EMRK" zur Folge hat, zu unterscheiden.[1762]

a. Erteilungsvoraussetzungen

Das österreichische Recht unterscheidet – im Vergleich zum deutschen – lediglich zwischen rechtlichen und faktischen Duldungsgründen, die in der Folge näher analysiert werden. Rechtliche Abschiebehindernisse ergeben sich in den Fällen, in denen durch die Abschiebung ein verfassungsgesetzlich gewährleistetes Recht der EMRK, speziell Art 2, 3 oder 8,[1763] verletzt werden würde.[1764] Einen besonderen Stellenwert nimmt das Non-Refoulement-Gebot ein.[1765] Liegen Non-Refoulement-Gründe vor, die gegen eine Rückführung in einen Drittstaat sprechen, ist seit dem Fremdenrechtsänderungsgesetz 2017 nunmehr gem § 52 Abs 9 FPG ausdrücklich eine Rückkehrentscheidung zu erlassen, gleichzeitig die Unzulässigkeit der Abschiebung auszusprechen und die Person zu dulden.[1766]

Es sind drei Fallgruppen (Tatbestände) rechtlicher Abschiebehindernisse normiert. Die erste Fallgruppe (§ 46a Abs 1 Z 1 FPG) betrifft das Non-Refoulement-Gebot. Diese kann aufgrund der klaren gesetzlichen Anordnung stets nur andere Staaten als den Herkunftsstaat betreffen, da im FPG ausdrücklich geregelt ist, dass, ein auf den Herkunftsstaat bezogener Antrag, einen Antrag auf internationalen Schutz darstellt.[1767]

Duldungskarten unbeachtlich sind. Es liegen keine Zahlen darüber vor, wie viele Fremde insgesamt geduldet sind bzw waren.

1761 Vgl *Frahm*, juridikum 2013, 469f; *Hinterberger/Klammer*, migraLex 2015, 79f; *Peyrl*, Arbeitsmarkt 323 und kürzlich *Geiger*, migraLex 2019, 5-7.

1762 Siehe Kapitel 5.B.III. und Kapitel 5.C.III.

1763 Siehe hierzu Fn 1340 und 1341.

1764 § 46a Abs 1 Z 1, 2 und 4 FPG.

1765 Siehe Kapitel 2.B.III.1.b. und Kapitel 3.B.II.1.

1766 Siehe auch VwGH 21.12.2017, Ra 2017/21/0125.

1767 § 51 Abs 2 FPG, vgl dazu VwGH 28.8.2014, 2013/21/0218 bzw 20.12.2016, Ra 2016/21/0109.

Die zweite Fallgruppe (§ 46a Abs 1 Z 2 FPG) betrifft jene Fälle, in denen aufgrund einer Straftat[1768] der Status als Asyl- bzw subsidiär Schutzberechtigte*r aberkannt wird,[1769] die Abschiebung jedoch aufgrund des Non-Refoulement-Gebots in den Herkunftsstaat unzulässig ist.[1770] Dies hat das BFA im Bescheid mit der Aberkennung gleichzeitig auszusprechen und die Person zu dulden.[1771] Seit dem Fremdenrechtsänderungsgesetz 2017 hat das BFA überdies eine Rückkehrentscheidung zu erlassen.[1772] Die Intention der Gesetzgebung war es, dass die Straffälligkeit mit dem Verlust von Statusrechten einhergeht und die Rechtsposition dieser Personen folglich massiv beschränkt wird.[1773]

Die dritte Fallgruppe (§ 46a Abs 1 Z 4 FPG) umfasst jene Fälle, in denen die Abschiebung eine Verletzung des Privat- und Familienlebens, also Art 8 EMRK, darstellen würde. Die normierte Interessenabwägung findet sich in § 9 Abs 1 bis 3 BFA-VG.[1774] Hierbei kann festgestellt werden, dass der Erlass einer Rückkehrentscheidung vorübergehend unzulässig ist. Als Beispiel kann eine fortgeschrittene (Risiko)-Schwangerschaft genannt werden.[1775] Im Gegensatz zur vorübergehenden Unzulässigkeit kann das BFA oder BVwG aber ebenfalls feststellen, dass die Zulässigkeit der Rückkehrentscheidung aufgrund des Privat- und Familienlebens der betreffenden

1768 § 2 Abs 3 AsylG. In Bezug auf Asylberechtigte muss es sich gem § 6 Abs 1 Z 4 AsylG um ein besonders schweres Verbrechen handeln, in Bezug auf subsidiär Schutzberechtigte gem § 9 Abs 2 Z 3 AsylG um ein Verbrechen im Sinne des § 17 StGB.

1769 Bei Asylberechtigen darf überdies der Status als subsidiär Schutzberechtigte*r nicht zuerkannt werden.

1770 Daneben kommt eine weitere Sachverhaltskonstellation in Frage: Eine Person begeht während eines laufenden Asylverfahrens eine Straftat und erfüllt die notwendigen Voraussetzungen des Status des*r Asyl- oder subsidiär Schutzberechtigten. Auch diesen Personen ist der jeweilige Status (für eine juristische Sekunde) zuzuerkennen und anschließend aufgrund der Straftat abzuerkennen.

1771 Somit besteht in diesen Fällen eine Ausnahme von der konstitutiven Wirkung der Ausstellung der Duldungskarte; siehe Fn 1788.

1772 § 52 Abs 9 FPG.

1773 ErläutRV 330 BlgNR 24. GP, 9.

1774 Siehe Kapitel 5.B.III.1.

1775 VwGH 28.4.2015, Ra 2014/18/0146. Bei dieser Abwägung kommt auch dem Umstand Bedeutung zu, dass eine medizinische Behandlung in Österreich vorgenommen wird, die im Einzelfall zu einer maßgeblichen Verstärkung des persönlichen Interesses an einem Verbleib in Österreich führen kann. Relevant sind hierbei auch die Regelungen zum Mutterschutz, etwa §§ 3ff Mutterschutzgesetz, BGBl 221/1979 idF BGBl I 126/2017, nach denen schwangere Frauen bzw Frauen nach der Geburt einer körperlichen Schonung bedürfen.

Person auf Dauer unzulässig ist.[1776] In concreto betrifft dies Fälle, in denen die drohende Art 8 EMRK-Verletzung auf Umständen beruht, die ihrem Wesen nach nicht bloß vorübergehend sind. In diesen Fällen ist sodann ein „Aufenthaltstitel aus Gründen des Art 8 EMRK" zu erteilen.[1777]

Die Duldung kennt aber auch die Sachverhaltskonstellation, in denen die Abschiebung der Betroffenen aus faktischen, von ihnen nicht zu vertretenden Gründen unmöglich ist. Um eine Abschiebung durchführen zu können, benötigt das BFA – wie bereits mehrfach ausgeführt – eine Bewilligung des Herkunftsstaats in Form eines Heimreisezertifikats oder Reisedokuments der betroffenen Person. Wird eine solche Bewilligung von der für Österreich zuständigen Vertretungsbehörde nicht ausgestellt, kann der*die Fremde nicht abgeschoben werden und es liegt ein faktisches Abschiebehindernis vor.

Entscheidend ist, ob die Person selbst für die Unmöglichkeit der Abschiebung verantwortlich ist. Demgemäß normiert § 46a Abs 3 FPG folgende Gründe, die von dem*der Fremden zu vertreten sind. Wenn die*der Fremde ihre*seine Identität verschleiert, einen Ladungstermin zur Klärung ihrer*seiner Identität oder zur Einholung eines Ersatzreisedokumentes nicht befolgt oder an den zur Erlangung eines Ersatzreisedokumentes notwendigen Schritten nicht mitwirkt oder diese vereitelt. Nach dem VwGH muss eine „kausale Verbindung zwischen den in § 46a Abs. 3 FPG angeführten Handlungen bzw. Unterlassungen mit den Gründen für die Unmöglichkeit der Abschiebung bestehen".[1778] Die Behörden verfügen hierbei über einen weiten Ermessensspielraum,[1779] wobei dieser bereits durch einige höchstgerichtliche Entscheidungen eingeschränkt wurde. So kann allein aus der Mitteilung einer Vertretungsbehörde, dass die Identität bzw die Staatsangehörigkeit einer Person nicht festgestellt werden kann, nicht geschlossen werden, dass die betreffende Person falsche Angaben über ihre Identität

---

1776 § 9 Abs 3 BFA-VG.

1777 Siehe Kapitel 5.B.III. und Kapitel 5.C.III.

1778 VwGH 30.6.2016, Ra 2016/21/0078 Rn 17 mit Hinweis auf ErläutRV 1078 BlgNR 24, 27.

1779 Ermessen in der österreichischen Diktion bedeutet, dass – im Gegensatz zu einer gebundenen Entscheidung – der Verwaltung ein „Entscheidungsspielraum", mit anderen Worten mehrere Wahlmöglichkeiten, überlassen werden; vgl *Raschauer*, Verwaltungsrecht Rn 573. Das eingeräumte Ermessen darf aber wiederum nicht so weit gehen, dass die Regelung im Sinne von Art 18 Abs 1 B-VG unbestimmt und somit verfassungswidrig ist. Siehe zu den verschiedenen Arten von Ermessen *Raschauer*, Verwaltungsrecht Rn 574-580.

gemacht hat.[1780] Seit dem Fremdenrechtsänderungsgesetz 2017 ist jede*r Fremde explizit angehalten, bei der zuständigen ausländischen Behörde (Botschaft oder Konsulat) ein Reisedokument einzuholen und alle notwendigen Schritte und Handlungen zur Erlangung ebendieses zu setzen.[1781] Hiervon ist insbesondere umfasst, dass der*die Fremde das Dokument selbst beantragt und wahrheitsgemäße Angaben zu seiner*ihrer Identität und Herkunft macht.[1782] Die Erfüllung dieser Mitwirkungspflicht hat der*die Fremde selbst nachzuweisen. Darüber hinaus wird das BFA ermächtigt, eine Person zur zuständigen ausländischen Vertretungsbehörde zu laden, wenn dies notwendig erscheint,[1783] um ein Reisedokument oder dergleichen zu erlangen.[1784]

b. Status

Liegen die Duldungsvoraussetzungen vor,[1785] hat das BFA den Betroffenen eine Karte für Geduldete auszustellen.[1786] Eine Person ist grundsätzlich erst mit Ausstellung der Duldungskarte geduldet,[1787] weshalb diesem Akt konstitutive Wirkung zukommt.[1788] Wie es der Name bereits zum Ausdruck bringt, ist der Aufenthalt von geduldeten Personen nicht rechtmäßig und die Ausreiseverpflichtung bleibt aufrecht.[1789] Mit anderen Worten wird der Aufenthalt in Österreich lediglich gestattet.[1790] Bei Wegfall der Voraussetzungen kann die Duldungskarte entzogen werden.[1791] Die konstitutive Wirkung der Ausstellung der Karte ist nur dann nicht gegeben, wenn bereits

---

1780 VwGH 30.6.2015, Ra 2014/21/0040.

1781 § 46 Abs 2 FPG; kritisch *Klammer*, Beugehaft nach dem FPG in *Filzwieser/Taucher* (Hrsg), Asyl- und Fremdenrecht. Jahrbuch 2018 (2018) 147 (150-154) und *Geiger*, Die Beugehaft zur Durchsetzbarkeit von Mitwirkungspflichten im Rahmen des Fremdenpolizeigesetzes, migraLex 2019, 2 (4-7).

1782 § 36 Abs 2 BFA-VG.

1783 § 46 Abs 2b FPG.

1784 § 46 Abs 2a FPG; kritisch *Klammer* in *Filzwieser/Taucher* 150-154.

1785 Siehe etwa VwGH 31.8.2017, Ro 2016/21/0019, Rn 29ff.

1786 Siehe VwGH 16.5.2012, 2012/21/0053 zur Verlängerung von „Duldungen".

1787 § 46a Abs 4 und 5 FPG.

1788 VfGH 29.11.2016, E 847/2016. Eine Ausnahme hiervon besteht, wenn die „Duldung" bereits zu einem früheren Zeitpunkt rechtskräftig festgestellt wurde. Siehe bereits Fn 1771.

1789 § 31 Abs 1a Z 3 und § 46 Abs 1 FPG.

1790 § 46a Abs 4 u 5 FPG.

1791 VwGH 31.8.2017, Ro 2016/21/0019, Rn 30.

zu einem früheren Zeitpunkt die Duldung rechtskräftig festgestellt wurde. Dies betrifft vor allem jene Fälle, wo das BFA bzw das BVwG aufgrund der Straffälligkeit der betreffenden Person ausgesprochen haben, dass die Abschiebung unzulässig ist.

Erst mit der Ausfolgung der Karte für Geduldete und dem damit verbundenen Status gehen gewisse Rechte einher, die geduldete Fremde aus rechtsdogmatischer Perspektive von anderen irregulär aufhältigen Personen abgrenzen. Die Karte für Geduldete gilt ein Jahr ab Ausstellungsdatum.[1792] Obwohl der unrechtmäßige Aufenthalt grundsätzlich mit einer Geldstrafe zu ahnden ist,[1793] liegt keine Verwaltungsübertretung vor, solange die Person geduldet ist.[1794] Die Stellung eines Antrags auf Ausstellung einer Karte für Geduldete nach § 46a FPG hat keine verfahrensrechtlichen Auswirkungen auf eine drohende Abschiebung, die trotz Stellung eines solchen Antrags durchsetzbar ist.

Grundsätzlich ist irregulär aufhältigen Fremden der Zugang zum Arbeitsmarkt verwehrt, wovon auch Geduldete umfasst sind. Eine Ausnahme besteht hinsichtlich jener Personen, denen aufgrund einer Straftat der Status als Asyl- bzw subsidiär Schutzberechtigte*r aberkannt oder gar nicht zuerkannt wurde, die Abschiebung jedoch aufgrund des Non-Refoulement-Gebots im Herkunftsstaat unzulässig ist.[1795] Diese Personengruppe hat die Möglichkeit eine Beschäftigung nach Erteilung einer Beschäftigungsbewilligung aufzunehmen.[1796] Diese Ungleichbehandlung habe ich an anderer Stelle als verfassungswidrig beurteilt, insofern sie gegen das grundrechtliche Gebot menschenwürdiger Lebensbedingungen verstößt.[1797]

Wie oben in Kapitel 4 bereits dargestellt, kommt nur jenen irregulär aufhältigen Fremden ein Anspruch auf Grundversorgung zu, die aus rechtlichen oder tatsächlichen Gründen nicht abschiebbar sind.[1798] Bis zur Feststellung der Unmöglichkeit der Abschiebung, und damit der Duldung, besteht sohin kein Recht auf Einbeziehung in die Grundversorgung.[1799]

1792 § 46a Abs 5 S 1 FPG.
1793 § 120 Abs 1a FPG.
1794 § 120 Abs 5 Z 2 FPG.
1795 § 46a Abs 1 Z 2 FPG.
1796 § 4 Abs 1 Z 1 AuslBG.
1797 *Hinterberger*, DRdA 2018, 106-109.
1798 Art 2 Abs 1 Z 4 GVV.
1799 Siehe Kapitel 4.B.II.4. Kritisch im Hinblick auf Art 1 GRC *Hinterberger/Klammer* in *Salomon*.

c. Rechtsschutz

Wird ein Duldungsantrag zurück- oder abgewiesen, können die in Kapitel 4.B.V. dargestellten Rechtsmittel erhoben werden.[1800]

d. Regularisierungsperspektive

Ist eine Person gem § 46a Abs 1 Z 1 oder 3 FPG geduldet, steht ihr eine Regularisierung offen. Deshalb werden diese beiden Duldungstatbestände als Vorstufe zu einem Aufenthaltsrecht gewertet.[1801] Nach einjähriger Duldung können Geduldete eine „Aufenthaltsberechtigung besonderer Schutz" beantragen, um so ihren Aufenthalt zu regularisieren.[1802] Daneben wäre es auch noch denkbar einen „Aufenthaltstitel aus Gründen Art 8 EMRK" zu beantragen.[1803] Der „Aufenthaltstitel aus Gründen Art 8 EMRK" steht sowohl irregulär aufhältigen Fremden offen, die geduldet sind, als auch jenen, die nicht geduldet sind. Die genannte Regularisierung wird deshalb nicht als Regularisierungsperspektive für geduldete Personen gewertet, weil der geduldete Aufenthalt keine Erteilungsvoraussetzung ist. Die übrigen beiden Tatbestände, in concreto § 46a Abs 1 Z 2 oder 4 FPG, werden als qualifizierter irregulärer Aufenthalt gewertet.

II. Non-Refoulement-Gebot im Sinne der EMRK und GRC oder faktische Gründe[1804]

In der Folge wird zunächst die deutsche „Aufenthaltserlaubnis bei zielstaatsbezogenen Abschiebungsverboten" vor der österreichischen „Aufenthaltsberechtigung besonderer Schutz" und der spanischen „befristeten Aufenthaltsberechtigung aus humanitären Gründen" beschrieben, da alle für (mindestens) ein Jahr erteilt werden. Hierbei folgt die Gliederung also mangels unterschiedlicher Erteilungsdauer alphabetisch.

1800 § 7 Abs 1 Z 1 BFA-VG.
1801 Siehe Kapitel 2.B.III.1.a.
1802 Siehe Kapitel 5.A.II.2.
1803 Siehe Kapitel 5.B.III. und Kapitel 5.C.III.
1804 Siehe bereits Kapitel 2.B.III.1.b.

1. „Aufenthaltserlaubnis bei zielstaatsbezogenen Abschiebungsverboten" – Deutschland

Die „Aufenthaltserlaubnis bei zielstaatsbezogenen Abschiebungsverboten" gem § 25 Abs 3 AufenthG kann genau wie die „Aufenthaltserlaubnis für vollziehbar Ausreisepflichtige, wenn die Ausreise aus rechtlichen oder tatsächlichen Gründen unmöglich ist", erteilt werden, wenn die Ausreise aus rechtlichen Gründen unmöglich und mit dem Wegfall der Ausreisehindernisse in absehbarer Zeit nicht zu rechnen ist.[1805] Die „nationalen Abschiebungsverbote" gem § 60 Abs 5 und 7 AufenthG[1806] sind als Ableitung von Art 3 EMRK und der RückführungsRL zu qualifizieren, auch wenn es sich um einen rein deutschen Abschiebungsschutz handelt, der in die „verbleibende nationale Regelungskompetenz"[1807] fällt. Die „nationalen Abschiebungsverbote" sind auch im Zusammenhang mit der „Aufenthaltserlaubnis für vollziehbar Ausreisepflichtige, wenn die Ausreise aus rechtlichen oder tatsächlichen Gründen unmöglich ist", einschlägig. Ende 2017 waren 73.367 Ausländer*innen im Besitz einer Aufenthaltserlaubnis gem § 25 Abs 3 AufenthG.[1808]

a. Erteilungsvoraussetzungen

§ 60 Abs 5 und 7 AufenthG bezieht sich auf „zielstaatsbezogene Abschiebungsverbote", wobei sich § 60 Abs 5 AufenthG vor allem aus der EMRK ableiten lässt.[1809] Hier ist nicht nur Art 3 EMRK zu nennen, vielmehr sind auch andere aus der EMRK ableitbare „Abschiebungsverbote" zu gewährleisten.[1810] Ein praktisch relevanter Anwendungsfall ist das Vorliegen eines Ausschlusstatbestands vom subsidiären Schutz.[1811] § 60 Abs 7 AufenthG lässt sich vor allem aus dem GG ableiten.[1812] Liegt ein „zielstaatsbezogenes Abschiebungsverbot" vor, ist die Aufenthaltserlaubnis gem § 25 Abs 3

1805 Siehe Kapitel 5.C.II.
1806 Siehe Kapitel 5.A.I.2.a.
1807 *Göbel-Zimmermann/Masuch/Hruschka* in *Huber* § 60 AufenthG Rn 70; zustimmend *Koch* in *Kluth/Heusch* § 60 AufenthG Rn 39f.
1808 BT-Drs 19/633, 6.
1809 *Göbel-Zimmermann/Masuch/Hruschka* in *Huber* § 60 AufenthG Rn 57f.
1810 Vgl *Göbel-Zimmermann/Masuch/Hruschka* in *Huber* § 60 AufenthG Rn 61ff.
1811 Vgl *Göbel-Zimmermann/Masuch/Hruschka* in *Huber* § 60 AufenthG Rn 63.
1812 Vgl *Göbel-Zimmermann/Masuch/Hruschka* in *Huber* § 60 AufenthG Rn 70-76.

AufenthG aufgrund der besseren Rechtsstellung „vorrangig“ im Verhältnis zur Aufenthaltserlaubnis gem § 25 Abs 5 AufenthG zu erteilen.[1813]

Ein weiterer Fall kann bei einer im Zielstaat nicht behandelbaren Krankheit gegeben sein.[1814] Eine Gefahr ist dann „konkret“, wenn die Verschlechterung alsbald nach der Abschiebung eintreten würde.[1815] Zur Beurteilung der Gefahr müssen alle zielstaatsbezogenen Umstände, vor allem jene, die zu einer Verschlechterung des Zustands führen können, berücksichtigt werden.[1816] § 60 Abs 7 S 2 AufenthG besagt, dass es sich um eine lebensbedrohliche oder schwerwiegende Erkrankung handeln muss, die sich durch die Abschiebung[1817] wesentlich oder sogar lebensbedrohlich verschlechtern würde.[1818] Grundsätzlich ist es hierbei aber nicht erforderlich, dass die medizinische Versorgung im Zielstaat gleichwertig mit der deutschen ist.[1819] Darüber hinaus reicht es aus, wenn diese nur in einem bestimmten Gebiet des Zielstaats gewährleistet wird.[1820] Der*dem Betroffenen ist es somit zuzumuten, sich in einen bestimmten Teil des Landes zu begeben, um die dort vorhandene ausreichende Gesundheitsversorgung in Anspruch zu nehmen.[1821] Die deutsche Gesetzgebung hat diese gesetzlichen Regelungen eingeführt um „Abschiebungshindernisse aus vermeintlich gesundheitlichen Gründen“ zu reduzieren, da „die Behörden in quantitativer und qualitativer Hinsicht vor große Herausforderungen“[1822] gestellt werden. Anderorts wurde festgestellt, dass die Aufenthaltserlaubnis dem Grunde nach mit der EGMR-Rspr vereinbar ist.[1823]

1813 Siehe Kapitel 5.C.II.1.

1814 So auch *Koch* in *Kluth/Heusch* § 60 AufenthG Rn 28.

1815 So NVwZ-RR 2012, 529 Rn 34 mwN.

1816 Vgl *Hager*, Abschiebung trotz schwerer Krankheit? Die gesetzlichen Neuregelungen zu Abschiebungshindernissen aus gesundheitlichen Gründen, Asylmagazin 2016, 160 (161).

1817 *Hager*, Asylmagazin 2016, 162.

1818 § 60 Abs 7 S 2 AufenthG; vgl NVwZ-RR 2012, 529 Rn 34 mwN. Kritisch *Hager*, Asylmagazin 2016, 161.

1819 § 60 Abs 7 S 3 AufenthG; vgl *Thym*, Die Auswirkungen des Asylpakets II, NVwZ 2016, 409 (412).

1820 § 60 Abs 7 S 4 AufenthG.

1821 Kritisch *Hager*, Asylmagazin 2016, 162.

1822 BT-Drs 18/7538, 11.

1823 Vertiefend zu zwei völker- bzw europarechtswidrigen Punkten *Hinterberger/Klammer* in *Filzwieser/Taucher* 139.

b. Aufenthaltsrecht

Den „nationalen Abschiebungsverboten“ gem § 60 Abs 5 und 7 AufenthG kommt eine dem Asylberechtigtenstatus, Flüchtlingsstatus und subsidiären Schutzstatus nachgelagerte Schutzfunktion zu, wie oben bereits ausgeführt wurde.[1824] Im Rahmen der vorliegenden Arbeit wurden sie bereits als Duldungsgründe behandelt, wobei sie in Bezug auf die hier thematisierte Aufenthaltserlaubnis eine Erteilungsvoraussetzung darstellen. Bei einer Antragsstellung gem § 25 Abs 3 AufenthG obliegt der Ausländerbehörde unter Beteiligung des BAMF die Entscheidung über die Erteilung.[1825]

Kontextuell ist genau wie bei § 25 Abs 5 AufenthG relevant, dass die Prüfung der „nationalen Abschiebungsverbote“ während des Asylverfahrens durch das BAMF erfolgt.[1826] In diesen Fällen, die als nationaler subsidiärer Schutz bezeichnet werden können, ist die hier behandelte Aufenthaltserlaubnis aber wiederum nicht als Regularisierung zu qualifizieren. Für die vorliegende Arbeit ist vielmehr von Bedeutung, dass die Aufenthaltserlaubnis aus der Duldung heraus beantragt werden kann,[1827] da dadurch der Regularisierungsbegriff erfüllt ist.

Ist ein „zielstaatsbezogenes Abschiebungsverbot“ förmlich festgestellt worden, soll eine Aufenthaltserlaubnis für mindestens ein Jahr erteilt werden.[1828] Eine Ausnahme besteht bei Vorliegen der Ausschlussgründe.[1829] Dies betrifft einerseits Fälle, in denen die Ausreise in einen anderen Drittstaat, der sich aus den Akten oder den Aussagen des*der Ausländers*in ergibt, zumutbar und möglich ist.[1830] Andererseits sind jene Sachverhaltskonstellationen umfasst, in denen die Person wiederholt oder gröblich gegen solche Mitwirkungsverpflichtungen verstoßen hat, aufgrund derer die Ausreise in einen anderen Staat unmöglich oder unzumutbar gemacht wurde.[1831] Als Beispiel hierfür kann das Vorlegen gefälschter Unterlagen

---

1824 Siehe Kapitel 5.A.I.2.a.
1825 § 72 Abs 2 AufenthG.
1826 Siehe nur § 42 S 1 dtAsylG.
1827 Siehe Kapitel 5.A.I.2.a.
1828 § 25 Abs 3 AufenthG; vgl *Koch* in *Kluth/Heusch* § 60 AufenthG Rn 46.
1829 § 25 Abs 3 S 1 und 2 AufenthG; vgl *Maaßen/Kluth* in *Kluth/Heusch* § 25 AufenthG Rn 55-57.
1830 Vertiefend *Göbel-Zimmermann* in *Huber* (Hrsg), Kommentar Aufenthaltsgesetz[2] (2016) § 25 AufenthG Rn 17-21.
1831 Siehe BVerwG, Urteil v 22.11.2005, 1 C 18/04, NVwZ 2006, 711.

genannt werden.[1832] Darüber hinaus gibt es taxativ normierte, zwingende Versagungsgründe, wobei vor allem das Begehen einer Straftat von erheblicher Bedeutung ist.[1833] Liegt ein solcher Ausschlussgrund vor, ist die Person nur zu dulden und ihr ist keine Aufenthaltserlaubnis zu erteilen.[1834]

Die Aufenthaltserlaubnis nach § 25 Abs 3 AufenthG berechtigt nicht unmittelbar zur Ausübung einer Erwerbstätigkeit,[1835] weshalb eine Erlaubnis der Ausländerbehörde erforderlich ist.[1836] Über die Erlaubnis entscheidet die Ausländerbehörde autonom,[1837] wobei keine Vorrangprüfung erfolgt.[1838] Mit der „Aufenthaltserlaubnis bei zielstaatsbezogenen Abschiebeverboten" geht ein Anspruch auf Leistungen gem SGB II oder Sozialhilfe gem SGB XII einher.[1839]

2. „Aufenthaltsberechtigung besonderer Schutz" für Geduldete – Österreich

Eine „Aufenthaltsberechtigung besonderer Schutz" kann gem § 57 Abs 1 AsylG basierend auf drei taxativ festgelegten Tatbeständen erteilt werden.[1840] In der Folge wird zunächst § 57 Abs 1 Z 1 AsylG thematisiert. Die anderen beiden Tatbestände werden in der Unterkategorie „Opferschutz" des Regularisierungszwecks „Vulnerabilität" behandelt.[1841]

1832 VGH München Beck Rechtssache 2005, 16071. Die genannten Ausschlussgründe können aber im Sinne einer richtlinienkonformen Interpretation nicht angewandt werden, wenn in Umsetzung der StatusRL ein „Abschiebungsverbot" nach § 60 Abs 7 AufenthG festgestellt wird; in dem Sinne *Maaßen/Kluth* in *Kluth/Heusch* § 25 AufenthG Rn 32.

1833 Siehe § 25 Abs 3 S 3 AufenthG; vertiefend *Göbel-Zimmermann* in *Huber* § 25 AufenthG Rn 23-28. Diese wurden in Umsetzung von Art 17 StatusRL eingeführt.

1834 Vgl *Marx*, Aufenthalts-, Asyl- und Flüchtlingsrecht § 5 Rn 41 und siehe Kapitel 5.A.I.2.a.

1835 § 4 Abs 2 S 1 AufenthG.

1836 Gem § 39 Abs 2 AufenthG ist die Zustimmung der Bundesagentur für Arbeit nicht (mehr) erforderlich.

1837 Vgl *Maor* in *Kluth/Heusch* (Hrsg), BeckOK Ausländerrecht (18. Edition, Stand 1.5.2018) § 4 AufenthG Rn 30.

1838 § 31 BeschV.

1839 Vgl *Frings/Janda/Keßler/Steffen*, Sozialrecht Rn 756 und *Huber/Eichenhofer/Endres de Oliveira*, Aufenthaltsrecht Rn 546.

1840 § 57 Abs 1 AsylG und ErläutRV 1803 BlgNR 24. GP, 47.

1841 Siehe Kapitel 5.D.I.1.

§ 57 Abs 1 Z 1 AsylG zielt auf Geduldete ab und lässt sich in Bezug auf die rechtlichen Gründe aus Art 3 EMRK und in Bezug auf die faktischen Gründe aus der RückführungsRL ableiten. 2013 wurden die letzten offiziellen Statistiken veröffentlicht, wonach lediglich 27 „Aufenthaltsberechtigungen besonderer Schutz“ an Geduldete erteilt wurden.[1842] Aktuelle Zahlen liegen keine vor, es ist aber aufgrund der niedrigen Erteilungszahlen von Karten für Geduldete davon auszugehen,[1843] dass immer noch gleich wenig dieser Aufenthaltsberechtigungen erteilt werden. Praktische Relevanz kommt dieser somit keine zu.

a. Erteilungsvoraussetzungen

Maßgebliche Erteilungsvoraussetzung für die „Aufenthaltsberechtigung besonderer Schutz“ gem § 57 Abs 1 Z 1 AsylG ist, dass die betreffende Person seit mindestens einem Jahr gem § 46a Abs 1 Z 1 oder 3 FPG geduldet ist und die Voraussetzungen für die Duldung gem § 57 Abs 1 Z 1 AsylG „weiterhin vorliegen“. Ob die Voraussetzungen „weiterhin vorliegen“, hat das BFA selbstständig zu prüfen, wobei nach der VwGH-Rspr das BFA an die Tatsache gebunden ist, dass der*die Fremde über eine Karte für Geduldete verfügt.[1844] Darüber hinaus darf der*die Fremde keine Gefahr für die Republik Österreich darstellen oder wegen eines Verbrechens[1845] verurteilt worden sein. Praktisch relevant ist, dass jene Fremde, denen der internationale Schutz (Asyl oder subsidiärer Schutz) aberkannt wurde,[1846] keine „Aufenthaltsberechtigung besonderer Schutz“ erlangen können.[1847]

1842 *Bundesministerium für Inneres*, Niederlassungs- und Aufenthaltsstatistik 2013, https://www.bmi.gv.at/302/Statistik/files/Niederlassungs_und_Aufenthaltsstatistik_Jahresstatistik_2013.pdf (18.12.2018) 37. Verlängerungen gab es auch nur 15.

1843 Siehe Kapitel 5.A.I.3.

1844 VwGH 31.8.2017, Ro 2016/21/0019, Rn 32.

1845 Siehe § 17 StGB. Unter Umständen kann auch die rechtskräftige Verurteilung durch ein ausländisches Gericht einer Verurteilung eines österreichischen Gerichts gleichgehalten werden; § 73 StGB.

1846 §§ 7 und 9 AsylG.

1847 § 46 Abs 1 Z 2 FPG ist nämlich explizit nicht in § 57 Abs 1 Z 1 AsylG angeführt. Siehe Kapitel 5.A.I.3.a.

b. Aufenthaltsrecht

Diesbezüglich wird auf die Ausführungen in Kapitel 4.B.III.2.d. verwiesen.

3. „Befristete Aufenthaltsberechtigung aus humanitären Gründen" wegen der Unmöglichkeit sich ins Herkunftsland zu begeben, um ein Visa zu beantragen – Spanien

In Spanien sieht Art 126 Abs 3 REDYLE die Erteilung einer „Aufenthaltsberechtigung aus außergewöhnlichen Gründen" für jene Ausländer*innen vor, die die Voraussetzungen für eine befristete Aufenthaltsberechtigung oder Aufenthaltsberechtigung und Arbeitserlaubnis erfüllen, aber sich zur Visumbeantragung nicht in ihr Herkunftsland begeben können, weil dies eine Gefahr für ihre Sicherheit oder die Sicherheit ihrer Familie bedeuten würde („autorización temporal por razones humanitarias – imposibilidad de trasladarse al país de origen para solicitar el visado").[1848] Diese Aufenthaltsberechtigung fällt innerhalb der Kategorie der „Aufenthaltsberechtigungen aus außergewöhnlichen Gründen" unter den Begriff der humanitären Gründe, wozu noch zwei weitere zählen.[1849]

Nach Ansicht von *García Vitoria* handelt es sich hierbei um das letzte Glied des „internationalen Schutzes" („protección internacional") im Sinne der spanischen Rechtsordnung, da es jene Personen betrifft, denen weder Asyl noch subsidiärer Schutz gewährt wird.[1850] Folglich kann die Aufenthaltsberechtigung als Ausprägung des Non-Refoulement-Gebots im Sinne des Art 3 EMRK verstanden werden, die die Schutzlücke zwischen internationalem Schutz im Sinne der StatusRL und dem Non-Refoulement-Gebot zu schließen versucht und daher für die vorliegende Arbeit von Bedeutung ist.[1851] An dieser Stelle ist aber darauf hinzuweisen, dass die Antragstellung aus der aufenthaltsrechtlichen Irregularität heraus erforderlich und daher die Qualifikation als Regularisierung gegeben ist. Die amtswegige Prüfung im Asylverfahren ist nicht vorgesehen.

1848 Vgl *Peña Pérez*, Revista de Derecho Migratorio y Extranjería 2012/30, 44-46.

1849 Art 126 REDYLE und siehe Kapitel 5.D.I.3. und Kapitel 5.D.II.3.

1850 Vgl *García Vitoria* in *Boza Martínez/Donaire Villa/Moya Malapeira* 298.

1851 Siehe Kapitel 1.C.

a. Erteilungsvoraussetzungen

Die maßgebliche Erteilungsvoraussetzung bezieht sich auf die Unmöglichkeit sich ins Herkunftsland zu begeben, um dort ein Visum zu beantragen. Vorstellbar ist, dass – im Gegensatz zu den Tatbeständen des internationalen Schutzes – jene Fälle erfasst sind, bei denen die Reise zu einer Verletzung des Non-Refoulement-Gebots führen würde. Dies ergibt sich aus dem Wortlaut „imposibilidad de trasladarse“,[1852] wobei die Gefahr in einer Stellungnahme konkretisiert werden muss. In Art 35 Abs 7 LODYLE bzw Art 196 Abs 1 REDYLE findet sich eine ähnliche Formulierung in Bezug auf unbegleitete Minderjährige, die nicht rückgeführt werden können („imposibilidad de retorno" bzw „repatriación“).[1853] Unklar ist aber, was hierunter genau zu verstehen ist,[1854] wodurch eine große Rechtsunsicherheit entsteht.[1855]

In einer Entscheidung des Obersten Gerichtshofs Kastilien-La Mancha wurde dieses Erfordernis in folgender Sachverhaltskonstellation als gegeben angesehen: Ein kolumbianischer Staatsangehöriger hat als geschützter Zeuge zur Aufdeckung eines Drogennetzwerks beigetragen.[1856] Dieses Netzwerk hat in der Folge aber Kenntnis von den Aussagen des Zeugen erlangt, wodurch er und seine Familie im Falle einer Rückkehr nach Kolumbien einer großen Gefahr ausgesetzt gewesen wären. Eine Stellungnahme der örtlichen Gendarmarie hat die dargestellte Zusammenarbeit genauso wie das Vorliegen der Gefahr im Falle der Rückkehr bestätigt. Folglich hat der Oberste Gerichtshof das Vorliegen dieser Voraussetzung bejaht, weil die Reise nach Kolumbien zur Visumsbeantragung die Sicherheit des Zeugen sowie seiner Familie gefährdet hätte.

1852 In dem Sinne *Trinidad García*, Residencia temporal por circunstancias excepcionales: el arraigo laboral y social, Revista de Derecho Migratorio y Extranjería 2005/9, 133 (153).

1853 Vgl *Ruiz Legazpi*, Los problemas jurídicos de la inmigración infantil in *Balado Ruiz-Gallegos* (Hrsg), Inmigración, Estado y Derecho: Perspectivas desde el siglo XXI (2008) 507 (527f) und *Cobas Cobiella*, Menores y Extranjería: Situaciones de regularización, Revista Boliviana de Derecho 2015/20, 100 (113f).

1854 So bereits *Heredia Fernández* in *Moya Escudero* 60 zur alten Rechtslage.

1855 *Lázaro González/Benlloch Sanz*, Ciudadanía e integración: menores no acompañados, trata de seres humanos y víctimas de violencia de género in *Palomar Olmeda* (Hrsg), Tratado de Extranjería[5] (2012) 853 (870) in Bezug auf die Formulierung in Art 196 Abs 1 REDYLE.

1856 STSJ Castilla-La Mancha 225/2016, ECLI:ES:TSJCLM:2016:225.

b. Aufenthaltsrecht

Die Aufenthaltsberechtigung wird in der Regel für ein Jahr erteilt, wobei gleichzeitig mit der genannten Aufenthaltsberechtigung eine Arbeitserlaubnis beantragt werden kann.[1857]

III. Zwischenergebnis

Prüfungsmaßstab für den Regularisierungszweck „Nichtrückführbarkeit" bildet das Non-Refoulement-Gebot und die RückführungsRL. Letztere verpflichtet die Mitgliedstaaten den irregulären Aufenthalt entweder durch die Rückführung oder durch das Erteilen eines Aufenthaltsrechts zu beenden. Nach der hier vertretenen Ansicht resultieren aus der RückführungsRL zwei Regularisierungspflichten. Diese Pflicht greift einerseits, wenn eine Rückführung das Non-Refoulement-Gebot verletzten würde. Vertritt man diese Meinung nicht, besteht aufgrund des Non-Refoulement-Gebots bloß ein besonderer Ausweisungsschutz für Migrant*innen, aber keine Pflicht zur Erteilung eines Aufenthaltsrechts. Andererseits besteht nach der hier vertretenen Ansicht eine Regularisierungspflicht nach der RückführungsRL in Fällen dauerhafter Nichtrückführbarkeit, dh, wenn eine Person nicht innerhalb von 18 Monaten vom jeweiligen Mitgliedstaat abgeschoben werden kann.

Betreffend die rechtsvergleichende Untersuchung des Regularisierungszwecks „Nichtrückführbarkeit" kann eingangs festgehalten werden, dass einerseits Österreich und Deutschland und andererseits Spanien unterschiedliche Wege im Umgang mit irregulär aufhältigen Fremden bzw Ausländer*innen gefunden haben, die nicht rückführbar sind. Dies wurde auch bereits in Kapitel 4 deutlich, wo der jeweils unterschiedlich ausgebildete Zugang zu Sozialleistungen und zur Gesundheitsversorgung thematisiert wurde.[1858]

Das spanische Recht lässt die Situation von irregulär aufhältigen Migrant*innen, die nicht abgeschoben werden können, ungeregelt.[1859] Man kann von einer de facto bzw außergesetzlichen Duldung irregulär aufhältiger Migrant*innen in den ausgemachten Sachverhaltskonstellationen sprechen, da entweder gar keine Regelungen bestehen oder unklar ist wie die

---

1857 Art 129 Abs 2 und 130 Abs 1 REDYLE; siehe Kapitel 4.C.II.2.

1858 Siehe Kapitel 4.D.

1859 Mit Ausnahme jener Aufenthaltsberechtigungen, die noch erörtert werden.

Behörden in diesen Situationen vorzugehen haben. Im Gegensatz dazu wurde in Deutschland und Österreich ein eigenes Rechtsinstitut namens Duldung geschaffen, das für rechtliche und tatsächliche/faktische Abschiebehindernisse eine vorübergehende Lösung darstellt und zu mehr Rechtssicherheit beitragen soll. Diese Lösung ist angesichts des Prüfungsmaßstabs als die effektivste Lösung zu bewerten, da sie die Personen nicht in einem noch größeren Schwebezustand lässt und die Mitgliedstaaten derart mehr Kontrolle über die Personengruppe verfügen. So kann die aufenthaltsbeendende Maßnahme, falls das Abschiebehindernis wegfällt, durchgesetzt werden, bzw falls dieses nicht der Fall sein sollte, ihnen ein Aufenthaltstitel erteilt werden. Hervorzuheben ist, dass irregulär aufhältige Ausländer*innen bzw Fremde erst ab der Duldung Anspruch auf Sozialleistungen, Zugang zu Gesundheitsversorgung und unter Umständen Zugang zu unselbstständiger Beschäftigung haben. Viele Duldungstatbestände sind gleichsam als Vorstufe zu einem Aufenthaltsrecht zu qualifizieren. Weiters ist zwischen tatsächlichen/faktischen und rechtlichen Abschiebehindernissen zu unterscheiden.

Im Hinblick auf die faktischen Abschiebehindernisse zeigen sich in Österreich zwei Problemkreise. Einerseits darf der*die Fremde die Abschiebung nicht selbst verschuldet haben, da ansonsten keine Karte für Geduldete und in der Folge auch keine „Aufenthaltsberechtigung besonderer Schutz" erlangt werden kann. Andererseits verfügt das BFA bei der Beurteilung, ob die Abschiebung selbst verschuldet wurde, über einen zu weiten Ermessenspielraum. Dies führt dazu, dass die Fremden zwar faktisch nicht abschiebbar sind, aus den dargelegten Gründen aber auch nicht geduldet werden. Sie finden sich somit in einer ähnlichen Situation wie in Spanien wieder, wobei nach dem spanischen Recht zumindest ein Zugang zu Sozialleistungen und zur Gesundheitsversorgung für irregulär aufhältige Ausländer*innen besteht. Ob die Ausreise selbst verschuldet ist, wurde in Deutschland bisher „bloß" in Bezug auf den Anspruch von Sozialleistungen und den Zugang zu unselbstständiger Beschäftigung geprüft, aber nicht hinsichtlich der Entscheidung, ob die Person geduldet wird. Dies scheint bei den tatsächlichen/faktischen Abschiebehindernissen somit zunächst die zweckmäßigste Lösung zu sein. Seit dem kürzlich erlassenen „Geordnete-Rückkehr-Gesetz" hat sich die deutsche Rechtslage aber mehr der österreichischen angenähert, da ein spezieller Duldungsgrund eingeführt wurde, der auf „Personen mit ungeklärter Identität" abzielt. Die Erteilung einer solchen Duldung zieht im Vergleich zu anderen Duldungsgründen weitreichende Sanktionen nach sich. Jene Zeiten, in denen man im Besitz einer „Duldung für Personen mit ungeklärter Identität" ist, werden nicht als Vorduldungszeiten angerechnet. Deshalb führt die seit 21.8.2019 in Kraft getretene Gesetzeslage für derart Geduldete zu einer gravierenden Verschlechterung der aufenthaltsrechtlichen Perspektiven, insbesondere in Bezug auf die Erlangung der noch näher zu erläuternden Aufenthaltserlaubnisse gem §§ 25a und 25b AufenthG.[1860] Darüber hinaus fällt bei genauerer Betrachtung auf, dass die ebenfalls noch näher darzustellende „Aufenthaltserlaubnis für vollziehbar Ausreisepflichtige, wenn die Ausreise aus rechtlichen oder tatsächlichen Gründen unmöglich ist“,[1861] nicht erteilt werden kann, insofern die Ausreise aufgrund der Handlungen des*r Ausländers*in nicht vollstreckt werden konnte. Dementsprechend wird das Problem der Selbstverschuldung nur auf eine andere Ebene verlagert. Die deutsche Lösung scheint gegenüber der österreichischen aber immer noch die zweckmäßigere zu sein, auch wenn es durch das „Geordnete-Rückkehr-Gesetz“ zu Verschlechterungen gekommen ist. Die Betroffenen verfügen zumindest über einen rechtlich gesicherten Status und je nach Duldungsgrund über Zugang zu Sozialleistungen und einen eingeschränkten Arbeitsmarktzugang. Der deutsche Lösungsansatz birgt aber eine andere Problematik in sich. Da die Erlangung eines Aufenthaltsrechts in diesen Fällen nicht möglich ist, bleiben viele Ausländer*innen über Jahre hinweg in der Duldung „stecken“. Dieses Phänomen wird mit dem Begriff „Kettenduldungen“ umschrieben.

Im Hinblick auf die rechtlichen Abschiebehindernisse, in concreto Art 3 EMRK, zeigt sich, dass Ausländer*innen bzw Fremde sowohl in Deutschland als auch in Österreich eine Duldung erhalten können. Gemessen an der hier vertretenen Meinung, dass in solchen Fällen eine Regularisierungspflicht besteht, müssten diese Personen aber sogleich ein Aufenthaltsrecht erhalten. Dieser Anforderung entspricht weder die deutsche noch die österreichische Duldung. Vertritt man die gegenteilige Meinung, dass bei einer drohenden Verletzung des Non-Refoulement-Gebots zwar ein besonderer Ausweisungsschutz besteht, aber keine Regularisierungspflicht, dann bildet die Duldung eine leistungsfähige Regelung, insofern danach tatsächlich eine Aufenthaltsberechtigung erlangt werden kann. In Spanien werden die betroffenen Ausländer*innen entweder de facto geduldet oder sie können eine „befristete Aufenthaltsberechtigung aus humanitären Gründen“ wegen der Unmöglichkeit sich ins Herkunftsland zu begeben, um ein Visa zu beantragen, erlangen. Aufgrund der sehr offenen Tatbestandsformulierungen scheint diese Aufenthaltsberechtigung aber in der

---

1860 Siehe Kapitel 5.B.I.-II.
1861 Siehe Kapitel 5.C.II.

Praxis nicht sehr viele Fälle abzudecken und zu einer großen Rechtsunsicherheit beizutragen. Die spanische Rechtslage ist damit in den Sachverhaltskonstellationen, in denen die Personen nur de facto geduldet werden, wohl kaum mit den Anforderungen von Art 3 EMRK vereinbar, da der Status derart prekär und unsicher ist. Bezieht man die Erlangung der befristeten Aufenthaltsberechtigung mit ein, könnte man unter Umständen zu dem Schluss kommen, dass der nach Art 3 EMRK verlangte Ausweisungsschutz erfüllt ist. Darüber hinaus wird auch der in der vorliegenden Arbeit vertretenen Ansicht nachgekommen, wonach in diesen Fällen eine Regularisierungspflicht besteht.

In einem ersten Schritt ist festzuhalten, dass die Schaffung eines eigenen Rechtsinstituts eine effektive Lösung darstellt, um irregulär aufhältige Migrant*innen, die aus rechtlichen und tatsächlichen Abschiebehindernissen nicht abgeschoben werden können, nicht in einem Schwebezustand verharren zu lassen. Aus Gründen der Rechtssicherheit ist die Erteilung einer einjährigen Duldung – wie im österreichischen Recht – eine zweckmäßige Herangehensweise. In Deutschland und Österreich bestehen aus der Duldung heraus unterschiedliche Regularisierungsperspektiven, die dem Grunde nach im Einklang mit der Regularisierungspflicht bei dauerhafter Nichtrückführbarkeit bzw bei drohender Verletzung des Non-Refoulement-Gebots stehen.

Neben der Duldung wurden in den drei Mitgliedstaaten insgesamt drei Regularisierungen analysiert, die die Erlangung eines Aufenthaltsrechts aufgrund rechtlicher oder tatsächlicher Abschiebehindernisse ermöglichen. Das deutsche Recht normiert eine „Aufenthaltserlaubnis für zielstaatsbezogene Abschiebungsverbote“, die bspw Sachverhaltskonstellationen erfasst, in denen der subsidiäre Schutz widerrufen wurde oder die Person überhaupt vom subsidiären Schutz ausgeschlossen ist. Die „Aufenthaltserlaubnis für zielstaatsbezogene Abschiebungsverbote“ bietet darüber hinaus jenen Ausländer*innen die Möglichkeit der Erlangung eines Aufenthaltsrechts, wenn diese an einer im Zielstaat nicht behandelbaren Krankheit leiden. Die Aufenthaltserlaubnis wird für ein Jahr erteilt, insofern ein „zielstaatsbezogenes Abschiebungsverbot“ förmlich festgestellt wurde und kein Ausschlussgrund vorliegt. Dies ist praktisch relevant, da bei Vorliegen eines Ausschlussgrundes die Ausländer*innen nur geduldet werden. Die „Aufenthaltserlaubnis für zielstaatsbezogene Abschiebungsverbote“ lässt sich unter anderem aus Art 3 EMRK ableiten und bietet in diesen Fällen einen Ausweisungsschutz in der Form der Erlangung eines Aufenthaltsrechts. Dies ist dem Grunde nach im Einklang mit dem Prüfungsmaßstab. Bei Vorliegen eines Ausschlussgrundes ist die Person aber nur zu dulden, weshalb in diesen

Fällen der in der vorliegenden Arbeit skizzierten Sichtweise, wonach eine Regularisierungspflicht besteht, nicht nachgekommen wird.

Im österreichischen Recht legt die „Aufenthaltsberechtigung besonderer Schutz" für Geduldete fest, dass jene Fremde einen einjährigen Aufenthaltstitel erlangen können, insofern sie ein Jahr geduldet waren. Problematisch ist, dass nicht alle Personen, die aufgrund einer drohenden Non-Refoulement-Verletzung geduldet werden, diese Aufenthaltsberechtigung erlangen können. Dies trifft vor allem jene Sachverhaltskonstellationen, in denen die Personen den Status als Asyl- oder subsidiär Schutzberechtige*r innehatten, und dieser aufgrund der Begehung eines Verbrechens aberkannt wurde. Der Ausschluss dieser Personengruppe mag einer der Gründe für die beschränkte, praktische Bedeutung dieser Aufenthaltsberechtigung sein. Letztere verharren somit in der Duldung, insofern nicht eine andere Aufenthaltsberechtigung erlangt werden kann, wobei vor allem an den „Aufenthaltstitel aus Gründen des Art 8 EMRK" zu denken ist. Für die übrigen Geduldeten stellt diese Aufenthaltsberechtigung aber die maßgebliche Regularisierungsperspektive dar. Im Einklang mit dem Prüfungsmaßstab kann somit festgehalten werden, dass die Erlangung eines Aufenthaltsrechts im Einklang mit der hier dargelegten Regularisierungspflicht zwar möglich ist, aber für einen nicht unwichtigen Personenkreis unmöglich ist. Den besonderen Ausweisungsschutz erfüllen alle besprochenen Sachverhaltskonstellationen des österreichischen Fremdenrechts. Nimmt man das Bestehen einer Regularisierungspflicht an, ist jedoch darauf hinzuweisen, dass jene Fälle, die von der Regularisierungsperspektive ausgeschlossen sind, dieser widersprechen.

Wie bereits angedeutet, normiert das spanische Recht eine Aufenthaltsberechtigung für jene Sachverhaltskonstellationen, die über den internationalen Schutz im Sinne der StatusRL hinausgehen. Aufgrund der offenen Tatbestandsformulierung besteht jedoch große Rechtsunsicherheit dahingehend, ob und bzw in welchen Fällen die Voraussetzungen erfüllt sind.

Somit ist in einem zweiten Schritt festzuhalten, dass in den drei analysierten Mitgliedstaaten drei unterschiedliche Regularisierungen bestehen, die bereits darlegen, wie ausdifferenziert dieser Rechtsbereich ist. Alle drei Mitgliedstaaten haben Regelungen geschaffen, die drohende Non-Refoulement-Verletzungen gem Art 3 EMRK verhindern. Sie unterscheiden sich jedoch in unterschiedlichsten Erteilungsvoraussetzungen und Ausschlussgründen, und ganz gravierend danach, ob vorübergehend die Abschiebung ausgesetzt wird, oder sogleich ein Aufenthaltsrecht erlangt werden kann.

B. Soziale Bindungen[1862]

Zunächst wird die deutsche „Aufenthaltserlaubnis bei nachhaltiger Integration“ dargestellt, da diese von sechs Monaten bis zu höchstens zwei Jahren erteilt werden kann. Anschließend wird die „Aufenthaltserlaubnis für gut integrierte Jugendliche und Heranwachsende“ beschrieben, die einen befristeten Aufenthalt von sechs Monaten bis zu höchstens drei Jahren schaffen kann. Abschließend wird der österreichische „Aufenthaltstitel aus Gründen des Art 8 EMRK“ in Bezug auf das Privatleben dargestellt, da dieser eine Mindesterteilungsdauer von einem Jahr hat.

I. „Aufenthaltserlaubnis bei nachhaltiger Integration“ – Deutschland

Die „Aufenthaltserlaubnis bei nachhaltiger Integration“ gem § 25b AufenthG wurde gemeinsam mit der „Aufenthaltserlaubnis für gut integrierte Jugendliche und Heranwachsende“ 2011 eingeführt, die jeweils am 1.8.2015 in Kraft getreten sind, und sich aus Art 8 EMRK ableiten lassen.[1863] Durch § 25b AufenthG wurde erstmals eine „alters- und stichtagsunabhängige Aufenthaltsperspektive“[1864] für Geduldete geschaffen.[1865] Ende 2017 haben 2.453 Ausländer*innen über eine Aufenthaltserlaubnis gem § 25b AufenthG verfügt.[1866]

Darüber hinaus wird darauf hingewiesen, dass mit dem „Duldungsgesetz“, das am 1.1.2020 in Kraft tritt, eine stichtagsabhängige „Beschäftigungsduldung“ geschaffen wird.[1867] Dies ist insofern relevant, da Ausländer*innen (und ihre Familienangehörigen), die 30 Monate im Besitz einer solchen „Beschäftigungsduldung“ sind, bei Vorliegen weiterer Voraussetzungen die hier besprochene Aufenthaltserlaubnis erlangen können.[1868] In diesem Zu-

1862 Siehe bereits Kapitel 2.B.III.2.

1863 *Marx*, Aufenthalts-, Asyl- und Flüchtlingsrecht § 5 Rn 138.

1864 *Röder*, §§ 25a und b AufenthG – Hiergeblieben!? Die neuen Bleiberechte bei gelungener Integration, Asylmagazin 2016, 108.

1865 Gesetz v 23.6.2011 (BGBl I 1266).

1866 BT-Drs 19/633, 31 und 35f.

1867 Vgl *Röder/Wittmann*, Spurwechsel leicht gemacht? Überlegungen zur neuen Ausbildungs- und Beschäftigungsduldung, Das Migrationspaket – Beilage zum Asylmagazin 8–9/2019, 23 (31ff); *Rosenstein/Koehler*, Beschäftigungsduldung – eine Bewertung der Neuregelung aus Sicht der Praxis, ZAR 2019, 223.

1868 § 25b Abs 6 AufenthG idF „Duldungsgesetz“.

sammenhang wird weiters auf die Ausführungen in Kapitel 5.E.III.1. verwiesen.

1. Erteilungsvoraussetzungen

Maßgebliche Erteilungsvoraussetzung ist, dass die Person im Sinne des § 60a Abs 2 AufenthG geduldet oder gem § 55 dtAsylG „gestattet" ist oder über eine Aufenthaltserlaubnis verfügt. Im Hinblick auf die vorliegende Arbeit und die Regularisierungsdefinition ist besonders relevant, dass die Aufenthaltserlaubnis aus der Duldung heraus beantragt werden kann.[1869] Zu beachten sind hierbei die durch das „Geordnete-Rückkehr-Gesetz" eingeführten Neuerungen, speziell die „Duldung für Personen mit ungeklärter Identität".[1870] Gem § 105 Abs 3 AufenthG idF „Geordnete-Rückkehr-Gesetz" werden jene Zeiten, in denen man im Besitz einer solchen Duldung ist, nicht als Vorduldungszeiten angerechnet.[1871] Dies führt zu einer gravierenden Verschlechterung der aufenthaltsrechtlichen Perspektive von Geduldeten „mit ungeklärter Identität". Zu beachten ist jedoch, dass man die unterlassenen Passbeschaffungshandlungen jederzeit nachholen und derart die Pflichtverletzung heilen kann.[1872] Folglich ist dem*der Ausländer*in die Duldung „ohne den Zusatz ‚für Personen mit ungeklärter Identität' auszustellen".[1873] Durch die Heilung entfalten die die Duldungszeiten vor Ausstellung der „Duldung für Personen mit ungeklärter Identität" wieder „aufenthaltsrechtliche Wirkung" und sind in der Folge „auf die Voraufenthaltszeiten für die §§ 25a und b AufenthG anrechenbar".[1874]

Weiters wird verlangt, dass eine „nachhaltige Integration" vorliegt. In § 25b Abs 1 S 2 AufenthG werden bestimmte Voraussetzungen gesetzlich aufgelistet, die zu erfüllen sind, wobei laut den Erläuterungen „besondere Integrationsleistungen von vergleichbarem Gewicht ebenfalls zur Erteilung einer Aufenthaltserlaubnis nach § 25b führen können, auch wenn die Vor-

1869 Siehe Kapitel 2.A.II.1.
1870 § 60b AufenthG idF „Geordnete-Rückkehr-Gesetz".
1871 Siehe im Detail Kapitel 5.A.I.2.a.
1872 § 60b Abs 4 AufenthG idF „Geordnete-Rückkehr-Gesetz" und siehe Kapitel 5.E.III.1.
1873 § 60b Abs 4 S 4 AufenthG idF „Geordnete-Rückkehr-Gesetz".
1874 *Eichler*, Das Migrationspaket – Beilage zum Asylmagazin 8–9/2019, 71 mit Verweis auf BT-Drs 19/10047, 39.

aussetzungen des Absatzes 1 Satz 2 im Einzelfall nicht vollständig erfüllt sind".[1875]

Zunächst wird eine achtjährige ununterbrochene Voraufenthaltsdauer vorausgesetzt, wobei der*die Ausländer*in geduldet, gestattet oder erlaubt aufhältig gewesen sein muss. *Röder* führt zutreffend aus, dass etwa auch ein sechsjähriger Aufenthalt ausreichen kann, insofern weitere integrative Elemente vorliegen.[1876] Lebt der*die Ausländer*in mit einem minderjährigen ledigen Kind[1877] in häuslicher Gemeinschaft, ist grundsätzlich nur ein sechsjähriger Voraufenthalt erforderlich.[1878] Der Voraufenthalt hat jedenfalls „ununterbrochen" zu sein. Nach den Erläuterungen schaden kurzfristige Auslandsreisen von bis zu drei Monaten nicht.[1879]

Weitere Erteilungsvoraussetzungen sind, dass sich die Ausländer*innen zur freiheitlichen demokratischen Grundordnung bekennen[1880] und über Grundkenntnisse der Rechts- und Gesellschaftsordnung und Lebensverhältnisse der Bundesrepublik Deutschland verfügen. [1881]

Gefordert ist auch die wirtschaftliche Integration der betreffenden Person.[1882] Diese kann einerseits durch eine bereits bestehende Selbsterhaltungsfähigkeit erreicht werden.[1883] Hierbei reicht es aus, dass mehr als 50 % des Lebensunterhalts „aus eigener Kraft"[1884] gedeckt werden, wobei auch der vorübergehende Bezug von Sozialleistungen nicht anspruchsschädlich ist.[1885] Andererseits weisen die Erläuterungen bei Geduldeten zu Recht darauf hin, dass es aufgrund des ungesicherten Aufenthaltsstatus oftmals schwierig ist einen Arbeitsplatz zu finden.[1886] Deshalb ist es bei

1875 BT-Drs 18/4097, 42.

1876 *Röder*, Asylmagazin 2016, 109f mit Hinweis auf BT-Drs 18/4097, 23.

1877 Der Gesetzeswortlaut spricht von „einem" Kind, wodurch es sich nicht um das „eigene" Kind des*r Antragstellers*in handeln muss; in dem Sinne *Röder*, Asylmagazin 2016, 109.

1878 Abhängig vom Einzelfall kann auch wiederum eine kürzere Frist ausreichend sein.

1879 Vgl BT-Drs 18/4097, 43 und *Röder*, Asylmagazin 2016, 110.

1880 § 25b Abs 1 Z 2 AufenthG. Kritisch *Röder*, Asylmagazin 2016, 111. Dies geht weiter als gem § 25a Abs 1 Z 5 AufenthG verlangt wird; siehe Kapitel 5.B.II.1.

1881 Diese können – genau wie bei der Niederlassungserlaubnis – durch einen Orientierungskurs nachgewiesen werden; vgl Nr 9.2.1.8 AVV-AufenthG. Laut *Röder*, Asylmagazin 2016, 111 ist nicht ersichtlich, warum die Ausnahmebestimmung gem § 25b Abs 3 AufenthG nicht zur Anwendung gelangt.

1882 § 25 Abs 1 Z 3 AufenthG.

1883 § 2 Abs 3 S 1 AufenthG.

1884 *Röder*, Asylmagazin 2016, 111.

1885 § 25b Abs 1 S 3 AufenthG; vertiefend *Röder*, Asylmagazin 2016, 112.

1886 Vgl BT-Drs 18/4097, 43.

dieser Personengruppe im Sinne einer Gesamtbetrachtung der bisherigen Schul-, Ausbildungs-, Einkommens- und familiären Lebenssituation ausreichend, wenn die Selbsterhaltungsfähigkeit bloß im Rahmen einer Prognoseentscheidung „zu erwarten ist". Eine weitere Erteilungsvoraussetzung ist der Nachweis von mündlichen Deutschkenntnissen auf A2-Niveau, wobei diese Voraussetzung praktischerweise auch durch Vorsprache bei der Behörde erfüllt werden kann.[1887] Von den beiden Voraussetzungen (wirtschaftliche Integration und Deutschkenntnisse) ist abzusehen, wenn diese wegen einer körperlichen, geistigen oder seelischen Krankheit oder Behinderung oder aus Altersgründen nicht erfüllt werden können.

Abschließend haben Kinder im schulpflichtigen Alter nachzuweisen, dass sie die Schule „tatsächlich" besucht haben.[1888] Im Gegensatz zur Aufenthaltserlaubnis gem § 25a AufenthG ist der „erfolgreiche" Schulbesuch nicht vorausgesetzt.[1889]

§ 25b Abs 2 AufenthG normiert ausdrücklich zwei Ausschlussgründe: Einerseits, wenn die Abschiebung aufgrund eigener falscher Angaben des*r Ausländers*in oder aufgrund seiner*ihrer Täuschung über seine*ihre Identität und Staatsangehörigkeit ausgesetzt ist. *Hörich/Putzar-Sattler* weisen darauf hin, dass die Formulierung eine wesentlich engere als in § 25 Abs 5 S 3 AufenthG ist, woraus folgt, „dass die Falschangabe oder die Täuschung wissentlich und willentlich herbeigeführt worden sein müssen".[1890] Andererseits kann keine Aufenthaltserlaubnis erteilt werden, insofern ein besonders schwerwiegendes oder schwerwiegendes Ausweisungsinteresse gem § 54 Abs 1 oder Abs 2 Z 1 und 2 AufenthG besteht.[1891] Hierzu zählt etwa, wenn eine Person Bezüge zu extremistischen und terroristischen Organisationen aufweist, oder eine vorsätzliche Straftat begangen hat.[1892] Darüber hinaus kann gem § 25b Abs 5 S 2 AufenthG von der Titelerteilungssperre, die weiter oben bereits ausgeführt wurde,[1893] abgewichen werden.

1887 § 25b Abs 1 Z 4 AufenthG; vgl BT-Drs 18/4097, 44.

1888 § 25b Abs 1 Z 5 AufenthG.

1889 Siehe Kapitel 5.B.II.1.

1890 *Hörich/Putzar-Sattler*, Mitwirkungspflichten im Ausländerrecht: Rechtsgutachten zu den Voraussetzungen von Sanktionen bei Nichtmitwirkung v November 2017, 9 beziehen sich hierbei auf die idente Formulierung gem § 25a Abs 2 S 1 Z 1 AufenthG; siehe Kapitel 5.B.II.1.

1891 Vertiefend *Beichel-Benedetti* in *Huber* (Hrsg), Kommentar Aufenthaltsgesetz² (2016) § 54 AufenthG.

1892 BT-Drs 18/4097, 44.

1893 Siehe Kapitel 4.A.III.2.c.

2. Aufenthaltsrecht

Die Aufenthaltserlaubnis ist für längstens zwei Jahre zu erteilen,[1894] wobei genau wie bei § 25a AufenthG ein „Soll“-Anspruch im Sinne eines gebundenen Ermessens normiert ist.[1895] Sie berechtigt zum Ausüben einer Erwerbstätigkeit gem § 25b Abs 5 S 2 AufenthG. Inhaber*innen einer Aufenthaltserlaubnis gem § 25a AufenthG haben grundsätzlich Anspruch auf Arbeitslosengeld II gem SGB II oder Sozialhilfe gem SGB XII.[1896]

Die Verlängerung ist gem § 8 Abs 1 AufenthG möglich, wobei die Voraussetzung geduldet zu sein nicht erneut vorliegen muss, die Voraussetzung der wirtschaftlichen Integration jedoch schon.[1897] Neben einem Antrag auf Erteilung einer Aufenthaltserlaubnis gem § 25b AufenthG kann auch ein Eventualantrag auf Erteilung einer Aufenthaltserlaubnis gem § 25 Abs 5 AufenthG eingebracht werden.[1898]

3. Abgeleitete Aufenthaltsrechte für Familienangehörige

Ehegatt*innen, Lebenspartner*innen und minderjährigen, ledigen Kindern, insofern sie mit der betreffenden Person in familiärer Lebensgemeinschaft leben, ist gem § 25b Abs 4 AufenthG ein abgeleitetes Aufenthaltsrecht zu erteilen. Hierfür müssen sie die aufgezählten Erteilungsvoraussetzungen – mit Ausnahme der Voraufenthaltszeit – erfüllen.[1899] Die Rechtsstellung ist vergleichbar mit der von dem*r jeweiligen Stammberechtigten.[1900]

II. „Aufenthaltserlaubnis für gut integrierte Jugendliche und Heranwachsende“ – Deutschland

Die „Aufenthaltserlaubnis für gut integrierte Jugendliche und Heranwachsende“ bezieht sich auf die Integration einer Person in Deutschland und lässt

1894 § 25b Abs 5 S 1 und § 26 Abs 1 S 1 AufenthG.

1895 *Samer/Röcker* in *Bergmann/Dienelt* (Hrsg), Kommentar Ausländerrecht[12] (2018) § 25b AufenthG Rn 4 und *Röder*, Asylmagazin 2016, 114 und 116.

1896 *Frings/Janda/Keßler/Steffen*, Sozialrecht Rn 869.

1897 *Röder*, Asylmagazin 2016, 108 und 114.

1898 In dem Sinne *Samer/Röcker* in *Bergmann/Dienelt* § 25b AufenthG Rn 8 und siehe Kapitel 5.C.II.

1899 Siehe Kapitel 5.B.I.1.

1900 *Röder*, Asylmagazin 2016, 114f.

sich genau wie die „Aufenthaltserlaubnis bei nachhaltiger Integration“ aus Art 8 EMRK ableiten.[1901] Nach den Erläuterungen soll sie „gut integrierten geduldeten Jugendlichen und Heranwachsenden eine eigene gesicherte Aufenthaltsperspektive“[1902] bieten, vor allem weil sie im Gegensatz zu den zuvor bestehenden Altfallregelungen gem §§ 104a und 104b AufenthG stichtagsunabhängig ist.[1903] Ende 2017 haben 5.207 Ausländer*innen über eine Aufenthaltserlaubnis gem § 25a AufenthG verfügt.[1904]

1. Erteilungsvoraussetzungen

Maßgebliche Erteilungsvoraussetzung ist gem § 25a Abs 1 AufenthG, dass jugendlichen oder heranwachsenden geduldeten Ausländer*innen eine Aufenthaltserlaubnis erteilt wird, wenn sie seit mindestens vier Jahren erfolgreich eine Schule in Deutschland besucht haben. Sowohl der Begriff „Jugendliche“ (14 bis 18 Jahre) als auch „Heranwachsende“ (18 bis 21 Jahre) richtet sich nach dem Jugendgerichtsgesetz.[1905] Die Antragstellung ist schon vor Vollendung des 14ten und bis zur Vollendung des 21ten Lebensjahres zulässig.[1906] Hierbei ist hervorzuheben, dass die Altershürden vor dem Bleiberechtsänderungsgesetz 2015 noch wesentlicher höher und restriktiver angesetzt waren.[1907] Gleichzeitig wurde durch das genannte Gesetz die Voraufenthaltsdauer von sechs auf vier Jahre verkürzt, wodurch der Norm ein wesentlich weiterer Anwendungsbereich zukommt. Genau wie bei der „Aufenthaltserlaubnis bei nachhaltiger Integration“ muss der Aufenthalt „ununterbrochen“ sein.[1908] Kurzfristige Auslandsreisen schaden wiederum nicht.[1909] Die „gelungene“ Integration zeigt sich vor allem durch einen erfolgreichen Schulbesuch, wobei sich die Formulierung so-

---

1901 *Marx*, Aufenthalts-, Asyl- und Flüchtlingsrecht § 5 Rn 138.

1902 Bundesratsdrucksache 704/1/10, 4.

1903 Siehe Kapitel 4.A.III.4.

1904 BT-Drs 19/633, 31.

1905 Gesetz v 11.12.1974 (BGBl I 3427), zuletzt geändert durch Gesetz v 27.8.2017 (BGBl I 3295); vgl BT-Drs 18/4097, 42.

1906 § 25a Abs 1 Z 3 AufenthG. Vertiefend *Röder*, Asylmagazin 2016, 115 und *Wunderle/Röcker* in *Bergmann/Dienelt* (Hrsg), Kommentar Ausländerrecht12 (2018) § 25a AufenthG Rn 13.

1907 *Röder*, Asylmagazin 2016, 115.

1908 Siehe Kapitel 5.B.I.1.

1909 *Wunderle/Röcker* in *Bergmann/Dienelt* § 25a AufenthG Rn 11.

wohl auf die tatsächliche, vierjährige Schulbesuchszeit als auch auf den „erfolgreichen" Abschluss bezieht.[1910]

Genau wie bei der „Aufenthaltserlaubnis bei nachhaltiger Integration" ist eine maßgebliche Erteilungsvoraussetzung, dass die Person im Sinne des § 60a Abs 2 AufenthG geduldet oder gem § 55 dtAsylG „gestattet" ist oder über eine Aufenthaltserlaubnis verfügt. Zu beachten sind hierbei die durch das „Geordnete-Rückkehr-Gesetz" eingeführten Neuerungen, speziell die „Duldung für Personen mit ungeklärter Identität".[1911]

Darüber hinaus dürfen keine Anhaltspunkte für ein fehlendes Demokratiebekenntnis vorliegen, wobei davon auszugehen ist, dass diese Voraussetzung erfüllt ist, insofern nicht Gegenteiliges bekannt ist.[1912] Weiters ist eine „positive Integrationsprognose" im Sinne einer „Gesamtbetrachtung aller bisherigen Integrationsleistungen u. der konkreten individuellen Lebensverhältnisse"[1913] zu treffen.

Die Erteilung einer Aufenthaltserlaubnis ist gem § 25a Abs 1 S 3 AufenthG zu versagen, wenn die Abschiebung aufgrund eigener falscher Angaben des*r Ausländers*in oder aufgrund seiner*ihrer Täuschung über seine*ihre Identität und Staatsangehörigkeit ausgesetzt ist. Diese Formulierung ist ident mit jener in Bezug auf die „Aufenthaltserlaubnis bei nachhaltiger Integration", weshalb auf die Ausführungen oben verwiesen wird.[1914]

2. Aufenthaltsrecht

Genau wie § 25b Abs 1 AufenthG, normiert § 25a Abs 1 AufenthG einen „Soll"-Anspruch auf Erteilung im Sinne eines gebundenen Ermessens.[1915] Die Aufenthaltserlaubnis kann für längstens drei Jahre erteilt werden.[1916] Sie berechtigt zur Erwerbstätigkeit gem § 25a Abs 4 AufenthG. Die Verlängerung ist gem § 8 Abs 1 AufenthG möglich, wobei die Voraussetzungen in Bezug auf das Höchstalter und den Duldungsstatus nicht erneut vorlie-

1910 *Wunderle/Röcker* in *Bergmann/Dienelt* § 25a AufenthG Rn 12; aA *Röder*, Asylmagazin 2016, 116.
1911 § 60b AufenthG idF „Geordnete-Rückkehr-Gesetz" und siehe ausführlich Kapitel 5.B.I.1.
1912 § 25a Abs 1 Z 5 AufenthG. *Röder*, Asylmagazin 2016, 116.
1913 *Wunderle/Röcker* in *Bergmann/Dienelt* § 25a AufenthG Rn 14.
1914 Siehe Kapitel 5.B.I.1.
1915 *Röder*, Asylmagazin 2016, 116.
1916 § 26 Abs 1 S 1 AufenthG.

gen müssen.[1917] Inhaber*innen einer Aufenthaltserlaubnis gem § 25a AufenthG haben grundsätzlich Anspruch auf Arbeitslosengeld II gem SGB II oder Sozialhilfe gem SGB XII.[1918]

Neben einem Antrag auf Erteilung einer Aufenthaltserlaubnis gem § 25a AufenthG kann ein Eventualantrag auf Erteilung einer Aufenthaltserlaubnis gem § 25 Abs 5 AufenthG eingebracht werden.[1919]

3. Abgeleitete Aufenthaltsrechte für Familienangehörige

Gem § 25a Abs 2 soll den Eltern oder einem personensorgeberechtigten Elternteil und den minderjährigen Geschwistern eines*r minderjährigen Ausländers*in, der*die eine Aufenthaltserlaubnis gem § 25a Abs 1 AufenthG besitzt, sowie den Ehegatt*innen, Lebenspartner*innen und minderjährigen ledigen Kindern eine eigenständige, „abgeleitete" Aufenthaltserlaubnis erteilt werden. Dadurch wird dem Schutz der familiären Gemeinschaft im Sinne des Art 6 GG und Art 8 EMRK und Rechnung getragen.[1920] Die Ehegatt*innen und Lebenspartner*innen haben grundsätzlich in familiärer Lebensgemeinschaft mit der betreffenden Person zu leben und alle Erteilungsvoraussetzungen, die bereits in Bezug auf § 25a Abs 1 AufenthG aufgezählt wurden, zu erfüllen.[1921] Speziell Bezug genommen wird hierbei auf die eigenständige Lebensunterhaltssicherung, wodurch im Vergleich zu den abgeleiteten Aufenthaltsrechten bei der „Aufenthaltserlaubnis bei nachhaltiger Integration" strengere Voraussetzungen zu erfüllen sind.[1922] Minderjährige, ledige Kinder haben lediglich mit dem*r Familienangehörigen in familiärer Lebensgemeinschaft zu leben.[1923]

1917 *Röder*, Asylmagazin 2016, 116.
1918 *Frings/Janda/Keßler/Steffen*, Sozialrecht Rn 853.
1919 In dem Sinne *Wunderle/Röcker* in *Bergmann/Dienelt* § 25a AufenthG Rn 26 und siehe Kapitel 5.C.II.
1920 *Wunderle/Röcker* in *Bergmann/Dienelt* § 25a AufenthG Rn 20.
1921 § 25a Abs 2 S 3 AufenthG und siehe Kapitel 5.B.II.1.
1922 Siehe Kapitel 5.B.I.3.
1923 § 25a Abs 2 S 5 AufenthG.

III. „Aufenthaltstitel aus Gründen des Art 8 EMRK", in concreto des Privatlebens – Österreich

Der „Aufenthaltstitel aus Gründen des Art 8 EMRK" basiert, wie der Name bereits deutlich macht, auf der menschenrechtlichen Verpflichtung der Achtung des Privat- und Familienlebens gem Art 8 EMRK.[1924] Er wird auch als „Bleiberecht" bezeichnet.[1925] Da der Aufenthaltstitel zwei Tatbestandselemente hat, wird neben den allgemeinen Ausführungen in der Folge der Fokus auf die Achtung des Privatlebens gelegt. Innerhalb des Regularisierungszwecks „Familieneinheit" wird die Regularisierung sodann betreffend die Achtung des Familienlebens beleuchtet. Österreich stellt, wie bereits oben dargelegt,[1926] keine aussagekräftigen Statistiken über die Kategorie der „Aufenthaltstitel aus berücksichtigungswürdigen Gründen" zur Verfügung, weshalb unklar ist, wie viele der hier besprochenen Aufenthaltstitel jährlich erteilt werden.

1. Erteilungsvoraussetzungen

Allgemeine Erteilungsvoraussetzung ist, dass die Rückkehrentscheidung aus Gründen des Privat- und Familienlebens auf Dauer unzulässig ist.[1927] Das BFA hat hierbei eine Abwägung der privaten (bzw familiären) Interessen des*der Fremden am Verbleib in Österreich und den Interessen Österreichs an der Außerlandesbringung vorzunehmen.[1928] Das österreichische Recht hat die vom EGMR geforderte Interessensabwägung auf einfachgesetzlicher Ebene kodifiziert.[1929] Gem § 9 Abs 2 BFA-VG sind etwa die Art, Dauer und Rechtmäßigkeit des Aufenthalts,[1930] das tatsächliche Bestehen eines Famili-

1924 Siehe nur VwGH 4.8.2016, Ra 2015/21/0249.

1925 Siehe nur *Oswald*, Bleiberecht.

1926 Siehe Kapitel 4.B.III.1.

1927 § 9 Abs 2 BFA-VG.

1928 VfGH 29.9.2007, B 1150/07 und VwGH 12.11.2015, Ra 2015/21/0101; vertiefend *Oswald*, Bleiberecht; *Hinterberger*, Asyl- und Fremdenpolizeirecht 66-69; *Rössl*, Staatsangehörige zweiter Klasse?, FABL 2/2017-I, 37 (38).

1929 In Deutschland hat sich eine vergleichbare Interessensabwägung im Rahmen von § 25 Abs 5 AufenthG entwickelt; siehe Kapitel 5.C.II.1. Ein Unterschied ist hierbei aber, dass diese als „offen" zu qualifizieren ist, da die einzelnen Abwägungskriterien nicht auf gesetzlicher Ebene normiert wurden. Einige Kriterien, die sich im Rahmen der Rspr zu Art 8 EMRK entwickelt haben, sind aber in den §§ 25a und 25b AufenthG kodifiziert worden; siehe Kapitel 5.B.I.-II.

1930 VwGH 23.6.2015, Ra 2015/22/0026.

enlebens,[1931] die Schutzwürdigkeit des Privatlebens,[1932] der Integrationsgrad, die Bindungen zum Heimatstaat[1933] und die strafgerichtliche Unbescholtenheit zu berücksichtigen. Ob die Rückkehrentscheidung einen unzulässigen Eingriff in den Schutzbereich von Art 8 EMRK darstellt, ist anhand einer Prüfung des Einzelfalls im Sinne einer Gesamtbetrachtung zu beurteilen.[1934]

In Bezug auf das Privatleben und den Integrationsgrad hat das BFA insbesondere zu berücksichtigen, ob sich der*die Fremde während des Aufenthalts im Bundesgebiet aus- oder weitergebildet hat, etwaige Vereinstätigkeiten und Mitgliedschaften und integrative Schritte in den Arbeitsmarkt vorliegen.[1935] Alle im Ermittlungsverfahren dem BFA bekannt gewordenen Tatsachen sind im Hinblick auf die inhaltliche Bewertung der Integration und des Privat- bzw Familienlebens zu berücksichtigen. In der Praxis wird daher empfohlen, dem BFA alle relevanten Fakten mittels Stellungnahme bekanntzumachen und mitzuteilen.

Nach der Rspr des VwGH überwiegt bei einem mehr als zehnjährigen dauernden Aufenthalt in Österreich in der Regel das persönliche Interesse am Verbleib gegenüber dem Ausweisungsinteresse Österreichs, insofern sich der*die Fremde beruflich und sozial integriert hat und sich aus seinem*ihren Verhalten keine Gefährdung der öffentlichen Ordnung und Sicherheit ergibt.[1936] Hierbei ist aber auch zu berücksichtigen, ob das Privatleben in einem Zeitpunkt entstanden ist, in dem sich die Beteiligten ihres unsicheren Aufenthaltsstatus bewusst waren.[1937] Weiters kann die Länge der Aufenthaltsdauer nach der VwGH-Rspr durch Handlungen des*r Fremden relativiert werden, wie etwa durch die Nichtvorlage eines Reisepasses.[1938] Aus diesen Ausführungen ergibt sich deshalb, dass das österreichische „Bleiberecht" auf eine schon eingetretene Verwurzelung Bezug nimmt, wohingegen sich die soziale Verwurzelung in Spanien im Vergleich dazu grundsätzlich auf die zukünftige Verwurzelung bezieht, wie noch gezeigt wird.[1939]

1931 VfGH 28.6.2003, G 78/00.
1932 VwGH 28.4.2015, Ra 2014/18/0146.
1933 VfGH 10.3.2011, B 1565/10 ua.
1934 VwGH 6.9.2018, Ra 2018/18/0026 mwN.
1935 Siehe nur zu in der Vergangenheit ausgeübten Erwerbstätigkeiten VwGH 15.3.2018, Ra 2017/21/0203.
1936 VwGH 10.9.2018, Ra 2018/19/0169 mwN.
1937 § 9 Abs 2 Z 8 BFA-VG; VwGH 15.3.2018, Ra 2018/21/0034.
1938 VwGH 29.8.2018, Ra 2018/22/0180 mwN.
1939 Siehe Kapitel 5.E.I.

Ein Antrag auf Erteilung eines „Aufenthaltstitels aus Gründen des Art 8 EMRK“ ist zurückzuweisen, wenn sich bei Antragstellung kein geänderter Sachverhalt des Privat- und Familienlebens im Verhältnis zur zuletzt erlassenen Rückkehrentscheidung ergibt (res iudicata).[1940]

2. Aufenthaltsrecht

Diesbezüglich wird auf die allgemeinen Ausführungen in Kapitel 4.B.III.2.d. verwiesen. Kommt das BFA zum Schluss, dass die Rückkehrentscheidung aufgrund des schützenswerten Privat- und Familienlebens auf Dauer unzulässig ist, hat es eine „Aufenthaltsberechtigung“ zu erteilen. Erfüllt der*die Fremde überdies die zusätzlichen Voraussetzungen ist eine „Aufenthaltsberechtigung plus“ zu erteilen. Hervorzuheben ist, dass der*die Fremde – im Vergleich zu den anderen „Aufenthaltstitel aus berücksichtigungswürdigen Gründen“ – einen Rechtsanspruch auf Erteilung des Aufenthaltstitels hat, wenn er*sie die Voraussetzungen erfüllt.[1941] Hierbei verfügt die Behörde über keinen Ermessensspielraum. Seit dem Fremdenrechtsänderungsgesetz 2015 kann auch das BVwG über die Erteilung eines „Aufenthaltstitels aus Gründen des Art 8 EMRK“ absprechen.[1942]

Darüber hinaus ist zu erwähnen, dass im Falle der Abweisung eines Antrags auf Erteilung eines „Aufenthaltstitels aus Gründen des Art 8 EMRK“ die Voraussetzungen des § 57 AsylG, dh der „Aufenthaltsberechtigung besonderer Schutz“, nicht zu prüfen sind, da dies gesetzlich nicht vorgesehen ist.[1943]

IV. Zwischenergebnis

Die Untersuchung hat gezeigt, dass die drei Mitgliedstaaten in dem Regularisierungszweck „soziale Bindungen“ vereinfacht gesagt humanitäre Erwägungen als legitimen Grund für die Erteilung eines Aufenthaltsrechts anerkennen. Prüfungsmaßstab für den Regularisierungszwecks „soziale

---

1940 § 58 Abs 10 AsylG und näher VwGH 16.12.2015, Ro 2015/21/0037.

1941 In dem Sinne auch *Filzwieser/Frank/Kloibmüller/Raschhofer*, Asyl- und Fremdenrecht § 55 AsylG K 2.

1942 In dem Sinne *Filzwieser/Frank/Kloibmüller/Raschhofer*, Asyl- und Fremdenrecht § 55 AsylG K 5.

1943 VwGH 12.11.2015, Ra 2015/21/0101 und 16.12.2016, Ra 2015/21/0166.

Bindungen" ist der in Art 8 EMRK festgelegte Tatbestand des Rechts auf Achtung des Privatlebens. Nach der EGMR-Rspr besteht – abgesehen von außergewöhnlichen Fällen – keine Pflicht zur Erteilung eines Aufenthaltsrechts. Vielmehr reicht es aus, wenn die Staaten die betreffenden Migrant*innen vor einer möglichen Ausweisung schützen.

Die deutsche „Aufenthaltserlaubnis bei nachhaltiger Integration" und die deutsche „Aufenthaltserlaubnis für gut integrierte Jugendliche und Heranwachsende" wurden gemeinsam eingeführt und weisen einige Parallelen auf. Im Mittelpunkt beider Aufenthaltserlaubnisse steht die „Integration", wobei der persönliche Anwendungsbereich unterschiedlich ist. Die „Aufenthaltserlaubnis für gut integrierte Jugendliche und Heranwachsende" zielt auf Personen ab, die zwischen 14 und 21 Jahre alt sind, wodurch der Anwendungsbereich enger als bei der „Aufenthaltserlaubnis bei nachhaltiger Integration" ist, die grundsätzlich alle geduldeten Ausländer*innen erfasst.[1944] Erstere erfordert darüber hinaus den vierjährigen, erfolgreichen Schulbesuch in Deutschland durch den die „gelungene" Integration demonstriert wird. Dahingegen setzt letztere eine achtjährige Voraufenthaltsdauer voraus, in der die Person geduldet, gestattet oder erlaubt aufhältig gewesen sein muss. Weiters wird bei der „Aufenthaltserlaubnis bei nachhaltiger Integration" die wirtschaftliche Integration vorausgesetzt, was durch eine bereits bestehende Selbsterhaltungsfähigkeit erreicht werden kann. Sollte diese nicht erreicht werden können, ist es ausreichend, wenn die Selbsterhaltungsfähigkeit im Sinne einer Prognoseentscheidung „zu erwarten ist". Dies ist bei Geduldeten aufgrund des ungesicherten Aufenthaltsstatus und der daraus resultierenden Schwierigkeit einen Arbeitsplatz zu finden von besonderer Relevanz. Darüber hinaus sind auch mündliche Deutschkenntnisse auf A2-Niveau gefordert, die praktischerweise durch Vorsprache bei der Behörde erfüllt werden können. Ein Versagungsgrund, der wiederum für beide Aufenthaltserlaubnisse gilt, ist, dass die Abschiebung nicht aufgrund von falschen Angaben des*r Betroffenen ausgesetzt sein darf. Beide sind bei Vorliegen der Voraussetzungen für zwei („Aufenthaltserlaubnis bei nachhaltiger Integration") bzw drei („Aufenthaltserlaubnis für gut integrierte Jugendliche und Heranwachsende") Jahre zu erteilen und gewähren Anspruch auf Sozialleistungen und einen Zugang zu Beschäftigung. Die Statistiken zeigen, dass die „Aufenthaltserlaubnis für gut integrierte Jugendliche und Heranwachsende" etwa doppelt so vielen

---

1944 Zu beachten sind hierbei die durch das „Geordnete-Rückkehr-Gesetz" eingeführten Neuerungen, speziell die „Duldung für Personen mit ungeklärter Identität"; siehe Kapitel 5.A.I.2.a. und Kapitel 5.B.I.1.-2.

Ausländer*innen erteilt wird als die „Aufenthaltserlaubnis bei nachhaltiger Integration“. Dies lässt sich wohl durch die – verhältnismäßig betrachtet – einfacheren Erteilungsvoraussetzungen erklären.

Darüber hinaus weisen beide Aufenthaltserlaubnisse eine Besonderheit auf, da sie abgeleitete Aufenthaltsrechte für Familienangehörige normieren. So können der personensorgeberechtigte Elternteil oder die minderjährigen Geschwister eines*r gut integrierten Jugendlichen ein abgeleitetes Aufenthaltsrecht erwerben, insofern sie mit dem*r Stammberechtigten in familiärer Lebensgemeinschaft leben. Dadurch wird dem Schutz der familiären Gemeinschaft im Sinne des Art 6 und Art 8 EMRK zwar Rechnung getragen, jedoch wäre es zweckmäßiger, dass den Familienangehörigen ein eigenständiges Aufenthaltsrecht gewährt wird und dieses vereinfacht gesprochen nicht von dem*r Stammberechtigten „abhängig“ ist.

Der österreichische „Aufenthaltstitel aus Gründen des Art 8 EMRK“ ist das dritte und letzte Aufenthaltsrecht innerhalb des Regularisierungszwecks „soziale Bindungen“. Im Gegensatz zu den beiden deutschen Aufenthaltserlaubnissen ist der österreichische Aufenthaltstitel von der Struktur komplett anders aufgebaut und orientiert sich stark an der Rspr des EGMR zu Art 8 EMRK. Dementsprechend ist ein Kriterienkatalog auf einfachgesetzlicher Ebene normiert, nach dem eine Interessensabwägung zwischen den privaten (bzw familiären) Interessen des*r Fremden am Verbleib in Österreich und den Interessen Österreichs an der Außerlandesbringung vorzunehmen ist. Insgesamt bezieht sich das österreichische „Bleiberecht“ deshalb auf eine schon eingetretene Verwurzelung. Im Vergleich zu den deutschen Aufenthaltserlaubnissen scheint die österreichische Variante „flexibler“ zu sein, jedoch ist es dadurch insgesamt auch schwieriger zu „wissen“ in welchen Fällen ein Aufenthaltsrecht gewährt wird. Aus Perspektive der Rechtssicherheit scheinen deshalb klar festgelegte Erteilungsvoraussetzungen vorzugswürdig zu sein, die jedoch den Nachteil haben, dass sie in der Regel nicht alle Gründe, die für bzw gegen den Verbleib des* Fremden sprechen, berücksichtigen.

Festzuhalten ist daher, dass sowohl Deutschland als auch Österreich dem Grunde nach dem Ausweisungsschutz gem Art 8 EMRK (Privatleben) gerecht werden. Im spanischen Recht ist keine Aufenthaltsberechtigung innerhalb des Regularisierungszwecks „soziale Bindungen“ zu finden. Auf den ersten Blick könnte man daher meinen, dass Spanien seiner völkerrechtlichen Verpflichtungen nicht nachkommt, bei genauerer Betrachtung zeigt sich jedoch, dass der Ausweisungsschutz gem Art 8 EMRK von anderen Aufenthaltsberechtigungen abgedeckt wird, wobei hierbei vor allem die „befristete Aufenthaltsberechtigung aufgrund sozialer Verwurzelung“

hervorzuheben ist.[1945] Die soziale Verwurzelung wird in erster Linie aufgrund der Vorlage eines Arbeitsvertrags erteilt, weshalb die Aufenthaltsberechtigung unter den Regularisierungszweck „Erwerbstätigkeit und Ausbildung" subsumiert wird.

C. *Familieneinheit*[1946]

Die erste Regularisierung, die in dem Regularisierungszweck „Familieneinheit" näher dargestellt wird, ist die spanische „Aufenthaltsberechtigung für das nicht in Spanien geborene Kind", deren Gültigkeit sich in der Regel jeweils von einem Elternteil bzw Vormund ableitet und somit grundsätzlich keine Mindesterteilungsdauer festlegt. Da aber zumindest eine fünfjährige Mindesterteilungsdauer vorgeschrieben ist, wenn es sich beim Elternteil bzw Vormund um eine*n Unionsbürger*in handelt, wird die Regularisierung trotzdem in die Analyse einbezogen. In der Folge wird die deutsche „Aufenthaltserlaubnis für vollziehbar Ausreisepflichtige, wenn die Ausreise aus rechtlichen oder tatsächlichen Gründen unmöglich ist" dargestellt, da diese von sechs Monaten bis zu höchstens drei Jahren erteilt werden kann. Anschließend wird der österreichische „Aufenthaltstitel aus Gründen des Art 8 EMRK" sowie die spanische „befristete Aufenthaltsberechtigung aufgrund familiärer Verwurzelung" dargestellt, die jeweils für ein Jahr befristet sind. Abschließend wird die österreichische „Rot-Weiß-Rot – Karte plus" für unbegleitete minderjährige Fremde in Obhut von Pflegeeltern oder des Kinder- und Jugendhilfeträgers analysiert, die für zwei Jahre erteilt wird.

I. „Aufenthaltsberechtigung für das nicht in Spanien geborene Kind" – Spanien

Art 186 REDYLE legt fest, dass an Minderjährige,[1947] die nicht in Spanien geboren wurden, eine Aufenthaltsberechtigung erteilt werden kann („residencia del hijo no nacido en España de residente"). Laut *Fernández Collados* zählt die Aufenthaltsberechtigung aufgrund ihrer Charakteristika zu den

---

1945 Siehe Kapitel 5.E.I.

1946 Siehe bereits Kapitel 2.B.III.3.

1947 Siehe zum Rechtsstatus von Minderjährigen im spanischen Ausländerrecht *Cobas Cobiella*, Revista Boliviana de Derecho 2015/20, 105ff.

„Aufenthaltsberechtigungen aufgrund von Verwurzelung", auch wenn diese nicht in Art 124 REDYLE angeführt wird.[1948] Sie wird deshalb auch als Verwurzelung Minderjähriger („arraigo menores") bezeichnet. Mangels genauer Angaben in den Statistiken ist unklar, wie viele Aufenthaltsberechtigungen aufgrund dieser Bestimmung erteilt wurden.[1949] Es spricht viel dafür, dass sich die „Aufenthaltsberechtigung für das nicht in Spanien geborene Kind" grundsätzlich aus Art 8 EMRK ableiten lässt, vor allem in Bezug auf die Achtung des Kindeswohls.[1950]

In Spanien geborene Kinder von rechtmäßig aufhältigen Ausländer*innen erhalten automatisch dieselbe Aufenthaltsberechtigung wie der Elternteil.[1951] Da es sich hierbei aber um keine Regularisierung im Sinne der vorliegenden Arbeit handelt, wird diese Bestimmung nicht dargestellt.[1952] Weiters normiert Art 35 Abs 7 LODYLE, dass der Aufenthalt von unbegleiteten Minderjährigen[1953] ab dem Zeitpunkt der Übernahme der Vormundschaft durch die öffentliche Verwaltung rechtmäßig ist.[1954] Die Übernahme der Vormundschaft könnte im weiteren Sinne als Regularisierung verstanden werden, von einer Analyse wird aber Abstand genommen, weil es sich um keine eigenständige, individuelle Entscheidung handelt, mittels derer ein Aufenthaltsrecht gewährt wird.[1955] Anschließend ist zwar das Beantragen einer Aufenthaltsberechtigung durch die Vormundschaft vorgesehen,[1956] doch hat diese in casu lediglich deklarative Wirkung. Ein großes praktisches Problem stellt die Sachverhaltskonstellation dar, dass die Minderjährigen volljährig werden, und die Vormundschaft die Aufenthaltsberechtigung nicht beantragt hat, weshalb die Minderjährigen irregulär aufhältig wer-

---

1948 Vgl *Fernández Collados* in *Palomar Olmeda* 411f.

1949 Siehe Kapitel 4.C.III.1.

1950 Art 3 Abs 1 KRK.

1951 Art 185 REDYLE; vgl *Cobas Cobiella*, Revista Boliviana de Derecho 2015/20, 108.

1952 Siehe Kapitel 2.A.II.

1953 Vgl allgemein zur Situation von unbegleiteten Minderjährigen *Pérez Rey*, Art 35 LODYLE in *Monereo Pérez/Fernández Avilés/Triguero Martínez* (Hrsg), Comentario a la ley y al reglamento de Extranjería, Inmigración e Integración Social[2] (2013) 584 und *Asín Cabrera*, La residencia y protección de los menores inmigrantes no acompañados in *Boza Martínez/Donaire Villa/Moya Malapeira* (Hrsg), La nueva regulación de la inmigración y la extranjería en España (2012) 307 (308ff).

1954 Vgl *Lázaro González/Benlloch Sanz* in *Palomar Olmeda* 869-873.

1955 Siehe Kapitel 2.A.II.3.a.

1956 Art 196 REDYLE; vgl zum Verfahren und den Erteilungsvoraussetzungen *Asín Cabrera* in *Boza Martínez/Donaire Villa/Moya Malapeira* 315-317 und *Pérez Rey* in *Monereo Pérez/Fernández Avilés/Triguero Martínez* 609-611.

den.[1957] In diesem Fall kann eine eigenständige „Aufenthaltsberechtigung aus außergewöhnlichen Gründen" gem Art 198 REDYLE beantragt werden.[1958]

1. Erteilungsvoraussetzungen

Maßgebliche Erteilungsvoraussetzung ist, dass die Kinder minderjährig[1959] sein müssen und sich für einen durchgehenden Zeitraum von zwei Jahren in Spanien aufgehalten haben. Sollten sie sich noch im Pflichtschulalter befinden,[1960] müssen sie außerdem nachweisen, dass sie regelmäßig die Schule besucht haben.[1961] Diese Voraussetzung ist vergleichbar mit jener, die im Zusammenhang mit der deutschen „Aufenthaltserlaubnis bei nachhaltiger Integration" erfüllt werden muss.[1962]

Darüber hinaus muss zumindest ein Elternteil der betroffenen Kinder rechtmäßig aufhältig sein. Gesetzlich vorgesehen ist dies auch für Kinder, deren Vormund ein*e rechtmäßig aufhältige*r Ausländer*in oder Spanier*in ist bzw falls der Vormund eine in Spanien ansässige Institution ist.[1963] Der Elternteil oder Vormund müssen jedenfalls nachweisen, dass sie über die notwendigen Mittel für den Lebensunterhalt und eine angemessene Unter-

1957 Siehe zu den praktischen Problemen beim Erreichen der Volljährigkeit *Pérez Rey* in *Monereo Pérez/Fernández Avilés/Triguero Martínez* 611; *Asín Cabrera* in *Boza Martínez/Donaire Villa/Moya Malapeira* 317ff und *Gimeno Monterde*, Menores extranjeros no acompañados. Una cuestión compleja para las políticas públicas y sociales, Revista de Derecho Migratorio y Extranjería 2010/25, 55 (58-61).

1958 Vgl *Pérez Rey* in *Monereo Pérez/Fernández Avilés/Triguero Martínez* 611f und *Asín Cabrera* in *Boza Martínez/Donaire Villa/Moya Malapeira* 319f.

1959 Zu den Problemen beim Nachweis der Minderjährigkeit siehe *Defensor del Pueblo*, ¿Menores o Adultos? Procedimientos para la determinación de la edad, Bericht v 2012, https://www.defensordelpueblo.es/wp-content/uploads/2015/05/2011-09-Menores-o-Adultos-Procedimientos-para-la-determinaci%C3%B3n-de-la-edad1.pdf (8.10.2018) und *Ruiz Legazpi* in *Balado Ruiz-Gallegos* 511ff.

1960 Das Pflichtschulalter besteht vom sechsten bis zum sechzehnten Lebensjahr.

1961 Art 186 Abs 2 REDYLE; vgl *Fernández Collados* in *Palomar Olmeda* 411f.

1962 Siehe Kapitel 5.B.I.1.

1963 Art 186 Abs 1 REDYLE.

kunft[1964] verfügen.[1965] 2018 musste eine erwachsene Person mit einem Kind ein Einkommen in Höhe von mehr als 806 € nachweisen.[1966]

2. Aufenthaltsrecht

Die Antragstellung ist nur durch einen Elternteil oder den Vormund möglich. Obwohl oben angeführt wurde, dass die Verwurzelung Minderjähriger von den Charakteristika her zu den „Aufenthaltsberechtigungen aus außergewöhnlichen Gründen" zählt, richten sich einige verfahrensrechtliche Bestimmungen sowie das Verlängerungsverfahren nach den Familienzusammenführungsbestimmungen.[1967]

Die Dauer der Befristung der Aufenthaltsberechtigung leitet sich von dem Elternteil oder Vormund ab.[1968] Handelt es sich hierbei um eine*n Unionsbürger*in, wird die Aufenthaltsberechtigung auf fünf Jahre befristet. Erreicht der*die Minderjährige das arbeitsfähige Alter (16 Jahre), berechtigt die Aufenthaltsberechtigung ab diesem Zeitpunkt auch zum Ausüben jeglicher Erwerbstätigkeit.[1969] Zutreffend führt *Cobas Cobiella* hierzu aus, dass diese Bestimmung von besonderer Relevanz ist, da so der Einstieg in den Arbeitsmarkt automatisch mit dem Erreichen des arbeitsfähigen Alters ermöglicht wird.[1970]

1964 Vgl hierzu im Detail Instrucción DGI/SGRJ/2011.

1965 186 Abs 1 REDYLE iVm Art 18 Abs 2 LODYLE.

1966 Die notwendigen Mittel für den Lebensunterhalt müssen gem Art 54 REDYLE mehr als 150 % vom öffentlichen Einkommensindikator („Indicador Público de Renta de Efectos Múltiples"; IPREM) betragen. 2018 war der IPREM bei 537,84 € angesetzt; www.iprem.com.es/ (8.11.2018).

1967 Art 186 Abs 4 REDYLE; vgl *Fernández Collados* in *Palomar Olmeda* 412 und *Cobas Cobiella*, Revista Boliviana de Derecho 2015/20, 109.

1968 Art 186 Abs 3 REDYLE.

1969 Art 186 Abs 5 REDYLE; vgl *Cobas Cobiella*, Revista Boliviana de Derecho 2015/20, 110.

1970 *Cobas Cobiella*, Revista Boliviana de Derecho 2015/20, 109.

II. „Aufenthaltserlaubnis für vollziehbar Ausreisepflichtige, wenn die Ausreise aus rechtlichen oder tatsächlichen Gründen unmöglich ist“ – Deutschland

Gem § 25 Abs 5 AufenthG kann vollziehbar ausreisepflichtigen Ausländer*innen eine Aufenthaltserlaubnis erteilt werden, wenn die Ausreise aus rechtlichen oder tatsächlichen Gründen unmöglich und mit dem Wegfall der Ausreisehindernisse in absehbarer Zeit nicht zu rechnen ist.[1971] Gleiches gilt für die bereits dargelegte „Aufenthaltserlaubnis bei zielstaatsbezogenen Abschiebungsverboten“.[1972] Essentiell ist hierbei, dass das Ausreisehindernis „nicht nur vorübergehender Natur ist“[1973] und die Person nicht ausreisen kann, wobei der Begriff der Ausreise sowohl die (zwangsweise) Rückführung als auch die freiwillige Ausreise umfasst.[1974]

Bei § 60 Abs 5 und 7 AufenthG handelt es sich um einen rein deutschen Abschiebungsschutz, der in die „verbleibende nationale Regelungskompetenz“[1975] fällt, wobei nicht verkannt werden darf, dass sich die Bestimmung auch aus völker- und europarechtlichen Bestimmungen, in concreto Art 3 EMRK und der RückführungsRL, ableiten lässt.[1976] Im Rahmen dieser Aufenthaltserlaubnis findet auch eine Art 8 EMRK-Prüfung statt, weshalb sie innerhalb des Regularisierungszwecks „Familieneinheit“ dargestellt wird. Zwar ermöglichen auch tatsächliche Abschiebehindernisse die Erteilung des Aufenthaltsrechts, die wiederum eine Systematisierung im Regularisierungszweck „Nichtrückführbarkeit“ bzw in der Unterkategorie „Non-Refoulement-Gebot im Sinne der EMRK und GRC oder faktische Gründe“ nahelegen, doch wird davon abgesehen, da es sich nicht um den maßgeblichen Erteilungsgrund handelt. Die Aufenthaltserlaubnis wurde eingeführt, um das bereits dargestellte Phänomen der „Kettenduldungen“ zu vermeiden bzw zu lösen,[1977] was jedoch nur teilweise geglückt ist.[1978] Ein Grund hierfür ist, dass die Aufenthaltserlaubnis beim Bestehen von

1971 Vgl *Göbel-Zimmermann* in *Huber* § 25 AufenthG Rn 55 und *Maaßen/Kluth* in *Kluth/Heusch* § 25 AufenthG Rn 127.

1972 Siehe Kapitel 5.A.II.1.

1973 *Göbel-Zimmermann* in *Huber* § 25 AufenthG Rn 56.

1974 Vgl *Maaßen/Kluth* in *Kluth/Heusch* § 25 AufenthG Rn 128 mwN.

1975 *Göbel-Zimmermann/Masuch/Hruschka* in *Huber* § 60 AufenthG Rn 70; zustimmend *Koch* in *Kluth/Heusch* § 60 AufenthG Rn 39f.

1976 Siehe Kapitel 2.B.III.1.b.

1977 Vgl *Marx*, Aufenthalts-, Asyl- und Flüchtlingsrecht § 5 Rn 73 mwN.

1978 Vgl *Maaßen/Kluth* in *Kluth/Heusch* § 25 AufenthG Rn 123f und siehe Kapitel 5.A.I.2.d.

tatsächlichen Abschiebehindernissen äußerst schwierig zu erlangen ist, da die selbstverschuldete Verhinderung der Ausreise einen Versagungsgrund darstellt.[1979] Ende des Jahres 2017 waren 51.726 Personen im Besitz einer Aufenthaltserlaubnis gem § 25 Abs 5 AufenthG.[1980] Diese stellt die wichtigste Regularisierung im deutschen Recht dar.

1. Erteilungsvoraussetzungen

In der Praxis werden nach der BVerwG-Rspr im Rahmen des § 25 Abs 5 AufenthG vor allem „inlandsbezogene Abschiebehindernisse" gem § 60 Abs 5 und 7 AufenthG berücksichtigt,[1981] wobei dem Recht auf Achtung des Familienlebens gem Art 8 EMRK eine besondere Stellung eingeräumt wird.[1982] Die „Aufenthaltserlaubnis für gut integrierte Jugendliche und Heranwachsende" gem § 25a AufenthG und die „Aufenthaltserlaubnis bei nachhaltiger Integration" gem § 25b AufenthG haben den Anwendungsbereich von Art 25 Abs 5 AufenthG diesbezüglich aber stark eingeschränkt.[1983] Die Prüfung des Bestehens eines Privat- oder Familienlebens nach Art 8 EMRK folgt den üblichen Regeln, wonach zuerst geprüft wird, ob ein Eingriff in den Schutzbereich vorliegt und ob dieser verhältnismäßig ist.[1984] Die Interessensabwägung ist aber – im Vergleich zur österreichischen – nicht auf gesetzlicher Ebene kodifiziert worden.[1985] Ein geschütztes Privatleben liegt insbesondere bei jenen Ausländer*innen vor, die sich schon lange in Deutschland aufhalten und sich dementsprechend „verwurzelt" haben.[1986] Hierbei ist auch der geduldete Aufenthalt zu berücksichtigen.[1987] Ein geschütztes Familienleben kommt zwischen Ehegatt*innen oder bei Eltern-

---

1979 Siehe Kapitel 5.C.II.1.

1980 BT-Drs 19/633, 30.

1981 Siehe Kapitel 5.A.I.2.a.

1982 Vgl *Göbel-Zimmermann* in *Huber* § 25 AufenthG Rn 61; *Marx*, Aufenthalts-, Asyl- und Flüchtlingsrecht § 5 Rn 75 mwN.

1983 Siehe Kapitel 5.B.I.-II.

1984 Vgl *Welte*, Die Wahrung des Grundsatzes der Verhältnismäßigkeit im Ausweisungsrecht, Informationsbrief Ausländerrecht 2019, 176.

1985 Siehe Kapitel 5.B.III.1.

1986 Vgl *Marx*, Aufenthalts-, Asyl- und Flüchtlingsrecht § 5 Rn 79, 80 und 83; *Eckertz-Höfer*, Neuere Entwicklungen in Gesetzgebung und Rechtsprechung zum Schutze des Privatlebens, ZAR 2008, 41; *Eckertz-Höfer*, Neuere Entwicklungen in Gesetzgebung und Rechtsprechung zum Schutze des Privatlebens: Fortsetzung des Beitrags aus Heft 2/2008, ZAR 2008, 93.

1987 Vgl *Marx*, Aufenthalts-, Asyl- und Flüchtlingsrecht § 5 Rn 90.

Kind Beziehungen in Betracht, wobei das tatsächliche Familienleben zu beurteilen ist.[1988]

Darüber hinaus können auch „zielstaatsbezogene Abschiebungsverbote" gem § 60 Abs 5 und 7 AufenthG zur Erteilung der hier dargelegten Aufenthaltserlaubnis führen. Hierbei ist jedoch das Verhältnis zur „Aufenthaltserlaubnis bei zielstaatsbezogenen Abschiebungsverboten" gem § 25 Abs 3 AufenthG zu beachten.[1989] Liegt ein „zielstaatsbezogenes Abschiebungsverbot" vor, ist die Aufenthaltserlaubnis gem § 25 Abs 3 AufenthG aufgrund des besseren Zugangs zum Arbeitsmarkt und zu Sozialleistungen „vorrangig"[1990] zu erteilen. Bei Vorliegen eines Ausschlussgrundes gem § 25 Abs 3 S 2 AufenthG kommt jedoch subsidiär die Erteilung einer Aufenthaltserlaubnis gem § 25 Abs 5 AufenthG in Betracht.

Eine Aufenthaltserlaubnis darf nur erteilt werden, wenn der*die Ausländer*in unverschuldet an der Ausreise gehindert ist.[1991] Gem § 25 Abs 5 S 4 AufenthG ist ein Verschulden insbesondere dann gegeben, wenn die Ausländer*innen falsche Angaben machen, über ihre Identität oder Staatsangehörigkeit täuschen oder zumutbare Anforderungen zur Beseitigung des Ausreisehindernisses nicht erfüllen. *Hörich/Putzar-Sattler* führen treffend aus, dass ein „Aufenthaltstitel nicht erteilt werden kann, wenn die Ausreise aufgrund eines dem Ausländer zurechenbaren Verhaltens oder Unterlassens verhindert oder wesentlich verzögert worden ist. Es muss ein kausaler Zusammenhang zwischen dem Verhalten des Ausländers und dem Bestehen eines Ausreisehindernisses vorliegen".[1992] Die beiden Autoren betonen aber gleichzeitig, dass die Ausländerbehörde eine „Hinweis- und Anstoßpflicht" zur möglichen Beseitigung dieser Hindernisse trifft. In einer Gesamtschau ergibt sich, dass das Verhalten des*r Betroffenen bei der Erteilung dieser Aufenthaltserlaubnis eine zentrale Rolle spielt und eine Erteilung aufgrund tatsächlicher Hindernisse deshalb praktisch schwierig ist, weil die freiwillige Einreise in das Herkunftsland oftmals möglich sein wird.[1993] Dies ist wohl einer der Gründe dafür, dass die von der Gesetzgebung intendierte Vermeidung des Phänomens der Kettenduldungen nicht vollends geglückt ist.[1994]

1988 Vgl *Marx*, Aufenthalts-, Asyl- und Flüchtlingsrecht § 5 Rn 79, 81-85.

1989 Siehe Kapitel 5.A.II.1.

1990 *Huber/Eichenhofer/Endres de Oliveira*, Aufenthaltsrecht Rn 590.

1991 § 25 Abs 5 S 3 AufenthG.

1992 *Hörich/Putzar-Sattler*, Mitwirkungspflichten im Ausländerrecht: Rechtsgutachten zu den Voraussetzungen von Sanktionen bei Nichtmitwirkung v November 2017, 8.

1993 In dem Sinne auch *Marx*, Aufenthalts-, Asyl- und Flüchtlingsrecht § 5 Rn 78.

1994 Siehe Kapitel 5.I.2.d. und Kapitel 5.C.II.

Die gesetzlich eröffnete Regularisierungsperspektive kann oftmals nicht realisiert werden.

2. Aufenthaltsrecht

Die im Rahmen der Aufenthaltserlaubnis gem § 25 Abs 3 AufenthG getätigten Ausführungen zum Aufenthaltsrecht sind auch für die Aufenthaltserlaubnis gem § 25 Abs 5 AufenthG relevant.[1995] Wie bereits ausgeführt, entscheidet die Ausländerbehörde nach vorheriger Beteiligung des BAMF[1996] über das Vorliegen eines „nationalen Abschiebungsverbotes" und nach pflichtgemäßem Ermessen.[1997] Ist eine Person aber bereits 18 Monate geduldet, wird die Ermessens- zu einer Sollregelung.[1998] Die Aufenthaltserlaubnis kann für längstens drei Jahre erteilt werden, unter Umständen aber für längstens sechs Monate, solange sich die Ausländer*innen „noch nicht mindestens 18 Monate rechtmäßig im Bundesgebiet aufgehalten" haben.[1999]

Am Rande sei erwähnt, dass die „nationalen Abschiebungsverbote" auch im Asylverfahren geprüft und vom BAMF bei Vorliegen der Voraussetzungen festgestellt werden.[2000] Anschließend kann die Aufenthaltserlaubnis beantragt werden, wobei die Ausländerbehörde hierbei an die Entscheidung des BAMF gebunden ist.[2001] Diese Fallkonstellation ist jedoch nicht als Regularisierung zu qualifizieren und wird deshalb nicht näher behandelt.

Mit der Aufenthaltserlaubnis ist die Ausübung einer unselbstständigen Beschäftigung zulässig, wenn die Bundesagentur für Arbeit zustimmt.[2002] Eine Vorrangprüfung ist nicht erforderlich.[2003] Darüber hinaus kann auch eine selbstständige Tätigkeit erlaubt werden.[2004]

1995 Siehe Kapitel 5.A.II.1.b.

1996 § 72 Abs 2 AufenthG.

1997 Vgl *Maaßen/Kluth* in *Kluth/Heusch* § 25 AufenthG Rn 151.

1998 § 25 Abs 5 S 2 AufenthG; vgl *Maaßen/Kluth* in *Kluth/Heusch* § 25 AufenthG Rn 152-154.

1999 § 26 Abs 1 S 1 AufenthG.

2000 § 31 Abs 1 S 4 dtAsylG und siehe Kapitel 5.A.I.2.a.

2001 § 42 S 1 dtAsylG; vgl aber *Marx*, Aufenthalts-, Asyl- und Flüchtlingsrecht § 5 Rn 36f.

2002 § 39 Abs 2 AufenthG.

2003 § 31 BeschV.

2004 § 21 Abs 6 AufenthG.

Mit der Aufenthaltserlaubnis geht ein Anspruch auf Sozialleistungen nach dem AsylbLG einher, wenn die Entscheidung über die Aussetzung der Abschiebung (Duldung) weniger als 18 Monate zurückliegt.[2005] Die Inhaber*innen einer Aufenthaltserlaubnis gem § 25 Abs 5 AufenthG erhalten bis zu diesem Zeitpunkt (achtzehnmonatige Aussetzung der Abschiebung) Leistungen gem § 1 Abs 1 Z 3 lit c AsylbLG.[2006] Nach einem Leistungsbezug über einen Zeitraum von mindestens 15 Monaten nach dem AsylbLG haben sie Anspruch auf Analogleistungen nach dem SGB XII, wenn sie die Dauer ihres Aufenthalts nicht rechtsmissbräuchlich selbst beeinflusst haben und sich ohne wesentliche Unterbrechung im Bundesgebiet aufhalten.[2007] Mit dem Dritten Gesetz zur Änderung des AsylbLG wird die erforderliche Voraufenthaltszeit von 15 auf 18 Monate verlängert.[2008]

III. „Aufenthaltstitel aus Gründen des Art 8 EMRK", in concreto des Familienlebens – Österreich

Der „Aufenthaltstitel aus Gründen des Art 8 EMRK" basiert, wie der Name bereits deutlich macht, auf der menschenrechtlichen Verpflichtung der Achtung des Privat- und Familienlebens gem Art 8 EMRK.[2009] Der Aufenthaltstitel hat zwei Tatbestandselemente, wobei der Fokus nunmehr auf die Achtung des Familienlebens gelegt wird.[2010] Österreich stellt, wie bereits oben dargelegt,[2011] keine aussagekräftigen Statistiken über die Kategorie der „Aufenthaltstitel aus berücksichtigungswürdigen Gründen" zur Verfügung, weshalb unklar ist, wie viele der hier besprochenen Aufenthaltstitel jährlich erteilt werden.

1. Erteilungsvoraussetzungen

Wie bereits in Kapitel 5.B.III. dargestellt wurde, hat bei der Erteilung eines „Aufenthaltstitels aus Gründen des Art 8 EMRK" eine Interessensabwägung

2005 Vgl *Voigt*, Die wundersame Welt des § 25 Abs 5 AufenthG, Asylmagazin 2015, 152 und *Frings/Janda/Keßler/Steffen*, Sozialrecht Rn 836.

2006 Vgl *Korff* in *Rolfs/Giesen/Keikebohm/Udsching* § 1 AsylbLG Rn 11-14.

2007 § 2 Abs 1 AsylbLG; siehe Fn 968.

2008 Kritisch *Genge*, Das Migrationspaket – Beilage zum Asylmagazin 8–9/2019, 18f.

2009 Siehe nur VwGH 4.8.2016, Ra 2015/21/0249.

2010 Siehe bereits Kapitel 5.B.III.

2011 Siehe Kapitel 4.B.III.1.

zwischen den (privaten und) familiären Interessen des*r Fremden am Verbleib in Österreich und dem öffentlichen Interesse des österreichischen Staates an der Außerlandesbringung stattzufinden. Nach der Rspr des VwGH ist bspw die Trennung von Ehepartner*innen nur zulässig, wenn dem öffentlichen Interesse an der Außerlandesbringung ein großes Gewicht beizumessen ist, etwa wenn der*die Fremde straffällig wird oder von Anfang an beabsichtigt hat die fremdenrechtlichen Regelungen zu umgehen.[2012] Der Bindung des*r Fremden an den*die Ehepartner*in kommt im Rahmen der Interessensabwägung besondere Bedeutung zu. Nach dem VwGH müssen in einem solchen Fall „nähere Feststellungen zu den Lebensverhältnissen des Fremden und seines Ehepartners, insbesondere zu den Wohnverhältnissen, der Art ihrer Beschäftigungen und den erzielten Einkommen, aber etwa auch zur Frage der Deutschkenntnisse sowie zu den Bindungen zum Heimatstaat und zur Möglichkeit und Zumutbarkeit der Führung eines Familienlebens außerhalb Österreichs getroffen werden".[2013] Damit ein Familienleben im Sinne des Art 8 EMRK besteht kommt es aber gerade nicht darauf an, dass formell eine Heirat besteht, vielmehr zählen enge persönliche und „faktische Familienbindungen [...], die sich in einer Reihe von Umständen – etwa dem Zusammenleben, der Länge der Beziehung oder der Geburt gemeinsamer Kinder"[2014] – ausdrücken.

Das Kindeswohl steht bei der Interessensabwägung betreffend Kinder bzw Minderjähriger im Mittelpunkt.[2015] Der VwGH misst der Bindung zum Heimatstaat hierbei besonderer Bedeutung zu, insbesondere „wo die Kinder geboren wurden, in welchem Land und in welchem kulturellen und sprachlichen Umfeld sie gelebt haben, wo sie ihre Schulbildung absolviert haben, ob sie die Sprache des Heimatstaats sprechen, und insbesondere, ob sie sich in einem anpassungsfähigen Alter befinden".[2016]

2. Aufenthaltsrecht

Diesbezüglich wird auf die Ausführungen in Kapitel 4.B.III.2.d. und Kapitel 5.B.III.2. verwiesen.

2012 VwGH 6.9.2018, Ra 2018/18/0026 mwN.

2013 VwGH 2.5.2018, Ra 2018/18/0159.

2014 VwGH 29.11.2017, Ra 2017/18/0425 mit Hinweis auf die einschlägige EGMR-Rspr.

2015 Siehe nur VwGH 30.8.2017, Ra 2017/18/0070 bis 0072 mwN und Art 3 Abs 1 KRK.

2016 VwGH 21.3.2018, Ra 2017/18/0333 und siehe § 9 Abs 2 Z 5 BFA-VG.

IV. „Befristete Aufenthaltsberechtigung aufgrund familiärer Verwurzelung" – Spanien

Die „befristete Aufenthaltsberechtigung aufgrund familiärer Verwurzelung" („autorización de residencia temporal por razones de arraigo familiar") ist in Art 124 Abs 3 REDYLE geregelt.[2017] Wie bereits weiter oben ausgeführt, zählen die Verwurzelungstatbestände zu den wichtigsten im spanischen Ausländerrecht und damit zu den Hauptwegen aus der aufenthaltsrechtlichen Irregularität, wobei die familiäre Verwurzelung quantitativ nicht so bedeutend wie die soziale Verwurzelung ist.[2018] Die Regularisierung lässt sich dem Grunde nach aus Art 8 EMRK ableiten.[2019]

1. Erteilungsvoraussetzungen

Seit dem REDYLE wird zwischen zwei Sachverhaltskonstellationen unterschieden.[2020] Aufgrund der Tatsache, dass neben den allgemeinen Erteilungsvoraussetzungen „bloß" einer der beiden Tatbestände zu erfüllen ist, spricht *Carbajal García* von einer leicht zu erreichenden Regularisierung für privilegierte Fälle.[2021]

Der bereits vor dem REDYLE etablierte Tatbestand gem Art 124 Abs 3 lit b REDYLE zielt auf jene Kinder ab, deren Vater oder Mutter ursprünglich spanische*r Staatsbürger*in war. Um nachzuweisen, dass der Vater bzw die Mutter die spanische Staatsangehörigkeit innehatte, ist auf die Einschreibung im Zivilregister, auf die Angaben über die Nationalität der Eltern in besagtem Register und auf die Geburtsangaben zurückzugreifen.[2022]

Der 2011 eingeführte Art 124 Abs 3 lit a REDYLE zielt auf den Vater oder die Mutter von einem*r Minderjährigen ab, der*die (immer noch) spanische

---

2017 Zur Entwicklung der familiären Verwurzelung *Cerezo Mariscal*, Revista de Derecho 2015, 680 und zur alten Rechtslage *Iglesias Sánchez*, La regularización de la situación administrativa de los padres de menores españoles en situación irregular, Revista de Derecho Migratorio y Extranjería 2010/3, 35.

2018 Siehe Kapitel 4.C.III.2.

2019 Siehe Kapitel 4.C.III.2.

2020 Vgl *Cerezo Mariscal*, Revista de Derecho 2015, 680f.

2021 *Carbajal García*, Revista de Derecho Migratorio y Extranjería 2012/29, 68.

2022 Vgl Instrucción DGI/SGJR/10/2008, 3f. Kritisch *Cerezo Mariscal*, Revista de Derecho 2015, 680f, der anmerkt, dass es große Probleme bei der Anerkennung von ehemaligen Staatsangehörigen der bis 1975 bestehenden Kolonie Spanisch-Sahara gibt.

Staatsbürger*in ist. Gem Art 17 Abs 1 lit a Bürgerliches Gesetzbuch („Código Civil")[2023] erhält ein Kind die spanische Staatsbürgerschaft, insofern es eine spanische Mutter oder einen spanischen Vater hat.[2024] In Bezug auf diesen Tatbestand verlangt das Gesetz weiters, dass der Elternteil für das Kind verantwortlich sein bzw für dieses sorgen und gemeinsam mit diesem leben oder die laufenden elterlichen Verpflichtungen einhalten muss.[2025] Lit a leg cit bezieht auch Familienangehörige von Unionsbürger*innen mit ein.[2026] Diese Sachverhaltskonstellation ist vom Gegenstand der vorliegenden Arbeit ausgenommen,[2027] wird aber der Vollständigkeit halber angeführt.

Der Familienangehörigenbegriff ist auf die Kernfamilie beschränkt: Dh die Ehegatt*innen, eingetragenen Partner*innen („parejas de hecho debidamente registradas") und die in erster Linie auf- und absteigenden Verwandten.[2028] Diesen engen Begriff kritisiert *García Vitoria* als unvereinbar mit Art 8 EMRK,[2029] weil dadurch Geschwister, die in einem gemeinsamen Haushalt leben[2030] oder Paare, die weder verheiratet noch eingetragen sind, vom Anwendungsbereich der Regularisierung ausgeschlossen werden.

2. Aufenthaltsrecht

Die Aufenthaltsberechtigung wird in der Regel für ein Jahr erteilt.[2031] Die Verwurzelungstatbestände haben gemein, dass mit der Aufenthaltsberechti-

---

2023 Real Decreto de 24 de julio de 1889 por el que se publica el Código Civil, BOE 206 v 25.7.1889 letzte Änderung v 4.8.2018.

2024 Vgl *Boza Martínez*, La regularización de los progenitores de menores de nacionalidad española y la necesidad de una solución reglamentaria a la cuestión, WP 1/2011 v 9.2.2011, http://idpbarcelona.net/docs/public/wp/workingpaper5.pdf (10.10.2018) 4 und *Álvarez Rodríguez/Marrero González*, Attribution of Spanish Nationality to Children Born in Spain with the Purpose of Avoiding Situations of Statelessness at Birth in *Carrera Nuñez/de Groot* (Hrsg), European Citizenship at the Crossroads: The Role of the European Union on Loss and Acquisition of Nationality (2015) 267.

2025 Vgl *Cerezo Mariscal*, Revista de Derecho 2015, 681.

2026 Siehe hierzu TSJ Pais Vasco 170/2017, ECLI:ES:TSJPV:2017:1252, FJ 4.

2027 Siehe Kapitel 1.B.I. und Kapitel 1.D.I.

2028 Vgl *Triguero Martínez*, Migraciones 2014, 453f.

2029 Vgl *García Vitoria*, Revista General de Derecho Constitucional 2015/20, 14ff.

2030 Siehe aber die Rspr bei *Esteban de la Rosa*, Art 31 LODYLE in *Monereo Pérez/Fernández Avilés/Triguero Martínez* 505.

2031 Art 130 Abs 1 REDYLE.

gung gleichzeitig eine Arbeitserlaubnis einhergeht.[2032] Dies stellt eine Privilegierung der Verwurzelungstatbestände innerhalb der „Aufenthaltsberechtigungen aus außergewöhnlichen Gründen" dar. Ausgenommen hiervon sind Minderjährige, die das arbeitsfähige Alter (16 Jahre) noch nicht erreicht haben.[2033]

V. „Rot-Weiß-Rot – Karte plus" für unbegleitete minderjährige Fremde in Obhut von Pflegeeltern oder des Kinder- und Jugendhilfeträgers – Österreich

In Österreich existiert eine Regularisierung, die in § 41a Abs 10 NAG normiert ist. Nach dieser ist eine „Rot-Weiß-Rot – Karte plus" an unbegleitete minderjährige Fremde zu erteilen, die sich in Obhut von Pflegeeltern oder des Kinder- und Jugendhilfeträgers aufhalten. Sie stellt die einzige Regularisierungsmöglichkeit in Österreich dar, die nicht unter die Kategorie der „Aufenthaltstitel aus berücksichtigungswürdigen Gründen" fällt.[2034]

Bis zum BGBl I 87/2012 war dieser Aufenthaltstitel in § 69a Abs 1 Z 4 NAG geregelt und ist als einziger von den vier dort normierten Tatbeständen, die unter dem Titel „Besonderer Schutz" zusammengefasst waren, nicht in der „Aufenthaltsberechtigung besonderer Schutz" aufgegangen.[2035] Laut Statistiken waren im Februar 2018 bloß 56 Minderjährige im Besitz einer „Rot-Weiß-Rot – Karte plus",[2036] woraus abzuleiten ist, dass der Aufenthaltstitel praktisch nicht sehr bedeutsam ist. Die „Rot-Weiß-Rot – Karte plus" lässt sich dem Grunde nach aus Art 8 EMRK ableiten, da sie vor allem dem Schutz des Kindeswohls dient.[2037] Ohne abschließend darauf eingehen zu können, geht sie wohl aber über die menschenrechtliche Verpflichtung hinaus.

2032 Art 129 Abs 1 REDYLE; vgl *Serrano Villamanta* in *Balado Ruiz-Gallegos* 564 und siehe Kapitel 4.C.II.2.

2033 Art 129 Abs 1 REDYLE; vgl *Fernández Collados* in *Palomar Olmeda* 421.

2034 Beachte jedoch auch § 30a NAG; siehe Kapitel 5.D.I.1.a. und speziell Fn 2064.

2035 ErläutRV 1803 BlgNR 24. GP, 46. Zu § 69a Abs 1 Z 4 NAG siehe *Kutscher/Völker/Witt*, Niederlassungs- und Aufenthaltsrecht² (2010) 182.

2036 *Bundesministerium für Inneres*, Niederlassungs- und Aufenthaltsstatistik v Februar 2018, https://www.bmi.gv.at/302/Statistik/files/2018/NAG-Februar_2018.pdf (26.11.2018) 17.

2037 Siehe auch Art 3 Abs 1 KRK und in dem Sinne *Peyrl* in *Abermann/Czech/Kind/Peyrl* § 41a NAG Rn 18.

1. Erteilungsvoraussetzungen

Der mittlerweile einzige Tatbestand legt fest,[2038] dass es sich um unbegleitete minderjährige Fremde handeln muss. Nach der Legaldefinition sind dies Fremde, die sich nicht in Begleitung eines für sie gesetzlich verantwortlichen Volljährigen befinden[2039] und noch nicht das 18. Lebensjahr vollendet haben.[2040]

Darüber hinaus müssen sich die Minderjährigen auf Grund eines Gerichtsbeschlusses, kraft Gesetzes oder einer Vereinbarung der leiblichen Eltern mit dem Kinder- und Jugendhilfeträger nicht bloß vorübergehend in Obhut von Pflegeeltern oder des Kinder- und Jugendhilfeträgers befinden. Die Pflegeeltern gelten als „gesetzliche Vertreter" im Sinne des § 19 NAG.[2041]

Aus dem Gesetzeswortlaut ergibt sich zunächst, dass bloß § 11 Abs 1 Z 1 bis 3 NAG Erteilungshindernisse darstellen können, da § 11 Abs 1 Z 4 bis 6 NAG sowie § 11 Abs 2 NAG explizit keine Anwendung finden. Ein solches Erteilungshindernis kann demnach ein aufrechtes Einreise- oder Aufenthaltsverbot sein. Unklar ist jedoch, ob tatsächlich auch § 11 Abs 1 Z 3 NAG zur Anwendung kommt. Demnach stellt das Vorliegen einer durchsetzbaren Rückkehrentscheidung einen Versagungsgrund dar, wenn seit der Ausreise nicht bereits 18 Monate vergangen sind.[2042] Gem § 11 Abs 3 NAG können die im NAG normierten Aufenthaltstitel auch bei Vorliegen dieses Erteilungshindernisses erteilt werden, insofern dies zur Aufrechterhaltung des Privat- und Familienlebens im Sinne des Art 8 EMRK erforderlich ist.[2043] Der dort normierte Kriterienkatalog entspricht dem bereits besprochenen in § 9 Abs 2 BFA-VG, der auf die „Aufenthaltstitel aus Gründen des Art 8 EMRK" Anwendung findet.[2044]

2038 Bis zum Fremdenrechtsänderungsgesetz 2017 war noch ein zweiter Tatbestand normiert, der jedoch laut Erläuterungen nicht mehr zeitgemäß war und deshalb aufgehoben wurden; ErläutRV 1523 BlgNR 25. GP, 9.

2039 § 2 Abs 1 Z 17 NAG.

2040 § 2 Abs 4 Z 1 NAG iVm § 21 Abs 2 ABGB.

2041 Nach VwGH 21.3.2017, Ra 2015/22/0160 sind für die Interpretation des Begriffs „Pflegeeltern" die einschlägigen Bestimmungen im ABGB, in concreto §§ 184-185, heranzuziehen.

2042 *Peyrl* in *Abermann/Czech/Kind/Peyrl* § 41a NAG Rn 18 geht von einer planwidrigen Lücke aus und argumentiert deshalb, dass das Vorliegen einer aufrechten Rückkehrentscheidung nicht anspruchsschädlich ist.

2043 Vgl *Peyrl/Czech* in *Abermann/Czech/Kind/Peyrl* (Hrsg), NAG Kommentar[2] (2019) § 11 NAG Rn 30ff.

2044 Siehe hierzu bereits Kapitel 5.B.III. und Kapitel 5.C.III.

2. Aufenthaltsrecht

Die „Rot-Weiß-Rot – Karte plus“ kann sowohl von Amts wegen oder auf begründeten Antrag erteilt werden.[2045] Die sachlich zuständige Niederlassungs- und Aufenthaltsbehörde ist gem § 3 Abs 1 NAG „der örtlich zuständige Landeshauptmann“ bzw die örtlich zuständige Landeshauptfrau. In allen Bundesländern außer Wien wurden die Bezirksverwaltungsbehörden mittels Verordnung ermächtigt.[2046]

Gem § 41 Abs 5 S 1 NAG gilt die „Rot-Weiß-Rot – Karte plus“ für die Dauer von zwei Jahren und mit ihr geht ein unbeschränkter Arbeitsmarktzugang einher.[2047] In Bezug auf die Sozialleistungen wird auf Kapitel 4.B.II.3. verwiesen.

VI. Zwischenergebnis

Den Prüfungsmaßstab für den Regularisierungszweck „Familieneinheit“ stellt Art 8 EMRK dar, in concreto der Tatbestand des Rechts auf Achtung des Familienlebens. Um dem Ausweisungsschutz gem Art 8 EMRK gerecht zu werden, ist die Erteilung eines Aufenthaltsrechts nicht erforderlich.

Die spanische „Aufenthaltsberechtigung für das nicht in Spanien geborene Kind“, auch Verwurzelung Minderjähriger genannt, erfasst Minderjährige, die sich für zumindest zwei Jahre in Spanien aufgehalten und die Schule besucht haben. Erschwerend kommt hinzu, dass sich ein Elternteil rechtmäßig aufhalten und über ausreichend finanzielle Mittel verfügen muss. Daraus ergibt sich, dass sich die Länge der Befristung der Aufenthaltsberechtigung von der Befristung des Elternteils ableitet. Problematisch ist, dass keine Mindesterteilungsdauer festgelegt ist und die Befristung vom Elternteil abhängt.

Gleichsam ist die österreichische „Rot-Weiß-Rot – Karte plus“ für unbegleitete minderjährige Fremde in Obhut von Pflegeeltern oder des Kinder- und Jugendhilfeträgers als Ausprägung von Art 8 EMRK zu verstehen, vor allem im Hinblick auf das Kindeswohl, das auch in der KRK festgelegt ist.

2045 Vgl *Peyrl* in *Abermann/Czech/Kind/Peyrl* § 41a NAG Rn 18 zur Frage, in welchen Fällen ein Anspruch auf Erteilung besteht.

2046 Vgl *Czech* in *Abermann/Czech/Kind/Peyrl* (Hrsg), NAG Kommentar² (2019) § 3 NAG Rn 6f.

2047 § 3 Abs 1 AuslBG und § 8 Abs 1 Z 2 NAG und siehe die Literatur in Fn 1290.

Ähnlich wie bei der spanischen Aufenthaltsberechtigung muss es sich um Minderjährige handeln, ein wesentlicher Unterschied ist jedoch, dass für den österreichischen Aufenthaltstitel nur „unbegleitete" Minderjährige in Frage kommen. Eine Parallele besteht dahingehend, dass Minderjährige in den persönlichen Anwendungsbereich fallen, die in Obhut des Kinder- und Jugendhilfeträgers sind. Im spanischen Ausländerrecht ist allgemeiner davon die Rede, dass eine in Spanien ansässige Institution Vormund sein muss. Die österreichische „Rot-Weiß-Rot-Karte plus" gilt für die Dauer von zwei Jahren und somit ein Jahr länger als die spanische Aufenthaltsberechtigung.

Der österreichische „Aufenthaltstitel aus Gründen des Art 8 EMRK" erfordert eine Verhältnismäßigkeitsprüfung in Bezug auf das (Privat- und) Familienleben und ist im Rahmen eines Asylverfahrens oder auf Antrag zu prüfen. Trotz mangelnder Statistiken ist anzunehmen, dass es sich hierbei um die wichtigste Regularisierung des österreichischen Rechts handelt. Hierfür sprechen die Erteilungsvoraussetzungen, die im Vergleich zu den anderen österreichischen Regularisierungen in der Praxis wohl noch am ehesten zu erfüllen sind. Das österreichische Recht ist grundsätzlich mit dem Ausweisungsschutz gem Art 8 EMRK vereinbar, da es die vom EGMR geforderte Interessensabwägung auf einfachgesetzlicher Ebene kodifiziert hat.

Die deutsche „Aufenthaltserlaubnis für vollziehbar Ausreisepflichtige, wenn die Ausreise aus rechtlichen oder tatsächlichen Gründen unmöglich ist", zielt vor allem auf „inlandsbezogene Abschiebehindernisse" ab, wobei Art 8 EMRK und der damit einhergehenden Abwägung zwischen privaten/familiären Interessen und öffentlichem Interesse an der Aufenthaltsbeendigung ein besonderer Stellenwert eingeräumt wird. Folglich erfüllt das deutsche Recht grundsätzlich seine nach Art 8 EMRK bestehende Verpflichtung, Ausländer*innen bei einem bestehenden Privat- und/oder Familienleben einen besonderen Ausweisungsschutz zu garantieren. Gleichzeitig ist die Aufenthaltserlaubnis auch von Art 3 EMRK geprägt, da Sachverhaltskonstellationen, die unter diese Bestimmung fallen, ebenso erfasst werden.[2048] Darüber hinaus ist darauf hinzuweisen, dass die Aufenthaltserlaubnis in der Praxis, wie bereits in Kapitel 5.A.III. ausgeführt, beim Bestehen von tatsäch-

2048 Hierbei ist jedoch das Verhältnis zur „Aufenthaltserlaubnis bei zielstaatsbezogenen Abschiebungsverboten" gem § 25 Abs 3 AufenthG zu beachten. Liegt ein „zielstaatsbezogenes Abschiebungsverbot" vor, ist die Aufenthaltserlaubnis gem § 25 Abs 3 AufenthG aufgrund des besseren Zugangs zum Arbeitsmarkt und zu Sozialleistungen „vorrangig" zu erteilen.

lichen Abschiebehindernissen äußerst schwierig zu erlangen ist (Stichwort „Kettenduldungen"), da die selbstverschuldete Verhinderung der Ausreise einen Versagungsgrund darstellt. Die Aufenthaltserlaubnis wird antragsweise erteilt. Kontextuell bedeutsam ist, dass sie auch im Asylverfahren – nach dem Asylberechtigtenstatus, Flüchtlingsstatus und subsidiären Schutzstatus – geprüft wird. Dem deutschen Recht ist es eigen, dass in offener Weise formuliert ist, dass die Aufenthaltserlaubnis „für längstens drei Jahre" erteilt werden kann, unter Umständen aber „für längstens sechs Monate", solange sich die Ausländer*innen „noch nicht mindestens 18 Monate rechtmäßig im Bundesgebiet aufgehalten" haben. Insgesamt stellt die „Aufenthaltserlaubnis für vollziehbar Ausreisepflichtige, wenn die Ausreise aus rechtlichen oder tatsächlichen Gründen unmöglich ist", die quantitativ wichtigste Regularisierung im deutschen Recht dar.

Die spanische „befristete Aufenthaltsberechtigung aufgrund familiärer Verwurzelung" ist als Umsetzung von Art 8 EMRK zu verstehen. Sie normiert aber im Gegensatz zum österreichischen „Aufenthaltstitel aus Gründen des Art 8 EMRK" oder zur deutschen „Aufenthaltserlaubnis für vollziehbar Ausreisepflichtige, wenn die Ausreise aus rechtlichen oder tatsächlichen Gründen unmöglich ist", keine Interessensabwägung, sondern zwei konkrete Sachverhaltskonstellationen. Die für die vorliegende Arbeit relevante zielt auf Kinder ab, deren Vater oder Mutter ursprünglich spanische*r Staatsbürger*in war. Da der Familienangehörigenbegriff sehr eng ist, sind nicht alle Fälle des von Art 8 EMRK umfassten Schutzbereiches erfasst. Einige dieser Sachverhaltskonstellationen fallen wohl unter andere Regularisierungen des spanischen Rechts, wobei vor allem die soziale Verwurzelung zu nennen ist.

Zusammengefasst hat sich gezeigt, dass die Regularisierungen sehr stark an der EGMR-Rspr zu Art 8 EMRK und der darin etablierten Interessensabwägung angelehnt sind. Diese Tendenz hat sich vor allem in Österreich und Deutschland gezeigt. Österreich hat darüber hinaus noch eine spezifische Regularisierung für unbegleitete Minderjährige kreiert. Im Hinblick auf Deutschland dürfen Regularisierungen, die unter andere Regularisierungszwecke fallen, nicht außer Acht gelassen werden, da diese teilweise auch aufgrund familiärer Gründe erteilt werden. Beispielsweise die „Aufenthaltserlaubnis bei nachhaltiger Integration" und die „Aufenthaltserlaubnis für gut integrierte Jugendliche und Heranwachsende", die jeweils auch abgeleitete Aufenthaltsrechte für Familienangehörige etablieren. Spanien hat einen entgegengesetzten Weg gewählt und in zwei Regularisierungen spezifische Sachverhaltskonstellationen kodifiziert. Dies scheint eine zu starre Lösung zu sein, die sich nicht in allen Belangen mit Art 8

EMRK vereinen lässt. Hierbei darf aber nicht außer Acht gelassen werden, dass einige Fallkonstellationen durch andere Regularisierungen, wie bspw die soziale Verwurzelung abgedeckt werden.

D. Vulnerabilität[2049]

I. Opferschutz[2050]

Zunächst wird die österreichische „Aufenthaltsberechtigung besonderer Schutz" für Opfer von Straftaten und die deutsche „Aufenthaltserlaubnis zur Strafverfolgung" beleuchtet, die jeweils grundsätzlich für ein Jahr zu erteilen sind, wobei letztere unter Umständen für zwei Jahre zu erteilen ist. Abschließend werden die drei spanischen Aufenthaltsberechtigungen nacheinander analysiert, um derart das besonders opferfreundlich ausgestaltete, spanische Schutzregime bestmöglich darzustellen. Die spanische „befristete Aufenthaltsberechtigung aus humanitären Gründen" für Opfer von Straftaten gilt für die Dauer von einem Jahr. Sowohl die spanische „befristete Aufenthaltsberechtigung und Arbeitserlaubnis aus außergewöhnlichen Gründen für ausländische Opfer des Menschenhandels" als auch die „befristete Aufenthaltsberechtigung und Arbeitserlaubnis aus außergewöhnlichen Gründen für ausländische Frauen, die Opfer geschlechtsspezifischer Gewalt geworden sind", werden jeweils für die Dauer von fünf Jahren erteilt.

1. „Aufenthaltsberechtigung besonderer Schutz" für Opfer von Straftaten – Österreich

Die „Aufenthaltsberechtigung besonderer Schutz" kann – neben Geduldeten[2051] – auch an Opfer bzw Zeug*innen des Menschenhandels oder grenzüberschreitender Prostitution bzw Opfer von Gewalt erteilt werden. Die Bestimmung dient folglich dem Zeugen- bzw Opferschutz,[2052] weshalb die

2049 Siehe bereits Kapitel 2.B.III.4.
2050 Siehe bereits Kapitel 2.B.III.4.a.
2051 Siehe Kapitel 5.A.II.2.
2052 *Peyrl/Neugschwendtner/Schmaus*, Fremdenrecht 194 und siehe auch ErläutRV 1803 BlgNR 24. GP, 47f.

Aufenthaltsberechtigung in dieser Kategorie und nicht unter dem Regularisierungszweck „sonstige staatliche Interessen" systematisiert wird.[2053]

Der Tatbestand betreffend Menschenhandelsopfer beruht sowohl auf völker- als auch auf europarechtlichen Verpflichtungen, vor allem aber auf Art 8 MenschenhandelsopferRL.[2054] Der Tatbestand stellt einen autonom-nationalen Schutzmechanismus dar und soll Opfern von Gewalt Schutz vor weiterer Gewalt bieten.[2055] 2013 wurden die letzten offiziellen Statistiken veröffentlicht, wonach lediglich sechs „Aufenthaltsberechtigungen besonderer Schutz" an Menschenhandelsopfer und drei an Gewaltopfer erteilt wurden.[2056] Wie weiter oben bereits ausgeführt wurde, liegen zwar keine aktuellen Zahlen vor, aber aufgrund der Zahlen aus dem Jahre 2013 ist davon auszugehen, dass es sich de facto um totes Recht handelt.

a. Erteilungsvoraussetzungen

§ 57 Abs 1 Z 2 AsylG legt als maßgebliche Erteilungsvoraussetzung fest, dass es sich um Betroffene bzw Opfer von Menschenhandel oder grenzüberschreitender Prostitution handeln muss, und die Erteilung des Aufenthaltsrechts zur Gewährleistung der Strafverfolgung von gerichtlich strafbaren Handlungen oder zur Geltendmachung und Durchsetzung zivilrechtlicher Ansprüche vonnöten ist. Laut den Erläuterungen ist die Kooperation des Opfers keine objektive Tatbestandsvoraussetzung. Eine solche liegt vielmehr vor, wenn ein Strafverfahren bereits eingeleitet wurde oder zivilrechtliche Ansprüche geltend gemacht wurden.[2057] Dementsprechend stellt es einen Zurückweisungsgrund dar, wenn weder ein Strafverfahren begonnen wurde, noch zivilrechtliche Ansprüche geltend gemacht wurden.[2058] Über einen Antrag gem § 57 Abs 1 Z 2 AsylG hat das BFA innerhalb von sechs Wochen zu entscheiden. Die Erläuterungen begründen dieses beschleunigte Verfahren mit dem Opferschutz, nach dem „eine rasche Reaktion der Behörde in

2053 Siehe Kapitel 5.F.
2054 ErläutRV 1803 BlgNR 24. GP, 47.
2055 ErläutRV 1803 BlgNR 24. GP, 47. Siehe auch VwGH 30.8.2017, Ra 2017/18/0119 und 12.11.2015, Ra 2015/21/0023.
2056 *Bundesministerium für Inneres*, Niederlassungs- und Aufenthaltsstatistik 2013, 37. Verlängerungen gab es auch nur 6 (Menschenhandelsopfer) respektive 16 (Gewaltopfer).
2057 Vgl ErläutRV 1803 BlgNR 24. GP, 47.
2058 § 59 Abs 3 S 1 AsylG und vgl ErläutRV 1803 BlgNR 24. GP, 47.

hohem Maße aus Gründen der Rechtssicherheit angezeigt ist".[2059] Durch das „niederschwellige Ansetzen" der Zulässigkeitsvoraussetzung soll dem Opferschutz Rechnung getragen werden.

§ 57 Abs 1 Z 3 AsylG normiert weiters, dass Opfer von Gewalttaten eine Aufenthaltsberechtigung erhalten können, wenn die Erteilung dieser zum Schutz vor weiterer Gewalt erforderlich ist.[2060] Hierbei ist ausreichend, dass ein Strafverfahren eingeleitet bzw eine einstweilige Verfügung[2061] erlassen wurde oder hätte werden können. Das Fehlen dieser Voraussetzung stellt einen Zurückweisungsgrund dar.[2062] Laut den Erläuterungen zum Fremdenrechtspaket 2005 sollen dadurch vor allem „Opfer von Gewalt in der Familie" adressiert werden.[2063] Daneben können Opfer von Zwangsehe und -partnerschaft unter Umständen eine „Aufenthaltsberechtigung besonderer Schutz" gem § 57 Abs 1 Z 3 AsylG erhalten.[2064]

Das BFA hat vor Erteilung der „Aufenthaltsberechtigung besonderer Schutz" gem § 57 Abs 1 Z 2 und 3 eine begründete Stellungnahme von der zuständigen Landespolizeidirektion einzuholen.[2065] Diese dient laut den Erläuterungen dazu, dass „die zuständige Landespolizeidirektion von Anträgen gemäß § 57 Kenntnis erlangt und anderseits hinsichtlich ihres Zuständigkeitsbereiches – ohne in der Wahrnehmung ihrer Aufgaben eingeschränkt zu sein – an das Bundesamt berichtet".[2066]

b. Aufenthaltsrecht

Diesbezüglich wird auf die Ausführungen in Kapitel 4.B.III.2.d. und Kapitel 5.A.II.2.b. verwiesen.

2059 ErläutRV 1803 BlgNR 24. GP, 48.

2060 § 57 Abs 1 Z 3 AsylG und VwGH 5.5.2015, Ra 2014/22/0162.

2061 §§ 382b oder 382e Exekutionsordnung, RGBl 79/1986 idF BGBl I 105/2019.

2062 § 57 Abs 4 AsylG; ErläutRV 1803 BlgNR 24. GP, 48. Siehe aber auch VwGH 5.5.2015, Ra 2014/22/0162.

2063 ErläutRV 1803 BlgNR 24. GP, 47. In dem Sinne auch ErläutRV 1077 BlgNR 24. GP, 10.

2064 § 30a NAG; ErläutRV 1803 BlgNR 24. GP, 76. Systemfremderweise findet sich die Bestimmung in § 30a NAG. Ähnlich systemfremd ist die „Rot-Weiß-Rot – Karte plus" für unbegleitete minderjährige Fremde in Obhut von Pflegeeltern oder des Kinder- und Jugendhilfeträgers geregelt, die weiter oben bereits beleuchtet wurde; siehe Kapitel 5.C.V.

2065 § 57 Abs 2 AsylG.

2066 ErläutRV 1803 BlgNR 24. GP, 47.

2. „Aufenthaltserlaubnis zur Strafverfolgung“ – Deutschland

Im deutschen Recht sind innerhalb der „Aufenthaltserlaubnis aus humanitären Gründen“ zwei Tatbestände verankert, die auf die Strafverfolgung von speziell normierten Straftaten abzielen. Obwohl die Bezeichnung zunächst die Einordnung unter dem Regularisierungszweck „sonstige staatliche Interessen“ nahelegt,[2067] ist eine Einordnung an dieser Stelle passender, da es in beiden Bestimmungen in erster Linie um den Opferschutz geht.[2068] Für diese Sichtweise spricht auch, dass es inzwischen die Möglichkeit der Verlängerung des Aufenthalts über das Strafverfahren hinaus gibt.[2069] Hierbei wird nicht verkannt, dass die Kooperation mit den zuständigen Strafverfolgungs- bzw Gerichtsbehörden ebenfalls von Bedeutung ist (Strafrechtspflegezweck).[2070]

Gem § 25 Abs 4a AufenthG besteht eine „Aufenthaltserlaubnis für die Opfer des Menschenhandels“, die in Umsetzung von Art 8 MenschenhandelsopferRL eingeführt wurde.[2071] Nach den AVV-AufenthG steht die „Wahrung der Sicherheitsinteressen der Opferzeugen bzw. -innen von Menschenhandel sowie deren angemessene Unterstützung“ im Mittelpunkt, um die „erfolgreiche Verfolgung der Täter“[2072] zu ermöglichen. In § 25 Abs 4b AufenthG ist eine „Aufenthaltserlaubnis für die Opfer von Schwarzarbeit“ normiert, die in Umsetzung von Art 13 Abs 4 SanktionsRL erlassen wurde.[2073] Da die „Aufenthaltserlaubnis für die Opfer von Schwarzarbeit“ der „Aufenthaltserlaubnis für die Opfer von Menschenhandel“ nachgebildet worden ist,[2074] ist die gemeinsame Analyse der Bestimmungen zweckmäßig. Ende 2017 waren nur 100 Ausländer*innen im Besitz einer Aufenthaltserlaubnis gem § 25 Abs 4a oder 4b AufenthG,[2075] was deren praktische Bedeutungslosigkeit unterstreicht.

2067 Siehe Kapitel 5.F.

2068 Siehe diesbezüglich ErwGr 9 MenschenhandelsopferRL und *Bergmann/Röcker* in *Bergmann/Dienelt* (Hrsg), Kommentar Ausländerrecht[12] (2018) § 25 AufenthG Rn 80ff. AA *Maaßen/Koch* in *Kluth/Hund/Maaßen* (Hrsg), Handbuch Zuwanderungsrecht[2] (2017) § 4 Rn 701 und 711.

2069 Siehe Kapitel 5.D.I.2.b.

2070 In dem Sinne *Marx*, Aufenthalts-, Asyl- und Flüchtlingsrecht § 5 Rn 60 mwN und 66.

2071 Nr 25.4a.0.1 AVV-AufenthG und *Marx*, Aufenthalts-, Asyl- und Flüchtlingsrecht § 5 Rn 60.

2072 Nr 25.4a.0.1 AVV-AufenthG.

2073 Vgl *Maaßen/Kluth* in *Kluth/Heusch* § 25 AufenthG Rn 116.

2074 Vgl *Maaßen/Kluth* in *Kluth/Heusch* § 25 AufenthG Rn 116.

2075 BT-Drs 19/633, 27.

a. Erteilungsvoraussetzungen

Für die Erteilung der „Aufenthaltserlaubnis für die Opfer von Menschenhandel“ ist maßgeblich, dass der*die Ausländer*in Opfer einer der Straftatbestände gem §§ 232 bis 233a Strafgesetzbuch[2076] wurde. Dabei handelt es sich um folgende Straftaten: Menschenhandel, Zwangsprostitution, Zwangsarbeit, Ausbeutung der Arbeitskraft und Ausbeutung unter Ausnutzung einer Freiheitsberaubung. Nach den AVV-AufenthG müssen die Täter*innen aber nicht rechtskräftig verurteilt worden sein, vielmehr reichen Ermittlungen der Staatsanwaltschaft aufgrund konkreter Tatsachen aus.[2077] Die Anwesenheit des Opfers muss für das Strafverfahren erforderlich sein und für sachgerecht erachtet werden, wobei den zu erwartenden Aussagen des*r Zeugen*in besondere Relevanz zukommt.[2078] Die Ausländerbehörde ist bezüglich der Frage, ob die Anwesenheit sachgerecht ist, an die Feststellung der Strafverfolgungsbehörde gebunden.[2079]

Daraus folgt, dass sich die betreffende Person bereit erklärt haben muss, als Zeuge*in auszusagen, um in den Anwendungsbereich der Aufenthaltserlaubnis zu fallen.[2080] Um diese Entscheidung angemessen treffen zu können, räumt die MenschenhandelsopferRL den Betroffenen eine Bedenkzeit ein.[2081] Liegen der Ausländerbehörde konkrete Anhaltspunkte vor, dass es sich bei einer ausreisepflichtigen Person um ein Opfer von Menschenhandel oder undokumentierter Beschäftigung („Schwarzarbeit“) handelt, hat sie die Ausreisefrist so zu setzen, dass er*sie eine diesbezügliche Entscheidung treffen kann, wobei wiederum eine angemessene Bedenkzeit einzuräumen ist.[2082] Wie bereits weiter oben ausgeführt, wird der Begriff undokumentierte Beschäftigung anstelle von „Schwarzarbeit“ verwendet.[2083] Die Ausländer- bzw die Strafverfolgungsbehörde hat das Opfer hierbei über die Antragstellung aufzuklären.[2084] Während der Bedenkzeit ist es nach der Menschen-

---

2076 Strafgesetzbuch v 13.11.1998 (BGBl I 3322), zuletzt geändert durch Gesetz v 18.12.2018 (BGBl I 2639).

2077 Nr 25.4a.1.1 AVV-AufenthG.

2078 *Maaßen/Kluth* in *Kluth/Heusch* § 25 AufenthG Rn 102f.

2079 *Maaßen/Kluth* in *Kluth/Heusch* § 25 AufenthG Rn 107.

2080 Siehe Art 5 MenschenhandelsopferRL und *Maaßen/Kluth* in *Kluth/Heusch* § 25 AufenthG Rn 105.

2081 Art 6 MenschenhandelsopferRL.

2082 Siehe Art 6 Abs 2 MenschenhandelsopferRL.

2083 Siehe die einleitenden Ausführungen in Kapitel 4.

2084 Siehe Art 5 MenschenhandelsopferRL und in dem Sinne *Maaßen/Kluth* in *Kluth/Heusch* § 25 AufenthG Rn 109.

handelsopferRL nicht erforderlich, dass der Aufenthalt der Person rechtmäßig ist,[2085] weshalb nach deutschem Recht in diesen Fällen lediglich eine Duldungsbescheinigung erteilt wird.[2086]

Bedeutsam ist weiters, dass das Opfer keine Verbindungen zu den Beschuldigten (mehr) hält.[2087] Abschließend ist darauf hinzuweisen, dass ein aufrechtes Einreise- und Aufenthaltsverbot der Erteilung einer „Aufenthaltserlaubnis für die Opfer von Menschenhandel" nicht entgegensteht.[2088]

Die „Aufenthaltserlaubnis für die Opfer von Schwarzarbeit" zielt auf Ausländer*innen ab, die zu besonders ausbeuterischen Bedingungen oder als Minderjährige undokumentiert beschäftigt wurden. Einziger Unterschied zur „Aufenthaltserlaubnis für Opfer von Menschenhandel" ist, dass sie Opfer einer Straftat nach dem Schwarzarbeitsbekämpfungsgesetz oder dem Arbeitsnehmerüberlassungsgesetz sein müssen.[2089]

Die Opfer anderer Straftaten, dh weder Menschenhandels noch undokumentierter Beschäftigung, sind möglicherweise unter einen anderen Tatbestand des AufenthG subsumierbar.[2090] Denkbar ist die Erteilung einer „Aufenthaltserlaubnis zum vorübergehenden Aufenthalt aus dringenden humanitären oder persönlichen Gründen oder erheblichen öffentlichen Interessen" gem § 25 Abs 4 S 1 AufenthG.[2091] Weiters ist eine Duldung gem § 60a Abs 2 S 2 AufenthG zu erteilen,[2092] insofern der*die Zeuge*in von Verbrechen für ein Strafverfahren benötigt wird. Die sogenannte „Prozessduldung" ist im Vergleich zur hier besprochenen Aufenthaltserlaubnis aber nachrangig zu prüfen.[2093]

2085 Art 6 Abs 3 MenschenhandelsopferRL.

2086 § 60a Abs 5 AufenthG; vgl *Marx*, Aufenthalts-, Asyl- und Flüchtlingsrecht § 5 Rn 61.

2087 Vgl Nr 25.4a.2.2 AVV-AufenthG.

2088 Vgl *Maaßen/Kluth* in *Kluth/Heusch* § 25 AufenthG Rn 106.

2089 § 10 Abs 1 und § 11 Abs 1 Z 3 Schwarzarbeitsbekämpfungsgesetz v 23.7.2004 (BGBl I 1842), zuletzt geändert durch Gesetz v 18.7.2017 (BGBl I 2739) und § 15a Arbeitsnehmerüberlassungsgesetz v 3.2.1995 (BGBl I 158), zuletzt geändert durch Gesetz v 21.2.2017 (BGBl I 258).

2090 *Maaßen/Kluth* in *Kluth/Heusch* § 25 AufenthG Rn 100.

2091 Vgl *Marx*, Aufenthalts-, Asyl- und Flüchtlingsrecht § 5 Rn 49-54.

2092 Vgl BT-Drs 16/5065, 187.

2093 *Kluth/Breidenbach* in *Kluth/Heusch* § 60a AufenthG Rn 22.

b. Aufenthaltsrecht

Beide besprochenen Aufenthaltserlaubnisse sind grundsätzlich für ein Jahr zu erteilen.[2094] Die Ausländerbehörde hat die zuständige Strafverfolgungsbehörde zu beteiligen.[2095] Da diese grundsätzlich nur einen vorübergehenden Aufenthalt gewähren, hat die Ausländerbehörde eine Prognoseentscheidung darüber zu treffen, ob die Person anschließend ausreisen wird.[2096] Sollte dies nicht der Fall sein, kommt nur eine Duldung gem § 60a Abs 2 S 2 AufenthG in Betracht.[2097]

Ausgenommen hiervon sind die Fälle des § 25 Abs 4a S 3 AufenthG, in denen humanitäre oder persönliche Gründe oder öffentliche Interessen die weitere Anwesenheit des*r Betroffenen erforderlich machen, da die Aufenthaltserlaubnis in diesen Fällen nicht nur für ein Jahr, sondern für zwei Jahre erteilt wird.[2098]

In begründeten Fällen kann die Aufenthaltserlaubnis auch länger als ein bzw zwei Jahre erteilt werden. Ein solcher Fall liegt nach den AVV-AufenthG vor, wenn „die Notwendigkeit der Anwesenheit des Ausländers als Zeuge auf Grund der Ermittlungen der Strafverfolgungsbehörden oder/und der gerichtlichen Verhandlungen“[2099] länger als die ein- bzw zweijährige Erteilungsdauer besteht. Spezielle Verlängerungstatbestände sind in § 25 Abs 4a S 3 bzw § 25 Abs 4b S 3 AufenthG normiert.

Inhaber*innen einer Aufenthaltserlaubnis gem § 25 Abs 4a bzw Abs 4b AufenthG haben grundsätzlich Anspruch auf Arbeitslosengeld II gem SGB II oder Sozialhilfe gem SGB XII.[2100] Die Aufenthaltserlaubnis berechtigt zur Ausübung einer unselbstständigen Beschäftigung, wobei die Vorrangprüfung entfällt.[2101]

2094 § 26 Abs 1 S 5 AufenthG; vgl *Maaßen/Kluth* in *Kluth/Heusch* § 25 AufenthG Rn 107.

2095 § 72 Abs 6 AufenthG; vgl *Maaßen/Kluth* in *Kluth/Heusch* § 25 AufenthG Rn 112.

2096 *Maaßen/Kluth* in *Kluth/Heusch* § 25 AufenthG Rn 101.

2097 Siehe bereits Kapitel 5.A.I.2.a.

2098 § 26 Abs 1 S 5.

2099 Nr 26.1.3 AVV-AufenthG.

2100 *Frings/Janda/Keßler/Steffen*, Sozialrecht Rn 806 und 824.

2101 Vgl *Maaßen/Kluth* in *Kluth/Heusch* § 25 AufenthG Rn 113.

3. „Befristete Aufenthaltsberechtigung aus humanitären Gründen" für Opfer von Straftaten – Spanien

Die „befristete Aufenthaltsberechtigung aus humanitären Gründen" für Opfer von Straftaten („autorización temporal por razones humanitarias – víctimas de delitos") zählt zu den „Aufenthaltsberechtigungen aus außergewöhnlichen Gründen", wobei es sich um einen von drei Tatbeständen aus humanitären Gründen handelt.[2102] Die Aufenthaltsberechtigung wird aus autonom-nationalen Gründen erteilt, da sich keine Anhaltspunkte für eine völker- oder europarechtliche Ableitung erkennen lassen. Mangels genauer Angaben in den Statistiken ist unklar, wie viele Aufenthaltsberechtigungen aufgrund dieser Bestimmung erteilt wurden.[2103]

a. Erteilungsvoraussetzungen

Die Erteilung ist jenen Ausländer*innen vorbehalten, die Opfer bestimmter Straftaten wurden.[2104] Weitere Rechte werden den Opfern durch das LEVD eingeräumt.[2105] Die Straftaten sind durch das Anknüpfen an Situationen besonderer Vulnerabilität gekennzeichnet:[2106]

- Verbrechen gegen die Rechte von Arbeitnehmer*innen;[2107]
- Verbrechen, deren Tatmotiv auf rassistischen, antisemitischen oder anderen diskriminierenden Gründen beruht; und
- Gewaltverbrechen im familiären Umfeld; mit anderen Worten häuslicher Gewalt („en el entorno familiar").[2108]

2102 Art 126 Abs 1 REDYLE und siehe Kapitel 5.A.II.3. und Kapitel 5.D.II.3.

2103 Siehe Kapitel 4.C.III.1.

2104 Art 126 Abs 1 REDYLE.

2105 Vgl hierzu *Gutiérrez Sanz*, El anteproyecto de ley orgánica del estatuto de la víctima del delito y la víctima adulta del delito de trata de seres humanos con fines de explotación sexual, Revista de Derecho Migratorio y Extranjería 2014/37, 13.

2106 Vgl *García Vitoria* in *Boza Martínez/Donaire Villa/Moya Malapeira* 296f.

2107 Art 311-315 CP.

2108 Vgl Ley 27/2003, de 31 de julio, reguladora de la Orden de protección de las víctimas de la violencia doméstica, BOE 183 v 1.8.2003, und allgemein zur Situation von häuslicher Gewalt gegen Frauen *Defensor del Pueblo*, La violencia domestica contra las mujeres, Bericht v 1998, https://www.defensordelpueblo.es/wp-content/uploads/2015/05/1998-01-La-violencia-dom%C3%A9stica-contra-las-mujeres.pdf (8.10.2018).

Der letzte Tatbestand wird wohl auf jene Sachverhaltskonstellationen anzuwenden sein, die nicht von der „befristeten Aufenthaltsberechtigung und Arbeitserlaubnis aus außergewöhnlichen Gründen für ausländische Frauen, die Opfer geschlechtsspezifischer Gewalt geworden sind“ erfasst sind, die sogleich dargestellt wird.[2109] Zum Nachweis, dass man Opfer eines solchen Verbrechens wurde, verlangt Art 126 Abs 1 REDYLE eine abschließende, gerichtliche Entscheidung („resolución judicial finalizadora“). Der Oberste Gerichtshof hat diese Voraussetzung in einem anderen Kontext als verfassungskonform interpretiert.[2110] Kritisch führt *Serrano Villamanta* hierzu aber aus, dass diese Tatbestandsvoraussetzung den Anwendungsbereich der Aufenthaltsberechtigung stark einschränkt, da der Erlass einer gerichtlichen Entscheidung mehrere Jahre dauern kann.[2111] Häufig wird daher wohl eine Regularisierung aufgrund der asozialen Verwurzelung vor dem Erteilen einer „befristeten Aufenthaltsberechtigung aus humanitären Gründen“ für Opfer von Straftaten in Frage kommen.[2112]

Nach der Meinung von *Esteban de la Rosa* und *Trinidad García* kann der Antrag auf die hier besprochene Aufenthaltsberechtigung im Hinblick auf den Tatbestand von Gewaltverbrechen im familiären Umfeld bereits nach dem Erlass einer gerichtlichen Anordnung zum Schutz des Opfers gestellt werden.[2113] Die Aufenthaltsberechtigung kann aber dennoch erst nach Abschluss des Gerichtsverfahrens erteilt werden, weshalb es zweckmäßig wäre, das besser ausgestaltete Schutzregime für ausländische Frauen, die Opfer geschlechtsspezifischer Gewalt geworden sind, auf die hier besprochene Aufenthaltsberechtigung auszuweiten.[2114] Hiernach kann im Moment des Erlasses der gerichtlichen Verfügung zum Schutz des Opfers die Aufenthaltsberechtigung beantragt werden, wobei dem Opfer ab diesem Zeit-

---

2109 Vgl *García Vitoria* in *Boza Martínez/Donaire Villa/Moya Malapeira* 296 und siehe Kapitel 5.D.I.5.

2110 STS 782/2007, ECLI:ES:TS:2007:782, FJ 11.

2111 *Serrano Villamanta* in *Balado Ruiz-Gallegos* 559; zustimmend *García Vitoria* in *Boza Martínez/Donaire Villa/Moya Malapeira* 297.

2112 Siehe Kapitel 5.E.I.

2113 In dem Sinne *Esteban de la Rosa*, Art 31 LODYLE in *Monereo Pérez/Fernández Avilés/Triguero Martínez* 506 und *Lázaro González/Benlloch Sanz* in *Palomar Olmeda* 909 sowie bereits *Trinidad García*, Revista de Derecho Migratorio y Extranjería 2005/9, 151.

2114 In dem Sinne *Lázaro González/Benlloch Sanz* in *Palomar Olmeda* 903f, die sich für eine analoge Anwendung aussprechen.

punkt eine „vorläufige Aufenthaltsberechtigung und Arbeitserlaubnis" erteilt werden kann.[2115]

b. Aufenthaltsrecht

Die Aufenthaltsberechtigung wird in der Regel für ein Jahr erteilt.[2116] Eine allfällige Arbeitserlaubnis muss extra beantragt werden.[2117]

4. „Befristete Aufenthaltsberechtigung und Arbeitserlaubnis aus außergewöhnlichen Gründen für ausländische Opfer des Menschenhandels" – Spanien

Im spanischen Ausländerrecht sind die wesentlichen Bestimmungen zur „befristeten Aufenthaltsberechtigung und Arbeitserlaubnis aus außergewöhnlichen Gründen für ausländische Opfer des Menschenhandels" („autorización de residencia y trabajo por circunstancias excepcionales de extranjeros víctimas de trata de seres humanos") in Art 59bis LODYLE und Art 140-146 REDYLE festgelegt.[2118] Die korrespondierende Strafbestimmung findet sich in Art 177bis CP.[2119]

Die Bestimmung wurde mit dem Organgesetz 2/2009 eingeführt,[2120] und setzt unter anderem die Bestimmungen der MenschenhandelsopferRL aus dem Jahr 2004 um.[2121] Auf nationaler Ebene wurde am 28.10.2011 überdies das Rahmenprotokoll für den Schutz der Menschenhandelsopfer

---

2115 Siehe Kapitel 5.D.I.5.b.

2116 Art 130 Abs 1 REDYLE.

2117 Art 129 Abs 2 REDYLE; siehe Kapitel 4.C.II.2.

2118 Auf die Situation von Minderjährigen, die speziell geregelt ist, wird in der Folge nicht eingegangen; vgl *Vicente Palacio*, Art 59bis LODYLE in *Monereo Pérez/Fernández Avilés/Triguero Martínez* (Hrsg), Comentario a la ley y al reglamento de Extranjería, Inmigración e Integración Social² (2013) 957 (969f).

2119 STS 4668/2016, ECLI:ES:TS:2016:4668 und vgl *Vicente Palacio*, Art 59bis LODYLE in *Monereo Pérez/Fernández Avilés/Triguero Martínez* 958-961.

2120 Vgl *Vicente Palacio*, Art 59bis LODYLE in *Monereo Pérez/Fernández Avilés/Triguero Martínez* 957f und *Díaz Morgado*, La residencia de víctimas de trata de personas y la residencia por colaboración contra redes organizadas in *Boza Martínez/Donaire Villa/Moya Malapeira* (Hrsg), La nueva regulación de la inmigración y la extranjería en España (2012) 340f und 351f.

2121 Vgl *Vicente Palacio*, Art 59bis LODYLE in *Monereo Pérez/Fernández Avilés/Triguero Martínez* 957f.

(„El Protocolo Marco de Protección de las Víctimas de Trata de Seres Humanos“) erlassen und 2015 wurden zusätzliche Rechte für die Opfer von Delikten im LEVD geschaffen.[2122] Darüber hinaus sind die genannten Bestimmungen wesentlich durch internationale Dokumente wie das Übereinkommen des Europarats zur Bekämpfung des Menschenhandels v 16.5.2005[2123] oder das Zusatzprotokoll zur Verhütung, Bekämpfung und Bestrafung des Menschenhandels, insbesondere des Frauen- und Kinderhandels, zum Übereinkommen der Vereinten Nationen gegen die grenzüberschreitende organisierte Kriminalität aus dem Jahr 2005, beeinflusst.

Bei dieser Regularisierung steht der Schutz der Opfer des Menschenhandels im Vordergrund,[2124] weshalb sie in dieser Kategorie systematisiert wird und nicht unter dem Regularisierungszweck „sonstige staatliche Interessen“.[2125] Mangels genauer Angaben in den Statistiken ist unklar, wie viele Aufenthaltsberechtigungen aufgrund dieser Bestimmung erteilt wurden.[2126]

a. Identifikationsphase

Im Rahmen der Erteilung der hier erläuterten Aufenthaltsberechtigung steht zunächst die Identifizierung der potentiellen Opfer im Mittelpunkt.[2127] Sobald eine Person oder Behörde Kenntnis von einem möglichen Menschenhandelsopfer erlangt, hat sie dies unverzüglich der zuständigen Polizeibehörde oder einem*r Vertreter*in der Zentralregierung bzw Regierungsbeauftragten mitzuteilen.[2128] Dies kann etwa im Rahmen einer Kontrolle des

---

2122 LEVD; vgl hierzu *Gutiérrez Sanz*, Revista de Derecho Migratorio y Extranjería 2014/37, 13ff.

2123 Art 59bis Abs 1 LODYLE verweist auf Art 10 des Übereinkommens.

2124 In dem Sinne *Vicente Palacio*, Art 59bis LODYLE in *Monereo Pérez/Fernández Avilés/Triguero Martínez* 960f; *Díaz Morgado*, La residencia de víctimas de trata de personas y la residencia por colaboración contra redes organizadas in *Boza Martínez/Donaire Villa/Moya Malapeira* 342f. Nach *Lázaro González/Benlloch Sanz* in *Palomar Olmeda* 895 steht die Erleichterung der Strafverfolgung im Vordergrund.

2125 Siehe Kapitel 5.F.

2126 Siehe Kapitel 4.C.III.1.

2127 Vgl *Díaz Morgado*, La residencia de víctimas de trata de personas y la residencia por colaboración contra redes organizadas in *Boza Martínez/Donaire Villa/Moya Malapeira* 353.

2128 Art 141 Abs 1 REDYLE und Instrucción DGI/SGRJ/6/2011, 3; vgl *Lázaro González/Benlloch Sanz* in *Palomar Olmeda* 897.

Arbeits- und Sozialversicherungsinspektorats, im Zuge des Ausweisungsverfahrens oder auch zu jedem anderen Zeitpunkt erfolgen.[2129]

Sobald begründete Hinweise („indicios razonables")[2130] darüber bestehen, dass es sich um ein potentielles Menschenhandelsopfer handelt, trifft die zuständigen Behörden eine Aufklärungspflicht. Sie müssen jene Ausländer*innen schriftlich und in einer ihnen verständlichen Sprache über die ihnen zur Verfügung stehenden Schutzmechanismen, und im Speziellen über die Aufenthaltsberechtigung, informieren.[2131] Darüber hinaus sind sie ebenso über die ihnen zustehenden Sozial- und Gesundheitsleistungen aufzuklären.[2132]

Anschließend prüfen und stellen gegebenenfalls die zuständigen Polizeieinheiten, also jene die eine spezielle Ausbildung in Bezug auf Menschenhandel innehaben,[2133] die Opfereigenschaft der Betroffenen fest.[2134] Die Identifizierung der Opfer ist eine besonders heikle und wichtige Phase,[2135] in der die große Vulnerabilität ebendieser besonders zu berücksichtigen ist.[2136]

Während der Identifikationsphase sowie des Erholungs- und Reflexionszeitraums darf kein Ausweisungsverfahren aufgrund des bloßen irregulären Aufenthalts eingeleitet werden.[2137] Ist bereits ein Ausweisungsverfahren eingeleitet worden oder besteht eine aufrechte Ausweisung, ist dieses bzw

---

2129 Instrucción DGI/SGRJ/6/2011, 3; vgl auch *Díaz Morgado*, La residencia de víctimas de trata de personas y la residencia por colaboración contra redes organizadas in *Boza Martínez/Donaire Villa/Moya Malapeira* 354 und *Vicente Palacio*, Art 59bis LODYLE in *Monereo Pérez/Fernández Avilés/Triguero Martínez* 962.

2130 Vgl *Díaz Morgado*, La residencia de víctimas de trata de personas y la residencia por colaboración contra redes organizadas in *Boza Martínez/Donaire Villa/Moya Malapeira* 354f.

2131 Art 59bis Abs 2 LODYLE und Art 141 Abs 1 REDYLE; vgl Instrucción DGI/SGRJ/6/2011, 2.

2132 Vgl *Lázaro González/Benlloch Sanz* in *Palomar Olmeda* 897.

2133 Vgl *Díaz Morgado*, La residencia de víctimas de trata de personas y la residencia por colaboración contra redes organizadas in *Boza Martínez/Donaire Villa/Moya Malapeira* 353 und *Defensor del Pueblo*, Recomendación v 23.5.2016, Queja 16002509.

2134 Art 141 Abs 2 und 142 REDYLE; vgl Instrucción DGI/SGRJ/6/2011, 2.

2135 Vgl *Díaz Morgado*, La residencia de víctimas de trata de personas y la residencia por colaboración contra redes organizadas in *Boza Martínez/Donaire Villa/Moya Malapeira* 353-355.

2136 Vgl Instrucción DGI/SGRJ/6/2011, 1.

2137 Art 59bis Abs 2 LODYLE und Art 141 Abs 2 REDYLE und im Detail Instrucción DGI/SGRJ/6/2011, 3.

diese auszusetzen. Die durch das Organgesetz 10/2011 eingeführte Neuerung ist aus Opfersicht sehr zu begrüßen, da die Opfer nunmehr nicht davor zurückschrecken müssen, dass ein Ausweisungsverfahren eingeleitet wird, wenn sie sich mit ihrem Anliegen an die Behörden wenden.[2138]

b. Erholungs- und Reflexionsphase

Nach der Identifikation potentieller Opfer übermitteln die zuständigen Polizeieinheiten der Ausländerbehörde innerhalb von 48 Stunden eine Stellungnahme über die Gewährung einer Erholungs- und Reflexionsphase an den*die zuständige*n Vertreter*in der Zentralregierung bzw Regierungsbeauftragte*n.[2139] Diese*r trifft innerhalb von fünf Tagen eine endgültige Entscheidung.[2140] Verstreicht die Entscheidungsfrist ohne Antwort, wird das Schweigen als Zustimmung gewertet.[2141] Bestehen begründete Hinweise über das Vorliegen, dass es sich um ein Menschenhandelsopfer handelt, wird eine Erholungs- und Reflexionsphase eingeräumt. Diese Phase wird für mindestens neunzig Tage gewährt und muss jedenfalls solange andauern, bis das Opfer bereit ist, über eine mögliche Zusammenarbeit mit den Strafverfolgungsbehörden in Bezug auf die Delikte zu entscheiden.[2142]

Neben der bereits erwähnten Aussetzung einer möglichen Ausweisung bzw eines Ausweisungsverfahrens wird der Aufenthalt des*der Betroffenen während des Erholungs- und Reflexionszeitraums regularisiert.[2143] Gem

---

2138 In dem Sinne auch *Díaz Morgado*, La residencia de víctimas de trata de personas y la residencia por colaboración contra redes organizadas in *Boza Martínez/Donaire Villa/Moya Malapeira* 355.

2139 Vgl *Lázaro González/Benlloch Sanz* in *Palomar Olmeda* 898 und *Díaz Morgado*, La residencia de víctimas de trata de personas y la residencia por colaboración contra redes organizadas in *Boza Martínez/Donaire Villa/Moya Malapeira* 356.

2140 Art 142 Abs 3 REDYLE; vgl *Vicente Palacio*, Art 59bis LODYLE in *Monereo Pérez/Fernández Avilés/Triguero Martínez* 963.

2141 In diesem Fall wird die Erholungs- und Reflexionsphase für den Mindestzeitraum von neunzig Tagen erteilt; Art 59bis LODYLE.

2142 Art 59bis Abs 2 LODYLE; vertiefend *Lázaro González/Benlloch Sanz* in *Palomar Olmeda* 898.

2143 Art 59 Abs 2 LODYLE; vgl im Detail Art 142 Abs 6 REDYLE; Instrucción DGI/SGRJ/6/2011, 4. *Vicente Palacio*, Art 59bis LODYLE in *Monereo Pérez/Fernández Avilés/Triguero Martínez* 964 vertritt die Ansicht, dass bereits ab Gewährung der Erholungs- und Reflexionsphase eine „vorläufige Aufenthaltsberechtigung und Arbeitserlaubnis“ zu erteilen ist. Dies geht aber weder aus dem

Art 59bis Abs 2 LODYLE kann auch der Aufenthalt der Kinder des Opfers regularisiert werden, wenn sich diese im Zeitpunkt der Feststellung der Opfereigenschaft in Spanien befinden.[2144] Hiervon sind sowohl minderjährige als auch behinderte, volljährige Kinder umfasst.[2145] Theoretisch kommen auch andere Personen in Frage, wenn das Opfer eine spezielle Beziehung zu diesen hat und die Einräumung des Aufenthaltsrechts für die Zusammenarbeit des Opfers mit den Behörden vonnöten ist.[2146] Die Erweiterung des Schutzes auf all diese Personen dient dem Ausräumen aller möglichen Hindernisse, die eine etwaige Zusammenarbeit des Opfers verhindern könnten.[2147]

Während der Erholungs- und Bedenkzeit hat die zuständige Polizeieinheit für die Sicherheit und den Schutz der Opfer und gegebenenfalls der Kinder zu sorgen.[2148] In der diesbezüglichen Anordnung zum Ausländerrecht wird ausgeführt, dass die Behörden mitunter für den Lebensunterhalt der betreffenden Personen zu sorgen haben,[2149] worunter wohl Sozialleistungen zu verstehen sind.[2150]

Nach Ablauf der Erholungs- und Bedenkzeit evaluiert die zuständige Behörde die Situation des Opfers, um eine mögliche Verlängerung dieses Zeitraums anzuordnen.[2151] Wird der Zeitraum verlängert, verlängert sich

---

Gesetzestext noch aus der zitierten Anordnung zum Ausländerrecht hervor, da eine solche erst zu einem späteren Zeitpunkt erteilt wird; siehe Kapitel 5.D.I.4.b.

2144 Vgl *Vicente Palacio*, Art 59bis LODYLE in *Monereo Pérez/Fernández Avilés/Triguero Martínez* 966f.

2145 Vertiefend Instrucción DGI/SGRJ/6/2011, 3f.

2146 Vgl *Fernández Pérez*, Derechos fundamentales 237 und *Díaz Morgado*, La residencia de víctimas de trata de personas y la residencia por colaboración contra redes organizadas in *Boza Martínez/Donaire Villa/Moya Malapeira* 357f.

2147 In dem Sinne *Díaz Morgado*, La residencia de víctimas de trata de personas y la residencia por colaboración contra redes organizadas in *Boza Martínez/Donaire Villa/Moya Malapeira* 358 und sowie *Vicente Palacio*, Art 59bis LODYLE in *Monereo Pérez/Fernández Avilés/Triguero Martínez* 965.

2148 Vgl *Vicente Palacio*, Art 59bis LODYLE in *Monereo Pérez/Fernández Avilés/Triguero Martínez* 964f sowie *Díaz Morgado*, La residencia de víctimas de trata de personas y la residencia por colaboración contra redes organizadas in *Boza Martínez/Donaire Villa/Moya Malapeira* 357.

2149 Vgl Instrucción DGI/SGRJ/6/2011, 5.

2150 Vgl *Vicente Palacio*, Art 59bis LODYLE in *Monereo Pérez/Fernández Avilés/Triguero Martínez* 964 mwN und *Lázaro González/Benlloch Sanz* in *Palomar Olmeda* 899.

2151 Art 59bis Abs 2 LODYLE; vgl Instrucción DGI/SGRJ/6/2011, 5f.

gleichzeitig die Befristung der vorläufigen Aufenthaltsberechtigung für das Opfer sowie gegebenenfalls für die Kinder.

Sollte der*die Vertreter*in der Zentralregierung bzw Regierungsbeauftragte – nach Übermittlung der notwendigen Informationen mittels Stellungnahme – zum Schluss kommen, dass die Voraussetzungen für die Erteilung der Erholungs- und Bedenkzeit nicht vorliegen, kann er*sie diese abweisen (bzw nachträglich aufheben).[2152] Als Gründe für die Abweisung kommen der Schutz der öffentlichen Ordnung sowie der Umstand in Frage, dass die Opfereigenschaft zu Unrecht eingewandt wurde.[2153] Das Gesetz sieht vor, dass die Abweisung begründet und bekämpfbar sein muss.[2154]

c. Verwaltungsstrafbefreiung und „vorläufige Aufenthaltsberechtigung und Arbeitserlaubnis"

Gem Art 59bis Abs 4 LODYLE ist es möglich, dass der*die Vertreter*in der Zentralregierung oder Regierungsbeauftragte das Opfer von seiner verwaltungsstrafrechtlichen Belangbarkeit aufgrund des irregulären Aufenthalts und der in der Folge erlassenen Ausweisung befreit.[2155] Der Wortlaut von Art 59bis Abs 4 LODYLE legt überdies nahe, dass der*die Ausländer*in auch von allen anderen Verwaltungsstrafen befreit werden kann.[2156] Einerseits können die Strafverfolgungsbehörden die Befreiung beim*bei der Regierungsvertreter*in bzw Regierungsbeauftragten basierend auf der Zusammenarbeit bei der Strafverfolgung anregen. Andererseits kann der*die Regierungsvertreter*in bzw Regierungsbeauftragte die Befreiung amtswe-

2152 Art 59bis Abs 3 LODYLE; vgl *Díaz Morgado*, La residencia de víctimas de trata de personas y la residencia por colaboración contra redes organizadas in *Boza Martínez/Donaire Villa/Moya Malapeira* 358f.

2153 Vgl *Lázaro González/Benlloch Sanz* in *Palomar Olmeda* 899f.

2154 Vgl *Fernández Pérez*, Derechos fundamentales 237 und allgemein die Ausführungen zum Rechtsschutz in Kapitel 4.C.V.

2155 Art 143 Abs 1 REDYLE nennt hier explizit Art 53 Abs 1 lit a LODYLE.

2156 In dem Sinne *Díaz Morgado*, La residencia de víctimas de trata de personas y la residencia por colaboración contra redes organizadas in *Boza Martínez/Donaire Villa/Moya Malapeira* 347 in Bezug auf die nahezu idente Formulierung des Art 59 Abs 3 LODYLE; siehe Kapitel 5.F.II.2.

gig im Hinblick auf die persönliche Situation[2157] des Opfers geltend machen.[2158]

Die Befreiung löst eine wichtige Rechtsfolge aus,[2159] da der*die Betroffene in der Folge darüber aufzuklären ist, dass er*sie eine „Aufenthaltsberechtigung und Arbeitserlaubnis“ beantragen oder die unterstützte freiwillige Rückkehr in Anspruch nehmen kann.[2160] Der Antrag wird bei der*dem zuständigen Vertreter*in der Zentralregierung oder Regierungsbeauftragten gestellt,[2161] der*die diesen wiederum an das jeweils zuständige Amt weiterleitet. Grundsätzlich ist dem Antrag eine Kopie des Reisepasses beizulegen, wobei der*die Betroffene davon ausgenommen werden kann, wenn die Beschaffung ein Risiko für ihn*sie darstellt.[2162] Je nachdem, ob sich der Antrag auf die Zusammenarbeit im Strafverfahren oder auf die persönliche Situation des Opfers stützt, ist das Staatssekretärsamt für nationale Sicherheit bzw das Generalstaatssekretärsamt für Einwanderung und Auswanderung zuständig.[2163] Der*die zuständige Regierungsvertreter*in bzw Regierungsbeauftragte fügt dem Antrag zwei Stellungnahmen bei, wobei sich die eine auf die verwaltungsrechtliche und persönliche Situation des*r Ausländers*in und die andere auf die inhaltliche Einschätzung des Verfahrens bezieht.[2164] Ist die inhaltliche Stellungnahme positiv, wird dem*r Betroffenen unverzüglich eine „vorläufige Aufenthaltsberechtigung und Arbeitserlaubnis“ erteilt.[2165] Hervorzuheben ist hierbei,

---

2157 Unklar ist laut den Gesetzesmaterialien, was unter der persönlichen Situation des Opfers zu verstehen ist; vgl *Díaz Morgado*, La residencia de víctimas de trata de personas y la residencia por colaboración contra redes organizadas in *Boza Martínez/Donaire Villa/Moya Malapeira* 361 Fn 473.

2158 Vgl *Vicente Palacio*, Art 59bis LODYLE in *Monereo Pérez/Fernández Avilés/Triguero Martínez*, 966 und *Díaz Morgado*, La residencia de víctimas de trata de personas y la residencia por colaboración contra redes organizadas in *Boza Martínez/Donaire Villa/Moya Malapeira* 359f.

2159 Vgl *Vicente Palacio*, Art 59bis LODYLE in *Monereo Pérez/Fernández Avilés/Triguero Martínez* 966.

2160 Art 144 REDYLE.

2161 Art 144 Abs 2 REDYLE.

2162 Art 59bis Abs 4 LODYLE.

2163 Darüber hinaus ist es auch möglich, dass gleichzeitig zwei Anträge gestellt werden: Einerseits bezüglich der Zusammenarbeit und andererseits bezüglich der persönlichen Situation des Opfers; Art 144 Abs 1 REDYLE; vgl *Lázaro González/Benlloch Sanz* in *Palomar Olmeda* 900.

2164 Art 144 Abs 3; vgl *Díaz Morgado*, La residencia de víctimas de trata de personas y la residencia por colaboración contra redes organizadas in *Boza Martínez/Donaire Villa/Moya Malapeira* 361f.

2165 Art 144 Abs 4 REDYLE.

dass der Aufenthalt folglich bis zum Verfahrensabschluss rechtmäßig ist. Überdies ist der*die Ausländer*in zur Ausübung jeglicher Erwerbstätigkeit befähigt.[2166] Die „vorläufige Aufenthaltsberechtigung und Arbeitserlaubnis" kann auf Antrag auch den Kindern des Opfers erteilt werden.[2167]

Wird der*die Ausländer*in bzw gegebenenfalls seine*ihre Kinder nicht von der verwaltungsstrafrechtlichen Belangbarkeit befreit, wird die Aussetzung des Verwaltungsstrafverfahrens bzw die Vollstreckbarkeit der Ausweisung aufgehoben.[2168] In diesen Fällen kann sodann kein Antrag auf Ausstellung der „befristeten Aufenthaltsberechtigung und Arbeitserlaubnis aus außergewöhnlichen Gründen für ausländische Opfer des Menschenhandels" gestellt werden. In diesen Fällen ist es aber dennoch möglich, dass ein Antrag auf eine andere „Aufenthaltsberechtigung aus außergewöhnlichen Gründen" gestellt wird und bedingt dadurch das Ausweisungsverfahren weiterhin ausgesetzt wird.[2169]

d. Aufenthaltsrecht

Wird das Verfahren von dem zuständigen Amt positiv erledigt, wird eine „Aufenthaltsberechtigung und Arbeitserlaubnis" mit einer Gültigkeitsdauer von fünf Jahren erteilt, die weder geografisch noch in Bezug auf die Arbeitserlaubnis einer Beschränkung unterliegt.[2170] Genau wie bei der „vorläufigen Aufenthaltsberechtigung und Arbeitserlaubnis" kann wiederum eine Aufenthaltsberechtigung für die Kinder des Opfers beantragt und, wenn das Opfer die Voraussetzungen erfüllt, auch an die Kinder erteilt werden.[2171] Hervorzuheben ist, dass Art 144 Abs 5 REDYLE Bezug darauf nimmt, dass nach den fünf Jahren eine Daueraufenthaltsberechtigung („residencia de larga duración") beantragt werden kann,[2172] wobei die Zeiten der „vorläufigen Aufenthaltsberechtigung und Arbeitserlaubnis" zu den erforderlichen fünf Jahren hinzugezählt werden.[2173]

2166 Art 144 Abs 4 REDYLE.
2167 Vgl Instrucción DGI/SGRJ/6/2011, 4f.
2168 Art 143 Abs 2 REDYLE.
2169 Art 143 Abs 3 REDYLE und siehe Kapitel 4.C.III.3.b.
2170 Art 144 Abs 5 REDYLE.
2171 Vgl Instrucción DGI/SGRJ/6/2011, 4f.
2172 Art 32 LODYLE. Siehe auch die DaueraufenthaltsRL.
2173 Vgl *Vicente Palacio*, Art 59bis LODYLE in *Monereo Pérez/Fernández Avilés/Triguero Martínez* 968.

Wird das Verfahren negativ abgeschlossen, wird keine „Aufenthaltsberechtigung und Arbeitserlaubnis" erteilt und die „vorläufige Aufenthaltsberechtigung und Arbeitserlaubnis" verliert ex lege ihre Wirkung.[2174] Ab diesem Zeitpunkt ist die betreffende Person (wieder) irregulär aufhältig, kann jedoch eine andere „Aufenthaltsberechtigung aus außergewöhnlichen Gründen" beantragen, um sich derart zu regularisieren. In einem wiederaufgenommenen Ausweisungsverfahren wird die Antragstellung berücksichtigt und gegebenenfalls die Aufenthaltsberechtigung erteilt und das Ausweisungsverfahren eingestellt.[2175]

5. „Befristete Aufenthaltsberechtigung und Arbeitserlaubnis aus außergewöhnlichen Gründen für ausländische Frauen, die Opfer geschlechtsspezifischer Gewalt geworden sind" – Spanien

Art 31bis LODYLE und Art 131 bis 134 REDYLE legen die Voraussetzungen für die „befristete Aufenthaltsberechtigung und Arbeitserlaubnis aus außergewöhnlichen Gründen für ausländische Frauen, die Opfer geschlechtsspezifischer Gewalt geworden sind" („autorización de residencia temporal y trabajo de mujeres extranjeras víctimas de violencia de género"), fest.[2176] Ganz generell wurden mit dem Inkrafttreten des Organgesetzes 1/2004 (LOMPIVG) allgemeine Bestimmungen zum Schutz vor geschlechtsspezifischer Gewalt geschaffen.[2177] Durch das Organgesetz 10/2011 wurde Art 31bis

---

2174 Art 144 Abs 6 REDYLE.

2175 Art 144 Abs 7 und Art 241 Abs 2 REDYLE; in dem Sinne *Lázaro González/Benlloch Sanz* in *Palomar Olmeda* 900 und siehe Kapitel 4.C.III.3.b. zu Art 241 Abs 2 REDYLE.

2176 Vgl zur Situation von Frauen, die Opfer geschlechtsspezifischer Gewalt wurden *Toledo Larrea*, Análisis de la situación jurídico-social de las mujeres extranjeras víctimas de violencia de género acogidas en los recursos integrales para víctimas de violencia de género de la administración autonómica andaluza, Revista de Derecho Migratorio y Extranjería 2014/37, 53 (54-56).

2177 Zum Begriff der geschlechtsspezifischen Gewalt siehe Art 1 Abs 3 LOMPIVG; vertiefend *Acale Sánchez*, La Residencia de mujeres víctimas de violencia de género in *Boza Martínez/Donaire Villa/Moya Malapeira* (Hrsg), Comentario a la reforma de la ley de extranjería (LO 2/2009) (2011) 321 (322ff); *Lázaro González/Benlloch Sanz* in *Palomar Olmeda* 903ff sowie *Esteban de la Rosa*, Art 31bis LODYLE in *Monereo Pérez/Fernández Avilés/Triguero Martínez* (Hrsg), Comentario a la ley y al reglamento de Extranjería, Inmigración e Integración Social[2] (2013) 519 (524-527).

LODYLE reformiert und gilt seither in dieser Form.[2178] Das 2015 eingeführte LEVD legt weiters spezielle Rechte für die Opfer geschlechtsspezifischer Gewalt fest.

Die Opfer geschlechtsspezifischer Gewalt kommen – genau wie Menschenhandelsopfer[2179] – aufgrund ihrer besonders vulnerablen Situation in den Genuss eines außerordentlichen Schutzregimes, das wiederum ähnlich ausgestaltet ist.[2180] Begründen lässt sich die Einführung dieser autonom-nationalen Aufenthaltsberechtigung damit, dass alleine in den Jahren 2013 und 2014 rund 37 % der Todesopfer häuslicher Gewalt in Spanien ausländische Frauen waren.[2181] Bedenkt man, dass nur rund 9,8 % der spanischen Bevölkerung Ausländer*innen sind, tritt die Dimension der Problematik zum Vorschein.[2182] Mangels genauer Angaben in den Statistiken ist unklar, wie viele Aufenthaltsberechtigungen aufgrund dieser Bestimmung erteilt wurden.[2183]

a. Anzeige der Straftat

Art 131 REDYLE normiert zunächst, dass durch die Anzeige einer Situation, die geschlechtsspezifische Gewalt impliziert, ein bis dahin eingeleitetes Ausweisungsverfahren aufgrund des irregulären Aufenthalts bis zum Abschluss des Strafverfahrens ausgesetzt wird.[2184] Sollten die Behörden vom irregulären Aufenthalt erst durch die Anzeige erfahren, wird kein Auswei-

---

2178 Vgl *Fernández Pérez*, Derechos fundamentales 235ff. Zur alten Rechtslage siehe *Díaz Morgado*, La residencia de mujeres víctimas de violencia de género in *Boza Martínez/Donaire Villa/Moya Malapeira* (Hrsg), La nueva regulación de la inmigración y la extranjería en España (2012) 223 und *Acale Sánchez* in *Boza Martínez/Donaire Villa/Moya Malapeira* 329-332.

2179 Siehe Kapitel 5.D.I.4.

2180 Vgl Instrucción DGI/SGRJ/6/2011, 1; weiters auch *Acale Sánchez* in *Boza Martínez/Donaire Villa/Moya Malapeira* 338f.

2181 *Consejo General del Poder Judicial*, Informe sobre víctimas mortales de la violencia de género y de la violencia doméstica en el ámbito de la pareja o ex pareja en el año 2015, Bericht v 2015, 17. In dem Sinne auch *Acale Sánchez* in *Boza Martínez/Donaire Villa/Moya Malapeira* 321f und *Lázaro González/Benlloch Sanz* in *Palomar Olmeda* 903f.

2182 Siehe Fn 1357.

2183 Siehe Kapitel 4.C.III.1.

2184 Siehe auch Art 31bis LODYLE; vgl *Esteban de la Rosa*, Art 31bis LODYLE in *Monereo Pérez/Fernández Avilés/Triguero Martínez* 529ff.

sungsverfahren eingeleitet.[2185] Diese Bestimmung macht deutlich, dass der Schutz vor weiterer Gewalt Vorrang vor der aufenthaltsrechtlichen Situation der betroffenen Frauen hat.[2186]

Kommt es zu einer Anzeige, hat die Behörde die Betroffenen außerdem unverzüglich über ihre Rechte nach dem LOMPIVG und LODYLE aufzuklären.[2187] Hierbei ist auf Art 27 LOMPIVG hinzuweisen, der spezielle Sozialleistungen für betroffene Frauen vorsieht, die über geringe Mittel verfügen und aufgrund ihrer persönlichen Situation einen erschwerten Zugang zum Arbeitsmarkt haben.[2188]

b. Gerichtliche Verfügung zum Schutz des Opfers und „vorläufige Aufenthaltsberechtigung und Arbeitserlaubnis"

Art 31bis Abs 3 LODYLE sowie Art 132 Abs 1 REDYLE sehen vor, dass eine ausländische Frau, die irregulär aufhältig ist,[2189] eine „Aufenthaltsberechtigung aus außergewöhnlichen Gründen" ab dem Zeitpunkt des Erlasses einer gerichtlichen Verfügung zu ihrem Schutz („orden de protección")[2190] beantragen kann.[2191] In Ermangelung einer solchen Verfügung ist maßgeblich, ob eine Stellungnahme der Staatsanwaltschaft erlassen wurde, die Hinweise für das Vorliegen geschlechtsspezifischer Gewalt liefert.[2192] Neben einer

---

2185 Vgl *Acale Sánchez* in *Boza Martínez/Donaire Villa/Moya Malapeira* 333 und *Lázaro González/Benlloch Sanz* in *Palomar Olmeda* 910.

2186 So auch *Esteban de la Rosa*, Art 31bis LODYLE in *Monereo Pérez/Fernández Avilés/Triguero Martínez* 529-531.

2187 Vgl zum Zusammenspiel der beiden Rechtsakte *Esteban de la Rosa*, Art 31bis LODYLE in *Monereo Pérez/Fernández Avilés/Triguero Martínez* 528ff.

2188 Vgl *Esteban de la Rosa*, Art 31bis LODYLE in *Monereo Pérez/Fernández Avilés/Triguero Martínez* 525ff. Siehe weiters zu den im LOMPIVG normierten Rechten *Toledo Larrea*, Revista de Derecho Migratorio y Extranjería 2014/37, 57ff.

2189 *Lázaro González/Benlloch Sanz* in *Palomar Olmeda* 909 sprechen sich für eine analoge Anwendung auf rechtmäßig aufhältige Frauen aus, deren Aufenthalt nur vorübergehend, bspw aufgrund eines Visums, rechtmäßig ist.

2190 *Dalli Almiñana*, La violencia de género y el acceso de las víctimas extranjeras en situación administrativa irregular a los servicios sanitarios: consecuencias del real decreto-ley 16/2012, Revista de Derecho Migratorio y Extranjería 2014/36, 39 (48f mwN) weist in dem Zusammenhang darauf hin, dass der Erlass einer gerichtlichen Verfügung in der Praxis oftmals schwierig ist.

2191 Die Antragstellung ist bis zum Abschluss des Strafverfahrens bzw bis spätestens sechs Monate nach Abschluss des Verfahrens möglich; siehe Art 134 Abs 1 lit b REDYLE und *Lázaro González/Benlloch Sanz* in *Palomar Olmeda* 908-910.

2192 Vgl *Lázaro González/Benlloch Sanz* in *Palomar Olmeda* 908f.

Aufenthaltsberechtigung für sich selbst, kann die Frau eine solche auch für ihre Kinder beantragen. Die Kinder müssen minderjährig sein oder falls sie volljährig sind, eine Behinderung haben, aufgrund derer sie objektiv nicht in der Lage sind ihre Bedürfnisse selbst zu befriedigen.[2193]

Der*die zuständige Vertreter*in der Zentralregierung bzw Regierungsbeauftragte hat aufgrund der gerichtlichen Verfügung bzw der Stellungnahme der Staatsanwaltschaft amtswegig[2194] eine „vorläufige Aufenthaltsberechtigung und Arbeitserlaubnis" an das Opfer und gegebenenfalls an ihre Kinder zu erteilen.[2195]

c. Aufenthaltsrecht

Sobald das Strafverfahren abgeschlossen wird, hat die Staatsanwaltschaft die zuständige Ausländerbehörde und das zuständige Polizeikommissariat[2196] über den Inhalt der gerichtlichen Entscheidung zu verständigen.[2197] Hierbei ist maßgeblich,[2198] ob das Strafverfahren mit einer Verurteilung oder gerichtlichen Entscheidung endet, aus der sich ableiten lässt, dass die betroffene Frau Opfer von geschlechtsspezifischer Gewalt wurde.[2199] Ist dies der Fall, ist der Frau eine „befristete Aufenthaltsberechtigung und Arbeitserlaubnis aus außergewöhnlichen Gründen für ausländische Frauen, die Opfer geschlechtsspezifischer Gewalt geworden sind", innerhalb von 20 Tagen zu erteilen.[2200] Die „vorläufige Aufenthaltsberechtigung und Arbeitserlaubnis" geht demnach automatisch in eine befristete über.[2201] Ein etwaiges Ausweisungsverfahren, das ausgesetzt wurde, wird endgültig eingestellt und keiner-

2193 Art 133 Abs 1 und Art 134 Abs 1 lit a REDYLE.

2194 Vgl *Acale Sánchez* in *Boza Martínez/Donaire Villa/Moya Malapeira* 336 und *Dalli Almiñana*, Revista de Derecho Migratorio y Extranjería 2014/36, 49.

2195 Art 31bis Abs 3 LODYLE und Art 133 REDYLE.

2196 Vgl *Esteban de la Rosa*, Art 31bis LODYLE in *Monereo Pérez/Fernández Avilés/Triguero Martínez* 532f.

2197 Art 134 REDYLE.

2198 Art 31bis Abs 4 LODYLE und Art 134 REDYLE.

2199 Hierbei handelt es sich laut einer Anordnung zum Ausländerrecht nicht um eine taxativ festgelegte Liste, weshalb jegliche (gerichtliche) Entscheidung herangezogen werden kann, wenn sich daraus die Opfereigenschaft der Frau ableiten lässt; Instrucción DGI/SGRJ/6/2011, 2.

2200 Art 134 Abs 1 lit a REDYLE; vgl *Acale Sánchez* in *Boza Martínez/Donaire Villa/Moya Malapeira* 337.

2201 Vgl *Esteban de la Rosa*, Art 31bis LODYLE in *Monereo Pérez/Fernández Avilés/Triguero Martínez* 527.

lei Strafe aufgrund des irregulären Aufenthalts erteilt.[2202] Darüber hinaus ist darauf hinzuweisen, dass im Gegensatz zu anderen „Aufenthaltsberechtigungen aus außergewöhnlichen Gründen“ das Vorliegen von Vorstrafen keine negative Erteilungsvoraussetzung ist,[2203] genauso wenig wie im SIS zur Einreiseverweigerung ausgeschrieben zu sein.

Die Gültigkeit der Aufenthaltsberechtigung beträgt fünf Jahre.[2204] Mit ihr geht eine Arbeitserlaubnis einher.[2205] Hat die Betroffene gleichzeitig eine Aufenthaltsberechtigung für ihre minderjährigen Kinder beantragt, die sich im Zeitpunkt der Anzeige in Spanien aufgehalten haben, erhalten diese ebenso eine Aufenthaltsberechtigung, die die gleiche Befristung wie die der Mutter hat. Minderjährigen wird erst mit Erreichen des sechzehnten Lebensjahres eine Arbeitserlaubnis erteilt.[2206] Wurde noch keine solche Aufenthaltsberechtigung beantragt, sind die betroffenen Frauen hierüber zu informieren.[2207]

Kommt es zu keiner gerichtlichen Entscheidung, aus der die Opfereigenschaft der Frau hervorgeht, verliert die „vorläufige Aufenthaltsberechtigung und Arbeitserlaubnis“ automatisch ihre Wirksamkeit und der Antrag auf Erteilung der „Aufenthaltsberechtigung und Aufenthaltserlaubnis“ wird abgewiesen.[2208] Die betroffene Frau kann aber eine andere „Aufenthaltsberechtigung aus außergewöhnlichen Gründen“ beantragen;[2209] hier kommt etwa die eben dargestellte „befristete Aufenthaltsberechtigung aus humanitären Gründen“ für Opfer von Straftaten in Betracht, wenn es sich um Opfer häuslicher Gewalt handelt.[2210] Nach einer Abweisung wird grundsätzlich auch das Ausweisungsverfahren wiederaufgenommen, wobei hierbei wiede-

---

2202 Art 134 Abs 1 lit c REDYLE; vgl *Esteban de la Rosa*, Art 31bis LODYLE in *Monereo Pérez/Fernández Avilés/Triguero Martínez* 530.

2203 So *Acale Sánchez* in *Boza Martínez/Donaire Villa/Moya Malapeira* 333 und *Lázaro González/Benlloch Sanz* in *Palomar Olmeda* 910f. AA *Esteban de la Rosa*, Art 31bis LODYLE in *Monereo Pérez/Fernández Avilés/Triguero Martínez* 530f.

2204 Art 134 Abs 1 lit a REDYLE; vgl *Acale Sánchez* in *Boza Martínez/Donaire Villa/Moya Malapeira* 333.

2205 Art 134 Abs 1 lit a REDYLE. Hierbei wird kein Bezug auf die nationale Arbeitsmarktsituation genommen; vgl *Lázaro González/Benlloch Sanz* in *Palomar Olmeda* 900.

2206 Vgl *Lázaro González/Benlloch Sanz* in *Palomar Olmeda* 911.

2207 Siehe Fn 2191.

2208 Art 134 Abs 2 lit a REDYLE; vgl *Acale Sánchez* in *Boza Martínez/Donaire Villa/Moya Malapeira* 337.

2209 Vgl *Acale Sánchez* in *Boza Martínez/Donaire Villa/Moya Malapeira* 337f.

2210 Vgl *Acale Sánchez* in *Boza Martínez/Donaire Villa/Moya Malapeira* 334 und siehe Kapitel 5.D.I.3.

rum die Antragstellung einer anderen „Aufenthaltsberechtigung aus außergewöhnlichen Gründen“ möglich und zu berücksichtigen ist.[2211] Liegen die Voraussetzungen für eine Aufenthaltsberechtigung vor, wird das Ausweisungsverfahren eingestellt.[2212]

II. Sonstige Härtefälle

Zunächst wird die deutsche „Aufenthaltsgewährung in Härtefällen“ dargestellt, da diese zwar keine Mindesterteilungsdauer normiert, aber für längstens drei Jahre erteilt wird. Anschließend werden der österreichische „Aufenthaltstitel in besonders berücksichtigungswürdigen Fällen“ und die spanische „befristete Aufenthaltserlaubnis aus humanitären Gründen“ wegen plötzlich auftretender schwerer Krankheit analysiert, die beide auf ein Jahr befristet sind.

1. „Aufenthaltsgewährung in Härtefällen“ – Deutschland

Die „Aufenthaltsgewährung in Härtefällen“ ist eine Regularisierung, die auf besonders gelagerte Härtefälle abzielt, um für diese eine humanitäre Lösung zu finden.[2213] Im System der deutschen „humanitären Aufenthaltserlaubnisse“ ist sie als die letzte Anlaufstelle für unerlaubt aufhältige Ausländer*innen zu qualifizieren.[2214] Die Vulnerabilität der betroffenen Ausländer*innen steht dabei im Vordergrund. Sie ist als autonom-national zu bewerten, da sie sich von keinen höherrangigen Rechtsnormen ableiten lässt. Ende 2017 haben 6.979 Ausländer*innen über eine Aufenthaltserlaubnis gem § 23a AufenthG verfügt.[2215]

2211 Art 134 Abs 2 lit c; vgl *Esteban de la Rosa*, Art 31bis LODYLE in *Monereo Pérez/Fernández Avilés/Triguero Martínez* 531.

2212 Art 241 Abs 2 REDYLE. Siehe Kapitel 4.C.III.3.b.

2213 Nr 23a.0.1 AVV-AufenthG.

2214 In dem Sinne auch *Bergmann/Röcker* in *Bergmann/Dienelt* § 23a AufenthG Rn 5. Demnach ergibt sich aus dem Wortlaut („abweichend von“), dass § 23a AufenthG als subsidiär gegenüber den anderen „humanitären Aufenthaltserlaubnissen“ zu qualifizieren ist.

2215 BT-Drs 19/633, 17.

a. Erteilungsvoraussetzungen

§ 23a AufenthG erfasst vollziehbar ausreisepflichtige Ausländer*innen.[2216] Handelt es sich bei diesen um besonders gelagerte Härtefälle, kann sich eine Härtefallkommission, die auf Grundlage einer Rechtsverordnung der jeweiligen Landesregierung erlassen wurde,[2217] mit dem Fall befassen. Der*die Ausländer*in hat hierauf aber keinen Rechtsanspruch.[2218]

In der Folge ist ein spezielles „mehrstufiges Verfahren"[2219] normiert, wobei die Härtefallkommission nach der Selbstbefassung ein Härtefallersuchen (Empfehlung) an die oberste Landesbehörde richten kann. Dieses stellt kein Abschiebehindernis dar und hat keine aufschiebende Wirkung.[2220] Kommt die oberste Landesbehörde zum Ergebnis, dass ein Härtefall vorliegt, erlässt sie eine Anordnung an die zuständige Ausländerbehörde, wonach diese eine Aufenthaltserlaubnis zu erteilen hat.[2221] Die Besonderheit des Verfahrens bringen *Maaßen/Kluth* treffend auf den Punkt: „Das Härtefallverfahren ist ein gerichtlich nicht überprüfbares, rein humanitär ausgestaltetes gegenüber allen anderen Vorschriften des Aufenthaltsgesetzes extralegales Entscheidungsverfahren".[2222] Dieser Aufenthaltstitel darf erteilt werden, auch wenn dadurch von den im AufenthG festgelegten Erteilungs- und Verlängerungsvoraussetzungen für einen Aufenthaltstitel abgewichen wird.[2223]

Die Entscheidung für ein Härtefallersuchen setzt voraus, dass nach den Feststellungen der Härtefallkommission dringende humanitäre oder persönliche Gründe die weitere Anwesenheit des*der Ausländers*in im Bundesgebiet rechtfertigen.[2224] Hierunter können etwa „schwerste gesundheitliche Problematiken", „extreme Sondersituationen", „dauerhafte Teilhabe am Arbeitsleben" oder „lange Aufenthaltszeiten" fallen, wobei dies maßgeblich

---

2216 § 23a Abs 1 S 1 AufenthG.

2217 Vgl *Bergmann/Röcker* in *Bergmann/Dienelt* § 23a AufenthG Rn 4.

2218 § 23a Abs 2 S 2 und 3 AufenthG; vgl *Bergmann/Röcker* in *Bergmann/Dienelt* § 23a AufenthG Rn 9.

2219 *Maaßen/Kluth* in *Kluth/Heusch* § 23a AufenthG Rn 2.

2220 *Maaßen/Kluth* in *Kluth/Heusch* § 23a AufenthG Rn 12.

2221 Die oberste Landesbehörde ist an das Härtefallersuchen nicht gebunden; vgl *Bergmann/Röcker* in *Bergmann/Dienelt* § 23a AufenthG Rn 20.

2222 *Maaßen/Kluth* in *Kluth/Heusch* § 23a AufenthG Rn 3. Kritisch hierzu *Schönebroicher*, Rechtsstaat auf Abwegen? – Die neue „Härtefallklausel" des Ausländerrechts, ZAR 2004, 351 (355ff).

2223 Siehe Kapitel 4.A.III.2.b.

2224 § 23a Abs 2 S 4 AufenthG.

von den landesgesetzlichen Regelungen abhängt.[2225] *Schwantner* hat herausgearbeitet, dass der gesicherte Lebensunterhalt durchgängig als besonders wichtig erachtet wird.[2226] In jedem Fall muss eine besonders dringliche Einzelfallsituation die Erteilung einer Aufenthaltserlaubnis erforderlich machen.[2227] Versagungsgründe stellen das Begehen von Straftaten „mit erheblichem Gewicht“[2228] und das Feststehen eines bereits konkreten Rückführungstermins dar.[2229]

b. Aufenthaltsrecht

Die Aufenthaltserlaubnis kann nach der allgemeinen Regel in § 26 Abs 1 S 1 AufenthG für jeweils längstens drei Jahre erteilt werden. Aufgrund der Besonderheiten des Härtefallverfahrens ergeben sich Unterschiede im Hinblick auf die Rechtsschutzmöglichkeiten.[2230] Die Aufenthaltserlaubnis berechtigt zur Ausübung einer Erwerbstätigkeit.[2231] Inhaber*innen einer Aufenthaltserlaubnis gem § 23a AufenthG haben grundsätzlich Anspruch auf Arbeitslosengeld II gem SGB II oder Sozialhilfe gem SGB XII.[2232]

2. „Aufenthaltstitel in besonders berücksichtigungswürdigen Fällen“ – Österreich

Der „Aufenthaltstitel in besonders berücksichtigungswürdigen Fällen“ stellt einen autonom-nationalen Schutzmechanismus dar und geht im Speziellen über die in Art 8 EMRK festgelegte völkerrechtliche Verpflichtung hinaus. Österreich stellt, wie bereits oben dargelegt,[2233] grundsätzlich keine

2225 Vgl *Schwantner*, Zur Arbeit der Härtefallkommissionen, Asylmagazin 2016, 63 (63f).
2226 *Schwantner*, Asylmagazin 2016, 64.
2227 Vgl *Bergmann/Röcker* in *Bergmann/Dienelt* § 23a AufenthG Rn 11f.
2228 Vgl den diesbezüglichen Meinungsstand bei *Bergmann/Röcker* in *Bergmann/Dienelt* § 23a AufenthG Rn 13 und *Maaßen/Kluth* in *Kluth/Heusch* § 23a AufenthG Rn 8.
2229 § 23a Abs 1 S 3 AufenthG. Kritisch *Schwantner*, Asylmagazin 2016, 63 in Bezug auf die in § 59 Abs 1 S 3 AufenthG normierte Möglichkeit, dass vom Androhen einer Abschiebung abgesehen werden kann.
2230 Vertiefend *Bergmann/Röcker* in *Bergmann/Dienelt* § 23a AufenthG Rn 23-26.
2231 § 23a Abs 2 S 5 AufenthG.
2232 *Frings/Janda/Keßler/Steffen*, Sozialrecht Rn 935.
2233 Siehe Kapitel 4.B.III.1.

aussagekräftigen Statistiken über die Kategorie der „Aufenthaltstitel aus berücksichtigungswürdigen Gründen“ zur Verfügung. Nach Abschluss der vorliegenden Arbeit wurden aber erstmals Daten in einer Studie veröffentlicht. Demnach wurden im Zeitraum zwischen 2014 und 2018 169 „Aufenthaltsberechtigungen“ und „Aufenthaltsberechtigungen plus“ erteilt.[2234] Diese Zahlen unterstreichen, dass die Regularisierung praktisch nicht sehr bedeutsam ist.

a. Erteilungsvoraussetzungen

Allgemeine Erteilungsvoraussetzung ist der Nachweis, dass der*die Fremde seit fünf Jahren durchgängig im österreichischen Bundesgebiet aufhältig ist, wobei drei Jahre der gesamten Aufenthaltsdauer rechtmäßig gewesen sein müssen. Der Aufenthaltstitel zielt somit auch auf unrechtmäßig aufhältige Fremde ab, weshalb er für die vorliegende Arbeit relevant ist. *Fouchs/Schweda* sind der Ansicht, dass die Wendung „durchgängiger Aufenthalt im Bundesgebiet“ so zu verstehen ist wie nach der Rechtslage bis 1.1.2014.[2235] Folglich beenden nach der damaligen VwGH-Rspr „kurzfristige Inlands- und Auslandsaufenthalte, insbesondere zu Besuchszwecken, nicht die anspruchsbegründende Dauer eines Aufenthaltes oder einer Niederlassung“.[2236] Ein Auslandsaufenthalt wäre nur dann anspruchsschädlich, wenn mit diesem ein Wechsel des Lebensmittelpunktes einhergehen würde. Die spanische Rechtslage ist diesbezüglich wesentlich konkreter und lässt im Zusammenhang mit der „befristeten Aufenthaltsberechtigung aufgrund sozialer Verwurzelung“ Auslandsaufenthalte bis zu insgesamt 120 Tage zu.[2237]

Gem § 56 Abs 3 AsylG hat das BFA neben dem durchgängigen Aufenthalt auch „den Grad der Integration des Drittstaatsangehörigen, insbesondere die Selbsterhaltungsfähigkeit, die schulische und berufliche Ausbildung, die Beschäftigung und die Kenntnisse der deutschen Sprache zu berücksichtigen“.[2238] Wobei hier in Abgrenzung zum „Aufenthaltstitel aus Gründen des Art 8 EMRK“ nicht die in dem Sinne sehr hoch angesetzte

2234 *Bassermann*, Überblick über nationale Schutzstatus in Österreich v Mai 2019, 24-26.

2235 *Fouchs/Schweda*, migraLex 2014, 61 mwN; zustimmend *Kind* in *Abermann/Czech/Kind/Peyrl* § 43 NAG Rn 17f.

2236 VwGH 20.8.2013, 2012/22/0122.

2237 Siehe Kapitel 5.E.I.a.

2238 So auch VwGH 11.6.2014, 2013/22/0356.

Schwelle des bestehenden Privat- oder Familienlebens erreicht werden muss.[2239]

Weitere wesentliche Voraussetzungen sind ein Rechtsanspruch auf eine ortsübliche Unterkunft, eine ausreichende Krankenversicherung sowie feste und regelmäßige Einkünfte.[2240] Als solche Einkünfte gilt für eine alleinstehende Person der Richtsatz in Höhe von 909 € und für ein Ehepaar in Höhe von 1363 € für das Jahr 2018,[2241] wobei das BFA eine Prognoseentscheidung zu treffen hat.[2242] Dies bedeutet, dass die Person selbsterhaltungsfähig sein muss, was aufgrund des zwar theoretisch vorhandenen, aber faktisch nicht bestehenden Arbeitsmarktzugangs als Asylwerber*in kaum zu erfüllen ist.[2243] Gleiches gilt für unrechtmäßig aufhältige Fremde, die über überhaupt keinen Arbeitsmarktzugang verfügen.[2244] In dem Zusammenhang ist aber darauf hinzuweisen, dass diese Voraussetzungen auch durch das Erfüllen einer Patenschaftserklärung erfüllt werden können.[2245] Abschließend darf die Erteilung des Aufenthaltstitels zu keiner Belastung der Beziehungen Österreichs zu einem anderen Staat oder Völkerrechtssubjekt – wie der EU – führen.

In der Praxis sollte diese Aufenthaltsberechtigung wohl auf Fälle überlanger Asylverfahren abzielen (abgewiesene Asylwerber*innen), da der Aufenthalt während des laufenden Verfahrens rechtmäßig ist.[2246] Führt ein Asylverfahren weder zur Gewährung des Status als Asylberechtigten*r noch zum Status als subsidiär Schutzberechtige*r und hat es länger als drei Jahre gedauert, ist sohin die Stellung dieses Antrags möglich. In der Praxis scheinen aber die insgesamt doch sehr hoch angesetzten zeitlichen Hürden und das Erfordernis der Selbsterhaltungsfähigkeit den Erwerb dieses Aufenthaltstitels zu verunmöglichen.[2247]

2239 Siehe Kapitel 5.B.III. und Kapitel 5.C.III.

2240 § 60 Abs 2 AsylG. Vgl noch zur Vorgängerbestimmung VwGH 25.3.2010, 2010/21/0088.

2241 § 11 Abs 5 NAG iVm § 293 ASVG.

2242 VwGH 18.3.2010, 2008/22/0637; 21.6.2011, 2009/22/0060 und 23.11.2017, Ra 2017/22/0144.

2243 Siehe zum Arbeitsmarktzugang von Asylwerber*innen *Peyrl*, Arbeitsmarkt 302ff.

2244 Siehe Kapitel 4.B.II.2.

2245 § 2 Abs 1 Z 26 AsylG; VwGH 11.6.2014, 2013/22/0356 und in dem Sinne auch *Filzwieser/Frank/Kloibmüller/Raschhofer*, Asyl- und Fremdenrecht § 56 AsylG K 2.

2246 § 13 Abs 1 AsylG.

2247 In eine ähnliche Richtung gehend *Bassermann*, Überblick über nationale Schutzstatus in Österreich v Mai 2019, 49.

b. Aufenthaltsrecht

Diesbezüglich wird auf die Ausführungen in Kapitel 4.B.III.2.d. verwiesen. Darüber hinaus ist darauf hinzuweisen, dass eine amtswegige Erteilung nicht vorgesehen ist und daher immer ein Antrag auf Erteilung des „Aufenthaltstitels in besonders berücksichtigungswürdigen Fällen" zu stellen ist.[2248] Ein bereits eingeleitetes Verfahren zum Erlass einer aufenthaltsbeendenden Maßnahme steht einem begründeten Antrag nicht entgegen.[2249] Liegen die Voraussetzungen für die Erteilung vor, besteht faktischer Abschiebeschutz bis zur rechtskräftigen Entscheidung des Verfahrens, wenn das Verfahren zur Erlassung einer aufenthaltsbeendenden Maßnahme erst nach Antragstellung eingeleitet wurde.[2250]

3. „Befristete Aufenthaltsberechtigung aus humanitären Gründen" wegen plötzlich auftretender schwerer Krankheit – Spanien

Das spanische Ausländerrecht sieht eine „befristete Aufenthaltsberechtigung aus humanitären Gründen" für Ausländer*innen vor, die an einer plötzlich auftretenden, schweren Krankheit leiden („autorización temporal por razones humanitarias – enfermedad sobrevenida grave"). Die anderen beiden Aufenthaltsberechtigungen, die aus humanitären Gründen erteilt werden, wurden bereits dargestellt.[2251] Obwohl die Terminologie „humanitäre Gründe" die Einordnung der Aufenthaltsberechtigung im Regularisierungszweck „soziale Bindungen" nahelegt,[2252] sprechen mehr Gründe für die Darstellung in dem Regularisierungszweck „Vulnerabilität". Der maßgebliche Erteilungsgrund ist nämlich die Bezugnahme auf eine vulnerable Situation, in concreto eine plötzlich auftretende, schwere Krankheit. Grundsätzlich ist die Regularisierung als autonom-national zu qualifizieren, wobei sie sich aber mittlerweile wohl auch aus der neueren EGMR-Rspr zu Art 3 EMRK ableiten lässt.[2253] Folglich könnte auch angedacht werden, die Regularisierung innerhalb des Regularisierungszwecks „Nichtrückführbarkeit" bzw in der Unterkategorie „Non-Refoulement-Gebot im

---

2248 VwGH 15.3.2018, Ra 2018/21/0034.
2249 § 56 Abs 1 AsylG.
2250 § 58 Abs 13 S 4 AsylG; siehe bereits Kapitel 4.B.III.2.a.
2251 Siehe Kapitel 5.A.II.3. und Kapitel 5.D.I.3.
2252 Siehe Kapitel 5.B.
2253 Vertiefend *Hinterberger/Klammer* in *Filzwieser/Taucher*.

Sinne der EMRK und GRC oder faktische Gründe“ anzuführen. Davon wurde aber abgesehen, weil der autonom-nationale Charakter des Aufenthaltsrechts nach wie vor überwiegt. Mangels genauer Angaben in den Statistiken ist unklar, wie viele Aufenthaltsberechtigungen aufgrund dieser Bestimmung erteilt wurden.[2254]

Daneben gibt es eine eigene Aufenthaltsberechtigung für jene Minderjährigen, die mittels eines temporären Programmes nach Spanien gereist sind,[2255] um sich dort medizinisch behandeln zu lassen.[2256] Im Gegensatz zur „befristeten Aufenthaltsberechtigung aus humanitären Gründen“ müssen Minderjährige nicht nachweisen, dass die Krankheit plötzlich aufgetreten ist. Sie reisen ja konkret zum Zwecke der medizinischen Behandlung rechtmäßig ein, wofür eine ärztliche Stellungnahme vorgelegt werden muss.[2257] Folglich scheidet eine Analyse aus, da es sich um keine Regularisierung im Sinne der vorliegenden Arbeit handelt.[2258]

a. Erteilungsvoraussetzungen

Eine „befristete Aufenthaltsberechtigung aus humanitären Gründen“ kann Personen erteilt werden, die nachweisen können, dass sie selbst an einer plötzlich aufgetretenen Krankheit leiden.[2259] Das Kriterium „plötzlich aufgetreten“ umschreibt, dass die Krankheit erst nach der Einreise diagnostiziert wurde.[2260] Durch diese Einschränkung soll vermieden werden, dass Personen, bei denen eine schwere Krankheit diagnostiziert wurde, nur zum Zwecke der Behandlung ebendieser nach Spanien reisen.[2261] Der Nachweis, dass die Krankheit plötzlich aufgetreten ist, scheint mit der neueren EGMR-Rspr im Hinblick auf Art 3 EMRK nicht vereinbar zu sein,[2262] da die Betroffenen die hier dargelegte Aufenthaltsberechtigung

---

2254 Siehe Kapitel 4.C.III.1.

2255 Art 187 REDYLE.

2256 Art 126 Abs 2 REDYLE.

2257 Vgl *Giménez Bachmann*, Dissertation 2014, 299.

2258 Siehe Kapitel 2.A.II.1.

2259 Art 126 Abs 2 REDYLE.

2260 STS 782/2007, ECLI:ES:TS:2009:782, FJ 9; *Defensor del Pueblo*, Sugerencia v 14.7.2017, Queja 17012408; *Defensor del Pueblo*, Sugerencia v 24.2.2015, Queja 12009749; kritisch *Giménez Bachmann*, Dissertation 2014, 295f mwN.

2261 STSJ Madrid 6102/2009, ECLI:ES:TSJM:2009:6102 und siehe *Giménez Bachmann*, Dissertation 2014, 295.

2262 EGMR 13.12.2016, *Paposhvili/Belgien*, 41738/10 und vertiefend *Hinterberger/Klammer* in *Filzwieser/Taucher*.

nicht erlangen können und somit irregulär aufhältig und nur de facto geduldet bleiben.[2263]

Der Nachweis der Schwere der Krankheit und des plötzlichen Auftretens ist von der betroffenen Person mittels eines klinischen Gutachtens zu erbringen. Der Nachweis hierüber ist der zentrale Punkt in der Entscheidung über die Erteilung dieser Aufenthaltsberechtigung.[2264] Darüber hinaus muss nachgewiesen werden, dass die Behandlung in Spanien adäquat möglich und der Zugang zu einer solchen Behandlung im Herkunftsstaat unmöglich ist.[2265] Eine weitere Voraussetzung ist, dass das Unterbrechen oder das Nichterhalten der medizinischen Behandlung zu einer großen Gefahr für die Gesundheit oder das Leben der Person führen würde.[2266] Verfahrensrechtlich ist Art 246 Abs 7 REDYLE für die hier behandelten Sachverhaltskonstellationen relevant. Demnach ist eine Ausweisung, genauer die Abschiebung, auszusetzen, wenn die Maßnahme ein Gesundheitsrisiko für eine kranke Person darstellen könnte.

b. Aufenthaltsrecht

Mit der Aufenthaltsberechtigung, die in der Regel auf ein Jahr befristet ist,[2267] geht grundsätzlich keine Arbeitserlaubnis einher.[2268] Diese kann aber – gleichzeitig mit der Aufenthaltsberechtigung – beantragt werden,[2269] um sich in den Arbeitsmarkt zu integrieren.[2270]

III. Zwischenergebnis

Der vierte Regularisierungszweck zeichnet sich durch ein Abzielen auf vulnerable Personengruppen oder Situationen aus und wird in zwei Unterkategorien unterteilt. Spezifisch für diesen Regularisierungszweck ist, dass

---

2263 Siehe Kapitel 5.A.I.1.
2264 STSJ Madrid 628/2015, ECLI:ES:TSJM:2015:628.
2265 Vgl STSJ Madrid 11645/2009, ECLI:ES:TSJM:2009:11645.
2266 Vgl *García Vitoria* in *Boza Martínez/Donaire Villa/Moya Malapeira* 297.
2267 Vgl *García Vitoria* in *Boza Martínez/Donaire Villa/Moya Malapeira* 304.
2268 Art 129 Abs 1 REDYLE.
2269 Art 129 Abs 2 REDYLE; vgl *García Vitoria* in *Boza Martínez/Donaire Villa/Moya Malapeira* 304. Siehe zu den Voraussetzungen Art 63 Abs 4 und Art 105 Abs 3 REDYLE.
2270 Vgl *Giménez Bachmann*, Dissertation 2014, 297.

den Prüfungsmaßstab für die Unterkategorie „Opferschutz“ das Unionsrecht bildet, wohingegen sich die Unterkategorie „sonstige Härtefälle“ weder aus völker- noch aus unionsrechtlichen Bezügen ableiten lässt und daher als autonom-national zu qualifizieren ist.

Wie bereits angesprochen, bildet das Sekundärrecht der EU, vor allem die MenschenhandelsopferRL und SanktionsRL, den Prüfungsmaßstab der Unterkategorie „Opferschutz“. Demnach haben die Mitgliedstaaten Opfern von speziell festgelegten Straftaten die Möglichkeit einzuräumen einen Aufenthaltstitel zu erlangen, wobei die Festlegung der Voraussetzungen und die Entscheidung über die Erteilung im Ermessen der Mitgliedstaaten bleibt.

Im spanischen Recht ist jeweils eine Regularisierung für Menschenhandelsopfer bzw für Frauen, die Opfer von geschlechtsspezifischer Gewalt geworden sind, normiert. Erstere stellt einerseits eine vorbildliche Umsetzung der MenschenhandelsopferRL dar. Letztere schafft für das Problem der Gewalt an ausländischen Frauen ein leistungsfähiges Schutzregime. Die sehr ähnlich ausgestalteten befristeten Aufenthaltsberechtigungen und Arbeitserlaubnisse zeichnen sich durch besonders detaillierte Regelungen aus, die sehr stark an den Bedürfnissen der Opfer orientiert sind. Das Verfahren ist in mehrere „Phasen“ gegliedert. Zunächst liegt der Fokus auf der Identifikation der Opfer und einer Erholungs- und Reflexionsphase, die jeweils gesetzlich vorgegeben sind. Anschließend kann der*die Ausländer*in von etwaigen Verwaltungsstrafen, etwa in Bezug auf den irregulären Aufenthalt, befreit werden. Die Befreiung löst eine wichtige Rechtsfolge aus, da der*die Betroffene sodann darüber aufzuklären ist, dass er*sie eine „Aufenthaltsberechtigung und Aufenthaltserlaubnis“ beantragen kann. Anschließend ist unter Umständen eine „vorläufige Aufenthaltsberechtigung und Arbeitserlaubnis“ zu erteilen, was die außerordentlich opferfreundliche Ausgestaltung dieses Regimes unterstreicht, da der Aufenthalt folglich bis zum Verfahrensabschluss rechtmäßig ist. Besonders hervorzuheben ist weiters, dass die beiden spanischen Aufenthaltsberechtigungen auf die Dauer von fünf Jahren ausgestellt werden, was im Rechtsvergleich die bei weitem längste Befristung darstellt und folglich den Erwerb eines Daueraufenthaltstitels ermöglicht. Darüber hinaus geht gleichzeitig mit der Erteilung der Aufenthaltsberechtigung die Erteilung einer Arbeitserlaubnis einher.

Ohne zu weit vorgreifen zu wollen, wird im Regularisierungszweck „sonstige staatliche Interessen“ noch eine weitere Regularisierung behandelt, die strukturell ähnlich – wie die beiden eben erläuterten spanischen Aufenthaltsberechtigungen aufgebaut ist. Da sie als zusätzliche Erteilungsvoraussetzung die Zusammenarbeit mit den Behörden normiert, wurde sie in dem Regularisierungszweck „sonstige staatliche Interessen“ eingeordnet. Die „Aufenthaltsberechtigung und Arbeitserlaubnis aus außergewöhnlichen Gründen aufgrund der Zusammenarbeit gegen organisierte Netzwerke“ setzt die SanktionsRL in Spanien um.[2271]

Darüber hinaus ist noch eine dritte Aufenthaltsberechtigung im spanischen Recht normiert, in concreto die „befristete Aufenthaltsberechtigung aus humanitären Gründen“ für Opfer von Straftaten. Diese knüpft an Situationen besonderer Vulnerabilität an, wie etwa Verbrechen gegen die Rechte von Arbeitnehmer*innen oder Verbrechen, deren Tatmotiv auf rassistischen, antisemitischen oder anderen diskriminierenden Gründen beruht. Problematisch ist bei dieser Aufenthaltsberechtigung, dass eine abschließende, gerichtliche Entscheidung vorgelegt werden muss, wodurch der Anwendungsbereich der Aufenthaltsberechtigung stark eingeschränkt wird, da der Erlass einer gerichtlichen Entscheidung mehrere Jahre dauern kann. Bevor die Voraussetzungen für die „befristete Aufenthaltsberechtigung aus humanitären Gründen“ für Opfer von Straftaten vorliegen, wird daher häufig wohl eine „befristete Aufenthaltsberechtigung aufgrund sozialer Verwurzelung“ beantragt und erteilt werden können.

In eine ähnliche Richtung geht die österreichische „Aufenthaltsberechtigung besonderer Schutz“ für Opfer von Straftaten, die ebenfalls minimalistisch ausgestaltet ist. Sie legt lediglich fest, dass Opfer von Gewalt durch die Erteilung eines Aufenthaltsrechts Schutz vor weiterer Gewalt erhalten sollen. Vom persönlichen Anwendungsbereich sind etwa Betroffene oder Opfer von Menschenhandel oder grenzüberschreitender Prostitution oder Opfer von Gewalt in der Familie oder Zwangsehe bzw -partnerschaft erfasst. Im Gegensatz zu den beiden spanischen Aufenthaltsberechtigungen für Menschenhandelsopfer bzw Opfer geschlechtsspezifischer Gewalt ist kein komplexes Verfahren vorgesehen, das aus Opferperspektive ein schutzwürdiges Regime bietet. Darüber hinaus muss die Erteilung des Aufenthaltsrechts zur Gewährleistung der Strafverfolgung von gerichtlich strafbaren Handlungen oder zur Geltendmachung und Durchsetzung zivilrechtlicher Ansprüche vonnöten sein. Diese Voraussetzung schränkt den Anwendungsbereich der Aufenthaltsberechtigung sehr sein. Die „Aufenthaltsberechtigung besonderer Schutz“ wird für die Dauer von einem Jahr erteilt und bietet je nach Vorliegen weiterer Voraussetzungen einen beschränkten oder unbeschränkten Arbeitsmarktzugang.

2271 Siehe Kapitel 5.F.II.

Abschließend ist auf die deutsche „Aufenthaltserlaubnis zur Strafverfolgung“ einzugehen. Diese kann an Opfer von Menschenhandel oder undokumentierter Beschäftigung („Schwarzarbeit“) erteilt werden, wobei jeweils die einschlägigen Strafbestimmungen zur Beurteilung dieser Frage relevant sind. Genau wie bei der österreichischen Regularisierung muss die Anwesenheit des Opfers für das Strafverfahren erforderlich sein und für sachgerecht erachtet werden. Die Aufenthaltserlaubnis ist im Vergleich zu den beiden spanischen, die Menschenhandelsopfer oder Opfer von geschlechtsspezifischer Gewalt geworden sind, schlechter bzw genauso schlecht ausgestaltet wie die österreichische „Aufenthaltsberechtigung besonderer Schutz“. Dies zeigt sich auch in der Praxis, da die deutsche „Aufenthaltserlaubnis zur Strafverfolgung“ aufgrund der zu hohen Erteilungsvoraussetzungen bedeutungslos ist.

Festzuhalten ist daher, dass alle drei Mitgliedstaaten ihren europarechtlichen Vorgaben nachkommen und Regularisierungen für Menschenhandelsopfer und Opfer im Zusammenhang mit ausbeuterischen Arbeitsbedingungen normieren. Gravierende Unterschiede haben sich in Bezug auf die Ausgestaltung des Schutzregimes gezeigt, wobei hier Spanien als Vorzeigebeispiel zu nennen ist. Das dort festgelegte Regime zeichnet sich dadurch aus, dass es besonders opferfreundlich ist. Das deutsche und österreichische Recht mutet dahingegen sehr minimalistisch an und stellt neben den Opferinteressen vor allem den Strafrechtspflegezweck in den Mittelpunkt.

Neben der Unterkategorie „Opferschutz“ besteht weiters noch die Unterkategorie „sonstige Härtefälle“ innerhalb des Regularisierungszwecks „Vulnerabilität“. Diese Unterkategorie ist als autonom-national zu qualifizieren und lässt sich daher nur jeweils aus den nationalstaatlichen Rechtsordnungen ableiten. Dementsprechend sind keine völker- oder europarechtlichen Verpflichtungen zu erfüllen bzw einzuhalten.

Die „Aufenthaltsgewährung in Härtefällen“ ist im deutschen Ausländerrecht die letzte Anlaufstelle für unerlaubt aufhältige Ausländer*innen, die kontextuell auch aus genau diesem Grund eingeführt wurde. Eine Antragstellung ist nicht möglich, vielmehr besteht ein „gerichtlich nicht überprüfbares, rein humanitär ausgestaltetes gegenüber allen anderen Vorschriften des Aufenthaltsgesetzes extralegales Entscheidungsverfahren“. Erfasst werden demnach alle Arten von besonders dringlichen Einzelfallsituationen. Die „Aufenthaltsgewährung in Härtefällen“ ist als mögliches „Auffangbecken“ für anderweitig nicht zu erfassende Fälle ein zweckmäßiger Lösungsansatz, der aber mangels Möglichkeit der Antragsstellung und aufgrund des eigenständigen Verfahrens, bei dem die dem AufenthG zugrundeliegenden Grundsätze nicht zu beachten sind, aus individualrechtlicher Perspektive zu kritisieren ist.

Der österreichische „Aufenthaltstitel in besonders berücksichtigungswürdigen Fällen“ ist als kontextuelle Eigenheit des österreichischen Fremdenrechts zu qualifizieren. Der Aufenthaltstitel wurde erlassen, um Fälle überlanger Asylverfahren, die zu keiner Statusgewährung führen, eine Regularisierungsperspektive einzuräumen. Grundsätzlich werden jene rechtmäßig und unrechtmäßig aufhältige Fremde adressiert, die die Schwelle des Privat- und Familienlebens im Sinne des Art 8 EMRK nicht erreichen. Die Statistiken unterstreichen, dass die Regularisierung praktisch nicht sehr bedeutsam ist, da die Erteilungsvoraussetzungen sehr hoch angesetzt sind. Neben dem fünfjährigen Aufenthalt wird nämlich unter anderem die Selbsterhaltungsfähigkeit gefordert. Dieses Kriterium ist mangels bestehenden Arbeitsmarktzugangs kaum zu erfüllen.

Die spanische „befristete Aufenthaltsberechtigung aus humanitären Gründen“ wegen plötzlich auftretender schwerer Krankheit ist als autonom-national zu qualifizieren, aufgrund der nunmehr geltenden EGMR-Rspr ist sie aber mittlerweile wohl auch als Ausprägung von Art 3 EMRK zu verstehen. Die Voraussetzung, dass Erwachsene das plötzliche Auftreten der Krankheit nachweisen müssen, scheint nicht mit den völkerrechtlichen Vorgaben vereinbar zu sein. Minderjährige müssen diese Voraussetzung nicht erfüllen. Insgesamt ist aber positiv hervorzuheben, dass die spanische Rechtsordnung für schwer kranke Personen eine eigenständige Aufenthaltsberechtigung geschaffen haben.

In der Unterkategorie „sonstige Härtefälle“ hat sich gezeigt, dass sich in jedem analysierten Mitgliedstaat eine Regularisierung herausgebildet hat, die als kontextuelle Eigenheit der jeweiligen Rechtsordnung zu qualifizieren ist und jene vulnerablen Personengruppen oder Situationen adressiert, die anderweitig keine Möglichkeit zur Erlangung eines Aufenthaltsrechts haben.

E. Erwerbstätigkeit und Ausbildung[2272]

Im Rechtsvergleich konnte ich drei Regularisierungen identifizieren, die sich auf den Regularisierungszweck „Erwerbstätigkeit und Ausbildung“ stützen. Zunächst werden die spanische „befristete Aufenthaltsberechtigung aufgrund sozialer Verwurzelung“ und die „befristete Aufenthaltsberechtigung

2272 Siehe bereits Kapitel 2.B.III.5.

aufgrund von Arbeitsverwurzelung" beleuchtet, da beide für ein Jahr erteilt werden. Anschließend wird die deutsche „Aufenthaltserlaubnis für qualifizierte Geduldete zum Zweck der Beschäftigung" analysiert, da diese für die Dauer von zwei Jahren befristet wird.

I. „Befristete Aufenthaltsberechtigung aufgrund sozialer Verwurzelung" – Spanien

Die „befristete Aufenthaltsberechtigung aufgrund sozialer Verwurzelung" („autorización de residencia temporal por razones de arraigo social") ist in der Praxis die meistgenützte und wichtigste Regularisierung in Spanien.[2273]

Die soziale Verwurzelung könnte sowohl unter den Regularisierungszweck „soziale Bindungen" als auch „Erwerbstätigkeit und Ausbildung" eingeordnet werden. Für ersteres spricht die Bezeichnung als soziale Verwurzelung sowie, dass in bestimmten Sachverhaltskonstellationen jegliche Form der Integration nachgewiesen werden muss.[2274] Im Vordergrund steht jedoch die Vorlage eines Arbeitsvertrags, weshalb die Aufenthaltsberechtigung unter den Regularisierungszweck „Erwerbstätigkeit und Ausbildung" subsumiert wird. So war in der alten Rechtslage auch ausdrücklich von dem*der ausländischen Arbeitnehmer*in die Rede.[2275]

Ähnlich wie das österreichische „Bleiberecht"[2276] hat sich die soziale Verwurzelung aus der Rspr zu unverhältnismäßigen Ausweisungsentscheidungen gem Art 8 EMRK entwickelt.[2277] Die Rspr ist anfangs ähnlich verlaufen, doch wurden die beiden Regularisierungen schlussendlich gesetzlich unterschiedlich normiert. Die soziale Verwurzelung nimmt grundsätzlich auf die zukünftige Verwurzelung Bezug,[2278] wohingegen sich das österreichische „Bleiberecht" auf eine schon eingetretene Verwurzelung be-

2273 Siehe Kapitel 4.C.III.2.

2274 Vgl *Triguero Martínez*, Migraciones 2014, 455 und *Cerezo Mariscal*, Revista de Derecho 2015, 676.

2275 Art 45 Abs 2 lit b REDYLE idF Königliche Verordnung 2393/2004 und die dazu erlassene Instrucción del 22 de junio de 2005 de la Dirección General de Inmigración, http://fmrmurcia.info/UPLOAD/DOCUMENTO/instruccion%20arraigo%20_definitiva_%20_1_.pdf (13.12.2018) 1.

2276 Siehe Kapitel 5.B.III.1. und Kapitel 5.C.III.1.

2277 Siehe Kapitel 4.C.III.2.

2278 *Carbajal García*, Revista de Derecho Migratorio y Extranjería 2012/29, 82. *González Calvet*, Revista de Derecho Social 2007/37, 108 weist zu Recht darauf hin, dass eine Mindestansiedlung aber bereits gegeben sein muss, da ansonsten die Verwurzelung nicht in Frage kommt.

zieht.[2279] Nunmehr ist die soziale Verwurzelung wohl am ehesten mit dem österreichischen „Aufenthaltstitel in besonders berücksichtigungswürdigen Fällen“ gem § 56 AsylG vergleichbar, vor allem in Bezug auf den Nachweis der bestimmten Aufenthaltsdauer.[2280] Somit kann festgehalten werden, dass sich die Regularisierung dem Grunde nach aus Art 8 EMRK ableiten lässt, aber durch die einfachgesetzliche Ausformung teilweise über diese menschenrechtliche Verpflichtung hinausgeht und als autonom-national zu qualifizieren ist.

1. Erteilungsvoraussetzungen

Der durchgängige Aufenthalt von drei Jahren stellt die Basis dieser Regularisierung dar.[2281] Als wichtigstes Beweismittel dient nach der relevanten Anordnung zum Ausländerrecht ein Auszug der Meldung im Melderegister.[2282] Grundsätzlich ist der Nachweis durch jedes rechtlich anerkannte Beweismittel möglich,[2283] wie etwa durch Auszüge aus der Krankenversicherung, Kontoauszüge, Geldanweisungen ins Ausland oder Zertifikate über Sprachkurse oder Integration. Obwohl der durchgängige Aufenthalt verlangt wird, schadet es nicht, wenn das spanische Hoheitsgebiet für einen Zeitraum von insgesamt weniger als 120 Tagen verlassen wird.[2284]

Eine weitere Voraussetzung ist – genau wie bei der Arbeitsverwurzelung[2285] – der Nachweis von Arbeitsbeziehungen.[2286] Erteilungsvoraussetzung ist daher, dass ein unterzeichneter Arbeitsvertrag mit einer mindestens einjährigen Befristung vorgelegt wird.[2287] Hierbei kann die zuständige Ausländerbehörde beim Arbeits- und Sozialversicherungsinspektorat eine Stellungnahme zum Arbeitsvertrag einholen.[2288] Das Arbeitsverhältnis muss mit Erteilung der Aufenthaltsberechtigung aufgenommen werden kön-

2279 Siehe Kapitel 5.B.III. und Kapitel 5.C.III.
2280 Siehe Kapitel 5.F.I.
2281 Vgl *Triguero Martínez*, Migraciones 2014, 453; *Ques Mena*, Diario la Ley 2008/7067, 6.
2282 Vgl Instrucción del 22 de junio de 2005 de la Dirección General de Inmigración, 2.
2283 Vgl Instrucción DGI/SGRJ/3/2011, 3.
2284 Vgl Instrucción del 22 de junio de 2005 de la Dirección General de Inmigración, 2.
2285 Siehe Kapitel 5.E.II.
2286 *Camas Roda*, Trabajo decente 96.
2287 Art 124 Abs 2 REDYLE.
2288 Vgl *Carbajal García*, Revista de Derecho Migratorio y Extranjería 2012/29, 71ff.

nen.[2289] Diese Erteilungsvoraussetzung unterstreicht laut *Nieves Moreno Vida* die Unterordnung der spanischen Migrationspolitik unter die Ziele der Arbeitsmarktpolitik.[2290] Grundsätzlich ist ein einziger Arbeitsvertrag mit der genannten Befristung vorzulegen, seit dem REDYLE ist es aber in bestimmten Arbeitssektoren zulässig, die einjährige Befristung auch durch mehr als einen Arbeitsvertrag zu erreichen.[2291] Mehrere Arbeitsverträge können etwa im Agrarsektor vorgelegt werden, der für die ausländische Bevölkerung in Spanien eine der wichtigsten Einkommensquellen darstellt.[2292]

Die Befristung des Arbeitsvertrags auf ein Jahr bedeutet aber nicht, dass die Auflösung oder Kündigung des Arbeitsverhältnisses vor Ende des Ablaufs der Befristung zum automatischen Verlust der Aufenthaltsberechtigung und der Arbeitserlaubnis führt.[2293] Zwar muss laut dem Gesetzeswortlaut eine durchgängige Beschäftigung während der ganzen Zeit der Befristung gegeben sein. Da aber nicht einmal spanischen Arbeitnehmer*innen – mit befristeten Arbeitsverträgen – die durchgehende Beschäftigung garantiert werden kann, kann dies für ausländische Arbeitnehmer*innen auch nicht gelten.[2294] Jedenfalls möglich ist, dass der*die ausländische Arbeitnehmer*in das Erlöschen der „befristeten Aufenthaltsberechtigung aufgrund sozialer Verwurzelung" verhindert, wenn er*sie mit einem anschließend erlangten Arbeitsvertrag weiter beschäftigt ist und ihn*sie keine Schuld am Erlöschen des Arbeitsverhältnisses trifft.[2295]

2289 Dem Arbeitsvertrag wird in der Praxis eine Klausel beigefügt, in der der Beginn des Arbeitsverhältnisses mit der Erteilung der Aufenthaltsberechtigung bedingt wird. Siehe zur Kontrolle des tatsächlichen Beginns der Erwerbstätigkeit Kapitel 5.E.I.2.

2290 Vgl *Nieves Moreno Vida* in *Monereo Pérez/Fernández Avilés/Triguero Martínez* 624; in dem Sinne zur Königlichen Verordnung 2393/2004 *Gómez Díaz* in *Balado Ruiz-Gallegos* 887. AA *Triguero Martínez*, Migraciones 2014, 455, der darauf hinweist, dass kein Arbeitsvertrag vorlegt werden muss, wenn ausreichend finanzielle Mittel nachgewiesen werden.

2291 Art 124 Abs 2 lit b REDYLE; vgl *Carbajal García*, Revista de Derecho Migratorio y Extranjería 2012/29, 67, der die Einführung dieser Neuerung durch das REDYLE begrüßt, da hiermit wesentlich mehr Flexibilität für die Antragsteller*innen einhergeht.

2292 Vgl *Iglesias Martínez*, Estudios Empresariales 2015/2 Nr 148, 3ff.

2293 Vgl *Carbajal García*, Revista de Derecho Migratorio y Extranjería 2012/29, 80-83 und *Cerezo Mariscal*, Revista de Derecho 2015, 680.

2294 In dem Sinne *Nieves Moreno Vida* in *Monereo Pérez/Fernández Avilés/Triguero Martínez* 624f und *Carbajal García*, Revista de Derecho Migratorio y Extranjería 2012/29, 81ff.

2295 Vgl *Carbajal García*, Revista de Derecho Migratorio y Extranjería 2012/29, 81f.

Ausnahmsweise kann der*die Ausländer*in von der Pflicht der Vorlage eines Arbeitsvertrags entbunden werden, wenn er*sie über ausreichend finanzielle Mittel verfügt.[2296] Derzeit sind dies für eine alleinstehende Person in etwa 537 € monatlich.[2297] Die jeweils zuständige autonome Region kann in ihrer Stellungnahme an die Ausländerbehörde die Ausnahme von diesem Erfordernis anregen, wenn finanzielle Mittel nachgewiesen wurden.[2298]

Darüber hinaus muss alternativ entweder die soziale Eingliederung in die spanische Gesellschaft oder ein Familienverhältnis nachgewiesen werden.[2299] Zum Nachweis der sozialen Eingliederung hat der*die Ausländer*in eine Stellungnahme vorzulegen.[2300] Diese wird von der jeweils zuständigen autonomen Region bzw vom Rathaus erstellt.[2301] Hierfür hat die Behörde 30 Tage ab Antragsstellung Zeit.[2302] Die Stellungnahme soll unter anderem auf folgende Punkte eingehen: Die bisherige Aufenthaltsdauer an der Meldeadresse; die finanziellen Mittel über die der*die Ausländer*in verfügt; die Beziehungen zu rechtmäßig aufhältigen Familienmitgliedern und die Integrationsbemühungen anhand der beruflich-sozialen sowie kulturellen Eingliederungsprogramme.[2303]

Insofern die Stellungnahme nicht innerhalb der 30-tägigen Frist erstellt wird, kann die Integration auch anderweitig nachgewiesen werden.[2304] Der*die Ausländer*in kann selbständig jegliche Zertifikate über beruflich-soziale oder kulturelle Eingliederungsprogramme vorlegen.[2305] Zusätzlich können Nachweise darüber erbracht werden, dass der*die Ausländer*in über

---

2296 Art 123 Abs 2 und Art 128 Abs 2 lit b REDYLE sowie Instrucción del 22 de junio de 2005 de la Dirección General de Inmigración, 2; in dem Sinne STSJ Islas Canarias 1471/2015, ECLI:ES:TSJICAN:2015:1471 und vgl *Triguero Martínez*, Migraciones 2014, 453-455.

2297 Siehe Fn 1966 und STSJ Islas Canarias 1471/2015, ECLI:ES:TSJICAN:2015:1471, FJ 3.

2298 Vgl *Belgrano Ledesma*, Solicitar una autorización de residencia temporal por arraigo social, Iuris 2010/151, 59 (61f).

2299 Art 124 Abs 2 lit c REDYLE und Instrucción DGI/SGRJ/3/2011.

2300 Art 128 Abs 2 lit b REDYLE; vgl hierzu im Detail Instrucción del 22 de junio de 2005 de la Dirección General de Inmigración, 4 und 8-10, wo eine Vorlage einer solchen Stellungnahme abgedruckt ist.

2301 Art 68 Abs 3 LODYLE; vgl *Cerezo Mariscal*, Revista de Derecho 2015, 679 und *Camas Roda*, Trabajo decente 96f.

2302 Art 124 Abs 2 lit c REDYLE.

2303 Art 124 Abs 2 REDYLE sowie Art 68 Abs 3 LODYLE. Vgl Instrucción DGI/SGRJ/3/2011 und das angeführte Beispiel der autonomen Region Madrid bei *Pérez/Leraul*, El arraigo en España, 11-13.4.2012, 12f.

2304 Art 124 Abs 2 REDYLE; vgl *Triguero Martínez*, Migraciones 2014, 454.

2305 Vgl *Camas Roda*, Trabajo decente 97.

eine angemessene Wohnung und über ausreichend finanzielle Mittel verfügt.[2306] Die Stellungnahme der autonomen Region bzw des jeweiligen Rathauses ist für die Ausländerbehörde nicht verbindlich.[2307] Wird jedoch die soziale Eingliederung in der Stellungnahme positiv bewertet, und trifft die zuständige Ausländerbehörde eine gegenteilige Meinung, trifft sie eine Begründungspflicht.[2308]

Alternativ zur sozialen Eingliederung müssen familiäre Beziehungen zu regulär aufhältigen Ausländer*innen dargelegt werden.[2309] Unter den engen Familienbegriff fallen nur die Ehegatte*innen oder eingetragene Lebenspartner*innen und Verwandte ersten Grades (Kinder und Eltern).[2310] Die familiären Beziehungen müssen mittels eines in Spanien anerkannten Dokuments nachgewiesen werden.[2311]

Abschließend ist noch darauf hinzuweisen, dass die soziale Verwurzelung durch den Erlass einer Anordnung zum Ausländerrecht an eine weitere Erteilungsvoraussetzung geknüpft werden könnte: die Prüfung der nationalen Arbeitsmarktsituation.[2312] Das Einführen dieser Voraussetzung würde den Anwendungsbereich der sozialen Verwurzelung und ihre Effektivität in der Praxis äußerst einschränken.[2313] Bisher wurde diese Voraussetzung in keiner Anordnung zum Ausländerrecht eingeführt.

2. Aufenthaltsrecht

Die Aufenthaltsberechtigung wird in der Regel für ein Jahr erteilt.[2314] Weiters wird auf die Ausführungen in Kapitel 5.C.IV.2. verwiesen. Um den tatsächlichen Beginn der Erwerbstätigkeit überprüfen zu können, muss die betreffende Person innerhalb eines Monats ab positivem

---

2306 Vgl *Camas Roda*, Trabajo decente 97f und *Triguero Martínez*, Migraciones 2014, 455. Insofern die ökonomischen Ressourcen aus selbstständiger Erwerbstätigkeit stammen, wird dies als positiver Faktor gewertet; siehe hierzu STSJ Castilla y León 2957/2015, ECLI:ES:TSJCL:2015:2957.

2307 Vgl *Belgrano Ledesma*, Iuris 2010/151, 61.

2308 Vgl Instrucción DGI/SGRJ/3/2011, 6.

2309 Art 124 Abs 2 REDYLE.

2310 Vgl *Triguero Martínez*, Migraciones 2014, 453f.

2311 Art 128 Abs 2 lit b REDYLE und vgl Instrucción del 22 de junio de 2005 de la Dirección General de Inmigración, 3.

2312 Art 124 Abs 4 REDYLE.

2313 Vgl *Triguero Martínez*, Migraciones 2014, 445f mwN.

2314 Art 130 Abs 1 REDYLE.

Verfahrensausgang zur Sozialversicherung angemeldet werden.[2315] Bis zur Anmeldung ist die Wirksamkeit der Aufenthaltsberechtigung gehemmt.[2316] So wird der Rückgriff auf Scheinarbeitsverträge verhindert.[2317] Diese Bedingung ist in jenen Fällen nicht zu erfüllen, in denen der*die Ausländer*in von der Vorlage eines Arbeitsvertrags befreit wurde.[2318]

Nimmt die Person die Erwerbstätigkeit auf, ohne von dem*r Arbeitgeber*in zur Sozialversicherung angemeldet zu werden,[2319] kann die Anmeldung direkt bei der Allgemeinen Sozialversicherungsanstalt („Tesorería General de la Seguridad Social") angeregt werden, damit die Aufenthaltsberechtigung in Kraft tritt.[2320]

II. „Befristete Aufenthaltsberechtigung aufgrund von Arbeitsverwurzelung" – Spanien

Eine weitere Regularisierungsmöglichkeit in Spanien stellt gem Art 124 Abs 1 REDYLE die Arbeitsverwurzelung („arraigo laboral") dar.[2321] Diese Aufenthaltsberechtigung fällt unter den Regularisierungszweck „Erwerbstätigkeit und Ausbildung", weil die maßgebliche Erteilungsvoraussetzung das Vorhandensein von Arbeitsbeziehungen ist.[2322] Obwohl sich die Verwurzelungen aus der Rspr zu Art 8 EMRK entwickelt haben, ist die Arbeitsverwurzelung als autonom-national zu qualifizieren, da sie über die menschenrechtliche Verpflichtung hinausgeht.[2323]

2315 Art 128 Abs 6 REDYLE; vgl *García Vitoria* in *Boza Martínez/Donaire Villa/Moya Malapeira* 303.

2316 Art 67 Abs 7 REDYLE.

2317 Vertiefend zu dieser Problematik *Carbajal García*, Revista de Derecho Migratorio y Extranjería 2012/29, 57 und 78-80 und *Nieves Moreno Vida* in *Monereo Pérez/Fernández Avilés/Triguero Martínez* 624f.

2318 Art 128 Abs 6 REDYLE; vgl *Fernández Collados* in *Palomar Olmeda* 420f.

2319 Dies stellt gem Art 53 Abs 2 lit a LODYLE eine schwere Ordnungswidrigkeit dar; vgl *Carbajal García*, Revista de Derecho Migratorio y Extranjería 2012/29, 83.

2320 Vgl Instrucciones Provisionales sobre Arraigo Laboral del Ministerio de Trabajo y Asuntos Sociales v 3.8.2005, http://www.intermigra.info/archivos/legislacion/ARRAIGOLABORAL.pdf (26.11.2018).

2321 Art 124 Abs 1 REDYLE.

2322 Vgl *Triguero Martínez*, Migraciones 2014, 451f.

2323 Siehe Kapitel 4.C.III.2. und Kapitel 5.E.I.

1. Erteilungsvoraussetzungen

Grundvoraussetzung ist, dass der durchgängige Aufenthalt im spanischen Bundesgebiet für die Dauer von zwei Jahren nachgewiesen werden muss.[2324] Die Abwesenheit von bis zu 90 Tagen schadet nicht.[2325]

Neben dem durchgängigen zweijährigen Aufenthalt müssen die Antragsteller*innen zurückliegende Arbeitsbeziehungen von mindestens sechs Monaten nachweisen. Der Begriff der Arbeitsbeziehung („relación laboral") wird weit interpretiert.[2326] Hierunter fallen alle Arten von Arbeitsverhältnissen mit einem oder mehreren Arbeitgeber*innen. Folglich zielt die Regelung speziell auf undokumentiert beschäftigte Ausländer*innen ab.[2327] *Triguero Martínez* würdigt es positiv, dass der Zeitraum der nachzuweisenden Arbeitsbeziehungen mittlerweile nur mehr sechs Monate beträgt, da nach der alten Rechtslage noch ein Jahr gefordert war.[2328]

Ein praktisches Problem stellt in dem Zusammenhang die Dokumentation der Arbeitsbeziehungen dar. In der Regel ist die Anzeige des*r Arbeitsgebers*in beim Arbeits- und Sozialversicherungsinspektorat erforderlich.[2329] Viele Migrant*innen schrecken hiervor zurück,[2330] da sie durch die undokumentierte Beschäftigung und den irregulären Aufenthalt selbst das Ausländerrecht verletzen[2331] und folglich ausgewiesen werden könnten.[2332] Darüber hinaus erhalten die Arbeitgeber*innen im Falle der Feststellung der undokumentierten Beschäftigung eine Geldbuße[2333] und sie müssen überdies ausstehende Sozialversicherungsbeiträge nachzahlen.[2334] Neben der Anzeige kann die Arbeitsbeziehung auch mittels einer gerichtlichen Ent-

---

2324 Art 124 Abs 1 REDYLE.

2325 Vgl Instrucciones Provisionales sobre Arraigo Laboral del Ministerio de Trabajo y Asuntos Sociales v 3.8.2005.

2326 Vgl Instrucciones Provisionales sobre Arraigo Laboral del Ministerio de Trabajo y Asuntos Sociales v 3.8.2005.

2327 Vgl *González Calvet*, Revista de Derecho Social 2007/37, 124f und *García Vitoria* in *Boza Martínez/Donaire Villa/Moya Malapeira* 290.

2328 *Triguero Martínez*, Migraciones 2014, 453; vgl *Carbajal García*, Revista de Derecho Migratorio y Extranjería 2012/29, 65.

2329 Vgl *Fernández Collados* in *Palomar Olmeda* 419f; *Camas Roda*, Trabajo decente 96 und *García Vitoria* in *Boza Martínez/Donaire Villa/Moya Malapeira* 290.

2330 Vgl *Cerezo Mariscal*, Revista de Derecho 2015, 675.

2331 Art 53 Abs 1 lit a und b LODYLE; vgl *Camas Roda*, Trabajo decente 96.

2332 Siehe Kapitel 4.C.II.1.

2333 Art 54 Abs 1 lit d iVm Art 55 Abs 1 lit c LODYLE; die Mindeststrafe für undokumentierte Beschäftigung beträgt 10.000 €.

2334 Vgl *González Calvet*, Revista de Derecho Social 2007/37, 124f.

scheidung („resolución judicial")[2335] oder mittels jedes anderen Beweismittels nachgewiesen werden.[2336] Die Beweislast für das Darlegen der Arbeitsbeziehung liegt somit bei den undokumentiert beschäftigten Arbeitnehmer*innen,[2337] wenn nicht das Arbeits- und Sozialversicherungsinspektorat bei einer Routinekontrolle die undokumentierte Beschäftigung zufällig „aufdeckt".[2338]

Trotz der Intention der Gesetzgebung den irregulären Aufenthalt wie auch die undokumentierte Beschäftigung zu bekämpfen, führt das aufgezeigte Problem des Nachweises der Arbeitsbeziehungen zu einer sehr kleinen quantitativen Relevanz der Arbeitsverwurzelung in Spanien. Nur 1,65 % aller gestellten Anträge (12.406) aufgrund von Verwurzelung zwischen 2006 und 2014 (747.685), bzw 1,54 % aller in diesem Zeitraum erteilten „befristeten Aufenthaltsberechtigungen aufgrund von Verwurzelung" gehen auf die Arbeitsverwurzelung zurück.[2339] *Fernández Collados* geht aufgrund der schwer zu erfüllenden Erteilungsvoraussetzungen sogar so weit zu behaupten, dass die Arbeitsverwurzelung mehr als Abschreckmaßnahme für Arbeitgeber*innen dient, Ausländer*innen undokumentiert zu beschäftigen, als tatsächlich eine zweckmäßige Regularisierungsmöglichkeit für irregulär aufhältige und undokumentiert beschäftigte Ausländer*innen zu sein.[2340]

2. Aufenthaltsrecht

Die Aufenthaltsberechtigung wird in der Regel für ein Jahr erteilt.[2341] Weiters wird auf die Ausführungen in Kapitel 5.C.IV.2. verwiesen.

2335 Vgl Instrucciones Provisionales sobre Arraigo Laboral del Ministerio de Trabajo y Asuntos Sociales v 3.8.2005.

2336 Instrucción DGI/SGRJ/3/2011. AA *Carbajal García*, Revista de Derecho Migratorio y Extranjería 2012/29, 66 und *González Calvet*, Revista de Derecho Social 2007/37, 120. Zu den praktischen Problemen siehe *Defensor del Pueblo*, Sugerencia v 12.7.2017, Queja 16004439.

2337 Vgl *Solanes Corella*, Combatiendo la inmigración irregular: la insuficiencia de las regularizaciones y las sanciones in *Alberdi Bidaguren/Goizueta Vértiz* (Hrsg), Algunos retos de la inmigración en el siglo XXI (2008) 201 (215f).

2338 Vgl *Triguero Martínez*, Migraciones 2014, 452.

2339 Vgl *Cerezo Mariscal*, Revista de Derecho 2015, 675.

2340 *Fernández Collados* in *Palomar Olmeda* 419f.

2341 Art 130 Abs 1 REDYLE.

III. „Aufenthaltserlaubnis für qualifizierte Geduldete zum Zweck der Beschäftigung" – Deutschland

Die „Aufenthaltserlaubnis für qualifizierte Geduldete zum Zweck der Beschäftigung" gem § 18a AufenthG fällt als einzige in der vorliegenden Arbeit besprochene Regularisierung nicht unter die „humanitären Aufenthaltserlaubnisse" im deutschen Aufenthaltsrecht.[2342] Sie wurde zur Befriedigung des sogenannten „Fachkräftemangels"[2343] eingeführt und steht in engem Zusammenhang mit der „Aufenthaltsgewährung in Härtefällen",[2344] da sie diese sozusagen „entfristet".[2345] Mit *Groß/Tryjanowski* kann man diesbezüglich von „utilitaristischen" Gesichtspunkten für die Erlassung sprechen.[2346] Nur 196 Migrant*innen waren Ende 2017 im Besitz einer solchen Aufenthaltserlaubnis,[2347] was zeigt, dass diese praktisch (fast) bedeutungslos ist.[2348] Ein Grund hierfür sind die schwierig zu erfüllenden Erteilungsvoraussetzungen.[2349] Sie ist als autonom-nationale Regularisierung zu qualifizieren.

An dieser Stelle ist darauf hinzuweisen, dass mit dem nach Abschluss der vorliegenden Arbeit (1.1.2019) beschlossenen Fachkräfteeinwanderungsgesetz der gesamte Abschnitt 4 des Kapitels 2 AufenthG, in dem der „Aufenthalt zur Erwerbstätigkeit" normiert ist, neu geregelt wird.[2350] Dadurch ist die „Aufenthaltserlaubnis für qualifizierte Geduldete zum Zweck der Beschäftigung" ab 1.3.2020 in § 19d AufenthG idF Fachkräfteeinwanderungsgesetz zu finden. Inhaltlich bleibt sie dem Grunde nach gleich. Außerdem wird durch das „Duldungsgesetz" die „Ausbildungsduldung" neu geregelt und eine „Beschäftigungsduldung" geschaffen.[2351]

2342 § 18a AufenthG ist in Kapitel 2 Abschnitt 4 des AufenthG eingeordnet, der die Überschrift „Aufenthalt zum Zweck der Erwerbstätigkeit" trägt; vgl auch Nr 18a.0 AVV-AufenthG.

2343 Siehe allgemein zu diesem Begriff aus ökonomischer Sicht *Rahner*, Fachkräftemangel und falscher Fatalismus (2018).

2344 Siehe Kapitel 5.D.II.1.

2345 *Dienelt* in *Bergmann/Dienelt* (Hrsg), Kommentar Ausländerrecht[12] (2018) § 18a AufenthG Rn 1f.

2346 *Groß/Tryjanowski*, Der Status von Drittstaatsangehörigen im Migrationsrecht der EU – eine kritische Analyse, Der Staat 2009, 259 (261, 272).

2347 BT-Drs 19/633, 12-14.

2348 *Stiegeler*, Geduldete Fachkräfte – Wem hilft § 18a AufenthG?, Asylmagazin 2009, 11.

2349 *Dienelt* in *Bergmann/Dienelt* § 18a AufenthG Rn 4.

2350 Vgl *Kluth*, NVwZ 2019, 1306-1308 und *Klaus/Hammer*, ZAR 2019, 137ff.

2351 Siehe Kapitel 5.B.I. und Kapitel 5.E.III.1.

1. Erteilungsvoraussetzungen

Die Aufenthaltserlaubnis richtet sich nur an Geduldete.[2352] Nach den AVV-AufenthG wird die Aufenthaltserlaubnis aufgrund der beruflichen Qualifikation und der Integration in den Arbeitsmarkt erteilt.[2353] Folglich ist die maßgebliche Erteilungsvoraussetzung, dass eine qualifizierte Berufsausbildung absolviert wurde, worunter solche mit einer mindestens zweijährigen Ausbildungsdauer fallen.[2354] Dazu zählen der Abschluss eines Hochschulstudiums oder die Berufsausbildung zum*r Facharbeiter*in in Deutschland.[2355] Haben geduldete Fachkräfte ihre berufliche Qualifikation vor der Einreise nach Deutschland erworben, ist dies ebenfalls ausreichend, insofern sie überdies eine dreijährige Vorbeschäftigungszeit nachweisen können, in der sie eine qualifizierte Beschäftigung ausgeübt haben.[2356] Wurde die Qualifikation im Ausland erworben, ist es anspruchsschädlich, wenn während der Vorbeschäftigungszeit Sozialleistungen bezogen wurden.[2357] Die Erteilung der Aufenthaltserlaubnis bedarf der Zustimmung durch die Bundesagentur für Arbeit, die die fachliche Kompetenz des*r Ausländers*in beurteilt,[2358] wobei keine Vorrangprüfung erfolgt.

Die Geduldeten müssen weiters über ein konkretes Arbeitsplatzangebot für eine ihrer beruflichen Qualifikation entsprechende Beschäftigung verfügen.[2359] Dieses Erfordernis ist vergleichbar mit der maßgeblichen Erteilungsvoraussetzung der sozialen Verwurzelung in Spanien.[2360] Mit der Aufenthaltserlaubnis soll es den Betroffenen ermöglicht werden, die erworbene berufliche Qualifikation durch den Erwerb eines rechtmäßigen Aufenthalts und einer Arbeitserlaubnis auch tatsächlich auszuüben.[2361] *Schammann* bezeichnet Arbeit und Leistung deshalb als neue Strukturprinzipien der deutschen „Flüchtlingspolitik“: „Asylsuchende können sich jetzt

---

2352 In dem Sinne *Dienelt* in *Bergmann/Dienelt* § 18a AufenthG Rn 3 und siehe Kapitel 5.A.I.2.

2353 Nr 18a.0 AVV-AufenthG.

2354 § 18a Abs 1 Z 1 lit a AufenthG und § 6 Abs 1 S 2 BeschV; vgl Nr 18a.1.1.1 AVV-AufenthG.

2355 § 18a Abs 1 Z 1 lit a und b AufenthG; vgl Nr 18a.1.1.1 und 18a.1.1.2 AVV-AufenthG und vertiefend *Dienelt* in *Bergmann/Dienelt* § 18a AufenthG Rn 5-7.

2356 § 18a Abs 1 Z 1 lit c AufenthG; vgl Nr 18a.1.1.3 AVV-AufenthG.

2357 Vgl Nr 18a.1.1.3 AVV-AufenthG.

2358 § 18a Abs 2 S 1 AufenthG; vgl Nr 18a.1.0 und 18a.2.1 AVV-AufenthG.

2359 Vgl BT-Drs 16/10288, 9 und *Dienelt* in *Bergmann/Dienelt* § 18a AufenthG Rn 24.

2360 Siehe Kapitel 5.E.I.

2361 Vgl BT-Drs 16/10288, 9 und Nr 18a.0 AVV-AufenthG.

ihr Bleiberecht trotz Ablehnung durch einen Erfolg auf dem Ausbildungsmarkt verdienen".[2362] Der durch die Einführung der Aufenthaltserlaubnis bereits angedeutete „Paradigmenwechsel"[2363] wird auch durch das nach Abschluss der vorliegenden Arbeit (1.1.2019) beschlossene Fachkräfteeinwanderungsgesetz und „Duldungsgesetz" fortgesetzt.

Darüber hinaus müssen die Ausländer*innen weitere Erteilungsvoraussetzungen erfüllen. Der*die Ausländer*in

- muss über ausreichend Wohnraum und Deutschkenntnisse auf B1-Niveau verfügen;
- darf die Ausländerbehörde nicht vorsätzlich über aufenthaltsrechtlich relevante Umstände getäuscht oder aufenthaltsbeendende Maßnahmen verzögert oder behindert haben;
- darf keine Bezüge zu extremistischen oder terroristischen Organisationen haben und nicht wegen einer vorsätzlichen Straftat verurteilt worden sein.[2364]

Die Titelerteilungssperre nach Asylverfahren ist auf die „Aufenthaltserlaubnis für qualifizierte Geduldete zum Zweck der Beschäftigung" nicht anzuwenden.[2365]

Abschließend ist auf die „Ausbildungsduldung" hinzuweisen, die in § 60a Abs 2 S 4 AufenthG normiert ist.[2366] Mit dem Bleiberechtsänderungsgesetz 2015 wurde die Ausbildung als Duldungsgrund für junge Ausländer*innen unter 21 Jahren, die nicht aus sicheren Herkunftsländern stammen, eingeführt und durch das Integrationsgesetz 2016[2367] reformiert. Zweck der „Ausbildungsduldung" ist es „Geduldeten und ausbildenden Betrieben für die Zeit der Ausbildung und für einen begrenzten Zeitraum danach mehr Rechtssicherheit zu verschaffen und das diesbezügliche aufenthaltsrechtliche Verfahren zu vereinfachen".[2368] Besondere praktische Probleme bestehen in der unterschiedlichen Umsetzung und Auslegung, die zu sehr restrik-

---

2362 *Schammann*, Eine meritokratische Wende? Arbeit und Leistung als neue Strukturprinzipien der deutschen Flüchtlingspolitik, Sozialer Fortschritt 2017/66, 741 (750).

2363 *Schuler*, Ein Paradigmenwechsel, trotz allem, zeit.de v 19.12.2018, https://www.zeit.de/politik/deutschland/2018-12/fachkraefteeinwanderungsgesetz-bundeskabinett-arbeitsmigration (21.12.2018).

2364 § 18a Abs 1 Z 2-7 AufenthG; vertiefend *Dienelt* in *Bergmann/Dienelt* § 18a AufenthG Rn 13-23.

2365 § 18a Abs 3 AufenthG und siehe Kapitel 4.A.III.2.c.

2366 Zu den weiteren Voraussetzungen *Bauer/Dollinger* in *Bergmann/Dienelt* (Hrsg), Kommentar Ausländerrecht[12] (2018) § 60a AufenthG Rn 37-40.

2367 Gesetz v 31.7.2016 (BGBl I 1939).

2368 BT-Drs 18/8615, 48.

tiven Ergebnissen führt.[2369] Dennoch bietet sie eine „dauerhafte Aufenthaltsperspektive“ und kann als „Aufenthaltsrecht im Duldungsgewand“ bezeichnet werden.[2370] Die „Ausbildungsduldung“ ist daher im Einklang mit der vorliegenden Arbeit als Vorstufe zu einem Aufenthaltsrecht zu qualifizieren.[2371]

Mit dem „Duldungsgesetz“, das am 1.1.2020 in Kraft tritt, wird § 60a Abs 2 S 4 bis 12 AufenthG aufgehoben und in § 60c AufenthG idF „Duldungsgesetz“ die „Ausbildungsduldung“ neu geregelt und in § 60d AufenthG idF „Duldungsgesetz“ eine „Beschäftigungsduldung“ geschaffen.[2372] Dadurch soll der bestehende „Fachkräftemangel“ in Deutschland zunächst durch inländische Arbeitskräfte gedeckt werden.[2373] Die „Ausbildungsduldung“ zielt vor allem auf qualifizierte Berufsausbildungen ab, wohingegen die „Beschäftigungsduldung“ „Beschäftigungen unterhalb des Fachkräfteniveaus“[2374] adressiert. Der bereits angesprochene „Paradigmenwechsel“ wird dadurch unterstrichen, dass beide Duldungen „letztlich auch als ‚Brücke‘ in ein vollwertiges Aufenthaltsrecht“[2375] fungieren. Die neu geregelte „Ausbildungsduldung“ ermöglicht wie bisher die Erlangung der hier besprochenen „Aufenthaltserlaubnis für qualifizierte Geduldete zum Zweck der Beschäftigung“. Mit der neu geschaffenen „Beschäftigungsduldung“ kann eine „Aufenthaltserlaubnis bei nachhaltiger Integration“ erlangt werden.[2376]

Österreich hat im Gegensatz zur Entwicklung in Deutschland den entgegengesetzten Weg gewählt und wird nach teils heftiger Diskussion auch rechtskräftig abgewiesene Asylwerber*innen abschieben und für diese keine

---

2369 Vgl *Eichler*, Die „neue“ Ausbildungsduldung: Möglichkeiten und Hindernisse in der Umsetzung des § 60a Abs. 2 S. 4 ff., Asylmagazin 2017, 177.

2370 *Röder/Wittmann*, Aktuelle Rechtsfragen der Ausbildungsduldung, ZAR 2017, 345 (352).

2371 Siehe Kapitel 2.B.III.1.a.

2372 Vgl zu den Änderungen im Detail *Röder/Wittmann*, Das Migrationspaket – Beilage zum Asylmagazin 8–9/2019, 23; *Rosenstein/Koehler*, ZAR 2019, 223; *Rosenstein/Koehler*, Die neue Ausbildungsduldung – eine notwendige Überarbeitung, Informationsbrief Ausländerrecht 2019, 266.

2373 In diesem Sinne *Kluth*, NVwZ 2019, 1308f und *Rosenstein/Koehler*, Informationsbrief Ausländerrecht 2019, 266.

2374 *Kluth*, NVwZ 2019, 1309.

2375 *Röder/Wittmann*, Das Migrationspaket – Beilage zum Asylmagazin 8–9/2019, 24.

2376 Siehe hierzu § 25b Abs 6 AufenthG idF „Duldungsgesetz“ und Kapitel 5.B.I.

Ausnahmen mehr aufgrund der angefangenen Lehrausbildung machen.[2377] Nach der bei Abschluss der vorliegenden Arbeit (1.1.2019) bestehenden Rechtslage endet eine Lehrausbildung ex lege sobald ein Asylverfahren rechtskräftig abgeschlossen wird.[2378] Dies wird unter anderem aufgrund des angeblich auch in Österreich bestehenden „Fachkräftemangels" kritisiert.[2379] Jedoch steht die Rspr des VwGH „einer Berücksichtigung der Lehre in einem Mangelberuf als öffentliches Interesse zugunsten des Fremden entgegen".[2380] Folglich sind die Interessen des inländischen Arbeitsmarktes nicht von Art 8 EMRK umfasst.[2381] Diese Rspr ist erst nach Abschluss der vorliegenden Arbeit ergangen. Darüber hinaus gab es noch weitere Entwicklungen und intensive politische Debatten, wie Österreich mit abgewiesenen Asylwerber*innen, die eine Lehre begonnen haben, umgehen soll. Im September 2019 wurde ein Entschließungsantrag im Nationalrat angenommen, wonach eine pragmatische Lösung für Asyl und Lehre gefunden werden soll.[2382] Konkret wurde der Bundesminister für Inneres aufgefordert sicherzustellen, dass die ca 900 Asylwerber*innen ihre Lehre abschließen und während dieser Zeit nicht abgeschoben werden können. Anfang Dezember 2019 wurde im Nationalrat schließlich eine Novelle des FPG beschlossen.[2383] Diese legt in § 55a FPG idF BGBl I 110/2019 fest, dass die Frist für die

2377 Zur aktuellen Diskussion *NN*, Abgelehnte Asyl-Lehrlinge werden nun doch abgeschoben, diepresse.com v 12.9.2018, https://diepresse.com/home/innenpolitik/5494875/Abgelehnte-AsylLehrlinge-werden-nun-doch-abgeschoben (10.12.2018).

2378 § 14 Abs 2 lit f Berufsausbildungsgesetz, BGBl 142/1969 idF BGBl I 32/2018, und *Peyrl*, Arbeitsmarkt 306.

2379 Siehe hierzu *NN*, WKÖ-Studie: In Österreich fehlen 162.000 Fachkräfte, sn.at v 31.8.2018, https://www.sn.at/wirtschaft/oesterreich/wkoe-studie-in-oesterreich-fehlen-162-000-fachkraefte-39460492 (21.12.2018); *Fink/Titelbach/Vogtenhuber/Hofer*, Gibt es in Österreich einen Fachkräftemangel? Analyse anhand von ökonomischen Knappheitsindikatoren, Studie v Dezember 2015, https://irihs.ihs.ac.at/id/eprint/3891/1/IHS_Fachkräftemangel_Endbericht_09122015_final.pdf (30.6.2019) und die Initiative Ausbildung statt Abschiebung unter http://ausbildung-statt-abschiebung.at/ (4.1.2019).

2380 VwGH 28.2.2019, Ro 2019/01/0003-3 und 15.7.2019, Ra 2019/18/0108. Kritisch *Reyhani/Nowak*, Beschäftigung von Asylsuchenden in Mangelberufen und die Zulässigkeit von Rückkehrentscheidungen, Gutachten v 4.7.2018.

2381 VwGH 28.2.2019, Ro 2019/01/0003-3, Rn 47 mwN.

2382 109/E 26. GP v 19.9.2019.

2383 87/A 27. GP – Initiativantrag v 13.11.2019. Dieser wurde am 11.12.2019 im Nationalrat beschlossen; *NN*, AsylwerberInnen in Lehre: Vier-Fraktionen-Einigung im Nationalrat, Parlamentskorrespondenz Nr 1183 v 11.12.2019, https://www.parlament.gv.at/PAKT/PR/JAHR_2019/PK1183/#XXVII_A_00087 (12.12.2019).

freiwillige Ausreise zum Zweck des Abschlusses einer begonnenen Berufsausbildung gehemmt wird. Die Ausreiseverpflichtung beginnt demnach erst nach Lehrabschluss zu laufen. Die Bestimmung normiert sozusagen „einen schlichten Aufschub“[2384] der zwangsweisen Abschiebung, der aber anders als die bisher bestehende Duldung konzipiert ist.[2385] Erfasst werden von der Regelung alle AsylwerberInnen, die vor dem Inkrafttreten des Gesetzes ihre Lehre begonnen haben, und deren Verfahren noch nicht rechtskräftig abgeschlossen wurde.[2386] Kontextuell bedeutsam ist, dass – ähnlich wie in Deutschland – wirtschaftliche Interessen ausschlaggebend für diese Novelle waren.[2387] Unklar bleibt aber, welche dauerhafte Lösung die österreichische Gesetzgebung für diese Personengruppe findet, da es sich hierbei nur um eine Übergangslösung handelt.[2388]

2. Aufenthaltsrecht

Die Aufenthaltserlaubnis wird für die Dauer von zwei Jahren erteilt.[2389] Wie sich aus der Natur der Aufenthaltserlaubnis ergibt, berechtigt sie während dieser Zeit zur Beschäftigung. Erst nach der zweijährigen Aufenthaltsdauer geht mit ihr ein unbeschränkter Arbeitsmarktzugang einher, insofern während des gesamten Zeitraums eine der Qualifikation entsprechende Beschäf-

---

2384 *NN*, Keine Abschiebung: Asylwerber können Lehre abschließen, diepresse.com v 11.12.2019, https://www.diepresse.com/5736996/keine-abschiebung-asylwerber-konnen-lehre-abschliessen (11.12.2019). Siehe auch § 125 Abs 31 bis 34 FPG idF BGBl I 110/2019.

2385 Siehe Kapitel 5.A.I.3.

2386 10267/BR 27. GP und *NN*, AsylwerberInnen in Lehre: Vier-Fraktionen-Einigung im Nationalrat, Parlamentskorrespondenz Nr 1183 v 11.12.2019, https://www.parlament.gv.at/PAKT/PR/JAHR_2019/PK1183/#XXVII_A_00087 (12.12.2019). Ausgeschlossen werden außerdem jene, die straffällig geworden sind, und jene, die im Rahmen des Asylverfahrens über ihre Identität getäuscht haben; § 55a Abs 2 FPG idF BGBl I 110/2019.

2387 *NN*, Asylwerbende in Lehre: Einigung im Budgetausschuss, Parlamentskorrespondenz Nr 1156 v 3.12.2019, https://www.parlament.gv.at/PAKT/PR/JAHR_2019/PK1156/index.shtml (12.12.2019).

2388 Gem § 126 Abs 23 FPG idF BGBl I 110/2019 tritt die Regelung nach Ablauf von vier Jahren nach ihrem Inkrafttreten außer Kraft. Die Novelle tritt am 28.12.2019 in Kraft. Siehe auch *Konrad*, Modernes Bleiberecht: Wir brauchen sehr schnell eine Lösung, diepresse.com v 7.12.2019, https://www.diepresse.com/5734477/modernes-bleiberecht-wir-brauchen-sehr-schnell-eine-losung (12.12.2019).

2389 § 18a Abs 1a AufenthG.

tigung ausgeübt wurde.[2390] Während des aufrechten Beschäftigungsverhältnisses haben die Ausländer*innen Anspruch auf Leistungen der Grundsicherung für Arbeitssuchende und nach Beendigung des Arbeitsverhältnisses auf Sozialleistungen nach dem SGB II.[2391]

IV. Zwischenergebnis

Der Regularisierungszweck „Erwerbstätigkeit und Ausbildung" ist nicht völker- und europarechtlich, sondern autonom-national geprägt, weshalb auch grundsätzlich keine konkreten europa- und völkerrechtlichen Bestimmungen eingehalten werden müssen.

Das „Steckenpferd" dieses Regularisierungszwecks ist sicherlich die soziale Verwurzelung, die im spanischen Ausländerrecht die größte Bedeutung hat. Sie hat sich aus der Rspr zu unverhältnismäßigen Ausweisungsentscheidungen entwickelt, ist jedoch ganz anders als die Regularisierungen in Deutschland oder Österreich kodifiziert worden. Die soziale Verwurzelung nimmt grundsätzlich auf die zukünftige Verwurzelung Bezug, wohingegen sich das österreichische „Bleiberecht" auf eine schon eingetretene Verwurzelung bezieht. Die im spanischen Ausländerrecht normierte soziale Verwurzelung legt konkrete Erteilungsvoraussetzungen fest, die – wie sich durch die Statistiken belegen lässt – von den Ausländer*innen auch erfüllt werden können. So wird der dreijährige Aufenthalt und die Vorlage eines einjährigen Arbeitsvertrags in Bezug auf die besagte spanische Regularisierung verlangt. Kontextuell lässt sich der Erlass dieser Regularisierung durch die Unterordnung der spanischen Migrationspolitik unter die Interessen der Arbeitsmarktpolitik erklären. In dem Zusammenhang kann man von utilitaristischen Gesichtspunkten sprechen. Eine leistungsfähige Regelung stellt die Überprüfung des Beginns der Erwerbstätigkeit bei der sozialen Verwurzelung im spanischen Ausländerrecht dar, da diese von der Anmeldung zur Sozialversicherung abhängig gemacht wird. Bis zu diesem Zeitpunkt bleibt die Wirksamkeit der Aufenthaltsberechtigung gehemmt. Neben dem Arbeitsvertrag und der Aufenthaltsdauer muss die soziale Eingliederung oder ein Familienverhältnis nachgewiesen werden. Die soziale Verwurzelung weist in diesem Punkt sowohl Elemente des Regularisierungszwecks „soziale Bindungen" als auch des Regularisie-

2390 § 18a Abs 2 S 3 AufenthG und § 9 BeschV; vgl *Dienelt* in *Bergmann/Dienelt* § 18a AufenthG Rn 26 mwN.

2391 Vgl *Frings/Janda/Keßler/Steffen*, Sozialrecht Rn 635f.

rungszwecks „Familieneinheit“ auf und deckt deshalb, wie bereits angedeutet, auch von Art 8 EMRK erfasste Sachverhaltskonstellationen ab.

Die Arbeitsverwurzelung hat aus quantitativer Sichtweise im spanischen Ausländerrecht keine große Relevanz, vor allem, wenn man sie mit der sozialen Verwurzelung vergleicht. Der Grundgedanke dahinter, undokumentiert beschäftigen Ausländer*innen eine Regularisierungsperspektive zu bieten, scheint löblich. Die zweijährige Aufenthaltszeit ist bei der Erlangung dieser Aufenthaltsberechtigung ohnehin meist nicht das Problem, sondern vielmehr, dass zurückliegende Arbeitsbeziehungen von sechs Monaten nachgewiesen werden müssen. Die erforderliche Anzeige beim Arbeits- und Sozialversicherungsinspektorat schreckt zu viele Ausländer*innen – aufgrund der damit verbundenen Konsequenzen – ab. Interessanterweise spricht ein Autor deshalb davon, dass die Regularisierung ihren eigentlichen Zweck verfehlt und vielmehr als Abschreckmaßnahme für Arbeitgeber*innen dient.

Die „Aufenthaltserlaubnis für qualifizierte Geduldete zum Zweck der Beschäftigung“ ist als kontextuelle Eigenheit des deutschen Aufenthaltsrechts zu verstehen, die aufgrund des „Fachkräftemangels“ erlassen wurde. Interessanterweise ist sie genau wie die Arbeitsverwurzelung in Spanien praktisch irrelevant, weil die Erteilungsvoraussetzungen derart hoch angesetzt sind, dass sie kaum zu erfüllen sind. Die Aufenthaltserlaubnis soll Geduldeten, die eine qualifizierte Berufsausbildung absolviert haben, eine Regularisierungsperspektive bieten. Darüber hinaus muss ein konkretes Arbeitsplatzangebot vorliegen. Dieses Erfordernis ist ähnlich der maßgeblichen Erteilungsvoraussetzung der sozialen Verwurzelung. Darüber hinaus müssen die Ausländer*innen aber auch noch Deutschkenntnisse auf B1-Niveau oder ausreichend Wohnraum vorweisen. Die Feststellung, dass sich unerlaubt aufhältige Ausländer*innen ihr Bleiberecht verdienen können ist zwar zutreffend, faktisch hat diese als Systembruch zu qualifizierende Aufenthaltserlaubnis aber keine Auswirkungen für das deutsche Aufenthaltsrecht. Hierfür müssten die Erteilungsvoraussetzungen vielmehr an die faktisch erreichbaren Voraussetzungen angepasst werden. Der durch die Einführung der Aufenthaltserlaubnis bereits angedeutete „Paradigmenwechsel“ wird auch durch das nach Abschluss der vorliegenden Arbeit (1.1.2019) beschlossene Fachkräfteeinwanderungsgesetz und „Duldungsgesetz“ fortgesetzt.

Weiters ist darauf hinzuweisen, dass das deutsche Recht darüber hinaus einen Duldungsgrund für junge Ausländer*innen geschaffen hat, die eine Ausbildung in Deutschland absolvieren. Trotz der praktischen Probleme scheint der Grundgedanke der „Ausbildungsduldung“ gem § 60a Abs 2 S 4

AufenthG ein leistungsfähiger Ansatz zu sein, der den postulierten Erfordernissen der deutschen Wirtschaft entspricht. Dieser Weg wird mit dem „Duldungsgesetz“ fortgesetzt, da überdies eine „Beschäftigungsduldung“ geschaffen wird. Österreich hat den entgegengesetzten Weg wählt, da für abgewiesene Asylwerber*innen die begonnene Lehre ex lege endet und diese folglich abgeschoben werden können. Nach weiteren intensiven politischen Debatten wurde aber im Dezember 2019, also nach Abschluss der vorliegenden Arbeit, im Nationalrat eine Novelle des FPG beschlossen. Diese legt in § 55a FPG idF BGBl I 110/2019 fest, dass die Frist für die freiwillige Ausreise zum Zweck des Abschlusses einer begonnenen Berufsausbildung gehemmt wird. Die Ausreiseverpflichtung beginnt demnach erst nach Lehrabschluss zu laufen. Kontextuell bedeutsam ist, dass – ähnlich wie in Deutschland – wirtschaftliche Interessen ausschlaggebend für diese Novelle waren. Unklar bleibt aber, welche dauerhafte Lösung die österreichische Gesetzgebung für diese Personengruppe findet, da es sich hierbei nur um eine Übergangslösung handelt.

Abschließend ist auf einen weiteren Befund der Untersuchung einzugehen. Im Regularisierungszweck „Erwerbstätigkeit und Ausbildung“ ist keine österreichische Regularisierung zu finden, weshalb sich die Frage nach einem funktionalen Äquivalent stellt.[2392] Die österreichische Gesetzgebung scheint bewusst darauf verzichtet zu haben, Regularisierungen für jene Fälle zu schaffen, die im weiteren Sinne an eine Erwerbstätigkeit oder Ausbildung/Lehre anknüpfen. Angedeutet wurde dies bereits im Absatz zuvor, da ja nicht einmal rechtskräftig abgewiesene Asylwerber*innen ihre Lehre fortsetzen können. Dies unterstreicht, ein weiteres Ergebnis der Analyse, auf das ich im Resümee noch weiter eingehen werde. Österreich hat im Vergleich zu Deutschland und Spanien die restriktivste Rechtslage in Bezug auf Regularisierungen.[2393]

F. Sonstige staatliche Interessen[2394]

Unter den Regularisierungszweck „sonstige staatliche Interessen“ fallen zwei spanische Aufenthaltsberechtigungen. Die „befristete Aufenthaltsberechtigung aus außergewöhnlichen Gründen aufgrund der Zusammenar-

---

2392 Vgl *Piek*, ZEuP 2013, 66, 70 und 73f und allgemein zur funktionalen Methode Einleitung D.I.

2393 Siehe Kapitel 5.G.

2394 Siehe bereits Kapitel 2.B.III.6.

beit mit den öffentlichen Behörden, der nationalen Sicherheit oder aus öffentlichem Interesse“ wird für ein Jahr und die „Aufenthaltsberechtigung und Arbeitserlaubnis aus außergewöhnlichen Gründen aufgrund der Zusammenarbeit gegen organisierte Netzwerke” für fünf Jahre erteilt.

I. „Befristete Aufenthaltsberechtigung aus außergewöhnlichen Gründen aufgrund der Zusammenarbeit mit den öffentlichen Behörden, der nationalen Sicherheit oder aus öffentlichem Interesse“ – Spanien

Gem Art 127 REDYLE kann eine „befristete Aufenthaltsberechtigung aus außergewöhnlichen Gründen aufgrund der Zusammenarbeit mit den öffentlichen Behörden, der nationalen Sicherheit oder aus öffentlichem Interesse“ („autorización de residencia temporal por circunstancias excepcionales de colaboración con autoridades públicas, razones de seguridad nacional o interés público“) erteilt werden. Diese Aufenthaltsberechtigung geht über die völker- und europarechtlichen Verpflichtungen hinaus. Mangels genauer Angaben in den Statistiken ist unklar, wie viele Aufenthaltsberechtigungen aufgrund dieser Bestimmung erteilt wurden.[2395]

1. Erteilungsvoraussetzungen

Art 127 REDYLE legt zunächst fest, dass Ausländer*innen eine Aufenthaltsberechtigung erteilt werden kann, die mit polizeilichen, steuerlichen oder richterlichen Verwaltungsbehörden außerhalb des Kampfes gegen organisierte Netzwerke zusammenarbeiten. Im Kampf gegen organisierte Netzwerke existieren zwei eigenständige Aufenthaltsberechtigungen, die sogleich beleuchtet werden.[2396] Im Zusammenhang mit der „befristeten Aufenthaltsberechtigung aus humanitären Gründen“ für Opfer von Straftaten wurde ein Fall des Obersten Gerichtshofes Kastilien-La Mancha näher vorgestellt,[2397] der auch für die hier thematisierte Aufenthaltsberechtigung von Bedeutung ist: Der Betroffene hat als geschützter Zeuge zur Aufdeckung eines Drogennetzwerks und durch seine Aussagen zur Verhaf-

---

2395 Siehe Kapitel 4.C.III.1.

2396 Vgl *García Vitoria* in *Boza Martínez/Donaire Villa/Moya Malapeira* 298 und siehe Kapitel 5.F.II.

2397 STSJ Castilla-La Mancha 225/2016, ECLI:ES:TSJCLM:2016:225, FJ 3 und siehe Kapitel 5.D.I.4.a.

tung mehrerer Personen und Zerschlagung diverser Laboratorien beigetragen, wodurch die Voraussetzung der „Zusammenarbeit" mit öffentlichen Verwaltungsbehörden erfüllt gewesen wäre.[2398] Unklar bleibt aber, wieso dieser Sachverhalt, in concreto die Zerschlagung eines Drogennetzwerks, nicht unter die „Aufenthaltsberechtigung und Arbeitserlaubnis aus außergewöhnlichen Gründen aufgrund der Zusammenarbeit gegen organisierte Netzwerke" subsumiert wurde.[2399]

Weiters wäre es möglich eine Aufenthaltsberechtigung aufgrund der „Zusammenarbeit" oder „nationalen Sicherheit" oder aus „öffentlichem Interesse" zu erhalten, wenn einer der aufgezählten Gründe die Erteilung rechtfertigt. Bei den beiden Tatbestandselementen „nationale Sicherheit" und „öffentliches Interesse" handelt es sich um unbestimmte Rechtsbegriffe, deren Bedeutungsgehalt sich weder aus der einschlägigen Literatur[2400] noch aus der Judikatur[2401] ermitteln lässt.

Aus diesen Ausführungen ergibt sich, dass bei allen drei Tatbeständen nicht klar ist, welche Sachverhaltskonstellationen tatsächlich zur Gewährung eines Aufenthaltsrechts führen, weshalb eine diesbezügliche gesetzliche Klarstellung wünschenswert wäre.[2402]

2. Aufenthaltsrecht

Die Aufenthaltsberechtigung wird in der Regel für ein Jahr erteilt.[2403] Art 128 Abs 5 REDYLE legt fest, welche Behörde für das Erteilen der Aufenthaltsberechtigung zuständig ist.[2404] Ist der Tatbestand der Zusammenarbeit mit polizeilichen, steuerlichen oder richterlichen Verwaltungsbehörden erfüllt oder handelt es sich um Fälle von nationaler Sicherheit ist das Staatssekretärsamt für nationale Sicherheit zuständig. Den Anträgen ist jeweils eine Stellungnahme der Direktion der Sicherheitsbehörden („Jefatura de las Fuerzas y Cuerpos de Seguridad") bzw der steuerlichen oder judiziellen Verwaltungsbehörde, die das jeweilige Verfahren im Hinblick auf die Zu-

---

2398 Siehe zum Begriff „Zusammenarbeit" auch Kapitel 5.F.II.

2399 Siehe Kapitel 5.F.II.

2400 Vgl nur etwa *García Vitoria* in *Boza Martínez/Donaire Villa/Moya Malapeira* 298f oder *Fernández Collados* in *Palomar Olmeda* 413f.

2401 Vgl etwa STS 5515/2016, ECLI:ES:TS:2016:5515 und STSJ Castilla-La Mancha 225/2016, ECLI:ES:TSJCLM:2016:225.

2402 Siehe für eine ähnliche Analyse auch Kapitel 5.F.II.1.

2403 Art 130 Abs 1 REDYLE.

2404 Vgl *García Vitoria* in *Boza Martínez/Donaire Villa/Moya Malapeira* 300.

sammenarbeit geführt hat, beizugeben, in denen die Gründe für die Erteilung substantiiert werden.[2405] In diesen Fällen kann die Aufenthaltsberechtigung – im Gegensatz zu den übrigen „Aufenthaltsberechtigungen aus außergewöhnlichen Gründen" – verlängert werden,[2406] wenn das Staatssekretärsamt für nationale Sicherheit zum Schluss kommt, dass die Erteilungsgründe weiterhin vorliegen.[2407]

In den Fällen der Zusammenarbeit mit Verwaltungsbehörden und in denen betreffend das öffentliche Interesse ist das Generalstaatssekretärsamt für Ein- und Auswanderung zuständig.[2408] Neben der Antragsstellung bei der jeweils zuständigen Behörde legt Art 127 S 2 REDYLE überdies nahe, dass beim Staatssekretärsamt für nationale Sicherheit bzw beim Generalstaatssekretärsamt für Ein- und Auswanderung die Erteilung des Aufenthaltstitels angeregt („instar") werden kann. So kann eine steuerliche Verwaltungsbehörde beim Staatssekretärsamt für nationale Sicherheit die Erteilung anregen, insofern der*die Betroffene ausreichend mit ihr zusammengearbeitet hat.

II. „Aufenthaltsberechtigung und Arbeitserlaubnis aus außergewöhnlichen Gründen aufgrund der Zusammenarbeit gegen organisierte Netzwerke" – Spanien

Das spanische Ausländerrecht normiert in Art 59 LODYLE sowie in Art 135-139 REDYLE zwei Aufenthaltsberechtigungen aus außergewöhnlichen Gründen, die Ausländer*innen erteilt werden können, wenn sie bei der Strafverfolgung gegen organisierte Netzwerke kooperieren. Die zwei Aufenthaltsberechtigungen unterscheiden sich nur aufgrund der Behörde, mit der die betreffende Person kooperiert. In der erforderlichen Zusammenarbeit im Kampf gegen organisierte Netzwerke grenzen sie sich weiters von der Aufenthaltsberechtigung gem Art 127 REDYLE ab.[2409] Mangels genauer Angaben in den Statistiken ist unklar, wie viele Aufenthaltsberechtigungen aufgrund dieser Bestimmung erteilt wurden.[2410]

2405 Art 128 Abs 5 REDYLE und vgl *García Vitoria* in *Boza Martínez/Donaire Villa/Moya Malapeira* 299.

2406 Siehe Kapitel 4.C.III.4.

2407 Vgl *García Vitoria* in *Boza Martínez/Donaire Villa/Moya Malapeira* 305.

2408 Art 128 Abs 5 lit b REDYLE

2409 Vgl *Esteban de la Rosa*, Art 31 LODYLE in *Monereo Pérez/Fernández Avilés/Triguero Martínez* 506 und siehe Kapitel 5.F.I.1.

2410 Siehe Kapitel 4.C.III.1.

Durch die Schaffung dieser Aufenthaltsberechtigung wurde ein rechtlicher Anreiz für die Opfer, Zeug*innen oder anderweitig Geschädigte in der Verfolgung der Täter*innen[2411] von bestimmt festgelegten (Verwaltungs-)Straftaten geschaffen.[2412] Folglich kann die Zusammenarbeit von irregulär aufhältigen Ausländer*innen mit den Behörden gestärkt und gleichzeitig die Verfolgung und tatsächliche Verurteilung der Täter*innen verbessert werden.[2413] Auf den ersten Blick gehen die beiden hier dargelegten Aufenthaltsberechtigungen über die völker- und europarechtlichen Bestimmungen hinaus und bieten einen besseren Schutz für jene Ausländer*innen, die mit den Behörden kooperieren. Bei der näheren Analyse zeigt sich aber, dass auch Opfer von Arbeitsausbeutung die hier behandelte Aufenthaltsberechtigung erlangen können. Da sich dies aus Art 13 Abs 4 Sanktions-RL ableiten lässt, wie bereits im Zusammenhang mit dem Regularisierungszweck „Vulnerabilität" bzw der Unterkategorie „Opferschutz" dargestellt wurde,[2414] stellt dies somit auch eine europarechtliche Umsetzung bzw Herleitung dar.

1. Erteilungsvoraussetzungen

Art 59 Abs 1 LODYLE normiert als erste Tatbestandsvoraussetzung, dass der*die Ausländer*in irregulär aufhältig sein muss.[2415] Darüber hinaus wird verlangt, dass der*die Ausländer*in als Opfer, Zeuge*in oder im Zusammenhang mit einer der folgenden Straftaten bzw Verwaltungsstrafen anderweitig geschädigt worden sein muss:[2416] Menschenschmuggel; irreguläre Einwan-

---

2411 Oder auch Beteiligten; vgl *Vicente Palacio*, Art 59 LODYLE in *Monereo Pérez/Fernández Avilés/Triguero Martínez* (Hrsg), Comentario a la ley y al reglamento de Extranjería, Inmigración e Integración Social[2] (2013) 942 (942).

2412 Vgl *Díaz Morgado*, La residencia de víctimas de trata de personas y la residencia por colaboración contra redes organizadas in *Boza Martínez/Donaire Villa/Moya Malapeira* 343f.

2413 So auch *Vicente Palacio*, Art 59 LODYLE in *Monereo Pérez/Fernández Avilés/Triguero Martínez* 943.

2414 Siehe Kapitel 2.B.III.4.a. und Kapitel 5.D.I.

2415 Vgl *Díaz Morgado*, La residencia de víctimas de trata de personas y la residencia por colaboración contra redes organizadas in *Boza Martínez/Donaire Villa/Moya Malapeira* 344f und *Vicente Palacio*, Art 59 LODYLE in *Monereo Pérez/Fernández Avilés/Triguero Martínez* 946.

2416 Vgl *Díaz Morgado*, La residencia de víctimas de trata de personas y la residencia por colaboración contra redes organizadas in *Boza Martínez/Donaire Villa/Moya Malapeira* 345f; *Vicente Palacio*, Art 59 LODYLE in *Monereo Pérez/*

derung;[2417] Arbeitsausbeutung;[2418] Schmuggel von Arbeitskräften („tráfico ilícito de mano de obra");[2419] oder Ausbeutung im Rahmen der Prostitution.[2420] Menschenschmuggel grenzt sich durch die Einwilligung bzw Beteiligung des*r Betroffenen am unrechtmäßigen Transport vom Menschenhandel ab.[2421] Bei letzterem ist gerade keine Einwilligung der Betroffenen gegeben, vielmehr wird Gewalt oder Drohung angewandt.[2422] Darüber hinaus muss im Hinblick auf jede gesetzte Handlung die Notsituation der Betroffenen ausgenützt[2423] und diese durch organisierte Gruppen oder Banden getätigt worden sein.[2424]

Unter „Zusammenarbeit" versteht man sowohl die Anzeige einer der genannten (Verwaltungs-)Straftaten, das Beisteuern unerlässlicher Angaben oder Materialien für das Verfahren sowie das Aussagen von relevanten Angaben.[2425] Laut dem Obersten Gerichtshof erfüllt ein Verhalten den Zusammenarbeitsbegriff nicht, wenn es sich lediglich um das Setzen eines rechtsgetreuen Verhaltens handelt.[2426] Umgekehrt ist es nicht erforderlich, dass durch die Zusammenarbeit das Leben, die Freiheit oder die Güter der betroffenen Person gefährdet werden.[2427] Laut Rspr kann aber jedenfalls von einer Zusammenarbeit ausgegangen werden, wenn ein*e Ausländer*in eine Anzeige einbringt und relevante Aussagen macht, die zur Identifikation und

---

Fernández Avilés/Triguero Martínez 943f und 946 und insbesondere Instrucción DGI/SGRJ/06/2006, 2.

2417 Art 318bis CP und Art 54 Abs 1 lit b LODYLE; vgl *Vicente Palacio*, Art 59 LODYLE in *Monereo Pérez/Fernández Avilés/Triguero Martínez* 946-948.

2418 Art 311 und 312 Abs 2 CP; vgl *Vicente Palacio*, Art 59 LODYLE in *Monereo Pérez/Fernández Avilés/Triguero Martínez* 946 und 948.

2419 Art 312 Abs 1 CP.

2420 Art 188 Abs 1 CP.

2421 Art 318bis CP und vgl STS 4668/2016, ECLI:ES:TS:2016:4668

2422 Vgl *Vicente Palacio*, Art 59 LODYLE in *Monereo Pérez/Fernández Avilés/Triguero Martínez* 947.

2423 So der Gesetzeswortlaut gem Art 59 Abs 1 LODYLE; vgl *Vicente Palacio*, Art 59 LODYLE in *Monereo Pérez/Fernández Avilés/Triguero Martínez* 944.

2424 Vertiefend *Vicente Palacio*, Art 59 LODYLE in *Monereo Pérez/Fernández Avilés/Triguero Martínez* 944f.

2425 Vgl *Vicente Palacio*, Art 59 LODYLE in *Monereo Pérez/Fernández Avilés/Triguero Martínez* 946 und *Vicente Palacio*, Art 59bis LODYLE in *Monereo Pérez/Fernández Avilés/Triguero Martínez* 966 und ausführlich STSJ Castilla-La Mancha 225/2016, ECLI:ES:TSJCLM:2016:225.

2426 STS 3389/2016, ECLI:ES:TS:2016:3389 und STS 3800/2016, ECLI:ES:TS:2016:3800; in den zitierten Fällen sind die Betroffenen bloß einer gerichtlichen Verfügung nachgekommen.

2427 STSJ Castilla-La Mancha 225/2016.

Verurteilung der Täter*innen führen.[2428] Unklar bleibt aber, ob bspw das Einbringen einer Anzeige für das Erteilen einer Aufenthaltsberechtigung ausreichen würde.[2429] Der (weite) Ermessensspielraum der Behörden führt zu einer großen Rechtsunsicherheit und erhöht die Vulnerabilität der kooperierenden Opfer, Zeug*innen, etc.[2430] Zweckmäßig wäre deshalb gesetzlich abschließend festzulegen, welche konkreten Handlungen den Zusammenarbeitsbegriff erfüllen.

Im Unterschied zur „befristeten Aufenthaltsberechtigung und Arbeitserlaubnis aus außergewöhnlichen Gründen für ausländische Opfer des Menschenhandels" ist das Erfordernis der Zusammenarbeit eine Tatbestandsvoraussetzung. Dies ist auch der Grund weshalb die hier analysierte „Aufenthaltsberechtigung und Arbeitserlaubnis aus außergewöhnlichen Gründen aufgrund der Zusammenarbeit gegen organisierte Netzwerke" im Regularisierungszweck „sonstige staatliche Interessen" kategorisiert wurde. Folglich ist der Anwendungsbereich wesentlich kleiner, da die persönliche Situation des Opfers nicht in Betracht gezogen wird.[2431]

2. Verwaltungsstrafbefreiung

Nunmehr stellt sich zunächst die Frage, mit welchen Behörden eine Kooperation möglich ist. Einerseits wird die Zusammenarbeit mit nicht polizeilichen Verwaltungsbehörden festgelegt („autoridades administrativas no policiales").[2432] Laut einer Anordnung zum Ausländerrecht ist hierunter etwa das Arbeits- und Sozialversicherungsinspektorat („Inspección de Trabajo y Seguridad Social") zu verstehen.[2433] Andererseits normiert Art 137 REDYLE die Zusammenarbeit mit polizeilichen, steuerlichen oder richter-

---

2428 In dem Sinne STSJ Castilla-La Mancha 225/2016, ECLI:ES:TSJCLM:2016:225; vgl auch *Vicente Palacio*, Art 59 LODYLE in *Monereo Pérez/Fernández Avilés/Triguero Martínez* 948f mwN.

2429 In dem Sinne *Díaz Morgado*, La residencia de víctimas de trata de personas y la residencia por colaboración contra redes organizadas in *Boza Martínez/Donaire Villa/Moya Malapeira* 346f mwN.

2430 In dem Sinne *Díaz Morgado*, La residencia de víctimas de trata de personas y la residencia por colaboración contra redes organizadas in *Boza Martínez/Donaire Villa/Moya Malapeira* 346f und *Defensor del Pueblo*, Recomendación v 23.5.2016, Queja 16002509.

2431 Vgl *Vicente Palacio*, Art 59bis LODYLE in *Monereo Pérez/Fernández Avilés/Triguero Martínez* 960f und siehe Kapitel 5.D.I.4.c.

2432 Art 136 REDYLE.

2433 Instrucción DGI/SGRJ/06/2006, 1.

lichen Verwaltungsbehörden („autoridades administrativas policiales, fiscales o judiciales").

Je nachdem mit welcher Behörde kooperiert wird, hat diese sodann eine Stellungnahme an die für das Verwaltungsstrafverfahren zuständige Behörde zu übermitteln, aus der die geleistete Zusammenarbeit hervorgeht.[2434] Ein zentraler Punkt ist hierbei, dass die kooperierenden Ausländer*innen in den Genuss einer Verwaltungsstrafbefreiung kommen können, da dies als weiterer Anreiz für die Zusammenarbeit dienen soll.[2435] Sie können von der Strafbarkeit aufgrund des irregulären Aufenthalts in einem bereits eingeleiteten Ausweisungsverfahren[2436] oder auch in Bezug auf jedes andere Verwaltungsstrafverfahren befreit werden.[2437] Die für das Verwaltungsstrafverfahren zuständige Behörde trifft eine Aufklärungspflicht über die Verwaltungsstrafbefreiung.[2438] Erlangt die Staatsanwaltschaft umgekehrt Kenntnis von Ausländer*innen die die Erteilungsvoraussetzungen erfüllen und unentbehrlich für ein Strafverfahren sind, kann die Staatsanwaltschaft bei der jeweils zuständigen Behörde die Nichtvollstreckung der Ausweisung anregen.[2439]

Basierend auf der Stellungnahme, in der die Zusammenarbeit dargelegt wird, übermittelt die für das Verwaltungsstrafverfahren zuständige Behörde sodann einen Vorschlag an den*die zuständige*n Vertreter*in der Zentralregierung bzw Regierungsbeauftragte*n,[2440] in der die Befreiung der Strafbarkeit angeregt wird. Der*die zuständige Vertreter*in hat sodann über die Befreiung sowie gleichzeitig über die vorübergehende Aussetzung des Verwaltungsstrafverfahrens bzw die Vollziehung der Ausweisung zu entscheiden.[2441] Die Verwaltungsstrafbefreiung ist sehr ähnlich wie bei der

---

2434 Art 135 Abs 1 REDYLE; vgl *Díaz Morgado*, La residencia de víctimas de trata de personas y la residencia por colaboración contra redes organizadas in *Boza Martínez/Donaire Villa/Moya Malapeira* 347f.

2435 Vgl *Vicente Palacio*, Art 59 LODYLE in *Monereo Pérez/Fernández Avilés/Triguero Martínez* 943.

2436 Art 135 Abs 1 REDYLE iVm Art 53 Abs 1 lit a LODYLE; vgl *Vicente Palacio*, Art 59 LODYLE in *Monereo Pérez/Fernández Avilés/Triguero Martínez* 942f.

2437 In dem Sinne *Díaz Morgado*, La residencia de víctimas de trata de personas y la residencia por colaboración contra redes organizadas in *Boza Martínez/Donaire Villa/Moya Malapeira* 346f mwN.

2438 Art 59 Abs 2 LODYLE; vgl *Díaz Morgado*, La residencia de víctimas de trata de personas y la residencia por colaboración contra redes organizadas in *Boza Martínez/Donaire Villa/Moya Malapeira* 347.

2439 Art 59 Abs 4 LODYLE.

2440 Siehe zur Zuständigkeit Art 135 Abs 2 REDYLE.

2441 Art 135 Abs 3 REDYLE; vgl auch Instrucción DGI/SGRJ/06/2006, 4.

„befristeten Aufenthaltsberechtigung und Arbeitserlaubnis aus außergewöhnlichen Gründen für ausländische Opfer des Menschenhandels“ ausgestaltet.[2442]

Wird der Verwaltungsstrafbarkeit stattgegeben, ist der*die Ausländer*in über die Möglichkeit zu informieren, dass ein Antrag auf Stellung einer Aufenthaltsberechtigung wegen der Zusammenarbeit gegen organisierte Netzwerke eingebracht werden kann.[2443] Die Behörde hat die Betroffenen bei der Antragsstellung zu unterstützen. Anstatt der Antragstellung hat der*die Betroffene auch die Möglichkeit eine unterstützte freiwillige Rückkehr in Anspruch zu nehmen.[2444]

3. „Vorläufige Aufenthaltsberechtigung und Arbeitserlaubnis“

Im Hinblick auf die Erteilung der Aufenthaltsberechtigung ist nunmehr zu unterscheiden, mit welcher Behörde zusammengearbeitet wurde. Hat der*die Betroffene mit nicht polizeilichen Verwaltungsbehörden kooperiert, hat er*sie den Antrag auf die „Aufenthaltsberechtigung und Arbeitserlaubnis“ bei dem*der Vertreter*in der Zentralregierung bzw Regierungsbeauftragten, der*die für die Befreiung zuständig war, einzubringen. Zuständig für die Entscheidung ist in der Folge aber das Generalstaatssekretärsamt für Ein- und Auswanderung.[2445] Wurde mit polizeilichen, steuerlichen oder richterlichen Behörden zusammengearbeitet, ist für die Erteilung das Staatssekretärsamt für nationale Sicherheit zuständig, wobei der Antrag bei der zuständigen Polizeieinheit der Ausländerbehörde einzubringen ist.[2446] Der Antrag wird sodann mit der zuvor genannten Stellungnahme über die Zusammenarbeit und einer weiteren Stellungnahme, die eine inhaltliche Einschätzung über das Verfahren enthält, weitergeleitet.

Ist die inhaltliche Stellungnahme positiv, wird dem*r Betroffenen automatisch eine „vorläufige Aufenthaltsberechtigung und Arbeitserlaubnis“ erteilt, worüber er*sie unverzüglich zu informieren ist.[2447] Hierfür ist kein neuerlicher Antrag erforderlich, weshalb die Stellungnahme eine derart

---

2442 Art 59 Abs 3 und 59bis Abs 4 LODYLE sowie Art 135 sowie Art 143 REDYLE. Vgl *Vicente Palacio*, Art 59bis LODYLE in *Monereo Pérez/Fernández Avilés/Triguero Martínez* 965 und siehe Kapitel 5.D.I.4.

2443 Art 136 Abs 1 bzw Art 137 Abs 1 REDYLE.

2444 Vgl im Detail Art 138 REDYLE.

2445 Art 136 REDYLE.

2446 Art 137 REDYLE.

2447 Art 136 Abs 3 und 4 sowie Art 137 Abs 3 und 4 REDYLE.

große Bedeutung hat.[2448] Mit der „vorläufigen Aufenthaltsberechtigung und Arbeitserlaubnis" ist die Aufnahme jeglicher Erwerbstätigkeit möglich.[2449] Die „vorläufige Aufenthaltsberechtigung und Arbeitserlaubnis" charakterisiert, dass sie ab dem Zeitpunkt der Benachrichtigung bis zur Entscheidung über die endgültige „Aufenthaltsberechtigung und Arbeitserlaubnis" gilt.[2450] Ist die inhaltliche Stellungnahme jedoch negativ, wird die „vorläufige Aufenthaltsberechtigung und Arbeitserlaubnis" nicht erteilt.

4. Aufenthaltsrecht

Ist die endgültige Entscheidung über die „Aufenthaltsberechtigung und Arbeitserlaubnis" positiv, wird diese mit einer Gültigkeitsdauer von fünf Jahren erteilt und berechtigt wiederum zur Ausübung jeglicher Erwerbstätigkeit.[2451] Die mit dem REDYLE eingeführte Neuerung, dass die Gültigkeitsdauer von einem auf fünf Jahre erweitert wurde, ist jedenfalls hervorzuheben.[2452] Derart kann anschließend eine Daueraufenthaltsberechtigung beantragt werden.[2453] Zu den erforderlichen fünf Jahren wird auch der Zeitraum gezählt, während dem der*die Betroffene eine „vorläufige Aufenthaltsberechtigung und Arbeitserlaubnis" innehatte.[2454]

Endet das Verfahren negativ, verliert eine gegebenenfalls erteilte „vorläufige Aufenthaltsberechtigung und Arbeitserlaubnis" automatisch ihre Wirksamkeit. Das Ausweisungsverfahren wird ebenfalls wieder aufgenommen, wobei in der Regel eine Ausweisung erlassen wird, außer es sprechen Gründe für die Erteilung einer Geldbuße.[2455] In einem wiederaufgenommenen Ausweisungsverfahren ist darauf Rücksicht zu nehmen, dass der*die Betroffene eine andere „Aufenthaltsberechtigung aus außergewöhnlichen Grün-

---

2448 Vgl *Vicente Palacio*, Art 59 LODYLE in *Monereo Pérez/Fernández Avilés/Triguero Martínez* 951.

2449 Art 136 Abs 6 und Art 137 Abs 6 REDYLE.

2450 Vgl *Díaz Morgado*, La residencia de víctimas de trata de personas y la residencia por colaboración contra redes organizadas in *Boza Martínez/Donaire Villa/Moya Malapeira* 349f.

2451 Art 136 Abs 7 und Art 137 Abs 7 REDYLE.

2452 So auch *Díaz Morgado*, La residencia de víctimas de trata de personas y la residencia por colaboración contra redes organizadas in *Boza Martínez/Donaire Villa/Moya Malapeira* 350.

2453 Art 32 LODYLE.

2454 Art 136 Abs 7 und Art 137 Abs 7 REDYLE.

2455 Instrucción DGI/SGRJ/06/2006, 4; vgl *Vicente Palacio*, Art 59 LODYLE in *Monereo Pérez/Fernández Avilés/Triguero Martínez* 953.

den" beantragen könnte bzw für diese unter Umständen in Frage kommt.[2456] Liegen die Voraussetzungen für eine der Aufenthaltsberechtigungen vor, ist das Ausweisungsverfahren einzustellen.[2457]

III. Zwischenergebnis

Der Regularisierungszweck „sonstige staatliche Interessen" ist eine autonom-nationale Regularisierungskategorie, die sich nur aus den nationalstaatlichen Rechtsordnungen ableiten lässt. Folglich sind grundsätzlich keine höherrangigen Rechtsnormen zu beachten und die Aufenthaltsberechtigungen gehen über diese hinaus.

Im Rechtsvergleich hat sich gezeigt, dass nur zwei spanische Aufenthaltsberechtigungen in diesen Regularisierungszweck eingeordnet werden konnten. Die beiden Regularisierungen räumen bestimmten öffentlichen Behörden die Möglichkeit ein, Ausländer*innen, die mit den Behörden zusammenarbeiten, eine Aufenthaltsberechtigung zu erteilen. Obwohl nicht ausdrücklich gesetzlich festgelegt, kann unter „Zusammenarbeit" wohl die Anzeige bestimmter strafbarer Handlungen, das Beisteuern unerlässlicher Angaben oder das Aussagen von relevanten Angaben verstanden werden. Darüber hinaus ist es auch möglich, dass die Aufenthaltsberechtigung aufgrund der nationalen Sicherheit oder aus öffentlichem Interesse erteilt wird, wobei sich weder aus der Literatur noch aus der Judikatur ermitteln lässt, was darunter zu verstehen ist.

Ein wesentlicher Unterschied besteht in der Ausprägung der Verfahrensbestimmungen. Die „befristete Aufenthaltsberechtigung aus außergewöhnlichen Gründen aufgrund der Zusammenarbeit mit den öffentlichen Behörden, der nationalen Sicherheit oder aus öffentlichem Interesse" wird nur für ein Jahr erteilt und entspricht im Wesentlichen dem für „Aufenthaltsberechtigungen aus außergewöhnlichen Gründen" festgelegten Verfahren.

Die „Aufenthaltsberechtigung und Arbeitserlaubnis aus außergewöhnlichen Gründen aufgrund der Zusammenarbeit gegen organisierte Netzwer-

---

2456 Art 136 Abs 9 und Art 137 Abs 9 REDYLE; so auch *Lázaro González/Benlloch Sanz* in *Palomar Olmeda* 900 im Zusammenhang mit der „befristeten Aufenthaltsberechtigung und Arbeitserlaubnis aus außergewöhnlichen Gründen für ausländische Opfer des Menschenhandels" und zur Parallelbestimmung gem Art 144 Abs 7 REDYLE; siehe Kapitel 5.D.I.4.

2457 Art 241 Abs 2 REDYLE. Siehe Kapitel 4.C.III.3.b.

ke" hingegen ist sowohl verfahrensrechtlich als auch betreffend das Schutzregime vollkommen anders ausgestaltet. Sie entspricht im Wesentlichen den bereits dargestellten Aufenthaltsberechtigungen für Menschenhandelsopfer und Opfer für ausländische Frauen.[2458] Die fast idente Ausgestaltung lässt sich dadurch erklären, dass die „Aufenthaltsberechtigung und Arbeitserlaubnis aus außergewöhnlichen Gründen aufgrund der Zusammenarbeit gegen organisierte Netzwerke" unter anderem der Umsetzung von Art 13 Abs 4 SanktionsRL dient. So können auch Opfer oder anderweitig Geschädigte der Straftat „Arbeitsausbeutung" diese beantragen. Im Gegensatz zur Aufenthaltsberechtigung, die Menschenhandelsopfer erteilt werden kann, ist bei der hier besprochenen die „Zusammenarbeit" eine wesentliche Tatbestandsvoraussetzung. Wie bereits dargelegt, ist auch bei dieser Aufenthaltsberechtigung nicht endgültig geklärt, was unter dem Begriff „Zusammenarbeit" zu verstehen ist. Die rechtlich geregelte Verwaltungsstrafbefreiung und die mögliche Erteilung einer „vorläufigen Aufenthaltsberechtigung und Arbeitserlaubnis" sowie die fünfjährige Gültigkeitsdauer zeigen, dass es sich um eine leistungsfähige Regelung handelt, die einen rechtlichen Anreiz für die Opfer, Zeug*innen oder anderweitig Geschädigte in der Verfolgung der Täter*innen schafft.

Abschließend ist genau wie in dem Zwischenergebnis hinsichtlich des Regularisierungszwecks „Erwerbstätigkeit und Ausbildung" auf einen weiteren Befund der Untersuchung einzugehen.[2459] Sowohl in Deutschland als auch in Österreich findet sich keine Regularisierung, die unter den Regularisierungszweck „sonstige staatliche Interessen" fällt. Im Hinblick auf die österreichische Rechtslage lässt sich dies wiederum aus der grundsätzlich restriktiven und zurückhaltenden Einstellung gegenüber Regularisierungen erklären.[2460] In Bezug auf die deutsche Rechtslage ist aber wohl davon auszugehen, dass aus kontextueller Sicht kein Bedarf für Regularisierungen besteht, die der Wahrung sonstiger staatlicher Interessen dienen.

G. Resümee – Die ausdifferenzierten Regularisierungssysteme

In jedem der drei analysierten Mitgliedstaaten existiert ein ausdifferenziertes System an Regularisierungen. Im Hinblick auf die Einteilung der Regulari-

2458 Siehe Kapitel 5.D.I.4.-5.
2459 Siehe Kapitel 5.E.IV.
2460 Siehe Kapitel 5.G.

sierungszwecke zeigt sich deutlich,[2461] dass die Mitgliedstaaten einerseits aufgrund höherrangiger rechtlicher Bestimmungen irregulär aufhältigen Migrant*innen ein Aufenthaltsrecht gewähren. Hierbei ist zu unterscheiden. Teilweise ist die Erteilung eines Aufenthaltsrechts zwingend notwendig, um diese zu erfüllen. Teilweise gehen die Mitgliedstaaten aber auch über diese völker- und europarechtlichen Bestimmungen hinaus und gewähren irregulär aufhältigen Migrant*innen Aufenthaltsrechte, obwohl sie hierzu nicht verpflichtet sind. Grob gesprochen ist festzuhalten, dass eine völker- und europarechtliche Durchdringung der nationalen Aufenthaltstitel in großem Maße gegeben ist. Andererseits nehmen Regularisierungen auf unterschiedliche innerstaatliche Kontexte Bezug und Aufenthaltsrechte werden sodann aufgrund dieser erteilt. Die Kategorisierung bildet ein gutes Fundament für die noch näher vorzustellende RegularisierungsRL, da sowohl die völker- und europarechtliche Durchdringung der Regularisierungen als auch die Bezugnahme auf kontextuelle Gegebenheiten in den Mitgliedstaaten gezeigt wurde.[2462]

Die Aufschlüsselung aller Regularisierungen in den drei analysierten Mitgliedstaaten hat weiters gezeigt, wie ausdifferenziert jedes einzelne Regularisierungssystem ist. Österreich steht hier sicherlich am unteren Ende, da im Gegensatz zum deutschen und spanischen Recht quantitativ weniger Regularisierungen bestehen und diese – nach der hier getroffenen Annahme – deshalb in der Praxis auch nicht so wirksam sind bzw sein sollen. Aus der Perspektive irregulär aufhältiger Migrant*innen kommt erschwerend hinzu, dass diese über keinen Zugang zu Sozialleistungen oder Gesundheitsversorgung während der Irregularität verfügen und die meisten Regularisierungen sehr schwierig zu erfüllende Erteilungsvoraussetzungen normieren. Die wichtigste Regularisierung ist hier sicherlich der „Aufenthaltstitel aus Gründen des Art 8 EMRK“, wobei sowohl die Achtung des Privat- als auch des Familienlebens von Relevanz ist.

Das spanische Recht besticht durch eine Fülle an Regularisierungen. Zwei Punkte sind hierbei besonders hervorzuheben. Einerseits die soziale Verwurzelung, die mit am Abstand die wichtigste Regularisierung in quantitativer Hinsicht ist. Die Erteilungsvoraussetzungen bieten aus individualrechtlicher Perspektive einen pragmatischen und effektiven Weg aus der aufenthaltsrechtlichen Irregularität. Andererseits ist im spanischen Recht jeweils eine Regularisierung für Menschenhandelsopfer bzw für Frauen, die Opfer von geschlechtsspezifischer Gewalt geworden sind, nor-

2461 Siehe Tabelle 2 in Kapitel 2.B.III.
2462 Siehe die diesbezüglich aufgestellte Hypothese in Kapitel 2.B.V.

miert. Die erste setzt die MenschenhandelsopferRL vorbildlich um und die zweite bietet für das Problem der Gewalt an ausländischen Frauen ein leistungsfähiges, aufenthaltsrechtliches Schutzregime. Die sehr ähnlich ausgestalteten befristeten Aufenthaltsberechtigungen und Arbeitserlaubnisse weisen ein besonders ausgeklügeltes Verfahren auf, das sich sehr stark an den Bedürfnissen der Opfer orientiert. Dieses ist in mehrere „Phasen" gegliedert, die die Identifikation der Opfer und gleichsam die Erteilung einer „vorläufigen Aufenthaltsberechtigung und Arbeitserlaubnis" ermöglicht sowie unter Umständen eine Verwaltungsstrafbefreiung vorsieht.

Das deutsche Recht ist ebenso ausdifferenziert wie das spanische und weist zahlreiche Regularisierungen auf. Hervorzuheben sind die „Aufenthaltserlaubnis bei nachhaltiger Integration" und die „Aufenthaltserlaubnis für gut integrierte Jugendliche und Heranwachsende", die sich beide aus Art 8 EMRK ableiten lassen und Geduldeten erteilt werden können. Die deutsche Gesetzgebung hat derart erstmals eine alters- und stichtagsunabhängige Aufenthaltsperspektive für diese Zielgruppe eingeführt, was aufgrund der andauernden Problematik der „Kettenduldungen" eine zweckmäßige Herangehensweise ist. Die „Aufenthaltserlaubnis für vollziehbar Ausreisepflichtige, wenn die Ausreise aus rechtlichen oder tatsächlichen Gründen unmöglich ist" stellt die quantitativ wichtigste Regularisierung im deutschen Recht dar. Hauptanwendungsfall ist hierbei wiederum die Umsetzung von Art 8 EMRK.

Teil 3 – Ausblick

Ich habe in Teil 1 die aufenthaltsrechtliche Irregularität und Regularisierungen konzeptionell beleuchtet und den unionsrechtlichen Rahmen abgesteckt. Anschließend habe ich in Teil 2 Regularisierungen in Deutschland, Österreich und Spanien rechtsvergleichend untersucht. Anhand der bisherigen Ausführungen, die als Grundlagenarbeit zu verstehen sind, soll eine sachlich zweckmäßige Diskussion betreffend die rechtlichen Möglichkeiten im Umgang mit irregulär aufhältigen Migrant*innen angestoßen werden. Das Kapitel 6 enthält daher abschließend den rechtspolitischen Vorschlag einer zukünftigen RegularisierungsRL, wobei der Rechtsvergleich die Grundlage bildet. Die Vor- und Nachteile der gemeinsamen bzw unterschiedlichen Lösungsansätze der drei analysierten Mitgliedstaaten konnten zueinander in Beziehung gesetzt werden. Auf die ausgemachten Voraussetzungen und Bedingungen der nationalstaatlichen Regularisierungen kann zurückgriffen und diese für einen europarechtlichen Rechtsakt fruchtbar gemacht werden.

Kapitel 6 – Eine Regularisierungsrichtlinie der EU[2463]

In der Folge wird eine RegularisierungsRL der EU vorgeschlagen, obwohl ein derartiger Unionsakt derzeit realpolitisch unrealistisch erscheint.[2464] Die Rechtsform der VO wird nicht in Erwägung gezogen, da zwingende Regeln für die Mitgliedstaaten ohne innerstaatlichen Umsetzungsspielraum politisch noch weniger tragfähig wären.[2465] Trotz der politischen Gegebenheiten halte ich es für sinnvoll, einen leistungsfähigen Rechtsakt, der die derzeitige Einwanderungspolitik der EU ergänzen würde, näher zu beschreiben. „There are no easy answers, but their absence does not render the quest for appropriate solutions obsolete".[2466] In dem Sinne hat sich bspw *Menezes Queiroz* überblickshaft mit der potenziell ausgleichenden Rolle von Regularisierungen auf supranationaler Ebene auseinandergesetzt.[2467]

Es bietet sich an, den inhaltlichen Kern einer RL darzustellen, aber vor dem Hintergrund der politischen Realitäten auf die Ausarbeitung eines konkreten Gesetzestextes zu verzichten. Die folgenden Ausführungen bauen auf Teil 1 auf, wobei vor allem die Ausführungen in Kapitel 3 hervorzuheben sind, die sich mit der Einwanderungspolitik der EU, ihren Zielsetzungen und Kompetenzen in rechtsdogmatischer Weise auseinandergesetzt haben. Wesentliches Grundgerüst ist der Rechtsvergleich in Teil 2.

Zunächst wird das komplementäre Konzept der „Einwanderung von innen" dargestellt (A.). In diesem werde ich darlegen, aus welchen Gründen die bestehende Einwanderungspolitik der Union in Bezug auf irregulär aufhältige Migrant*innen eine Neuausrichtung verlangt und dass sie best-

---

2463 Einzelne Abschnitte und Gedanken wurden in *Hinterberger* in *Lanser/Potocnik-Manzouri/Safron/Tillian/Wieser* und auf Englisch in *Hinterberger*, Maastricht Journal of European and Comparative Law 2019 publiziert. Siehe Einleitung D.III.

2464 Siehe bereits die Ausführungen in Kapitel 3.C.I. und insbesondere *Lutz*, EJML 2018, 49f.

2465 Siehe nur die stockenden Verhandlungen betreffend den Erlass einer Statusverordnung. *Rat der EU*, Note from the Presidency to the Council Concerning the Reform of the Common European Asylum System and Resettlement v 30.5.2018, 9520/18, 4.

2466 *Thym*, CMLRev 2013, 734.

2467 *Menezes Queiroz*, Illegally Staying 167ff. Siehe weiters auch *Schieber*, Komplementärer Schutz 334ff.

möglich durch eine RegularisierungsRL auf Unionsebene ergänzt werden könnte. Anschließend präsentiere ich die Grundkonzeption einer derartigen RL (B.) und thematisiere die wichtigsten Regelungsinhalte, die diese beinhalten sollte (C.). Abschließend folgt ein Plädoyer für den Ausbau des allgemeinen Teils des EU-Migrationsrechts mittels einer horizontal ausgestalteten RegularisierungsRL (D.).

A. Komplementäres Konzept der „Einwanderung von innen"

Zum Anfang dieses Kapitels drängt sich die Frage auf, ob die in Kapitel 3 analysierten unionsverfassungsrechtlichen Aufträge und die primärrechtlichen Kompetenzbestimmungen nicht (implizit) sogar eine komplementäre Neuausrichtung der EU-Einwanderungspolitik in Bezug auf irreguläre Einwanderung verlangen. Im Speziellen beziehe ich mich hierbei auf den irregulären Aufenthalt. Das Streben der EU nach einer höheren Wirksamkeit von Rückführungen steht im Einklang mit dem AEUV, doch ist gleichzeitig anzuerkennen, dass die bisher getätigten Maßnahmen die Anzahl irregulär aufhältiger Migrant*innen nicht signifikant verringern bzw nur beschränkt wirksam sein konnten. Die mangelhafte Rechtsdurchsetzung von Rückführungen zeigt den Handlungsbedarf der EU im „Kampf" gegen irreguläre Einwanderung.[2468] Regularisierungen beenden genau wie Rückführungen den irregulären Aufenthalt von Migrant*innen.[2469] Der unionsverfassungsrechtliche Auftrag der „Bekämpfung" irregulärer Einwanderung würde durch den Einsatz dieser Maßnahme erfüllt werden.[2470]

In Kapitel 3 habe ich herausgearbeitet, dass Art 79 Abs 2 lit a und b AEUV der Unionsgesetzgebung weitreichende Kompetenzen zum Erlass von Regularisierungen einräumen. Die materiellen Bestimmungen und das Verfahren wie auch die damit einhergehenden Status- und Freizügigkeitsrechte könnten in einem Unionsrechtsakt geregelt werden.[2471] Autonom-national ausgestellte Aufenthaltsrechte könnten mit Status- und Freizügigkeitsrechten ausgestattet werden. Gestützt auf Art 79 Abs 2 lit c AEUV könnte auch eine Art unionsrechtlich normierter Duldungsstatus geschaffen werden.[2472]

2468 Siehe bereits Einleitung A., Kapitel 3.A. und Kapitel 3.C.I.
2469 Siehe Kapitel 3.B.I.
2470 Siehe Kapitel 3.C.I.
2471 Siehe Kapitel 3.D.I. und Kapitel 3.D.II.
2472 Siehe Kapitel 3.D.III.

Zwei – etwas überspitzt formulierte – Herangehensweisen scheinen demnach für die zukünftige Einwanderungspolitik der EU denkbar:

Erstens, den Fokus weiterhin bloß auf die Effektuierung von Rückführungen legen.[2473] Regularisierungen werden weiterhin nicht als Teil der Lösung in Betracht gezogen. Dies stellt eine Fortsetzung der aktuellen Politik dar, die vor allem auf eine konsequentere Rechtsdurchsetzung der geltenden Bestimmungen abzielt.[2474]

Zweitens, die hier vertretene Alternative knüpft an die schon bestehenden Regelungen der RückführungsRL an und ergänzt sie um die Harmonisierung der Regularisierungspolitiken der Mitgliedstaaten.[2475] Dieser komplementäre Ansatz würde sich mit den derzeitigen Bemühungen zur konsequenteren Rechtsdurchsetzung der Rückführungsbestimmungen verbinden lassen und die Anzahl irregulär aufhältiger Migrant*innen tatsächlich senken.[2476]

Eine Regularisierungspolitik der EU wäre vom Primärrecht gedeckt, wie in Kapitel 3 bereits bejaht wurde. Der Kern der Rückführungspolitik würde durch diesen Reformvorschlag nicht berührt werden, den weiterhin die Rückführung irregulär aufhältiger Migrant*innen ausmachen würde, wie auch vom EuGH in *El Dridi* betont wurde. Der Gerichtshof hat in *Zaizoune* aber betont, dass die Migliedstaaten anstatt der Durchführung eines Rückkehrverfahrens jederzeit einen Aufenthaltstitel erteilen können. Mein Reformvorschlag geht deshalb dahin, dass Regularisierungen als ergänzende Maßnahmen zur derzeit bestehenden Unionspolitik eingesetzt werden.

Da die EU bis dato auf Regularisierungen als aufenthaltsrechtliches Steuerungsinstrument verzichtet hat, scheint mir die Einführung eines Regularisierungs-Rechtsrahmens in Form einer RL das fehlende Bindeglied in der gemeinsamen Einwanderungspolitik zu sein. Folglich wird die „Bekämpfung“ irregulärer Einwanderung im Einklang mit dem Primärrecht und im Sinne von *Bast* als „Einwanderung von innen“[2477] verstanden. Ich sehe darin

2473 In dem Sinne COM(2017) 200 final und siehe die Ausführungen bei *Lutz*, EJML 2018, 49 und *Kraler*, Journal of Immigrant and Refugee Studies 2019, 94ff.

2474 In dem Sinne COM(2015) 668 final, 2. Vgl in dem Zusammenhang bereits *Bommes*, Illegale Migration in der modernen Gesellschaft – Resultat und Problem der Migrationspolitik europäischer Nationalstaaten in *Alt/Bommes* (Hrsg), Illegalität: Grenzen und Möglichkeiten der Migrationspolitik (2006) 95 (108).

2475 Vgl *Uriarte Torrealday*, Revista de Derecho Político 2009, 315.

2476 So auch *Bommes* in *Alt/Bommes*, 108. Vgl *Böhning*, International Migration 1983, 161.

2477 *Bast*, ZAR 2012, 6.

eine Chance für die EU, irreguläre Einwanderung wirksamer zu „bekämpfen“, wobei Regularisierungen hierfür das zentrale Korrektiv darstellen.[2478] Folglich wird – wie bisher in der vorliegenden Arbeit[2479] – eine individualrechtliche Perspektive eingenommen.

Gegen Regularisierungen im Allgemeinen wird oft vorgebracht, dass jene Ausländer*innen „belohnt“ werden, die die bestehenden rechtlichen Regelungen wie die verpflichtende Ausreise ignorieren.[2480] Diese Kritik ist berechtigt, doch zeigen Beispiele aus dem Bau- oder Steuerrecht, dass „Legalisierungen“ von rechtswidrig erbauten Bauwerken oder „Steueramnestien“ weit verbreitet sind.[2481] Demnach sollte diese Kritik am Verhalten irregulär aufhältiger Migrant*innen bei der Diskussion für eine RegularisierungsRL berücksichtigt werden, aber diese keinesfalls von vorneherein verhindern.

Dafür spricht, dass Regularisierungen bereits Teil der „tool-box“ des ausdifferenzierten, zeitgenössischen Migrationsmanagements auf nationaler Ebene sind,[2482] wie etwa im Rechtsvergleich anschaulich gezeigt wurde.[2483] Sie stellen auch in der Konzeption der RückführungsRL – neben der Rückführung[2484] – den Hauptweg aus der aufenthaltsrechtlichen Irregularität dar.[2485] Durch den Einsatz von Regularisierungen würden auch die unionsverfassungsrechtlichen Vorgaben (wirksamer) erfüllt werden; bspw die Einwanderungspolitik in allen Phasen weiterzuentwickeln, sprich stetig und im Hinblick auf alle aufenthaltsrechtlichen Stufen.[2486] Der durch die Rspr des EuGH in der Verwaltungspraxis der Mitgliedstaaten auftretende aufenthaltsrechtliche Schwebezustand nicht rückführbarer Personen würde verhindert werden.[2487]

Ein harmonisiertes Vorgehen auf Unionsebene würde der im Rechtsvergleich aufgezeigten Zersplitterung von Regularisierungen auf nationaler Ebene entgegenwirken[2488] und könnte zur Reduzierung der Anzahl der

---

2478 In dem Sinne *Costello*, Human Rights 101. Sehr abgeschwächt und teilweise aA *Menezes Queiroz*, Illegally Staying 167ff.

2479 Siehe Einleitung D.II.

2480 In dem Sinne *Pico Lorenzo*, Jueces para la democracia 2002, 68f.

2481 Siehe Kapitel 2.A.

2482 Vgl *Kraler*, IMISCOE WP Nr 24 v Februar 2009, 21 und *Desmond* in *Wiesbrock/Acosta Arcarazo* 70.

2483 Siehe im Detail Teil 2.

2484 Siehe oben Kapitel 3.B.I.

2485 Vgl *Triandafyllidou/Vogel* in *Triandafyllidou* 297.

2486 Siehe Kapitel 3.C.II.

2487 Siehe Kapitel 3.B.II.2.

2488 In dem Sinne auch *Schieber*, Komplementärer Schutz 333f.

Personen mit einem irregulären Aufenthalt beitragen. Ebenfalls angedeutet wurde bereits, dass eine RegularisierungsRL Vorteile für die jeweiligen Staatsbudgets und die Rechtsstaatlichkeit bringen würde.[2489] Weiter oben wurde bereits der Einklang mit dem Subsidiaritätsprinzip besprochen, insofern die EU von Regularisierungen als Rechtsinstrument Gebrauch macht.[2490] Durch die Harmonisierung würde es auch auf Ebene des Vollzugs zu Erleichterungen kommen (Verwaltungsvereinfachung).

Darüber hinaus könnte die wirksame Steuerung der Migrationsströme erreicht werden. Diese spiegelt sich nach der Konzeption des AEUV in einer Annäherung des Rechtsbestands und der -wirklichkeit wider.[2491] Anhand von Regularisierungen könnte die EU das Vollzugsdefizit von Rückführungen verringern und eine „aktive Migrationspolitik betreiben", die „Einfluss auf die Rechtswirklichkeit"[2492] ausübt. Derart würden sowohl die Grundrechtspositionen irregulär aufhältiger Migrant*innen[2493] als auch die Steuerungsinteressen der Mitgliedstaaten eine Stärkung erfahren und im Sinne eines Ausgleichs befriedigt werden.[2494]

B. Grundkonzeption – ganzheitlicher Ansatz

Meine Grundkonzeption einer RegularisierungsRL geht von einem ganzheitlichen Ansatz aus, der alle irregulär aufhältigen Migrant*innen adressiert und die im Rechtsvergleich ausgemachten Materien in einer einzigen RL zusammenfasst. Derart kann die RückführungsRL bestmöglich ergänzt und der bis dato verfolgte fragmentarische Ansatz der EU und der Mitgliedstaaten harmonisiert werden. Materiell sollten alle Regularisierungen, die unter einen der sechs Regularisierungszwecke fallen, erfasst werden.[2495] Anders gesagt, es werden all jene Maßnahmen berücksichtigt, die als Regularisierung im Sinne der vorliegenden Arbeit zu verstehen sind.[2496]

2489 Vgl etwa *Bast* in *Fischer-Lescano/Kocher/Nassibi* 71 mit Hinweis auf *Dauvergne*, Illegal 9ff.
2490 Siehe Kapitel 3.D.IV.
2491 So auch *Thym* in *Grabitz/Hilf/Nettesheim* Art 79 AEUV Rn 15.
2492 *Thym* in *Grabitz/Hilf/Nettesheim* Art 79 AEUV Rn 15.
2493 Vgl *Bast*, ZAR 2012, 6 und *Thym*, CMLRev 2013, 715 in Bezug auf den Raum der Freiheit, der Sicherheit und des Rechts.
2494 Siehe *Bast*, Aufenthaltsrecht 143.
2495 Siehe Tabelle 2 in Kapitel 2.B.III.
2496 Siehe Kapitel 2.A.II.

In einer eigenständigen RegularisierungsRL könnten unterschiedliche Erteilungsvoraussetzungen festgelegt werden, die die derzeitige Praxis der Mitgliedstaaten, wie im Rechtsvergleich dargestellt, widerspiegeln. Der als Ergänzung der RückführungsRL gedachte Rechtsakt sollte klar von dieser abgegrenzt werden, da die inhaltliche Ausrichtung in der „Bekämpfung" irregulärer Einwanderung zwar dieselbe ist, aber vollkommen andere Regelungsinhalte hat. Um die zersplitterte Rechtslandschaft von Regularisierungen angemessen zu adressieren, schlage ich ein zweistufiges Modell vor.

Bevor dieses Modell präsentiert wird, ist darüber hinaus aber noch eine andere Option zu diskutieren. Die RückführungsRL könnte reformiert und – neben Art 6 Abs 4 RückführungsRL – weitere Bestimmungen betreffend Regularisierungen eingefügt werden.[2497] In dieser könnten sowohl das Rückkehrverfahren als auch Mindeststandards für die Erteilung von Aufenthaltstiteln festgelegt werden. Hierbei könnten jene Fälle erfasst werden, in denen die Rückführung aus rechtlichen oder tatsächlichen Gründen unmöglich und eine Regularisierung nach der hier vertretenen Meinung daher geboten ist.[2498] Rechtliche Gründe würden sich, wie im Rechtsvergleich herausgearbeitet, aus dem Non-Refoulement-Gebot und dem Recht auf Achtung des Privat- und Familienlebens ergeben.[2499] Besonders wichtig wäre auch, Verfahrensgarantien und strikte Mindesterteilungsvoraussetzungen festzulegen. Ansonsten würde die Gefahr bestehen, dass die reformierte RückführungsRL von den Mitgliedstaaten praktisch unterwandert bzw die völker- und europarechtlichen Standards verwässert werden könnten („race-to-the-bottom").[2500] Wie bereits angedeutet, sollte aber einer RegularisierungsRL der Vorzug vor einer reformierten RückführungsRL gegeben werden, da derart die Unterscheidung zwischen Rückführung und Regularisierung in der zukünftigen EU-Gesetzgebung aufrechterhalten werden kann.

Abschließend ist darauf hinzuweisen, dass auch die StatusRL ergänzt werden könnte. Diese Variante wird aber nicht weiterverfolgt, da an der Trennung zwischen international Schutzberechtigten und irregulär aufhältigen Migrant*innen festgehalten werden sollte, vor allem um den Schutz der ersteren nicht zu verwässern.

2497 Siehe COM(2018) 634 final zum derzeit bestehenden Reformvorschlag der Europäischen Kommission.

2498 Siehe Kapitel 3.B.II.

2499 Siehe Kapitel 5.A.II. und Kapitel 5.B.-C.

2500 Vgl *Bausager/Møller/Ardittis*, Studie v 11.3.2013, 84.

I. Erste Harmonisierungsphase

Zweckmäßig wäre es, in einer ersten Harmonisierungsphase die völker- und europarechtlichen Mindeststandards auf der Grundlage des von mir vorgenommenen Rechtsvergleichs zu erfassen und zu definieren. Im Einzelnen sind das Art 3 und 8 EMRK auf völkerrechtlicher Ebene. Auf europarechtlicher Ebene sind die RückführungsRL, die MenschenhandelsopferRL und die SanktionsRL sowie die GRC zu berücksichtigen. Hierbei muss gleichfalls die relevante EuGH- und EGMR-Rspr miteinbezogen werden.

Dies bedeutet, dass im Hinblick auf die erste Phase Mindesterteilungsvoraussetzungen für all jene Regularisierungen festgelegt werden sollten, die von völker- oder europarechtlichen Bestimmungen abgeleitet werden und daher unter die Regularisierungszwecke 1 bis 4 fallen.[2501] Ein Rechtsanspruch auf Regularisierung sollte für all jene Fälle festgelegt werden, in denen – im Einklang mit der vorliegenden Arbeit – eine Regularisierungspflicht besteht.[2502] Eine solche lässt sich unter anderem aus Art 3 und 8 EMRK bzw der RückführungsRL ableiten. Durch diesen Harmonisierungsschritt könnte die EU irreguläre Einwanderung wirksamer „bekämpfen“ und zur Reduzierung der Anzahl irregulär aufhältiger Migrant*innen beitragen. Als Vorlage für die klar festzulegenden Mindesterteilungsvoraussetzungen sollten die höherrangigen Normen selbst dienen, um die derzeit bestehende mitgliedstaatliche Praxis, die oftmals über die höherrangigen Verpflichtungen hinausgeht, nicht zu schwächen.[2503]

Diese Herangehensweise würde die Menschenrechte bzw die dementsprechenden europarechtlichen Rechtsakte in den Mittelpunkt der RegularisierungsRL stellen. Die RL würde durch die „Fundierung in den universellen Menschenrechten [...] eine kosmopolitische Grundlage“[2504] haben. In diese Richtung geht auch eine Arbeit von *Schmid-Drüner*, die bereits 2007 eine RL „zum Schutz elementarer Grundrechte illegal aufhältiger Drittstaatsangehöriger“[2505] gefordert hat. Die von *Schmid-Drüner* vorgeschlagene RL „sollte den sog. ‚Illegalen‘ u.a. die Achtung ihrer Menschenwürde, ihres Privat- und Familienlebens, des Rechts auf Gesundheitsschutz und auf

2501 Siehe Kapitel 2.B.III.1.-3.

2502 Siehe Kapitel 3.B.II. und weiters auch Kapitel 2.B.III.2.

2503 Vgl *Bausager/Møller/Ardittis*, Studie v 11.3.2013, 84.

2504 So *Bast*, Vom subsidiären Schutz zum europäischen Flüchtlingsbegriff, ZAR 2018, 41 (46) in Bezug auf den subsidiären Schutz.

2505 *Schmid-Drüner*, Einwanderungsrecht 477.

Bildung sicherstellen".[2506] Die Autorin geht in ihrer Forderung zwar teilweise in eine andere Richtung, doch bilden den Kern ebenso die Menschenrechte.

Die Harmonisierung der völker- und europarechtlich geprägten Regularisierungen sollte aber nicht dazu führen, dass dadurch jene Regularisierungen, die aufgrund kontextspezifischer Eigenheiten erlassen wurden, europarechtswidrig werden würden.[2507] Dementsprechend sollte eine gleichlautende Bestimmung wie Art 6 Abs 4 RückführungsRL in die RegularisierungsRL aufgenommen werden, wobei S 1 leg cit von besonderer Relevanz ist: „Die Mitgliedstaaten können jederzeit beschließen, illegal in ihrem Hoheitsgebiet aufhältigen Drittstaatsangehörigen wegen Vorliegen eines Härtefalls oder aus humanitären oder sonstigen Gründen einen eigenen Aufenthaltstitel oder eine sonstige Aufenthaltsberechtigung zu erteilen".

II. Zweite Harmonisierungsphase

In einer zweiten Phase könnten sodann Mindeststandards betreffend die autonom-nationalen Regularisierungen eingeführt werden, die in den Regularisierungszwecken 5 und 6 kategorisiert wurden. Den Mitgliedstaaten müsste genügend Spielraum eingeräumt werden, um wie derzeit auf die jeweiligen geographischen, ökonomischen und politischen Besonderheiten Rücksicht nehmen zu können, die den Erlass der bereits bestehenden autonom-nationalen Regularisierungen bedingt haben. Folglich sollten keine speziellen Mindesterteilungsvoraussetzungen festgelegt werden, damit die Mitgliedstaaten wie bisher gem Art 6 Abs 4 RückführungsRL auf kontextuelle Gegebenheiten mittels Regularisierungen reagieren können. Die Regelung von verfahrensrechtlichen Aspekten wäre aber auch im Hinblick auf diese Art von Regularisierungen zielführend. Die Priorität sollte aber auf die erste Harmonisierungsphase gelegt werden und erst, wenn diesbezüglich eine Einigung erzielt werden konnte, die zweite – sozusagen zeitlich gestaffelt – in Angriff genommen werden.

2506 *Schmid-Drüner*, Einwanderungsrecht 477.
2507 Siehe Kapitel 5.G.

C. Regelungsgehalt

Nachdem die Grundkonzeption einer RückführungsRL dargelegt wurde, wird nunmehr der als für notwendige erachtete Regelungsgehalt einer solchen RL ausgeführt, der in einem etwaigen Gesetzgebungsprozess auf Unionsebene berücksichtigt werden sollte. Hierbei wird auf die bisherigen Ausführungen in dieser Arbeit zurückgegriffen.

Als Ansatzpunkt für die tiefergehende Ausgestaltung eines derartigen, harmonisierenden Rechtsakts kann das von der Kommission ausgearbeitete Rückkehr-Handbuch 2017 herangezogen werden.[2508] In diesem widmet sich die Kommission unter anderem dem weiten Ermessensspielraum der Mitgliedstaaten bei der Erteilung von Aufenthaltstiteln und empfiehlt den Mitgliedstaaten hierbei sowohl individuelle als auch horizontale (politikbezogene) Kriterien zu berücksichtigen wie etwa:

- „Die Kooperationsbereitschaft/mangelnde Kooperationsbereitschaft der rückzuführenden Person;
- die Dauer ihres tatsächlichen Aufenthalts im betreffenden Mitgliedstaat;
- ihre Integrationsbemühungen;
- ihr persönliches Verhalten;
- familiäre Bindungen;
- humanitäre Gesichtspunkte;
- die Wahrscheinlichkeit der Rückkehr in absehbarer Zeit;
- die unbedingte Vermeidung der Belohnung der Illegalität;
- die Auswirkungen der Legalisierungsmaßnahmen auf das Migrationsverhalten künftiger (irregulärer) Migranten; [und]
- die Wahrscheinlichkeit von Sekundärmigration innerhalb des Schengen-Raums“.[2509]

Diese Kriterien stellen die wichtigsten Punkte dar, die die Europäische Kommission bei der Entwicklung eines Regularisierungs-Rechtsrahmens bereits 2017 für berücksichtigungswürdig empfunden hat. Vergleicht man diese mit den im Rechtsvergleich ausgearbeiteten Erkenntnissen, zeigt sich schnell, dass hier eine große Deckungsgleichheit besteht. Dies unterstreicht in noch größerem Maße, welche zentrale Grundlage der Rechtsvergleich bei einer zukünftigen RegularisierungsRL spielen kann.

2508 In dem Sinne *Lutz* in *Hailbronner/Thym* Art 14 Return Directive Rn 14.

2509 Rückkehr-Handbuch 2017, 78.

I. Persönliche Anwendungsbereich

Ein wesentliches Element einer RegularisierungsRL ist der persönliche Anwendungsbereich. Dieser sollte in Abstimmung mit der RückführungsRL alle irregulär aufhältigen Migrant*innen erfassen,[2510] um sich kohärent in das geltende Unionsrecht einzufügen und im Sinne des komplementären Konzepts der „Einwanderung von innen" einen Beitrag zur Reduzierung irregulär aufhältiger Migrant*innen leisten.

II. Erteilungsvoraussetzungen

Die materiellen und formellen Voraussetzungen müssen klar formuliert sein und dürfen den zuständigen Behörden keinen zu großen Ermessensspielraum einräumen, da ansonsten keine Rechtssicherheit gegeben ist.[2511] Dies wurde im Rahmen des Rechtsvergleichs bei einigen Regularisierungen festgestellt.[2512] Bei der spanischen „Aufenthaltsberechtigung und Arbeitserlaubnis aus außergewöhnlichen Gründen aufgrund der Zusammenarbeit gegen organisierte Netzwerke" ist etwa nicht geklärt, wie der Begriff „Zusammenarbeit" auszulegen ist.[2513]

Im Rechtsvergleich haben sich einige Voraussetzungen herauskristallisiert, die im Zusammenhang mit vielen Regularisierungen eine zentrale Rolle spielen und deshalb angeführt werden. Die im Mitgliedstaat verbrachte Aufenthaltszeit ist eine wesentliche Voraussetzung, wobei hier die Qualität des Aufenthaltsstatus unterschiedlich gewichtet wird. Dementsprechend werden Zeiten rechtmäßigen Aufenthalts in der Regel höher bewertet als jene, die die betreffende Person geduldet oder irregulär aufhältig war. Besteht gegenüber der irregulär aufhältigen Person eine aufenthaltsbeendende Maßnahme, kann dies einen Versagungsgrund darstellen. Bei der strafgerichtlichen Unbescholtenheit handelt es sich in der Regel um eine Erteilungsvoraussetzung bzw umgekehrt kann eine strafgerichtliche Verurteilung einen Versagungsgrund bilden. Ein weiterer Aspekt wird meist in Betracht gezogen, und zwar, ob die Unmöglichkeit der Ausreise

---

2510 Siehe hierzu auch Kapitel 6.D.

2511 In dem Sinne *Trinidad García*, Revista de Derecho Migratorio y Extranjería 2002/1, 101f, 110f, zu den aufgetretenen Problemen beim spanischen Regularisierungs-Programm 1999.

2512 Siehe auch Kapitel 5.A.I.3.a. zu den Problemen bei der Erlangung einer Duldung aus faktischen Gründen in Österreich.

2513 Siehe Kapitel 5.F.II.1.

selbst verschuldet wurde. Hierbei wird unterschiedlich bewertet, ob die selbstverschuldete Unmöglichkeit der Ausreise bereits bei der Erteilung der Aufenthaltsberechtigung (Österreich) oder erst beim Zugang zu Sozialleistungen bzw zum Arbeitsmarkt (Deutschland) berücksichtigt wird.[2514] Hierbei ist letztere Ansicht zu bevorzugen.

Darüber hinaus müsste auch festgelegt werden, ob und falls ja, bei Erfüllen welcher Voraussetzungen ein Rechtsanspruch auf Regularisierung besteht. Ein solcher Rechtsanspruch sollte für jene Fälle festgelegt werden, in denen in vorliegender Arbeit eine Regularisierungspflicht argumentiert wird.[2515] Folglich sollte nicht rückführbaren Migrant*innen nach einer bestimmten Aufenthaltsdauer ein Aufenthaltsrecht gewährt werden. Dies hatte die dänische Delegation bereits 1997 im Rahmen der Verhandlungen betreffend die Einführung eines subsidiären Schutzes angemerkt.[2516] Im Einklang mit der hier vertretenen Ansicht, dass in Fällen dauerhafter Nichtrückführbarkeit eine Regularisierungspflicht besteht, schlage ich daher den Zeitraum von 18 Monaten vor, der sich aus der maximalen Haftdauer ableitet.[2517]

III. Aufenthaltsrecht

Von besonderer Bedeutung ist festzulegen, wie lang das eingeräumte Aufenthaltsrecht gültig ist und welche Verlängerungs- bzw Umstiegsmöglichkeiten damit einhergehen. Denkbar ist auch, dass vor der Erteilung eines Aufenthaltsrechts eine Art unionsrechtlich normierter Duldungsstatus eingeführt wird. Dieser könnte als aufenthaltsrechtliche Übergangslösung – vor der Erteilung eines Aufenthaltsrechts bzw bis zur freiwilligen Rückkehr – eine noch größere Rechtssicherheit herbeiführen. Sollte die Duldung als Vorstufe zu einem Aufenthaltsrecht eingeführt werden, ist zu berücksichtigen, dass einerseits die Erlangung der Duldung durch die Einräumung eines weiten Ermessens nicht unmöglich wird.[2518] Andererseits sollten Situationen längerer aufenthaltsrechtlicher Irregularität vermieden

---

2514 Hierbei ist jedoch die durch das „Geordnete-Rückkehr-Gesetz" eingeführte „Duldung für Personen mit ungeklärter Identität" und deren Auswirkungen auf die deutsche Rechtslage zu berücksichtigen; siehe Kapitel 5.A.I.2.a.

2515 Siehe Kapitel 3.B.II. und weiters auch Kapitel 2.B.III.2.

2516 *Rat der EU*, Aufzeichnung der dänischen Delegation für die Gruppen „Migration" und „Asyl" betreffend subsidiären Schutz v 17.3.1997, 6765/97, 9.

2517 Siehe Kapitel 3.B.II.2.

2518 Siehe Kapitel 5.A.I.3.a.

werden. Nicht zweckmäßig wäre es, dass durch die Einführung eines solchen Status ähnliche Probleme wie mit den sogenannten „Kettenduldungen“ in Deutschland entstehen und irregulär aufhältige Personen erst recht wieder in der dauerhaften Nichtrückführbarkeit festhängen.[2519]

Ein im Rahmen einer RegularisierungsRL erlangtes Aufenthaltsrecht muss jedenfalls einen rechtmäßigen Aufenthalt begründen.[2520] Ein wesentlicher Punkt im Hinblick auf das gewährte Aufenthaltsrecht ist, dass den irregulär aufhältigen Migrant*innen die Verlängerung des Aufenthaltsrechts oder der Umstieg ins „ordentliche“ Aufenthaltsregime ermöglicht wird. Ein praktisches Problem ist, dass viele irregulär aufhältige Migrant*innen nach der Regularisierung, oftmals wieder in die aufenthaltsrechtliche Irregularität zurückfallen.[2521] Besonders prägnant war die Situation in Spanien in den 90iger Jahren, die im Zusammenhang mit den eingesetzten Regularisierungs-Programmen aufgetreten ist.[2522] Ähnliche Probleme zeigen sich auch im geltenden spanischen Recht bei den unterschiedlichen Verwurzelungstatbeständen wie *Sabater/Domingo* gezeigt haben.[2523] Die Voraussetzungen für die Verlängerung bzw den Umstieg sollten deshalb so formuliert sein, dass sie von den rechtmäßig aufhältigen Migrant*innen erfüllt werden können, da sie ansonsten wieder irregulär aufhältig werden. Als Ausgangspunkt hierfür können die jeweiligen Ausführungen in Kapitel 4 herangezogen werden. Darüber hinaus sollte geregelt werden, ob nach einer Verlängerung bzw einem Umstieg ein Daueraufenthalt erlangt werden kann bzw unter welchen Voraussetzungen dies möglich wäre.

Darüber hinaus sollten mit dem gewährten Aufenthaltsrecht auch bestimmte Statusrechte einhergehen, wobei hier insbesondere an einen Zugang zum Arbeitsmarkt,[2524] zu Sozialleistungen und zur Gesundheitsversorgung zu denken ist. In dem Zusammenhang sollte die REGANE I-Studie aus dem Jahr 2014 berücksichtigt werden, die den Titel „Feasibility Study on the Labour Market Trajectories of Regularised Immi-

2519 Siehe Kapitel 5.A.I.2.d.

2520 Siehe Kapitel 2.A.II.2.

2521 *Triandafyllidou/Vogel* in *Triandafyllidou* 295f.

2522 Siehe *Cabellos Espiérrez/Roig Molés* in *Aja/Arango Joaquín* 114 und Kapitel 4.C.I.

2523 Siehe *Sabater/Domingo*, International Migration Review 2012/46, 203ff und Fn 1552 und 1553.

2524 In Bezug auf den Arbeitsmarktzugang kann Art 79 Abs 5 AEUV von den Mitgliedstaaten nicht eingewandt werden, um nationale Quoten auf mitgliedstaatlicher Ebene einzuführen. Siehe im Detail Kapitel 3.D.II.2.

grants within the European Union" trägt und den komplexen Zusammenhang zwischen Regularisierungen und Beschäftigung aufzeigt.[2525]

IV. Verfahrensrechtliche Aspekte

Neben den materiellen Erteilungsvoraussetzungen sollten auch die verfahrensrechtlichen Aspekte in einer RegularisierungsRL geregelt werden. Neben der RückführungsRL könnte die RahmenRL als Vorlage dienen. Diese RL legt ein einheitliches Verfahren für die Erteilung einer einzigen Erlaubnis für Aufenthalt und Arbeit fest. Neben dem Verfahren sind auch verfahrensrechtliche Garantien und bestimmte Rechte wie das Recht auf Gleichbehandlung enthalten. Weiters sollte eine Beschwerdemöglichkeit gegen abweisende/ablehnende Entscheidungen normiert werden, die dem Recht auf wirksame Beschwerde gem Art 6 EMRK und Art 47 GRC entspricht.

D. Ausbau des allgemeinen Teils des EU-Einwanderungsrechts

Mein Harmonisierungsvorschlag müsste so ausgestaltet sein, dass er sich kohärent in das derzeitige Einwanderungs- und Aufenthaltsregime der EU bzw der Mitgliedstaaten einfügt. Deshalb scheint mir eine eigenständige RegularisierungsRL die beste Lösung zu sein, um einerseits einen Ausgleich zwischen den Interessen der EU und der Mitgliedstaaten sowie denen von irregulär aufhältigen Migrant*innen zu finden und andererseits klare Rahmenbedingungen zu schaffen.

Diesbezüglich ist auf die Arbeit von *Tewocht* hinzuweisen, die dargelegt hat, dass im derzeitigen Migrationsrecht der EU lediglich vier RL, darunter die RückführungsRL, einen „horizontalen Regelungsansatz"[2526] verfolgen. Mit dem Begriff „horizontal" umschreibt die Autorin, dass der persönliche und materielle Anwendungsbereich umfassend ist, einerseits also alle Drittstaatsangehörigen adressiert und andererseits alle Aufenthaltstitel erfasst werden. Überträgt man diese Idee auf eine RegularisierungsRL wäre

2525 *Kraler/Reichel/König/Baldwin-Edwards/Şimşek*, Feasibility Study on the Labour Market Trajectories of Regularised Immigrants within the European Union (REGANE I), Final Report v Februar 2009, https://ec.europa.eu/social/BlobServlet?docId=12612&langId=en (20.12.2018) 81. Vertiefend hierzu auch die Auswertungen der Studie bei *Kraler*, Journal of Immigrant and Refugee Studies 2019.

2526 *Tewocht*, ZAR 2012, 219 und *Tewocht*, Drittstaatsangehörige 411f, 449.

es erstrebenswert, wenn tatsächlich alle irregulär aufhältigen Migrant*innen persönlich und alle Regularisierungen materiell von dieser berücksichtigt werden. Ein sektorieller Ansatz, dh Regelungen für einzeln abgrenzbare Personengruppen wie Nichtrückführbare, würde nur zu einer weiteren (gewollten) Differenzierung führen.[2527]

Dementsprechend sollte die EU von ihren Kompetenzen im Sinne eines horizontalen Regelungsansatzes Gebrauch machen, damit eine zukünftige RegularisierungsRL Bestandteil des allgemeinen Teils des EU-Migrationsrechts wird.[2528] Die Kritik am fehlenden Migrationskonzept bzw an der schleppenden Entwicklung der Harmonisierung des Raums der Freiheit, der Sicherheit und des Rechts könnte so zumindest für diesen Bereich hintangehalten werden.[2529]

Im Sinne des komplementären Konzepts der „Einwanderung von innen“ scheint die Einführung einer RegularisierungsRL somit das fehlende Bindeglied in der gemeinsamen Einwanderungspolitik zu sein.[2530] Versteht man „Bekämpfung“ irregulärer Einwanderung im Einklang mit dem Primärrecht und im Sinne von *Bast* als „Einwanderung von innen“,[2531] ergibt sich für die EU die Chance, irreguläre Einwanderung wirksamer zu „bekämpfen“. Anhand von Regularisierungen könnte die EU somit das Vollzugsdefizit von Rückführungen verringern und eine „aktive Migrationspolitik betreiben“, die „Einfluss auf die Rechtswirklichkeit“[2532] ausübt. Derart würden sowohl die Grundrechtspositionen irregulär aufhältiger Migrant*innen als auch die Steuerungsinteressen der Mitgliedstaaten eine Stärkung erfahren und im Sinne eines Ausgleichs befriedigt werden.

2527 Vgl *Tewocht*, Drittstaatsangehörige 417ff, 449, 451.

2528 *Tewocht*, Drittstaatsangehörige 411 bezeichnet dies als „‚allgemeinen Teil‘ des europäischen Einwanderungsrechts“.

2529 Vgl zur Kritik *Tewocht*, ZAR 2012, 219 Fn 29 mwN.

2530 Siehe Kapitel 6.A.

2531 *Bast*, ZAR 2012, 6.

2532 *Thym* in *Grabitz/Hilf/Nettesheim* Art 79 AEUV Rn 15.

Überblick der wichtigsten Forschungsergebnisse

Ausgangspunkt der vorliegenden Arbeit war die Entwicklung der folgenden These: Durch unionsrechtlich normierte Regularisierungen, die die derzeitige Rückführungspolitik der EU ergänzen, wird die irreguläre Einwanderung auf Unionsebene wirksamer „bekämpft“.

Die drei sich daraus ergebenden Forschungsfragen sind eng miteinander verbunden. Die erste Forschungsfrage lautet: Welche Wege aus der aufenthaltsrechtlichen Irregularität bestehen im deutschen, österreichischen und spanischen Recht? Die zweite Forschungsfrage ist die Folgende: Ob und inwiefern könnten Regularisierungen als wirksames aufenthaltsrechtliches Steuerungsinstrument zur „Bekämpfung“ des irregulären Aufenthalts eingesetzt werden? Die dritte Forschungsfrage ist: Bietet eine Harmonisierung von Regularisierungen auf Unionsebene Vorteile gegenüber mitgliedstaatlichen Regelungen? Die aufgezeigte These und die drei zusammenhängenden Forschungsfragen wurden in drei Teilen bzw sechs Kapiteln entwickelt respektive untersucht. Die wichtigsten Forschungsergebnisse werden in der Folge noch einmal dargestellt.

*A. Die Mehrebenenanalyse der Aufenthaltsrechte von Migrant*innen und des irregulären Aufenthalts in der EU (Kapitel 1)*

In Kapitel 1 wurde einleitend die folgende Frage gestellt: Auf welcher Ebene wurden Rechtsakte erlassen, die quasi-automatische Aufenthaltsrechte von Migrant*innen innerhalb der EU begründen? Ich habe gezeigt, dass sowohl der Völker- als auch Unionsgesetzgeber quasi-automatische Aufenthaltsrechte für bestimmte privilegierte Migrant*innen in der EU geschaffen hat. Um die „statist assumption“ zu widerlegen, habe ich einen differenzierten Ansatz gewählt, der zwischen Migrant*innen mit und ohne quasi-automatischen Aufenthaltsrechten unterscheidet. Diese Kategorisierung verdeutlicht, dass relevante Rechtsakte in der EU auf drei Ebenen erlassen wurden: auf der internationalen, der EU- und der nationalen Ebene.

	Quasi-automatische Aufenthaltsrechte	Keine quasi-automatischen Aufenthaltsrechte
Internationale Ebene	✓	×
EU-Ebene	✓	✓
Nationale Ebene	×	✓

*Tabelle 1: Die Normierung der Aufenthaltsrechte von Migrant*innen*

Tabelle 1 beschreibt, dass die dargestellten quasi-automatischen Aufenthaltsrechte sowohl auf internationaler als auch auf EU-Ebene festgeschrieben wurden. Diese beiden Ebenen können nunmehr selbst als „etatistisch" bezeichnet werden, da sie die quasi-automatischen Aufenthaltsrechte von Migrant*innen umfassend und beinahe ausschließlich regeln. Der mitgliedstaatliche Entscheidungsspielraum ist auf ein Minimum beschränkt, da die Mitgliedstaaten nur mehr über vollziehende Kompetenzen verfügen. Die geteilte Kompetenz zwischen der EU und den Mitgliedstaaten wurde von der EU bzw dem Völkerrechtsgesetzgeber erschöpfend ausgeübt. Nicht außer Acht gelassen werden darf hierbei, dass die Mitgliedstaaten selbstständig die diesbezüglichen Hoheitsrechte auf die EU bzw den Völkerrechtsgesetzgeber übertragen haben.

Ein anderes Bild ergibt sich bei genauerer Betrachtung der Aufenthaltsrechte von aufenthaltsrechtlich nicht privilegierten Migrant*innen und der institutionalisierten Kompetenzteilung zwischen der EU und den Mitgliedstaaten. Im Zusammenhang mit einigen „Restmaterien" zeigt sich, dass die Mitgliedstaaten tatsächlich noch die zuständigen Gesetzgeber sind, da die EU von ihren gesetzgeberischen Kompetenzen noch keinen Gebrauch gemacht und keinen Rechtsakt erlassen hat. Hierunter fallen etwa Einbürgerungen, aber auch Regularisierungen. In diesen Materien entscheiden die Mitgliedstaaten noch weitgehend alleine über die Genehmigung des Aufenthalts.

Obwohl die „statist assumption" kaum mehr von Relevanz ist, ist sie in der Lehre immer noch stark vertreten. Um diese überkommene Lehrmeinung zu überwinden, schlägt *Kostakopoulou* vor, dass die Mitgliedstaaten die „floating nature" ihrer staatlichen Souveränität akzeptieren müssen. Der Autorin ist in diesem Punkt zuzustimmen, da dies einem besseren Verständnis des Souveränitätsbegriffs heutzutage entspricht: Auf den ersten Blick scheint es – zumindest oberflächlich – als ob die Mitgliedstaaten akzeptieren müssten, dass sie ihre staatliche Souveränität in einem Kernbereich verloren haben. Bei genauerem Hinsehen wird jedoch klar, dass dies nicht zutrifft. *Kostakopoulou* argumentiert vielmehr, dass Staaten nicht weniger souverän sind, wenn sie in einem Kernbereich nicht mehr alleine entscheiden können. Vielmehr ist es genau andersherum, da sich die Mitgliedstaaten mit einem der Kernbereiche der Staatssouveränität – den Aufenthaltsrechten von Migrant*innen – gar nicht mehr oder weniger auseinandersetzen müssen. Folglich verfügen sie nach der Ansicht von *Kostakopoulou* über mehr Kapazitäten „to perform their primary functions as providers of protection and welfare maximizers and thus to elicit the support of their citizens". Sollten die Mitgliedstaaten daher akzeptieren, dass sie weniger souverän im traditionellen Sinne sind, würde sich dadurch für sie die Möglichkeit eröffnen ihre primären Staatsfunktionen zu stärken. Darunter fallen etwa Sicherheit, der Grundrechtsschutz, Demokratie oder soziale Sicherheit. Weiters könnte man argumentieren, dass eine geteilte Souveränität zwischen der EU und den Mitgliedstaaten die Migrationspolitik und folglich das Migrationsrecht effektiver macht. Letzteres steht im Einklang mit der in der vorliegenden Arbeit vertretenen Ansicht in Bezug auf Regularisierungen und das komplementäre Konzept der „Einwanderung von innen".

Insgesamt sollte der öffentliche und rechtliche Diskurs die Veränderung der nationalen Rechtsordnungen im Hinblick auf die Aufenthaltsrechte von Migrant*innen und den irregulären Aufenthalt berücksichtigen, um den „fetishism of indivisibility" der staatlichen Souveränität zu überwinden. Dadurch kann der Weg frei gemacht werden für eine gemeinsame und alle Themenbereiche umfassende Migrationspolitik der EU.

B. Die konzeptionelle Erfassung von Regularisierungen (Kapitel 2)

In Kapitel 2 wurde anfangs ein Überblick über die bestehenden Regularisierungsdefinitionen gegeben. Derart konnte ich herausarbeiten, dass sich diese durch den Statuswechsel von der aufenthaltsrechtlichen Irregularität in die Regularität auszeichnen. Der Begriff wurde wie folgt definiert: Jede administrative oder verwaltungsgerichtliche Entscheidung, die irregulär aufhältigen Migrant*innen bei Erfüllen der Mindesterteilungsvoraussetzungen ein Aufenthaltsrecht gewährt.

Bei der Definition handelt es sich um einen dogmatischen Begriff, der auch für andere (wissenschaftliche) Arbeiten herangezogen werden kann und gleichzeitig der Systematisierung und Darstellung dieses Rechtsinstituts dient. Ich habe dem Begriff „Regularisierung" gegenüber jenem der „Legalisierung" den Vorzug gegeben, weil letzterer irregulär aufhältige Migrant*innen ins Licht der Kriminalität rückt. Der Regularisierungsbegriff setzt sich aus nachfolgend dargestellten Elementen zusammen, wobei nur die ersten beiden Elemente als konstitutiv zu werten sind: Irregulär aufhältige Migrant*innen, Gewährung eines Aufenthaltsrechts, Entscheidung und Erfüllen von Mindesterteilungsvoraussetzungen.

Die Mindestvoraussetzung einer Maßnahme zur Qualifizierung als Regularisierung ist, dass sie auf irregulär im Hoheitsgebiet eines Mitgliedstaates aufhältige Personen abzielt. Diese Eigenschaft muss meist im Zeitpunkt der Antragstellung bzw der Entscheidung oder den gesamten Zeitraum über vorliegen.

Weiters muss irregulär aufhältigen Personen ein Aufenthaltsrecht gewährt werden. Es wurden die Elemente des Aufenthaltsrechtsbegriffs näher dargestellt, anhand derer überprüft werden kann, ob ein Aufenthaltsrecht gegeben ist. Für die vorliegende Arbeit ist das zentrale Element, dass ein Aufenthaltsrecht einen rechtmäßigen Aufenthalt begründet, der als solcher von der nationalen Rechtsordnung anerkannt ist. Der Statuswechsel ist somit die materielle Kernvorgabe. Daneben wurden noch drei weitere Elemente beschrieben, die im Hinblick auf die Stabilität und Stärke eines Aufenthaltsrechts relevant, aber für das Bestehen ebendieses nicht konstitutiv sind. Hierzu zählt, ob das Aufenthaltsrecht befristet ist, ob mit diesem Statusrechte einhergehen und ob eine Verfestigung des Aufenthalts möglich ist.

Als Oberbegriff für die Erteilung eines Aufenthaltsrechts in einem Verwaltungsverfahren durch eine administrative Entscheidung oder in einem Gerichtsverfahren durch eine verwaltungsgerichtliche Entscheidung wurde der Begriff der aufenthaltsrechts-begründenden Entscheidung gewählt. Ich knüpfe an die Entscheidung an, da es sich um den maßgeblichen Zeitpunkt des Statuswechsels handelt. In der vorliegenden Arbeit wird weiters davon ausgegangen, dass Regularisierungen eine individuelle Entscheidung zugrunde liegt. Individuell bezieht sich deshalb fortan darauf, dass eine Entscheidung an eine bestimmte Person gerichtet ist und dementsprechend eine individuelle Prüfung des Vorliegens der Voraussetzungen stattfindet. Das letzte Definitionselement bezieht sich darauf, dass in der Regel gewisse formelle wie auch inhaltliche Erteilungsvoraussetzungen erfüllt werden müssen, um ein Aufenthaltsrecht zu erlangen.

In Kapitel 2 wurde außerdem eine Kategorisierung von Regularisierungen für den Rechtsvergleich erstellt. Die methodische Schwierigkeit bestand darin, dass aufgrund des integrierten Rechtsvergleichs viele Faktoren berücksichtigt werden mussten. Folglich wurden einige bereits erfolgte Systematisierungen daraufhin analysiert, ob sie für die Systematisierung von Regularisierungen geeignet sind.

Beispielsweise wurden in der REGINE-Studie Regularisierungen in Regularisierungs-Programme und -Mechanismen unterteilt. Doch ist die Gliederung in solche Abschnitte von einem rechtlichen Standpunkt unzweckmäßig, weil es hier länderübergreifend zu wenige Unterschiede gibt und so kaum ein wissenschaftlicher Mehrwert erreicht werden kann. Darüber hinaus ist das kategorisierende Merkmal nicht ausreichend auf die in der vorliegenden Arbeit verwendete Regularisierungsdefinition abgestimmt. Weiters sticht eine rechtswissenschaftliche Studie von 2000 durch ihre eigens geschaffene Typologie hervor. Diese kann jedoch nicht herangezogen werden, da sie keine allgemeingültige und operationalisierbare Kategorisierung für den angestrebten Rechtsvergleich ermöglicht.

Ich habe mich schlussendlich für eine Kategorisierung anhand des „Regularisierungszwecks" entschieden. Der Begriff leitet sich von „Aufenthaltszweck" ab, der den „für die Erteilung maßgeblichen Rechtsgrund" umschreibt. Für die vorliegende Arbeit ist der Begriff „Regularisierungszweck" im Vergleich zu „Aufenthaltszweck" präziser und besser geeignet, da dadurch nicht alle aufenthaltsrechts-begründenden Entscheidungen erfasst werden, sondern nur jene, die unter den Regularisierungsbegriff fallen. Abgesehen davon sind die beiden Begriffe aber ident. Da die Regularisierungsdefinition um die individuelle Entscheidung, mit der das Aufenthaltsrecht einhergeht, konstruiert ist, erscheint die Anknüpfung an die Zweckgebundenheit somit der leistungsfähigste Anknüpfungspunkt für den Rechtsvergleich zu sein.

Methodisch wurden die für Regularisierungen relevanten Regularisierungszwecke sodann aus den drei einschlägigen Rechtsquellenebenen herausgearbeitet (Völker-, Europa- und autonom-nationales Recht): „Nichtrückführbarkeit", „soziale Bindungen", „Familieneinheit", „Vulnerabilität", „Erwerbstätigkeit und Ausbildung" und „sonstige staatliche Interessen".

Wie sich aus Tabelle 2 ergibt, wurden die Regularisierungszwecke in zwei Kategorien eingeteilt, je nachdem ob sie völker- und/oder unionsrechtliche Bezüge haben bzw ob sie nur im autonom-nationalen Recht verankert sind. Die Regularisierungszwecke 1 bis 4 sind völker- bzw europarechtlich geprägt. Diese können zwei unterschiedliche Folgen für die Mitgliedstaaten auslösen: Einerseits ist es möglich, dass die völker- bzw europarechtlichen Bestimmungen ein rechtliches Abschiebehindernis darstellen und dadurch einen besonderen Ausweisungsschutz gewährleisten. Nichtsdestotrotz sind die Mitgliedstaaten grundsätzlich nicht verpflichtet, ein Aufenthaltsrecht zu erteilen. Die Entscheidung den Aufenthalt von diesen Personen zu genehmigen liegt somit noch im Ermessen der Mitgliedstaaten. Ein Anspruch auf Aufenthalt kann aber gegebenenfalls auf nationaler Ebene bestehen. Umgekehrt haben die Migrant*innen in diesen Fällen keinen Rechtsanspruch auf Regularisierung aufgrund höherrangiger Bestimmungen. Die Praxis zeigt allerdings, dass die Mitgliedstaaten auf die rechtlichen Abschiebehindernisse oftmals mit der Erteilung eines Aufenthaltsrechts reagieren und deshalb über die höherrangigen Bestimmungen hinausgehen, auch wenn sie hierzu völker- bzw europarechtlich nicht verpflichtet wären. Dies müsste konsequenterweise im aktuellen Rechtsdiskurs berücksichtigt werden. Andererseits können bestimmte höherrangige Bestimmungen, insofern sie nicht bloß als Ausweisungsschutz ausgelegt werden, eine Pflicht zur Regularisierung, mit anderen Worten zur Erteilung eines Aufenthaltsrechts, auslösen. Dies erklärt sich durch eine unterschiedliche Auslegung der jeweiligen höherrangigen Bestimmungen, wobei das Bestehen einer rechtlichen Pflicht zur Erteilung eines Aufenthaltsrechts im Gegensatz zum Bestehen eines rechtlichen Abschiebehindernisses umstritten ist.

Die Regularisierungszwecke 5 und 6 sind bislang nur im autonom-nationalen Recht verankert und nicht von höherrangigen Bestimmungen abgeleitet. Da diesen Regularisierungszwecken keine völker- oder europarechtlichen Bestimmungen zugrunde liegen, nehme ich bis zur Prüfung dieser Hypothese in Kapitel 5 vorläufig an, dass kontextuelle Eigenheiten zur Entwicklung und Etablierung derart unterschiedlicher Regularisierungen beigetragen haben.

Abschließend wurde eine Abgrenzung von jenen Themenbereichen vorgenommen, die im Rechtsvergleich nicht mitanalysiert werden. Hierbei sind der vorübergehende Schutz sowie die Eheschließung und eingetragene Partnerschaft zu nennen.

C. Die unionsrechtlichen Handlungsspielräume im Bereich der aufenthaltsrechtlichen Irregularität und Regularisierungen (Kapitel 3)

In Kapitel 3 habe ich mich mit der Frage auseinandergesetzt, ob eine Regularisierungspolitik vom Primärecht gedeckt wäre. Zunächst wurde die Einwanderungspolitik der EU in Bezug auf irreguläre Migration im Allgemeinen umrissen. Unter dem Begriff der Einwanderungspolitik verstehe ich jene Politik der EU, deren Wurzel sich im Primärrecht, in concreto in Art 79 AEUV, wiederfindet. Davon ist sowohl die Einreise als auch der Aufenthalt von Drittstaatsangehörigen umfasst. Insgesamt setzt die EU die bisher verfolgte (restriktive) Politik, die in der Einleitung der vorliegenden

Arbeit bereits skizziert wurde, beständig fort. Laut den Ausführungen der Kommission versucht sie seit der Migrationsagenda 2015 eine ausgewogenere Einwanderungspolitik zu erreichen, die fair, solide und realistisch sein soll. Hierbei ist jedoch kritisch zu hinterfragen, ob diese Ziele durch die eingesetzten rechtlichen Instrumentarien auch tatsächlich erreicht werden bzw überhaupt erreicht werden können.

Anschließend wurde die RückführungsRL beleuchtet. Vereinfacht kann man sagen, dass sich die Mitgliedstaaten aufgrund dieser zwingend für das Rückkehrverfahren oder die Regularisierung zu entscheiden haben. In jedem Verfahrensstadium bzw selbst nach Erlass der Rückkehrentscheidung steht es den Mitgliedstaaten frei, einen Aufenthaltstitel zu erteilen. Folglich hält die RückführungsRL den Mitgliedstaaten die Möglichkeit offen, irregulär aufhältige Migrant*innen zu regularisieren. Aufgrund der EuGH-Rspr und unterschiedlichen Lehrmeinungen ist es umstritten, ob nach der RückführungsRL eine Regularisierungspflicht besteht. Ich argumentiere, dass die Mitgliedstaaten gem Art 6 Abs 4 RückführungsRL in zwei Fallkonstellationen verpflichtet sind irregulär aufhältigen Migrant*innen ein Aufenthaltsrecht zu gewähren. Einerseits handelt es sich hierbei um Fälle, in denen eine Rückführung das Non-Refoulement-Gebot im Sinne der EMRK und GRC verletzen würde, andererseits um jene Fälle, in denen die betreffenden Migrant*innen dauerhaft nicht rückführbar sind. In den beiden Fällen reduziert sich das in Art 6 Abs 4 S 1 RückführungsRL eingeräumte Ermessen der Mitgliedstaaten auf null, da die Rückführung als alternative Verfahrensoption nicht durchsetzbar ist.

Weiters habe ich mich den drei maßgeblichen unionsverfassungsrechtlichen Aufträgen in Art 79 Abs 1 AEUV gewidmet, wobei das Hauptaugenmerk auf die „Verhütung und verstärkte Bekämpfung“ irregulärer Einwanderung gelegt wurde. Auf die Frage, ob die EU basierend auf dem unionsverfassungsrechtlichen Auftrag der „Bekämpfung“ einen Regularisierungs-Rechtsakt erlassen kann oder ob ein solcher notwendigerweise die Verhütung irregulärer Einwanderung bzw die Abschiebung irregulär aufhältiger Migrant*innen zum Inhalt haben muss, ist festzuhalten: Der Erlass eines Regularisierungs-Rechtsaktes muss im Einklang mit dem unionsverfassungsrechtlichen Auftrag der „Bekämpfung“ irregulärer Einwanderung stehen. Diese Auslegung wird auch vom Europäischen Rat vertreten, der Regularisierungen als Instrument im „Kampf gegen illegale Einwanderung“ versteht. Dementsprechend lässt er im Europäischen Pakt zu Einwanderung und Asyl aus dem Jahr 2008 den Mitgliedstaaten die Möglichkeit offen, einzelfallabhängige Regularisierungen durchzuführen. Die Mitgliedstaaten sollen aber auf sogenannte Regularisierungs-Programme verzichten. Die Ermessensentscheidung, irregulär aufhältigen Migrant*innen anstatt des Erlasses einer Rückkehrentscheidung einen Aufenthaltstitel zu erteilen, wurde in der RückführungsRL kodifiziert.

Abschließend wurden die primärrechtlichen Kompetenzbestimmungen untersucht. In der Analyse habe ich herausgearbeitet, dass Art 79 Abs 2 lit a und b AEUV der Unionsgesetzgebung weitreichende Kompetenzen zum Erlass von Regularisierungen einräumen. Die materiellen Bestimmungen und das Verfahren wie auch die damit einhergehenden Status- und Freizügigkeitsrechte könnten in einem Unionsrechtsakt geregelt werden. Autonom-national ausgestellte Aufenthaltsrechte könnten mit Status- und Freizügigkeitsrechten ausgestattet werden. Gestützt auf Art 79 Abs 2 lit c AEUV könnte auch eine Art unionsrechtlich normierter Duldungsstatus geschaffen werden. Ein Regularisierungs-Rechtsrahmen auf unionsrechtlicher Ebene würde auch im Einklang mit dem Subsidiaritätsprinzip stehen. Somit ist zu bejahen, dass eine Regularisierungspolitik der EU vom Primärrecht gedeckt wäre.

D. Der erforderliche Kontext für den integrierten Rechtsvergleich (Kapitel 4)

Die Ausführungen in Kapitel 4 zeigen die besondere Stellung von Regularisierungen im Aufenthaltsrecht, Ausländerrecht bzw Fremdenrecht der Mitgliedstaaten. Die teils unterschiedlich und teils ähnlich verlaufenen historischen Entwicklungen haben zur Herauskristallisierung einer speziellen Kategorie von aufenthaltsrechts-begründenden Entscheidungen in allen drei Mitgliedstaaten geführt. Für den folgenden Rechtsvergleich ist es besonders fruchtbar, die (strukturellen) Unterschiede und Gemeinsamkeiten noch einmal vertieft darzustellen und zusammenzuführen, um ein vollständigeres Bild der Thematik zu erlangen.

Ganz generell zeigt sich in allen drei Mitgliedstaaten, dass die Regularisierungen im Vergleich zu den aufenthaltsrechts-begründenden Entscheidungen des „ordentlichen“ Aufenthaltsregimes privilegiert sind. Dies bedeutet, dass die grundsätzlich zu erfüllenden Erteilungsvoraussetzungen nicht zu erfüllen sind bzw umgekehrt speziell normierte Versagungsgründe nicht anzuwenden sind. Ein markantes Beispiel hierfür ist das Visumserfordernis, das bei den analysierten Regularisierungen in allen drei Mitgliedstaaten entfällt.

Zusammengefasst werden die Regularisierungen, bis auf jeweils ein oder zwei Ausnahmen, in einer auf mitgliedstaatlicher Ebene festgelegten Begrifflichkeit: „Humanitäre Aufenthaltserlaubnisse“ in Deutschland,

„Aufenthaltstitel aus berücksichtigungswürdigen Gründen“ in Österreich und „Aufenthaltsberechtigungen aus außergewöhnlichen Gründen“ in Spanien.

In Spanien kann man wohl vorsichtig davon sprechen, dass die „Aufenthaltsberechtigungen aus außergewöhnlichen Gründen“ zu „ordentlichen“ transformiert sind, da diese beinahe 20 % aller befristeten Aufenthaltsberechtigungen ausmachen. Besonders bedeutsam sind vor allem die Regularisierungen basierend auf Verwurzelungstatbeständen, in concreto die soziale Verwurzelung. In Österreich haben die vorhandenen Statistiken gezeigt, dass die Erteilung von Aufenthaltsrechten im Rahmen von Regularisierungsverfahren quantitativ keine besonders wichtige Rolle spielt. Hierbei ist jedoch zu beachten, dass die Daten in Österreich mangels Genauigkeit am wenigsten aussagekräftig sind. In Deutschland verdeutlichen die Zahlen, dass eine nicht unbedeutende Anzahl an Ausländer*innen im Besitz einer der in vorliegender Arbeit behandelten „humanitären Aufenthaltserlaubnis“ ist.

Die aufenthaltsrechts-begründenden Entscheidungen müssen in allen drei Mitgliedstaaten individuell – aus der aufenthaltsrechtlichen Irregularität heraus – beantragt werden können, da sie ansonsten den Regularisierungsbegriff nicht erfüllen würden. In Österreich spielt die amtswegige Prüfung der „Aufenthaltsberechtigung besonderer Schutz“ und der „Aufenthaltstitel aus Gründen des Art 8 EMRK“ im Asylverfahren aber auch eine besondere Rolle und zeigt die Verwobenheit der beiden „Aufenthaltstitel aus berücksichtigungswürdigen Gründen“ mit dem Asylrecht. In Deutschland zeigt sich diese durch die Titelerteilungssperre nach einem durchlaufenen Asylverfahren, aber auch dadurch, dass – ähnlich wie in Österreich – die „nationalen Abschiebungsverbote“ im Asylverfahren zu prüfen sind. Wie noch gezeigt wird, werden diese nur in den Fällen als Regularisierung qualifiziert, in denen sie aus der aufenthaltsrechtlichen Irregularität heraus beantragt werden können und gerade nicht, wenn sie im Asylverfahren geprüft werden, da der Regularisierungsbegriff mangels irregulärem Aufenthalt nicht erfüllt wird. Zwar wird das Asylrecht in der vorliegenden Arbeit nicht analysiert, doch darf es aus kontextuellen Gründen nicht außen vorgelassen werden, da die Entwicklung der Regularisierungen in Österreich und Deutschland in engem Bezug zu den teilweise hohen Asylantragsstellungen bzw zu den diesbezüglichen politischen Debatten stehen. Dies ist einer der Gründe, weshalb es in den letzten beiden Jahrzehnten zu fast jährlichen Novellierungen gekommen ist. In Spanien zeigt sich im Hinblick darauf ein anderes Bild, da die Entwicklung der Regularisierungen im größeren Rahmen zu sehen ist und vor allem eine der

Folgen des zahlenmäßig rapiden Anstiegs an Ausländer*innen bis zum Jahre 2005 war. Die Entwicklung stand aber nicht in engem Bezug zu den Asylantragszahlen und darüber hinaus kam es auch nicht zu ständigen Reformen.

Auf der iberischen Halbinsel wurden ab Anfang der 90iger Jahre Regularisierungs-Programme eingesetzt, um Ausländer*innen einen Ausweg aus der aufenthaltsrechtlichen Irregularität zu bieten. Dieses Steuerungsinstrument wurde beinahe jährlich eingesetzt, Regularisierungs-Mechanismen haben sich erst 2005 etabliert. Im Gegensatz zu Deutschland und Österreich sind Regularisierungen seit jeher sehr eng von der Wirtschaft und dem Arbeitsmarkt abhängig bzw beruhen stärker auf wirtschaftlichen Gesichtspunkten. Regularisierungs-Programme kamen in Österreich nie zum Einsatz, da ab Ende der 90iger Jahre Regularisierungs-Mechanismen herangezogen wurden. Deutschland hat einen Mittelweg zwischen Österreich und Spanien gewählt, da ab Anfang der 90iger Jahre Regularisierungs-Mechanismen eingesetzt wurden. Ab Mitte der 90iger wurde dann auch von Regularisierungs-Programmen Gebrauch gemacht. Nunmehr ist in allen drei Staaten die gleiche Art von Regularisierung, in concreto Regularisierungs-Mechanismen, anzutreffen, die in der Folge in Kapitel 5 rechtsvergleichend analysiert wird.

Bedeutsam für die Entwicklung der Regularisierungen ist im weiteren Sinne auch der rechtliche Status von Ausländer*innen bzw Fremden, der teilweise sehr unterschiedlich ausgestaltet ist. Hervorzuheben ist, dass in Spanien irregulär aufhältige Ausländer*innen Zugang zu Sozialleistungen und zur Gesundheitsversorgung haben. Dies stellt einen gravierenden Unterschied zur österreichischen und deutschen Rechtslage dar, da der Status deshalb wesentlich weniger prekär ist. Beim Zugang zu unselbstständiger Beschäftigung zeigt sich in allen drei Mitgliedstaaten ein sehr ähnliches Bild, da für die Ausübung einer Beschäftigung jeweils eine gesonderte Berechtigung erforderlich ist, die an den rechtmäßigen Aufenthalt bzw an die aufenthaltsrechts-begründende Entscheidung geknüpft ist. In Spanien weisen einige Autoren und Autorinnen in dem Zusammenhang darauf hin, dass undokumentierte Beschäftigung sozusagen „geduldet" wird bzw „geduldet" worden ist.

Im Hinblick auf den un/rechtmäßigen bzw un/erlaubten Aufenthalt hat sich gezeigt, dass dieser in allen drei Mitgliedstaaten mit einer Verwaltungsstrafe oder gerichtlichen Strafe bedroht ist. In Österreich führt ein „negatives" Verfahren zur Erteilung eines „Aufenthaltstitels aus berücksichtigungswürdigen Gründen" automatisch zum Erlass einer aufenthaltsbeendenden Maßnahme, die in der Folge durchgesetzt werden kann. Auch in Deutschland führt die Ablehnung eines Antrags auf eine „humanitäre Aufenthaltserlaubnis“ zum Erlass einer Abschiebungsandrohung, die in weiterer Folge vollstreckt werden kann. Dies stellt einen wesentlichen Unterschied zur spanischen Rechtslage dar. Dort geht mit einer abweisenden Entscheidung über eine Aufenthaltsberechtigung nicht automatisch eine aufenthaltsbeendende Maßnahme einher. Zwar besteht aufgrund des irregulären Aufenthalts eine Ausreiseverpflichtung, diese kann aber mangels Titel nicht durchgesetzt werden.

Eine aufrechte aufenthaltsbeendende Maßnahme kann – in unterschiedlicher Ausprägung – in allen drei Mitgliedstaaten einen Versagungsgrund darstellen. In Österreich stellt eine aufrechte Rückkehrentscheidung samt Einreiseverbot einen Versagungsgrund bei den „Aufenthaltstiteln aus berücksichtigungswürdigen Gründen“ dar. In Deutschland führt das Bestehen eines besonders schwerwiegenden Ausweisungsinteresses im Sinne des § 54 Abs 1 Z 2 oder 4 AufenthG zum Versagen einer „humanitären Aufenthaltserlaubnis“. In Spanien stellt ein laufendes Ausweisungsverfahren bzw das Bestehen einer aufrechten Ausweisung einen Zurückweisungsgrund dar, sofern die „Aufenthaltsberechtigung aus außergewöhnlichen Gründen“ erst nach der Einleitung des Ausweisungsverfahrens bzw dem Erlass der Ausweisung beantragt wird. Wurde die Ausweisung jedoch bloß aufgrund des irregulären Aufenthalts oder der undokumentierten Beschäftigung erlassen und kommt die Behörde in einer ersten Analyse zum Schluss, dass die Voraussetzungen für die beantragte Aufenthaltsberechtigung vorliegen, ist der Antrag auf Erteilung der Aufenthaltsberechtigung zuzulassen und die bestehende rechtskräftige Ausweisung gegebenenfalls aufzuheben.

Keine Besonderheiten ergeben sich bei den jeweils einschlägigen aufenthaltsrechtlichen, ausländerrechtlichen bzw fremdenrechtlichen Behörden. Darüber hinaus stehen den Ausländer*innen bzw Fremden jeweils unterschiedliche Rechtsschutzinstrumentarien sowohl im verwaltungs- als auch im verfassungsgerichtlichen Verfahren zur Verfügung. Unterschiede bestehen, ob mit dem eingebrachten Rechtsmittel aufschiebende Wirkung einhergeht. Dies ist bei ablehnenden/abweisenden Entscheidungen in Deutschland und Österreich besonders relevant, da mit diesen eine aufenthaltsbeendende Maßnahme einhergeht.

E. Der integrierte Rechtsvergleich von Regularisierungen nach dem Regularisierungszweck (Kapitel 5)

Nachdem nunmehr der erforderliche Kontext für den Rechtsvergleich dargestellt wurde, widmet sich dieses Kapitel in einer rechtsvergleichenden Analyse Regularisierungen. Die kontextuelle Methode, die bereits für die Aufbereitung von Kapitel 4 verwendet wurde, wird auch in der Folge angewandt. Regularisierungen werden in einem integrierten Vorgehen anhand eines Gliederungskriteriums, namentlich dem Regularisierungszweck, kategorisiert, verglichen und bewertet. Von einem klassischen Rechtsvergleich im Sinne von Länderberichten wird abgesehen. Der Prüfungsmaßstab ist die Vereinbarkeit mit den einschlägigen völker- und unionsrechtlichen Bestimmungen, wobei in Bezug auf das Völkerrecht nur die EMRK im Detail beleuchtet wird.

Prüfungsmaßstab für den Regularisierungszweck „Nichtrückführbarkeit" bildet das Non-Refoulement-Gebot und die RückführungsRL. Letztere verpflichtet die Mitgliedstaaten den irregulären Aufenthalt entweder durch die Rückführung oder durch das Erteilen eines Aufenthaltsrechts zu beenden. Nach der hier vertretenen Ansicht resultieren aus der RückführungsRL zwei Regularisierungspflichten. Diese Pflicht greift einerseits, wenn eine Rückführung das Non-Refoulement-Gebot verletzten würde. Vertritt man diese Meinung nicht, besteht aufgrund des Non-Refoulement-Gebots bloß ein besonderer Ausweisungsschutz für Migrant*innen, aber keine Pflicht zur Erteilung eines Aufenthaltsrechts. Andererseits besteht nach der hier vertretenen Ansicht eine Regularisierungspflicht nach der RückführungsRL in Fällen dauerhafter Nichtrückführbarkeit, dh, wenn eine Person nicht innerhalb von 18 Monaten vom jeweiligen Mitgliedstaat abgeschoben werden kann.

Betreffend die rechtsvergleichende Untersuchung des Regularisierungszwecks „Nichtrückführbarkeit" kann eingangs festgehalten werden, dass einerseits Österreich und Deutschland und andererseits Spanien unterschiedliche Wege im Umgang mit irregulär aufhältigen Fremden bzw Ausländer*innen gefunden haben, die nicht rückführbar sind. Dies wurde auch bereits in Kapitel 4 deutlich, wo der jeweils unterschiedlich ausgebildete Zugang zu Sozialleistungen und zur Gesundheitsversorgung thematisiert wurde.

Das spanische Recht lässt die Situation von irregulär aufhältigen Migrant*innen, die nicht abgeschoben werden können, ungeregelt. Man kann von einer de facto bzw außergesetzlichen Duldung irregulär aufhältiger Migrant*innen in den ausgemachten Sachverhaltskonstellationen sprechen, da entweder gar keine Regelungen bestehen oder unklar ist wie die Behörden in diesen Situationen vorzugehen haben. Im Gegensatz dazu wurde in Deutschland und Österreich ein eigenes Rechtsinstitut namens Duldung geschaffen, das für rechtliche und tatsächliche/faktische Abschiebehindernisse eine vorübergehende Lösung darstellt und zu mehr Rechtssicherheit beitragen soll. Diese Lösung ist angesichts des Prüfungsmaßstabs als die effektivste Lösung zu bewerten, da sie die Personen nicht in einem noch größeren Schwebezustand lässt und die Mitgliedstaaten derart mehr Kontrolle über die Personengruppe verfügen. So kann die aufenthaltsbeendende Maßnahme, falls das Abschiebehindernis wegfällt, durchgesetzt werden, bzw falls dieses nicht der Fall sein sollte, ihnen ein Aufenthaltstitel erteilt werden. Hervorzuheben ist, dass irregulär aufhältige Ausländer*innen bzw Fremde erst ab der Duldung Anspruch auf Sozialleistungen, Zugang zu Gesundheitsversorgung und unter Umständen Zugang zu unselbstständiger Beschäftigung haben. Viele Duldungstatbestände sind gleichsam als Vorstufe zu einem Aufenthaltsrecht zu qualifizieren. Weiters ist zwischen tatsächlichen/faktischen und rechtlichen Abschiebehindernissen zu unterscheiden.

Im Hinblick auf die faktischen Abschiebehindernisse zeigen sich in Österreich zwei Problemkreise. Einerseits darf der*die Fremde die Abschiebung nicht selbst verschuldet haben, da ansonsten keine Karte für Geduldete und in der Folge auch keine „Aufenthaltsberechtigung besonderer Schutz“ erlangt werden kann. Andererseits verfügt das BFA bei der Beurteilung, ob die Abschiebung selbst verschuldet wurde, über einen zu weiten Ermessenspielraum. Dies führt dazu, dass die Fremden zwar faktisch nicht abschiebbar sind, aus den dargelegten Gründen aber auch nicht geduldet werden. Sie finden sich somit in einer ähnlichen Situation wie in Spanien wieder, wobei nach dem spanischen Recht zumindest ein Zugang zu Sozialleistungen und zur Gesundheitsversorgung für irregulär aufhältige Ausländer*innen besteht. Ob die Ausreise selbst verschuldet ist, wurde in Deutschland bisher „bloß“ in Bezug auf den Anspruch von Sozialleistungen und den Zugang zu unselbstständiger Beschäftigung geprüft, aber nicht hinsichtlich der Entscheidung, ob die Person geduldet wird. Dies scheint bei den tatsächlichen/faktischen Abschiebehindernissen somit zunächst die zweckmäßigste Lösung zu sein. Seit dem kürzlich erlassenen „Geordnete-Rückkehr-Gesetz“ hat sich die deutsche Rechtslage aber mehr der österreichischen angenähert, da ein spezieller Duldungsgrund eingeführt wurde, der auf „Personen mit ungeklärter Identität“ abzielt. Die Erteilung einer solchen Duldung zieht im Vergleich zu anderen Duldungsgründen weitreichende Sanktionen nach sich. Jene Zeiten, in denen man im Besitz einer „Duldung für Personen mit ungeklärter Identität" ist, werden nicht als Vorduldungszeiten angerechnet. Deshalb führt die seit 21.8.2019 in Kraft getretene Gesetzeslage für derart Geduldete zu einer gravierenden Verschlechterung der aufenthaltsrechtlichen Perspektiven, insbesondere in Bezug auf die Erlangung der noch näher zu erläuternden Aufenthaltserlaubnisse gem §§ 25a und 25b AufenthG. Darüber hinaus fällt bei genauerer Betrachtung auf, dass die ebenfalls noch näher darzustellende „Aufenthaltserlaubnis für vollziehbar Ausreisepflichtige, wenn die Ausreise aus rechtlichen oder tatsächlichen Gründen unmöglich ist", nicht erteilt werden kann, insofern die Ausreise aufgrund der Handlungen des*r Ausländers*in nicht vollstreckt werden konnte. Dementsprechend wird das Problem der Selbstverschuldung nur auf eine andere Ebene verlagert. Die deutsche Lösung scheint gegenüber der österreichischen aber immer noch die zweckmäßigere zu sein, auch wenn es durch das „Geordnete-Rückkehr-Gesetz" zu Verschlechterungen gekommen ist. Die Betroffenen verfügen zumindest über einen rechtlich gesicherten Status und je nach Duldungsgrund über Zugang zu Sozialleistungen und einen eingeschränkten Arbeitsmarktzugang. Der deutsche Lösungsansatz birgt aber eine andere Problematik in sich. Da die Erlangung eines Aufenthaltsrechts in diesen Fällen nicht möglich ist, bleiben viele Ausländer*innen über Jahre hinweg in der Duldung „stecken". Dieses Phänomen wird mit dem Begriff „Kettenduldungen" umschrieben.

Im Hinblick auf die rechtlichen Abschiebehindernisse, in concreto Art 3 EMRK, zeigt sich, dass Ausländer*innen bzw Fremde sowohl in Deutschland als auch in Österreich eine Duldung erhalten können. Gemessen an der hier vertretenen Meinung, dass in solchen Fällen eine Regularisierungspflicht besteht, müssten diese Personen aber sogleich ein Aufenthaltsrecht erhalten. Dieser Anforderung entspricht weder die deutsche noch die österreichische Duldung. Vertritt man die gegenteilige Meinung, dass bei einer drohenden Verletzung des Non-Refoulement-Gebots zwar ein besonderer Ausweisungsschutz besteht, aber keine Regularisierungspflicht, dann bildet die Duldung eine leistungsfähige Regelung, insofern danach tatsächlich eine Aufenthaltsberechtigung erlangt werden kann. In Spanien werden die betroffenen Ausländer*innen entweder de facto geduldet oder sie können eine „befristete Aufenthaltsberechtigung aus humanitären Gründen" wegen der Unmöglichkeit sich ins Herkunftsland zu begeben, um ein Visa zu beantragen, erlangen. Aufgrund der sehr offenen Tatbestandsformulierungen scheint diese Aufenthaltsberechtigung aber in der Praxis nicht sehr viele Fälle abzudecken und zu einer großen Rechtsunsicherheit beizutragen. Die spanische Rechtslage ist damit in den Sachverhaltskonstellationen, in denen die Personen nur de facto geduldet werden, wohl kaum mit den Anforderungen von Art 3 EMRK vereinbar, da der Status derart prekär und unsicher ist. Bezieht man die Erlangung der befristeten Aufenthaltsberechtigung mit ein, könnte man unter Umständen zu dem Schluss kommen, dass der nach Art 3 EMRK verlangte Ausweisungsschutz erfüllt ist. Darüber hinaus wird auch der in der vorliegenden Arbeit vertretenen Ansicht nachgekommen, wonach in diesen Fällen eine Regularisierungspflicht besteht.

In einem ersten Schritt ist festzuhalten, dass die Schaffung eines eigenen Rechtsinstituts eine effektive Lösung darstellt, um irregulär aufhältige Migrant*innen, die aus rechtlichen und tatsächlichen Abschiebehindernissen nicht abgeschoben werden können, nicht in einem Schwebezustand verharren zu lassen. Aus Gründen der Rechtssicherheit ist die Erteilung einer einjährigen Duldung – wie im österreichischen Recht – eine zweckmäßige Herangehensweise. In Deutschland und Österreich bestehen aus der Duldung heraus unterschiedliche Regularisierungsperspektiven, die dem Grunde nach im Einklang mit der Regularisierungspflicht bei dauerhafter Nichtrückführbarkeit bzw bei drohender Verletzung des Non-Refoulement-Gebots stehen.

Neben der Duldung wurden in den drei Mitgliedstaaten insgesamt drei Regularisierungen analysiert, die die Erlangung eines Aufenthaltsrechts aufgrund rechtlicher oder tatsächlicher Abschiebehindernisse ermöglichen. Das deutsche Recht normiert eine „Aufenthaltserlaubnis für zielstaatsbezogene Abschiebungsverbote", die bspw Sachverhaltskonstellationen erfasst, in denen der subsidiäre Schutz widerrufen wurde oder die Person überhaupt vom subsidiären Schutz ausgeschlossen ist. Die „Aufenthaltserlaubnis für zielstaatsbezogene Abschiebungsverbote" bietet darüber hinaus jenen Ausländer*innen die Möglichkeit der Erlangung eines Aufenthaltsrechts, wenn diese an einer im Zielstaat nicht behandelbaren Krankheit leiden. Die Aufenthaltserlaubnis wird für ein Jahr erteilt, insofern ein „zielstaatsbezogenes Abschiebungsverbot" förmlich festgestellt wurde und kein Ausschlussgrund vorliegt. Dies ist praktisch relevant, da bei Vorliegen eines Ausschlussgrundes die Ausländer*innen nur geduldet werden. Die „Aufenthaltserlaubnis für zielstaatsbezogene Abschiebungsverbote" lässt sich unter anderem aus Art 3 EMRK ableiten und bietet in diesen Fällen einen Ausweisungsschutz in der Form der Erlangung eines Aufenthaltsrechts. Dies ist dem Grunde nach im Einklang mit dem Prüfungsmaßstab. Bei Vorliegen eines Ausschlussgrundes ist die Person aber nur zu dulden, weshalb in diesen Fällen der in der vorliegenden Arbeit skizzierten Sichtweise, wonach eine Regularisierungspflicht besteht, nicht nachgekommen wird.

Im österreichischen Recht legt die „Aufenthaltsberechtigung besonderer Schutz“ für Geduldete fest, dass jene Fremde einen einjährigen Aufenthaltstitel erlangen können, insofern sie ein Jahr geduldet waren. Problematisch ist, dass nicht alle Personen, die aufgrund einer drohenden Non-Refoulement-Verletzung geduldet werden, diese Aufenthaltsberechtigung erlangen können. Dies trifft vor allem jene Sachverhaltskonstellationen, in denen die Personen den Status als Asyl- oder subsidiär Schutzberechtige*r innehatten, und dieser aufgrund der Begehung eines Verbrechens aberkannt wurde. Der Ausschluss dieser Personengruppe mag einer der Gründe für die beschränkte, praktische Bedeutung dieser Aufenthaltsberechtigung sein. Letztere verharren somit in der Duldung, insofern nicht eine andere Aufenthaltsberechtigung erlangt werden kann, wobei vor allem an den „Aufenthaltstitel aus Gründen des Art 8 EMRK“ zu denken ist. Für die übrigen Geduldeten stellt diese Aufenthaltsberechtigung aber die maßgebliche Regularisierungsperspektive dar. Im Einklang mit dem Prüfungsmaßstab kann somit festgehalten werden, dass die Erlangung eines Aufenthaltsrechts im Einklang mit der hier dargelegten Regularisierungspflicht zwar möglich ist, aber für einen nicht unwichtigen Personenkreis unmöglich ist. Den besonderen Ausweisungsschutz erfüllen alle besprochenen Sachverhaltskonstellationen des österreichischen Fremdenrechts. Nimmt man das Bestehen einer Regularisierungspflicht an, ist jedoch darauf hinzuweisen, dass jene Fälle, die von der Regularisierungsperspektive ausgeschlossen sind, dieser widersprechen.

Wie bereits angedeutet, normiert das spanische Recht eine Aufenthaltsberechtigung für jene Sachverhaltskonstellationen, die über den internationalen Schutz im Sinne der StatusRL hinausgehen. Aufgrund der offenen Tatbestandsformulierung besteht jedoch große Rechtsunsicherheit dahingehend, ob und bzw in welchen Fällen die Voraussetzungen erfüllt sind.

Somit ist in einem zweiten Schritt festzuhalten, dass in den drei analysierten Mitgliedstaaten drei unterschiedliche Regularisierungen bestehen, die bereits darlegen, wie ausdifferenziert dieser Rechtsbereich ist. Alle drei Mitgliedstaaten haben Regelungen geschaffen, die drohende Non-Refoulement-Verletzungen gem Art 3 EMRK verhindern. Sie unterscheiden sich jedoch in unterschiedlichsten Erteilungsvoraussetzungen und Ausschlussgründen, und ganz gravierend danach, ob vorübergehend die Abschiebung ausgesetzt wird, oder sogleich ein Aufenthaltsrecht erlangt werden kann.

Die Untersuchung hat gezeigt, dass die drei Mitgliedstaaten in dem Regularisierungszweck „soziale Bindungen" vereinfacht gesagt humanitäre Erwägungen als legitimen Grund für die Erteilung eines Aufenthaltsrechts anerkennen. Prüfungsmaßstab für den Regularisierungszwecks „soziale Bindungen" ist der in Art 8 EMRK festgelegte Tatbestand des Rechts auf Achtung des Privatlebens. Nach der EGMR-Rspr besteht – abgesehen von außergewöhnlichen Fällen – keine Pflicht zur Erteilung eines Aufenthaltsrechts. Vielmehr reicht es aus, wenn die Staaten die betreffenden Migrant*innen vor einer möglichen Ausweisung schützen.

Die deutsche „Aufenthaltserlaubnis bei nachhaltiger Integration" und die deutsche „Aufenthaltserlaubnis für gut integrierte Jugendliche und Heranwachsende" wurden gemeinsam eingeführt und weisen einige Parallelen auf. Im Mittelpunkt beider Aufenthaltserlaubnisse steht die „Integration", wobei der persönliche Anwendungsbereich unterschiedlich ist. Die „Aufenthaltserlaubnis für gut integrierte Jugendliche und Heranwachsende" zielt auf Personen ab, die zwischen 14 und 21 Jahre alt sind, wodurch der Anwendungsbereich enger als bei der „Aufenthaltserlaubnis bei nachhaltiger Integration" ist, die grundsätzlich alle geduldeten Ausländer*innen erfasst. Erstere erfordert darüber hinaus den vierjährigen, erfolgreichen Schulbesuch in Deutschland durch den die „gelungene" Integration demonstriert wird. Dahingegen setzt letztere eine achtjährige Voraufenthaltsdauer voraus, in der die Person geduldet, gestattet oder erlaubt aufhältig gewesen sein muss. Weiters wird bei der „Aufenthaltserlaubnis bei nachhaltiger Integration" die wirtschaftliche Integration vorausgesetzt, was durch eine bereits bestehende Selbsterhaltungsfähigkeit erreicht werden kann. Sollte diese nicht erreicht werden können, ist es ausreichend, wenn die Selbsterhaltungsfähigkeit im Sinne einer Prognoseentscheidung „zu erwarten ist". Dies ist bei Geduldeten aufgrund des ungesicherten Aufenthaltsstatus und der daraus resultierenden Schwierigkeit einen Arbeitsplatz zu finden von besonderer Relevanz. Darüber hinaus sind auch mündliche Deutschkenntnisse auf A2-Niveau gefordert, die praktischerweise durch Vorsprache bei der Behörde erfüllt werden können. Ein Versagungsgrund, der wiederum für beide Aufenthaltserlaubnisse gilt, ist, dass die Abschiebung nicht aufgrund von falschen Angaben des*r Betroffenen ausgesetzt sein darf. Beide sind bei Vorliegen der Voraussetzungen für zwei („Aufenthaltserlaubnis bei nachhaltiger Integration") bzw drei („Aufenthaltserlaubnis für gut integrierte Jugendliche und Heranwachsende") Jahre zu erteilen und gewähren Anspruch auf Sozialleistungen und einen Zugang zu Beschäftigung. Die Statistiken zeigen, dass die „Aufenthaltserlaubnis für gut integrierte Jugendliche und Heranwachsende" etwa doppelt so vielen

Ausländer*innen erteilt wird als die „Aufenthaltserlaubnis bei nachhaltiger Integration". Dies lässt sich wohl durch die – verhältnismäßig betrachtet – einfacheren Erteilungsvoraussetzungen erklären.

Darüber hinaus weisen beide Aufenthaltserlaubnisse eine Besonderheit auf, da sie abgeleitete Aufenthaltsrechte für Familienangehörige normieren. So können der personensorgeberechtigte Elternteil oder die minderjährigen Geschwister eines*r gut integrierten Jugendlichen ein abgeleitetes Aufenthaltsrecht erwerben, insofern sie mit dem*r Stammberechtigten in familiärer Lebensgemeinschaft leben. Dadurch wird dem Schutz der familiären Gemeinschaft im Sinne des Art 6 und Art 8 EMRK zwar Rechnung getragen, jedoch wäre es zweckmäßiger, dass den Familienangehörigen ein eigenständiges Aufenthaltsrecht gewährt wird und dieses vereinfacht gesprochen nicht von dem*r Stammberechtigten „abhängig" ist.

Der österreichische „Aufenthaltstitel aus Gründen des Art 8 EMRK" ist das dritte und letzte Aufenthaltsrecht innerhalb des Regularisierungszwecks „soziale Bindungen". Im Gegensatz zu den beiden deutschen Aufenthaltserlaubnissen ist der österreichische Aufenthaltstitel von der Struktur komplett anders aufgebaut und orientiert sich stark an der Rspr des EGMR zu Art 8 EMRK. Dementsprechend ist ein Kriterienkatalog auf einfachgesetzlicher Ebene normiert, nach dem eine Interessensabwägung zwischen den privaten (bzw familiären) Interessen des*r Fremden am Verbleib in Österreich und den Interessen Österreichs an der Außerlandesbringung vorzunehmen ist. Insgesamt bezieht sich das österreichische „Bleiberecht" deshalb auf eine schon eingetretene Verwurzelung. Im Vergleich zu den deutschen Aufenthaltserlaubnissen scheint die österreichische Variante „flexibler" zu sein, jedoch ist es dadurch insgesamt auch schwieriger zu „wissen" in welchen Fällen ein Aufenthaltsrecht gewährt wird. Aus Perspektive der Rechtssicherheit scheinen deshalb klar festgelegte Erteilungsvoraussetzungen vorzugswürdig zu sein, die jedoch den Nachteil haben, dass sie in der Regel nicht alle Gründe, die für bzw gegen den Verbleib des* Fremden sprechen, berücksichtigen.

Festzuhalten ist daher, dass sowohl Deutschland als auch Österreich dem Grunde nach dem Ausweisungsschutz gem Art 8 EMRK (Privatleben) gerecht werden. Im spanischen Recht ist keine Aufenthaltsberechtigung innerhalb des Regularisierungszwecks „soziale Bindungen" zu finden. Auf den ersten Blick könnte man daher meinen, dass Spanien seiner völkerrechtlichen Verpflichtungen nicht nachkommt, bei genauerer Betrachtung zeigt sich jedoch, dass der Ausweisungsschutz gem Art 8 EMRK von anderen Aufenthaltsberechtigungen abgedeckt wird, wobei hierbei vor allem die „befristete Aufenthaltsberechtigung aufgrund sozialer Verwurzelung" hervorzuheben ist. Die soziale Verwurzelung wird in erster Linie aufgrund der Vorlage eines Arbeitsvertrags erteilt, weshalb die Aufenthaltsberechtigung unter den Regularisierungszweck „Erwerbstätigkeit und Ausbildung" subsumiert wird.

Den Prüfungsmaßstab für den Regularisierungszweck „Familieneinheit" stellt Art 8 EMRK dar, in concreto der Tatbestand des Rechts auf Achtung des Familienlebens. Um dem Ausweisungsschutz gem Art 8 EMRK gerecht zu werden, ist die Erteilung eines Aufenthaltsrechts nicht erforderlich.

Die spanische „Aufenthaltsberechtigung für das nicht in Spanien geborene Kind", auch Verwurzelung Minderjähriger genannt, erfasst Minderjährige, die sich für zumindest zwei Jahre in Spanien aufgehalten und die Schule besucht haben. Erschwerend kommt hinzu, dass sich ein Elternteil rechtmäßig aufhalten und über ausreichend finanzielle Mittel verfügen muss. Daraus ergibt sich, dass sich die Länge der Befristung der Aufenthaltsberechtigung von der Befristung des Elternteils ableitet. Problematisch ist, dass keine Mindesterteilungsdauer festgelegt ist und die Befristung vom Elternteil abhängt.

Gleichsam ist die österreichische „Rot-Weiß-Rot – Karte plus" für unbegleitete minderjährige Fremde in Obhut von Pflegeeltern oder des Kinder- und Jugendhilfeträgers als Ausprägung von Art 8 EMRK zu verstehen, vor allem im Hinblick auf das Kindeswohl, das auch in der KRK festgelegt ist. Ähnlich wie bei der spanischen Aufenthaltsberechtigung muss es sich um Minderjährige handeln, ein wesentlicher Unterschied ist jedoch, dass für den österreichischen Aufenthaltstitel nur „unbegleitete" Minderjährige in Frage kommen. Eine Parallele besteht dahingehend, dass Minderjährige in den persönlichen Anwendungsbereich fallen, die in Obhut des Kinder- und Jugendhilfeträgers sind. Im spanischen Ausländerrecht ist allgemeiner davon die Rede, dass eine in Spanien ansässige Institution Vormund sein muss. Die österreichische „Rot-Weiß-Rot-Karte plus" gilt für die Dauer von zwei Jahren und somit ein Jahr länger als die spanische Aufenthaltsberechtigung.

Der österreichische „Aufenthaltstitel aus Gründen des Art 8 EMRK" erfordert eine Verhältnismäßigkeitsprüfung in Bezug auf das (Privat- und) Familienleben und ist im Rahmen eines Asylverfahrens oder auf Antrag zu prüfen. Trotz mangelnder Statistiken ist anzunehmen, dass es sich hierbei um die wichtigste Regularisierung des österreichischen Rechts handelt. Hierfür sprechen die Erteilungsvoraussetzungen, die im Vergleich zu den anderen österreichischen Regularisierungen in der Praxis wohl noch am ehesten zu erfüllen sind. Das österreichische Recht ist grundsätzlich mit dem Ausweisungsschutz gem Art 8 EMRK vereinbar, da es die vom EGMR geforderte Interessensabwägung auf einfachgesetzlicher Ebene kodifiziert hat.

Die deutsche „Aufenthaltserlaubnis für vollziehbar Ausreisepflichtige, wenn die Ausreise aus rechtlichen oder tatsächlichen Gründen unmöglich ist“, zielt vor allem auf „inlandsbezogene Abschiebehindernisse“ ab, wobei Art 8 EMRK und der damit einhergehenden Abwägung zwischen privaten/familiären Interessen und öffentlichem Interesse an der Aufenthaltsbeendigung ein besonderer Stellenwert eingeräumt wird. Folglich erfüllt das deutsche Recht grundsätzlich seine nach Art 8 EMRK bestehende Verpflichtung, Ausländer*innen bei einem bestehenden Privat- und/oder Familienleben einen besonderen Ausweisungsschutz zu garantieren. Gleichzeitig ist die Aufenthaltserlaubnis auch von Art 3 EMRK geprägt, da Sachverhaltskonstellationen, die unter diese Bestimmung fallen, ebenso erfasst werden. Darüber hinaus ist darauf hinzuweisen, dass die Aufenthaltserlaubnis in der Praxis, wie bereits in Kapitel 5.A.III. ausgeführt, beim Bestehen von tatsächlichen Abschiebehindernissen äußerst schwierig zu erlangen ist (Stichwort „Kettenduldungen“), da die selbstverschuldete Verhinderung der Ausreise einen Versagungsgrund darstellt. Die Aufenthaltserlaubnis wird antragsweise erteilt. Kontextuell bedeutsam ist, dass sie auch im Asylverfahren – nach dem Asylberechtigtenstatus, Flüchtlingsstatus und subsidiären Schutzstatus – geprüft wird. Dem deutschen Recht ist es eigen, dass in offener Weise formuliert ist, dass die Aufenthaltserlaubnis „für längstens drei Jahre“ erteilt werden kann, unter Umständen aber „für längstens sechs Monate“, solange sich die Ausländer*innen „noch nicht mindestens 18 Monate rechtmäßig im Bundesgebiet aufgehalten“ haben. Insgesamt stellt die „Aufenthaltserlaubnis für vollziehbar Ausreisepflichtige, wenn die Ausreise aus rechtlichen oder tatsächlichen Gründen unmöglich ist“, die quantitativ wichtigste Regularisierung im deutschen Recht dar.

Die spanische „befristete Aufenthaltsberechtigung aufgrund familiärer Verwurzelung“ ist als Umsetzung von Art 8 EMRK zu verstehen. Sie normiert aber im Gegensatz zum österreichischen „Aufenthaltstitel aus Gründen des Art 8 EMRK“ oder zur deutschen „Aufenthaltserlaubnis für vollziehbar Ausreisepflichtige, wenn die Ausreise aus rechtlichen oder tatsächlichen Gründen unmöglich ist“, keine Interessensabwägung, sondern zwei konkrete Sachverhaltskonstellationen. Die für die vorliegende Arbeit relevante zielt auf Kinder ab, deren Vater oder Mutter ursprünglich spanische*r Staatsbürger*in war. Da der Familienangehörigenbegriff sehr eng ist, sind nicht alle Fälle des von Art 8 EMRK umfassten Schutzbereiches erfasst. Einige dieser Sachverhaltskonstellationen fallen wohl unter andere Regularisierungen des spanischen Rechts, wobei vor allem die soziale Verwurzelung zu nennen ist.

Zusammengefasst hat sich gezeigt, dass die Regularisierungen sehr stark an der EGMR-Rspr zu Art 8 EMRK und der darin etablierten Interessensabwägung angelehnt sind. Diese Tendenz hat sich vor allem in Österreich und Deutschland gezeigt. Österreich hat darüber hinaus noch eine spezifische Regularisierung für unbegleitete Minderjährige kreiert. Im Hinblick auf Deutschland dürfen Regularisierungen, die unter andere Regularisierungszwecke fallen, nicht außer Acht gelassen werden, da diese teilweise auch aufgrund familiärer Gründe erteilt werden. Beispielsweise die „Aufenthaltserlaubnis bei nachhaltiger Integration“ und die „Aufenthaltserlaubnis für gut integrierte Jugendliche und Heranwachsende“, die jeweils auch abgeleitete Aufenthaltsrechte für Familienangehörige etablieren. Spanien hat einen entgegengesetzten Weg gewählt und in zwei Regularisierungen spezifische Sachverhaltskonstellationen kodifiziert. Dies scheint eine zu starre Lösung zu sein, die sich nicht in allen Belangen mit Art 8 EMRK vereinen lässt. Hierbei darf aber nicht außer Acht gelassen werden, dass einige Fallkonstellationen durch andere Regularisierungen, wie bspw die soziale Verwurzelung abgedeckt werden.

Der vierte Regularisierungszweck zeichnet sich durch ein Abzielen auf vulnerable Personengruppen oder Situationen aus und wird in zwei Unterkategorien unterteilt. Spezifisch für diesen Regularisierungszweck ist, dass den Prüfungsmaßstab für die Unterkategorie „Opferschutz“ das Unionsrecht bildet, wohingegen sich die Unterkategorie „sonstige Härtefälle“ weder aus völker- noch aus unionsrechtlichen Bezügen ableiten lässt und daher als autonom-national zu qualifizieren ist.

Wie bereits angesprochen, bildet das Sekundärrecht der EU, vor allem die MenschenhandelsopferRL und SanktionsRL, den Prüfungsmaßstab der Unterkategorie „Opferschutz“. Demnach haben die Mitgliedstaaten Opfern von speziell festgelegten Straftaten die Möglichkeit einzuräumen einen Aufenthaltstitel zu erlangen, wobei die Festlegung der Voraussetzungen und die Entscheidung über die Erteilung im Ermessen der Mitgliedstaaten bleibt.

Im spanischen Recht ist jeweils eine Regularisierung für Menschenhandelsopfer bzw für Frauen, die Opfer von geschlechtsspezifischer Gewalt geworden sind, normiert. Erstere stellt einerseits eine vorbildliche Umsetzung der MenschenhandelsopferRL dar. Letztere schafft für das Problem der Gewalt an ausländischen Frauen ein leistungsfähiges Schutzregime. Die sehr ähnlich ausgestalteten befristeten Aufenthaltsberechtigungen und

Arbeitserlaubnisse zeichnen sich durch besonders detaillierte Regelungen aus, die sehr stark an den Bedürfnissen der Opfer orientiert sind. Das Verfahren ist in mehrere „Phasen" gegliedert. Zunächst liegt der Fokus auf der Identifikation der Opfer und einer Erholungs- und Reflexionsphase, die jeweils gesetzlich vorgegeben sind. Anschließend kann der*die Ausländer*in von etwaigen Verwaltungsstrafen, etwa in Bezug auf den irregulären Aufenthalt, befreit werden. Die Befreiung löst eine wichtige Rechtsfolge aus, da der*die Betroffene sodann darüber aufzuklären ist, dass er*sie eine „Aufenthaltsberechtigung und Aufenthaltserlaubnis" beantragen kann. Anschließend ist unter Umständen eine „vorläufige Aufenthaltsberechtigung und Arbeitserlaubnis" zu erteilen, was die außerordentlich opferfreundliche Ausgestaltung dieses Regimes unterstreicht, da der Aufenthalt folglich bis zum Verfahrensabschluss rechtmäßig ist. Besonders hervorzuheben ist weiters, dass die beiden spanischen Aufenthaltsberechtigungen auf die Dauer von fünf Jahren ausgestellt werden, was im Rechtsvergleich die bei weitem längste Befristung darstellt und folglich den Erwerb eines Daueraufenthaltstitels ermöglicht. Darüber hinaus geht gleichzeitig mit der Erteilung der Aufenthaltsberechtigung die Erteilung einer Arbeitserlaubnis einher.

Ohne zu weit vorgreifen zu wollen, wird im Regularisierungszweck „sonstige staatliche Interessen" noch eine weitere Regularisierung behandelt, die strukturell ähnlich – wie die beiden eben erläuterten spanischen Aufenthaltsberechtigungen aufgebaut ist. Da sie als zusätzliche Erteilungsvoraussetzung die Zusammenarbeit mit den Behörden normiert, wurde sie in dem Regularisierungszweck „sonstige staatliche Interessen" eingeordnet. Die „Aufenthaltsberechtigung und Arbeitserlaubnis aus außergewöhnlichen Gründen aufgrund der Zusammenarbeit gegen organisierte Netzwerke" setzt die SanktionsRL in Spanien um.

Darüber hinaus ist noch eine dritte Aufenthaltsberechtigung im spanischen Recht normiert, in concreto die „befristete Aufenthaltsberechtigung aus humanitären Gründen" für Opfer von Straftaten. Diese knüpft an Situationen besonderer Vulnerabilität an, wie etwa Verbrechen gegen die Rechte von Arbeitnehmer*innen oder Verbrechen, deren Tatmotiv auf rassistischen, antisemitischen oder anderen diskriminierenden Gründen beruht. Problematisch ist bei dieser Aufenthaltsberechtigung, dass eine abschließende, gerichtliche Entscheidung vorgelegt werden muss, wodurch der Anwendungsbereich der Aufenthaltsberechtigung stark eingeschränkt wird, da der Erlass einer gerichtlichen Entscheidung mehrere Jahre dauern kann. Bevor die Voraussetzungen für die „befristete Aufenthaltsberechtigung aus humanitären Gründen" für Opfer von Straftaten vorliegen, wird daher häufig wohl eine „befristete Aufenthaltsberechtigung aufgrund sozialer Verwurzelung“ beantragt und erteilt werden können.

In eine ähnliche Richtung geht die österreichische „Aufenthaltsberechtigung besonderer Schutz“ für Opfer von Straftaten, die ebenfalls minimalistisch ausgestaltet ist. Sie legt lediglich fest, dass Opfer von Gewalt durch die Erteilung eines Aufenthaltsrechts Schutz vor weiterer Gewalt erhalten sollen. Vom persönlichen Anwendungsbereich sind etwa Betroffene oder Opfer von Menschenhandel oder grenzüberschreitender Prostitution oder Opfer von Gewalt in der Familie oder Zwangsehe bzw -partnerschaft erfasst. Im Gegensatz zu den beiden spanischen Aufenthaltsberechtigungen für Menschenhandelsopfer bzw Opfer geschlechtsspezifischer Gewalt ist kein komplexes Verfahren vorgesehen, das aus Opferperspektive ein schutzwürdiges Regime bietet. Darüber hinaus muss die Erteilung des Aufenthaltsrechts zur Gewährleistung der Strafverfolgung von gerichtlich strafbaren Handlungen oder zur Geltendmachung und Durchsetzung zivilrechtlicher Ansprüche vonnöten sein. Diese Voraussetzung schränkt den Anwendungsbereich der Aufenthaltsberechtigung sehr sein. Die „Aufenthaltsberechtigung besonderer Schutz“ wird für die Dauer von einem Jahr erteilt und bietet je nach Vorliegen weiterer Voraussetzungen einen beschränkten oder unbeschränkten Arbeitsmarktzugang.

Weiters ist auf die deutsche „Aufenthaltserlaubnis zur Strafverfolgung“ einzugehen. Diese kann an Opfer von Menschenhandel oder undokumentierter Beschäftigung („Schwarzarbeit“) erteilt werden, wobei jeweils die einschlägigen Strafbestimmungen zur Beurteilung dieser Frage relevant sind. Genau wie bei der österreichischen Regularisierung muss die Anwesenheit des Opfers für das Strafverfahren erforderlich sein und für sachgerecht erachtet werden. Die Aufenthaltserlaubnis ist im Vergleich zu den beiden spanischen, die Menschenhandelsopfer oder Opfer von geschlechtsspezifischer Gewalt geworden sind, schlechter bzw genauso schlecht ausgestaltet wie die österreichische „Aufenthaltsberechtigung besonderer Schutz“. Dies zeigt sich auch in der Praxis, da die deutsche „Aufenthaltserlaubnis zur Strafverfolgung“ aufgrund der zu hohen Erteilungsvoraussetzungen bedeutungslos ist.

Festzuhalten ist daher, dass alle drei Mitgliedstaaten ihren europarechtlichen Vorgaben nachkommen und Regularisierungen für Menschenhandelsopfer und Opfer im Zusammenhang mit ausbeuterischen Arbeitsbedingungen normieren. Gravierende Unterschiede haben sich in Bezug auf die Ausgestaltung des Schutzregimes gezeigt, wobei hier Spanien als Vorzeigebeispiel zu nennen ist. Das dort festgelegte Regime zeichnet sich dadurch aus, dass es besonders opferfreundlich ist. Das deutsche und österreichische Recht mutet dahingegen sehr minimalistisch an und stellt neben den Opferinteressen vor allem den Strafrechtspflegezweck in den Mittelpunkt.

Neben der Unterkategorie „Opferschutz“ besteht weiters noch die Unterkategorie „sonstige Härtefälle“ innerhalb des Regularisierungszwecks „Vulnerabilität“. Diese Unterkategorie ist als autonom-national zu qualifizieren und lässt sich daher nur jeweils aus den nationalstaatlichen Rechtsordnungen ableiten. Dementsprechend sind keine völker- oder europarechtlichen Verpflichtungen zu erfüllen bzw einzuhalten.

Die „Aufenthaltsgewährung in Härtefällen“ ist im deutschen Ausländerrecht die letzte Anlaufstelle für unerlaubt aufhältige Ausländer*innen, die kontextuell auch aus genau diesem Grund eingeführt wurde. Eine Antragstellung ist nicht möglich, vielmehr besteht ein „gerichtlich nicht überprüfbares, rein humanitär ausgestaltetes gegenüber allen anderen Vorschriften des Aufenthaltsgesetzes extralegales Entscheidungsverfahren“. Erfasst werden demnach alle Arten von besonders dringlichen Einzelfallsituationen. Die „Aufenthaltsgewährung in Härtefällen“ ist als mögliches „Auffangbecken“ für anderweitig nicht zu erfassende Fälle ein zweckmäßiger Lösungsansatz, der aber mangels Möglichkeit der Antragsstellung und aufgrund des eigenständigen Verfahrens, bei dem die dem AufenthG zugrundeliegenden Grundsätze nicht zu beachten sind, aus individualrechtlicher Perspektive zu kritisieren ist.

Der österreichische „Aufenthaltstitel in besonders berücksichtigungswürdigen Fällen“ ist als kontextuelle Eigenheit des österreichischen Fremdenrechts zu qualifizieren. Der Aufenthaltstitel wurde erlassen, um Fälle überlanger Asylverfahren, die zu keiner Statusgewährung führen, eine Regularisierungsperspektive einzuräumen. Grundsätzlich werden jene rechtmäßig und unrechtmäßig aufhältige Fremde adressiert, die die Schwelle des Privat- und Familienlebens im Sinne des Art 8 EMRK nicht erreichen. Die Statistiken unterstreichen, dass die Regularisierung praktisch nicht sehr bedeutsam ist, da die Erteilungsvoraussetzungen sehr hoch angesetzt sind. Neben dem fünfjährigen Aufenthalt wird nämlich unter anderem die Selbsterhaltungsfähigkeit gefordert. Dieses Kriterium ist mangels bestehenden Arbeitsmarktzugangs kaum zu erfüllen.

Die spanische „befristete Aufenthaltsberechtigung aus humanitären Gründen“ wegen plötzlich auftretender schwerer Krankheit ist als autonom-national zu qualifizieren, aufgrund der nunmehr geltenden EGMR-Rspr ist sie aber mittlerweile wohl auch als Ausprägung von Art 3 EMRK zu verstehen. Die Voraussetzung, dass Erwachsene das plötzliche Auftreten der Krankheit nachweisen müssen, scheint nicht mit den völkerrechtlichen Vorgaben vereinbar zu sein. Minderjährige müssen diese Voraussetzung nicht erfüllen. Insgesamt ist aber positiv hervorzuheben, dass die spanische Rechtsordnung für schwer kranke Personen eine eigenständige Aufenthaltsberechtigung geschaffen haben.

In der Unterkategorie „sonstige Härtefälle“ hat sich gezeigt, dass sich in jedem analysierten Mitgliedstaat eine Regularisierung herausgebildet hat, die als kontextuelle Eigenheit der jeweiligen Rechtsordnung zu qualifizieren ist und jene vulnerablen Personengruppen oder Situationen adressiert, die anderweitig keine Möglichkeit zur Erlangung eines Aufenthaltsrechts haben.

Der Regularisierungszweck „Erwerbstätigkeit und Ausbildung“ ist nicht völker- und europarechtlich, sondern autonom-national geprägt, weshalb auch grundsätzlich keine konkreten europa- und völkerrechtlichen Bestimmungen eingehalten werden müssen.

Das „Steckenpferd“ dieses Regularisierungszwecks ist sicherlich die soziale Verwurzelung, die im spanischen Ausländerrecht die größte Bedeutung hat. Sie hat sich aus der Rspr zu unverhältnismäßigen Ausweisungsentscheidungen entwickelt, ist jedoch ganz anders als die Regularisierungen in Deutschland oder Österreich kodifiziert worden. Die soziale Verwurzelung nimmt grundsätzlich auf die zukünftige Verwurzelung Bezug, wohingegen sich das österreichische „Bleiberecht“ auf eine schon eingetretene Verwurzelung bezieht. Die im spanischen Ausländerrecht normierte soziale Verwurzelung legt konkrete Erteilungsvoraussetzungen fest, die – wie sich durch die Statistiken belegen lässt – von den Ausländer*innen auch erfüllt werden können. So wird der dreijährige Aufenthalt und die Vorlage eines einjährigen Arbeitsvertrags in Bezug auf die besagte spanische Regularisierung verlangt. Kontextuell lässt sich der Erlass dieser Regularisierung durch die Unterordnung der spanischen Migrationspolitik unter die Interessen der Arbeitsmarktpolitik erklären. In dem Zusammenhang kann man von utilitaristischen Gesichtspunkten sprechen. Eine leistungsfähige Regelung stellt die Überprüfung des Beginns der Erwerbstätigkeit bei der sozialen Verwurzelung im spanischen Ausländerrecht dar, da diese von der Anmeldung zur Sozialversicherung abhängig gemacht wird. Bis zu diesem Zeitpunkt bleibt die Wirksamkeit der Aufenthaltsberechtigung gehemmt. Neben dem Arbeitsvertrag und der Aufenthaltsdauer muss die soziale Eingliederung oder ein Familienverhältnis nachgewiesen werden. Die soziale Verwurzelung weist in diesem Punkt sowohl Elemente des Regularisierungszwecks „soziale Bindungen“ als auch des Regularisierungszwecks „Familieneinheit“ auf und deckt deshalb, wie bereits angedeutet, auch von Art 8 EMRK erfasste Sachverhaltskonstellationen ab.

Die Arbeitsverwurzelung hat aus quantitativer Sichtweise im spanischen Ausländerrecht keine große Relevanz, vor allem, wenn man sie mit der sozialen Verwurzelung vergleicht. Der Grundgedanke dahinter, undokumentiert beschäftigen Ausländer*innen eine Regularisierungsperspektive zu bieten, scheint löblich. Die zweijährige Aufenthaltszeit ist bei der Erlangung dieser Aufenthaltsberechtigung ohnehin meist nicht das Problem, sondern vielmehr, dass zurückliegende Arbeitsbeziehungen von sechs Monaten nachgewiesen werden müssen. Die erforderliche Anzeige beim Arbeits- und Sozialversicherungsinspektorat schreckt zu viele Ausländer*innen – aufgrund der damit verbundenen Konsequenzen – ab. Interessanterweise spricht ein Autor deshalb davon, dass die Regularisierung ihren eigentlichen Zweck verfehlt und vielmehr als Abschreckmaßnahme für Arbeitgeber*innen dient.

Die „Aufenthaltserlaubnis für qualifizierte Geduldete zum Zweck der Beschäftigung" ist als kontextuelle Eigenheit des deutschen Aufenthaltsrechts zu verstehen, die aufgrund des „Fachkräftemangels" erlassen wurde. Interessanterweise ist sie genau wie die Arbeitsverwurzelung in Spanien praktisch irrelevant, weil die Erteilungsvoraussetzungen derart hoch angesetzt sind, dass sie kaum zu erfüllen sind. Die Aufenthaltserlaubnis soll Geduldeten, die eine qualifizierte Berufsausbildung absolviert haben, eine Regularisierungsperspektive bieten. Darüber hinaus muss ein konkretes Arbeitsplatzangebot vorliegen. Dieses Erfordernis ist ähnlich der maßgeblichen Erteilungsvoraussetzung der sozialen Verwurzelung. Darüber hinaus müssen die Ausländer*innen aber auch noch Deutschkenntnisse auf B1-Niveau oder ausreichend Wohnraum vorweisen. Die Feststellung, dass sich unerlaubt aufhältige Ausländer*innen ihr Bleiberecht verdienen können ist zwar zutreffend, faktisch hat diese als Systembruch zu qualifizierende Aufenthaltserlaubnis aber keine Auswirkungen für das deutsche Aufenthaltsrecht. Hierfür müssten die Erteilungsvoraussetzungen vielmehr an die faktisch erreichbaren Voraussetzungen angepasst werden. Der durch die Einführung der Aufenthaltserlaubnis bereits angedeutete „Paradigmenwechsel" wird auch durch das nach Abschluss der vorliegenden Arbeit (1.1.2019) beschlossene Fachkräfteeinwanderungsgesetz und „Duldungsgesetz" fortgesetzt.

Weiters ist darauf hinzuweisen, dass das deutsche Recht darüber hinaus einen Duldungsgrund für junge Ausländer*innen geschaffen hat, die eine Ausbildung in Deutschland absolvieren. Trotz der praktischen Probleme scheint der Grundgedanke der „Ausbildungsduldung" gem § 60a Abs 2 S 4 AufenthG ein leistungsfähiger Ansatz zu sein, der den postulierten Erfordernissen der deutschen Wirtschaft entspricht. Dieser Weg wird mit dem

„Duldungsgesetz“ fortgesetzt, da überdies eine „Beschäftigungsduldung“ geschaffen wird. Österreich hat den entgegengesetzten Weg wählt, da für abgewiesene Asylwerber*innen die begonnene Lehre ex lege endet und diese folglich abgeschoben werden können. Nach weiteren intensiven politischen Debatten wurde aber im Dezember 2019, also nach Abschluss der vorliegenden Arbeit, im Nationalrat eine Novelle des FPG beschlossen. Diese legt in § 55a FPG idF BGBl I 110/2019 fest, dass die Frist für die freiwillige Ausreise zum Zweck des Abschlusses einer begonnenen Berufsausbildung gehemmt wird. Die Ausreiseverpflichtung beginnt demnach erst nach Lehrabschluss zu laufen. Kontextuell bedeutsam ist, dass – ähnlich wie in Deutschland – wirtschaftliche Interessen ausschlaggebend für diese Novelle waren. Unklar bleibt aber, welche dauerhafte Lösung die österreichische Gesetzgebung für diese Personengruppe findet, da es sich hierbei nur um eine Übergangslösung handelt.

Schließlich ist auf einen weiteren Befund der Untersuchung einzugehen. Im Regularisierungszweck „Erwerbstätigkeit und Ausbildung“ ist keine österreichische Regularisierung zu finden, weshalb sich die Frage nach einem funktionalen Äquivalent stellt. Die österreichische Gesetzgebung scheint bewusst darauf verzichtet zu haben, Regularisierungen für jene Fälle zu schaffen, die im weiteren Sinne an eine Erwerbstätigkeit oder Ausbildung/Lehre anknüpfen. Angedeutet wurde dies bereits im Absatz zuvor, da ja nicht einmal rechtskräftig abgewiesene Asylwerber*innen ihre Lehre fortsetzen können. Dies unterstreicht, ein weiteres Ergebnis der Analyse, auf das ich im Resümee noch weiter eingehen werde. Österreich hat im Vergleich zu Deutschland und Spanien die restriktivste Rechtslage in Bezug auf Regularisierungen.

Der Regularisierungszweck „sonstige staatliche Interessen“ ist eine autonom-nationale Regularisierungskategorie, die sich nur aus den nationalstaatlichen Rechtsordnungen ableiten lässt. Folglich sind grundsätzlich keine höherrangigen Rechtsnormen zu beachten und die Aufenthaltsberechtigungen gehen über diese hinaus.

Im Rechtsvergleich hat sich gezeigt, dass nur zwei spanische Aufenthaltsberechtigungen in diesen Regularisierungszweck eingeordnet werden konnten. Die beiden Regularisierungen räumen bestimmten öffentlichen Behörden die Möglichkeit ein, Ausländer*innen, die mit den Behörden zusammenarbeiten, eine Aufenthaltsberechtigung zu erteilen. Obwohl nicht ausdrücklich gesetzlich festgelegt, kann unter „Zusammenarbeit“ wohl die Anzeige bestimmter strafbarer Handlungen, das Beisteuern unerlässlicher Angaben oder das Aussagen von relevanten Angaben verstanden werden. Darüber hinaus ist es auch möglich, dass die Aufenthaltsberechtigung aufgrund der nationalen Sicherheit oder aus öffentlichem Interesse erteilt wird, wobei sich weder aus der Literatur noch aus der Judikatur ermitteln lässt, was darunter zu verstehen ist.

Ein wesentlicher Unterschied besteht in der Ausprägung der Verfahrensbestimmungen. Die „befristete Aufenthaltsberechtigung aus außergewöhnlichen Gründen aufgrund der Zusammenarbeit mit den öffentlichen Behörden, der nationalen Sicherheit oder aus öffentlichem Interesse" wird nur für ein Jahr erteilt und entspricht im Wesentlichen dem für „Aufenthaltsberechtigungen aus außergewöhnlichen Gründen" festgelegten Verfahren.

Die „Aufenthaltsberechtigung und Arbeitserlaubnis aus außergewöhnlichen Gründen aufgrund der Zusammenarbeit gegen organisierte Netzwerke" hingegen ist sowohl verfahrensrechtlich als auch betreffend das Schutzregime vollkommen anders ausgestaltet. Sie entspricht im Wesentlichen den bereits dargestellten Aufenthaltsberechtigungen für Menschenhandelsopfer und Opfer für ausländische Frauen. Die fast idente Ausgestaltung lässt sich dadurch erklären, dass die „Aufenthaltsberechtigung und Arbeitserlaubnis aus außergewöhnlichen Gründen aufgrund der Zusammenarbeit gegen organisierte Netzwerke" unter anderem der Umsetzung von Art 13 Abs 4 SanktionsRL dient. So können auch Opfer oder anderweitig Geschädigte der Straftat „Arbeitsausbeutung" diese beantragen. Im Gegensatz zur Aufenthaltsberechtigung, die Menschenhandelsopfer erteilt werden kann, ist bei der hier besprochenen die „Zusammenarbeit" eine wesentliche Tatbestandsvoraussetzung. Wie bereits dargelegt, ist auch bei dieser Aufenthaltsberechtigung nicht endgültig geklärt, was unter dem Begriff „Zusammenarbeit" zu verstehen ist. Die rechtlich geregelte Verwaltungsstrafbefreiung und die mögliche Erteilung einer „vorläufigen Aufenthaltsberechtigung und Arbeitserlaubnis" sowie die fünfjährige Gültigkeitsdauer zeigen, dass es sich um eine leistungsfähige Regelung handelt, die einen rechtlichen Anreiz für die Opfer, Zeug*innen oder anderweitig Geschädigte in der Verfolgung der Täter*innen schafft.

Genau wie in dem Zwischenergebnis hinsichtlich des Regularisierungszwecks „Erwerbstätigkeit und Ausbildung" ist auf einen weiteren Befund der Untersuchung einzugehen. Sowohl in Deutschland als auch in Österreich findet sich keine Regularisierung, die unter den Regularisierungszweck „sonstige staatliche Interessen" fällt. Im Hinblick auf die österreichische Rechtslage lässt sich dies wiederum aus der grundsätzlich restriktiven und zurückhaltenden Einstellung gegenüber Regularisierungen erklären. In Bezug auf die deutsche Rechtslage ist aber wohl davon auszugehen, dass aus kontextueller Sicht kein Bedarf für Regularisierungen besteht, die der Wahrung sonstiger staatlicher Interessen dienen.

Abschließend wurde in Kapitel 5 gezeigt, dass in jedem der drei analysierten Mitgliedstaaten ein ausdifferenziertes System an Regularisierungen existiert. Im Hinblick auf die Einteilung der Regularisierungszwecke zeigt sich deutlich, dass die Mitgliedstaaten einerseits aufgrund höherrangiger rechtlicher Bestimmungen irregulär aufhältigen Migrant*innen ein Aufenthaltsrecht gewähren. Hierbei ist zu unterscheiden. Teilweise ist die Erteilung eines Aufenthaltsrechts zwingend notwendig, um diese zu erfüllen. Teilweise gehen die Mitgliedstaaten aber auch über diese völker- und europarechtlichen Bestimmungen hinaus und gewähren irregulär aufhältigen Migrant*innen Aufenthaltsrechte, obwohl sie hierzu nicht verpflichtet sind. Grob gesprochen ist festzuhalten, dass eine völker- und europarechtliche Durchdringung der nationalen Aufenthaltstitel in großem Maße gegeben ist. Andererseits nehmen Regularisierungen auf unterschiedliche innerstaatliche Kontexte Bezug und Aufenthaltsrechte werden sodann aufgrund dieser erteilt. Die Kategorisierung bildet ein gutes Fundament für die noch näher vorzustellende RegularisierungsRL, da sowohl die völker- und europarechtliche Durchdringung der Regularisierungen als auch die Bezugnahme auf kontextuelle Gegebenheiten in den Mitgliedstaaten gezeigt wurde.

Die Aufschlüsselung aller Regularisierungen in den drei analysierten Mitgliedstaaten hat weiters gezeigt, wie ausdifferenziert jedes einzelne Regularisierungssystem ist. Österreich steht hier sicherlich am unteren Ende, da im Gegensatz zum deutschen und spanischen Recht quantitativ weniger Regularisierungen bestehen und diese – nach der hier getroffenen Annahme – deshalb in der Praxis auch nicht so wirksam sind bzw sein sollen. Aus der Perspektive irregulär aufhältiger Migrant*innen kommt erschwerend hinzu, dass diese über keinen Zugang zu Sozialleistungen oder Gesundheitsversorgung während der Irregularität verfügen und die meisten Regularisierungen sehr schwierig zu erfüllende Erteilungsvoraussetzungen normieren. Die wichtigste Regularisierung ist hier sicherlich der „Aufenthaltstitel aus Gründen des Art 8 EMRK", wobei sowohl die Achtung des Privat- als auch des Familienlebens von Relevanz ist.

Das spanische Recht besticht durch eine Fülle an Regularisierungen. Zwei Punkte sind hierbei besonders hervorzuheben. Einerseits die soziale Verwurzelung, die mit am Abstand die wichtigste Regularisierung in quantitativer Hinsicht ist. Die Erteilungsvoraussetzungen bieten aus individualrechtlicher Perspektive einen pragmatischen und effektiven Weg aus der aufenthaltsrechtlichen Irregularität. Andererseits ist im spanischen

Recht jeweils eine Regularisierung für Menschenhandelsopfer bzw für Frauen, die Opfer von geschlechtsspezifischer Gewalt geworden sind, normiert. Die erste setzt die MenschenhandelsopferRL vorbildlich um und die zweite bietet für das Problem der Gewalt an ausländischen Frauen ein leistungsfähiges, aufenthaltsrechtliches Schutzregime. Die sehr ähnlich ausgestalteten befristeten Aufenthaltsberechtigungen und Arbeitserlaubnisse weisen ein besonders ausgeklügeltes Verfahren auf, das sich sehr stark an den Bedürfnissen der Opfer orientiert. Dieses ist in mehrere „Phasen“ gegliedert, die die Identifikation der Opfer und gleichsam die Erteilung einer „vorläufigen Aufenthaltsberechtigung und Arbeitserlaubnis“ ermöglicht sowie unter Umständen eine Verwaltungsstrafbefreiung vorsieht.

Das deutsche Recht ist ebenso ausdifferenziert wie das spanische und weist zahlreiche Regularisierungen auf. Hervorzuheben sind die „Aufenthaltserlaubnis bei nachhaltiger Integration“ und die „Aufenthaltserlaubnis für gut integrierte Jugendliche und Heranwachsende“, die sich beide aus Art 8 EMRK ableiten lassen und Geduldeten erteilt werden können. Die deutsche Gesetzgebung hat derart erstmals eine alters- und stichtagsunabhängige Aufenthaltsperspektive für diese Zielgruppe eingeführt, was aufgrund der andauernden Problematik der „Kettenduldungen“ eine zweckmäßige Herangehensweise ist.

F. Eine Regularisierungsrichtlinie der EU (Kapitel 6)

In Kapitel 6 wurde eine RegularisierungsRL der EU vorgeschlagen, obwohl ein derartiger Unionsakt derzeit realpolitisch unrealistisch erscheint. Trotz der politischen Gegebenheiten halte ich es für sinnvoll, einen leistungsfähigen Rechtsakt, der die derzeitige Einwanderungspolitik der EU ergänzen würde, näher zu beschreiben.

Zum Anfang dieses Kapitels hat sich die Frage aufgedrängt, ob die in Kapitel 3 analysierten unionsverfassungsrechtlichen Aufträge und die primärrechtlichen Kompetenzbestimmungen nicht (implizit) sogar eine komplementäre Neuausrichtung der EU-Einwanderungspolitik in Bezug auf irreguläre Einwanderung verlangen. Im Speziellen beziehe ich mich hierbei auf den irregulären Aufenthalt. Das Streben der EU nach einer höheren Wirksamkeit von Rückführungen steht im Einklang mit dem AEUV, doch ist gleichzeitig anzuerkennen, dass die bisher getätigten Maßnahmen die Anzahl irregulär aufhältiger Migrant*innen nicht signifikant verringern bzw nur beschränkt wirksam sein konnten. Die mangelhafte Rechtsdurchsetzung von Rückführungen zeigt den Handlungsbedarf der EU im

„Kampf" gegen irreguläre Einwanderung. Regularisierungen beenden genau wie Rückführungen den irregulären Aufenthalt von Migrant*innen. Der unionsverfassungsrechtliche Auftrag der „Bekämpfung" irregulärer Einwanderung würde durch den Einsatz dieser Maßnahme erfüllt werden.

Da die EU bis dato auf Regularisierungen als aufenthaltsrechtliches Steuerungsinstrument verzichtet hat, scheint mir die Einführung eines Regularisierungs-Rechtsrahmens in Form einer RL das fehlende Bindeglied in der gemeinsamen Einwanderungspolitik zu sein. Folglich wird die „Bekämpfung" irregulärer Einwanderung im Einklang mit dem Primärrecht und im Sinne von *Bast* als „Einwanderung von innen" verstanden. Ich sehe darin eine Chance für die EU, irreguläre Einwanderung wirksamer zu „bekämpfen", wobei Regularisierungen hierfür das zentrale Korrektiv darstellen.

Meine Grundkonzeption einer RegularisierungsRL geht von einem ganzheitlichen Ansatz aus, der alle irregulär aufhältigen Migrant*innen adressiert und die im Rechtsvergleich ausgemachten Materien in einer einzigen RL zusammenfasst. Derart kann die RückführungsRL bestmöglich ergänzt und der bis dato verfolgte fragmentarische Ansatz der EU und der Mitgliedstaaten harmonisiert werden. Materiell sollten alle Regularisierungen, die unter einen der sechs Regularisierungszwecke fallen, erfasst werden. Anders gesagt, es werden all jene Maßnahmen berücksichtigt, die als Regularisierung im Sinne der vorliegenden Arbeit zu verstehen sind.

In einer eigenständigen RegularisierungsRL könnten unterschiedliche Erteilungsvoraussetzungen festgelegt werden, die die derzeitige Praxis der Mitgliedstaaten, wie im Rechtsvergleich dargestellt, widerspiegeln. Der als Ergänzung der RückführungsRL gedachte Rechtsakt sollte klar von dieser abgegrenzt werden, da die inhaltliche Ausrichtung in der „Bekämpfung" irregulärer Einwanderung zwar dieselbe ist, aber vollkommen andere Regelungsinhalte hat. Um die zersplitterte Rechtslandschaft von Regularisierungen angemessen zu adressieren, schlage ich ein zweistufiges Modell vor.

Zweckmäßig wäre es, in einer ersten Harmonisierungsphase die völker- und europarechtlichen Mindeststandards auf der Grundlage des von mir vorgenommenen Rechtsvergleichs zu erfassen und zu definieren. Im Einzelnen sind das Art 3 und 8 EMRK auf völkerrechtlicher Ebene. Auf europarechtlicher Ebene sind die RückführungsRL, die MenschenhandelsopferRL und die SanktionsRL sowie die GRC zu berücksichtigen. Hierbei muss gleichfalls die relevante EuGH- und EGMR-Rspr miteinbezogen werden.

Dies bedeutet, dass im Hinblick auf die erste Phase Mindesterteilungsvoraussetzungen für all jene Regularisierungen festgelegt werden sollten, die von völker- oder europarechtlichen Bestimmungen abgeleitet werden und daher unter die Regularisierungszwecke 1 bis 4 fallen. Ein Rechtsanspruch auf Regularisierung sollte für all jene Fälle festgelegt werden, in denen – im Einklang mit der vorliegenden Arbeit – eine Regularisierungspflicht besteht. Eine solche lässt sich unter anderem aus Art 3 und 8 EMRK bzw der RückführungsRL ableiten. Durch diesen Harmonisierungsschritt könnte die EU irreguläre Einwanderung wirksamer „bekämpfen" und zur Reduzierung der Anzahl irregulär aufhältiger Migrant*innen beitragen. Als Vorlage für die klar festzulegenden Mindesterteilungsvoraussetzungen sollten die höherrangigen Normen selbst dienen, um die derzeit bestehende mitgliedstaatliche Praxis, die oftmals über die höherrangigen Verpflichtungen hinausgeht, nicht zu schwächen.

In einer zweiten Phase könnten sodann Mindeststandards betreffend die autonom-nationalen Regularisierungen eingeführt werden, die in den Regularisierungszwecken 5 und 6 kategorisiert wurden. Den Mitgliedstaaten müsste genügend Spielraum eingeräumt werden, um wie derzeit auf die jeweiligen geographischen, ökonomischen und politischen Besonderheiten Rücksicht nehmen zu können, die den Erlass der bereits bestehenden autonom-nationalen Regularisierungen bedingt haben. Folglich sollten keine speziellen Mindesterteilungsvoraussetzungen festgelegt werden, damit die Mitgliedstaaten wie bisher gem Art 6 Abs 4 RückführungsRL auf kontextuelle Gegebenheiten mittels Regularisierungen reagieren können. Die Regelung von verfahrensrechtlichen Aspekten wäre aber auch im Hinblick auf diese Art von Regularisierungen zielführend. Die Priorität sollte aber auf die erste Harmonisierungsphase gelegt werden und erst, wenn diesbezüglich eine Einigung erzielt werden konnte, die zweite – sozusagen zeitlich gestaffelt – in Angriff genommen werden.

Die materiellen und formellen Voraussetzungen müssen klar formuliert sein und dürfen den zuständigen Behörden keinen zu großen Ermessensspielraum einräumen, da ansonsten keine Rechtssicherheit gegeben ist. Dies wurde im Rahmen des Rechtsvergleichs bei einigen Regularisierungen festgestellt. Bei der spanischen „Aufenthaltsberechtigung und Arbeitserlaubnis aus außergewöhnlichen Gründen aufgrund der Zusammenarbeit gegen organisierte Netzwerke" ist etwa nicht geklärt, wie der Begriff „Zusammenarbeit" auszulegen ist.

Ein im Rahmen einer RegularisierungsRL erlangtes Aufenthaltsrecht muss jedenfalls einen rechtmäßigen Aufenthalt begründen. Ein wesentlicher Punkt im Hinblick auf das gewährte Aufenthaltsrecht ist, dass den irregulär aufhältigen Migrant*innen die Verlängerung des Aufenthaltsrechts oder der Umstieg ins „ordentliche" Aufenthaltsregime ermöglicht wird.

Mein Harmonisierungsvorschlag müsste so ausgestaltet sein, dass er sich kohärent in das derzeitige Einwanderungs- und Aufenthaltsregime der EU bzw der Mitgliedstaaten einfügt. Deshalb scheint mir eine eigenständige RegularisierungsRL die beste Lösung zu sein, um einerseits einen Ausgleich zwischen den Interessen der EU und der Mitgliedstaaten sowie denen von irregulär aufhältigen Migrant*innen zu finden und andererseits klare Rahmenbedingungen zu schaffen.

Im Sinne des komplementären Konzepts der „Einwanderung von innen" scheint die Einführung einer RegularisierungsRL somit das fehlende Bindeglied in der gemeinsamen Einwanderungspolitik zu sein. Versteht man „Bekämpfung" irregulärer Einwanderung im Einklang mit dem Primärrecht und im Sinne von *Bast* als „Einwanderung von innen", ergibt sich für die EU die Chance, irreguläre Einwanderung wirksamer zu „bekämpfen". Anhand von Regularisierungen könnte die EU somit das Vollzugsdefizit von Rückführungen verringern und eine „aktive Migrationspolitik betreiben", die „Einfluss auf die Rechtswirklichkeit" ausübt. Derart würden sowohl die Grundrechtspositionen irregulär aufhältiger Migrant*innen als auch die Steuerungsinteressen der Mitgliedstaaten eine Stärkung erfahren und im Sinne eines Ausgleichs befriedigt werden.

Zusammenfassung

Eine zentrale Herausforderung der Migrationssteuerung auf Unionsebene ist die „Bekämpfung“ irregulärer Einwanderung. Die vorliegende Arbeit widmet sich einem der drängendsten Probleme der EU-Rückführungspolitik, in concreto der niedrigen Rückführungsrate irregulär aufhältiger Migrant*innen. Jährlich werden nur rund 40 % aller Rückkehrentscheidungen auch tatsächlich vollzogen. Mögliche Lösungsansätze finden sich in den Rechtsordnungen ausgewählter Mitgliedstaaten. Deshalb wird die deutsche, österreichische und spanische Rechtslage in einem Rechtsvergleich analysiert. Die drei Mitgliedstaaten „bekämpfen“ den irregulären Aufenthalt von Migrant*innen mithilfe eines differenzierten Systems von Regularisierungen. Regularisierungen, verstanden als Rechtsinstrument, stellen eine Alternative zu Rückführungen dar und umschreiben jede rechtliche Entscheidung, die irregulär aufhältigen Migrant*innen ein Aufenthaltsrecht gewährt. Sie beenden den irregulären Aufenthalt von Migrant*innen, allerdings nicht durch eine Rückführung iSe Außerlandesbringung, sondern durch die Gewährung eines Aufenthaltsrechts. Anhand dieser Untersuchung wird die folgende These entwickelt: Durch unionsrechtlich normierte Regularisierungen, die die derzeitige Rückführungspolitik der EU ergänzen, wird die irreguläre Einwanderung auf Unionsebene wirksamer „bekämpft“.

Abstract

A key challenge in managing migration at the EU level has been 'combatting' of irregular immigration. The present book addresses perhaps one of the most pressing structural problems regarding the EU's return policy: the enforcement deficit in returning migrants who stay irregularly. Only 40 per cent of return decisions are actually enforced. Possible solutions are found in the national legal frameworks of selected EU Member States, which is why Germany, Austria and Spain are examined comparatively. These three Member States target the status of 'irregular residence' through a differentiated system of regularisations. Regularisations represent an alternative to returns and these legal instruments can be understood as any legal decision that grants migrants a legal residence. They terminate the irregular stay of migrants through granting residence permits rather than through deportation. This analysis leads to the following thesis: irregular immigration can be 'fought' more effectively with EU Law Regularisations on the EU level, which would effectively complement the existing rules of the EU return policy.

Extracto

Un desafío clave en la gestión de la migración a nivel de la UE ha sido el "combate" de la inmigración irregular. La presente tesis aborda tal vez uno de los problemas estructurales más apremiantes relacionados con la política de retorno de la UE: el déficit de cumplimiento de la ley en los migrantes retornados que se quedan de forma irregular. Solo el 40 % de las decisiones de retorno se efectúan. Se pueden encontrar soluciones posibles en los marcos legales nacionales de los Estados miembros seleccionados de la UE. Por lo tanto, Alemania, Austria y España se examinan comparativamente. Los tres Estados miembros apuntan al estado de "residencia irregular" a través de un sistema diferenciado de regularizaciones. Las regularizaciones, entendidas como un instrumento legal, representan una alternativa a los retornos. Terminan la estancia irregular de los migrantes mediante la concesión de autorizaciones de residencia y no mediante la deportación. Tras esta problematización, se puede hacer la siguiente suposición: la inmigración irregular puede ser "combatida" de manera más efectiva con las regularizaciones de la legislación de la UE a nivel europeo, lo que complementaría las normas existentes de la política de retorno de la UE.

Übersetzungen Deutsch – Spanisch[2533]

Anordnung	instrucción
Anregung	sugerencia
Arbeitsverhältnis	relación laboral
Aufenthaltsberechtigung aus außergewöhnlichen Gründen	residencia temporal por circunstancias excepcionales
Ausländer*innen	extranjeros
Ausländerrecht	derecho de extranjería
Autonome Region	Comunidad Autónoma
befristete Aufenthaltsberechtigung	autorización de residencia temporal
Beschluss des Verfassungsgerichts	auto del Tribunal Constitucional
Beschwerde	queja
Empfehlung	recomendación
Entscheidungsgrund	fundamento jurídico
familiäre Verwurzelung	arraigo familiar
Internationaler Schutz	protección internacional
Königliche Verordnung	Real Decreto
Ministerrat	Consejo de Ministros
Ombudsmann	Defensor del Pueblo
Ordnungswidrigkeit	infracción
Organgesetz	Ley Orgánica
soziale Verwurzelung	arraigo social
Spanische Verfassung	Constitución Española
Spanisches Amtsblatt	Boletín Oficial del Estado

Staatsrat	Consejo de Estado
Staatssekretärsamt für Migration	Secretaría de Estado de Migraciones
Staatssekretärsamt für nationale Sicherheit	Secretaría de Estado de Seguridad
Stellungnahme	dictamen
Übergangsbestimmung	disposición transitoria
Urteil des Obersten Gerichtshofs	Sentencia del Tribunal Supremo (STS)
Urteil des Obersten Gerichtshofs einer autonomen Region	Sentencia del Tribunal Superior de Justicia (STSJ)
Urteil des Verfassungsgerichts	Sentencia del Tribunal Constitucional (STC)
Vertreter*innen der Zentralregierung bzw Regierungsbeauftragte	Delegaciones y Subdelegaciones del Gobierno
Verwaltungsakt	acto administrativo
Verwaltungsgericht	Tribunal de lo Contencioso-Administrativo
Verwaltungsgerichtsbarkeit	Jurisdicción Contencioso-Administrativa
Verwaltungsklage	Recurso Contencioso-Administrativo
Verwurzelung	arraigo
Zusatzbestimmung	disposición adicional

2533 Die Übersetzungen basieren großteils auf *Daum/Salán García/Becher*, Wörterbuch Recht = Diccionario jurídico[2] (2016) bzw auf persönlichen Spanischkenntnissen.

Übersetzungen Spanisch – Deutsch

acto administrativo	Verwaltungsakt
arraigo	Verwurzelung
arraigo familiar	familiäre Verwurzelung
arraigo social	soziale Verwurzelung
Auto del Tribunal Constitucional	Beschluss des Verfassungsgerichts
autorización de residencia temporal	befristete Aufenthaltsberechtigung
Boletín Oficial del Estado	Spanisches Amtsblatt
Comunidad Autónoma	Autonome Region
Consejo de Estado	Staatsrat
Consejo de Ministros	Ministerrat
Constitución Española	Spanische Verfassung
Defensor del Pueblo	Ombudsmann
Delegaciones y Subdelegaciones del Gobierno	Vertreter*innen der Zentralregierung bzw Regierungsbeauftragte
derecho de extranjería	Ausländerrecht
dictamen	Stellungnahme
disposición adicional	Zusatzbestimmung
disposición transitoria	Übergangsbestimmung
extranjeros	Ausländer*innen
fundamento jurídico	Entscheidungsgrund
infracción	Ordnungswidrigkeit
instrucción	Anordnung
Jurisdicción Contencioso-Administrativa	Verwaltungsgerichtsbarkeit
Ley Orgánica	Organgesetz
protección internacional	Internationaler Schutz
queja	Beschwerde

Real Decreto	Königliche Verordnung
recomendación	Empfehlung
Recurso Contencioso-Administrativo	Verwaltungsklage
relación laboral	Arbeitsverhältnis
residencia temporal por circunstancias excepcionales	Aufenthaltsberechtigung aus außergewöhnlichen Gründen
Secretaría de Estado de Migraciones	Staatssekretärsamt für Migration
Secretaría de Estado de Seguridad	Staatssekretärsamt für nationale Sicherheit
Sentencia del Tribunal Constitucional (STC)	Urteil des Verfassungsgerichts
Sentencia del Tribunal Superior de Justicia (STSJ)	Urteil des Obersten Gerichtshofs einer autonomen Region
Sentencia del Tribunal Supremo (STS)	Urteil des Obersten Gerichtshofs
sugerencia	Anregung
Tribunal de lo Contencioso-Administrativo	Verwaltungsgericht

Literaturverzeichnis

Abarca Junco/Alonso-Olea García/Lacruz López/Martín Dégano/Vargas Gómez-Urrutia, Inmigración y Extranjería: Régimen jurídico básico[5] (2011).

Acale Sánchez, La Residencia de mujeres víctimas de violencia de género in *Boza Martínez/Donaire Villa/Moya Malapeira* (Hrsg), Comentario a la reforma de la ley de extranjería (LO 2/2009) (2011) 321.

Acosta Arcarazo, The Charter, detention and possible regularization of migrants in an irregular situation under the Returns Directive: Mahdi, CMLRev 2015, 1361.

Acosta Arcarazo/Romano, The Returns Directive and the Expulsion of Migrants in an Irregular Situation in Spain, EU Law Analysis, Blog v 2. 5. 2015, www.eulaw-analysis.blogspot.co.uk/2015/05/the-returns-directive-and-expulsion-of.html (27.11.2018).

Acosta Arcarazo, The Returns Directive in *Peers/Guild/Acosta Arcarazo/Groenendijk/Moreno-Lax* (Hrsg), EU Immigration and Asylum Law. Vol 2: EU Immigration Law[2] (2012) 455.

Aguilera Izquierdo, El acceso de los inmigrantes irregulares al mercado de trabajo: Los procesos de regularización extraordinaria y el arraigo social y laboral, Revista del Ministerio de Trabajo y Asuntos Sociales 2006, 175.

Aja (Hrsg), Los derechos de los inmigrantes en España (2009).

Aja, La evolución de la normativa sobre inmigración in *Aja/Arango* (Hrsg), Veinte Años de Inmigración en España: Perspectiva jurídica y sociológica (1985-2004) (2006) 17.

Akyürek, Das Assoziationsabkommen EWG – Türkei: Aufenthalt und Beschäftigung von türkischen Staatsangehörigen in Österreich (2005).

Álvarez Rodríguez/Marrero González, Attribution of Spanish Nationality to Children Born in Spain with the Purpose of Avoiding Situations of Statelessness at Birth in *Carrera Nuñez/de Groot* (Hrsg), European Citizenship at the Crossroads: The Role of the European Union on Loss and Acquisition of Nationality (2015) 267.

Angenedt, Irreguläre Migration als internationales Problem, SWP Studie v Dezember 2007, https://www.swp-berlin.org/fileadmin/contents/products/studien/2007_S33_adt_ks.pdf (10.10.2018).

Apap/de Bruycker/Schmitter, Regularisation of Illegal Aliens in the European Union. Summary Report of a Comparative Study, EJML 2000, 263.

Apap/de Bruycker/Schmitter, Rapport de synthèse sur la comparaison des régularisations d'étrangers illégaux dans l'Union européenne in *De Bruycker* (Hrsg), Les regularisations des étrangers illégaux dans l'union européenne. Regularisations of illegal immigrants in the European Union (2000) 24.

Arango/Finotelli, Country Report Spain in *Baldwin-Edwards/Kraler* (Hrsg), REGINE Regularisations in Europe: Appendix A Country Studies v Jänner 2009, https://ec.europa.eu/home-affairs/sites/homeaffairs/files/e-library/documents/policies/legal-migration/pdf/general/regine_appendix_b_january_2009_en.pdf (11.10.2018) 83.

Arrese Iriondo, La problemática jurídica de las situaciones irregulares: la expulsión como sanción a la situación irregular, Revista de Derecho Migratorio y Extranjería 2010/25, 73.

Asín Cabrera, La residencia y protección de los menores inmigrantes no acompañados in *Boza Martínez/Donaire Villa/Moya Malapeira* (Hrsg), La nueva regulación de la inmigración y la extranjería en España (2012) 307.

Ataç, Die diskursive Konstruktion von Flüchtlingen und Asylpolitik in Österreich seit 2000 in *Hunger/Pioch/Rother* (Hrsg), Migrations- und Integrationspolitik im europäischen Vergleich – Jahrbuch Migration 2012/2013 (2014) 113.

Augustin, Die Rückführungsrichtlinie der Europäischen Union. Richtliniendogmatik, Durchführungspflichten, Reformbedarf (2016).

Bache/Flinders, Multi-Level Governance (2004).

Bachmann, Das Bleiberecht – eine vorläufige Bilanz, migraLex 2010, 95.

Baer, Verfassungsvergleichung und reflexive Methode: Interkulturelle und intersubjektive Kompetenz, ZaöRV 2004, 735.

Baldaccini/Guild/Toner (Hrsg), Whose Freedom, Security and Justice? EU Immigration and Asylum Law and Policy (2007).

Baldwin-Edwards, Regularisations and Employment in Spain, REGANE Assessment Report v Februar 2014, http://research.icmpd.org/fileadmin/Research-Website/Project_material/REGANE/REGANE_Assessment_Spain_Final_Sentout.pdf (31.7.2019).

Baldwin-Edwards/Kraler, REGINE Regularisations in Europe: Study on the practices in the area of regularization of illegally staying third-country nationals in the Member States of the EU, Final Report v Jänner 2009, https://ec.europa.eu/home-affairs/sites/homeaffairs/files/e-library/documents/policies/legal-migration/pdf/general/regine_report_january_2009_en.pdf (11.10.2018).

Barcelón Cobedo, Autorización de Residencia por motivos laborales. Régimen general in *Boza Martínez/Donaire Villa/Moya Malapeira* (Hrsg), La nueva regulación de la inmigración y la extranjería en España (2012) 364.

Bassermann, Überblick über nationale Schutzstatus in Österreich v Mai 2019, https://www.emn.at/wp-content/uploads/2019/09/emn-natioanler-bericht-2019_nationale-schutzstatus.pdf (15.10.2019).

Bast, Aufenthaltsrecht und Migrationssteuerung (2011).

Bast, Es gibt kein solidarisches Asylsystem in Europa, Verfassungsblog v 21. 10. 2013, http://verfassungsblog.de/es-gibt-kein-solidarisches-asylsystem-in-europa/ (5.12.2018).

Bast, Illegale Migration und die Rechte von illegalen Migrantinnen und Migranten als Regelungsgegenstände des Europarechts in *Fischer-Lescano/Kocher/Nassibi* (Hrsg), Arbeit in der Illegalität: Die Rechte von Menschen ohne Aufenthaltspapiere (2012) 71.

Bast, Illegaler Aufenthalt und europarechtliche Gesetzgebung, ZAR 2012, 1.

Bast, Solidarität im europäischen Einwanderungs- und Asylrecht in *Kadelbach* (Hrsg), Solidarität als Europäisches Rechtsprinzip? (2014) 19.

Bast, Ursprünge der Europäisierung des Migrationsrechts in FS Kay Hailbronner (2013) 3.

Bast, Völker- und unionsrechtliche Anstöße zur Entterritorialisierung des Rechts, VVDStRL 2016/76, 278.

Bast, Vom subsidiären Schutz zum europäischen Flüchtlingsbegriff, ZAR 2018, 41.

Bast, Zehn Jahre Aufenthaltsgesetz, DÖV 2013, 214.

Bast/Thym, Streitgespräch zum rechtlichen Zustand des europäischen und deutschen Asylsystems, vorgänge 208 Heft 4/2014, 4.

Battjes in *Hailbronner/Thym* (Hrsg), EU Immigration and Asylum Law. A Commentary[2] (2016) Art 23 Asylum Qualification Directive.

Bauder, Why We Should Use the Term 'Illegalized' Refugee or Immigrant: A Commentary, IJRL 2014, 327.

Bauer, Zuwanderung nach Österreich, Studie v Jänner 2008, http://www.forschungsnetzwerk.at/downloadpub/zuwanderung_nach_oesterreich_studie2008_oegpp.pdf (11.10.2018).

Bauer/Dollinger in *Bergmann/Dienelt* (Hrsg), Kommentar Ausländerrecht[12] (2018) § 60a AufenthG.

Bausager/Møller/Ardittis, Study on the situation of third-country nationals pending return/removal in the EU Member States and the Schengen Associated, Studie v 11.3.2013, https://ec.europa.eu/home-affairs/sites/homeaffairs/files/e-library/documents/policies/irregular-migration-return/return-readmission/docs/11032013_sudy_report_on_immigration_return-removal_en.pdf (19.12.2018).

Beaucamp, Umweltrechtsvergleichung – Hoffnungen, Probleme und Ausschnitte aus der Realität, Umwelt- und Planungsrecht 2001, 134.

Becker, Die Flüchtlingsdebatte in den Medien Deutschlands – Eine korpus- und diskurslinguistische Untersuchung der Konzeptualisierung von Angst, Sprachreport 2016/1, 1.

Beichel-Benedetti in *Huber* (Hrsg), Kommentar Aufenthaltsgesetz[2] (2016) § 54 AufenthG.

Beichel-Benedetti, Die Neuregelung der Abschiebungshaft im Gesetz zur Neubestimmung des Bleiberechts und der Aufenthaltsbeendigung, NJW 2015, 2541.

Belgrano Ledesma, Solicitar una autorización de residencia temporal por arraigo social, Iuris 2010/151, 59.

Bell, Comparing Public Law in *Harding/Örücü* (Hrsg), Comparative Law in the 21st Century (2002) 235.

Berger, Die Grenzen der Unionsbürgerschaft in *Schroeder/Obwexer* (Hrsg), 20 Jahre Unionsbürgerschaft: EuR Beiheft 1/2015 (2015) 195.

Berger/Tanzer, Die Rückführungsrichtlinie im Spannungsfeld von effektiver Rückführungspolitik und Grundrechtsschutz – eine Analyse unter Berücksichtigung der österreichischen Gesetzeslage in *Salomon* (Hrsg), Text und Kontext des Asylrechts (2020) im Erscheinen.

Bergmann/Dienelt (Hrsg), Kommentar Ausländerrecht[12] (2018).

Bergmann/Eichenhofer/Hörich/Janda/Nestler/Stamm/Tewocht/Vogt, Einwanderungsgesetz: Hallescher Entwurf zur Neuordnung der Dogmatik des Aufenthaltsrechts (2019).

Bergmann/Röcker in *Bergmann/Dienelt* (Hrsg), Kommentar Ausländerrecht[12] (2018) § 23a und 25 AufenthG.

Berka, Verfassungsrecht[7] (2018).

Berlit, Migration und ihre Folgen – Wie kann das Recht Zuwanderung und Integration in Gesellschaft, Arbeitsmarkt und Sozialordnung steuern? (Teil 1), ZAR 2018, 229.

Berlit, Migration und ihre Folgen – Wie kann das Recht Zuwanderung und Integration in Gesellschaft, Arbeitsmarkt und Sozialordnung steuern? (Teil 2), ZAR 2018, 287.

Bernhardt, Eigenheiten und Ziele der Rechtsvergleichung im öffentlichen Recht, ZaöRV 1964, 431.

Bigo, Border Regimes Police Cooperation and Security in an Enlarged European Union in *Zielonka* (Hrsg), Europe Unbound: Enlarging and Reshaping the Boundaries of the European Union (2003) 213.

Błuś, Beyond the Walls of Paper. Undocumented Migrants, the Border and Human Rights, EJML 2013, 413.

Boeles/den Heijer/Lodder/Wouters, European Migration Law[2] (2014).

Böhning, Regularising the Irregular, International Migration 1983, 159.

Bommes, Illegale Migration in der modernen Gesellschaft – Resultat und Problem der Migrationspolitik europäischer Nationalstaaten in *Alt/Bommes* (Hrsg), Illegalität: Grenzen und Möglichkeiten der Migrationspolitik (2006) 95.

Bosniak, Human Rights, State Sovereignty and the Protection of Undocumented Migrants under the International Migrant Workers Convention, International Migration Review 1991, 737.

Boswell, The Politics of Irregular Migration in *Azoulai/De Vries* (Hrsg), EU Migration Law: Legal Complexities and Political Rationales (2014) 41.

Boza Martínez, El procedimiento sancionador en general y, particularmente, los procedimientos de expulsión in *Boza Martínez/Donaire Villa/Moya Malapeira* (Hrsg), Comentario a la reforma de la ley de extranjería (LO 2/2009) (2011) 261.

Boza Martínez, El régimen sancionador en la normativa de extranjería in *Boza Martínez/Donaire Villa/Moya Malapeira* (Hrsg), La nueva regulación de la inmigración y la extranjería en España (2012) 471.

Boza Martínez, La regularización de los progenitores de menores de nacionalidad española y la necesidad de una solución reglamentaria a la cuestión, WP 1/2011 v 9.2.2011, http://idpbarcelona.net/docs/public/wp/workingpaper5.pdf (10.10.2018).

Boza Martínez/Donaire Villa/Moya Malapeira (Hrsg), La nueva regulación de la inmigración y la extranjería en España (2012).

Boza Martínez/Donaire Villa/Moya Malapeira (Hrsg), Comentario a la reforma de la ley de extranjería (LO 2/2009) (2011).

Boza Martínez/Donaire Villa/Moya Malapeira, La normativa española de extranjería y asilo: evolución y características principales in *Boza Martínez/Donaire Villa/ Moya Malapeira* (Hrsg), La nueva regulación de la inmigración y la extranjería en España (2012) 15.

Bröcker, Die externen Dimensionen des EU-Asyl- und Flüchtlingsrechts im Lichte der Menschenrechte und des Völkerrechts (2010).

Bydlinski, Das bewegliche System und juristische Methodenlehre in *Bydlinski/Krejci/Schilcher/Steininger* (Hrsg), Das Bewegliche System im geltenden und künftigen Recht (1986) 21.

Cabellos Espiérrez/Roig Molés, El tratamiento jurídico del extranjero en situación regular in *Aja/Arango* (Hrsg), Veinte Años de Inmigración en España: Perspectiva jurídica y sociológica (1985-2004) (2006) 113.

Calliess/Maurer, Transnationales Recht – eine Einleitung in *Calliess* (Hrsg), Transnationales Recht: Stand und Perspektiven (2014) 1.

Camas Roda, Trabajo decente e inmigrantes en España: Un estudio sobre los derechos laborales de los trabajadores migrantes y del objetivo internacional del trabajo decente (2016).

Cambien, EU Citizenship and the Right to Care in *Kochenov* (Hrsg), EU Citizenship and Federalism: The Role of Rights (2017) 489.

Caponio/Borkert (Hrsg), The Local Dimension of Migration Policymaking (2010).

Carbajal García, El arraigo como circunstancia excepcional para poder residir y trabajar legalmente en España, Revista de Derecho Migratorio y Extranjería 2012/29, 55.

Caritas Österreich, Stellungnahme zum BBU-G v 12.4.2019, https://www.parlament.gv.at/PAKT/VHG/XXVI/SNME/SNME_04210/imfname_749935.pdf (30.6.2019).

Carlin, Statement by the ICM Director James L. Cadin, International Migration 1983, 97.

Carrera Nuñez/de Groot (Hrsg), European Citizenship at the Crossroads: The Role of the European Union on Loss and Acquisition of Nationality (2015).

Carrera/Guild, Addressing Irregular Migration, Facilitation and Human Trafficking: The EU's Approach in *Carrera/Guild* (Hrsg), Irregular Migration, Trafficking and Smuggling of Human Beings: Policy Dilemmas in the EU (2016) 1.

Carrera/Guild/Aliverti/Allsopp/Manieri/Levoy, Fit for purpose? The Facilitation Directive and the criminalisation of humanitarian assistance to irregular migrants, Studie v 2016, http://www.europarl.europa.eu/RegData/etudes/STUD/2016/536490/IPOL_STU%282016%29536490_EN.pdf (11.10.2018).

Carrera/Parkin, Protecting and Delivering Fundamental Rights of Irregular Migrants at Local and Regional Levels in the European Union, Studie v 14.11.2011, https://www.ceps.eu/system/files/book/2011/11/Background%2BPaper%2B-%2BAnnual%2Bdialogue%2Bon%2Bfundamental%2Brights%5B1%5D.pdf (2.11.2018).

Carrillo, La jurisdicción constitucional española y el caso chileno, Revista de Derecho 2001, 75.

Castanedo García, Examen de la jurisprudencia existente relativa a los artículos 57 y 58 de la ley orgánica 4/2000, de 11 de enero y su desarrollo reglamentario, y las sentencias de distintos tribunales superiores de justicia sobre la materia, Revista de Derecho Migratorio y Extranjería 2014/36, 261.

Cerdán/Maas, Ein Überblick über die Neuerungen im spanischen Ausländerrecht, ZAR 2010, 105.

Cerezo Mariscal, La gestión de los procesos de la irregularidad estructural y sobrevenida en España. Análisis maquetado del arraigo, Revista de Derecho 2015, 657.

Cholewinski, Control of Irregular Migration and EU Law and Policy: A Human Rights Deficit in *Peers/Rogers* (Hrsg), EU Immigration and Asylum Law: Text and Commentary (2006) 899.

Cholewinski, European Policy on Irregular Migration: Human Rights Lost? in *Bogusz/Cholewinski/Cygan/Szyszczak* (Hrsg), Irregular Migration and Human Rights: Theoretical, European and International Perspectives (2004) 159.

Cholewinski, No Right of Entry in *Groenendijk/Guild/Minderhoud* (Hrsg), In Search of Europe's Borders (2002) 105.

Cholewinski, The Criminalisation of Migration in EU Law and Policy in *Baldaccini/Guild/Toner* (Hrsg), Whose Freedom, Security and Justice? EU Immigration and Asylum Law and Policy (2007) 301.

Cobas Cobiella, Menores y Extranjería: Situaciones de regularización, Revista Boliviana de Derecho 2015/20, 100.

Cole/Quintel, Data Retention under the Proposal for an EU Entry/Exit System (EES): Analysis of the impact on and limitations for the EES by Opinion 1/15 on the EU/Canada PNR Agreement of the Court of Justice of the European Union, Legal Opinion v 2017, http://orbilu.uni.lu/bitstream/10993/35446/1/Legal%20Opinion.PDF (25.10.2018).

Colomer Hernández, Tutela jurisdiccional y extranjería in *Palomar Olmeda* (Hrsg), Tratado de Extranjería^{5} (2012) 633.

Comisión Española de Ayuda al Refugiado, Dossier: Proceso de regularización de trabajadores extranjeros ilegales v 1991.

Conde Antequera, Art 21 LODYLE in *Monereo Pérez/Fernández Avilés/Triguero Martínez* (Hrsg), Comentario a la ley y al reglamento de Extranjería, Inmigración e Integración Social^{2} (2013) 337.

Consejo General del Poder Judicial, Informe sobre víctimas mortales de la violencia de género y de la violencia doméstica en el ámbito de la pareja o ex pareja en el año 2015, Bericht v 2015.

Constantinesco, Rechtsvergleichung: Band I (1971).

Constantinesco, Rechtsvergleichung: Band II (1972).

Cornelisse, Immigration Detention and Human Rights: Rethinking Territorial Sovereignty (2010).

Costello, Administrative Governance and the Europeanisation of Asylum and Immigration Policy in *Hofmann/Türk* (Hrsg), EU Administrative Governance (2006) 287.

Costello, The Human Rights of Migrants and Refugees in European Law (2015).

Cyrus/Kovacheva, Undocumented Migration in Germany: Many Figures, Little Comprehension in *Triandafyllidou* (Hrsg), Irregular Migration: Myths and Realities (2010) 125.

Czech in *Abermann/Czech/Kind/Peyrl* (Hrsg), NAG Kommentar[2] (2019) § 3 NAG.

Da Lomba, Vulnerability and the Right to Respect for Private Life as an Autonomous Source of Protection against Expulsion under Article 8 ECHR, Laws 2017/6/32.

Dalli Almiñana, La violencia de género y el acceso de las víctimas extranjeras en situación administrativa irregular a los servicios sanitarios: consecuencias del real decreto-ley 16/2012, Revista de Derecho Migratorio y Extranjería 2014/36, 39.

Daum/Salán García/Becher, Wörterbuch Recht = Diccionario jurídico[2] (2016).

Dauvergne, Making People Illegal: What Globalization Means for People and Law (2008).

De Bruycker (Hrsg), Les regularisations des étrangers illégaux dans l'union européenne. Regularisations of illegal immigrants in the European Union (2000).

De Weck, Non-Refoulement under the European Convention on Human Rights and the UN Convention against Torture (2016).

Decker in *Posser/Wolff* (Hrsg), BeckOK VwGO (47. Edition, 1.10.2018) § 113 VwGO.

Defensor del Pueblo, ¿Menores o Adultos? Procedimientos para la determinación de la edad, Bericht v 2012, https://www.defensordelpueblo.es/wp-content/uploads/2015/05/2011-09-Menores-o-Adultos-Procedimientos-para-la-determinaci%C3%B3n-de-la-edad1.pdf (8.10.2018).

Defensor del Pueblo, Estudio sobre el asilo en España, Bericht v Juni 2016, https://www.defensordelpueblo.es/wp-content/uploads/2016/07/Asilo_en_Espa%C3%B1a_2016.pdf (8.10.2018).

Defensor del Pueblo, La violencia domestica contra las mujeres, Bericht v 1998, https://www.defensordelpueblo.es/wp-content/uploads/2015/05/1998-01-La-violencia-dom%C3%A9stica-contra-las-mujeres.pdf (8.10.2018).

Delgado Godoy, Política de inmigración y cambio de gobierno in *Palomar Olmeda* (Hrsg), Tratado de Extranjería[5] (2012) 113.

Della Torre, Bottom-up Approaches to the Regularisation of Undocumented Migrants. The Swiss Case in *Rijken/de Lange* (Hrsg), Towards a Decent Labour Market for Low-Waged Migrant Workers (2018) 231.

Dembour, When Humans Become Migrants (2015).

Den Heijer/Rijpma/Spijkerboer, Coercion, Prohibition and Great Expectations: The Continuing Failure of the Common European Asylum System, CMLRev 2016, 607.

Depenheuer/Grabenwarter (Hrsg), Der Staat in der Flüchtlingskrise: Zwischen gutem Willen und geltendem Recht (2017).

Dérens/Rico, Auf der Balkanroute, Le Monde diplomatique (Deutsche Ausgabe) April 2016, 4.

Desmond, Regularization in the European Union and the United States. The Frequent Use of an Exceptional Measure in *Wiesbrock/Acosta Arcarazo* (Hrsg), Global Migration: Old Assumptions, New Dynamics. Vol 1 (2015) 69.

Desmond, The Development of a Common EU Migration Policy and the Rights of Irregular Migrants: A Progress Narrative?, HRLR 2016, 247.

Deutsch/Nowotny/Seitz, Ausländerbeschäftigungsrecht Kommentar[2] (2018).

Deutscher Anwaltverein, Stellungnahme zur Abschaffung des § 10 Absatz 3 Satz 2 Aufenthaltsgesetz (AufenthG) v April 2013, https://dav-migrationsrecht.de/files/page/0_47513700_1402160616s.pdf (11.10.2018).

Díaz Crego/García Vitoria, Los derechos de los migrantes in *García Roca* (Hrsg), ¿Hacia una globalización de los derechos? El impacto de las sentencias del Tribunal Europeo y de la Corte Interamericana (2017) 363.

Díaz Morgado, La residencia de mujeres víctimas de violencia de género in *Boza Martínez/Donaire Villa/Moya Malapeira* (Hrsg), La nueva regulación de la inmigración y la extranjería en España (2012) 223.

Díaz Morgado, La residencia de víctimas de trata de personas y la residencia por colaboración contra redes organizadas in *Boza Martínez/Donaire Villa/Moya Malapeira* (Hrsg), La nueva regulación de la inmigración y la extranjería en España (2012) 340.

Diekmann, Menschenrechtliche Grenzen des Rückführungsverfahrens in Europa (2016).

Dienelt in *Bergmann/Dienelt* (Hrsg), Kommentar Ausländerrecht[12] (2018) § 18a AufenthG.

Doehring, Neuregelungen des deutschen Fremdenrechts durch das „Ausländergesetz“ von 1965, ZaöRV 1965, 478.

Donaire Villa/Moya Malapeira, Marco competencial y organización administrativa de la inmigración in *Boza Martínez/Donaire Villa/Moya Malapeira* (Hrsg), La nueva regulación de la inmigración y la extranjería en España (2012) 521.

Dougan, Judicial Activism or Constitutional Interaction? Policymaking by the ECJ in the Field of Union Citizenship in *Micklitz/De Witte* (Hrsg), The European Court of Justice and the Autonomy of the Member States (2012) 113.

Drüeke/Fritsche, Geflüchtete in den Medien – Medien für Geflüchtete, Medien Journal 2015/4, 12.

Dumon, Effects of Undocumented Migration for Individuals concerned, International Migration 1983, 218.

Düvell, Irreguläre Immigration nach Europa: Eine Einführung in *Falge/Fischer-Lescano/Sieveking* (Hrsg), Gesundheit in der Illegalität: Rechte von Menschen ohne Aufenthaltspapiere (2009) 23.

Düvell, Paths into Irregularity: The Legal and Political Construction of Irregular Migration, EJML 2011, 275.

Düvell, The Pathways in and out of Irregular Migration in the EU: A Comparative Analysis, EJML 2011, 245.

Ebert, Rechtsvergleichung (1978).

Ecker, Schnittstellen zwischen AsylG 2005 und NAG unter besonderer Berücksichtigung von „Bleiberecht" und Familienzusammenführung in *Filzwieser/Taucher* (Hrsg), Asyl- und Fremdenrecht. Jahrbuch 2016 (2016) 83.

Eckertz-Höfer, Neuere Entwicklungen in Gesetzgebung und Rechtsprechung zum Schutze des Privatlebens, ZAR 2008, 41.

Eckertz-Höfer, Neuere Entwicklungen in Gesetzgebung und Rechtsprechung zum Schutze des Privatlebens: Fortsetzung des Beitrags aus Heft 2/2008, ZAR 2008, 93.

ECRE, ECRE Comments on the Commission Proposal for a Recast Return Directive COM(2018) 634, Studie v November 2018, https://www.ecre.org/wp-content/uploads/2018/11/ECRE-Comments-Commission-Proposal-Return-Directive.pdf (30.6.2019).

Ehrlich, Grundlegung der Soziologie des Rechts (1913).

Eichler, Das Sanktionsregime der „Duldung light". Die neue „Duldung für Personen mit ungeklärter Identität" nach § 60b AufenthG, Das Migrationspaket – Beilage zum Asylmagazin 8–9/2019, 64.

Eichler, Die „neue" Ausbildungsduldung: Möglichkeiten und Hindernisse in der Umsetzung des § 60a Abs. 2 S. 4 ff., Asylmagazin 2017, 177.

Einwallner, Asyl- und Fremdenrecht 2010 – Bloß noch Spielball der Politik, juridikum 2010, 68.

Eisele, The External Dimension of the EU's Migration Policy (2014).

Eisele, The proposed Return Directive (recast). Substitute Impact Assessment, Studie v Februar 2019, http://www.europarl.europa.eu/RegData/etudes/STUD/2019/631727/EPRS_STU(2019)631727_EN.pdf (30.6.2019).

EMN, Asylum and Migration Glossary 3.0 v Oktober 2014, https://www.emn.at/wp-content/uploads/2016/11/emn-glossary-en-version.pdf (19.11.2018).

EMN, Die Gestaltung der Asyl- und Migrationspolitik in Österreich v Dezember 2015, https://www.emn.at/wp-content/uploads/2017/01/Organisationsstudie_AT-EMN-NCP_2016.pdf (19.11.2018).

EMN, Practical Measures to Reduce Irregular Migration, Synthesis Report v Oktober 2012, https://ec.europa.eu/home-affairs/sites/homeaffairs/files/what-we-do/networks/european_migration_network/reports/docs/emn-studies/irregular-migration/00a_emn_synthesis_report_irregular_migration_october_2012_en.pdf (14.11.2018).

EMN, The different national practices concerning granting of non-EU harmonised protection statuses, Synthesis Report v Dezember 2010, https://ec.europa.eu/home-affairs/sites/homeaffairs/files/what-we-do/networks/european_migration_network/reports/docs/emn-studies/non-eu-harmonised-protection-status/0_emn_synthesis_report_noneuharmonised_finalversion_january2011_en.pdf (14.11.2018).

EMN, The effectiveness of return in EU Member States 2017, Synthesis Report v 15.2.2018, http://emn.ie/files/p_201802260500242017_emn_synthesis_return_23.02.2018.pdf (24.10.2018).

Engbersen, The Unanticipated Consequences of Panopticon Europe: Residence Strategies of Illegal Immigrants in *Guiraudon/Joppke* (Hrsg), Controlling a New Migration World (2001) 222.

Esteban de la Rosa, Art 31 LODYLE in *Monereo Pérez/Fernández Avilés/Triguero Martínez* (Hrsg), Comentario a la ley y al reglamento de Extranjería, Inmigración e Integración Social[2] (2013) 491.

Esteban de la Rosa, Art 31bis LODYLE in *Monereo Pérez/Fernández Avilés/Triguero Martínez* (Hrsg), Comentario a la ley y al reglamento de Extranjería, Inmigración e Integración Social[2] (2013) 519.

Europäische Kommission, Clandestino Project, Final Report v 23.11.2009, http://www.statewatch.org/news/2015/mar/eu-com-clandestino-final-report-november-2009.pdf (11.10.2018).

Evan/Grisoli/Treves, Rechtssoziologie und Rechtsvergleichung in *Drobnig/Rehbinder* (Hrsg), Rechtssoziologie und Rechtsvergleichung (1997) 35.

Farahat, Inklusion in der superdiversen Einwanderungsgesellschaft in *Baer/Lepsius/Schönberger/Waldhoff/Walter* (Hrsg), Jahrbuch des öffentlichen Rechts der Gegenwart 66 (2018) 337.

Farahat, Progressive Inklusion: Zugehörigkeit und Teilhabe im Migrationsrecht (2014).

Farahat, Wettbewerb um Migranten? – Die Stratifikation von Freizügigkeitsrechten in der EU in Kadelbach (Hrsg), Wettbewerb der Systeme (2016) 101.

Farcy, Unremovability under the Return Directive: An Empty Protection? in *de Bruycker/Cornelisse/Moraru* (Hrsg), Law and Judicial Dialogue on the Return of Irregular Migrants from the European Union (2020) im Erscheinen.

Fassmann/Münz, Einwanderungsland Österreich? Historische Migrationsmuster, aktuelle Trends und politische Maßnahmen (1995).

Fassmann/Reeger, Austria: From guest worker migration to a country of immigration, IDEA WP Nr 1 v Dezember 2008, https://pdfs.semanticscholar.org/6a3e/fa964375b82ede1eec0a5243a94fe7cf509f.pdf (11.10.2018).

Fehrenbacher, Personenfreizügigkeit zwischen den EG-Mitgliedstaaten und der Schweiz, ZAR 2002, 278.

Fenelly, The European Union and Protection of Aliens from Expulsion, EJML 1999, 313.

Fernández Bessa/Brandariz García, „Perfiles" de deportabilidad: el sesgo del sistema de control migratorio desde la perspectiva de nacionalidad, Estudios penales y criminológicos 2017/27, 307.

Fernández Bessa/Brandariz García, Transformaciones de la penalidad migratoria en el contexto de la crisis económica: El giro gerencial del dispositivo de deportación, Revista para el Análisis del Derecho 2016/4, 1.

Fernández Collados, Régimen de entrada, permanencia y salida de los extranjeros en España in *Palomar Olmeda* (Hrsg), Tratado de Extranjería⁵ (2012) 359.

Fernández Pérez, Los derechos fundamentales y libertades públicas de los extranjeros en España: Una visión desde la doctrina del tribunal constitucional (2016).

Fernández Rojo, La detención de extranjeros en situación irregular: impacto de la directiva 2008/115/CE y la jurisprudencia del TJUE en la legislación española, Revista de Derecho Comunitario Europeo 2016, 233.

Filzwieser/Frank/Kloibmüller/Raschhofer (Hrsg), Kommentar Asyl- und Fremdenrecht (2016).

Fink/Titelbach/Vogtenhuber/Hofer, Gibt es in Österreich einen Fachkräftemangel? Analyse anhand von ökonomischen Knappheitsindikatoren, Studie v Dezember 2015, https://irihs.ihs.ac.at/id/eprint/3891/1/IHS_Fachkräftemangel_Endbericht_09122015_final.pdf (5.7.2019).

Fischer-Lescano, Transnationales Verwaltungsrecht: Privatverwaltungsrecht, Verbandsklage und Kollisionsrecht nach der Arhus-Konvention, JZ 2008, 373.

Fischer-Lescano/Horst, Das Pönalisierungsverbot aus Art. 31 I GFK: Zur Rechtfertigung von Straftraten bei Flüchtlingseinreisen, ZAR 2011, 81.

Fischer-Lescano/Kocher/Nassibi, Einleitung in *Fischer-Lescano/Kocher/Nassibi* (Hrsg), Arbeit in der Illegalität (2012) 7.

Flores, Los derechos fundamentales de los extranjeros irregulares in *Revenga Sánchez* (Hrsg), Problemas constitucionales de la inmigración: una visión desde Italia y España (2005) 153.

Foucault, Überwachen und Strafen: Die Geburt des Gefängnisses (1977).

Fouchs/Schweda, Die Neuregelung der humanitären Aufenthaltstitel im Asylrecht, migraLex 2014, 58.

FRA, Die Grundrechte von Migranten in einer irregulären Situation in der Europäischen Union, Vergleichender Bericht v 2011, http://fra.europa.eu/sites/default/files/fra-11-002-05_migrants_de_webres_1.pdf (11.10.2018).

Frahm, Zugang zu adäquater Grundversorgung für Asylsuchende aus menschenrechtlicher Perspektive, juridikum 2013, 464.

Frankenberg, Comparing constitutions: Ideas, ideals, and ideology—toward a layered narrative, ICON 2006, 439.

Frankenberg, Critical Comparisons: Re-thinking Comparative Law, Harvard International Law Journal 1985, 411.

Franklin, Rights of Third Country Nationals under the EEA Agreement in *Thym/Zoeteweij-Turhan* (Hrsg), Rights of Third-Country Nationals under EU Association Agreements (2014) 127.

Frei, Menschenhandel und Asyl: Die Umsetzung der völkerrechtlichen Verpflichtungen zum Opferschutz im schweizerischen Asylverfahren (2018).

Frenz, Handbuch Europarecht. Band 1. Europäische Grundfreiheiten² (2012).

Frenz, Reichweite des unionsrechtlichen Aufenthaltsrechts nach den Urteilen Zambrano und McCarthy, ZAR 2011, 221.

Frings/Janda/Keßler/Steffen, Sozialrecht für Zuwanderer² (2018).

Funke-Kaiser in *Fritz/Vormeier* (Hrsg), Gemeinschaftskommentar zum Aufenthaltsgesetz (79. Lfg, März 2015) § 60a AufenthG.

Gammeltoft-Hansen, Access to Asylum: International Refugee Law and the Globalization of Migration Control (2011).

Gammeltoft-Hansen/Hathaway, *Non-Refoulement* in a World of Cooperative Deterrence, University of Michigan Law and Economics Research Paper No 14-016 v August 2014.

García Ruiz, La condición de extranjero y el Derecho Constitucional español in *Revenga Sánchez* (Hrsg), Problemas constitucionales de la inmigración: una visión desde Italia y España (2005) 489.

García Andrade, Privileged Third-Country Nationals and their Right of Free Movement in *Guild/Gortázar Rotaeche/Kostakopolou* (Hrsg), The Reconceptualization of European Union Citizenship (2014) 111.

García Vitoria, El impacto de la jurisprudencia del Tribunal Europeo de Derechos Humanos en la expulsión de inmigrantes, Revista General de Derecho Constitucional 2015/20, 1.

García Vitoria, Residencia por Circunstancias Excepcionales. El Arraigo in *Boza Martínez/Donaire Villa/Moya Malapeira* (Hrsg), La nueva regulación de la inmigración y la extranjería en España (2012) 287.

Garlick, Asylum Procedures in *Peers/Moreno-Lax/Garlick/Guild*, EU Immigration and Asylum Law. Vol 3: EU Asylum Law² (2015) 211.

Geiger, Die Beugehaft zur Durchsetzbarkeit von Mitwirkungspflichten im Rahmen des Fremdenpolizeigesetzes, migraLex 2019, 2.

Genge, Das geänderte Asylbewerberleistungsgesetz, Das Migrationspaket – Beilage zum Asylmagazin 8–9/2019, 14.

Gil-Bazo, The Practice of Mediterranean States in the context of the European Union's Justice and Home Affairs External Dimension. The Safe Third Country Concept Revisited, IJRL 2006, 571.

Giménez Bachmann, La situación jurídica de los inmigrantes irregulares en España, Dissertation 2014, Universitat Abab Oliba CEU Barcelona, http://www.tdx.cat/bitstream/handle/10803/295836/Tmgb.pdf?sequence=1 (8.10.2018).

Gimeno Monterde, Menores extranjeros no acompañados. Una cuestión compleja para las políticas públicas y sociales, Revista de Derecho Migratorio y Extranjería 2010/25, 55.

Glaser, Die Entwicklung des Europäischen Verwaltungsrechts aus der Perspektive der Handlungsformenlehre (2013).

Göbel-Zimmermann in *Huber* (Hrsg), Kommentar Aufenthaltsgesetz[2] (2016) §§ 18a und 25 AufenthG.

Göbel-Zimmermann/Hruschka in *Huber* (Hrsg), Kommentar Aufenthaltsgesetz[2] (2016) Vorbemerkungen Abschnitt 2 AsylG.

Göbel-Zimmermann/Masuch/Hruschka in *Huber* (Hrsg), Kommentar Aufenthaltsgesetz[2] (2016) § 60 AufenthG.

Goizueta Vértiz, La entrada a España, los visados y las situaciones de los extranjeros en España: estancia y residencia e irregularidad y arraigo in *Boza Martínez/Donaire Villa/Moya Malapeira* (Hrsg), Comentario a la reforma de la ley de extranjería (LO 2/2009) (2011) 157.

Gómez Díaz, Seguridad Social de los extranjeros. Inmigración y Seguridad Social, una gestión integrada in *Balado Ruiz-Gallegos* (Hrsg), Inmigración, Estado y Derecho: Perspectivas desde el siglo XXI (2008) 883.

González Calvet, El arraigo como instrumento de regularización individual y permanente del trabajador inmigrante indocumentado en el reglamento de extranjería aprobado por el RD 2393/2004, de 30 de diciembre, Revista de Derecho Social 2007/37, 105.

González García, Algunas cuestiones sobre el derecho a la tutela judicial efectiva de los extranjeros a la luz de la jurisprudencia constitucional y de la Ley Orgánica 2/2009, Teoría y Realidad Constitucional 2010, 515.

González Saquero, La Directiva „retorno“ y el alcance de la armonización del procedimiento de expulsión de extranjeros, WP on European Law and Regional Integration No 6 v 2011, https://ucm.es/data/cont/docs/595-2013-11-07-la%20directiva%20retorno.pdf (11.10.2018).

González-Enríquez, Spain, the Cheap Model. Irregularity and Regularisation as Immigration Management Policies, EJML 2009, 139.

González-Enríquez, Spain: Irregularity as a Rule in *Triandafyllidou* (Hrsg), Irregular Migration: Myths and Realities (2010) 247.

González-Enríquez, Undocumented Migration: Country Report Spain, Clandestino Project v Jänner 2009, http://irregular-migration.net/typo3_upload/groups/31/4.Background_Information/4.4.Country_Reports/Spain_CountryReport_Clandestino_Nov 09_2.pdf (9.10.2018).

Goodwin-Gill, Article 31 of the 1951 Convention Relating to the Status of Refugees: non-penalization, detention, and protection in *Feller/Türk/Nicholson* (Hrsg), Refugee Protection in International Law: UNHCR's Global Consultations on International Protection (2003) 185.

Goodwin-Gill, International Law and the Movement of Persons between States (1978).

Goodwin-Gill/Lambert, The Limits of Transnational Law: Refugee Law, Policy Harmonization and Judicial Dialogue in the European Union (2010).

Gortázar Rotaeche, The Regularisation of Illegal Immigrants in Spain in *De Bruycker* (Hrsg), Les regularisations des étrangers illégaux dans l'union européenne. Regularisations of illegal immigrants in the European Union (2000) 291.

Gosme, Limbo spaces between illegal and legal stay: resulting from EU management of non-removable third country nationals, Dissertation 2014, Sciences Po Paris, https://spire.sciencespo.fr/hdl:/2441/30a6ffj78696ja3eov 65066e05/resources/2014iepp0037-gosme-charles-these.pdf (14.11.2018).

Grösel, Fremde von Staats wegen. 50 Jahre »Fremdenpolitik« in Österreich (2016).

Groß, Das Ausländerrecht zwischen obrigkeitsstaatlicher Tradition und menschenrechtlicher Herausforderung, AöR 2014, 421.

Groß, Die Umsetzung der EU-Freizügigkeitsrichtlinie im deutschen Recht, ZAR 2006, 61.

Groß/Tryjanowski, Der Status von Drittstaatsangehörigen im Migrationsrecht der EU – eine kritische Analyse, Der Staat 2009, 259.

Großfeld, Kernfragen der Rechtsvergleichung (1996).

Groth in *Rolfs/Giesen/Keikebohm/Udsching* (Hrsg), BeckOK Sozialrecht (50. Edition, 1.9.2018) § 23 SGB XII.

Gruber, „Bleiberecht" und Art 8 EMRK in FS Rudolf Machacek und Franz Matscher (2008) 159.

Guild, Discretion, Competence and Migration in the European Union, EJML 1999, 61.

Guild, Who is an irregular migrant? in *Bogusz/Cholewinski/Cygan/Szyszczak* (Hrsg), Irregular Migration and Human Rights: Theoretical, European and International Perspectives (2004) 3.

Guild/Peers/Tomkin, The EU Citizenship Directive. A Commentary (2014).

Gutiérrez Sanz, El anteproyecto de ley orgánica del estatuto de la víctima del delito y la víctima adulta del delito de trata de seres humanos con fines de explotación sexual, Revista de Derecho Migratorio y Extranjería 2014/37, 13.

Gutmann, Die aufenthaltsrechtliche Bedeutung des Beschlusses Nr 1/80 des Assoziationsrats EWG-Türkei in *Antalovsky/König/Perchinig/Vana* (Hrsg), Assoziierungsabkommen der EU mit Drittstaaten (1998) 53.

Gutteridge, Comparative Law (1946).

Hager, Abschiebung trotz schwerer Krankheit? Die gesetzlichen Neuregelungen zu Abschiebungshindernissen aus gesundheitlichen Gründen, Asylmagazin 2016, 160.

Hailbronner, Asyl- und Ausländerrecht[4] (2017).

Hailbronner, Privilegierte Drittstaatsangehörige in der EU in FS Ulrich Everling Band I (1995) 399.

Hailbronner, The Regularisation of illegal Immigrants in Germany in *De Bruycker* (Hrsg), Les regularisations des étrangers illégaux dans l'union européenne. Regularisations of illegal immigrants in the European Union (2000) 251.

Hailbronner, The Stand Still Clauses in the EU-Turkey Association Agreement and Their Impact upon Immigration Law in the EU Member States in *Thym/Zoeteweij-Turhan* (Hrsg), Rights of Third-Country Nationals under EU Association Agreements (2014) 186.

Hailbronner/Arévalo in *Hailbronner/Thym* (Hrsg), EU Immigration and Asylum Law. A Commentary[2] (2016) Art 4 Family Reunification Directive.

Hampshire, The Politics of Immigration (2013).

Hathaway, The Emerging Politics of Non-Entrée, Journal of Refugee Studies 1992, 40.

Hathaway/Foster, The Law of Refugee Status[2] (2014).

Heißl, Die Ausweisung in der Judikatur der Höchstgerichte, ZfV 2008, 1145.

Helbling/Leblang, Controlling immigration? How regulations affect migration flows, European Journal of Political Research 2018, 1.

Hellmann, Der Vertrag von Lissabon (2009).

Hemmelmann/Wegner, Flüchtlingsdebatte im Spiegel von Medien und Parteien, Communicatio Socialis 2016/1, 21.

Hengstschläger/Leeb, AVG (Stand 1.1.2014, rdb.at) § 7 AVG.

Hengstschläger/Leeb, AVG (Stand 1.7.2005, rdb.at) §§ 39 und 56 AVG.

Herbert, Geschichte der Ausländerpolitik in Deutschland[2] (2017).

Heredia Fernández, Las situaciones de los extranjeros en España in *Moya Escudero* (Hrsg), Comentario sistemático a la ley de extranjería (2001) 53.

Hess/Kasparek/Kron/Rodatz/Schwertl/Sontowski (Hrsg), Der lange Sommer der Migration: Grenzregime III (2016).

Hiesel, Mindestsicherung neu. Erste Gedankenskizzen, juridikum 2017, 80.

Hinterberger, A Multi-Level Governance Approach to Residence Rights of Migrants and Irregular Residence in the EU, EJML 2018, 182.

Hinterberger, An EU Regularization Directive. An effective solution to the enforcement deficit in returning irregularly staying migrants, Maastricht Journal of European and Comparative Law 2019, 736.

Hinterberger, Arbeitsmarktzugang von Fremden mit „Duldung" oder „Aufenthaltstitel aus besonders berücksichtigungswürdigenden Gründen" – Eine gleichheitsrechtliche Analyse, DRdA 2018, 104.

Hinterberger, Asyl- und Fremdenpolizeirecht (2017).

Hinterberger, Das österreichische Asylgesetzänderungsgesetz 2016 in *Bungenberg/Giegerich/Stein* (Hrsg), ZEuS-Sonderband: Asyl und Migration in Europa – rechtliche Herausforderungen und Perspektiven (2016) 185.

Hinterberger, Die Mehrebenendimension aufenthaltsrechtlicher Irregularität. Konzeptionelle Überlegungen zum Auftreten irregulärer Migration in der EU in *Thym/Klarmann* (Hrsg), Unionsbürgerschaft und Migration im aktuellen Europarecht (2017) 155.

Hinterberger, Eine Regularisierungsrichtlinie der EU: Eine wirksame Lösung für das Vollzugsdefizit von Rückführungen irregulär aufhältiger Migrant*innen in *Lanser/Potocnik-Manzouri/Safron/Tillian/Wieser* (Hrsg), Social Europe? 1. Tagung junger Europarechtler*innen 2018 (2018) 45.

Hinterberger/Klammer, Abschiebungsverbote aus gesundheitlichen Gründen: Die aktuelle Rechtsprechung des EGMR und EuGH zu Non-Refoulement und deren Auswirkungen auf die österreichische, deutsche und spanische Rechtslage – eine Verbesserung der rechtlichen Situation schwer kranker Drittstaatsangehöriger? in *Filzwieser/Taucher* (Hrsg), Asyl- und Fremdenrecht. Jahrbuch 2017 (2017) 111.

Hinterberger/Klammer, Abschiebungsverbote aus gesundheitlichen Gründen: Die aktuelle EGMR- und EuGH-Rechtsprechung zu Non-Refoulement und deren Auswirkungen auf die deutsche Rechtslage – eine Verbesserung der rechtlichen Situation schwer kranker Drittstaatsangehöriger, NVwZ 2017, 1180.

Hinterberger/Klammer, Das Rechtsinstitut der fremdenpolizeilichen Duldung, migraLex 2015, 73.

Hinterberger/Klammer, Der Rechtsstatus von Geduldeten: Eine Analyse unter besonderer Berücksichtigung auf das Grundrecht der Menschenwürde in *Salomon* (Hrsg), Text und Kontext des Asylrechts (2020) im Erscheinen.

Hirsch, Rechtsprechung des Europäischen Gerichtshofes zu den Assoziationsabkommen in *Antalovsky/König/Perchinig/Vana* (Hrsg), Assoziierungsabkommen der EU mit Drittstaaten (1998) 41.

Hobbe, Undokumentierte Migration in Deutschland und den Vereinigten Staaten: Interne Migrationskontrollen und die Handlungsräume von Sans Papier (2004).

Hoffmann, Geduldet in Deutschland – Teil 1: Aufenthaltsrechtliche Auswirkungen, Asylmagazin 2010, 369.

Hoffmann, Leben in der Illegalität – Exklusion durch Aufenthaltsrecht in *Falge/Fischer-Lescano/Sieveking* (Hrsg), Gesundheit in der Illegalität: Rechte von Menschen ohne Aufenthaltspapiere (2009) 13.

Holoubek/Lang (Hrsg), Das Verfahren vor dem Verwaltungsgerichtshof (2015).

Hooghe/Marks, Multi-Level Governance and European Integration (2001).

Hoppe in *Lenz/Borchardt* (Hrsg), EU-Verträge Kommentar[6] (2012) Art 77 und 79 AEUV.

Hörich in *Huber* (Hrsg), Kommentar Aufenthaltsgesetz[2] (2016) Vorbemerkungen § 95 AufenthG und § 95 AufenthG.

Hörich, Abschiebungen nach europäischen Vorgaben (2015).

Hörich/Putzar-Sattler, Mitwirkungspflichten im Ausländerrecht: Rechtsgutachten zu den Voraussetzungen von Sanktionen bei Nichtmitwirkung v November 2017, https://www.fluechtlingsrat-lsa.de/wp-content/uploads/2017/11/fluera_lsa_gutachten_2017_Mitwirkungspflichten_im_Auslaenderrecht.pdf (4.12.2018).

Hörich/Tewocht, Zum Gesetz zur besseren Durchsetzung der Ausreisepflicht, NVwZ 2017, 1153.

Howse/Nicolaidis, Democracy without Sovereignty: The Global Vocation of Political Ethics in *Broude/Shany* (Hrsg), The Sifting Allocation of Authority in International Law (2008) 163.

Hruschka, Ad-Hoc-Reparaturbetrieb statt kohärenter Rechtsrahmen: das „Geordnete-Rückkehr-Gesetz", Verfassungsblog v 21.5.2019, https://verfassungsblog.de/ad-hoc-reparaturbetrieb-statt-kohaerenter-rechtsrahmen-das-geordnete-rueckkehr-gesetz/ (30.6.2019).

Hruschka, Umfassender Rechtsschutz im Asylverfahren: Anmerkung zum EuGH-Urteil vom 19. Juni 2018 in der Rechtssache »Gnandi«, Asylmagazin 2018, 290.

Huber, Das Gesetz zur Neubestimmung des Bleiberechts und der Aufenthaltsbeendigung, NVwZ 2015, 1178.

Huber, Das Zuwanderungsgesetz, NVwZ 2005, 1.

Huber/Eichenhofer/Endres de Oliveira, Aufenthaltsrecht (2017).

Huber-Mumelter/Waitz, Regelungen des dauerhaften Verbleibs von Fremden in Österreich und in der Schweiz – ein rechtsvergleichender Überblick zum aktuellen Stand im Asyl- und Aufenthaltsrecht, FABL 1/2009-I, 12.

Huelin Martínez de Velasco, La nueva casación contencioso-administrativa (primeros pasos), Revista General de Derecho Constitucional 2017/24, 1.

Huysmans, The European Union and the Securitization of Migration, Journal of Common Market Studies 2000/38, 751.

Iglesias Martínez, La inmigración que surgió del frío. Población de origen inmigrante y nuevos retos de las políticas de integración tras la crisis, Estudios Empresariales 2015/2 Nr 148, 1.

Iglesias Sánchez, La regularización de la situación administrativa de los padres de menores españoles en situación irregular, Revista de Derecho Migratorio y Extranjería 2010/3, 35.

Ineli-Ciger, Time to Activate the Temporary Protection Directive, EJML 2016, 1.

Informationsverbund Asyl und Migration, Neuregelungen durch das Migrationspaket, Das Migrationspaket – Beilage zum Asylmagazin 8–9/2019, 2.

Intergovernmental Committee for Migration, Undocumented Migrants and the Regularization of their Status, International Migration 1983, 109.

Jackson, Comparative Constitutional Law: Methodologies in *Rosenfeld/Sajó* (Hrsg), The Oxford Handbook of Comparative Constitutional Law (2012) 54.

Jeandesboz/Rijpma/Bigo, Smart Borders Revisited: An assessment of the Commission's revised Smart Borders proposal, Studie v Oktober 2016, http://www.europarl.europa.eu/RegData/etudes/STUD/2016/571381/IPOL_STU%282016%29571381_EN.pdf (25.10.2018).

Jellinek, Allgemeine Staatslehre[3] (1914).

Jessup, Transnational Law (1956).

Jiménez Ruiz/Marín Gámez, Una discusión jurídica multinivel entre práctica y teoría en el contexto español, Revista de Derecho Migratorio y Extranjería 2015/38, 57.

Kaden, Stichwort „Rechtsvergleichung" in *Schlegelberger* (Hrsg), Rechtsvergleichendes Handwörterbuch für das Zivil- und Handelsrecht des In- und Auslandes: Band VI (1938) 9.

Kahil-Wolff/Mosters, Das Abkommen über die Freizügigkeit EG-Schweiz, EuZW 2001, 5.

Kaiser, Vergleichung im öffentlichen Recht, ZaöRV 1964, 391.

Kammer für Arbeiter und Angestellte, Sozialleistungen im Überblick 2018[20] (2018).

Kaspar, Sozialhilferechtliche Differenzierung aufgrund des Aufenthaltsstatus von subsidiär Schutzberechtigten: Ausschluss nach dem NÖ MSG – VfGH 28. Juni 2017, E 3297/2016, juridikum 2017, 476.

Kießling, Fremdenpolizeirecht im Rechtsstaat (?) – Zu Herkunft und Zukunft des Ausweisungsrechts, ZAR 2016, 45.

Kietaibl, Arbeitsrecht I[10] (2017).

Kind in *Abermann/Czech/Kind/Peyrl* (Hrsg), NAG Kommentar[2] (2019) §§ 21 und 43 NAG.

Kischel, Rechtsvergleichung (2015).

Kischel, Vorsicht, Rechtsvergleichung! ZVglRWiss 2005, 10.

Klammer, Beugehaft nach dem FPG in *Filzwieser/Taucher* (Hrsg), Asyl- und Fremdenrecht. Jahrbuch 2018 (2018) 147.

Klarmann, Aspekte migrationsspezifischer Illegalisierung im Unionsrecht in *Thym/Klarmann* (Hrsg), Unionsbürgerschaft und Migration im aktuellen Europarecht (2017) 127.

Klaus, Überwachung von Reisen Drittstaatsangehöriger durch das Entry/Exit System (EES): Anfang vom Ende aller Overstays?, ZAR 2018, 246.

Klaus/Hammer, Fachkräfteeinwanderungsgesetz (FEG): Signal mit Fragezeichen oder echter Quantensprung?, ZAR 2019, 137.

Kleist, Warum weit weniger Asylbewerber in Europa sind, als angenommen wird: Probleme mit Eurostats Asylzahlen, ZAR 2015, 294.

Kluth, Das Asylverfahrensbeschleunigungsgesetz, ZAR 2015, 337.

Kluth, Einheitliche Europäische Zuwanderungspolitik: Vertragsrechtliche Grundlagen und Vergleich der politischen Konzeptionen. Legalisierungsmaßnahmen, ZAR 2007, 20.

Kluth, Next Steps: Die Gesetze des Migrationspakets 2019 folgen jeweils eigenen Pfaden, NVwZ 2019, 1305.

Kluth/Breidenbach in *Kluth/Heusch* (Hrsg), BeckOK Ausländerrecht (18. Edition, Stand 1.5.2018) § 60a AufenthG.

Kment, Transnationalität im Verwaltungsrecht in *Calliess* (Hrsg), Transnationales Recht: Stand und Perspektiven (2014) 331.

Koch in *Kluth/Heusch* (Hrsg), BeckOK Ausländerrecht (18. Edition, Stand 15.8.2016) § 60 AufenthG.

Kochenov/Van den Brink, Pretending There is No Union: Non-derivative Quasi-Citizenship Rights of Third-Country Nationals in the EU in *Thym/Zoeteweij-Turhan* (Hrsg), Rights of Third-Country Nationals under EU Association Agreements (2014) 65.

Kolonovits/Muzak/Stöger, Verwaltungsverfahrensrecht[10] (2014).

Korff in *Rolfs/Giesen/Keikebohm/Udsching* (Hrsg), BeckOK Sozialrecht (50. Edition, Stand 1.9.2018) §§ 1, 1a und 2 AsylbLG.

Kortländer in *Schwarze/Becker/Hatje/Schoo* (Hrsg), EU-Kommentar[4] (2019).

Koser, International Migration (2007).

Kostakopoulou, Floating Sovereignty: A Pathology or A Necessary Means of State Evolution?, Oxford Journal of Legal Studies 2002/22, 135.

Kostakopoulou, The ECJ, Member State Autonomy and European Union Citizenship in *Micklitz/De Witte* (Hrsg), The European Court of Justice and the Autonomy of the Member States (2012) 175.

Kotzur in *Geiger/Khan/Kotzur* (Hrsg), EUV/AEUV Kommentar[6] (2017) Art 79 AEUV.

Kovacheva/Vogel, The Size of the Irregular Foreign Resident Population in the European Union in 2002, 2005 and 2008: Aggregated Estimates, WP 4/2009.

Kraler, Fixing, Adjusting, Regulating, Protecting Human Rights – The Shifting Uses of Regularisations in the European Union, EJML 2011, 297.

Kraler, Regularisation: A misguided option or part and parcel of a comprehensive policy response to irregular migration?, IMISCOE WP Nr 24 v Februar 2009.

Kraler, Regularization of Irregular Migrants and Social Policies: Comparative Perspectives, Journal of Immigrant and Refugee Studies 2019, 94.

Kraler/Hollomey, Austria: Irregular Migration – A Phenomenon in Transition in *Triandafyllidou* (Hrsg), Irregular Migration: Myths and Realities (2010) 41.

Kraler/Reichel/Hollomey, Undocumented Migration: Country Report Austria, Clandestino Project v November 2008/updated October 2009, http://irregular-migration.net/typo3_upload/groups/31/4.Background_Information/4.4.Country_Reports/Austria_CountryReport_Clandestino_Nov 09_2.pdf (10.10.2018).

Kraler/Reichel/König/Baldwin-Edwards/Şimşek, Feasibility Study on the Labour Market Trajectories of Regularised Immigrants within the European Union (REGANE I), Final Report v Februar 2009, https://ec.europa.eu/social/BlobServlet?docId=12612&langId=en (20.12.2018).

Kreuzhuber, Arbeitsmigration nach Österreich – Eckpunkte und erste Erfahrungen zur Rot-Weiß-Rot-Karte, ZAR 2014, 13.

Kreuzhuber/Hudsky, Arbeitsmigration (2011).

Krisper/Krumphuber, Fremdenrechtsänderungsgesetz 2018 in *Filzwieser/Taucher* (Hrsg), Asyl- und Fremdenrecht. Jahrbuch 2018 (2018) 79.

Krohne, Die Ausbürgerung illoyaler Staatsangehöriger (2013).

Krüger, Eigenart, Methode und Funktion der Rechtsvergleichung im öffentlichen Recht in FS Martin Kriele (1997) 1393.

Kruma, EU Citizenship, Nationality and Migrant Status (2014).

Kutscher/Völker/Witt, Niederlassungs- und Aufenthaltsrecht[2] (2010).

Lachmayer, Verfassungsvergleichung durch Verfassungsgerichte, JRP 2010, 166.

Lang/Herdin, Die verfassungsrechtlichen Rahmenbedingungen für „Steueramnestien", Journal für Rechtspolitik 2005/13, 52.

Langthaler/Trauner, Zivilgesellschaftliche und politische Partizipation und Repräsentanz von Flüchtlingen und AsylwerberInnen in der EU, Forschungsbericht v Februar 2009, http://medienservicestelle.at/migration_bewegt/wp-content/uploads/2011/05/Politische-Partizipation-von-Fl%C3%BCchtlingen.pdf (9.10.2018).

Lazaridis, International Migration into Europe: From Subjects to Abjects (2015).

Lázaro González/Benlloch Sanz, Ciudadanía e integración: menores no acompañados, trata de seres humanos y víctimas de violencia de género in *Palomar Olmeda* (Hrsg), Tratado de Extranjería[5] (2012) 853.

Legrand, European Legal Systems are not Converging, ICLQ 1996, 52.

Legrand, How to Compare Now, Legal Studies 1996, 232.

Leitner, Das neue Sozialhilfe-Grundsatzgesetz, Arbeits- und SozialrechtsKartei 2019, 304.

López Guerra/Espín/García Morillo/Pérez Tremps/Satrústegui, Derecho Constitucional: Vol I[11] (2018).

Lorenzo Jiménez, La expulsión de extranjeros que se encuentran en trámite de regularización, Revista de Derecho Migratorio y Extranjería 2015/38, 13.

Luft, Die Anwerbung türkischer Arbeitnehmer und ihre Folgen v 5.8.2014, https://www.bpb.de/internationales/europa/tuerkei/184981/gastarbeit (30.6.2019).

Luft/Schimany (Hrsg), 20 Jahre Asylkompromiss. Bilanz und Perspektiven (2014).

Luhmann, Politische Steuerung: Ein Diskussionsbeitrag, Politische Vierteljahresschrift 1989, 4.

Luján Alcaraz, Art 63 LODYLE in *Monereo Pérez/Fernández Avilés/Triguero Martínez* (Hrsg), Comentario a la ley y al reglamento de Extranjería, Inmigración e Integración Social[2] (2013) 1019.

Lukan in *Holoubek/Lienbacher* (Hrsg), GRC-Kommentar (2019) Art 4 GRC.

Lüke, Humanitäre Bleiberechte außerhalb des Flüchtlingsschutzes im Rahmen des Aufenthaltsgesetzes, ZAR 2004, 397.

Lukits, Die gesetzliche Krankenversicherung von Asylwerbern und Asylberechtigten, migraLex 2017, 14.

Lutz in *Hailbronner/Thym* (Hrsg), EU Immigration and Asylum Law. A Commentary[2] (2016) Art 2, 3, 6 und 9 Return Directive.

Lutz, Non-removable Returnees under Union Law: Status Quo and Possible Developments, EJML 2018, 50.

Lutz, The Negotiations on the Return Directive: Comments and Material (2010).

Maaßen/Kluth in *Kluth/Heusch* (Hrsg), BeckOK Ausländerrecht (18. Edition, Stand 1.11.2018) §§ 23a und 25 AufenthG.

Maaßen/Koch in *Kluth/Hund/Maaßen* (Hrsg), Handbuch Zuwanderungsrecht[2] (2017) § 4.

Maor in *Kluth/Heusch* (Hrsg), BeckOK Ausländerrecht (18. Edition, Stand 1.5.2018) § 4 AufenthG.

Maresceau, On the External Dimension of Directive 2004/38/EC in *Govaere/Hanf* (Hrsg), Scrutinizing Internal and External Dimensions of European Union Law (2013) 761.

Marhold/Başar, Erwerbstätigkeit von AusländerInnen in Österreich. Die Hürden und Fallen der AusländerInnenbeschäftigung, juridikum 2016, 93.

Marth, Das Bleiberecht im Asylverfahren, migraLex 2009, 45.

Martin, The Authority and Responsibility of States in *Aleinikoff/Chetail* (Hrsg), Migration and International Legal Norms (2003) 31.

Marx, Aufenthalts-, Asyl- und Flüchtlingsrecht[6] (2017).

Massó Garrote, El nuevo reglamento de extranjería (2002).

Masuch/Gordzielik in *Huber* (Hrsg), Kommentar Aufenthaltsgesetz[2] (2016) §§ 60a und 61 AufenthG.

Mattei, Comparative Law and Critical Legal Studies in *Reimann/Zimmermann* (Hrsg), The Oxford Handbook of Comparative Law (2006) 815.

Maurer/Waldhoff, Allgemeines Verwaltungsrecht[19] (2017).

Mayer, Das humanitäre Bleiberecht – ein schrankenloses Ermessen, migraLex 2008, 36.

Menezes Queiroz, Illegally Staying in the EU: An Analysis of Illegality in EU Migration Law (2018).

Mercader Uguina/Tolosa Tibiño, Art 24 LODYLE in *Monereo Pérez/Fernández Avilés/Triguero Martínez* (Hrsg), Comentario a la ley y al reglamento de Extranjería, Inmigración e Integración Social[2] (2013) 371.

Messinger, Schein oder Nicht Schein. Konstruktion und Kriminalisierung von „Scheinehen" in Geschichte und Gegenwart (2012).

Michaels, The Functional Method of Comparative Law in *Reimann/Zimmermann* (Hrsg), The Oxford Handbook of Comparative Law (2006) 339.

Michaels, Was ist nichtstaatliches Recht? in *Calliess* (Hrsg), Transnationales Recht: Stand und Perspektiven (2014) 39.

Michl, Dysfunktionale Außengrenze und binnenstaatliche Reaktion – zur unionsrechtlichen Zulässigkeit einseitiger Maßnahmen in Zeiten großer Migrationsströme in *Bungenberg/Giegerich/Stein* (Hrsg), ZEuS-Sonderband: Asyl und Migration in Europa – rechtliche Herausforderungen und Perspektiven (2016) 161.

Migrationsrat für Österreich, Bericht des Migrationsrats v 2016, https://www.bmi.gv.at/Downloads/files/Migrationsratsbericht_Deutsch.pdf (25.10.2018).

Miller/Zumbansen (Hrsg), Comparative Law as Transnational Law (2012).

Mimentza Martin, Die sozialrechtliche Stellung von Ausländern mit fehlendem Aufenthaltsrecht: Deutschland und Spanien im Rechtsvergleich (2012).

Mitsilegas, Measuring Irregular Migration: Implications for Law, Policy and Human Rights in *Bogusz/Cholewinski/Cygan/Szyszczak* (Hrsg), Irregular Migration and Human Rights: Theoretical, European and International Perspectives (2004) 29.

Monereo Pérez/Gallego Morales, Art 1 LODYLE in *Monereo Pérez/Fernández Avilés/Triguero Martínez* (Hrsg), Comentario a la ley y al reglamento de Extranjería, Inmigración e Integración Social[2] (2013) 43.

Monereo Pérez/Triguero Martínez, Art 10 LODYLE in *Monereo Pérez/Fernández Avilés/ Triguero Martínez* (Hrsg), Comentario a la ley y al reglamento de Extranjería, Inmigración e Integración Social[2] (2013) 203.

Moreno Rebato, Circulares, instrucciones y órdenes de servicio: naturaleza y régimen jurídico, Revista de Administración Pública 1998/147, 159.

Moreno-Lax, (Extraterritorial) Entry Controls and (Extraterritorial) Non-Refoulement in EU Law in *Maes/Foblets/De Bruycker* (Hrsg), The External Dimensions of EU Asylum and Immigration Policy (2011) 415.

Motomura, Americans in Waiting (2006).

Moya Malapeira, La evolución de control migratorio de entrada en España in *Aja/ Arango* (Hrsg), Veinte Años de Inmigración en España: Perspectiva jurídica y sociológica (1985-2004) (2006) 47.

Musil, Migration und Asyl in Österreich – Ein statistischer Überblick, 1961–2016 in *Eppel/Reyhani* (Hrsg), Handbuch Asyl- und Fremdenrecht (2016) Register 1 Kapitel 2.

Muzak in *Mayer/Stöger* (Hrsg), Kommentar zu EUV und AEUV (Stand 1.12.2012, rdb.at) Art 79 AEUV.

Muzak, Die Aufenthaltsberechtigung für „De-facto-Flüchtlinge" durch Verordnung der Bundesregierung, ÖJZ 1999, 13.

Muzak, Die Aufenthaltsberechtigung im österreichischen Fremdenrecht (1995).

Muzak, Die Kasuistik, Komplexität und Kurzfristigkeit des österreichischen Fremdenrechts in *ÖJT* (Hrsg), 19. ÖJT Band I/2: Migration und Mobilität (2016) 23.

Muzak, Fremden- und Asylrecht in *Kolonovits/Muzak/Piska/Perthold/Strejcek* (Hrsg), Besonderes Verwaltungsrecht[2] (2017) 187.

Nafziger, The General Admission of Aliens under International Law, AJIL 1983, 804.

Neumayer, Fremdes Recht aus Büchern, fremde Rechtswirklichkeit und die funktionelle Dimension in den Methoden der Rechtsvergleichung, RabelsZ 1997, 411.

Neundorf, Neuerungen im Aufenthalts- und Asylrecht durch das Asylverfahrensbeschleunigungsgesetz, NJW 2016, 5.

Niessen, Association Agreements – Part of the Developing Immigration Policy of the European Union in *Antalovsky/König/Perchinig/Vana* (Hrsg), Assoziierungsabkommen der EU mit Drittstaaten (1998) 21.

Niessen, International Migration on the EU Foreign Policy Agenda, EJML 1999, 483.

Nieves Moreno Vida, Art 36 LODYLE in *Monereo Pérez/Fernández Avilés/Triguero Martínez* (Hrsg), Comentario a la ley y al reglamento de Extranjería, Inmigración e Integración Social[2] (2013) 614.

Obwexer, Das Freizügigkeitsrecht als elementares persönliches Recht der Unionsbürger in *Schroeder/Obwexer* (Hrsg), 20 Jahre Unionsbürgerschaft: EuR Beiheft 1/2015 (2015) 51.

Obwexer, Grundfreiheit Freizügigkeit (2009).

Öhlinger/Eberhard, Verfassungsrecht[11] (2016).

Öhlinger/Potacs, EU-Recht und staatliches Recht: Die Anwendung des Europarechts im innerstaatlichen Bereich[6] (2017).

Oltmer/Kreienbrink/Sanz Díaz (Hrsg), Das „Gastarbeiter"-System. Arbeitsmigration und ihre Folgen in der Bundesrepublik Deutschland und Westeuropa (2012).

Örücü, The Enigma of Comparative Law: Variations on a Theme for the Twenty-first Century (2004).

Österreichische Rechtsanwaltskammertag, Stellungnahme zum BBU-G v 12.4.2019, https://www.parlament.gv.at/PAKT/VHG/XXVI/SNME/SNME_04091/imfname_747934.pdf (30.6.2019).

Oswald, Das Bleiberecht: Das Grundrecht auf Privat- und Familienleben als Schranke für Aufenthaltsbeendigungen (2012).

Pajuelo, La protección social de los extranjeros en España in *Palomar Olmeda* (Hrsg), Tratado de Extranjería[5] (2012) 957.

Palomar Olmeda, La potestad sancionadora pública en materia de extranjería in *Palomar Olmeda* (Hrsg), Tratado de Extranjería[5] (2012) 441.

Parejo Alfonso, Lecciones de Derecho Administrativo[9] (2018).

Peers, EU Justice and Home Affairs Law. Vol 1: EU Immigration and Asylum Law[4] (2016).

Peers, EU Migration Law and the EU/Turkey Association Agreement in *Thym/Zoeteweij-Turhan* (Hrsg), Rights of Third-Country Nationals under EU Association Agreements (2014) 202.

Peers, Legislative Update 2011, EU Immigration and Asylum Law: The Recast Qualification Directive, EJML 2012, 199.

Peers, Legislative Update: EU Immigration and Asylum Competence and Decision-Making in the Treaty of Lisbon, EJML 2008, 219.

Peers, The EC-Switzerland Agreement on Free Movement of Persons: Overview and Analysis, EJML 2000, 127.

Peers, Transfer of International Protection and European Union Law, IJRL 2012, 527.

Peers/Moreno-Lax, Qualification: Refugee Status and Subsidiary Protection in *Peers/Moreno-Lax/Garlick/Guild*, EU Immigration and Asylum Law. Vol 3: EU Asylum Law[2] (2015) 65.

Pelzer, Regularisierung des Aufenthalts von Menschen ohne Papiere: Bausteine einer liberalen Migrationspolitik? in (Hrsg), Arbeit in der Illegalität: Die Rechte von Menschen ohne Aufenthaltspapiere (2012) 143.

Peña Pérez, Arraigo, circunstancias excepcionales y razones humanitarias: Evolución histórica dentro del derecho de extranjería, Revista de Derecho Migratorio y Extranjería 2012/30, 35.

PERCO, PERCO Position Paper on the Vulnerabilities of Migrants which are caused by the Lack of a Legal Status v 8.5.2015, https://drk-wohlfahrt.de/uploads/tx_ffpublication/PERCO_Position_Paper_on_Vulnerabilities_along_the_migratory_trails_to_the_EU_and_to_the_Schengen_area_03.pdf (27.11.2018).

Pérez Milla, De un status laboral mínima para situaciones de migración irregular, Revista de Derecho Migratorio y Extranjería 2004/5, 9.

Pérez Rey, Art 35 LODYLE in *Monereo Pérez/Fernández Avilés/Triguero Martínez* (Hrsg), Comentario a la ley y al reglamento de Extranjería, Inmigración e Integración Social[2] (2013) 584.

Pérez Tremps, Sistema de Justicia Constitucional[2] (2016).

Pérez/Leraul, El arraigo en España. De figura excepcional a instrumento de gobernanza de las migraciones, Comunicación aceptada para el VII Congreso de las Migraciones Internacionales en España, 11-13.4.2012.

Peters/Schwenke, Comparative Law beyond Post-Modernism, ICLQ 2000, 800.

Peyrl in *Abermann/Czech/Kind/Peyrl* (Hrsg), NAG Kommentar[2] (2019) § 41a NAG.

Peyrl, Autoritäre Tendenzen im Aufenthaltsrecht seit 2006, juridikum 2018, 103.

Peyrl, Das Fremdenrechtsänderungsgesetz 2017 und die Novelle des AuslBG 2017 oder die jährlichen Grüße des Murmeltiers, DRdA-infas 2017, 387.

Peyrl, Die Neuordnung der Arbeitskräftemigration nach Österreich („Rot-Weiß-Rot-Karte“), DRdA 2011, 476.

Peyrl, Neuregelung des Aufenthaltsrechts aus humanitären Gründen („Bleiberecht“), DRdA 2009, 283.

Peyrl, Zuwanderung und Zugang zum Arbeitsmarkt von Drittstaatsangehörigen in Österreich (2018).

Peyrl/Czech in *Abermann/Czech/Kind/Peyrl* (Hrsg), NAG Kommentar[2] (2019) § 11 NAG.

Peyrl/Neugschwendtner/Schmaus, Fremdenrecht[7] (2018).

Pfeil, (Vorläufiges) Aus für die einheitliche Mindestsicherung, ÖZPR 2017/14, 24.

Pfeil, „Sozialhilfe neu“ - viele Verschärfungen, aber wenig Vereinheitlichung, ÖZPR 2019/18, 26.

Piattoni, The Theory of Multi-Level Governance (2010).

Pico Lorenzo, Nuestra errática normativa sobre extranjería. Especial referencia a las regularizaciones y al arraigo, Jueces para la democracia 2002, 62.

Piek, Die Kritik an der funktionalen Rechtsvergleichung, ZEuP 2013, 60.

Pollet, The Negotiations on the Return Directive: Challenges, Outcomes and Lessons learned from an NGO Perspective in *Zwaan* (Hrsg), The Returns Directive (2011) 25.

Pöschl, Zusammenfassung des Gutachtens in *ÖJT* (Hrsg), 19. ÖJT Band I/2: Migration und Mobilität (2016) 14.

Pound, Law in Books and Law in Action, American Law Review 1910, 12.

Progin-Theuerkauf in *Van der Groeben/Schwarze/Hatje* (Hrsg), Europäisches Unionsrecht: Band 2[7] (2015) Art 79 AEUV.

Puerta Vílchez, La regularización de extranjeros. Art. 31.3 y Disposición transitoria cuarta in Moya Escudero (Hrsg), Comentario sistemático a la ley de extranjería (2001) 391.

Ques Mena, El arraigo, social, económico y familiar en el Derecho de extranjería. Tratamiento legal y jurisprudencial, Diario la Ley 2008/7067, 1.

Rabel, Aufgabe und Notwendigkeit der Rechtsvergleichung (1925).

Raffaeli, Criminalizing Irregular Immigration and the Returns Directive: An Analysis of the El Dridi Case, EJML 2011, 467.

Rahner, Fachkräftemangel und falscher Fatalismus (2018).

Raschauer, Allgemeines Verwaltungsrecht[5] (2017).

Red Acoge, Los efectos de la exclusión sanitaria en las personas inmigrantes más vulnerables, Studie v Juli 2015, https://www.redacoge.org/mm/file/2015/Jur%C3%ADdico/Informe%20Sanidad%20RED_ACOGE.pdf (27.11.2018).

Renner, Ausländerrecht in Deutschland: Einreise und Aufenthalt (1998).

Rennuy/Van Elsuwege, Integration without membership and the dynamic development of EU law, CMLRev 2014, 935.

Reyhani, Einleitende Bemerkungen – Asyl- und Fremdenrecht im Kontext in *Eppel/Reyhani* (Hrsg), Handbuch Asyl- und Fremdenrecht (2016) Register 1 Kapitel 1.

Reyhani/Nowak, Beschäftigung von Asylsuchenden in Mangelberufen und die Zulässigkeit von Rückkehrentscheidungen, Gutachten v 4.7.2018, https://bim.lbg.ac.at/sites/files/bim/attachments/reyhaninowak_gutachten_art_8_abs_2_emrk_04072018.pdf (10.12.2018).

Riecken, Die Duldung als Verfassungsproblem (2006).

Röder, §§ 25a und b AufenthG – Hiergeblieben!? Die neuen Bleiberechte bei gelungener Integration, Asylmagazin 2016, 108.

Röder/Wittmann, Aktuelle Rechtsfragen der Ausbildungsduldung, ZAR 2017, 345.

Röder/Wittmann, Spurwechsel leicht gemacht? Überlegungen zur neuen Ausbildungs- und Beschäftigungsduldung, Das Migrationspaket – Beilage zum Asylmagazin 8–9/2019, 23.

Rodríguez/Rubio-Marín, The constitutional status of irregular migrants: testing the boundaries of human rights protection in Spain and the United States in *Dembour/Kelly* (Hrsg), Are Human Rights for Migrants? Critical Reflection on the Status of Irregular Migrants in Europe and the United States (2011) 73.

Roig, Autonomía e inmigración: competencias y participación de las Comunidades Autónomas y los Entes locales en materia de inmigración in *Revenga Sánchez* (Hrsg), Problemas constitucionales de la inmigración: una visión desde Italia y España (2005) 359.

Rosenberger/Ataç/Schütze, Nicht-Abschiebbarkeit: Soziale Rechte im Deportation Gap, Österreichische Gesellschaft für Europapolitik Policy Brief v 12.6.2018.

Rosenstein/Koehler, Beschäftigungsduldung – eine Bewertung der Neuregelung aus Sicht der Praxis, ZAR 2019, 223.

Rosenstein/Koehler, Die neue Ausbildungsduldung – eine notwendige Überarbeitung, Informationsbrief Ausländerrecht 2019, 266.

Rossi in *Calliess/Ruffert* (Hrsg), EUV/AEUV Kommentar[5] (2016) Art 79 AEUV.

Rössl, Staatsangehörige zweiter Klasse?, FABL 2/2017-I, 37.

Ruiz Paredes, La regulación de la extranjería. Enfoque mercantil. Aproximación al empresariado inmigrante en España in *Balado Ruiz-Gallegos* (Hrsg), Inmigración, Estado y Derecho: Perspectivas desde el siglo XXI (2008) 631.

Ruiz Legazpi, Los problemas jurídicos de la inmigración infantil in *Balado Ruiz-Gallegos* (Hrsg), Inmigración, Estado y Derecho: Perspectivas desde el siglo XXI (2008) 507.

Ryan/Mitsilegas (Hrsg), Extraterritorial Immigration Control: Legal Challenges (2010).

Sabater/Domingo, A New Immigration Regularization Policy: The Settlement Program in Spain, International Migration Review 2012/46, 191.

Sagarra Trias, Un nuevo „status" de extranjero en España (El inmigrante, irregular, empadronado, residente trabajando y con orden de expulsión), Revista de Derecho Migratorio y Extranjería 2002/1, 89.

Sainz de la Maza Quintanal, Ultima ratio. El proceso de expulsión de inmigrantes en situación irregular en España, Dissertation 2015, Universidad Complutense de Madrid, https://eprints.ucm.es/34472/ (8.10.2018).

Samer/Röcker in *Bergmann/Dienelt* (Hrsg), Kommentar Ausländerrecht[12] (2018) § 25b AufenthG.

Samers, An Emerging Geopolitics of „Illegal" Immigration in the European Union, EJML 2004, 25.

Sánchez Alonso, La Política Migratoria en España: Un análisis de largo plazo, Revista Internacional de Sociología 2011, 243.

Sander, Der Schutz des Aufenthalts durch Artikel 8 der Europäischen Menschenrechtskonvention (2008).

Sangüesa Ruiz, El derecho a la salud de los extranjeros residentes en situación irregular: sobre la legitimidad constitucional del RD-Ley 16/2012, Revista Electrónica del Departamento de Derecho de la Universidad de la Rioja 2015, 233.

Schammann, Eine meritokratische Wende? Arbeit und Leistung als neue Strukturprinzipien der deutschen Flüchtlingspolitik, Sozialer Fortschritt 2017/66, 741.

Scharpf, Politische Steuerung und Politische Institutionen, Politische Vierteljahresschrift 1989, 10.

Scheuing, Freizügigkeit der Unionsbürger in der Europäischen Union in FS 600 Jahre Würzburger Juristenfakultät (2002) 103.

Schieber, Komplementärer Schutz: Die aufenthaltsrechtliche Stellung nicht rückführbarer Personen in der EU (2013).

Schieffer, Privilegierte Drittstaatsangehörige: EU-Familienangehörige und Assoziationsabkommen in *Hailbronner* (Hrsg), 30 Jahre Freizügigkeit in Europa (1998) 183.

Schmid-Drüner, Der Begriff der öffentlichen Sicherheit und Ordnung im Einwanderungsrecht ausgewählter EU-Mitgliedstaaten (2007).

Schmidt-Aßmann, Das allgemeine Verwaltungsrecht als Ordnungsidee[2] (2006).

Schmidt-Aßmann/Dagron, Deutsches und französisches Verwaltungsrecht im Vergleich ihrer Ordnungsideen, ZaöRV 2007, 395.

Schmied, Die aufenthaltsbeendenden Maßnahmen im Fremdenpolizeigesetz nach dem Fremdenrechtsänderungsgesetz 2011 - eine Bankrotterklärung der Fremdenrechtslegistik, Zeitschrift der Unabhängigen Verwaltungssenate 2011, 149.

Schneider, NZS-Jahresrevue 2017 – Asylbewerberleistungsgesetz, NZS 2018, 559.

Schönebroicher, Rechtsstaat auf Abwegen? – Die neue „Härtefallklausel" des Ausländerrechts, ZAR 2004, 351.

Schulz, Freizügigkeit für Unionsbürger (1997).

Schwantner, Zur Arbeit der Härtefallkommissionen, Asylmagazin 2016, 63.

Schwarze, Europäisches Verwaltungsrecht[2] (2005).

Seifert, Geschichte der Zuwanderung nach Deutschland nach 1950 v 31.5.2012, https://www.bpb.de/politik/grundfragen/deutsche-verhaeltnisse-eine-sozialkunde/138012/geschichte-der-zuwanderung-nach-deutschland-nach-1950?p=all (30.6.2019).

Serrano Villamanta, La residencia por circunstancias excepcionales. El arraigo in *Balado Ruiz-Gallegos* (Hrsg), Inmigración, Estado y Derecho: Perspectivas desde el siglo XXI (2008) 553.

Shaw, International Law[8] (2017).

Singleton, Migration and Asylum Data for Policy-making in the European Union: The problem with numbers, CEPS WP Nr 89 v März 2016, https://www.ceps.eu/system/files/LSE%2089%20AS%20Migration%20and%20Asylum%20Data.pdf (11.10.2018).

Solanes Corella, Combatiendo la inmigración irregular: la insuficiencia de las regularizaciones y las sanciones in *Alberdi Bidaguren/Goizueta Vértiz* (Hrsg), Algunos retos de la inmigración en el siglo XXI (2008) 201.

Solanes Corella, Un balance tras 25 años de leyes de extranjería en España: 1985-2010, Revista del Ministerio de Trabajo e Inmigración 2010, 77.

Sommermann, Bedeutung der Rechtsvergleichung für die Fortentwicklung des Staats- und Verwaltungsrechts in Europa, DÖV 1999, 1017.

Sommermann, Veränderungen des nationalen Verwaltungsrechts unter europäischem Einfluß – Analyse aus deutscher Sicht in *Schwarze* (Hrsg), Bestand und Perspektiven des europäischen Verwaltungsrechts (2008) 181.

Sponholz, Als der Sommer zu Ende ging: Die Flüchtlingsdebatte im Wiener Wahlkampf auf Facebook, SWS-Rundschau 2016/3, 371.

Starck, Rechtsvergleichung im öffentlichen Recht, JZ 1997, 1021.

Stiegeler, Geduldete Fachkräfte – Wem hilft § 18a AufenthG?, Asylmagazin 2009, 8.

Strban/Rataj/Šabič, Return Procedures Applicable to Rejected Asylum-Seekers in the European Union and Options for their Regularisation, Refugee Survey Quarterly 2018, 1.

Strunz, Die Freizügigkeit der Personen in der Europäischen Union (2004).

Sunderhaus, Regularization Programs for Undocumented Migrants: A Global Survey on more than 60 Legalizations in all Continents (2007).

Sußner, Warten auf … ? Verfassungs- und unionsrechtliche Perspektiven auf den Mindestsicherungszugang nach einem positiv abgeschlossenen Asylverfahren (NÖ MSG), juridikum 2017, 207.

Swider, Hoti v. Croatia – a landmark decision by the European Court of Human Rights on residence rights of a stateless person, European Network on Statelessness Blog v 3.5.2018, https://www.statelessness.eu/blog/hoti-v-croatia-landmark-decision-european-court-human-rights-residence-rights-stateless-person (15.11.2018).

Szymanski, Das Fremdenrechtsänderungsgesetz 2009 oder der Boulevard freut sich, doch das Recht ist für Rechtsanwender und Rechtsunterworfene schwer durchschaubar, migraLex 2009, 99.

Szymanski, Und das Hamsterrad dreht sich … (Teil I). Zum Fremdenrechtsänderungsgesetz 2015, migraLex 2015, 54.

Szymanski, Und das Hamsterrad dreht sich … (Teil II). Zum Fremdenrechtsänderungsgesetz 2015, migraLex 2016, 18.

Tapinos, Irregular Migration: Economic and Political Issues in *OECD* (Hrsg), Combating the Illegal Employment of Foreign Workers (2003) 13.

Ter Steeg, Das Einwanderungskonzept der EU (2006).

Tewocht, Auf dem Weg zur Gleichstellung von Drittstaatsangehörigen und Unionsbürgern? – Zu Inhalt und Reichweite der sogenannten ‚Rahmenrichtlinie', ZAR 2012, 217.

Tewocht, Der Drittstaatsangehörige im Unionsrecht (2016).

Thurin, Der Schutz des Fremden vor rechtswidriger Abschiebung: Das Prinzip des Non-Refoulement nach Artikel 3 EMRK[2] (2012).

Thym in *Grabitz/Hilf/Nettesheim* (Hrsg), Das Recht der Europäischen Union Kommentar Band I (64. Lfg, Mai 2018) Art 79 AEUV.

Thym in *Kluth/Heusch* (Hrsg), BeckOK Ausländerrecht (18. Edition, Stand 1.11.2016) Art 69 und 79 AEUV.

Thym, Die Auswirkungen des Asylpakets II, NVwZ 2016, 409.

Thym, EU migration policy and its constitutional rationale: A cosmopolitan outlook, CMLRev 2013, 709.

Thym, Europäische Einwanderungspolitik: Grundlagen, Gegenstand und Grenzen in *Hofmann/Löhr* (Hrsg), Europäisches Flüchtlings- und Einwanderungsrecht (2008) 183.

Thym, Migrationssteuerung im Einklang mit den Menschenrechten – Anmerkungen zu den migrationspolitischen Diskursen der Gegenwart, ZAR 2018, 193.

Thym, Migrationsverwaltungsrecht (2010).

Thym, Respect for private and family life under Article 8 ECHR in immigration cases: a human right to regularize illegal stay?, ICLQ 2008, 87.

Thym, Schutz des Aufenthalts zwischen polizeilicher Herkunft und menschenrechtlicher Neuausrichtung in *Arndt/Betz/Farahat/Goldmann/Huber/Keil/Láncos/Schaefer/Smrkolj/Sucker/Valta* (Hrsg), 48. Assistententagung Öffentliches Recht (2008) 221.

Thym, The "refugee crisis" as a challenge of legal design and institutional legitimacy, CMLRev 2016, 1545.

Thym, The elusive limits of solidarity, CMLRev 2015, 17.

Thym, When Union Citizens Turn into Illegal Migrants: The Dano Case, ELR 2015, 248.

Tikhomirov, The Legal Position of Migrants, Electronic Journal of Comparative Law 2007, www.ejcl.org/113/article113-27.pdf (27.11.2018).

Tobler, Context-related Interpretation of Association Agreements. The Polydor Principle in a Comparative Perspective in *Thym/Zoeteweij-Turhan* (Hrsg), Rights of Third-Country Nationals under EU Association Agreements (2014) 101.

Tobler, Hier sind Onkel, hier sind Tanten, hier sind meine Anverwandten: Wer fällt im EU-Recht bzw im bilateralen Recht unter den Familiennachzug? in *Epiney/Diezig* (Hrsg), Schweizerisches Jahrbuch für Europarecht 2013/2014 (2014) 319.

Tohidipur, Grund- und Menschenrechte illegalisierter Migrantinnen und Migranten in *Fischer-Lescano/Kocher/Nassibi* (Hrsg), Arbeit in der Illegalität: Die Rechte von Menschen ohne Aufenthaltspapiere (2012) 41.

Toledo Larrea, Análisis de la situación jurídico-social de las mujeres extranjeras víctimas de violencia de género acogidas en los recursos integrales para víctimas de violencia de género de la administración autonómica andaluza, Revista de Derecho Migratorio y Extranjería 2014/37, 53.

Trantas, Die Anwendung der Rechtsvergleichung bei der Untersuchung des öffentlichen Rechts (1998).

Triandafyllidou, Irregular Migration in Europe in the Early 21st Century in *Triandafyllidou* (Hrsg), Irregular Migration: Myths and Realities (2010) 1.

Triandafyllidou/Ambrosini, Irregular Immigration Control in Italy and Greece: Strong Fencing and Weak Gate-keeping serving the Labour Market, EJML 2011, 251.

Triandafyllidou/Vogel, Irregular Migration in the European Union: Evidence, Facts and Myths in *Triandafyllidou* (Hrsg), Irregular Migration: Myths and Realities (2010) 291.

Triguero Martínez, El arraigo y los modelos actuales jurídico-políticos de inmigración y extranjería, Migraciones 2014, 433.

Trinidad García, Los inmigrantes irregulares en la Ley 4/2000 y en su reforma: una regularización que no cesa, Revista de Derecho Migratorio y Extranjería 2002/1, 99.

Trinidad García, Residencia temporal por circunstancias excepcionales: el arraigo laboral y social, Revista de Derecho Migratorio y Extranjería 2005/9, 133.

Tushnet, Weak Courts, Strong Rights: Judicial Review and Social Welfare Rights in Comparative Constitutional Law (2009).

Unabhängige Kommission „Zuwanderung“, Zuwanderung gestalten – Integration fördern, Bericht v 2001, http://www.jugendsozialarbeit.de/media/raw/Zuwanderungsbericht_pdf.pdf (10.10.2018).

UNHCR, Global Consultations on International Protection: Summary Conclusions on Article 31 of the 1951 Convention – Revised, Geneva Expert Roundtable v 8-9.11.2001, http://www.refworld.org/docid/470a33b20.html (9.10.2018).

UNHCR, Guidelines on the Applicable Criteria and Standards relating to the Detention of Asylum-Seekers and Alternatives to Detention (2012).

UNHCR, Handbook and Guidelines on Procedures and Criteria for Determining Refugee Status (2011).

UNHCR, The Refugee Convention 1951: The Travaux préparatoires analysed with a Commentary by Dr. Paul Weis v 1990, http://www.refworld.org/docid/53e1dd114.html (9.10.2018).

Uriarte Torrealday, Algunas reflexiones críticas a partir de la jurisprudencia sobre inmigración irregular, Revista de Derecho Político 2009, 291.

Van Elsuwege/Kochenov, On the Limits of Judicial Intervention: EU Citizenship and Family Reunification Rights, EJML 2011, 443.

Van Hoecke/Warrington, Legal Cultures, Legal Paradigms and Legal Doctrine: Towards a New Model for Comparative Law, ICLQ 1998, 495.

Vanderbruggen/Phelps/Sebtaoui/Kovats/Pollet, Point of No Return: The Futile Detention of Unreturnable Migrants, Studie v Jänner 2014, http://pointofnoreturn.eu/wp-content/uploads/2014/01/PONR_report.pdf (13.12.2018).

Varela Huerta, Soziologie der Migrationskämpfe: Die Transformation der Bewegung der „Papierlosen“ in Barcelona in eine MigrantInnenbewegung in *Fischer-Lescano/Kocher/Nassibi* (Hrsg), Arbeit in der Illegalität: Die Rechte von Menschen ohne Aufenthaltspapiere (2012) 159.

Vázquez Garranzo, Los servicios sociales y la dependencia in *Palomar Olmeda* (Hrsg), Tratado de Extranjería[5] (2012) 1111.

Vicente Palacio, Art 59 LODYLE in *Monereo Pérez/Fernández Avilés/Triguero Martínez* (Hrsg), Comentario a la ley y al reglamento de Extranjería, Inmigración e Integración Social[2] (2013) 942.

Vicente Palacio, Art 59bis LODYLE in *Monereo Pérez/Fernández Avilés/Triguero Martínez* (Hrsg), Comentario a la ley y al reglamento de Extranjería, Inmigración e Integración Social[2] (2013) 957.

Viellechner, Was heißt Transnationalität im Recht? in *Calliess* (Hrsg), Transnationales Recht: Stand und Perspektiven (2014) 57.

Vogel/Jandl, Introduction to the Methodological Problem in *Kraler/Vogel* (Hrsg), Report on Methodological Issues, Clandestino Project v November 2008, 5.

Vogel/Kovacheva, Classification report: Quality assessment of estimates on stocks of irregular migrants, WP 1/2008.

Vogelrieder, Die Sanktionsrichtlinie: ein weiterer Schritt auf dem Weg zu einer umfassenden Migrationspolitik der EU, ZAR 2009, 168.

Voigt, Die wundersame Welt des § 25 Abs 5 AufenthG, Asylmagazin 2015, 152.

Völker, Verschafft die bloße Antragstellung auf einen „humanitären" Aufenthaltstitel ein Bleiberecht? VfGH versus VwGH, migraLex 2010, 60.

Völker/Krumphuber, Fremdenrechtsänderungsgesetz 2017 und Fremdenrechtsänderungsgesetz 2017 Teil II in *Filzwieser/Taucher* (Hrsg), Asyl- und Fremdenrecht. Jahrbuch 2017 (2017) 63.

Vollmer, Policy Discourses on Irregular Migration in the EU – 'Number Games' and 'Political Games', EJML 2011, 317.

Von Bogdandy, National legal scholarship in the European legal area – A manifesto, ICON 2012, 614.

Von Busse, Die Methoden der Rechtsvergleichung im öffentlichen Recht als richterliches Instrument der Interpretation von nationalem Recht (2015).

Wahl, Verfassungsstaat, Europäisierung, Internationalisierung (2003).

Walbert-Satek, Verfahrensgarantien für Rückkehrentscheidungen im Asylverfahren, migraLex 2018, 34.

Weber, Der assoziationsrechtliche Status Drittstaatsangehöriger in der Europäischen Union (1997).

Wehinger, Do amnesties pull in illegal immigrants? An analysis of European apprehension data, International Journal of Migration and Border Studies 2014, 231.

Weichert/Stoppa in *Huber* (Hrsg), Kommentar Aufenthaltsgesetz[2] (2016) § 48 AufenthG.

Weiß in *Streinz* (Hrsg), EUV/AEUV Kommentar[3] (2018) Art 79 AEUV.

Weiß/Satzger in *Streinz* (Hrsg) EUV/AEUV Kommentar[3] (2018) Art 67 AEUV.

Welser/Kletečka, Grundriss des bürgerlichen Rechts: Band I[15] (2018).

Welte, Die Wahrung des Grundsatzes der Verhältnismäßigkeit im Ausweisungsrecht, Informationsbrief Ausländerrecht 2019, 176.

Wendel, Kettenduldung. Bleiberechtsregelungen und parlamentarische Initiativen 2000 – 2014 v August 2014, http://www.fluechtlingsrat-brandenburg.de/wp-content/uploads/2014/08/Kettenduldung.pdf (27.11.2018).

Werdermann, Die Vereinbarkeit von Sonderrecht für Asylsuchende und Geduldete aus sicheren Herkunftsstaaten mit Art. 3 GG, ZAR 2018, 11.

Wessely, Grundrechtliche Aspekte der Verwaltungsgerichte in *Larcher* (Hrsg), Handbuch Verwaltungsgerichte: Die Grundlagen der Verwaltungsgerichtsbarkeit I. Instanz (2013) 204.

Wiederin, Aufenthaltsbeendende Maßnahmen im Fremdenpolizeirecht. Eine rechtsdogmatische Untersuchung zur Zurückschiebung, Ausweisung und Abschiebung nach dem Fremdengesetz 1992 (1993).

Wiederin, Die Einreise- und Aufenthaltstitel nach dem Fremdengesetz 1997, ecolex 1997, 719.

Wiederin, Sozialstaatlichkeit im Spannungsfeld von Eigenverantwortung und Fürsorge, VVDStRL 2005/64, 53.

Wiener, Bürger und Union: Die Unionsbürgerrichtlinie in Österreich (2009).

Willen, Toward a Critical Phenomenology of "Illegality": State Power, Criminalization, and Abjectivity among Undocumented Migrant Workers in Tel Aviv, Israel, International Migration 2007, 8.

Winkelmann, 25 Jahre Schengen: Der Schengen-Acquis als integraler Bestandteil des Europarechts – Bedeutung und Auswirkung auf die Einreise- und Aufenthaltsrechte – Teil 1, ZAR 2010, 213.

Winkelmann, 25 Jahre Schengen: Der Schengen-Acquis als integraler Bestandteil des Europarechts – Bedeutung und Auswirkung auf die Einreise- und Aufenthaltsrechte, ZAR 2010, 270.

Wollenschläger, § 8 Grundrechtsschutz und Unionsbürgerschaft in *Hatje/Müller-Graff* (Hrsg), Europäisches Organisations- und Verfassungsrecht Band 1 (2014) 367.

Wollenschläger, Consolidating Union Citizenship: Residence and Solidarity Rights for Jobseekers and the Economically Inactive in the Post-Dano Era in *Thym* (Hrsg), Questioning EU Citizenship (2017) 171.

Wollenschläger, Grundfreiheit ohne Markt (2007).

Wunderle/Röcker in *Bergmann/Dienelt* (Hrsg), Kommentar Ausländerrecht[12] (2018) § 25a AufenthG.

Zentrum für Politik, Kultur und Forschung Berlin, Expertise zur Umsetzung des IMK-Bleiberechtsbeschlusses vom 17. November 2006, Bericht v Jänner 2008, http://www.fluchtort-hamburg.de/fileadmin/pdf/EQUAL/080114_Expertise_IMK-Bleiberechtsbeschluss.pdf (15.11.2018).

Zumbansen, Carving Out Typologies and Accounting for Differences across Systems: Towards a Methodology of Transnational Constitutionalism in *Rosenfeld/Sajó* (Hrsg), The Oxford Handbook of Comparative Constitutional Law (2012) 75.

Zweigert/Kötz, Einführung in die Rechtsvergleichung[3] (1996).

Zweigert/Puttfarken, Critical Evaluation in Comparative Law, The Adelaide Law Review 1976, 343.

Register

Kolibri 360 GmbH
Ferdinand-Jühlke-Straße 7
99095 Erfurt, Deutschland
produktsicherheit@kolibri360.de